中国机械工业年鉴系列

中国重型机械工业年鉴

2024

中国重型机械工业协会
中国机械工业年鉴编辑委员会 编

机械工业出版社
CHINA MACHINE PRESS

《中国重型机械工业年鉴 2024》设置综述、大事记、行业与市场篇、企业篇、统计资料、标准与质量和附录 7 个栏目，集中反映了 2023 年重型机械行业的发展情况，详细记录了 19 个分行业的生产发展、产品产量、市场销售、科技成果、新产品、新技术、标准与质量、基本建设及技术改造、重大项目等情况，公布了重型机械行业权威统计数据以及重型机械行业节能降碳行动方案。

《中国重型机械工业年鉴》主要发行对象为政府决策机构、机械工业相关企业的决策者，从事市场分析、企业规划的中高层管理人员以及国内外投资机构、贸易公司、银行、证券、咨询服务部门和科研单位的机电项目管理人员等。

图书在版编目（CIP）数据

中国重型机械工业年鉴 . 2024 / 中国重型机械工业协会，中国机械工业年鉴编辑委员会编 . –– 北京：机械工业出版社，2025. 4. ––（中国机械工业年鉴系列）.
ISBN 978-7-111-78345-9

Ⅰ. F426.42–54

中国国家版本馆 CIP 数据核字第 2025SW4637 号

机械工业出版社（北京市百万庄大街 22 号　邮政编码 100037）
策划编辑：赵　敏　　　　　责任编辑：赵　敏
责任校对：张昕妍　王　延　　责任印制：任维东
河北宝昌佳彩印刷有限公司印刷
2025 年 7 月第 1 版第 1 次印刷
210mm × 285mm · 20.25 印张 · 26 插页 · 794 千字
标准书号：ISBN 978-7-111-78345-9
定价：480.00 元

电话服务　　　　　　　　　网络服务
客服电话：010-88361066　　机　工　官　网：www.cmpbook.com
　　　　　010-88379833　　机　工　官　博：weibo.com/cmp1952
　　　　　010-68326294　　金　　书　　网：www.golden-book.com
封底无防伪标均为盗版　　机工教育服务网：www.cmpedu.com

中国机械工业年鉴系列

作为『工业发展报告』

记录企业成长的每一阶段

中国机械工业年鉴

编辑委员会

中国重型机械工业年鉴

鉴证行业发展足迹

振兴重型装备工业

中国重型机械工业年鉴
执行编辑委员会

中国重型机械工业年鉴

鉴证行业发展足迹
振兴重型装备工业

中国重型机械工业年鉴
编写人员

（排名不分先后）

王　森	王宇航	王继生	景晓波	孙鹏程	段婷婷
纪　凯	李仲军	沈剑峰	张　敏	张艳君	陈　江
林夫奎	杨立轩	赵雅琪	夏　娟	夏　雯	徐文金
李　辉	杨　俊	孙　博	谢徐洲	王亚东	苏立娜
肖立群	王成业				

中国重型机械工业年鉴
编辑出版工作人员

总　编　辑　周宝东

主　　　编　田付新

副　主　编　刘世博

执 行 主 编　赵　敏

责 任 编 辑　赵　敏

编　　　辑　晏　青　江道芝　万鲁信

地　　　址　北京市西城区百万庄大街 22 号（邮编 100037）

编　辑　部　电话（010）68320642　　68997973

发　行　部　电话（010）88379054　　88379838

E-mail:cmiy@vip.163.com

中国重型机械工业年鉴

鉴证行业发展足迹
振兴重型装备工业

中国重型机械工业年鉴特约顾问单位特约顾问

（排名不分先后）

特约顾问单位	特约顾问
中信重工机械股份有限公司	武汉琦
中国重型机械研究院股份公司	王社昌
北京建龙重工集团有限公司	黄　超
浙江双鸟机械有限公司	张文忠
江苏嘉轩智能工业科技股份有限公司	付　杰
四川省自贡运输机械集团股份有限公司	吴正华
山东山矿机械有限公司	孙善金
江西华伍制动器股份有限公司	熊　涛
无锡新大力电机有限公司	徐　敏
武汉雄驰机电设备有限公司	周尤利
山东力山特智能科技股份有限公司	徐振勇
河南省中原奥起实业有限公司	付　森
八达机电股份有限公司	杜左海
燕山大学	彭　艳
山起重型机械股份公司	徐新民
北京起重运输机械设计研究院有限公司	黄越峰
株洲天桥起重机股份有限公司	龙九文
浙矿重工股份有限公司	陈利华
淮北矿山机器制造有限公司	胡善宏
洛阳矿山机械工程设计研究院有限公司	程　波
深圳市兴鸿泰锡业有限公司	邢鸿伟
东方电气集团大件物流有限公司	付　为
中国外运大件物流有限公司如皋分公司	郝厚森
四川东方物流集团有限公司	傅　强
张家港港新重装码头港务有限公司	龚伟忠

中国重型机械工业年鉴

鉴证行业发展足迹

振兴重型装备工业

中国重型机械工业年鉴
特约顾问单位特约编辑

（排名不分先后）

特约顾问单位	特约编辑
中信重工机械股份有限公司	张志勇
中国重型机械研究院股份公司	马步强
北京建龙重工集团有限公司	郭小燕
浙江双鸟机械有限公司	韩　剑
江苏嘉轩智能工业科技股份有限公司	王　勇
四川省自贡运输机械集团股份有限公司	何洋洋
山东山矿机械有限公司	胡秀万
江西华伍制动器股份有限公司	樊小声
无锡新大力电机有限公司	徐晓阳
武汉雄驰机电设备有限公司	李琼瑶
山东力山特智能科技股份有限公司	孟凡伟
河南省中原奥起实业有限公司	付　强
八达机电股份有限公司	王乾成
燕山大学	李　鹏
山起重型机械股份公司	刘永庆
株洲天桥起重机股份有限公司	郑正国
浙矿重工股份有限公司	林为民
淮北矿山机器制造有限公司	彭爱民
《矿山机械》	刘　朋
深圳市兴鸿泰锡业有限公司	熊吉元
东方电气集团大件物流有限公司	何　萍
中国外运大件物流有限公司如皋分公司	李兴举
四川东方物流集团有限公司	徐　锋
张家港港新重装码头港务有限公司	冷秋亚

前　　言

在变革与挑战交织的2023年，重型机械工业以坚韧不拔的精神，开启了高质量发展的新篇章。作为国民经济的重要支柱，重型机械行业在以习近平同志为核心的党中央坚强领导下，深入贯彻党的二十大精神，紧密围绕“十四五”规划目标，以创新驱动为核心，以绿色转型为路径，实现了稳中有进、进中提质的阶段性成果。

2023年，重型机械行业在复杂多变的国内外形势下，保持了良好的发展态势。行业整体规模持续扩大，主要经济指标稳步增长，营业收入同比增长2.0%，利润总额同比增长13.2%。行业进出口贸易再创历史新高，全年实现进出口总额394.98亿美元，同比增长13.64%，国际市场开拓成效显著。企业加大研发投入，技术创新成果丰硕，大型冶金装备、矿山机械、港口起重设备等关键领域取得多项突破，攻克了一批关键“卡脖子”技术难题，多项产品性能处于国际领先水平，为“大国重器”做出了积极贡献。同时，国内市场需求结构持续优化，高端装备、智能装备占比显著提升，节能降耗技术广泛应用，绿色制造体系逐步完善。

然而，行业也面临着诸多挑战。原材料价格波动、技术更新换代快、市场需求的不确定性以及国际竞争的加剧，给企业带来了不小的压力。但挑战中亦蕴藏机遇。在新一轮科技革命和产业变革的浪潮下，数字化、智能化、服务化已成为行业不可逆转的趋势。企业不断加大研发投入，推动5G、人工智能、工业互联网与传统装备深度融合，探索“制造＋服务”新模式，为行业注入新动能。

2024年是实现“十四五”规划目标的关键之年，也是我国重型机械工业迈向高质量发展的攻坚之年。展望未来，重型机械行业将继续朝着高端化、智能化、绿色化和国际化方向发展。企业将持续加大技术创新力度，推动产品升级换代，提高市场竞争力。国家政策的支持和市场需求的持续增长，将为行业发展提供有力保障。

《中国重型机械工业年鉴2024》全面、系统地记录了2023年行业的发展历程，涵盖行业概况、经济指标、技术创新、市场需求、政策法规、企业动态等多个方面的内容。它不仅是了解我国重型机械工业发展现状的重要资料，也是行业内外人士把握市场趋势、制定发展战略的重要参考。

我相信，通过年鉴的出版，将进一步促进中国重型机械工业的信息交流与合作，推动行业持续、健康、快速发展。让我们携手共进，为实现中国重型机械工业的高质量发展而努力奋斗！

谨以此年鉴，致敬每一位为中国重型机械工业发展倾注心血的奋斗者！

中国重型机械工业协会常务副理事长 景晓波

2025年1月

广告索引

创新升级之路

专精特新

创新升级之路

智造领航　创新驱动

锻造重型装备制造新优势

创新驱动 引领高端装备智造新标杆

中信重工机械股份有限公司高质量发展纪实

——中信重工党委书记、董事长武汉琦

制造业是立国之本、强国之基。党和国家领导人多次就建设制造强国作出重要指示，为推动制造业高质量发展、加快建设制造强国指明了方向。诞生于“一五”期间的中信重工机械股份有限公司（简称中信重工），前身为“洛阳矿山机器厂”，企业“因党而生、由党而兴、为党而强”，立足先进装备制造业，不断夯实传统制造业基底，加快新兴产业布局，致力于当好制造强国建设的国家队、科技自立自强的主力军、安全稳定发展的践行者，持续以自身探索实践融入建设制造强国伟业。

一、担当战略使命，践行共和国长子初心

党和国家领导人指出，制造业的核心就是创新，就是掌握关键核心技术，必须靠自力更生奋斗，靠自主创新争取，希望所有企业都朝着这个方向去奋斗。近年来，中信重工始终坚持创新驱动发展战略，保持行业领先的研发投入强度，持续打造智能矿山重型装备全国重点实验室、国家企业技术中心等在内的30多个国家、省部级科创平台，打通“双通道”人才培育机制，营造鼓励大胆创新、勇于创新、包容创新的良好文化氛围，构建中信重工特色的“45154”科技创新体系，全维度加强基础技术研究，全覆盖加强应用技术研究，全链条加强产品开发研究，加快发展新质生产力，企业技术创新能力不断提升，成功推出一批具有核心竞争力的重大技术和装备，引领并推动行业高端化、智能化、绿色化发展，为国家战略科技力量打下坚实基础。

中信重工积极践行国家战略，牢记制造强国使命，深度参与国家战略科技力量建设，突破“卡脖子”技术，守正担责，彰显大国重器。全力推进牵头承担的“基础制造热加工工艺数据库”“石化爆燃环境防爆型机器人研制与应用规范”“移动重载智能高空作业机器人系统”等多个国家重点研发计划项目，不断实现重大技术突破；12000t航空铝合金厚板张力拉伸机建功C919大飞机首次商业航班飞行；专用高强钢铸锻件连续19次护航神舟系列飞船升空翱翔，助力建设航天强国；成功试制世界大规格TX装置，突破了国外技术封锁；500兆瓦级水轮机组超大型马氏体不锈钢转轮锻件为世界单机大容量冲击式水电机组装

◎ 中信重工“45154”科技创新体系

上“中国心”；核电高端锻件为我国三代核电技术“华龙一号”和全球第四代核电站建设提供硬核支撑，在我国由核电大国向核电强国迈进的进程中勇立新功，助推我国核电技术达到世界领先水平。经过近70年的创新发展，中信重工已成为具有全球竞争力的矿山重型装备、水泥装备制造商与服务商，全球少数具备重大装备和特种材料研发制造能力的重型装备企业，全球少数具备极限制造能力的高端装备制造企业，国内特种机器人行业第一梯队企业、大型特种机器人研发及产业化基地之一，被誉为“中国工业的脊梁、重大装备的摇篮”。

二、强化国企担当，带动产业链向中高端迈进

党和国家领导人强调，要围绕发展新质生产力布局产业链，提升产业链供应链韧性和安全水平。在以中国式现代化全面推进强国建设、民族复兴伟业的关键时期，提升制造业产业链供应链现代化水平，已成为应对百年未有之大变局和全球产业链供应链大调整、大重构的现实选择。中信重工积极响应国家政策，明确了“做强传统产业、做大成套产业、做成绿电产业、做精新兴产业”的产业发展目标和“平台化建设、生态化发展”的发展模式，强优势、锻长板，推动优势产品的技术进步和更新迭代，提升产业链供应链在面临外部冲击时的韧性和抗冲击能力，提升行业引领能力，确保在极端情况下产业链自主可控，始终能够担当国家使命、完成战略任务，成为高端装备

◎ 中信重工连续19次为神舟飞船配套逃逸系统专用锻件

◎ 中信重工高端大型核电锻件

制造产业链链长。

突破关键核心技术，筑牢产业升级发展根基。中信重工坚持把创新作为第一动力，深入落实制造业重点产业链高质量发展行动，紧紧围绕解决产业发展的卡点、堵点、断点问题，不断增强支撑保障能力。近年来，中信重工聚焦矿山、建材、煤炭、冶金、特种

制造业单项冠军企业

中信重工三项国家级制造业单项冠军

材料、新能源、特种机器人、电容电源等领域的迫切需求，成功突破了20余项制约我国装备制造业高质量发展的“卡脖子”技术，世界“轧机之王”5600mm宽厚板轧机热负荷试车成功、直径7.2m×138.5m回转窑成功交付，GPYJ-900盘式过滤机服务国内大型单体矿山，国产直径8.2m球磨机、直径11.6m半自磨机、CSM-2250立式搅拌磨、2JK-6×2.4P提升机等一大批大型主机装备成功应用，成功试制出创世界规格纪录的直径7.5m打桩锤砧铁锻件、国内单体规格超大的7系高强铝合金锻件、百万千瓦级核电护环等高端铸锻件产品，一大批重大新材料、新技术、新装备填补国内空白，打破国外技术垄断；此外，中信重工自主设计、自主编码、自主开发的国内高端嵌入式微内核工业操作系统，实现了国产工业高端嵌入式操作系统“零”的突破；成功开发建设了国内“矿山装备工业互联网平台”，并以“全国数字领航企业”在制造行业树起数字化转型的标杆。截至目前，中信重工矿物磨机、矿井提升机、智能防爆机器人3项产品荣获制造业单项冠军产品，并拥有年产千万吨级超深矿建井、年产5000万吨级特大型选矿、低温介质余热发电、特大型高品质精品钢制造、特种作业机器人、智能装备及物联网平台应用等60余项处于世界和国内领先、拥有自主知识产权的核心技术，创造出300余项国内乃至世界新纪录。

深化对外合作，铸就先进装备创新高地。中信重工围绕创建“平台化建设，生态化发展”模式，以带

◎ 互信互助 共进共赢——中信重工年度供应商大会

动产业链供应链协同发展、打造链主企业为目标，加强与高校的合作力度，与近二十家国内知名高校签订了多项产学研技术合作协议，推动合作成果落地；加强与设计院所的合作力度，与近百家实力雄厚的设计院所携手拓展技术及市场，实现共享、共建、共赢；加强与产业链上下游企业的合作力度，与行业内头部企业合作推动智慧矿山、新能源装备等重大技术开发，打造协同创新示范工程；通过产业链协同发展，推动中信重工优势产品的技术进步和更新迭代，带动行业创新升级。

完善国际化布局，书写中国制造“走出去”的壮丽篇章。作为国家首批确定的50家国际化经营企业之一，中信重工深度参与共建“一带一路”沿线国家重大项目建设。多年来，中信重工厚植海外业务优势，构建了涵盖全球化研发、营销、生产、服务4大功能的国际化布局，积极拓展国际业务，助力提升“中国品牌”的国际影响力。依托西班牙生产基地、巴西矿山设备技术服务有限公司、澳大利亚公司、秘鲁分公司、欧洲代表处、马来西亚代表处、越南代表处等多家海外机构，中信重工国际业务拓展至欧洲、大洋洲、非洲、南美、北美、中亚、东南亚等地区，产品和服务覆盖68个国家和地区。2024年，中信重工新增海外生效订单占全年订单总量近50%，国际化发展成效凸显。

三、顺势而为，乘势而上，谱写未来发展新篇章

越是伟大的事业，越是充满挑战，越需要知重负重，越需要坚定信心、激流勇进。中信重工立足当下，着眼未来，锚定“四做”战略目标，坚持“四化”发展举措，把握“五大建设”发展机遇，科学谋划企业未来发展重点，将围绕传统产业提升、新兴产业拓展，统筹谋划一批重大项目，通过‘产业+资本’双轮驱动方式，推动企业在更大范围、更深层次、更广领域做强做优做大，向关系国家安全、国民经营命脉的重要行业和关键领域集中，培育发展新质生产力支撑中信重工打造成具有全球竞争力的世界一流高端装备制造企业。

深化科技创新驱动。一是积极践行中央提出的把新一代人工智能作为推动科技跨越发展、产业优化升级、生产力整体跃升的驱动力量，努力实现高质量发展的要求，贯彻落实中信集团“人工智能+”行动方案，结合中信重工装备制造和数字化转型发展规划，加快构建“人工智能+产品”“人工智能+场景”等人工智能应用场景。二是加强创新平台建设，全力推进全国重点实验室建设，突破矿山重型装备运行及失效机理、极限零部件制造过程性能演变机理、大功率重载变频器等一批卡脖子技术难题，形成矿山装备原创技术策源地，支撑核心主机迭代升级。三是强化人才队伍建设，建立以创新能力、质量、实效为导向的人才评价体系，激发科技人才创新创造活力，打造一支掌握核心技术的技术人才队伍。加强“引才”“引智”力度，积极与国内高等院校开展技术交流和合作，依托产学研项目，推荐校企人才交流和联合培养。

推动产业转型升级。加强基础技术研究，按照“内生筑基+外延拓疆”的实施路径，通过科技创新和产业创新融合发展，传统产业以核心主机带动、标准提升引领，延伸矿物加工产业链条，形成矿山全流程绿色化智能化解决方案，推进传统产业“焕星”升级；机器人产业布局关键零部件自主化，人工智能赋能“信微”“信智”“信能”等机器人关键零部件和具身智能机器人，打造智能机器人系列化通用平台，实现多场景拓展应用，加快技术集成与产品迭代，推进机器人产业“造星”发展；开展深海科技等未来产业探索研究，推进未来产业“探星”储备。

持续深化“一带一路”沿线国家的市场拓展。不断壮大中信重工国际服务团队，充分利用中信集团国际化经营网络，构建国际技术和服务支持体系，提升全球资源获取、配置能力；加大新基地布局力度，强化国际化人才队伍建设，支撑市场开拓。

中央领导在视察中信重工时提出，这里代表着国家和世界先进制造业的水平，希望你们继续努力。中信重工牢记嘱托，将以时不我待的紧迫感、不负所托的责任感、勇立潮头的成就感，聚焦增强核心功能、提升核心竞争力，继续朝着高端化、智能化、绿色化方向转型，扎实走好新型工业化之路，续写新时代更加辉煌灿烂的发展篇章。

聚焦智造与低碳升级
凝聚创新实践
推动重型机械行业高质量发展

专精特新

中央经济工作会议强调“结构政策要着力畅通国民经济循环”，提出“要提升制造业核心竞争力，启动一批产业基础再造工程项目，激发涌现一大批‘专精特新’企业。加快形成内外联通、安全高效的物流网络。加快数字化改造，促进传统产业升级”。

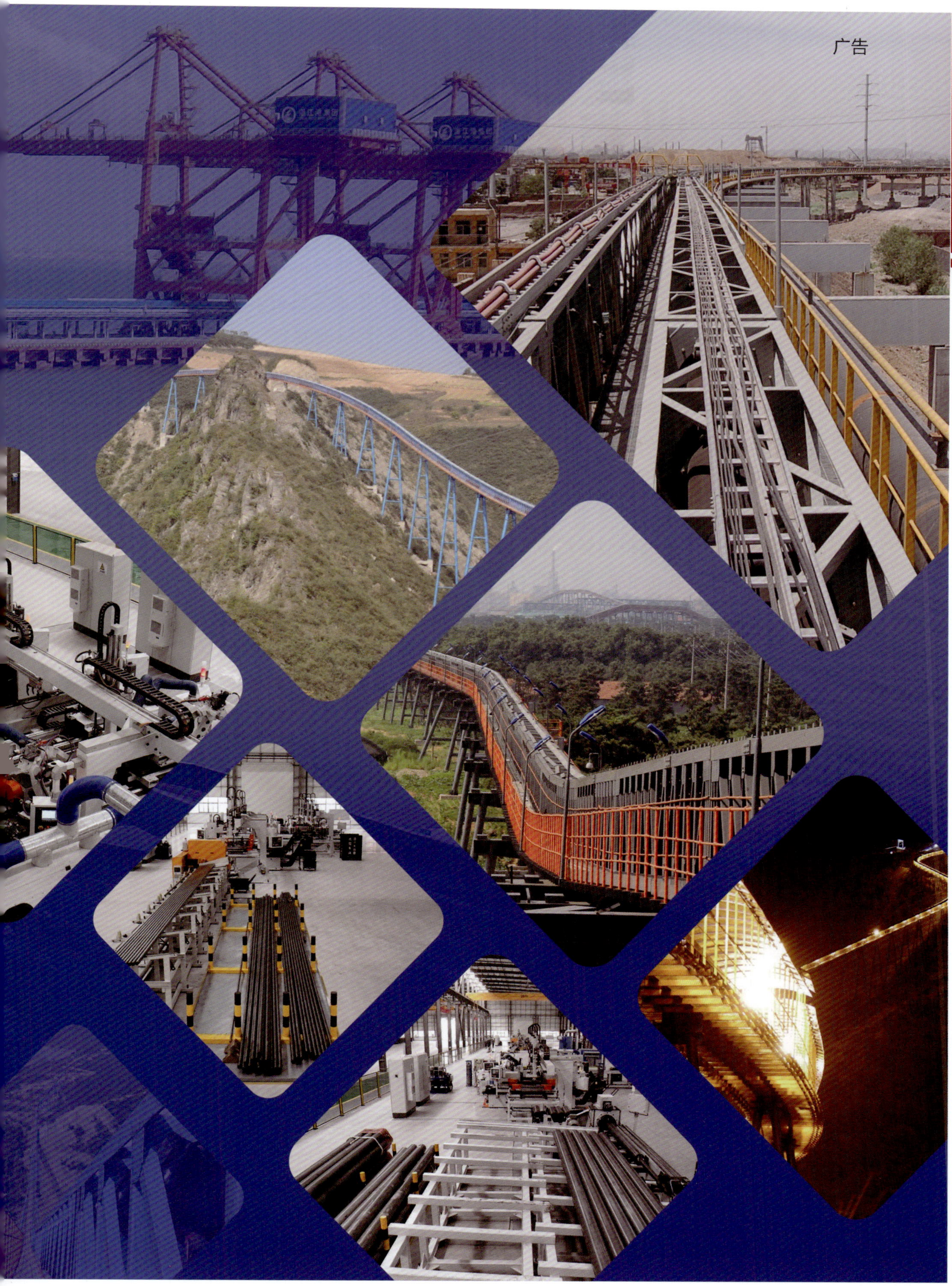
广告

山东山矿机械有限公司

SHANDONG SHANKUANG MACHINERY CO.,LTD

山东山矿机械有限公司（简称山东山矿）始创于1970年，是集研发、设计、生产、销售带式输送机、破碎机、球磨机、工矿电动机车等系列主机产品及关键零部件的大型骨干企业。公司注册资金2亿元，拥有总资产7亿元，是中国重型机械工业协会副会事长单位及其下属带式输送机分会、破碎粉磨分会、矿山机械分会、连续搬运和物料输送机械分会及中国电器工业协会牵引电气分会副理事长单位；山东省装备制造业协会副会长、济宁市机械行业协会会长单位。公司荣获专精特新“小巨人”企业，“中国重型机械行业‘十三五’科技创新标兵企业”“中国重型机械行业AAA级信用等级企业”“山东省科技小巨人”等荣誉称号。

山东山矿为高新技术企业，拥有国家CNAS实验室、山东省企业技术中心、济宁市矿山设备工程技术研究中心等创新平台。主导产品包含破碎粉磨机械、带式输送机械、筛分洗选机械、工矿电动机车、建材机械等系列300多品种规格，广泛应用于火力发电、钢铁冶金、煤炭焦化、金属矿山和港口码头等传统基础设施行业，以及煤气化、新能源、脱硫环保、新材料等新基建、循环经济领域。公司设计生产的带式输送机被中国机械联评为“中国机械工业优质品牌”，带式输送机、破碎机和球磨机三项产品被评为“山东省名牌产品”。公司现拥有50项专利（其中发明专利9项）、40项省级科学技术奖励，参与6项国家标准和20项行业标准修订。

4PG1210 四辊破碎机
发送用户现场的球磨机
运行于用户现场的带式输送机
PCFK2028 可逆反击锤式破碎机
PEX 液压颚式破碎机

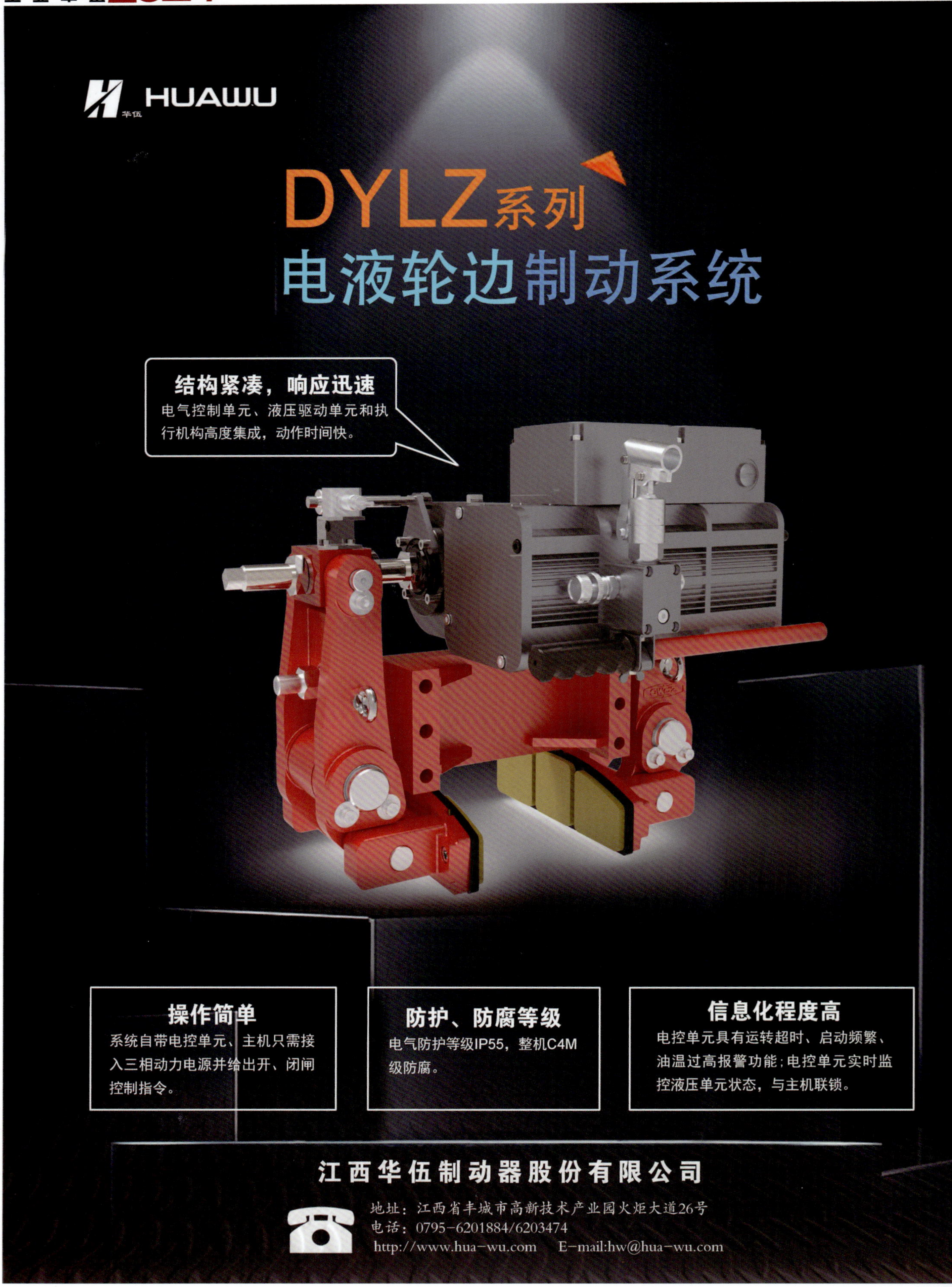
HUAWU 华伍
DYLZ系列
电液轮边制动系统
结构紧凑，响应迅速
电气控制单元、液压驱动单元和执行机构高度集成，动作时间快。
操作简单
系统自带电控单元，主机只需接入三相动力电源并给出开、闭闸控制指令。
防护、防腐等级
电气防护等级IP55，整机C4M级防腐。
信息化程度高
电控单元具有运转超时、启动频繁、油温过高报警功能；电控单元实时监控液压单元状态，与主机联锁。
江西华伍制动器股份有限公司
地址：江西省丰城市高新技术产业园火炬大道26号
电话：0795-6201884/6203474
http://www.hua-wu.com E-mail:hw@hua-wu.com

广告
HUAWU
华伍
华伍股份公众号
华伍股份官方抖音号
液压系统
核心理念 守护
设计理念 安全 创新 高端
SBH系列液压站
配套SB、SBD系列安全制动器
YZBS系列液压站
配套SBD系列安全制动器
YLH系列液压站
配套YLZ系列液压轮边制动器
YZBA系列液压站
配套YJ□系列液压式夹轨器
SB系列
SBD-C系列
YLZ系列
YJA系列

武汉雄驰机电设备有限公司

武汉雄驰机电设备有限公司成立于 2007 年 9 月，是一家专业从事以铜为主的有色金属材料及机电产品制造的民营高新技术企业，占地面积 53600 m^2，注册资本 3188 万元，现有专业技术及研发人员 21 人。

随着市场变化，公司不断进行产品结构升级、设备改造、技术创新，形成集有色金属铸锻、挤压、拉拔、机加工综合一体的研发制造团队，具备持续研发创新生产实力。公司以铜铸锻为主导，相继研制的以锆、磷、锡、镍为代表的特种有色金属高性能铜合金材料及其加工的滑动轴承、电机端环、电极电气元件及艺术工艺品等，广泛应用航空航天、船舶高铁、冶金矿山、石油化工、电力电器、5G 新能源等领域。主要客户有东方电气、哈电集团 、宝武钢铁、武船重工、中车电机等国家大型机电装备企业。产品随主机出口到十多个国家和地区。已通过 GJB9001C 认证。2015 年认定为高新技术企业，2017 年获武汉市民营创新企业 100 强，2023 年 7 月获国家专精特新“小巨人”企业。

公司新建“高性能铜及铜合金机电产品制造项目”全力研发铜基新材料及其加工产品，应用于新能源、5G、海洋材料等领域。以智能制造为主导，投入自动化生产线，锻造过程全方位采用机械手操作，配备数控加工中心、建立数据采集平台，形成数字化生产体系，实现年产高性能铜基新材料及产品 20000 t 生产规模。

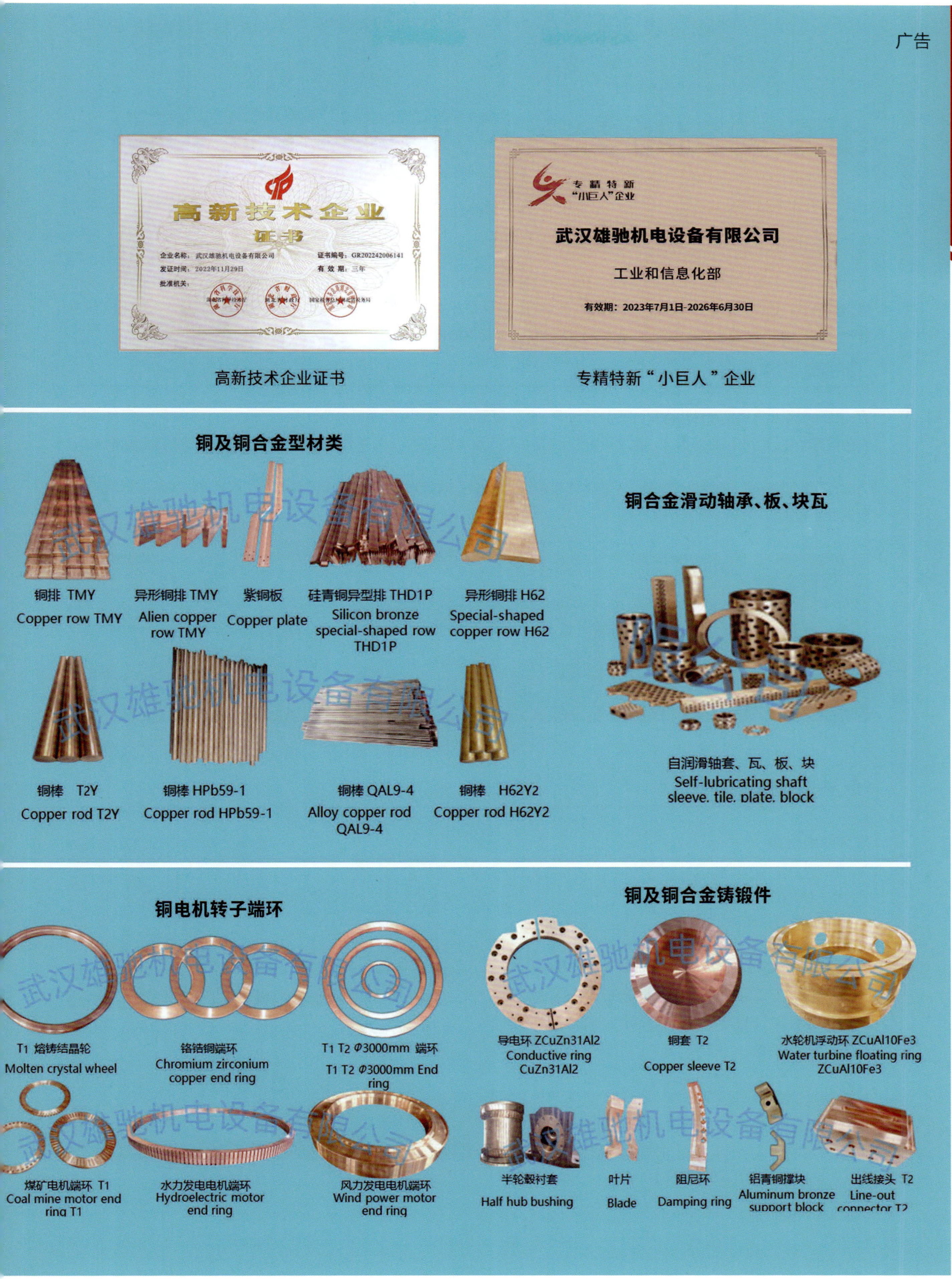
高新技术企业
证书
企业名称：武汉雄驰机电设备有限公司
证书编号：GR202242006141
发证时间：2022年11月29日
有效期：三年
批准机关：
高新技术企业证书
专精特新
"小巨人"企业
武汉雄驰机电设备有限公司
工业和信息化部
有效期：2023年7月1日-2026年6月30日
专精特新"小巨人"企业
铜及铜合金型材类
铜排 TMY
Copper row TMY
异形铜排 TMY
Alien copper row TMY
紫铜板
Copper plate
硅青铜异型排 THD1P
Silicon bronze special-shaped row THD1P
异形铜排 H62
Special-shaped copper row H62
铜棒 T2Y
Copper rod T2Y
铜棒 HPb59-1
Copper rod HPb59-1
铜棒 QAL9-4
Alloy copper rod QAL9-4
铜棒 H62Y2
Copper rod H62Y2
铜合金滑动轴承、板、块瓦
自润滑轴套、瓦、板、块
Self-lubricating shaft sleeve, tile, plate, block
铜电机转子端环
T1 熔铸结晶轮
Molten crystal wheel
铬锆铜端环
Chromium zirconium copper end ring
T1 T2 Φ3000mm 端环
T1 T2 Φ3000mm End ring
煤矿电机端环 T1
Coal mine motor end ring T1
水力发电电机端环
Hydroelectric motor end ring
风力发电电机端环
Wind power motor end ring
铜及铜合金铸锻件
导电环 ZCuZn31Al2
Conductive ring CuZn31Al2
铜套 T2
Copper sleeve T2
水轮机浮动环 ZCuAl10Fe3
Water turbine floating ring ZCuAl10Fe3
半轮毂衬套
Half hub bushing
叶片
Blade
阻尼环
Damping ring
铝青铜撑块
Aluminum bronze support block
出线接头 T2
Line-out connector T2
武汉雄驰机电设备有限公司

力山特
LISHAN TE

山东力山特智能科技股份有限公司

山东力山特智能科技股份有限公司是集智能物流装备、资源循环装备、低碳冶金环保等技术研发、设备制造和智慧运维于一体的综合性科技企业，高新技术企业，山东省专精特新、瞪羚企业，中国重型机械工业协会理事单位，拥有省级技术创新4项，建设有省、市级技术创新平台4个，知识产权超100项，特种设备生产许可证（A级）、环境工程设计专项（甲级）、环保工程专业承包、建筑机电安装工程专业承包、钢结构工程专业承包等多项资质，并通过质量、环境、职业健康安全管理体系认证。

智能物流装备

力山特5G智能起重机是集自动检测、识别、搬运于一体的起重设备，可实现起重机自动控制、起重机运行防摇摆、车辆自动识别防撞等功能，适用于钢铁、化工、港口等诸多行业的各类作业场景，能够满足高危高难度生产环境下的无人吊装作业需求。

力山特具备600吨以下架桥机、320吨以下的欧式起重机、通用桥门式起重机等30余个品类多规格型号起重机的制造安装能力和改造维修资质。

5G智能起重机

起重机智慧运维集控平台

AMR、RGV、AGV等工厂内智慧物流装备

资源循环装备

三大核心优势

- 烟气脱白技术
- 余热回收技术
- 焦炉煤气应用技术

子公司中德合资企业，从事系列化流化床酸再生机组研发、推广及应用，以“工程设备化、设备模块化、模块标准化”产品理念，实现从“工地建造”到“工厂智造”跨越式转变，广泛应用于钢铁冶金、金属制品、镀锌、制管等行业。

机组自动化程度高、投资回报快、副产物价值高、节能又环保，推行的小型模块化模式投资成本更低、建设周期更短、还可根据客户需求实现个性化定制，开启多元化合作新模式。

中天钢铁1.5m³小型模块化酸再生机组

山钢日照2x8.5m³酸再生机组

广告

低碳冶金环保

主营脱硫、脱硝、除尘、VOCs治理、污水处理、固体废弃物处理、节能、合同能源管理及环境与能源类项目投资。

智能脱硫脱硝

基于智能化技术和数据分析，通过集成先进的传感器、数据分析系统和自动控制技术，实现对脱硝过程的精准监控和调节。

智慧运维

利用现代信息技术，对环保设施、系统和项目进行智能化、精细化的运行维护管理，实现无人化、智能诊断、精准决策和高效执行。

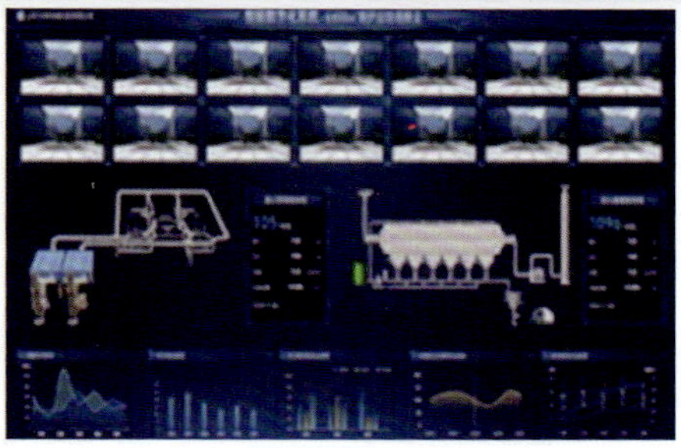

泵阀缸等工业备件再造技术

- 工业备件全生命周期管理，国内外机电液设备供应链供货安装调试维护、应急抢修及效能优化。
- 高端成套装备集成智造；机电液集成与智能算法定制化开发，设计、生产装配、部署、运维培训的一体化交付。
- 数字孪生维保：基于物联网的远程监测、智能诊断与全程维保。

工业自动化业务

公司凭借在工业视觉及AI智能算法方面的深度开发，具备强大的工业自动化产线的研发、设计与制造能力，能为客户提供完美解决方案，助推企业智能化转型升级。

- 免示教智能焊接机器人
- 钢格板全自动焊接专机
- 全自动厚板坡口切割机器人
- 机器人视觉引导等产品
- 非标自动化生产线设计制造

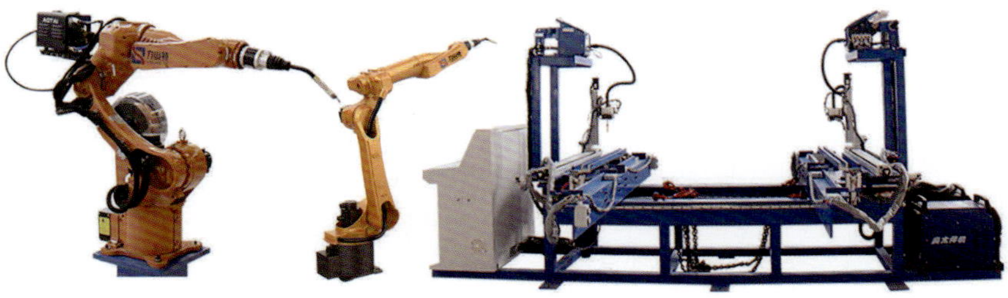

山东省日照市东港区临钢路以北、园区一路以西

http://www.lstznkj.com

智能物流装备 刘经理:15163455197 工业自动化业务 王经理:15563400983

低碳冶金环保 郭经理:18663495150 资源循环装备 高经理:18663495030

泵阀缸等工业备件再造技术 王经理:18663422970

力山特官网 力山特公众号

山东力山特智能科技股份有限公司

Shandong Lishante Intelligent Technology Co.,LTD

优秀企业展示

BADA

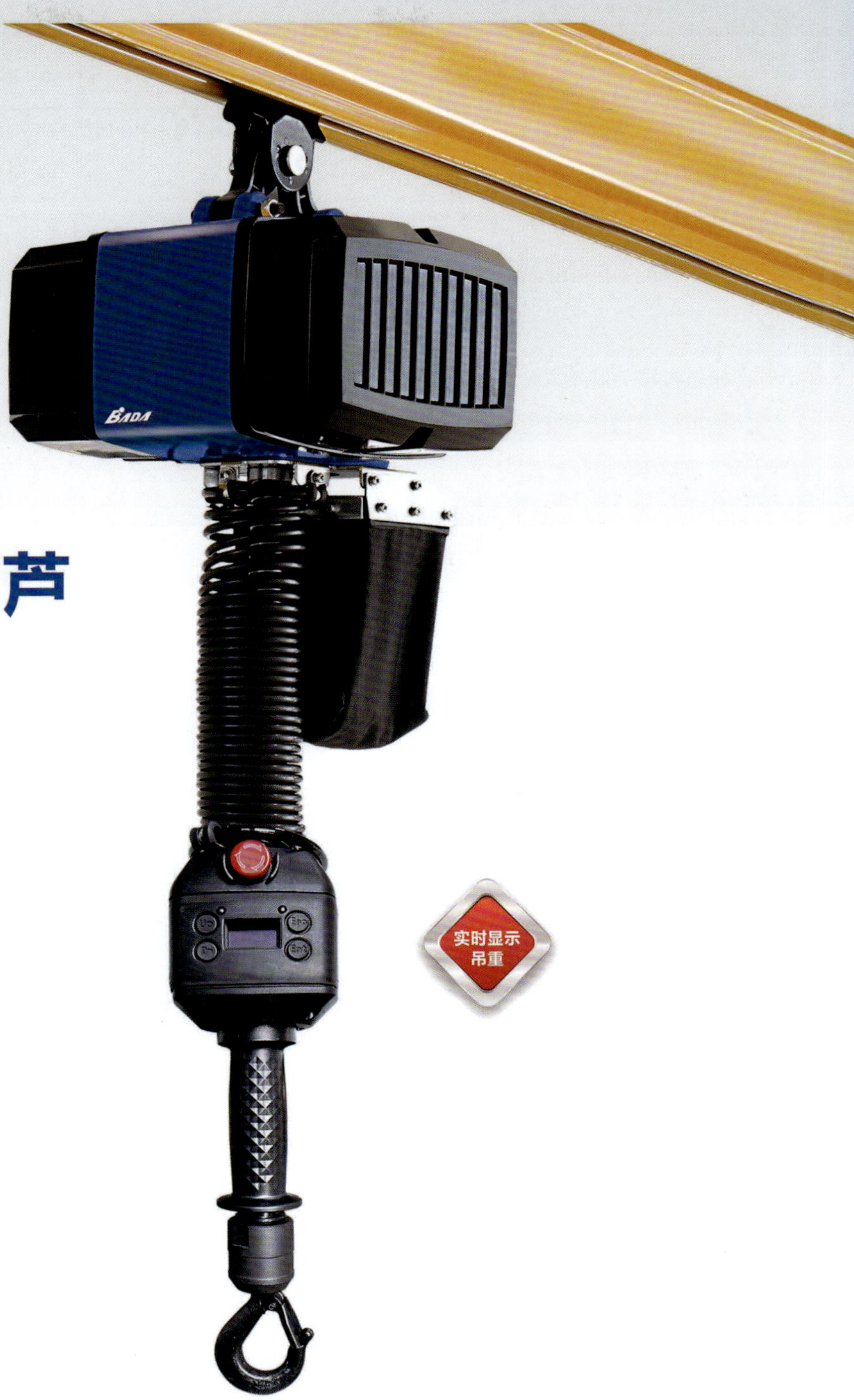

全新一代

QH系列
智能电动环链葫芦

全新一代QH系列智能电动环链葫芦是由八达机电股份有限公司创新研发、具有多项国家专利支撑的匠心之作，它由工业级微处理器控制系统、伺服电机、伺服驱动器、称重传感器、限位开关、光电开关等主要部件组成，具有**同轴滑动、悬浮、精准定位三种操作模式。**QH系列智能电动葫芦具有造型美观、精度高、速度可控、低净空、智能化等特点，设计符合人体工程学，给操作者带来举重若轻、快慢自如的新体验，产品使用起来方便、安全、高效。

部分技术参数

QH-250	QH-500
220V,50Hz	220V,50Hz
1200 w	1200 w
250kg	500kg
0-22.0m/min	0-12.0m/min
5m	5m
37kg	37kg

应用场景：

汽车行业（发动机、变速器、仪表板、汽车座椅、玻璃、地盘等零件和整车配件等）
天然气、石油、电力等能源行业（阀门、钻探工具等）
航空航天等行业重型设备制造、加工
工装夹具及模具等更换吊装、设备维护和保养
精加工、零部件组装
重复性高频率搬运工作、产品包装、车间和仓库装卸

燕山大學 机械工程学院

燕山大学机械工程学院源于哈尔滨工业大学重型机械系，1983年获博士学位授予权，2007年被教育部认定为一级学科国家重点学科（全国14个）。在2012年全国第三轮学科评估中位列第14位，在2016年全国第四轮学科评估中位列A—档，进入全国前10%行列，2022年第五轮学科评估继续保持，2023年、2024年连续位列软科中国最好学科排名榜单第15名（全国前7%），学科所在工程学学科位列ESI排名全球前0.99‰。学院现有起重机械关键技术全国重点实验室、国家冷轧板带装备及工艺工程技术研究中心、先进制造成形技术及装备国家地方联合工程研究中心、极端条件下机械结构和材料科学国防重点学科实验室4个国家科研平台。

（一）起重机械关键技术全国重点实验室（燕山大学）

起重机械关键技术全国重点实验室由中联重科股份有限公司与燕山大学联合组建，2022年底获批建设。燕山大学分中心研究方向覆盖轻量化设计与制造、智能驱动与传动、高性能智能感知与控制、全生命周期检测与运维。获2024年度机械工业科学技术发明奖特等奖1项、科技进步奖一等奖1项。未来，实验室将突破极端环境下超大型起重机械全生命周期设计、智能故障诊断和运维等关键难题，形成全球起重机械技术创新高地。

◎ 起重机械关键技术全国重点实验室揭牌仪式

◎ 起重机械关键技术全国重点实验室（燕山大学）鸟瞰图

◎ 全地面起重机面对世界级挑战斜对角车轮同时越过400mm高梯形障碍

（二）国家冷轧板带装备及工艺工程技术研究中心

国家冷轧板带装备及工艺工程技术研究中心于2011年通过科技部门评审立项建设，2014年通过验收，2016年获批成立，定位于轧制领域原创理论、共性技术、关键装备研发平台。中心获国家奖10项，省部级以上奖励22项，近五年获批研发经费超1.5亿元。未来，中心将继续面向国家战略及重大工程需求，锚定轧制领域产业变革与科技创新制高点，引领装备-工艺-产品融合发展，努力成为轧制领域新质生产力主要倡导者、推动者、践行者。

◎ 650四/六辊板带冷热可逆式轧机中试线

◎ 大型筒节轧制及热处理理论技术

◎ 国家冷轧板带装备及工艺工程技术研究中心鸟瞰图

燕山大学机械工程学院国家科研平台

（三）先进制造成形技术及装备国家地方联合工程研究中心

先进制造成形技术及装备国家地方联合工程研究中心于2012年由国家发改部门批准为国家创新平台，于2018年通过验收，重点针对先进成形技术及装备研究领域展开共性技术基础研究、应用研究、成果转化和应用开发工作，研究方向涵盖先进成形设备的一体化研发与制造、零件成形快速分析技术与软件系统开发、成形模具设计制造及系统集成开发、高性能工程材料设计开发与应用、特种成形技术与装备的研发与应用、特种机器人装备开发与应用。经多年发展，中心为推动京津冀地区机械、汽车、模具等行业高新技术的应用，传统产业的升级、改造，特别在“先进成形工艺与装备”方面，做出了重要贡献。

◎ 先进制造成形技术及装备国家地方联合工程研究中心

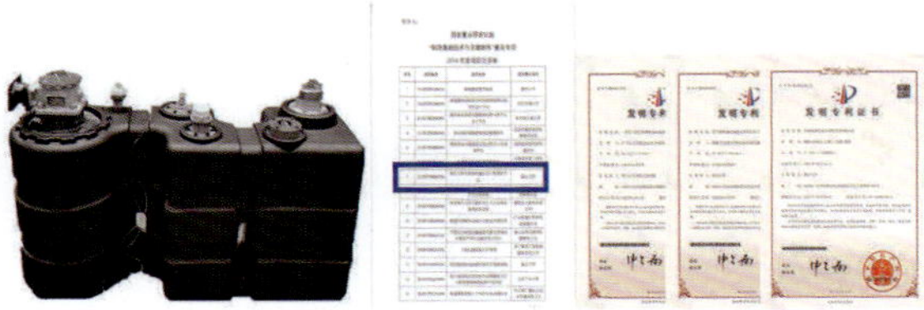

◎ 液压元件与系统轻量化设计制造新方法

◎ 65m大型射电天文望远镜并联副面调整系统

◎ 核岛蒸汽发生器水室封头用重载自动变位机（一重富区）

（四）先进制造成形技术及装备国家地方联合工程研究中心

极端条件下机械结构和材料科学国防重点学科实验室于2004年8月组建，于2007年6月由原国家国防科工部门批准正式成立。实验室围绕极端条件下机械结构和材料科学领域相关研究，近年来共承担科技部门基础加强重大专项、国防重大专项等科研任务200余项，科研经费达2亿元，在自润滑关节轴承研制关键共性技术与应用研究等方面成果显著，为我国自润滑关节轴承国产化做出了重要贡献。未来，实验室将继续面向我国关键领域重大需求，开展前沿性、高端化、智能化技术研究，为推动我国国防科技进步贡献燕大力量。

◎ 极端条件下机械结构和材料科学国防重点学科实验室揭牌（2009年11月）

◎ 极端条件下机械结构和材料科学国防重点学科实验室

◎ 实验室自行研制的直升机自动倾斜器自润滑大球铰轴承服役寿命评价试验机

◎ 实验室自行研制的高低温/湿热盐雾环境航空自润滑轴承服役寿命评价试验机

广告

国机集团 SINOMACH

北京起重运输机械设计研究院有限公司

BEIJING MATERIALS HANDLING RESEARCH INSTITUTE CO.,LTD.

客运索道

自动化物流仓储

起重机械

散料运输

北京起重运输机械设计研究院有限公司（简称北起院）成立于1958年，经过半个多世纪的发展，由原机械工业部门直属的国家起重运输机械行业技术归口研究所发展成为集科研开发、工程承包、设备成套、设计制造、检验检测、监理服务为一体的国有科技型企业，隶属于世界500强企业中国机械工业集团有限公司。

我国起重运输机械行业综合技术实力头部企业

北起院现有职工近600人，其中工程技术人员达80%以上。具有索道工程设计甲级资质，索道前期咨询、项目管理咨询资质，客运索道、起重机械、厂内机动车辆三类特种设备检验检测资质，ISO 9001、14001、18001体系认证证书。

北起院具有客运索道、自动化物流仓储、起重机械、散料运输四大工程业务板块，承包建设的各类工程近2 000项，获得300余项国家及省部级科技成果奖。可提供液力液压产品与系统和设备监理监造服务。

为我国物料搬运机械行业的技术进步发挥着重要作用

北起院承担国际标准化组织起重机技术委员会（ISO/TC 96）主席、起重机技术委员会试验方法分技术委员会（ISO/TC 96/SC 4）主席和工业车辆技术委员会可持续性技术委员会（ISO/TC 110/SC 5）主席工作，拥有国家中小企业公共服务示范平台、机械工业中小企业公共服务示范平台、博士后科研工作站、北京市企业技术中心、北京市设计创新中心、北京市自动化物流装备工程技术研究中心、机械工业物料搬运工程技术研究中心、起重机械轻量化技术重点实验室、起重机械减量化产业技术创新战略联盟九个科研及服务类平台。拥有北起装备涞水制造基地和北起院北方智能装备研发制造基地两个生产制造基地。设有国家起重运输机械质量监督检验中心、国家客运架空索道安全监督检验中心、国家安全生产北京矿用起重运输设备检测检验中心三个国家检验中心，主办《起重运输机械》行业学术期刊。全国起重机械、连续搬运机械、物流仓储设备、工业车辆及全国起重机械标委会的桥式和门式起重机分技术委员会、停车设备分技术委员会、电气与智能化分技术委员会七个标准化技术委员会秘书处，中国索道协会、中国机械工程学会物流工程分会、中国工程机械工业协会工业车辆分会、中国重型机械工业协会物流与仓储机械分会、中国重型机械工业协会桥式起重机专业委员会五个国家行业协会、学会秘书处设在北起院，为我国物料搬运机械行业的技术进步发挥着重要作用。

继续坚持核心技术的创新与研发

在新发展时期，北起院将继续坚持核心技术的创新与研发，大力开展工程设计与承包、产品检验与检测、技术咨询与服务，秉承“价值导向、创新驱动、责任担当、追求卓越”的企业核心价值观，以“明德、汇智、致勤、尚诚”的企业精神，与客户一同践行“搬动世界，传递真情”的使命，向成为“物料搬运技术的引领者”奋勇迈进！

Web: www.bmh1958.com E-mail: admin@bmhri.com Tel: +86 010-64031206 Fax: +86 010-64052584

天桥起重 创新智造

天桥起重
TIANQIAO

株洲天桥起重机股份有限公司成立于 1956 年，2010 年公司股票在深交所上市交易，现已成为全球具有影响力的铝电解专用起重设备制造商。近两年公司获得“国家技术创新示范企业”“制造业单项冠军产品”“国家企业技术中心”认定、“服务型制造示范企业”“2024 年火电燃料技术创新成果一等奖”等荣誉，并获批成立博士后科研工作站。

公司深耕高端起重装备多年，致力于为客户提供智能物料搬运装备整体解决方案，积极推动技术革命性突破，阔步迈向产品智能化，成功打造了一批示范应用场景。销售市场和服务范围覆盖全国，并出口至亚洲、欧洲、美洲和非洲的多个国家和地区。

铝电解多功能机组智能化项目

重载钢板运输机智能化项目

铜冶炼智能铜库系统项目

智能绿色装卸装备项目

官网：www.tqcc.cn　电话：0731-28432961

浙矿重工
ZHEKUANG HEAVY INDUSTRY

ZHEKUANG HEAVY INDUSTRY

砂石骨料和金属矿山高效节能的一体化解决方案服务商

详情咨询欢迎联系我们

- 地址：浙江省湖州市长兴县和平镇工业园区
- 电话：0572-6955888
- 邮箱：zkzg@cnzkzg.com

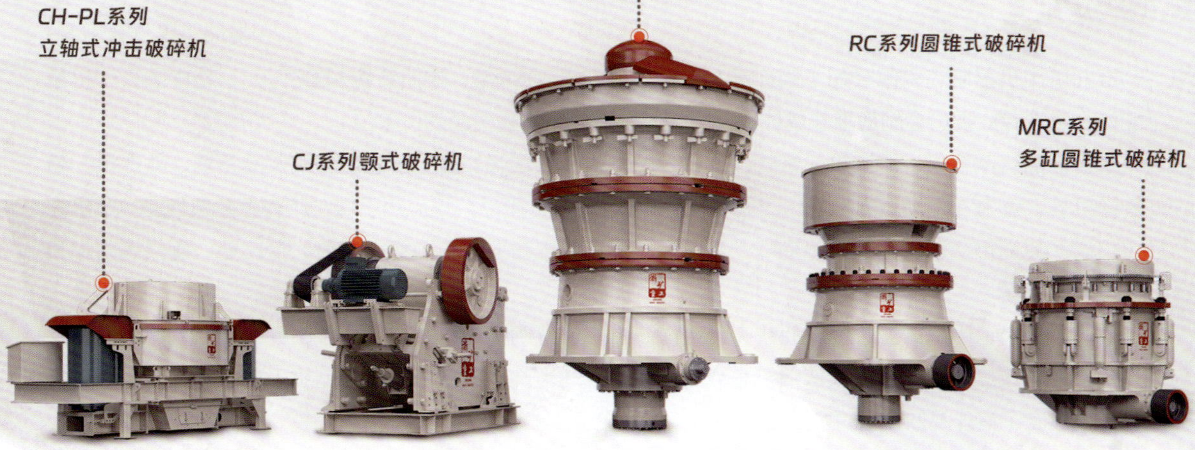

相关项目案例介绍

清远持恒矿业项目：时产6000吨，原料类型为砂岩，采用了浙矿重工的1台ZK70-110旋回式破碎机、10台圆锥式破碎机、2台ZKBM3660棒磨机。

北票鼎新实业项目：时产2400吨，原料类型为铁矿石，采用了浙矿重工的5台颚式破碎机，8台圆锥式破碎机。

南美洲模块化项目：时产200-250吨原料类型为花岗岩，该项目采用了浙矿重工一整套模块化设备。

WWW.CNZKZG.COM

广告

淮北矿山机器制造有限公司

淮北矿山机器制造有限公司（简称淮北矿机）成立于2004年，注册资金1700万元，是中国重型机械工业协会洗选专业委员会副理事长单位、全国矿山机械标准化委员会委员单位。

主要产品有浓缩机、浮选机、带式压滤机、跳汰机、振动筛、真空过滤机、矿浆准备器、斗提机、带式输送机等，可为2000万t以下选矿厂设计和生产全套设备，产品广泛应用于煤炭和有色金属行业。产品先后出口哈萨克斯坦、沙特阿拉伯、南非、吉尔吉斯斯坦、巴布亚新几内亚、印度、赞比亚、刚果等国家和地区。

与清华大学、中国矿业大学、北京有色金属研究院、昆明钢铁研究院、马鞍山钢铁研究院等展开广泛的技术交流，成立了安徽省高效浓缩机重点实验室、淮北市洗选设备暨高效浓缩机工程技术研发中心等研发机构，建立了室外高效浓缩机半工业化模拟实验装置。

公司牵头起草和制定了10项矿山机械行业标准，1项国家标准，拥有48项专利，其中3项发明专利。

董事长：胡善宏13965876158　　副总经理：李从军13909618508
销售总经理：杨勇13965898976
公司地址：安徽省淮北市濉溪经济开发区白杨路15号

NZT-53中心传动浓缩机

公司产品内蒙古使用现场

公司产品内蒙古使用现场

产品云南使用现场

国内大型深锥江锂现场

云铜大红山铜矿NTD-60S浓缩机使用现场

赞比亚现场

广告

深圳市兴鸿泰锡业有限公司

深圳市知名品牌　中国电子材料行业电子锡焊料十强企业　行业标准起草修订单位

深圳市专精特新企业　广东省材料工程技术研究中心　高新技术企业

深圳市兴鸿泰锡业有限公司成立于2009年，是一家有色金属原材料冶炼、电子产品材料、耐摩（增材）材料、半导体封装材料的优质供应商、技术咨询及服务供应商、一对一材料应用解决方案供应商。

公司集研发、培训、生产、销售、技术支持及售后服务为一体，拥有专业生产线16条，其中电子产品材料、耐摩（增材）材料、半导体封装材料的年综合交付能力约7000余吨。

十余载寒来暑往，风雪未曾停歇，一路砥砺前行，兴鸿泰秉承“感动客户、持续成长、勇于担当、彼此赋能”的价值理念，累计为3000+企业提供了优质的产品、技术支持及贴心的售后服务，协助多家合作伙伴攻克了技术难关，提升了产品品质及生产效率。

未来，在推动国家工业持续发展的道路上，携手合作伙伴，共赴成长，同铸辉煌。

锡锭：
产品牌号：GB系列99.90A-99.95AA
产品样式：块状、条状、柱状或客户所需样式
产品规格：(25±1) kg /块

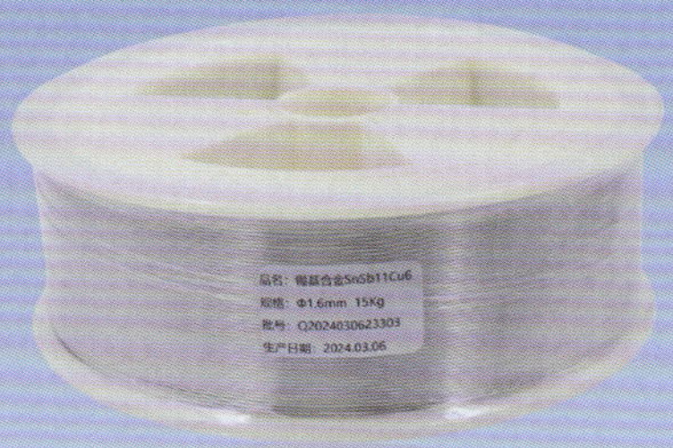

巴氏合金线：
产品牌号：GB系列牌号及客户订制牌号
产品线径：Φ(1.6-5.0)±0.01mm
产品规格：15kg/卷，50kg/桶

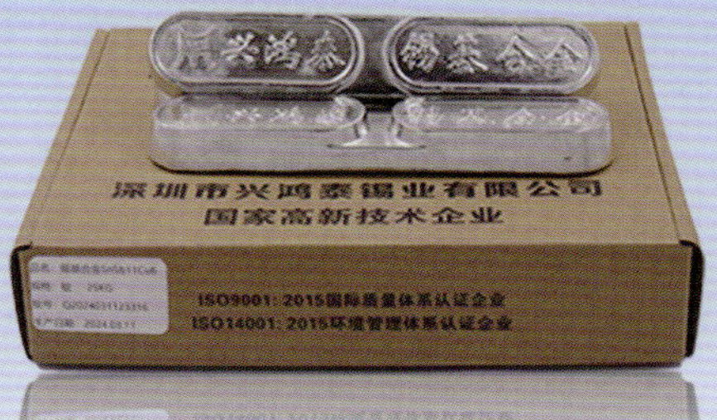

巴氏合金锭：
产品牌号：GB系列牌号及客户订制牌号
产品样式：块状、条状或客户所需样式
产品规格：(25±0.1)kg/盒

巴氏合金线：
产品牌号：国家标准牌号及客户订制牌号
产品线径：(1.6-5.0)±0.01mm
产品规格：15kg/卷，50kg/桶

地址：深圳市龙华区龙华街道狮头岭和平工业区B2栋　联系方式：13316926287　邮箱：xhw@xhtppcom

广告

东方电气集团大件物流有限公司

东方电气集团大件物流有限公司是中国东方电气集团的全资子公司，成立于2007年5月25日，注册资本5000万元。公司总部设立在成都，另在德阳、自贡、拉萨等多个城市设立有物流基地与分公司，与国内外100余家知名物流企业结成战略合作伙伴。公司主要以能源项目成套物流、重装物流、国际物流为特色，立足集团、面向社会。公司拥有交通运输行业四类道路运输最高资质、全国电力大件运输企业甲级总承包资质、无船承运业务经营资格等资质，秉承“共创价值·共享成功”的核心价值观，遵循“24小时服务精神”，以创新驱动，为全球客户提供专业、优质的综合物流解决方案。

中国外运大件物流有限公司

公司简介 Company Profile

中国外运大件物流有限公司系中国外运股份有限公司的全资二级子公司（托管于中国外运海外发展有限公司），隶属于招商局集团旗下，是招商系统内唯一的工程项目及超限设备专业运输操作平台，也是国内早期从事专业大件运输的企业。

公司成立于2000年，注册资金10360万元，总部位于上海，下设山东分公司、如皋分公司，并与全球吊装巨头比利时SARENS集团合资成立了中外运沙伦氏物流有限公司。

公司主营超限设备的全程综合物流服务（含国内外起重、运输、装卸、称重等），拥有电力大件运输总承包甲级资质、特级道路大型物件运输企业资质、专业承包资质等，并通过了ISO9001质量管理体系、ISO14001环境管理体系以及OHSAS18001职业健康安全管理体系标准认证。

一、专业设备保有量居全国前列

专业大件运输设备保有量居全国前列，包括德国进口SPMT 320轴线，进口PPU动力机组17台；国产SPMT及国内外液压平板车、国产PPU动力机组等保有量，在行业中属于头部企业；同时，拥有德马格CC8800、CC6800大型起重机各1台，25000吨级称重设备一套，桅杆起重机、桥式梁、汽车起重机等其他起重机械若干，能同时满足化工、海工、电力、冶金、基础设施建设等多行业超限设备物流服务需求。

二、技术创新引领行业进步

公司坚持技术创新，获得发明专利、实用新型专利共32项；参与多项行业技术著作编纂和标准的制定工作，引领行业发展；培育交通运输行业工程师含助理工程师共113位，其中教授级高级工程师1人、高级工程师24人、工程师32人、助理工程师56人。

公司自成立以来，在国家各大工程项目中屡创佳绩，曾多次创造或刷新单件运输质量、批量、运距、运输设备长度等全国纪录。近年来，在核电、风电、海洋工程、石化冶金、特高压电力工程、岸基物流等领域不断开拓，为国家电力建设持续提供专业物流服务，是中核集团、广核集团和国电投的优质运输供应商，为客户多样化需求提供定制化岸基配套物流服务。此外，公司积极开拓海外市场，先后在美国、安哥拉、文莱、哈萨克斯坦、蒙古国、印度尼西亚等国家和地区参与多个大型工程项目操作。

公司坚持以“运万物、连世界、创生态，以物流成功推动产业进步”为使命，通过专业诚信的服务和勇于拼搏的精神，持续践行国家战略和企业责任，以优异的成绩回馈客户、回馈社会。

国家电网川渝特高压工程天府南1000kV变电站大型变压器运输工程

全程运输距离长3000km，历时38天，经历4次换装，克服重多技术难点，是目前国内多式联运中运输条件很复杂、运输难度很高的大件运输项目之一

乌兹别克斯坦布哈拉风电项目

中国外运作为风电项目全程物流服务商，整合国内外优势资源，从国内包头、巴彦尔、酒泉等地的生产工厂发车，途经新疆霍尔果斯和都拉塔口岸，过境哈萨克斯坦，最终将158套6.5MW风电机组全套设备货物运输到乌兹别克斯坦布哈拉项目现场

埃克森美孚州乙烯项目设备装船

埃克森美孚惠州乙烯项目是国家重大外资项目之一，是一个具有竞争优势的超大规模化工综合体项目，中国外运负责场内短倒、装卸船作业、海运等

中国外运大件物流有限公司（总部） 地址：上海市浦东新区龙阳路2277号永达大厦1005室 电话：021-68585713 邮编：201204

广告

四川东方物流集团有限公司
Sichuan East Logistics Group Co., Ltd.

公司简介

四川东方物流集团有限公司成立于2004年7月，现已成为以工程物流为主导，集公路运输、铁路运输、无船承运、航空货运代理、国际道路货物运输、国际货运代理、物流园区开发与管理于一体的综合物流解决方案提供商。AAAA物流企业，荣获全国物流行业先进集体、模范职工之家、四川名牌等诸多荣誉。

现有下属子公司6家。先后在自贡、成都投资开发物流园区，总占地面积410亩，拥有各种先进重型半挂牵引车、氢燃料电池牵引车、HY-G3.0系列自行式模块运输车和2000t液压全挂车等超重超低半挂车系列，运营管理着6km铁路专用线，一次性运力3500t，年物流吞吐能力300多万t。是国家电网、东方电气、上海电气、三峡集团、京东集团、金风科技等大型企业的物流供应商，近年来为白鹤滩水电站、港珠澳大桥、华龙一号核电等国家重大工程建设项目提供了专业化的物流服务。

优秀企业展示

港新重装码头港务有限公司

专业化、规范化、市场化

COMPANY INTRODUCTION

公司介绍

港新重装码头港务有限公司是张家港保税区管委会直属国有综合性港口企业，位于长江下游南岸江苏扬子江装备制造产业园（张家港市大新镇段山港），地处长三角经济圈核心腹地，水路距上海吴淞口130km，公路至上海178km、苏州80km、无锡60km，是辐射长三角、贯通江海联运的战略节点。

公司总投资25亿元，规划岸线1353m，前沿水深12m，建设5个万吨级长江泊位及5个千吨级内港池泊位，总面积80万m^2，陆域面积73万m^2，科学布局重装组装区（6万m^2，配备250t门式起重机）、重件堆存区（6万m^2）、45万m^2大型件杂货堆场、6万m^2现代化仓储物流区、2万m^2停车场及8万m^2高效通行道路，并配套1.2万m^2综合办公楼、6.4万m^2智能仓库、流动机械库及智能化变电所等设施，总建筑面积达7.6万m^2。

依托国际领先的港口装备，包括2台800t固定式起重机（联合作业能力1300t）、250吨级场地作业门式起重机及36m宽滚装引桥，公司可承接万吨级超大型设备滚装、千吨级重型构件吊装等高难度作业，业务涵盖大型装备装卸、重型制造组装、仓储物流、港口机械租赁与维保等全产业链服务。

秉承“专业化、规范化、市场化”理念，公司集成智能化管理系统与数字化调度平台，实现货物装卸、仓储周转、设备运维的全流程高效协同，深度融入共建“一带一路”发展战略，致力打造长江流域规模领先、技术一流的现代化重装码头与装备制造产业基地，以安全、精准、高效的一站式港口解决方案，赋能全球客户，助力区域经济高质量发展与国家战略落地。

综合索引

鉴证行业发展足迹

振兴重型装备工业

中国工业年鉴出版基地

中国机械工业年鉴系列

《中国机械工业年鉴》

《中国电器工业年鉴》

《中国工程机械工业年鉴》

《中国机床工具工业年鉴》

《中国通用机械工业年鉴》

《中国机械通用零部件工业年鉴》

《中国模具工业年鉴》

《中国液压气动密封工业年鉴》

《中国重型机械工业年鉴》

《中国农业机械工业年鉴》

《中国石油石化设备工业年鉴》

《中国塑料机械工业年鉴》

《中国热处理行业年鉴》

《中国齿轮工业年鉴》

《中国磨料磨具工业年鉴》

《中国机电产品市场年鉴》

《中国机械工业集团有限公司年鉴》

《中国电池工业年鉴》

《中国机器人工业年鉴》

《中国工业车辆年鉴》

中国工业年鉴出版基地

编辑说明

一、《中国机械工业年鉴》是由中国机械工业联合会主管、机械工业信息研究院主办的大型资料性、工具性年刊，创刊于1984年。

二、根据行业需要，中国机械工业年鉴编辑委员会自1998年开始出版分行业年鉴，逐步形成了中国机械工业年鉴系列。该系列现已出版了《中国电器工业年鉴》《中国工程机械工业年鉴》《中国机床工具工业年鉴》《中国通用机械工业年鉴》《中国机械通用零部件工业年鉴》《中国模具工业年鉴》《中国液压气动密封工业年鉴》《中国重型机械工业年鉴》《中国农业机械工业年鉴》《中国石油石化设备工业年鉴》《中国塑料机械工业年鉴》《中国热处理行业年鉴》《中国齿轮工业年鉴》《中国磨料磨具工业年鉴》《中国电池工业年鉴》《中国工业车辆年鉴》《中国机器人工业年鉴》《中国机械工业集团有限公司年鉴》《中国一汽年鉴》和《中国机电产品市场年鉴》。

三、《中国重型机械工业年鉴》作为该年鉴系列之一，自2005年起每年连续出版，2024年为第20版。2024版年鉴集中反映了2023年重型机械行业的发展情况，公布了重型机械行业主要经济技术指标和企业的发展情况。

四、《中国重型机械工业年鉴2024》内容由综述、大事记、行业与市场篇、企业篇、统计资料、标准与质量和附录7部分构成，进出口数据由中国重型机械工业协会提供，数据截至2023年12月31日。

五、本年鉴在编纂过程中得到了中国重型机械工业协会及所属分会、相关研究院所和企业的大力支持和帮助，在此深表谢意。

七、由于编者水平有限，书中难免有不足之处，敬请读者批评指正。

中国机械工业年鉴编辑部

2025年1月

目　录

综　述

大 事 记

行业与市场篇

企 业 篇

统 计 资 料

标准与质量

附　　录

Table of Contents

Summary

Chronicle of Events

About Industry and Market

About Companies

Statistics

Standards and Quality

Appendix

中国重型机械工业年鉴 2024

综 述

回顾 2023 年重型机械行业发展状况，分析行业发展中存在的问题并提出措施建议。公布 2023 年中国重型机械行业获得机械工业科学技术奖项目情况。发布 2023 年重型机械行业的新产品、新技术和重大项目，以及重型机械行业节能降碳行动方案

Review the development status of the heavy machinery industry in 2023, analyze existing challenges in the sector, and propose actionable measures. Announce the list of projects awarded the 2023 China Machinery Industry Science and Technology Award in the heavy machinery field. Releas information on new products, innovative technologies, and major projects launched in 2023 within the industry. Additionally, publish the action plan for energy-saving and carbon reduction in the heavy machinery industry

中国重型机械工业年鉴 2024

综述

凝心聚力、守正创新，奋力推进重型机械行业健康稳定发展

——中国重型机械工业协会八届六次理事会工作报告

常务副理事长　景晓波

各位理事、各位代表：

受中国重型机械工业协会（简称协会）第八届理事会和理事长委托，我向大会做“凝心聚力、守正创新，奋力推进重型机械行业健康稳定发展”的工作报告，提请审议。

一、重型机械行业发展情况

2024年是中华人民共和国成立75周年，也是“十四五”规划实施的关键之年，面对复杂严峻的国际环境，在以习近平同志为核心的党中央坚强领导下，重型机械行业认真贯彻落实党中央、国务院决策部署，坚持稳中求进工作总基调，锚定新型工业化目标，加速培育新质生产力，加快构建新发展格局，着力推进行业高质量发展。第一季度行业经济运行实现良好开局；进入第二季度，由于有效需求不足，行业营业收入增速由正转负；第三季度以来，营业收入增速下降，但下降势头趋缓；2024年行业稳增长压力依然较大。在2024年9月26日中央政治局会议一揽子促经济发展政策引导下，全国经济形势出现了较大改善，预计重型机械行业2024年可以实现稳定发展的目标。

（一）行业运行基本情况

1. 主要经济指标下行，亏损面扩大

2024年1—10月重型机械行业规模以上企业有5 869家，累计实现营业收入9 173亿元，同比下降2.5%，增速分别低于全国工业和机械工业4.4个和3.0个百分点。实现利润总额599亿元，同比下降2.5%，降幅低于全国工业（−3.3%）1.2个百分点，低于机械工业（−8.0%）6.5个百分点。亏损面26.8%，较2023年同期增加3.4个百分点。

2. 外贸保持较快增长，进出口有望再创历史新高

2024年，重型机械行业进出口贸易在2023年高基数基础上保持较快增长速度，各月出口额累计增速始终保持在10%以上。2024年1—10月，重型机械行业实现进出口总额364.64亿美元，同比增长11.71%。其中：出口额336.25亿美元，同比增长14.52%；进口额28.39亿美元，同比下降13.50%；进出口顺差307.86亿美元，同比增长18.05%。从当前情况看，2024年进出口贸易将再创历史新高，出口额有望突破400亿美元。

3. 创新驱动重大技术装备取得新突破

重型机械行业始终坚持创新驱动发展战略，积极推进协同创新、开展联合攻关，重大技术装备不断取得新突破。中国第一重型机械股份公司（简称中国一重）成功浇注国内最大的精轧整体式轧机机架，实现冶金装备领域的又一重大突破，对推进我国国民经济的发展和国家安全具有重大意义。二重（德阳）重型装备有限公司（简称二重装备）与上海电气电站设备有限公司上海汽轮机厂联合自主研发的660MW超超临界机组首根国产FB2中压转子材料生产成功，实现了FB2中压转子的国产化，填补了国内空白，标志着我国在高端材料领域取得新突破。中国一重承制的国内首台大切割力紧凑型轮斗挖掘机顺利完工发运。国机重型装备集团股份有限公司（简称国机重装）研制的世界首台500MW冲击式水电机组球阀铸钢件在四川省德阳市正式交付并起运。山东华特磁电科技股份公司（简称华特磁电）自主研制的全球最大RCDFJ-28强油循环电磁除铁器成功下线。株洲天桥起重机股份有限公司（简称天桥起重）子公司杭州华新机电工程有限公司与华能玉环电厂联合研发的抓斗卸船机远程全自动智能控制系统顺利通过验收，实现了国内抓斗卸船机动态闭环全控制系统的“零突破”。

4. 智能化、绿色化发展持续推进

推动制造业高端化、智能化、绿色化发展，既是未来推进新型工业化的重要任务，也是实现中国式现代化的有力支撑。4家会员单位案例入选工业和信息化部2024年物联网赋能行业发展典型案例，他们分别是卫华集团有限公司的“物联网在起重装备远程运维管理的应用”、焦作科瑞森重装股份有限公司的“基于多智能体融合技术的货物码头设备智能运维”、中国外运股份有限公司的“基于AIoT的绿色低碳高效安全的智慧物流园区”、山东恒远智能科技有限公司的“面向工业领域的智能制造管理平台应用及推广”。近两年，多家会员企业入选智能制造示范工厂、绿色工厂等。

（二）存在的主要问题

1. 市场需求偏弱，订单不足

市场需求总体趋弱，2024年5月以来制造业PMI指数持续处于临界值之下。10月份制造业PMI比上月回升0.3个百分点至50.1%，其中，新订单指数回升至50%，但新出口订单指数为47.3%、在手订单指数为45.4%，仍处于临界值下较低水平。据协会调查，多数企业在手订单仅能满足近期生产，2025年生产任务缺口较大。

2. 账款回收难问题依旧

2024 年 1—10 月，重型机械行业应收账款总额 4 930 亿元，同比增长 4.8%，远高于同期营业收入增速，更有承兑盛行，加大了资金流动难度。截至 2024 年 10 月底，重型机械行业流动资金周转天数为 153.6 天，较 2023 年同期增加 14.4 天，比全国工业多 86.9 天，比机械工业多 51 天。同时，商业承兑汇票、无预付款等不友好的付款方式不断侵蚀企业的现金流和利润，使企业生产经营压力持续加大。

3. 外贸出口压力犹存

2024 年 1—10 月，重型机械行业出口增速有所回升，但较 2023 年同期低 0.88 个百分点。主要由于世界政治经济形势错综复杂，存在诸多挑战，贸易保护主义、地缘政治冲突不断加剧等因素影响，加之全球供应链修复形成贸易挤压等因素，使行业出口压力和风险不断加大，企业出口信心和意愿受到影响。

4. 高端技术及产品领域仍存差距

原始技术创新水平差距明显，在产品可靠性、精细性及先进性方面与国际先进水平相比仍显不足，在全球高端市场竞争中较为被动，其中一些产品性能受关键零部件影响很大。

5. 企业营商环境需进一步优化

行业企业“内卷”严重，低价中标、同质竞争激烈，导致企业利润减少甚至无利润；地方有关政府部门对企业检查频次太高（有些地方甚至每周都有相关部门人员到企业检查），企业疲于应对，且有关部门（如环保等）每次检查人员不同、标准不一，给企业造成严重困扰，给企业正常生产经营带来一定影响。

二、2023 年以来协会主要工作情况

面对百年未有之大变局，协会始终坚持以习近平新时代中国特色社会主义思想为指导，在工业和信息化部、国家发展改革委、科技部、民政部、商务部等相关政府部门的具体指导下，在中央社会工作部和中国机械联党委的领导下，认真贯彻落实党中央、国务院决策部署，坚持改革创新，全面贯彻新发展理念，加快构建新发展格局，着力推动高质量发展。

（一）加强调研分析，积极引导行业高质量发展

2023 年以来，协会领导认真规划、积极深入会员企业进行现场调研，目前已走访各类企业 150 多家，以了解情况、发现问题、研讨措施、提出建议。组织力量加强形势分析、研判，已编写、发布《中国重型机械行业节能降碳行动方案》《重型机械行业数字化转型发展的研究报告》《浅析钢铁行业更新改造的装备制造机遇分析报告》《2023 年重型机械行业经济运行报告》《推动重型机械行业设备更新行动方案》《2024 年上半年重型机械行业经济运行报告》《2024 年前三季度重型机械行业企业运行状况调研报告》《2024 年前三季度重型机械行业经济运行报告》，以及统计简报等各类研究、分析报告 50 余篇，内容丰富翔实，数据可靠，为企业了解重型机械行业和上下游行业的发展现状，制定发展战略提供了可靠的参考。

（二）积极推动科技创新，加快推进行业科技进步

2024 年协会组建了第一届专家委员会，并召开成立大会，专家委员会汇集了近 200 位行业专家，包括行业院士、政府部门离任干部等，为行业储备了强大的智囊团力量。健全行业“世界之最”评价体系，积极开展评价工作，2023 年以来已开展两次评价，评审出 18 项“世界之最”。2024 年国家科学技术奖发布，行业多项成果获奖，其中一等奖 1 项，二等奖 3 项。帮助会员企业争取国家重大项目，为地方政府、行业企业开展规划编制、科技咨询等服务，大力支持地方、企业发展。完成了河南省新乡县振动产业发展规划；完成了中信机电委托的《耐磨铸钢件在国内外矿山机械行业的市场分析》报告；2024 年完成 35 项科技成果鉴定（评价）项目等。2024 年机械工业科学技术奖重型机械组科技奖提名项目数量达到 120 项，创历年之最。2024 年重型机械组获奖项目 47 项，其中特等奖 1 项，一等奖 4 项，二等奖 21 项，三等奖 21 项。获奖项目数量与一等奖项目数量实现突破。

（三）充分发挥桥梁纽带作用，积极建言献策

为及时了解企业真实诉求，为行业企业排忧解难，协会多次向相关部门反映行业、企业存在的问题和困难。2023 年 2 月，向商务部服贸司反映了协会对《中国禁止出口限制出口技术目录》（征求公众意见版）的意见和建议；12 月，在商务部、科技部联合发布的《中国禁止出口限制出口技术目录》中采纳了协会的相关意见，对散料装卸和物料输送机械行业开拓国际市场发挥了重要作用。2023 年 3 月，协会参加由全国人民代表大会财政经济委员会组织召开的特种设备安全法执法检查前期调研座谈会，在会上反映了钢丝绳电动葫芦被移除《特种设备目录》和型式试验产品范围后出现了大量低质、低价、假冒伪劣产品并引发多起事故的情况，以及机械式停车设备存在不进行安装告知和安装验收，直接采用租赁二手机械式停车设备通过住建部门的规划验收后，拆除回收并租赁到其他项目，存在一定风险等问题。2023 年 10 月，向国家市场监督管理总局特种设备安全与节能技术委员会起重机械分委会提交特种设备行业风险信息表，反映钢丝绳电动葫芦的管理风险和机械式停车设备装设超载限制器的实际现状，并提出相关建议。2024 年 4 月，向商务部、工业和信息化部等部门反映出口回款问题的情况，引起高度重视。

（四）强化服务政府，及时反映行业情况

协会是企业和政府连接的桥梁，落实好政府安排的各项任务既是重要责任，也是行业发展的需要。2024 年，协会聚焦行业发展提出了许多政策建议，按照政府要求提供了形势分析报告和专项报告。

根据工业和信息化部要求，编制《重型机械行业研发制造过程中设备更新改造需求报告》《港机、冶金行业发展历程及走出去情况》《行业经济运行情况简报》《重点企业名单及简介》等报告。

为行业健康发展，积极参与政府主导的《首台（套）重大技术装备推广应用指导目录》修订、《鼓励进口技术和产品目录》修订、"重大技术装备进口税收目录"修订等工作，完成了《工业重点行业领域设备更新和技术改造指南的通知》中重型机械版块内容、《重机行业设备（更新）情况估值》报告等。

根据相关部门组织情况，积极推荐行业专家参与国家级专精特新"小巨人"、制造业单项冠军企业、绿色工厂、中国工业大奖、国家重大科技专项等评审工作，反映行业意见和建议。

（五）发挥平台优势，推动产业集聚发展

协会高度重视产业集聚发展，积极推动协同基地和集聚区建设。2023 年 4 月，授予河南省新乡县"振动之都"称号。推动河南省长垣市"起重之乡"升级"起重之都"，于 2024 年 4 月为其授牌。产业集聚有利于降低企业运营成本，包括人工成本、开发成本和原材料成本等，因而有利于提高企业劳动生产率，有利于提升企业竞争力；集聚区内企业之间的相互作用，可以产生"整体大于局部之和"的协同效应，最终有利于提高区域竞争力，促进区域创新发展，也为行业发展起到了积极的促进作用。

（六）创新工作机制，搭建展示、交流平台

行业展会和交流活动是行业协会的重要工作内容和抓手，也是行业企业宣传展示、合作交流的重要平台，面对行业展会和论坛长期未得到应有发展之困局，通过精心策划、认真组织、诚心服务，取得了突破性发展。

2024 中国（上海）国际重型机械装备展览会从展出面积、展商数量、参展观众、展出效果、行业影响力等方面全面实现了突破升级。展会面积 1.2 万 m^2，170 余家企业参展，专业观众人数达 14 万人次；展会同期活动精彩丰富，打造了行业展示、交流、服务的高能级开放合作平台，获得了行业内外一致好评，众多展商已开始积极预定 2025 年展位。此次展会展出面积和参展企业数量均较上届实现翻番，展会影响力大幅提升。

在展会和论坛活动方式上大胆创新，注重与政府联合办会，主题突出、实效性强。2023 年以来，协会先后与工业和信息化部、辽宁鞍山、江苏徐州、福建平潭、江苏启东、重庆江津、河南新乡、河北保定等地合作举办展会和论坛活动。同时，加强跨行业合作，先后与中国钢铁工业协会、中国矿业联合会、中国机械通用零部件工业协会、大型钢铁企业集团等协同合作，促进产业链上下游的交流与协同，显著提高了活动效果，为今后不断完善和发展产业链交流打下了良好基础，极大地扩大了协会的影响力。

搭建针对性交流平台。为积极推动重型机械行业质量提升，引导企业良性竞争，推动行业更好发展，2023 年协会搭建了六大重机厂质量工作对标交流平台，2024 年搭建了六大重机厂营销系统交流平台，推动建立了对标交流机制。下一步，协会将在行业内推广、扩大交流活动，进一步推动行业整体交流、进步。

（七）弘扬工匠精神

为深入实施人才发展战略，完善重型机械行业人才战略布局，坚持各方面人才一起抓，建设规模宏大、结构合理、素质优良的人才队伍，促进重大技术装备提质升级，2023 年以来，协会举办了"中国重型机械行业工匠大讲堂""建设中国重型机械行业工匠工作室"等活动，弘扬工匠精神，促进行业培养更多执着专注、精于一技的行业工匠。

2023 年举办了"建设中国重型机械行业工匠工作室"活动，评选出中国重型机械行业大工匠工作室和工匠工作室共 31 个，其中，中国重型机械行业大工匠工作室 10 个、工匠工作室 21 个，在中国重型机械工业协会八届四次会员代表大会上举办了工匠工作室的授牌仪式。该活动进一步发挥了工匠的带头、表率作用，促进了行业内人才交流，促使企业更加重视技能人才和技能人才队伍建设，促进行业企业建立、健全技能人才培养、评价、选拔、任用和激励政策措施等。

后续举办"中国重型机械行业工匠大讲堂"系列活动，邀请行业大工匠通过视频作专题报告，在重型机械行业弘扬工匠精神，会员单位超过 8 000 人次收看（共 3 期），部分行业重点骨干企业组织一线工人收看，收到了良好效果。

（八）积极发挥协会作用，助力企业专精特新发展

积极引导企业向专业化、精细化、特色化方向发展，为企业提供咨询服务、出具证明等助力企业发展和奖项申报，推广专精特新"小巨人"典型企业发展经验，推动行业中小企业转型升级，促进行业高质量发展。2023 年以来，为会员企业出具各类证明 110 份。

为深度挖掘典型企业技术创新、业务模式创新和特色培育等方面的成功经验，推动行业中小企业转型升级，帮助更多企业成长为专精特新企业，2023 年，协会规划并启动了首个专精特新"小巨人"典型企业专项调研分析、经验总结推广活动，对合建卡特工业股份有限公司开展调研分析，发布首份重型机械行业专精特新"小巨人"典型企业调研分析报告。2024 年，继续开展专精特新典型企业调研分析活动，对江苏国茂减速机股份有限公司、江苏嘉轩智能工业科技股份有限公司、河南新科起重机械有限公司、河南东起机械有限公司 4 家企业进行深入调研分析，已完成并发布了江苏国茂减速机股份有限公司、河南新科起重机械有限公司、河南东起机械有限公司 3 家调研报告。

2024 年，协会组织征集、评审、认定专精特新创新成果并进行集中发布、宣传和推介，为加速成果的转化、应用和推广，促进技术和产业升级发挥了重要作用。2024 年向政府主管部门、相关行业协会、大型企业集团和媒体平台集中发布新成果 38 项，其中冶金锻压机械 9 项、矿山机械 6 项、起重运输机械 15 项、通用基础件 8 项，并最终形成了《中国重型机械行业重大创新成果目录（2024）》。

（九）反映企业诉求，突出精准服务

协会充分发挥桥梁纽带作用，及时、准确反映企业真

实诉求，在开展好普适性服务的同时，了解会员诉求或应会员要求开展针对性专项服务，帮助解决具体问题，把服务做实做细做准做优，开展精准服务。

根据国家指南方向要求积极帮助会员企业申报重大项目。根据国家启动的强基工程指南方向，积极指导相关企业编写文件、申报项目等，其中“大截面、高品质特殊品种钢锭制备技术开发及产业化”和“绿色节能高效无人工作面智能化关键技术与成套设备”两个攻关项目中标，分别申请中央财政支持 5 000 万元和 3 000 万元。

组织行业企业精准对接合作，组织北京建龙重工集团有限公司与四川川润股份有限公司通过线上会议的方式，围绕智能制造主题开展交流，促使双方达成进一步合作意向；推动江苏卫华海洋重工有限公司与中国外运大件物流有限公司交流合作，促使双方在码头合作模式与方案方面进一步落实了相关事项。

组织政府产业对接活动，组织行业企业与江苏启东吕四港经济开发区、重庆市江津区开展产业对接，有效推进了行业企业和地方产业融通发展。

根据会员企业诉求，帮助解决知识产权纠纷、海关审批、地方产业合法化审定、重大设备远程运输、技术瓶颈、市场开拓等具体难题，为会员企业正常运行和健康发展提供强力支持。

（十）创新方式，强化宣传

不断强化宣传工作，及时传递行业相关信息。2023 年以来，协会共发布《中国重机通讯》11 期，发布《重机快讯》69 期。2024 年创新开发了《重机简讯》与《政策汇编》服务，截至 11 月各发布 9 期，全面汇集月度行业资讯、政策内容。用全面准确的运行监测分析结果和及时有效的传播手段，让行业企业及时了解行业发展动态，让行业企业普遍受益。

（十一）编写行业发展史，记录行业发展历程

编写行业发展史既是对行业七十多年发展历程的总结和回顾，也是对行业自豪感和使命感的彰显和记载。《中国重型机械工业发展简史（1949—2021）》主要记述了我国重型机械工业在不同历史时期的发展轨迹，展现了重型机械工业所属各个行业的发展情况，以及为各行各业提供重大技术设备的情况，主要企业参与国家重点项目和重点工程建设的情况等，对了解重型机械工业的行业门类、基本建设、产品技术、科技教育、体制改革和对外开放等是不可多得的资料库。目前，《中国重型机械工业发展简史（1949—2021）》已完成编制、印刷工作。

（十二）强化党建和协会管理

在中央社会工作部和中国机械联党委的领导下，协会党支部带领秘书处全体党员干部，努力学习习近平新时代中国特色社会主义思想，完成了上级党委安排的各项工作任务和支部的工作计划，充分发挥了党支部的战斗堡垒作用。

近年来，协会坚持政治学习制度化，不断提高政治站位；深入开展专题活动，持续加强党的全面领导；落实党建责任制，积极落实“一岗双责”，党建工作取得了丰硕成果。2023 年以来，协会发展的 2 名党员均按期转正，同时，多人递交了入党申请。

协会机构建设获重大突破，为适应新形势、新要求、新发展，2023 年成功组建了数字赋能工作委员会和振动机械分会两个分支机构。2024 年，筹建两个新分支机构。进一步明确分支机构管理责任和要求，开创了协会建设和管理的新局面。协会凝聚力和影响力显著增强，每年都有许多单位积极申请加入协会，2024 年包括中国机械总院（集团）等近百家单位申请加入协会。

协会始终致力于打造“爱岗敬业、勤奋向上”“分工协作、共享成果”“友爱互敬、和谐欢乐”的大家庭，为人员良好的精神状态、工作热情营造出了健康的氛围，使协会“温暖度”不断提高，为快乐高效工作奠定了坚实基础。根据工作需求与安排，2024 年秘书处再次吸收 2 位新员工，基本完善了秘书处的工作运行架构。

三、对 2025 年工作的建议

2025 年是“十四五”发展的收官之年，面对百年未有之大变局，我们要凝心聚力、守正创新，奋力推进重型机械行业健康稳定发展。

1. 坚持以习近平新时代中国特色社会主义思想为指导

深刻领悟“两个确立”的决定性意义，增强“四个意识”、坚定“四个自信”、做到“两个维护”，不断提高政治站位。深入学习贯彻党的二十届三中全会精神，积极贯彻落实党中央和国家的方针政策，认真落实中央经济工作会议精神及各项工作要求，结合协会工作实际深化改革，加强行业健康发展的体制与机制建设，激发全行业努力奋斗的自觉性、积极性和创造性，全面提高协会工作水平和质量，为实现第二个百年奋斗目标做出更大贡献。

2. 创造良好市场环境，促进重型机械行业高质量发展

协会要更广泛地走访调研会员企业，了解实际情况，编写行业形势分析报告和专业性分析研究报告。根据国家和行业发展重大战略需要，编制专项行动计划和行动指南。加强产业基地和集聚区建设，发挥区域优势，补短板锻长板，做强专业性产业链。加强企业信用等级评价工作和诚信示范区（区域或细分领域）建设，引导企业诚信待人、规范经营，打击严重破坏竞争环境的不良行为。积极建设良好的市场环境，向政府和各级主管部门献言献策，进一步改进招标规则和结算体系，创建公平竞争环境。引导互惠协同，做大行业蛋糕。

3. 发展新质生产力，引导企业向专精特新发展

在行业中进一步强化创新驱动理念，积极宣传重型机械行业发展新质生产力的使命要求和关键路径，积极推动创新平台、创新协作体系、创新人才队伍、创新技术策源地建设，争取获得一批突破性的重大技术成果，填补空白、实现超越，在传统赛道和新赛道上获得新的发展机遇，为国家科技进步做出更加重大的贡献。组织专精特新创新成果集中宣传推介，把行业中特色成果（包括新产品、新工艺、新方法、新成果）广泛推向市场，使其转化效果增强增大。继续组织专精特新典型企业专项调研活

动，总结发掘典型企业的典型做法、经验和路径，供大家学习借鉴，引导大批中小企业走专精特新发展之路。加强标准引领，在组织好国际标准、国家标准、行业标准的基础上，聚焦重型机械特色，把团体标准做成引领高新技术发展的重要标志。充分发挥好专家委的作用，组织好行业发展规划的编写、重大发展方向及课题论证、重大技术瓶颈问题的协同攻关，在指导行业发展中发挥关键作用。根据行业国际化、高端化发展需要，积极策划组织“世界首台（套）”重大技术装备的审查认定。进一步组织好机械工业科学技术奖等重点奖项的评审和推荐。同时，做好评价、鉴定、咨询和专项技术服务，为行业科技进步做出积极贡献。

4. 强化桥梁作用，提升服务政府和社会的能力

协会是政府与企业沟通的桥梁，要严格按照行业管理部门的要求，了解全面情况，宣传好政策，组织好攻坚，落实好任务，通过不懈努力不断提升服务政府和社会的能力，真正成为贯彻国家政策、落实国家目标任务的重要贡献者。同时，要积极反映企业诉求，把握时机适时向行业管理部门提出政策建议，助力企业解困和发展。会员企业有需要也请及时联系协会，协会一定尽全力发挥桥梁作用。

5. 进一步加强精准服务，不断提高协会大家庭的“温暖度”

进一步强化服务理念、提升服务效果，把为会员、行业、政府和社会服务情况列为协会工作人员考核的核心内容和要求。继续做好会员企业的走访调研活动，了解情况、反映诉求、解决困难、助力发展。进一步做好信息传递、统计分析、技术交流、成果展示、合作协调及精准服务。发挥协会平台作用，热心帮助会员单位解决遇到的实际问题和困难，不断强化协会大家庭的理念，通过一件件热心、及时、有效的精准服务工作，提高协会大家庭的“温暖度”，使会员企业不断增强“有困难找协会”的理念和愿望。

6. 加强行业运行管理

行业运行数据统计和分析是协会的基础性工作，需要进一步加强，使之更加全面、准确，为会员企业判断行业发展形势提供及时、客观依据，为政府决策提出更合理的建议。

7. 努力办好重型机械展览会及交流活动

重型机械行业是国家重大技术装备的重要组成部分，具有重要的责任担当和艰巨的发展任务，要创新方式和内容，加强产业链对接，采取多方面有效措施，一步一个台阶，将重型机械展览会办出自己的特色，办成规模适中、展商高兴、效果良好、影响很大的展会和聚焦发展、突出主题、启发性强的交流活动。

8. 适时启动“十五五”规划编制工作

根据党中央提出的深化改革实现高质量发展要求，要及早谋划编写《重型机械行业“十五五”发展规划》,《规划》要站位高端、方向明确、目标清晰、措施有效，力求有更好的引领性、指导性和可操作性。

9. 加强协会秘书处和分支机构管理

不断提高协会秘书处和分支机构工作水平和能力，进一步提升行业管理效能，为中国重型机械行业高质量发展发挥更大作用和影响。同时，做好钢丝绳无损检测分会和重型机械工业设计分会两个分支机构的组建及运行指导。

各位理事、各位代表，2024 年是实现“十四五”规划目标任务的关键一年，面对复杂严峻的形势，我们要以习近平新时代中国特色社会主义思想为指导，全面贯彻落实党的二十大和二十届二中、三中全会精神，坚持稳中求进工作总基调，凝心聚力、守正创新，奋力推进重型机械行业健康稳定发展！

2023 年重型机械行业经济运行情况

2023 年是全面贯彻党的二十大精神的开局之年，是三年新冠疫情防控转段后经济恢复发展的一年，也是“十四五”规划承上启下的关键之年。面对复杂严峻的国内外经济形势，在以习近平同志为核心的党中央坚强领导下，重型机械行业认真贯彻落实党中央、国务院决策部署，坚持稳中求进工作总基调，全面贯彻新发展理念，加快构建新发展格局，着力推动高质量发展，行业经济运行整体回升向好。2023 年前 5 个月，主要经济指标快速回升，进入 6 月份以后，主要经济指标增速逐渐放缓，全年保持正增长，实现了稳增长目标。

一、行业经济运行情况

1. 行业总体情况

2023 年，重型机械行业规模以上企业 5 524 家，累计实现营业收入 11 564 亿元，同比增长 2.0%，增速高于全国工业 0.9 个百分点，低于机械工业 4.8 个百分点；实现利润总额 745 亿元，同比增长 13.2%，增速分别高于全国工业和机械工业 15.5 个和 9.1 个百分点。2022—2023 年重型机械行业及分行业营业收入增速如图 1 所示。2022—2023 年重型机械行业及分行业利润总额增速如图 2 所示。

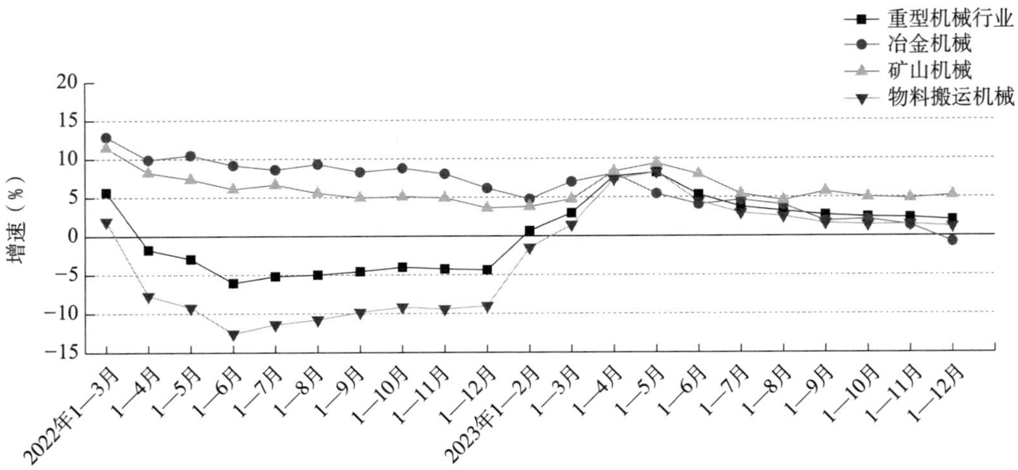

图 1　2022—2023 年重型机械行业及分行业营业收入增速

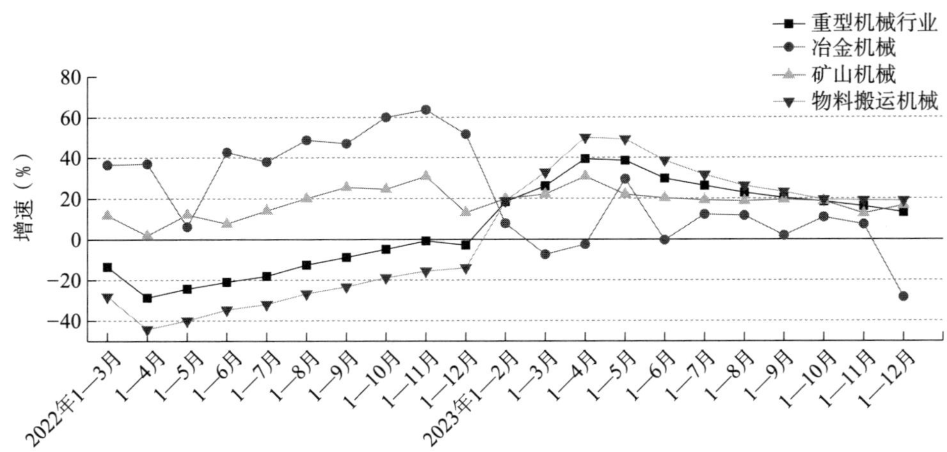

图 2　2022—2023 年重型机械行业及分行业利润总额增速

2023 年，重型机械行业实现利润率 6.4%，较 2022 年提高 0.6 个百分点；亏损面较 2022 年下降 0.2 个百分点。

2. 主要产品产量

2023 年，在国家统计局公布的重型机械行业 3 种主要产品产量中，1 种产品产量增长，2 种产品产量下降。其中，金属冶炼设备完成 83.34 万 t，同比下降 7.5%；水泥专用设备完成 39.65 万 t，同比下降 5.4%；电梯、自动扶梯及升降机完成 155.7 万台，同比增长 3.9%。2021—2023 年金属冶炼设备产量累计增速如图 3 所示。2021—2023 年水泥专用设备产量累计增速如图 4 所示。2021—2023 年电梯、自动扶梯及升降机产量累计增速如图 5 所示。

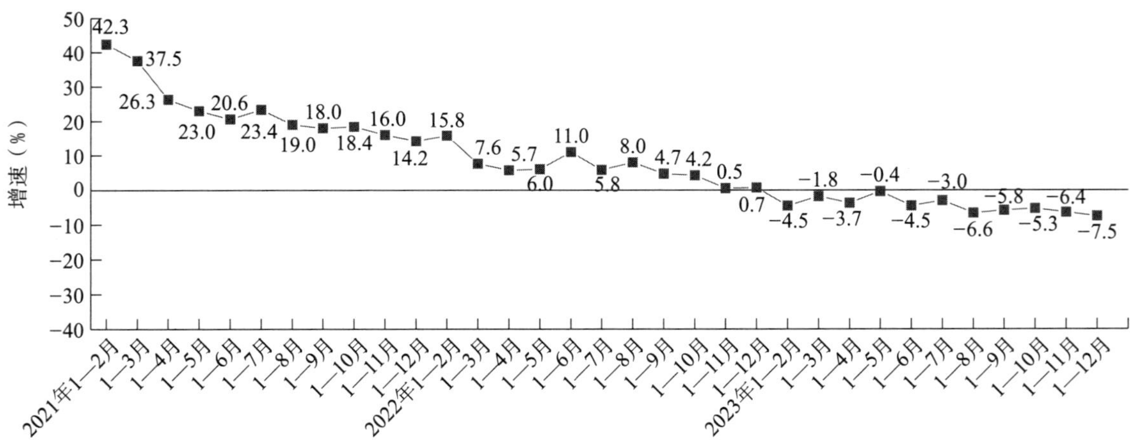

图 3　2021—2023 年金属冶炼设备产量累计增速

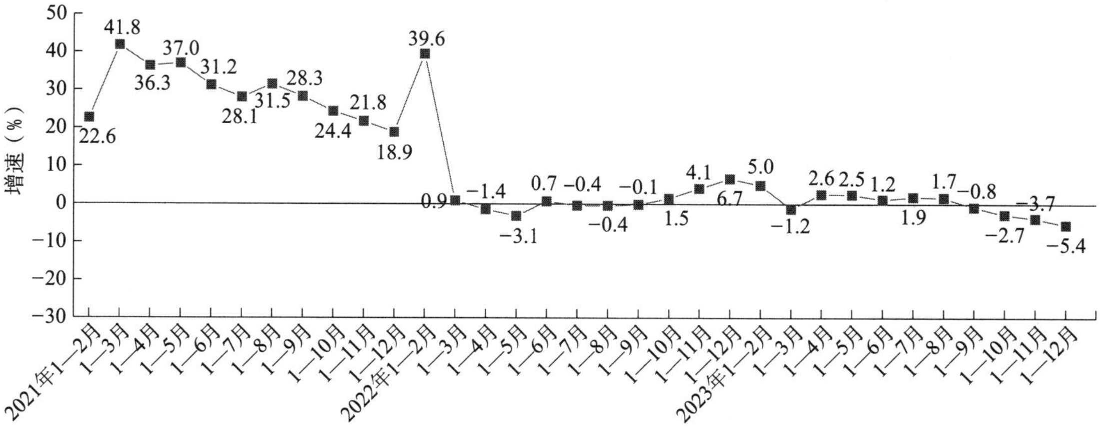

图 4　2021—2023 年水泥专用设备产量累计增速

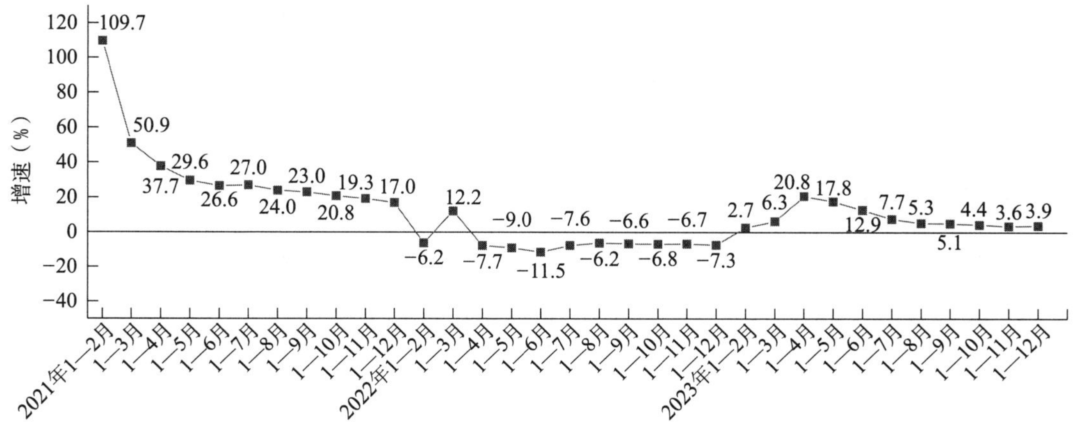

图 5　2021—2023 年电梯、自动扶梯及升降机产量累计增速

3. 应收账款、存货等

2023 年，重型机械行业应收账款总额为 4 454 亿元，同比增长 2.2%；存货 2 890 亿元，同比增长 0.6%，其中，产成品 1 065 亿元，同比增长 2.4%。

分行业中，冶金机械行业应收账款总额为 452 亿元，同比增长 0.6%；存货 412 亿元，同比增长 7.0%，其中产成品 121 亿元，同比下降 4.5%；矿山机械行业应收账款总额为 1 436 亿元，同比增长 10.7%；存货 945 亿元，同比下降 0.6%，其中产成品 402 亿元，同比增长 8.5%；物料搬运机械行业应收账款总额为 2 566 亿元，同比下降 1.8%；存货 1 532 亿元，同比下降 0.2%，其中产成品 541 亿元，同比下降 0.1%。2021—2023 年重型机械行业及分行业应收账款增速如图 6 所示。2021—2023 年重型机械行业及分行业库存增速如图 7 所示。2021—2023 年重型机械行业及分行业产成品增速如图 8 所示。

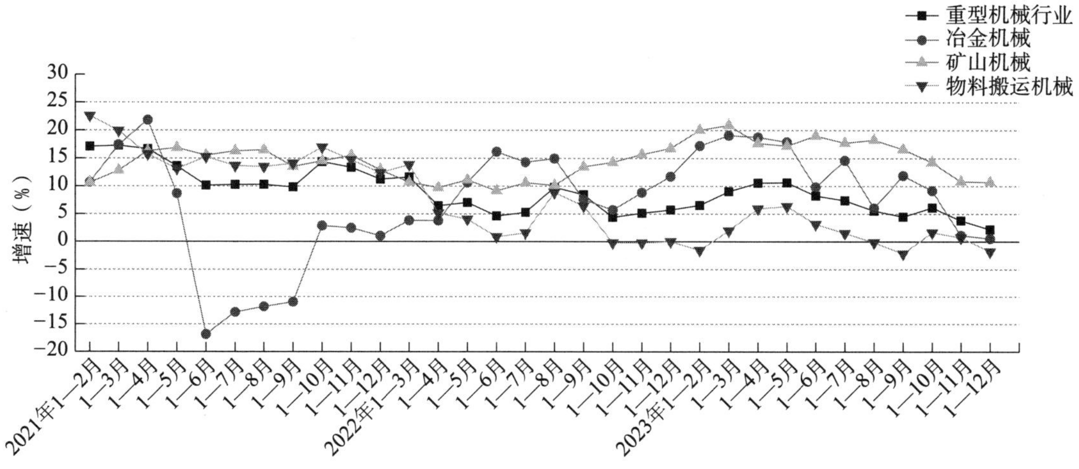

图 6　2021—2023 年重型机械行业及分行业应收账款增速

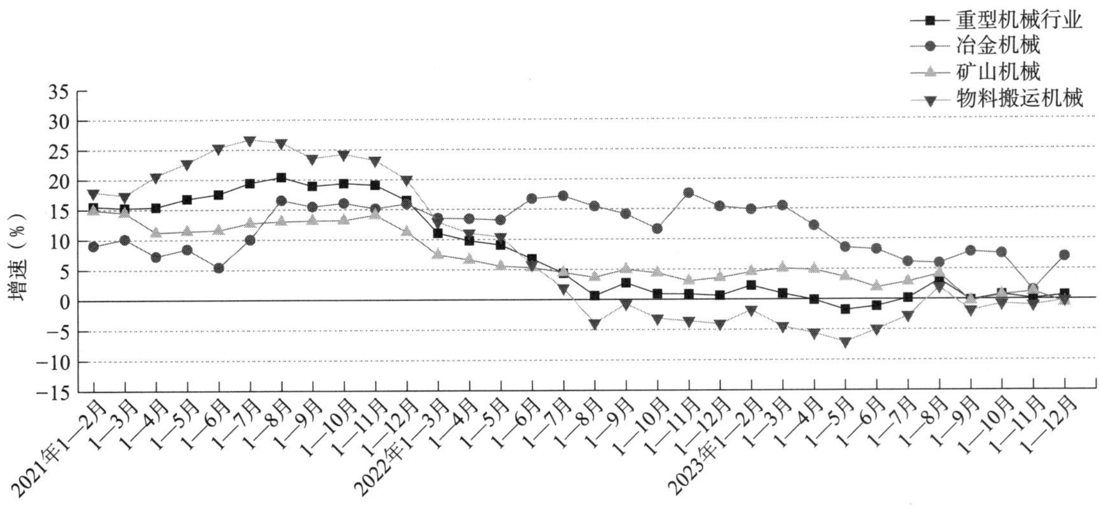

图7　2021—2023年重型机械行业及分行业库存增速

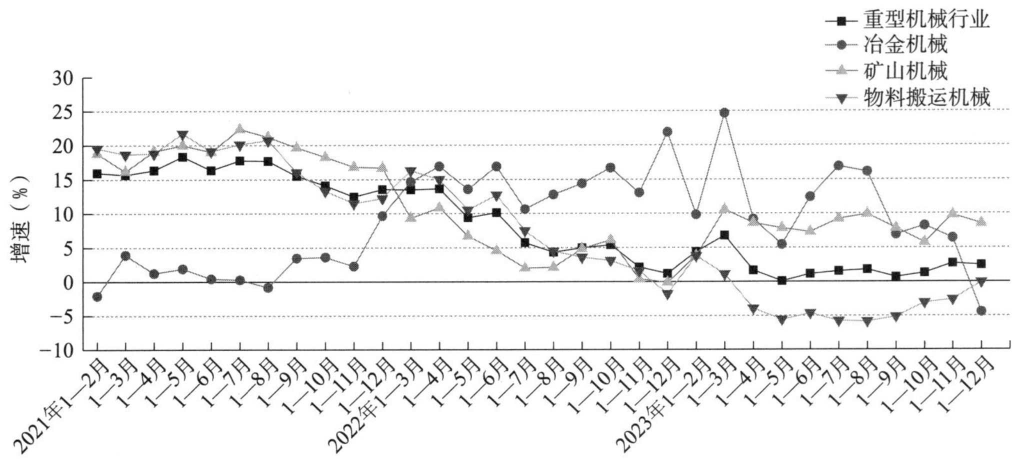

图8　2021—2023年重型机械行业及分行业产成品增速

4. 主要经济效益指标情况

2023年，重型机械行业每百元营业收入成本为81.39元，较2022年下降1.56元，比全国工业低3.37元；每百元营业收入费用为8.86元，较2022年增长0.53元，比全国工业高0.3元；每百元资产实现的营业收入为65.06元，较2022年减少4.58元，比全国工业低17.34元。

分行业中，冶金机械行业每百元营业收入成本为83.58元，较2022年下降1.05元；每百元营业收入费用为8.34元，较2022年增长0.5元；每百元资产实现的营业收入为54.11元，较2022年减少5.51元。矿山机械行业每百元营业收入成本为80.12元，较2022年下降1.11元；每百元营业收入费用为9.83元，较2022年增长0.58元；每百元资产实现的营业收入为58.09元，较2022年减少5.23元。物料搬运机械行业每百元营业收入成本为81.56元，较2022年下降1.83元；每百元营业收入费用为8.53元，较2022年增加0.51元；每百元资产实现的营业收入为71.30元，较2022年减少3.85元。2022—2023年重型机械行业及分行业主要经济效益指标见表1。2022—2023年重型机械行业每百元营业收入成本如图9所示。2022—2023年重型机械行业每百元营业收入费用如图10所示。2022—2023年重型机械行业每百元资产实现的营业收入如图11所示。

表1　2022—2023年重型机械行业及分行业主要经济效益指标　（单位／元）

行业分类	每百元营业收入成本		每百元营业收入费		每百元资产营业收入	
	2022年	2023年	2022年	2023年	2022年	2023年
重型机械行业	82.95	81.39	8.33	8.86	69.64	65.06
冶金机械	84.63	83.58	7.84	8.34	59.62	54.11
矿山机械	81.23	80.12	9.25	9.83	63.32	58.09
物料搬运机械	83.39	81.56	8.02	8.53	75.15	71.30

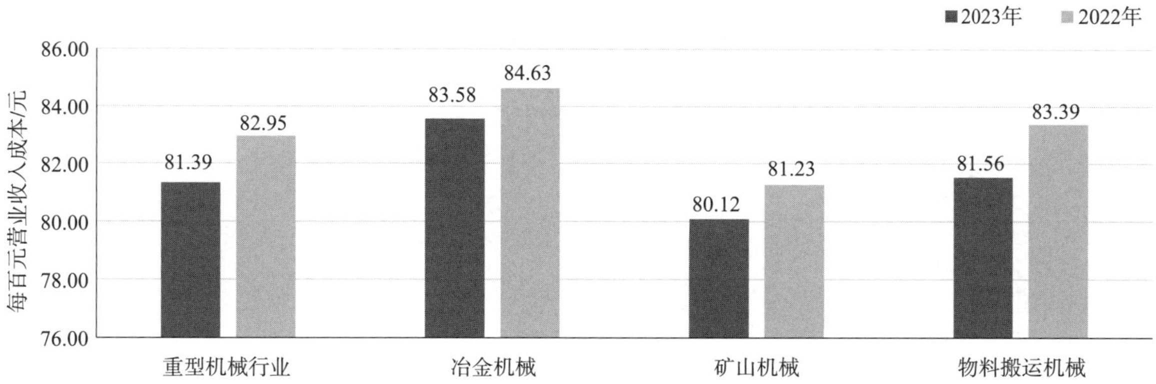

图 9　2022—2023 年重型机械行业每百元营业收入成本

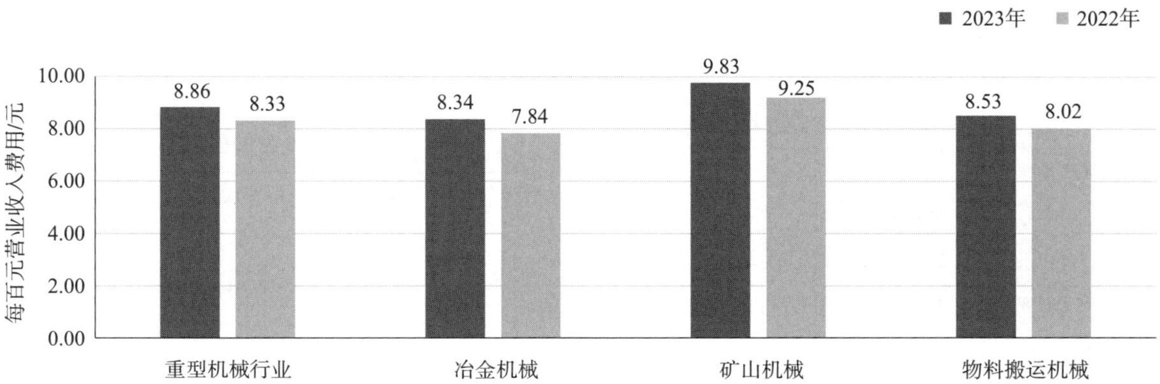

图 10　2022—2023 年重型机械行业每百元营业收入费用

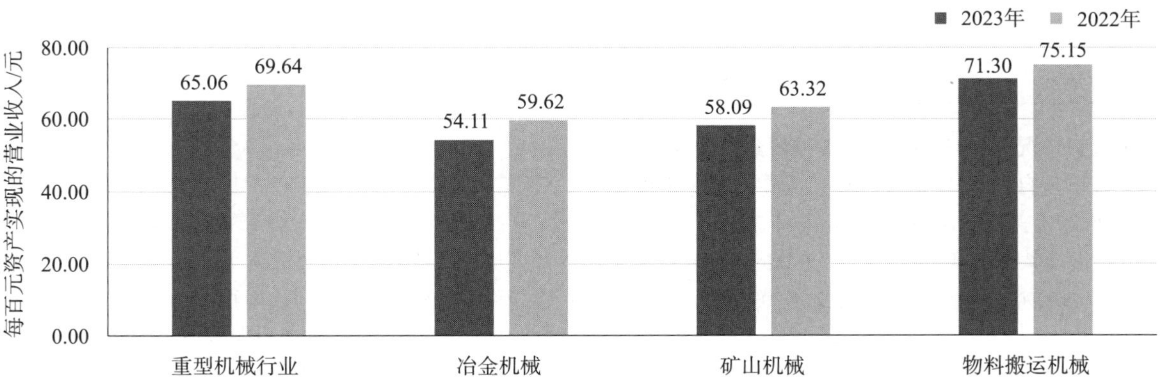

图 11　2022—2023 年重型机械行业每百元资产实现的营业收入

5. 进出口贸易情况

2023 年，行业进出口贸易再创历史新高，进出口总额实现 394.98 亿美元，同比增长 13.64%。其中，出口额 355.81 亿美元，同比增长 15.56%；进口额 39.17 亿美元，同比下降 1.31%；进出口顺差 316.64 亿美元，同比增长 18.06%。

（1）出口情况。2023 年，重型机械产品出口总额为 355.81 亿美元，出口到 232 个国家和地区。其中，以一般贸易方式出口 259.70 亿美元，占出口总额的 73.27%；以进料加工贸易方式出口 67.24 亿美元，占出口总额的 18.97%；以对外承包工程出口货物方式出口 11.62 亿美元，占出口总额的 3.28%。2021—2023 年重型机械产品出口增速如图 12 所示。

2023 年，出口额排名前 5 位的国家和地区分别是俄罗斯、美国、印度、印度尼西亚和澳大利亚。2023 年重型机械产品出口额排名前 10 位的国家和地区见表 2。

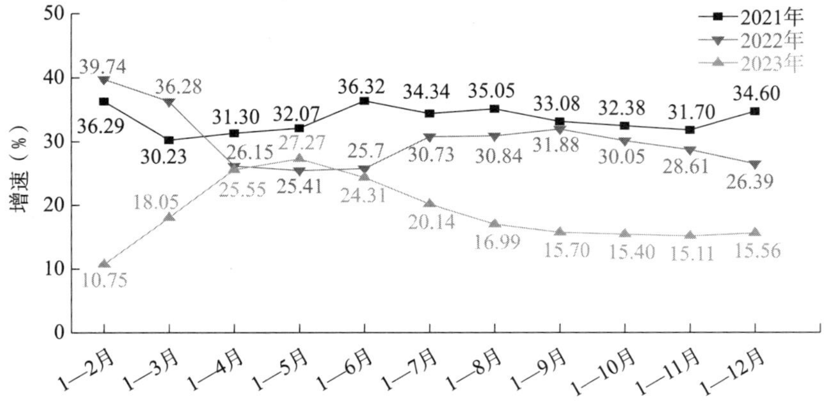

图 12　2021—2023 年重型机械产品出口增速

表 2　2023 年重型机械产品出口额排名前 10 位的国家和地区

序号	国家和地区	出口额 / 万美元	占出口金额比重（%）
1	俄罗斯	343 061.43	9.68
2	美国	340 202.88	9.60
3	印度	217 751.43	6.14
4	印度尼西亚	200 195.59	5.65
5	澳大利亚	124 269.90	3.51
6	越南	110 793.71	3.13
7	韩国	100 966.75	2.85
8	巴西	100 752.70	2.84
9	土耳其	86 115.04	2.43
10	泰国	84 235.67	2.38

（2）进口情况。2023 年，全行业实现进口总额 39.17 亿美元，进口来自 85 个国家和地区。其中，以一般贸易方式进口 28.21 亿美元，占进口总额的 71.71%；以进料加工贸易方式进口 4.68 亿美元，占进口总额的 11.91%；以海关特殊监管区域物流货物方式进口 3.94 亿美元，占进口总额的 10.03%。

2023 年，进口额排名前 5 位的国家分别是德国、日本、韩国、美国和意大利。2023 年重型机械产品进口额排名前 10 位的国家和地区见表 3。

表 3　2023 年重型机械产品进口额排名前 10 位的国家和地区

序号	国家和地区	进口额 / 万美元	占进口金额的比重（%）
1	德国	97 801.31	24.86
2	日本	67 989.64	17.28
3	韩国	37 150.78	9.44
4	美国	25 791.35	6.56
5	意大利	21 363.63	5.43
6	瑞士	19 602.96	4.98
7	中国台湾	16 244.88	4.13
8	奥地利	15 304.18	3.89
9	法国	14 402.25	3.66
10	芬兰	7 804.78	1.98

（3）分行业产品进出口情况。2023 年，冶金机械产品实现进出口总额 31.58 亿美元，同比增长 13.69%。其中，出口额 27.94 亿美元，同比增长 15.68%；进口额 3.64 亿美元，同比增长 0.45%；进出口顺差 24.30 亿美元，同比增长 18.37%。2023 年冶金机械产品进出口情况见表 4。2021—2023 年冶金机械产品出口增速如图 13 所示。

表 4　2023 年冶金机械产品进出口情况

产品名称	出口		进口		进出口总额		进出口差额	
	金额 / 亿美元	同比增长（%）	金额 / 亿美元	同比增长（%）	金额 / 亿美元	同比增长（%）	金额 / 亿美元	同比增长（%）
冶金机械	27.94	15.68	3.64	0.45	31.58	13.69	24.30	18.37
金属冶炼设备	1.01	−14.81	0.11	74.06	1.12	−10.13	0.89	−20.04
连续铸钢设备	0.23	−9.62	0.00	−79.23	0.23	−12.00	0.23	−7.06
金属轧制设备	5.99	−2.01	1.46	29.39	7.44	2.88	4.53	−9.11
冶金设备零件	20.71	24.75	2.07	−14.72	22.78	19.73	18.65	31.50

注：因四舍五入，表中数据有微小出入。

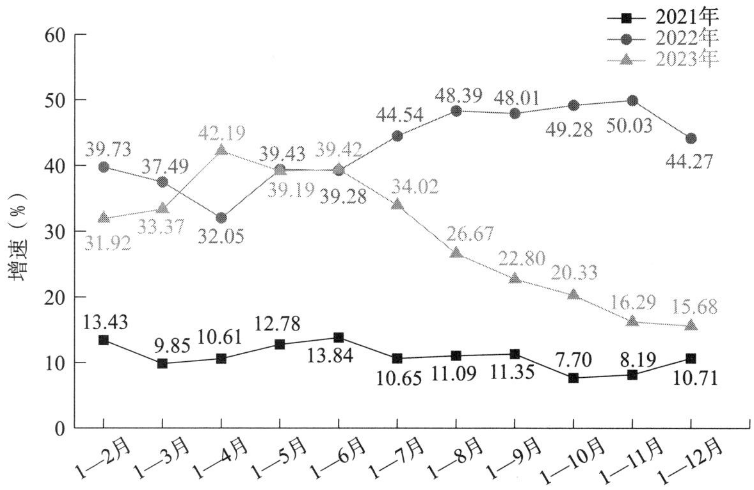

图 13　2021—2023 年冶金机械产品出口增速

2023 年，矿山机械产品实现进出口总额 44.18 亿美元，同比增长 19.14%。其中，出口额 41.34 亿美元，同比增长 23.75%；进口额 2.84 亿美元，同比下降 22.81%；进出口顺差 38.51 亿美元，同比增长 29.50%。2023 年矿山机械产品进出口情况见表 5。2021—2023 年矿山机械产品出口增速如图 14 所示。

表 5　2023 年矿山机械产品进出口情况

产品名称	出口		进口		进出口总额		进出口差额	
	金额 / 亿美元	同比增长（%）	金额 / 亿美元	同比增长（%）	金额 / 亿美元	同比增长（%）	金额 / 亿美元	同比增长（%）
矿山机械	41.34	23.75	2.84	−22.81	44.18	19.14	38.51	29.50
采掘、凿岩设备及钻机	6.76	46.12	1.28	−13.66	8.04	31.64	5.49	74.20
破碎、粉磨设备	11.87	20.28	0.65	−10.92	12.51	18.13	11.22	22.76
筛分、洗选设备	6.49	13.20	0.71	−41.23	7.20	3.76	5.79	27.65
矿山提升设备	0.12	−44.82	0.02	−11.33	0.14	−41.50	0.10	−48.96
矿用牵引车及其矿车	14.87	25.65	0.13	−25.85	15.00	24.92	14.75	26.40
矿山机械零件	1.23	9.11	0.06	−19.63	1.29	7.46	1.17	10.98

注：因四舍五入，表中数据有微小出入。

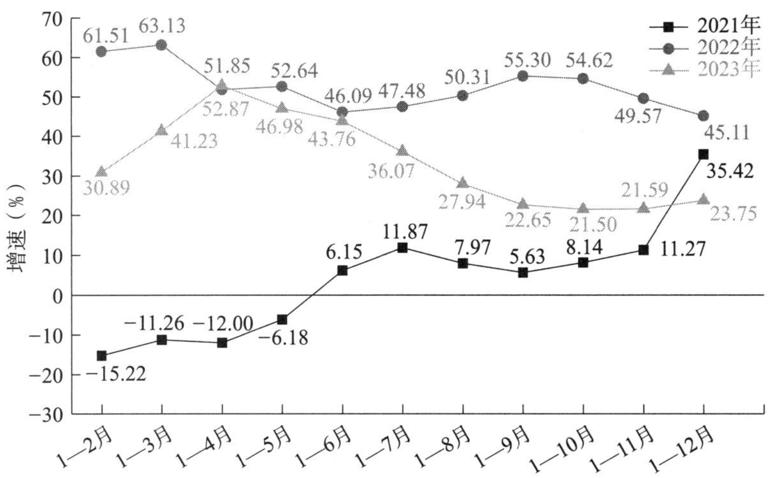

图 14　2021—2023 年矿山机械产品出口增速

2023 年，物料搬运机械行业实现进出口总额 318.32 亿美元，同比增长 13.21%。其中，出口额 285.94 亿美元，同比增长 14.73%；进口额 32.38 亿美元，同比增长 1.37%；进出口顺差 253.55 亿美元，同比增长 16.70%。2023 年物料搬运机械产品进出口情况见表 6。2021—2023 年物料搬运机械产品出口增速如图 15 所示。

表 6 2023 年物料搬运机械产品进出口情况

产品名称	出口		进口		进出口总额		进出口差额	
	金额 / 亿美元	同比增长（%）	金额 / 亿美元	同比增长（%）	金额 / 亿美元	同比增长（%）	金额 / 亿美元	同比增长（%）
物料搬运机械	285.94	14.73	32.38	1.37	318.32	13.21	253.55	16.70
轻小型起重设备	29.67	−4.57	2.91	12.48	32.58	−3.26	26.76	−6.12
起重机	68.88	33.68	1.50	2.52	70.38	32.82	67.38	34.59
工业车辆	89.06	14.99	2.96	−16.74	92.02	13.59	86.09	16.51
电梯、自动梯及升降机	35.23	2.28	1.71	5.50	36.94	2.42	33.53	2.12
连续搬运设备	29.14	19.79	8.37	−1.44	37.50	14.30	20.77	31.17
其他物料搬运设备	33.96	11.77	14.93	4.97	48.89	9.60	19.03	17.76

注：因四舍五入，表中数据有微小出入。

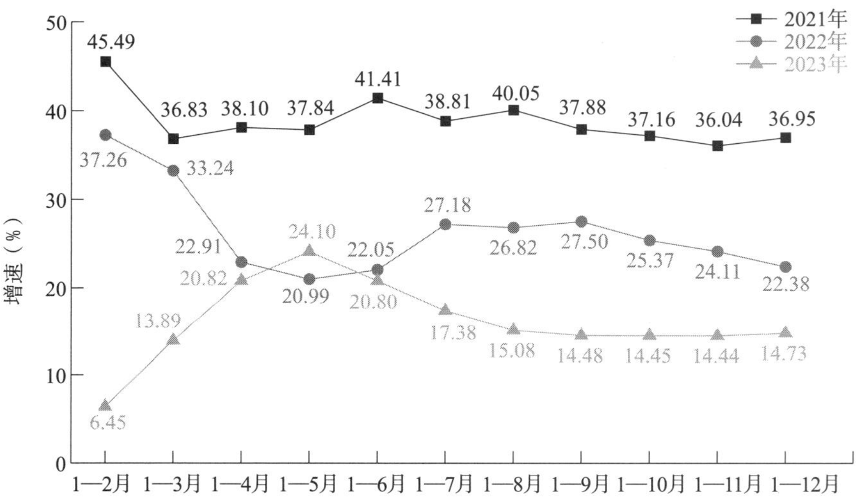

图 15 2021—2023 年物料搬运机械产品出口增速

二、存在的主要问题

1. 国内市场恢复不及预期，需求不足

2023 年以来我国经济运行整体回升向好，但恢复情况不及预期，从制造业采购经理指数（PMI）看，4—8 月均处于临界值以下，9 月份 PMI（50.2%）升至临界值以上，但 10 月份开始又降至收缩区间，并持续回落，12 月份降至 49.0%，景气度水平较低，市场信心不足。当前经济持续恢复发展的基础仍不稳固，需求收缩等压力依然存在。

2. 账款回收难问题突出

2023 年，重型机械行业应收账款总额 4 454 亿元，同比增长 2.2%，高于同期营业收入增速。从应收账款平均回收期看，重型机械行业为 137.2 天，较 2022 年同期增加 9.5 天，比全国工业多 76.4 天，比机械工业多 47.3 天。其中，冶金机械行业应收账款平均回收期为 131.3 天，同比增加 13.6 天；矿山机械行业应收账款平均回收期为 156.1 天，同比增加 22.9 天；物料搬运机械行业应收账款平均回收期为 129.9 天，同比增加 3 天。

3. 分行业发展不均衡，运行情况分化

2023 年，重型机械行业运行总体平稳，但是分行业发展不均衡。其中，矿山机械行业和物料搬运机械行业的营业收入和利润总额增速实现增长，冶金机械行业的营业收入和利润总额分别下降 0.8% 和 28.4%。

4. 外贸出口压力犹存

2023 年，重型机械行业出口保持较快增长，出口额再创新高，但 5 月份以后，出口增速逐渐放缓。主要由于世界政治经济形势错综复杂，存在诸多挑战，贸易保护主义、地缘政治冲突不断加剧等因素影响，加之全球供应链修复形成贸易挤压等因素，使行业出口压力不断加大。

〔撰稿人：中国重型机械工业协会王淼　审稿人：中国重型机械工业协会王继生〕

2023年中国重型机械行业获得机械工业科学技术奖项目

序号	项目名称	完成单位	主要完成人
特等奖（1项）			
1	宽幅不锈钢薄带热连轧关键技术研发与成套装备研制	中国第一重型机械股份公司、一重集团大连工程技术有限公司、太原理工大学、福建鼎信科技有限公司	马　博　王　涛　孙韶辉　孙丰迎　项秉秋　尚志坚　付环宇　刘元铭　路春宇　赵利华　王振华　唐卫东　董志奎　胡　英　朱洪波　刘文文
一等奖（2项）			
2	面向矿物磨机的高精度液压重载机械臂关键技术及应用	中信重工机械股份有限公司、山东大学、天津理工大学、北京科技大学、洛阳中重自动化工程有限责任公司、洛阳矿山机械工程设计研究院有限责任公司、山东交通学院、南京晨光集团有限责任公司、南京理工大学、洛阳理工学院	郝　兵　阮久宏　姚建勇　杨柳松　王收军　解　仑　胡同海　丁　凯　程　波　王正国　李　彬　白云华　王新立　张高峰　蒋　奇
3	多场景高效协同物流输送系统关键技术研究与应用	北京起重运输机械设计研究院有限公司	李晋玲　邹　丽　姜延柏　张海宇　林树茂　孙振勇　吴　娱　倪志强　张明瑞　刘美佳　赵　峰　汝继星　岳森峰　孙　静　陈　静
二等奖（11项）			
4	面向水电等多应用场景的超高扬程多功能起重装备及AICrane DT数字平台	河南卫华重型机械股份有限公司、北京云中未来科技有限公司	韩红安　王玉金　刘新波　王金刚　丁海洋　王　斌　李　宾　李　永　陈　艳　陈爱梅
5	煤矿特厚硬煤高端智能化综放装备关键技术研发与应用	山东能源集团有限公司、中煤科工开采研究院有限公司、兖矿能源集团股份有限公司、兖矿东华重工有限公司、天地科技股份有限公司、陕西未来能源化工有限公司、北斗天地股份有限公司	李明忠　刘　健　张金虎　亓玉浩　韩会军　闫　跃　曾明胜　王庆洲　李艳鹏　王龙蛟　佟　朋　程　骏　辛家祥　吴成峰　许永祥
6	露天矿山无人化矿用自卸车关键技术研究及应用	江苏徐工工程机械研究院有限公司、徐州徐工矿业机械有限公司、江苏徐工国重实验室科技有限公司	唐建林　杨　超　崔吉胜　任良才　周长成　高警卫　王　凯　王　龙　李志鹏　纪文选　李金铭　丁　松　房康宁　马厚雪　闫　旭
7	大型矿用磨机齿轮传动装置关键技术及应用	中信重工机械股份有限公司（智能矿山重型装备全国重点实验室）、河南科技大学、郑州机械研究所有限公司、洛阳中重铸锻有限责任公司、洛阳矿山机械工程设计研究院有限责任公司	瞿　铁　信　稳　王会良　周　洁　韩春阳　贾冠飞　张　雁　王文焱　魏冰阳　张　坤　徐恩献　李　超　李园园　张琳伟　庞庆海
8	掘进面智能柔性连续运锚平行作业工艺与装备研发	中国煤炭科工集团太原研究院有限公司、山西天地煤机装备有限公司	李　刚　宋德军　周　凯　徐志刚　焦宏章　姜翎燕　郭文孝　闫殿华　刘玉波　闫　飞　宋　涛　杨　喜　呼守信　赵海伟　常映辉
9	宽幅不锈钢极薄带轧制生产核心工艺技术研发	山西太钢不锈钢精密带钢有限公司、太原理工大学、太原科技大学、燕山大学	王天翔　胡尚举　任忠凯　周存龙　余　超　王慧文　王浩然　杨小星　刘亚星　肖　宏
10	3 600t/h链斗式连续卸船机装备及无人化技术的应用	大连华锐重工集团股份有限公司、大连理工大学	刘永生　姜　鑫　滕儒民　陈　杨　李文杰　汤明清　郭　东　车　路　顾　民　刘少鹏　吴铁男　王忠帅　祝馨筠　刘　龙　罗卫林

（续）

序号	项目名称	完成单位	主要完成人
二等奖（11 项）			
11	2 450mm 钛板热轧机研制及应用	二重（德阳）重型装备有限公司、新疆湘润新材料科技有限公司	李　峰　梁祖红　赵小龙　徐学东　蒲小松　李开元　盛爱军　高　林　沈　亮　周术友　张伟亮　陈忠良　杨世忠
12	铸造起重机全生命周期关键技术和标准研究与应用	太原重工股份有限公司、太原科技大学	周继红　徐格宁　顾翠云　董　青　朱东科　于万成　申昌宏　辛运胜　李佳强　马志鹏
13	高品质汽车面板高效精整线工艺装备开发及应用	中国重型机械研究院股份公司	孙亚波　吴永杰　靳恩辉　李宏伟　梁光正　冯　沙　俞洪杰　马伟然　马兰松　冀俊杰　徐长安　邓良丰　郭　韡　闫玉平　吕阳阳
14	新型高效散料储运成套装备研制及应用	华电郑州机械设计研究院有限公司、河南工业大学、郑州科润机电工程有限公司	张久昌　施建光　李振龙　程文光　王明旭　程　敏　马　倩　时长伟　马爱霞　周朝辉　曹云改　蔺茂辉　岳新喜　杨学锋　胡水根
三等奖（14 项）			
15	全断面隧道掘进机刀具及高性能制造	郑州机械研究所有限公司、宁波中机松兰刀具科技有限公司、中铁工程装备集团有限公司、盾构及掘进技术国家重点实验室、西南交通大学、株洲硬质合金集团有限公司、洛阳金鹭硬质合金工具有限公司	路全彬　张　颢　黄俊兰　陈金波　胡登文　卢高明　崔盼超　王梦凡　周许升　董媛媛
16	长龙山抽水蓄能发电机整锻转子中心体制造关键技术及应用	二重（德阳）重型装备有限公司	张金生　谭万斌　曹　华　罗玉立　孟相利　廖世超　阳建军　程　涛　管红亮
17	高效低噪声公交枢纽站机械式停车设备技术研究与应用	北京首嘉钢结构有限公司、北京首钢城运控股有限公司	肖树坤　张　准　周　春　常一龙　刘莉莉　李咏唯　王林建　祁　冰　邵　杰　张　勇
18	大坡度井下支架搬运车关键技术及应用	连云港天明装备有限公司、江苏海洋大学	卢明立　陈劲松　封新海　丁云飞　刘　航　王　磊　杜川平
19	面向电梯系统服役安全的关键技术及产业化	常熟理工学院、东南电梯股份有限公司	张福生　赵　震　葛　阳　杨兰玉　蒋安波　丁建新　黄　波　吴建杰　窦　岩　蒋晓梅　刘军军　任　勇　马家欣　孙国栋　顾德仁
20	适应最小采高 1.3m 煤层大功率自适应采煤机关键技术研究及应用	中煤科工集团上海研究院有限公司、中煤科工集团上海有限公司、天地上海采掘装备科技有限公司	魏　升　张　阳　乐南更　刘　峰　吕　晓　周常飞　邱锦波　李庆亮　史春祥　翟雨生　宋相坤　王　灿　何寒冰　刘宏睿　贠瑞光　全保朝　方　彤　黄秋来　张启志　徐卫鹏　胡　滔　吴振毅　刘　振　朱　红　高振帮　马子尧　郭　岱　徐劲勇　章立强　张晓永　胡　璟　阚锦彪　张　斌　胡　俊　贺新星　董　超　曹　杨　王　敏　李　季　牛永峰
21	9m 特厚煤层超大功率智能化采煤机关键技术与装备	中煤科工集团上海研究院有限公司、中煤科工集团上海有限公司、天地上海采掘装备科技有限公司	张　斌　邱锦波　周常飞　宋相坤　钱江泳　王　广　贠瑞光　史春祥　张晓永　陈　虎　刘　凯　张启志　胡　俊　张　阳　朱信平　吕　晓　李　辉　翟雨生　乐南更　贾思然　庄德玉　李庆亮　魏　升　刘宏睿　徐卫鹏　方　彤　黄秋来　黎　青　胡　滔　徐劲勇　马子尧　袁安祥　朱　红　金振国　曹　杨　韩保民　胡　璟　刘　峰　吴振毅　高占峰　刘昆民　张　扬　郭　岱　阚锦彪　张　飞　李继林　张　涛　杨　芸　方　兴　朱宏强　许寄桥　苏军军　程界群　牛永峰　贺新星
22	隧（巷）道快速掘进后配套超长距离连续输送机关键技术及应用	中煤科工集团上海研究院有限公司、中煤科工集团上海有限公司	朱立平　戴建立　张炳福　宋兴元　吴　伟　钱　科　石　晟　符　阳　张少聪　齐传刚　邵　娜　卢舟燕　李　柳　满咏梅　李　欣　魏振华　范方荣　韩春花　袁海鹏　陈宏奎　段运雄　朱晓霞

（续）

序号	项目名称	完成单位	主要完成人
三等奖（14 项）			
23	面向固废协同处置的多功能组合机群上料系统关键技术装备与工程应用	北京起重运输机械设计研究院有限公司	辛宏彦 王正勇 鄢鹏程 袁旭潞 段 勇 赵丽媛 张一然 胡晓飞 王惠泉 邓 禹 吴雪涛 刘 浩 刘 强 王文娟 杨世忠 袁 楷
24	高性能多缸液压圆锥破碎机	世邦工业科技集团股份有限公司、河南黎明重工科技股份有限公司、郑州机械研究所有限公司、郑州大学、河南城盾智能科技股份有限公司	杨松科 刘万辉 杨聪俐 樊碧波 刘卫涛 孙海亮 王志军 张冠星 董祥雷 王朝华 马斌斌 贾卫宾
25	高端电牵引采煤机关键技术研究及应用	太重煤机有限公司	暴庆保 刘泽平 李小朋 杨亚东 王丽杰 费续东 宋鹏杰 宋景哲 张孝平 乔晓军 王永峰 成 跃 李 扬 王瑞明 梁肇琦
26	矿用重型刮板输送装备大功率减速器关键技术研究及应用	宁夏天地奔牛实业集团有限公司、鄂尔多斯市营盘壕煤炭有限公司	陈 云 邢天海 吴立忠 魏文辉 王宏志 涂 伟 孔 进 余 洋 傅瑞华 曾 熹 王荣武 冯景浦
27	海上 14MW 风电关键零部件——超大型轮毂铸造技术的研发及应用	山东国创精密机械有限公司	王建宏 张振强 明科勒（Hans Ulrich Minkner） 朱熹巴（Uribezubia Churruca Joseba） 刘 军 陈永博 李 雷 刘云明 刘怀雨 张磊安 赵而团
28	基于可控废气再循环的防爆柴油机清洁燃烧技术	中国煤炭科工集团太原研究院有限公司	王 晓 贾二虎 杨建勇 王治伟 兰春亮 姚志功 马艳卫 韩文艳 张福祥 王大书

〔供稿单位：中国重型机械工业协会〕

2023 年重型机械行业 新产品、新技术和重大项目

新产品、新技术

泰山钢铁 2 号不锈钢板坯连铸机升级工程热试成功

中国重型机械研究院股份公司承建的山东泰山钢铁集团有限公司 2 号不锈钢板坯连铸机升级工程一次性热试成功，该铸机为直弧型板坯连铸机（弧形主半径 9.0m），可生产铸坯断面厚度（200mm、220mm）×1 600mm。该项目攻克了我国超纯铁素体和高性能马氏体连铸工艺技术多项难点。

3 800mm 特种钢宽厚板轧机特大型机架成功浇注

二重装备成功浇注 3 800mm 特种钢宽厚板轧机特大型机架，机架长 15m、宽 5m，钢液总质量 658t。该机架生产线是国内配置最先进、装备最完整的双机架中板生产线之一，投产后可年产 200 万 t 特种钢宽厚板。

龙钢集团 1 580mm 热连轧粗轧机组和立辊总装任务完成

二重装备提前完成福建龙钢集团 1 580mm 热连轧粗轧机组和立辊总装任务，陆续发往用户现场。该机组由 7 台精轧、1 台粗轧、1 台立辊、2 台卷取机等组件构成，整条轧机线总质量超过 3 100t。

世界首台双流不锈钢板坯连铸机热试成功

由中国重型机械研究院股份公司为福建青拓新材料有限公司设计、制造、安装及调试的世界首台不锈钢双流最大断面为 230×1 600mm^2 的连铸机装备一次热试成功。

该连铸机集成了当前不锈钢领域最前沿的连铸技术装备，主要包含全新针对不锈钢特性研发的新式辊列结构、集成优化的动态二冷水模型、最新研发的振动理论及其控制模型、延长浸入式水口寿命的自动调渣线模型、液面精度可达 2mm 的电动缸液面检测技术及自动开浇模型、铸坯精确定尺模型和切割优化模型等。此外，该铸机还装备了辊磁式电磁搅拌、自动加渣机器人、自动喷号机器人、上下轮动的新式去毛刺机、铸坯修磨设备等提高不锈钢产品收得率的装备。

新型电动正面起重机顺利下线

上海振华重工（集团）股份有限公司自主研制的新型电动正面起重机顺利下线。该正面起重机搭载第三代基于闭式液压架构的控制系统，采用多电动机变频直驱，分泵控制，动作响应迅速，具有较强的人机合一操作体验。同时，利用多泵合流技术，可有效提高举升速度，降低作业能耗。

该正面起重机配备了高性能磷酸铁锂电池组，采用下降反向发电专利技术和制动能量回收系统，实现发电回馈电池，提高续航能力。该机可持续作业 8h 以上，降低整机综合使用成本；其电池组可拆卸，能实现快速换电，配置双枪充电桩，充电耗时短；具有零排放、噪声低、维修方便、高效节能等优点。

国内最大压平机正式投产

太重集团冶金设备分公司生产的 60MN 压平机正式投产。该设备主缸重 138t，上横梁重 170t、下横梁重 195t，最大压力可达 60MN，是目前国内压力最大、单体吨位最大的压平机。该压平机采用横移小车电动机推动替代液压马达推动，实现了绿色化、自动化，达到了控制性能更优、同步性更高的效果。压头可在主机框架内横向移动，工作台板台面宽大，可直接对冷态钢板进行矫直，满足用户对大规格钢板矫直要求。

国内首台 150 兆瓦级大型冲击式水轮机转轮成功下线

国内首台 150 兆瓦级大型冲击式水轮机转轮在四川德阳成功下线，标志着我国冲击式水轮机核心部件实现了“从无到有”的重大突破，组装上了“中国心”。中信重工铸锻公司为该水轮机生产提供了马氏体不锈钢转轮体及水斗等核心铸锻件。该转轮重约 20t，最大直径约 4m，用于四川省雅安市田湾河金窝水电站。

世界最大超低碳马氏体不锈钢转轮体锻件锻造成功

中国一重顺利完成了 500 兆瓦级冲击式水轮机组 300 吨级钢锭不锈钢转轮体锻造任务。该锻件是目前世界最大的低碳马氏体不锈钢转轮体锻件，其毛坯直径近 5m，厚度超 1m，尺寸规格和技术难度均创国内外行业之最。

首台多功能连铸机一次试热成功

中国重型院研制总承包的全球首台兼容小方圆坯、大方圆坯、厚板坯多功能连铸机一次热试成功，标志着我国在不锈钢，特钢圆、板、方多功能连铸机领域迈出实质性一步，开创了一台连铸机兼容不锈钢、特钢小圆坯到大圆坯、小方坯到大断面矩形坯、厚板坯多功能设计研制的先河，开创了不锈钢、特钢连铸新的机型，打开了不锈钢市场连铸产品多元化新局面。该连铸机是中国重型院为青山集团研制的圆、板、方兼容的多功能不锈钢、特钢连铸机，不仅能生产直径 160～700mm 不锈钢圆坯，还能兼容生产 190mm × 190mm 不锈钢方坯、300mm × 500mm 不锈钢矩形坯、300mm × 810mm 不锈钢工 / 模具钢板坯，满足了不锈钢钢种、断面多样化的市场需求。

大角度敞集多功能双车翻车机研制成功

大连重工自主研制的首套大角度敞集多功能双车翻车机在河南中誉国信能源有限公司成功下线，并顺利通过中铁检验认证（青岛）车辆检验站有限公司检验。这是继

2020年9月大连重工成功研发出敞顶集装箱及通用敞车两用单车翻车机后，企业持续技术创新，产品不断迭代升级，创新研发的又一行业标杆产品。

我国水电机组关键核心技术实现国产化

中信重工锻造的世界单机容量最大功率500兆瓦级高水头、大容量、冲击式水电机组超大型转轮中心体锻件顺利下线。该转轮锻件是中信重工采用新型金属材料工艺制造完成的国内最大规格高端大型马氏体不锈钢转轮中心体整锻锻件，由中信重工185MN油压机锻造而成，锻件重量约120t，外径约4.7m，厚度约0.9m。

新型蒸汽汽轮机组下线

由中信重工自主研发的新型蒸汽汽轮机组在洛阳伊滨区中信重工节能环保装备产业基地顺利下线并交付用户。该机组打破了铅冶炼行业产品长期依赖进口局面，填补了我国在铅冶炼领域空白。

全球首台特大型2.5m智能电磁浆料高梯度磁选机成功投入使用

由山东华特磁电科技股份有限公司自主研制的全球首台、最大2.5m智能电磁浆料高梯度磁选机启用仪式在福建省龙岩市隆重举行。该设备高9m，分选腔直径2.5m，总重量210t，背景场强最高可达1.6特斯拉（T），石英砂处理量可达150t/h，高岭土处理量可达30t/h，是国内外现有同类产品1.5m电磁浆料高梯度磁选机处理量的3倍，1m浆料磁选机处理量的6倍多，节约能耗56%以上。

12m轻合金环轧机一次性轧制成功

中国一重承制的12m轻合金环轧机在湖南中创空天新材料股份有限公司一次性轧制成功，环件精度达到预期要求，打破了轻合金最大直径10m的世界纪录，为我国新型大运载及深空探测工程打下了坚实的基础。

大直径、超大直径轻合金环件是航天工业的核心件，优质轻合金环件的极限制造限制着我国航天运载工具的发展，而制造优质轻合金整体环件的大型高端环轧机核心技术被国外垄断。随着国际形势的变化，核心技术的进口受到限制，高端重载轻合金环轧机的国产化已成为制约我国航天领域运载能力提升的瓶颈。环轧装备具有技术密集、

系统复杂、带动性强等特点，是培育壮大战略性新兴产业，实现制造强国梦的关键。

全球最大碱回收炉汽包成功发运

川润股份承制的安德里茨 OKI Ⅱ项目核心部件 RB 汽包正式成功发运。该汽包刷新全球最大碱回收炉汽包纪录，全长 35m、宽 3.6m、高 3.97m，总重量（含支座）406t。

首台自主研发 8.88m 液压打桩锤替打系统交货

由中国一重、中机锻压、龙源振华和东南大学合作研制，中国一重制造的 3 500kJ 液压打桩锤下砧座和替打环是中国一重目前制造的最大海上施工锻件产品，替打环直径 8.88m，下砧座直径 7.68m，直径超大且截面复杂，属极限制造范畴。2023 年 10 月 28 日，中国一重举行全球首台自主研发 8.88m 液压打桩锤替打系统交货暨全球首创 6 000kJ+9.08 替打系统与锤芯开工仪式。

世界最大规格轧机牌坊一次性浇铸成功

中信重工为 5 600mm 厚板轧机项目制作世界最大规格轧机牌坊一次性浇铸成功。该产品的成功浇铸标志着世界宽厚板轧机迈入 5 600mm 的新时代。该轧机的制造，真正意义上实现了 5 000mm 级厚板轧机的全国产业化设计与制造。全球首台（套）最大规格轧机牌坊的诞生对突破“卡脖子”技术装备、引领行业发展具有重要意义。

太重集团两台矫直设备创造行业新纪录

太重集团设计的 5 600mm 宽厚板预矫和热矫两台矫直设备，成功中标某钢铁基地宽厚板项目。该项目拟建一条 5 600mm 宽厚板生产线，将打造世界最强大、最先进、全球最具竞争力的绿色智能厚板旗舰工厂。其中，太重集团制造的预矫和热矫设备是目前世界唯一宽度超过 5 500mm 的矫直机，各项技术参数均处于世界领先水平。

我国首台（套）钾盐矿全断面掘采机顺利下线

我国首台（套）为钾盐矿研制的全断面掘采机在北方重工顺利下线。这是一种集全断面连续截割、装运、行走、除尘、惯性导航、无线遥控等多功能于一体的固体钾盐矿掘采设备，该设备的成功下线，标志着北方重工已具备独立自主研发生产固体钾盐矿掘采机的能力。

“中国造”最大球磨机顺利下线交付

中信重工突破“卡脖子”技术和矿山重型装备极限制造，为山东黄金集团卡蒂诺纳穆蒂尼矿业项目研制的直径 8.2m × 12.7m 溢流型球磨机，顺利完成工厂试车并交付客户，标志着我国在大型碎磨装备自主研发和制造领域再创新高。

该磨机是目前“中国造”首台（套）最大球磨机，也是我国出口海外规格最大球磨机，在技术性能、工艺制造、加工周期等方面实现新跃升。

重大项目

阳江青洲海上风电项目四桩导管架成功下线

中信重工承制的明阳阳江青洲四 I 标段 11MW 海上风电首批导管架成功下线。该项目基础单套重量超 1 550t、高 76m、宽 30m，是中信重工目前承制的最大规格四桩导管架产品。

阳江青洲四 500MW 项目为国内首批海上风电平价示范项目，位于广东省阳江市阳西县沙扒镇附近海域，场址涉海面积 73.69km^2，水深 41～46m，中心离岸距离约

55km，装机总容量 500MW。

该项目是目前国内海上风电量产机型中单机容量最大、风轮直径最长的海上风电场，在阳江市附近海域施工完成。2023 年年底建成投产后，每年可提供清洁能源发电量约 18.3 亿 kW · h。

300t 新型双梁桥式起重机投入张靖皋长江大桥建设

张靖皋长江大桥是《长江干线过江通道布局规划（2020—2035）》中明确的“十四五”期间重点推进的过江通道项目，也是江苏省长江经济带综合立体交通运输走廊规划明确的过江通道重点实施项目。

河南矿山为张靖皋长江大桥建设项目承制的 300t 新型双梁桥式起重机，是采用模块化设计理念，通过现代化计算机技术手段，采用国内先进配置、新材料、新工艺完成的具有轻量化、通用化、节能环保和高技术含量的新型起重机。具有模块化设计，通用化程度高，零部件的利用率高；结构自重轻，减速机全部采用硬齿面，电器设计集成化；全变频控制，运行平稳，定位精准，免维护，节能降耗；特别设计起重机升级预留多面端口，轻松实现设备一键升级等优势。

直径 219mm 的三辊连轧管机组一次试车成功

太重集团研制的直径 219mm 三辊连轧管机组一次试车成功。该机组设备由太重集团完全自主设计制造，是世界首套具备轧制外径 73～219mm、壁厚 3.5～35mm 钢管的三辊连轧管机组。

219mm 连轧机组产品规格跨度大，使用传统的减径机机型无法覆盖全规格产品。为了解决这一难题，太重集团在一台减径机中采用大小两种不同直径的轧辊机架，大直径轧辊适宜生产直径 168～219mm 钢管，小直径轧辊适宜生产直径 73～178mm 钢管，目前该技术属于行业首创。

500t 门式起重机助力马鞍山长江公铁大桥建设

河南矿山承制的助力中铁九桥参建的马鞍山长江公铁大桥 Z3 钢塔首轮总拼验收顺利通过。该桥采用三塔两主跨设计，单跨 1 120m，双跨连续跨度 2 240m，是世界较大跨度三塔斜拉桥。作为该工程的重要设备供应商，河南矿山承制的 500t、400t 等 10 余台（套）起重机，全部应用于该工程主钢塔等桥梁结构的吊装，为长江公铁大桥建设提供了有力支撑。

华电重工榆林露天矿项目顺利开工

华电重工股份有限公司承建的中煤科工集团信息技术有限公司“西湾露天煤矿大型露天矿用连续采煤机研制与示范应用”项目，首台露天矿用自移式转载机、卸料车设备项目供货安装工程正式开工。该项目中的自移式转载机、卸料车设备是华电重工与中煤科工集团信息技术有限公司共同设计研发，并在露天矿的首台（套）应用，标志着华电重工在露天矿开采领域实现重大突破。

豫飞重工助力国家重大水利工程建设

豫飞重工集团旗下新乡市起重设备厂有限责任公司承制的广东粤海珠三角供水有限公司珠江三角洲水资源配置工程起重机项目双向门式起重机顺利通过验收。

珠江三角洲水资源配置工程是国家部署的节水供水重大水利工程之一，该合同项目起重设备包括电动双梁起重机、电动双梁环形起重机、电动单梁起重机、门式起重机及启闭机共计 50 余台，已陆续交付。

此次验收的项目是豫飞重工设计制作的 2 台双向门式起重机，采用智能润滑系统、在线监测系统，配置了可完成水下自动监测和自动抓取功能的液压抓梁，起升机构设置三级制动，整机安全可靠，性能优越。

太重集团助力神舟十六号成功发射

酒泉卫星发射中心发射场内由太重集团生产的航天发射塔架，助力神舟十六号载人飞船成功发射。“发射塔架”作为火箭发射升空前的最后“驻留地”，是具备箭体防护、燃料加注、测试检查、能源保障、智能监控等功能的综合性火箭平台，对航天事业具有重要意义。

中国一重承制的全球首台海南昌江“玲龙一号”反应堆核心模块竣工发运

由中国一重承制的全球首台海南昌江“玲龙一号”反应堆核心模块在一重集团大连核电石化有限公司竣工验收并启航发运，标志着我国在模块化小型堆技术创新和核电重大技术装备国产化方面实现了“零”的突破。“玲龙一号”反应堆是国家“十四五”规划的核能先进堆型示范工程之一，是继“华龙一号”后又一国内自主创新重大成果。“玲龙一号”拥有小型化、模块化、一体化、非能动等先进革新型技术，具有制造周期短、安全性高、用途广泛、部署灵活、设备成熟度高、工程可实施性好等突出优势。其作为清洁的分布式能源，在供电的同时可以满足海水淡化，适用于城市区域供热和工业供热、偏远地区和矿区、海岛、高耗能企业自备能源等多应用场景的能源需求。

奥力通长轨自动起重机助力亚欧铁路智能化建设

由奥力通研发团队自主创新研制的超长铁轨智能吊运系统（即长轨自动起重机）在中亚地区的欧亚铁路线上成功投产。这是奥力通智能吊运系统在铁路系统又一力作，助力提升欧亚铁路智能化。

该系统包括产线协同（自动生成 / 获取任务指令）、路径优化、电子防摇、机器视觉、激光扫描、自动定位（一次模糊定位和二次精准定位）、自动抓取、自动卸货、自诊断、自动生成报表、自动报警、数字化维护等多项专利，以及几十项智能解决方案的先进技术。

奥力通长轨自动起重机，三车联动定位精度高，可一次性起吊多根几百米长的超长轨道，实现所有钢轨同步抓取、同步卸货，作业效率高、用工成本低。在设计上充分考虑了“提升可靠性”和“降低运维成本”，比如重要受力都采用重级制设计，核心机构都采用免维护设计，对称部件采用“防呆”设计，杜绝“装反”。多轨智能吊具采用自平衡设计，能有效防止偏载和偏摆，杜绝了钢轨吊运过程中产生变形，使吊轨作业更安全。

通力科技助力杭州亚运会开幕式

杭州第19届亚运会开幕式的主火炬塔的设计理念源于“钱江潮涌”，由19根火炬柱次第排列，每一根代表一届亚运会，点火前呈卷曲状，高约9m，好像一朵翻卷的浪花，又似中国传统文化中的“祥云”；展开后高19m，亚运圣火在19个柱头一路燃起，如“壮观天下无”的钱江大潮奔涌。19根火炬柱均配有独立的驱动单元，可独立进行卷曲伸展动作，形成独立的仿生机械系统。19个独立仿生机械驱动单元的精密驱动装置均由浙江通力传动科技股份有限公司制造供应。为了提高产品的传动定位精度，通力科技专门为此项目设计制造了低齿隙的传动机构，齿轮侧隙越小，传动精度相对就越高，该驱动装置可确保毫米级的精确运动。

大方重机助力朱雀二号遥二运载火箭成功发射

2023年7月12日9时00分，朱雀二号遥二运载火箭在我国酒泉卫星发射中心发射升空，按既定程序完成飞行任务，发射任务取得圆满成功。

在此次发射任务中，发射场使用了大方重机研发生产的多台新中式双梁起重机。该起重机搭载了大方重机自主研发的电气防摇摆、自动定位、微动运行控制系统，该系统可把摇摆幅度降低95%，控制精度达2mm，控制微动精度达1mm，大大提高了火箭吊运过程中的稳定性和精度，为朱雀二号遥二运载火箭飞天提供了“大方造”的设备支持。电气防摇摆、自动定位、微动运行控制技术，通过模拟运动规律、设计数学模型等，利用计算机控制关键部件的运行，使起重机吊起重物时“稳如泰山”，精确地实现操作意图。

大方重机助力我国首个专业商用航天发射场塔式起重机主臂成功吊装

大方重机为海南商业航天发射场一号发射工位固定勤务塔顶设计的火箭发射专用起重机成功完成塔式起重机主臂吊装。这是我国首个商用航天发射场配备的首台（套）火箭发射专用起重机，其特殊装置根据海南商业航天发射场火箭发射的特殊需求进行设计。

该起重机采用无塔身水平上回转结构，可实现360°旋转，具有防摇摆、位置记忆、精确定位以及90°锚定锁紧等功能，拥有力矩防风、冗余机构一用一备、钢丝绳防断保护等安全措施，设置故障应急自处理功能，极大地保证了火箭安全、稳定发射。

卫华集团参与制造的国内最大吨位造船门式起重机完工

卫华集团共同参与制造的惠生（南通）重工有限公司2 000t×200m造船门式起重机成功完成提升。该造船门式起重机为单主梁、大吨位、大跨度门式起重机，其3台小车以及整机运行机构由卫华集团制作完成。

3台小车以及整机运行机构，上小车为双小车，起升机构采用双卷筒双钩同步结构，运行在主梁上平面的小车轨道上，单个小车起升能力为2×500t。下小车采用独立主、副卷筒的双钩结构，安装在框架结构的拉架平台上，在主梁底部的轨道上运行，其起重能力为600/50t。整机小车具有单钩吊、双钩抬吊、三钩抬吊和四钩抬吊等多种起重组合，可用于船体分段对接、空中翻身等多种工况下的施工作业。基于超大起升能力与200m跨度要求，该项目大车运行机构由四级平衡梁叠加而成，并由128套轮组组合驱动，其运行速度调节范围为3～30m/min。

中信重工助力全球首座第四代核电站商运投产

国家重大科技专项标志性成果、全球首座第四代核电站——华能石岛湾高温气冷堆核电站示范工程正式投入商业运行，标志着我国的第四代核电技术研发和应用达到世界领先水平。

中信重工为华能石岛湾高温气冷堆核电站示范工程提供了蒸汽发生器用法兰类、管嘴类、支承类等共 40 多个重要锻件。

北起院设计制造的亚洲运量最大的吊椅索道通过验收

由北起院设计制造的辽宁沈阳东北亚滑雪场 1 号索道顺利通过国家索检中心验收。该索道由沈阳金展索道景区经营管理有限公司投资建设，水平长 680.85m，高差 124.9m，沿线设立支架 7 座，配置 46 个吊椅；最大运行速度 5m/s，每小时单向运量可达 2 800 人。索道配备了全新设计的椅罩及自动开关系统；突破性地采用了新颖的无车库建筑设计和异型车库，有效减少占用空间；首次采用北起院全新升级的工作制动系统，不仅增强了制动的可靠性，也提升了制动的平稳性。

中国一重设计供货的国内首条 850mm 不锈钢黑皮轧制退火酸洗机组投产

中国一重为柳钢中金公司不锈钢冷轧项目（一期）设计供货的 850mm 不锈钢黑皮轧制退火酸洗机组正式投产，标志着柳钢中金公司“十四五”技改工程建设取得重大阶段性进展。

该机组设计产能 35 万 t，工艺段速度达 120m/min，是目前国内同类型机组的最高速度，也是国内首条中宽带不锈钢黑皮轧制退火酸洗机组。该机组首次采用了柔性侧支撑型的十八辊轧机，具有维护简单、投资少、适应能力强的特点，能够更好地适应不锈钢热卷直接轧制的恶劣条件。

大方重机助力朱雀二号遥三液氧甲烷火箭成功飞天

2023 年 12 月 9 日 7 时 39 分，朱雀二号遥三运载火箭在我国酒泉卫星发射中心发射升空，火箭搭载的鸿鹄卫星、天仪 33 卫星及鸿鹄二号卫星顺利进入预定轨道。

在本次发射任务中，大方重机研发生产的多台新中式双梁起重机承担了火箭吊装的关键任务，安全、可靠、精准地完成了火箭在厂房内的搬运、转运、翻转、检测以及燃料加注等工作。

河南矿山助力世界级风电项目建设

在世界级海上风电项目现场，河南矿山承制的 500t 双小车新型双梁起重机完成安装运行，成为继 400t 核电项目新型起重机后，又一台起重机精品。

河南矿山为该项目一期承制了 43 台（套）新型起重机产品，其起升机构采用轻量化设计，高扬程，快慢速自动调节，有效降低重型车间电能损耗。多吊钩高精度同步，整机电控防摇摆功能，为重型工件高效率搬运提供便利。先进的数字和影像监控保护功能，全生命周期管理，为设备运行及作业现场提供全面的安全保障。

〔撰稿人：中国重型机械工业协会赵雅琪〕

重型机械行业节能降碳行动方案

为深入贯彻落实党中央、国务院关于“碳达峰、碳中和”决策部署，切实做好重型机械行业节能降碳工作，根据工业和信息化部、国家发展改革委、生态环境部发布的《工业领域碳达峰实施方案》及相关部委发布的政策文件，制定本行动方案。

一、总体要求

1. 指导思想

以习近平新时代中国特色社会主义思想为指导，全面贯彻党的二十大精神，深入贯彻习近平生态文明思想，立足新发展阶段，完整、准确、全面贯彻新发展理念，构建新发展格局，坚持企业主导、政策指导、协会引导、创新驱动、产业升级，以高端智能绿色发展为方向，以绿色低碳科技创新为驱动，以应用创新及示范推广为抓手，加快构建支撑节能降碳和绿色转型升级的技术、工艺和产品供给体系，推动重型机械行业高质量发展，助力“碳达峰”目标顺利实现。

2. 基本原则

坚持企业主导。企业是实现节能减碳的主体，肩负低碳发展的使命担当，应顺应新时代变革的大方向，主动作为，积极实施绿色转型。

坚持创新引领。发挥技术创新的支撑引领作用，加强产学研用协同创新，加快绿色低碳技术和产品的研发和产业化，促进科技成果转化，为重型机械行业绿色低碳转型夯实基础、增强动力。

坚持统筹协调。加强重型机械产业链上下游企业及相关行业协会的沟通协调，增强产业链、供应链协同联动，强化服务，保障有效供给，提升节能降碳发展整体合力。

坚持突出重点。聚焦行业重点节能降碳重大关键产品和技术绿色供给能力，紧盯能耗量大、碳排放量大的主导产品、关键生产工艺环节，分类实施，带动全行业节能降碳水平提升。

3. 主要目标

到2030年，通过实施节能降碳行动，行业主导产品、关键生产工艺环节能效水平明显提升，碳排放强度明显下降，重点产品能效达到国际先进水平，绿色低碳发展能力显著增强，助力工业领域二氧化碳排放在2030年前达峰。

服务高载能行业节能降碳的重大技术装备及工艺的能力显著提升，为钢铁、有色金属、煤炭、电力、石化、建材、交通、机械等基础工业实现节能降碳目标提供有力支撑。

制定、发布一批节能降碳、能效提升的标准，引领行业绿色低碳转型升级；研发、推广一批减排效果显著的低碳零碳负碳工艺、技术和产品，发布一批技术先进、高效节能降碳的重大技术装备和产品目录，发布低效率、高能耗、高污染产品和工艺的建议淘汰目录，筑牢行业领域“碳达峰”基础。

能尽其用、效率至上成为行业的共同理念和普遍要求，节能提效进一步成为绿色低碳的“第一能源”和降耗减碳的首要举措。

二、重点任务

1. 冶金机械、重型锻压机械和大型铸锻件

（1）冶金机械、重型锻压机械。

1）加快绿色低碳生产转型升级。推进行业重点用能设备节能增效。全面推广冶金机械、重型锻压机械等先进高效用能设备，严格执行能效标准，加强重点用能设备全链条能耗监管。加快淘汰行业落后低效用能设备，制定落后低效重点用能设备淘汰路线图。对标国际先进水平，加快完善行业装备能效标准，提升能效准入门槛。加快推进行业终端用能设备电气化、低碳化，扩大电气化终端用能设备使用比例，有序推进行业终端用能设备低碳化改造。

推动企业生产过程清洁化转型。围绕冶金机械、重型锻压机械生产过程及产品特点，强化企业生产源头减碳、生产过程控碳和生产末端降碳，大力推行全流程一体化系统降碳理念，高起点打造更清洁的生产方式，持续推动实施清洁生产技术改造，引导企业主动提升清洁生产水平，推动企业实现生产过程清洁化转型。针对高碳排放重点流程环节、重点产品，推广多元化技术升级和清洁化转型模式。

推行行业“工业互联网＋绿色制造”。加快提高冶金机械、重型锻压机械行业互联网应用普及水平，提升行业生产过程工业互联网应用水平、能源利用水平、控碳降碳管理成效。面向节能降碳重点领域，加快培育具有普适性的标准化“工业互联网＋绿色制造”应用解决方案。推动能源管控中心普及应用，强化能源设备管理，加强能源计量器具配备和使用，推动企业能源管理数字化、智能化改造，通过能源管理数字化、网络化、智能化，提升整体能效水平。

提升行业高端装备在役制造水平。加快推进冶金机械、重型锻压机械行业高端装备、在役制造装备转型升级，运用现代信息技术、智能技术及绿色制造技术，通过智能化综合提升，对在线运行装备实施优化改造，促进

在役装备监控智慧化改造，推动高端装备在役制造水平提升。加快关键高端装备技术创新与产业化应用，助力行业装备升级改造。

提高行业固废及再生资源循环利用水平。推进冶金机械、重型锻压机械行业产废企业绿色转型，实现源头减量，实施固废绿色化改造，不断优化工艺流程，驱动工艺提升，改进技术装备，降低大宗固废产生强度。强化过程控制，利用新兴信息技术提升固废综合利用全流程管理水平，建立设备运行监控平台，严格落实全过程碳排放责任。提升固废处置规范水平，对接绿色低碳前沿技术，围绕统筹兼顾固废增量消纳和存量治理，助力行业固废及再生资源的循环利用。

专栏 1　行业绿色低碳转型升级
重点用能设备节能。推广装备用能的电能替代，扩大锅炉、窑炉、加热等电气化终端用能设备使用比例。实施余热余压利用、工业窑（炉）、供热系统、电机系统、照明等系统低碳化改造升级。 **工业互联网赋能绿色制造。**加快构建工业互联网生态圈，打通碳流通环节数字化建设，推动工业互联网数字技术赋能绿色制造应用场景建设，建立设备、系统、工厂三层级能效动态可视精细管控，实现核心设备能耗智能化管理、生产工艺智能耦合节能降碳、全局层面智能调度优化及管控。 **高端装备在役再制造。**研发能够代替铸锻生产的强化工艺，如增材制造和近净成形关键加工技术，基于激光熔覆、纳米涂层以及智能微铸锻等实现局部增材制造代替传统一体化铸锻成形的装备技术。 **企业生产过程清洁化。**加大溶剂型球团生产、高炉大比例球团矿冶炼等应用推广力度；推广烧结烟气内循环、高炉炉顶均压煤气回收、转炉烟一次烟气干法除尘、三废综合利用等技术；有序发展短流程电炉炼钢，提高废钢使用量、铁液一罐到底、铸坯热送热装、副产煤气高参数机组发电等技术推广。

2）加快先进高效的节能降碳重大技术和产品推广应用。加快推进冶金机械、重型锻压机械领域前沿技术推广。支持基于材料强韧化实现产品设计节能降碳，鼓励通过生产流程优化促进产品制备能效提升，加快先进表面处理及增材制造技术在冶金机械、重型锻压机械生产环节的应用，推进余热利用效能提升技术及新型介质替代技术等高效绿色前沿技术的推广应用。

加快推广冶金机械、重型锻压机械产品全生命周期减碳技术。强化生产及产品全生命周期降碳理念，全方位全过程推行产品提质降碳，从产品设计、材料获取、能源获取、加工制造、生产控制、包装运输、产品销售、产品使用、再使用及报废处置等各个阶段进行减碳，加快推进生产全流程减碳技术发展。

促进装备 - 工艺 - 产品集成降碳技术应用。基于装备 - 工艺 - 产品全方位视角，推广应用一体化的集成降碳技术，通过装备轻量化、运维智能化、工艺短流程化实现提质增效。支持应用大数据和机理分析相结合的生产过程碳排放智慧预测与溯源，鼓励通过生产过程能源最优化设计，实现从源头节能降碳。加快形成冶金机械、重型锻压机械装备 - 工艺 - 产品集成降碳生产模式，通过重大耗能设备运行效率提升实现生产技术升级迭代。

加快行业资源循环低碳增效技术推广。围绕冶金机械、重型锻压机械行业能源利用及资源循环利用，推广行业资源循环和数字化智慧化，加快再回收应用技术的普及，有序推进再回收、再利用、再制造技术普及与应用，持续促进多源废物协同处理与应用。大力推广高端智能再制造，提升再制造产品使用规模，推进资源节约集约利用。

专栏 2　行业先进节能降碳技术应用推广
降碳增效重点技术。支持新一代高拉速方坯连铸技术、硅钢裁切片涂层机组工艺及关键技术应用，推进全热交换装置、重型燃气轮机、发电装备关键部件及冶金机械、重型锻压机械成套设备轻量化设计技术推广，推进新型高效能耐火材料开发，促进高效加热炉设计优化及能效提升。 **先进技术推广应用。**加大压缩空气储能技术、飞轮储能相关技术推广力度，加快碳捕集利用与封存技术、各类低温烟气、冲渣水和循环冷却水等低品位余热回收技术普及。

3）加强重点领域节能降碳技术研究开发。加强设备或系统能量回收利用、可再生能源利用技术研发。支持冶金机械、重型锻压机械产品生产过程低品位余热回收相关技术开发，鼓励清洁燃料替代技术及高效发电关键技术及装备研发。引导基于梯级综合利用的能量资源最大限度回收利用技术体系优化，支持钢铁生产过程气体、液体及固体高效回收技术及综合利用关键技术装备研发。鼓励通过高效燃烧技术及产品制备过程高效加热技术优化，促进行业产品生产流程降碳增效。

支持冶金锻造生产短流程装备技术发展。促进近净成形绿色低碳技术研究，支持开展面向短流程低能耗金属材料制备关键技术及核心装备的系统性技术研究，支持研发氢冶金革命性钢铁冶炼技术装备、轧前轧后高效节能新工艺等，支持研究锻造短流程技术，优化传统冶炼、锻造和热处理工艺。

加快冶金机械、重型锻压机械高端装备在役再制造技术研发。突破大型冶金锻压设备关键件再制造技术，鼓励应用新一代信息化技术实施再制造产品运行状态监控及远程诊断，加快再制造智能设计与分析、损伤检测与寿命评估、质量性能检测与运行监测，以及智能拆解、绿色清洗、智能再制造生产加工等技术装备研发和产业化应用。实施高端装备再制造示范工程，培育一批技术先进、管理创新的高端装备再制造领军企业，建设绿色再制造工厂，提升行业整体再制造水平。

鼓励废弃物循环利用与再制造。加快研发废弃物循环利用再制造与协同处理相关技术，鼓励相关企业研发应用关键技术，支持企业开展关键技术突破。推动再生资源利用创新发展，支持全量化利用技术研发应用。因地制宜推动再生资源多产业、多品种协同利用，形成可复制、可推广的再生资源循环利用发展新模式，以绿色科学理念持续推动再生资源的高质量应用。

专栏3　行业节能降碳前沿技术开发

短流程装备技术。开展短流程低能耗金属的材料关键制备技术及核心装备技术研究。支持以短流程近净成形技术逐步取代传统冶金工业中流程长、能耗高、组织生产复杂的生产工艺。支持薄带铸轧技术等新型短流程技术原型工艺开发，鼓励将铸造－开坯－热轧等多道工序合并，以“铸轧制”耦合方式制备出半成品坯或成品薄带板材，实现金属材料短流程低能耗制备。支持纳米微结构增强增韧轧辊复合材料制备技术开发。

热送热转余热利用效能提升工艺。引导新型淬火介质替代技术开发及应用。鼓励开展自主研发水基聚合物等新型淬火介质替代传统水、油、盐、碱多介质淬火剂，支持新型淬火介质向多元化、多功能、高效清洁、安全环保等方向发展。

资源循环低碳增效。加快推进钢渣颗粒透水型高强度沥青路面技术、钢渣固碳技术研发，有序推进废旧机电及电器电子产品拆解/回收再利用技术、废旧关键部件再制造技术研发，持续促进重型装备智能再制造技术应用。

4）推进行业上下游、跨领域协同降碳。构建上下游产业协同增效的绿色低碳产业生态链。促进冶金机械、重型锻压机械行业与上下游行业联合联产、一体化发展，互为供给、全流程协同，加快资源和工业废物的高效综合利用，推动不同行业间融合创新和协同降碳。支持重点企业创建绿色供应链，实施绿色伙伴式供货商管理，促进上下游企业绿色协同发展。推进重点企业跨领域开展前沿技术集成创新，推进跨领域减碳增效技术突破及应用。支持行业重点企业搭建上下游企业协同降碳管理平台，引导重点企业开展跨领域协同基础设施建设。

（2）大型铸锻件。

1）加快大型铸锻件先进节能降碳技术应用推广。加快成熟技术推广普及，有序推动生产节能降碳。加大节能降碳技术推广力度，有序推广清洁能源利用，支持推广高效加热、节能动力、余热余压回收利用等大型铸锻件生产节能技术。加快大型铸锻件产品轻量化、模块化、集成化等绿色设计共性技术推广应用，有序推进企业节能降碳、降本增效，推动大型铸锻件领域能效提升。

加快先进技术应用示范，稳步实现产品提质增效。提升大型铸锻件工艺技术的先进性、绿色化的成熟度，有效解决质量稳定性问题，降低成本，减少材料消耗与废物排放。遴选减碳效果好、技术含量高、适用范围广的节能低碳技术，加快推进大型铸锻件先进技术应用示范，引领行业整体能源利用效率提升。重点支持先进冶炼技术、一体化近净成形技术、无污染绿色热处理技术在行业领域应用示范，稳步实现技术集成应用及产品提质增效。

加强节能降碳技术体系构建，规划新技术储备布局。组织制定大型铸锻件先进节能降碳技术和产品目录，完善具体节能降碳技术指标要求，构建围绕绿色低碳核心的技术体系，规划布局具有先进性和引领性的节能降碳新技术。

专栏4　大型铸锻件先进节能降碳技术推广布局

大型铸锻件制造过程节能降碳工艺。推广热送、热转等提高生产过程余热利用的工艺流程，替代传统的冷转、冷送工艺；采用大型结构件的整体化设计及数值模拟技术，提高工装使用量及设计能力，缩短制造周期。

大型铸锻件生产制备关键技术推广应用。推动700～1 000MW水电机组铸锻件材料利用率和生产效率提升技术推广，推进全系列重型燃机关键核心铸锻件自主化制备技术的推广及应用。

2）加快大型铸锻件全流程制造工艺节能降碳技术创新。加强大型铸锻件材料基础理论研究，推进大型铸锻件技术迭代与颠覆性技术创新。充分发挥行业内国家重点实验室及企业国家工程中心的作用，发展大型铸锻件新材料和热处理新技术，突破原型钢种及合金的创新制造，加强金属形性协同控制、相变机理和热处理工艺研究。加强大型铸锻件化学物理冶金原理研究，突破大型铸锻件生产流程长、工序多、衔接紧、控制严格等环节技术障碍。

开发大型铸锻件制造过程节能降碳工艺。推动大型铸锻件生产制造向能源清洁化方向发展，开发基于清洁能源的大型铸锻件制造工艺，加快实现绿色低碳转型升级，推动高质量绿色发展。开发制造过程节能降碳先进工艺和技术，优化设计材料、铸锻件工艺，对标国际先进水平，提升能效准入门槛，淘汰落后装备和技术。开发大型铸锻件短流程近净成形制造工艺，提升材料利用率，减少材料损耗，降低产品制造过程的废物排放。

专栏5　大型铸锻件全流程制造工艺节能降碳

大型铸锻件新材料和热处理技术。研究纳米微结构增强增韧轧辊复合材料技术，通过微合金化、纳米结构等增强增韧方法增强材料性能、降低合金消耗。加强金属组织及相变机理、冶、铸、锻、热全工序链工艺研究，从成分设计到工艺方案与流程开展全过程优化，有效缩短工艺时间，减少能源消耗。

能源装备领域关键铸锻件提质增效与技术创新。支持清洁火电关键零部件国产化先进制造工艺开发及能效提升，加快推进620℃超超临界机组关键锻件的国产化稳定批量制造，布局630～650℃等级超参数超超临界机组关键铸锻件材料设计以及制造工艺技术的开发。重点支持面向国家需要的第三代、第四代核岛成套装备制造技术及主设备锻件材料制造技术研发应用。

3）推进大型铸锻件节能降碳技术升级改造。大型铸锻件设备工艺升级改造。逐步淘汰各类低效率设备，加强重点设备能效技改，加快节能降耗设备应用，加快绿色低碳技术改造，全面提升能效水平。铸锻件车间围绕降碳工艺布局和绿色制造需求，进行技术装备改造升级，达到降碳目标。开发高质量循环利用的增材制造装备，实现以局部增材制造代替传统的一体化铸锻成型，解决资源、能源消耗大问题。

大型铸锻件原材料节约及循环利用。加强铸锻件金属材料再生产品、再制造产品推广应用，在绿色设计方面实现增材制造和近净成形关键加工技术，降低原材料消耗，持续优化热处理用水循环系统，提高水资源循环利用效率，以减少能源及水资源消耗。

推进大型铸锻件高效生产。实施绿色低碳供应链管理，建立热加工工序精益作业计划，推行精益生产，减少设备空转、等待时间，提高设备利用率，实现精准计划、精益低碳生产，推动企业生产提质增效。

专栏6　大型铸锻件节能降碳技术升级改造

设备及技术升级改造。实施蓄热式炉体改造、金属熔融炉改造、炼钢蒸汽真空泵改造；鼓励开展电弧炉与中频炉双联炼钢技术改造，支持开展炼钢系统集中智能控制系统升级改造，构建全自动智能铸造生产线；支持开展宝珠砂循环利用工艺技术升级，引导实施压机联动作业模式，推进全自动智能调质热处理生产线改造，支持基于先进闷渣工艺的钢渣处理技术装备改造升级。

先进复合制造工艺设备换代升级。大力支持离心复合、机械复合等节能降碳的复合制造工艺设备换代升级，加快推广高性能多元复合制造，鼓励全品类轧辊功能随形结构与多元复合制造相结合的生产设备改造。

原材料节约及循环利用。鼓励将企业生产过程中产生的料头、钢屑及外购废钢作为原材料进行二次冶炼循环利用，提升废钢材料利用率；完善大型铸锻件工序执行过程相关工艺设备和水资源以及各类液压介质的循环利用，减少工业用水浪费及排污排放。健全热交换装置，利用热加工余热向职工厂区内用水加热，推动原材料节约及循环利用。

基于清洁能源的大型铸锻件制造工艺。热处理工艺采用电炉代替燃气炉，降低燃气消耗和污染；系统开发激光增材制造工艺，代替铸锻工艺生产的强化工艺；扩大中频炉熔炼＋炉外精炼冶炼工艺的应用范围，减少冶炼过程钢铁料损耗，降低废物排放。

4）推进大型铸锻件全生命周期数字化智慧化转型。数字化智慧化赋能大型铸锻件生产。推动数字技术赋能大型铸锻件生产，加快生产方式绿色化变革，逐步形成虚拟化创成式研发设计、智能化生产制造、数字化经营管理、网络化协同创新等大型铸锻件数字化智慧化生产模式，提升生产效率、产品质量和智能化水平，助力企业节能低碳发展。

大型铸锻件数字化智慧化解决方案。利用大型铸锻件生产全流程仿真技术、数据驱动技术等新兴信息技术替代传统的试生产，对工艺参数进行结构化、数字化管理，不断优化工艺参数，驱动工艺提升，降低试用废品损失和能源消耗；运用工业互联网，通过对设备智慧化改造，建立设备运行以及能耗数据采集平台，实现对设备维护和能耗智慧分析；建立能碳管理系统，对能源利用和碳排放进行数字化监测管控，提升能源、资源、环境管理能力；建立生产管控平台，实现监测预警，实现精准计划、精益低碳生产和可视化监管。

以数字化智能化提升大型铸锻件能源使用效率。加快推进大型铸锻件设计研发、生产运营、经营管理全生命周期的数字化智慧化升级改造，改善生产计划和生产组织合理性，实现大型铸锻件从设计、制造、运输、使用、回收的全生命周期数据追踪监测分析，实现按需供给、保质高效生产，降低碳排放，推动大型铸锻件全流程节能增效。鼓励重点企业构建数据共享及分析平台，打通上下游企业间的数据通道，实现数据共享、产能共享、要素共享，合理配置产业链上下游资源，提高资源利用效率，最小化碳排放。

专栏 7　大型铸锻件全生命周期数字化智慧化转型升级
大型铸锻件车间数字化智慧化升级改造。推广企业管理信息系统、生产执行系统 MES、物流系统、企业办公自动化系统等数字化管理系统，实现生产全过程的一体化产品与质量设计，统一计划与物流调度，统筹现场生产、质量、节能控制与管理。建设能源计量系统，实时全天候监测全厂能源消耗情况，优化节能管控决策。 **自动化和智慧化生产线技术。**增加智能化机械化工装设备在生产过程中产品转移、定位、物流运输等环节的比重，提高生产效率，保证工艺过程和产品质量的一致性与稳定性，装备柔性化生产线，提高工艺装备适用性，缩短工艺流程，物料传送合理快捷，材料更节约，降低工艺成本。 **全流程热加工仿真技术。**在热加工工艺研究中全面推广计算机仿真技术，增加仿真模拟在工艺开发中的比重，显著减少工艺开发中实物试制和验证工作量。

2. 矿山机械

（1）推进行业数字化转型。深化人工智能、物联网、云计算、数字孪生等技术在企业研发设计、生产制造、应用服役、回收利用等环节的应用，推动企业实现平台化设计、智能化制造、网络化协同、个性化定制，赋能行业数字化、智能化、绿色化的转型升级。

1）夯实企业数字化赋能基础。加大信息技术应用，推动企业关键生产设备数字化改造、网络化连接，实现信息技术和运营技术（IT/OT）融合互通，支持企业建设基于 5G 的工业互联网平台和绿色低碳基础设施，支撑企业数字化转型。

2）推广企业智能制造解决方案。利用新一代信息技术，结合智能工厂软件架构及平台搭建，围绕行业绿色低碳和数字化转型需求，支持企业建立具有工艺流程优化、动态排产、能耗管理、质量优化等功能的智能生产系统，降低能源消耗、提高生产效率，形成高效、协同、柔性、绿色、低碳的智能制造新模式。

3）推动上下游企业协同发展。通过公共开发平台、场景构建等数字孪生服务平台、网络和信息，支撑在上下游产业之间的数据孪生体融合集成与交叉集成，实现各自孪生体的互联互通，即实现上下游企业间的数据集成和数据共享，也实现上下游企业间的产品协同开发、协同制造和协同运维等，从而以开放运营模式促进产业协同发展。

4）以数字化转型促进企业节能降碳。支持企业运用工业互联网、云计算、5G（第五代移动通信技术）等技术对碳排放在线监测，追踪重点产品全生命周期碳足迹。鼓励企业完善能源管理体系，建设能源管控中心，利用信息化、数字化和智能化技术加强能耗监控，提升能源精细化管理水平。

专栏 8　矿山机械行业数字化转型
开发新一代智能采矿和选矿成套装备。推进物联网、大数据、人工智能、5G、虚拟现实等技术在产品中的应用，建设全资源数字化管理、面向“矿石流”智能生产管控、全流程少人无人化生产、基于工业大数据智能决策于一体的绿色、安全、高效智慧矿山成套装备、井工生产装备，实现露天矿开采装备单机、新型半连续开采装备智能化和选矿厂无人化。 **构建矿山装备远程运维智慧平台。**应用 5G+ 互联网技术，边缘 + 云计算以及增强现实等技术，结合行业大数据及专家系统，打造绿色低碳、高效运营的矿山装备远程运维智慧工厂，实现“集中控制、集中调度、集中运营、协同管控、智能分析、管理决策”。 **建立企业数字化碳管理平台。**制定涵盖能源、资源、碳排放、污染物排放等数据信息的碳排放基础数据标准，建立产品全生命周期碳排放基础数据库，统筹低碳基础数据和工业大数据资源，建立数据共享机制，推动数据汇聚、共享和应用。基于平台数据，开展产品碳足迹分析评价。

（2）实施矿山机械绿色制造。大力推行绿色设计，实施绿色制造，加快产品结构优化升级，积极推行清洁生产改造，提升绿色低碳技术、绿色产品、服务供给能力。完善绿色矿山机械制造体系，深入推进清洁生产，打造绿色低碳工厂、绿色低碳供应链，通过典型示范带动生产模式绿色转型。

1）深入推进绿色设计。强化产品全生命周期理念，全方位全过程推行产品绿色设计。创建矿山机械绿色设计示范企业，探索产品绿色设计路径，带动产业链、供应链绿色协同提升。构建基于大数据和云计算等技术的绿色设计平台，强化矿山机械绿色设计与绿色制造协同关键技术供给，加大绿色设计应用，完善标准采信机制，开展绿色设计评价。

2）打造绿色低碳工厂。加强绿色制造技术的创新及集成应用，采用能源资源综合利用生产模式，推进余压余热、废水废气废液资源化利用，推动企业实施节能、节水、节材、减污、降碳等系统性清洁生产改造，鼓励编制绿色低碳年度发展报告。对先进企业形成的优秀典型经验和案例进行推广，促进企业的绿色低碳发展，增强绿色制造能力。

3）打造绿色低碳供应链。加快推进供应链全链条的绿色低碳发展。鼓励各供应链由骨干企业牵头，根据产品特点，制定适宜的低碳发展方案，完成对供应链的升级改造，发布相关碳减排成效报告。

专栏 9　矿山机械绿色制造
推进企业清洁生产。持续推进矿山机械制造工艺绿色优化升级，实施绿色工艺材料制备，清洁铸造、精密锻造、绿色热处理、先进焊接、低碳减污表面工程、高效切削加工等工艺技术和装备改造。 **开发绿色环保产品**。开发新能源矿山装备、高效节能除尘产品、污染治理机器人、基于机器视觉的智能垃圾分选技术装备、干式厌氧有机废物处理技术装备、高效低耗难处理废水资源化技术装备、非电领域烟气多污染物协同深度治理技术装备、高效连续的挥发性有机物吸附－脱附技术装备、蓄热式热氧化/催化燃烧技术装备等。 **推动高端矿山机械产品智能再制造**。制定高端矿山机械产品再制造产品认定管理办法，建立自愿认证和自我声明相结合的产品合格评定制度，推动高技术含量、高附加值矿山机械产品的再制造。 **完善绿色制造标准体系**。修订矿山机械绿色设计产品评价技术规范，完善矿山机械绿色制造系列标准。

（3）开发和推广资源高效循环利用技术与装备。加强再生资源循环利用，创新废钢铁、废有色金属、尾矿、废纸、废塑料、废旧轮胎、废旧电池等再生资源回收利用技术与装备。强化工业固废综合利用，推广钢渣、尾矿、冶金渣、粉煤灰、煤矸石等工业固废规模化高值化利用技术，研发以高炉矿渣、粉煤灰等对产品性能无害的工业固体废弃物为主要原料的超细粉生产利用装备，通过资源高效循环利用降低工业领域碳排放。

专栏 10　资源高效循环利用技术和装备
钢渣回收装备。研发高耐磨等特殊条件下长寿命服役材料，优化大型立磨主机料辊盘与分级结构，匹配智能控制系统，形成大型系列钢渣立磨装备，实现钢渣粉体的超细、高效、节能、低碳、精细分级、高效安全制备；研发钢渣低碳回收及资源化利用技术与成套装备。 **废金属回收装备**。针对废金属回收效率低、材质鉴别难度大、成本高等问题，开发双轴剪切式破碎机，达到体积较大的废金属制品的高效破碎，减少破碎过程中金属与非金属的相互包裹，推广涡流分选机、磁选机、高压静电分选机、光电分选机等分选设备，促进金属与非金属的高效分离，提高废金属的回收率，缓解资源紧缺，实现废金属资源的高效回收利用。 **纸张、塑料等固废回收装备**。针对废纸张纤维再利用率低及加工过程碳排放高等问题，开发新型高效打包机，研究先进脱墨设备、废纸撕碎机等设备，提高废纸张中纤维原料的回收效率。针对废塑料资源化存在的回收技术落后、产品附加值低等问题，开发新型空分机、塑料静电分选机，建立规模化的废塑料破碎分选改性造粒先进高效生产线，并对生活垃圾塑料进行无污染的资源化利用。 **废旧电池回收装备**。基于废旧电池的电芯结构特征、各组分物化性质和现代矿物加工与物质分离理论，完善电芯破碎分选理论与技术体系，建立废旧电池的全组分回收标准，开发并推广安全、高效、低碳、环保的电芯破碎分选预处理成套装备、有机物分离专用窑炉等大型装备，实现废旧电池拆解分选装备从电芯拆壳到分选各组分的全过程自动化，打造全过程安全、环保和碳排放整体解决方案。开发废旧电池回收专用重力分选机、气流分选机、涡电流分选机、高压静电分选机、电解液组分分离炉等分选设备，对废旧电池中的多元组分进行有效分离、纯化及再生利用。 **煤矸石、粉煤灰、尾矿回收装备**。以绿色、高效、高质、高值、规模化利用为重点，研发煤矸石、粉煤灰、尾矿、冶炼渣、工业副产石膏等大宗工业固废制备低碳生态材料、低碳清洁高值利用有价组分等技术与装备，不断提高资源综合利用产品附加值，形成条件温和、操作简单、清洁环保、成本低、全程闭环无污染物排放的新一代固废低碳绿色高值利用技术及装备。

（4）深入推进行业节能提效。提升行业能源利用效率和重点产品能效水平，推进用能低碳化、智慧化、系统化。

1）提升能源利用效率和重点产品能效水平。提升企业能源利用效率及重点用能设备能效，引导企业有序推进对重点用能设备的节能提效改造与升级；鼓励企业加大投入，研发新型节能设备并进行推广，不断提升用能设备的能效水平，力求达到能耗限额标准的国际先进水平。依法依规淘汰不符合节能低碳发展要求的落后工艺技术和生产设备，建立针对相关企业的信用信息共享平台。

2）推进用能低碳化、智慧化、系统化。开展使用天然气、电能等清洁能源对煤炭进行减量替代，推动企业用能电气化，拓宽电能替代领域，鼓励企业对可用电气设备完成相应功能的电气化改造，优化资源配置。鼓励企业进行多元储能、高效热泵、余热余压利用、智慧能源管控等一体化系统的开发运行，推进多能高效的互补利用。

（5）推动矿山机械产品结构调整。围绕国家矿产资源安全战略，开展我国矿山开采工艺及装备的绿色低碳数字化转型升级和结构调整，淘汰落后生产工艺及产品，实现矿山装备数字化智能化转型，推动国家矿产资源加工高质量发展。

围绕矿产资源高效清洁利用，大力提高矿产资源开采回采率、选矿回收率和综合利用率，开展可靠高效、大型选矿装备关键技术的研究及应用。开发高效、节能、绿色低碳的千万吨级露天矿山半连续开采工艺及成套装备；开发适合地下金属矿山、非金属矿山的高效智能化掘、钻、锚、采、运、破碎等低污染的先进工艺及装备；优化和提升破、磨工艺及装备能效指标，开展适合多破少磨高效工艺的新型绿色智能装备。

生产率高、维护简便的大型高效破碎设备（站）逐渐取代低效中小型设备，开发大型自移式破碎站。粉磨生产设备中，各种高效节能的碾压型磨机（立式辊磨、辊压机、高压辊磨等）的应用比例逐渐提高。在超细粉磨方面，搅拌磨（立式、卧式）逐步取代传统筒形球磨机。

矿山采、装、运、提设备仍将向大型高效化方向发展，对设备的可靠性和寿命提出更高的要求，通过产品结构调整，淘汰落后低效设备，实现矿山生产节能降耗。

专栏 11　矿山机械产品结构调整

淘汰高能耗磨矿装备。推广应用卧式高速搅拌磨，该设备通过高速旋转搅动和多段研磨、内部离心分级实现开路高效磨矿，具有绿色节能、产品粒度细和分布窄、占地面积小、噪声低、操作简单和维修简便等优点，其产品粒度 P_{80} 可达到 10μm 以下，已成为开发低品位、多金属共生、嵌布粒度粗细不均类型矿产资源的关键设备。在超细磨应用领域，该设备相对立式搅拌磨单位降耗至少 20%，基建投资减少至少 20%，降低选矿总成本，提高选矿厂的生产效率。

逐步淘汰简摆式颚式破碎机、原国标 PXZ 系列旋回破碎机、西蒙斯弹簧圆锥破碎机、西蒙斯液压圆锥破碎机、水泥粉磨站 ϕ3.2m 及以下球磨机、单一球磨机钢渣、矿渣粉磨工艺。加快国产大型旋回破碎机、大型复摆式颚式破碎机、大型圆锥破碎机、大型筛分机的研发及在金属矿山领域的应用。

（6）加强高效节能矿山装备的开发。发挥绿色低碳矿山装备在“碳达峰、碳中和”工作中的支撑作用，完善设计开发推广机制，为冶金、建材、化工、能源等领域提供高质量产品装备，打造绿色低碳产品供给体系，助力全社会“碳达峰”。

专栏 12　高效节能矿山装备开发

大型智能化矿用电铲。融合大数据、人工智能、图像识别、信号处理、大数据分析、5G 通信等技术，攻克多场耦合环境下矿用电铲无人操作系统关键技术，开发大型高效、高可靠性、智能化矿用电铲，实现无人工作面电铲连续作业与无人运输常态化开采。

大型永磁直驱型矿用电铲。开发大型永磁直驱型矿用电铲，大幅降低设备电能消耗并减少碳排放，提升系统运行可靠性和设备可动率，减少设备维护工作，降低备件消耗，推动矿山绿色、高效开采，满足矿山用户节能减排需求，推动矿用电铲驱动技术革命。

大型智能化半连续开采成套装备。基于露天矿开采工艺特点，设计与之配套的挖掘、破碎、输送、排岩半连续开采成套装备，开发出基于多驱动源动态协调技术的能量管理系统，降低破碎－排岩等半连续作业流程总体能耗；建立基于 AI 视觉的半连续开采成套装备的智能感知和预测技术，基于数字孪生技术和云数据挖掘技术，实现挖－运－破－排多机协同无人化作业和远程运维，降低运维管理成本。

新能源矿用自卸车。开发混合动力及纯电动矿用自卸车，研发功率因数高、低温性能好的电池系统，适应国内复杂的露天矿山环境，实现高效制动能量回收再利用，减少制动热损耗和碳排放。开发纯电矿用自卸车，采用纯电驱动技术并搭载优化匹配的传动系统、高性能电池管理系统及电池热管理系统，具备制动能量回收功能，整车实现零排放，助力绿色矿山建设。

大型偏心辊式破碎机。偏心辊式破碎机具有结构紧凑、破碎粒度控制好、破碎效率高、节能效果明显等优点，与其他初级破碎机相比，偏心辊式破碎机高度低，便于运输或地下应用，能节省投资，偏心辊式破碎机还能使精细物料不通过破碎腔便直接排出，降低了功耗以及物料压实和机器过载的风险。通过偏心辊式破碎机的破碎机理、腔形优化设计、衬板磨损机理等关键技术攻关，开发大型偏心辊式破碎机，可满足绿色矿山建设要求。

大型液压旋回式破碎机。液压旋回式破碎机利用破碎锥在壳体内锥腔中的旋回运动，对物料产生挤压、劈裂和弯曲作用，粗碎各种硬度的矿石或岩石，具有生产能力高、产品粒度均匀、工作平稳、性能可靠、能耗低等优点。研究液压旋回破碎机核心技术，建立旋回破碎机设计制造理论体系，开发新一代大型智能型液压旋回破碎机，可满足智慧矿山建设需求。

大型智能单缸液压圆锥破碎机。液压圆锥破碎机通过采用粒间层压原理设计的特殊破碎腔及与之相匹配的转速，取代传统的单颗粒破碎，实现对物料的选择性破碎，显著提高产品细料比例，减少针片状物料，具有大破碎力、生产效率高、易损件消耗少、运转可靠、运行成本低、液压保护及液压清腔实现过载保护、排矿口自动调节、运行稳定等优点，开发大型中细碎智能单缸液压圆锥破碎机，服务绿色矿山建设，减少投资和节约土地资源。

大型高压辊磨机。高压辊磨机采用层压破碎机理，利用料层粉碎技术，完成物料的细碎、超细碎及粉磨处理，实现多碎少磨，达到降低系统能耗、金属磨耗的目的。通过耐磨辊面技术、长寿命轴承技术、边界效应控制技术、耐磨料层形成的技术攻关，解决制约辊压机大型化瓶颈。大型高压辊磨机的开发和应用，可解决我国矿石品位低、贫杂矿多、矿石难磨、选矿比大且粉磨能耗高，选矿工艺流程长、成本高的难题。

大型高效立式搅拌磨。通过研究粉磨原理和方法，开发新型节能粉磨工艺，研制节能高效搅拌式超细粉磨及分选装备，产品粒度由0.074mm降到0.03mm，降低磨矿能耗，取得资源低碳高效利用新突破，为高精度选矿提供支持。

卧式高速搅拌磨。针对在开发低品位、多金属共生、嵌布粒度粗细不均类型矿产资源时，存在磨矿过程中能耗高、选别过程中金属分离较困难等行业难题，开发产品粒度 P_{80} 达到10～40μm的卧式高速搅拌磨，通过研究内部分级系统仿真分析、长寿命和高效率的搅拌盘结构、新型长寿命轴封系统等核心技术，保障设备整体安全、可靠、高效长期运行，提高精矿品位和回收率，降低基建投资和磨矿成本。

大型粗粒流态化浮选装备。通过研究流态化浮选过程气液固三相耦合作用机理和基于多相多尺度的粗粒流态化浮选分离理论，开发粗颗粒流态化浮选装备及工艺，将浮选粒度上限提高到2.00mm，实现低品位钨钼等矿产资源高效预分选抛尾，降低磨浮能耗，缩短选矿流程，减少生产成本。

微/超细粒矿物高效分选装备及过程强化技术。通过PIV技术和数值模拟方法，研究涡流场中矿物颗粒的运动规律，流体流动对浮选药剂传质作用机制，以及微/超细颗粒矿化过程的湍流强化机理等，开发旋流–静态微泡浮选柱高效管流矿化构件，实现微/超细粒矿物回收率大幅度提高。基于PIV技术、高精度流体动力学模拟计算和关键结构参数优化等，开发基于射流的气泡管流矿化构件，实现旋流–静态微泡浮选柱入浮粒度降低至10μm以下，提高微/超细颗粒矿化效率和−10μm粒级矿物回收率。

智能化筛分机。开发具有在线监测功能的大型智能化筛分机，振动强度大于4g，提高筛分机处理能力和筛分效率，提升筛分机运行可靠性，降低故障率，减少工程土建投资，实现高效、节能目的。

椭圆轨迹筛分机。研究自同步与强迫同步合成的椭圆运动轨迹筛分，椭圆长轴实现对物料输送，短轴实现对物料翻滚，筛面结合等厚和弛张运动原理，开发椭圆轨迹筛分机，实现粘湿和细物料的高效率筛分。

高频细物料干法筛分机。新型高频筛分设备用于0.5mm以下细粒物料的湿式分级与固液分离，采用高频率液压驱动振动器对筛网进行振打，降低能耗和占地面积，提高筛分效率，降低能耗。

低温超导磁选机。将低温超导技术、闭式循环制冷技术应用于矿物加工和微细粒功能材料分选领域。针对高岭土、萤石、稀土等矿物的除杂富集工艺复杂问题，研究高磁场、大口径低温超导磁选机，满足大型选矿厂分选需求，进一步提高单机处理能力及工作效率，提高分选指标，降低能耗及矿物分选成本。

特大型智能立环高梯度磁选机。开发特大型智能立环高梯度磁选机，采用线隙式油浸线圈、冷却系统实时监控，磁极、转环模块化组装，转环驱动齿轮不停机自动润滑，分选液位自动控制等技术，大幅度提高设备技术性能。实现远程运维、故障诊断和全生命周期管理，提高磁能利用率，减少磁选耗能，降低矿物处理成本。

周期式电磁浆料高梯度磁选机。针对高岭土、长石、石英砂黄金尾矿、锯泥、陶瓷土等非金属矿物的除铁提纯及金属矿、发电废水处理等浆料分选，研制大型周期式电磁浆料高梯度磁选机。进一步提高分选效率，降低分选成本。

大型化智能传感分选机。利用双能段X射线透射和图像识别技术，采用先进的AI算法，准确识别出目标物料，通过高压喷吹装置实现钨、锡、锑、铅、锌、铜、钼、金、磷等矿种以及煤炭、矸石的精准分选，实现全流程智能化运行，提高入磨品位，减少尾矿排放，提高矿物综合利用率。

高效提精降杂磁选机。采用大包角、多磁极、窄极距磁系结构，结合多级漂洗水装置、顶部水帘装置和磁搅动装置，有效剔除铁精矿中的硅、硫、磷等杂质和合成，解决我国细粒级贫磁铁矿选矿工艺流程长、成本高、铁精粉指标不稳定的难题。

大型全自动智能电磁淘洗精选机。采用脉动磁场淘洗及控尾技术及智能传感监控技术，开发大型全自动智能电磁淘洗精选机，解决给矿条件不稳定造成的选矿指标波动大的难题，实现设备全自动智能化运行，达到精矿品位高、尾矿品位低、精矿回收率高的效果。

3. 起重机械

（1）推进绿色低碳转型升级。起重机械行业企业要以节能降碳为导向，全面梳理自身碳排放情况，科学研判排放趋势，结合产业布局、发展规划、企业战略定位等，制定符合实际和切实可行的绿色低碳转型发展目标和行动计划，并将该目标和具体行动计划融入企业日常运营管理中，共同推动起重机械行业产业结构优化和绿色低碳转型升级。

用能优化。鼓励起重机械行业企业加强用能系统优化，提升余热余压和可再生能源等的利用率，探索多样化能源供应，提高非化石能源消费比重。积极推广和应用高效制冷、先进通风、余热利用、智能化用能控制等技术，逐步实现全行业用能优化，提升起重机械行业整体能效水平。

布局优化。加强产业链跨地区协同布局优化，减少起重机械中间产品物流量和物流过程碳排放量，鼓励有条件的行业企业联合同行业和上下游企业开展协同降碳行动，构建企业首尾相连、互为供需、互联互通的产业链，建设一批“产业协同”“以化固碳”示范项目。

绿色制造。各起重机械行业企业要提出明确的降碳实施路径，通过制造流程降碳、制造工艺降碳和原材料替代等措施降低起重机械产品制造过程中的污染排放，强化生产制造过程中资源的高效利用、梯级利用和循环利用，降低固废产生强度，实现制造全过程降碳。推动互联网、大数据、人工智能、5G等新技术与绿色低碳制造的深度融合，全面实施智能化、绿色化制造。

低碳工艺。围绕起重机械行业绿色低碳需求，聚焦关键工序和工艺流程，强化先进铸造、锻压、焊接与热处理等基础制造工艺与新技术的融合发展。加快推广增材制造、抗疲劳制造、轻量化制造等节能节材工艺，系统推进高致密性车轮近净成形、电动单梁起重机主梁一次焊接成型和起重机室内涂装等成熟的绿色低碳工艺的推广应用。进一步增加起重机械产品板材、型材等半成品材料的规模化定制比例，降低材料流转和加工成本。到2025年，一体化压铸成形、无模铸造、超高强钢热成形、精密冷锻、异质材料焊接和激光热处理等先进工艺技术实现产业化应用。到2030年，创新研发一批起重机械产品先进的绿色工艺和制造技术，大幅降低生产能耗。

低碳产品。大力开发和推广智能冶金起重机、智能港口装卸起重机等智能化起重机械产品，电动正面吊运起重机、电动集装箱堆高起重机、油改电轮胎式集装箱门式起重机等电驱动起重机械产品和港口连续装卸船机、太阳能起重机和轻量化起重机等低碳起重机产品；协助用户开展传统高能耗起重机产品的节能降碳改造；加大低碳产品和技术的开发力度，研究制定起重机械低碳产品和技术的发展路线图，逐步实现我国起重机产品系统性绿色低碳化升级。

部件提效。以起重机械电机、发动机、液压泵、液压马达、减速器、车轮组、滑轮组、卷筒组、回转支承等主要部件为重点，开展模块化、标准化设计，全面提升起重机械主要动力和传动部件的能效水平。建立起重机械主要部件以能效为导向的激励和约束机制，拒绝使用能效指标不达标的落后低效部件产品。开展起重机械主要配套部件产品的节能审查和监管，强化起重机械关键部件全生命周期的绿色低碳提效管理。

低碳运输。以节能降碳为目标，推动起重机械产品运输方式和工艺的优化，降低空载率和不合理的货运周转量。内陆企业要合理进行起重机械大型结构件的分段设计，减少超限、超重运输件。全行业要加快推进“公转铁”“公转水”，提高铁路、水运在起重机械产品运输中的承运比例。

协同创新。营造产学研用一体化协同创新生态，鼓励并推动行业企业积极开展起重机械前沿技术的开发和创新研究，采取“揭榜挂帅”等方式，推动行业创新平台和创新中心建设。推动与钢铁行业合作开展起重机械高强度结构钢和以减重降碳为目标的高端材料开发研究。推动超强材料、耐候材料等新材料及其加工工艺在起重机械行业的应用。强化5G、工业互联网、人工智能等在起重机械行业的应用，推广以工业互联网为载体、以能效管理为对象的起重机械平台化设计、智能化制造、网络化协同、个性化定制、服务化延伸、数字化管理等融合创新模式，强化企业创新主体地位，增强创新发展动力，提升创新发展水平。推动行业企业持续开展研发手段的提升和创新，通过绿色设计和三维数字化创新设计等手段提升产品设计水平、效率和质量。

推广应用。进一步加大起重机械领域前沿技术和创新成果的推广应用力度，发布起重机械重大低碳技术目录，组织制定技术推广方案，探索绿色低碳技术推广新机制，大力推广起重机械绿色低碳新技术、新工艺、新装备、新材料和新方法。协助开展规模化碳捕集利用与封存技术研发、示范和产业化推广应用，构建起重机械行业比较完善的绿色低碳技术评估体系和科技推广服务平台。

淘汰低端。坚决遏制技术含量低、耗电量大、能效低的起重机械产品盲目发展，逐步淘汰结构笨重、能耗高、效率低、作业成本高的起重机械产品，鼓励推广新一代轻型结构、自动化、智能化的起重机产品。

对标国际。鼓励起重机械行业企业对标能耗限额国际同行业先进水平，开展起重机械产品设计、工艺、采购、制造、试验、运输、安装、维护、报废回收和处置利用全生命周期的绿色化关键技术研究，不断提升我国起重机械行业和产品的综合能效水平。

安全保障。起重机械产品中一部分是国家安全监管的特种设备，安全是这类产品最基本的性能要求，也是实现该行业绿色低碳发展的根本保障，各行业企业要强化起重机械产品全生命周期的安全管理。

强化监管。完善耗能产品和落后工艺的监管体系和淘汰机制，全面提升起重机械产品的能效标准，推广先进高效产品，加快淘汰落后低效设备。探索建立超设计年限服役起重机械产品的监管和再利用评价机制。

零碳工厂。通过数字化转型和能源转型减少源头碳排放，建设零碳工厂。鼓励支持逐步淘汰落后、高碳排放加工设备及工艺，推动工厂绿色低碳转型。根据企业实际情况逐步开展工厂建筑、照明、供热等基础设施绿色节能升级改造，推动工厂综合能效提升，打造一批综合能效达到国际同行业先进水平的绿色制造企业和典型低碳、零碳工厂。

（2）绿色低碳前沿基础技术的研究与布局。大力开展低碳零碳新技术、新工艺、新装备、新方法和流程再造等低碳前沿基础技术的研究与攻关，建设“碳达峰、碳中和”人才体系。

专栏 13　起重机械绿色低碳前沿基础技术研究与布局

起重机械绿色设计技术。绿色设计贯穿产品从概念设计到施工图设计、工艺设计、生产、运行、退市和回收利用等全过程，起重机械绿色设计建立在产品全生命周期环境属性分析和评估基础上。绿色设计方法包括材料及其加工成型工艺的设计、制造与装配的设计、功能设计、安全使用寿命设计、经济寿命设计、安全可检测性设计、面向资源环境的设计和事故安全对策设计等。绿色设计前沿技术包括知识库数据推送系统、数字孪生技术、经济型全局分析与评价系统、全寿命与等寿命设计技术、安全检测与保障技术、能效评估技术和知识集成优化技术等。

起重机械轻量化设计技术。起重机械绿色化应首先从结构轻量化设计开始。结构轻量化设计技术主要包括先进的设计计算方法、主体结构最优化设计、轻型材料的选择应用、结构连接方式的优化、采用新型的构造形式等；机械轻量化主要通过主参数的最优化匹配、运动部件低惯量设计、传动部件高效率设计、主要部件模块化设计等方法实现。通过以上方法和技术可以有效降低起重机总重，从而大幅降低起重机总装机功率和能源消耗，具有显著节能降碳效果。

起重机械能量回收和存储技术。我国起重机械能量回收和存储技术的研究起步较早，但目前能量回收利用率和普及率与电动汽车同类指标对比还有一定差距，需要进一步加大起重机械产品位能负载能量回收、变频器能量回馈、机械飞轮储能、蓄电池储能、超级电容储能、混合储能等技术的开发和推广应用力度。

基础零部件关键技术。在国家工业强基政策引导和推进下，起重机械核心基础零部件的保障能力得到大幅度提升，起重机械关键技术和创新能力得到明显增强，取得了显著的工业强基效果。目前我国起重机械专用高能效变频电机、液压泵、液压马达、永磁驱动核心部件和电液关键控制元器件等基础零部件和元器件产品依然有进一步提升的空间，值得重点关注并投入力量开展关键技术攻关。

油改电技术。目前港口轮胎式集装箱门式起重机、集装箱跨运车、集装箱正面吊运起重机、集装箱堆高起重机等集装箱装卸用起重机械产品多数以柴油发动机为动力，并采用液压驱动方式，油改电技术是解决这些产品高污染高排放问题的有效方法，油改电已成为绿色低碳背景下该类产品改造和新产品开发的必然趋势。

起重机绿色低碳评价指标的研究。我国起重机械节能评判一般采用对各机构能效测试的方法，其中将电动机的能效作为主要考虑因素。欧洲物料搬运协会与德国慕尼黑大学研究了起重机全生命周期各阶段碳排放比例，其中钢铁冶炼占 40%、材料运输占 3%、制造阶段占 5%、使用阶段占 20%、回收再生占 30%、不可回收占 2%。我国应强化起重机绿色低碳评价指标的研究。

绿色材料应用研究。在保证结构与连接可靠性的前提下，加强绿色材料在起重机械产品中的应用研究，如选用低碳马氏体钢、非调质钢代替调质钢、减少 Cr 和 Ni 型合金钢的使用，用 35SiMn 替代 40Cr，采用具有绿色特性和高效吸附分离功能的纤维材料，提升空调或发动机冷却系统有效防蚀、防垢和防化学物污染性能等。

在线检测控制技术。大力开发并推广工艺参数在线检测、物性结构在线快速识别判定等感知技术以及过程控制软件、全流程智能控制系统、故障诊断与预测性维护等关键感知和控制技术。

（3）起重机械新产品、新技术和新工艺的推广应用。近年起重机械行业在创新产品和技术上实现突破，相继开发了大型智能冶金起重装备、智能港口装卸设备、新一代高效穿越式双小车岸桥、超大吨位通用起重装备、第三代核电站环形起重装备、生物质发电厂燃料智能化储运装备、智能抓斗桥式起重机、基于人工智能的绿色节能工业起重机、智能化仓储机械以及智能吊具等新产品和起重机智能化、轻量化、多源异构数据采集、远程运维智能协同等创新技术，同时在基于精益生产管理的起重机先进制造技术和电动单梁起重机主梁一次焊接成型等制造技术和工艺上也实现了创新突破，这些产品和技术已经过实际应用的验证，整体技术达到国内领先，部分产品和技术达到国际先进或领先水平，具有良好的节能降碳效果和推广应用价值。起重机械行业企业将对接国家重点行业需求，积极做好技术推广和供需对接，服务重点行业早日实现“双碳”目标。

（4）起重机械绿色低碳评价标准和认证体系的构建。编制起重机械产品绿色低碳评价标准和规范，构建起重机械行业统一的绿色产品认证和标识体系，制定起重机械优化鼓励类、限制类、淘汰类产品目录，进一步规范和推进起重机械主要配套件的绿色认证，设定配套产品进入本行业的基本门槛，杜绝能耗高、效率低的配套件进入本行业。

围绕技术发展和市场需求，推进设计规范、安全规程等标准的修订，加快起重机械智能技术、信息技术、功能安全等先进技术标准制定，加快产品报废、能效限额、绿色评价等标准制修订，推进绿色、智能、安全、能效等技术标准化。

推动起重机械绿色低碳装备检测认证，组织制定起重机械重点领域碳排放核算方法，推动建立覆盖全面、算法科学的行业碳排放核算方法体系。建立绿色产品标准、认证与标识体系，探索建立绿色产品认证制度。

4. 连续输送机械

（1）实施连续输送机械绿色制造。扩大标准化、模块化零部件生产范围，提高生产效率。加快推进连续输送机械生产企业与新一代信息技术深度融合，通过数据采集分析、优化控制、数字孪生等技术提升能源资源综合利用效率，完善绿色制造体系，促进全链条生产工序的清洁化和低碳化，通过典型示范带动生产制造模式的绿色转型升级。

专栏 14　连续输送机械绿色制造
以数字孪生技术驱动绿色智能制造。面向连续输送机械产品的数字孪生应用，聚焦产品生产全过程优化，将物理设备的各种属性映射到虚拟空间中，形成一个可拆卸、可复制、可修改、可删除的实时数字图像，采用机器学习计算并总结出不可测量的指标，提高对机械设备和过程的理解、控制和预测。面向车间的数字孪生应用，聚焦生产全过程管控，大幅推动产品在设计、生产、维护及维修等环节的变革。 **推广建设绿色工厂。**基于产品全生命周期绿色发展理念，强化轻量化、绿色化、集成化等手段，节能减排、降低能耗，减少实际生产运行过程中的耗损，有效节约生产成本。探索工厂用电与绿电结合技术；加强车、铣、刨、磨等生产工序中的全自动流水线装备融合制造，探索绿色工厂中线边物流体系构建。每年遴选公布一批节能低碳输送装备生产关键技术，到 2030 年累计推广超过 100 项。 **推广柔性自动化生产线技术。**推广柔性自动化生产线技术，一方面要与计算机辅助设计和辅助制造系统相结合，利用原有产品系列的典型工艺资料，组合设计不同模块，构成各种不同形式的具有物料流和信息流的模块化柔性系统；另一方面要实现从产品决策、产品设计、生产到销售的整个生产过程自动化，特别是管理层次自动化的计算机集成制造系统，最大限度地降低固定资产的成本。 **构建生产全流程领域 5G 网络全覆盖体系。**推广建设数字化 5G 示范生产车间，配套架设通信 5G 专网；推广运行“5G+ 工业互联网生产平台”，目标生产问题处理时长降低 45% 左右，设备效率提升 10% 左右，节省各类统计人力 50% 左右。 **建立高效清洁生产体系。**强化连续输送机械生产企业全生命周期绿色管理，大力推行绿色生产，建设绿色工厂，协同控制污染物排放和二氧化碳排放，构建绿色制造体系。推动制定“一行一策”清洁生产改造提升计划，全面开展清洁生产审核评价和认证，推动一批重点企业达到国际清洁生产领先水平。 **完善连续输送机械绿色低碳标准体系。**加快制修订连续输送机械行业节能减碳技术［超长距离带式输送机整机能效测试方法、带式输送机驱（传）动部件及系统能效测试方法、托辊能效检测及其评价方法和体系建设、永磁电机能效检测评价认证方法等］、碳核算、低碳评价、数字化赋能降碳等绿色低碳标准，加大行业绿色低碳标准供给，健全完善行业绿色低碳标准体系。

（2）推进连续输送机械行业数字化转型。运用工业互联网、云计算、5G 等技术，强化连续输送装备及其系统现有工艺和设备的运行维护，加强连续输送机械相关企业的全过程数字化精细化管控，减少非计划启停车，确保连续稳定高效运行。鼓励企业对碳排放在线实时监测，追踪重点产品全生命周期碳足迹，建立碳排放大数据中心，赋能连续输送机械行业数字化、智能化、绿色化的转型升级。

专栏 15　连续输送机械行业数字化转型
连续输送装备故障自诊断、自愈合与智能维护技术的研发。在复杂的环境下，故障自诊断、自愈合与智能维护是输送装备可靠运行的关键，应提高监控的实时性、自诊断的精确性、控制的稳定性和维护的主动性。 **物料流视觉检测系统的研制。**根据物料瞬时输送状态（物料瞬时流量、分布及其均匀性等）准确地调节执行设备的工作速率，提高系统能效。推广物料流量视觉检测方式，这种检测方式测量精度高、运行成本低，能真实反映物料流状态（物料瞬时流量、分布情况、均匀性、速度等），适时调节运行速度，降低能耗。 **推广数字孪生技术在连续输送机械行业中的应用。**循序推进企业数字化升级，打通业务和管理层面的数据流，通过数字孪生技术的使用，大幅推动产品在设计、生产、维护及维修等环节的变革。 **构建连续输送装备远程运维智慧平台。**针对跨工厂、跨地域设备维护、远程定位等问题，在连续输送机械的关键部件上加装转速、温度、振动、噪声等传感器，通过加装 5G 物联网通信模块，将采集到的运行数据发送到云端，进行大数据分析，实现物流与机械装备的和谐共生，降低能耗。基于边缘计算、云端计算、数据分析，结合设备异常模型、专家知识模型、设备机理模型，对产品运行趋势分析后，形成产品体检报告，提出预测性维护与维修建议，构建绿色低碳、高效运营的连续输送装备远程运维智慧平台。

（3）加强高效节能重大技术装备及系统的开发和应用。推广 5G AGV、5G 输送机、5G 堆垛机、5G 边缘网关等设备在生产车间应用，搭建智慧化线边物流装备，构建生产全流程领域 5G 网络全覆盖体系。加快推进各类节能输送装备及系统的研发及应用，以满足各个应用领域的不同特点、各类输送对象的不同特性以及各应用场景的不同工况对节能降碳的需求。在连续输送机械的设计、制造以及使用过程中，以保护生态环境为目标，尽最大可能降低能量和能源的消耗，并且减少输送机械在工作时所产生的各种污染，打造绿色低碳产品供给体系，助力全社会“碳达峰”。

专栏16 高效节能重大技术装备及系统的开发
1）通用型重大节能输送装备及系统。 **长距离大运量带式输送机**。针对港口、电力、采煤、采矿等领域中高产高效集约化生产的需求，推动长距离、高带速、大运量带式输送机的研发和应用。通过提高长距离大运量带式输送机的设计水平、提高关键零部件性能和可靠性、扩大功能（一机多用化，拓展运人、运料或双向输送等功能）等，提高输送效率，减少单位产量的碳排放值。 **智能化绿色圆管带式输送机**。挖掘圆管带式输送机节能降碳优势，着力在降低运行阻力，输送线路优化和环境友好等方面加强研究，实现智能化控制和运维，降低运营费用。 **封闭式智能化仓储和装卸系统**。针对在现代农业、矿业、建材、化工、电力、物流、港口等诸多领域中散料的高效节能存储和装卸需求，研发环保、占地小、容量大、物料浪费少，且便于机械化作业的散料仓（如大型平底筒仓系统等），同时，加快推进螺旋驱动小车等在散料上进行智能化行走或作业装备的研发及应用。 2）港口领域节能高效输送装备及系统。 **全封闭高效连续卸船装备**。面向港口煤炭、矿石、散装水泥、粮食、木屑等大宗散料的快速、清洁装卸及输送需求，针对目前港口卸船能力不足等问题，推进针对不同物料特性的封闭式散料连续装卸设备（垂直螺旋卸船机、埋刮板卸船机、压带式卸船机等）、安全保障技术、清洁技术等技术和设备的研发和应用，以提高港口卸船能力，减少露天装卸引起的环境污染和浪费。 **智慧港口产业链绿色成套装备的研制**。“智慧港口”以现代化基础设施设备为基础，将港口运输业务与云计算、大数据、物联网、移动互联网、智能控制等新一代信息技术深度融合。港口物料装卸与输送作为其中重要的一环，装卸、调度、输送等设备都将趋于智能化、绿色化。 3）采煤采矿领域节能高效输送装备及系统。 **绿色、高效带式输送机（各类机型）**。为了适应矿业高产高效集约化生产的需要，同时为了改善作业环境多尘污染等现状，要加快推进绿色、高效带式输送机的研发及应用。针对不同输送需求、不同工况环境和不同的物料特性，推进长距离带式输送机、可伸缩带式输送机、大倾角大输送量输送机等具有不同适用性机型的环保节能关键技术研究，通过提高输送能力，促进带式输送机在煤矿开采等领域的低碳转型。 **智能化刮板输送机、板式输送机、振动输送机、斗式提升机**。针对大粒度物料的高效输送需求，结合作业环境的少人化、无人化导向，应加快刮板输送机、板式输送机、振动输送机、斗式提升机等智能输送技术的研究，以提高散料的输送效率、提高生产质量、效率和安全性。 **采煤工作面智能化建设改造**。配合煤矿采煤工作面智能化建设改造，在输送装备层面，融合互联网、大数据、人工智能等先进信息技术，加快推进高精度数据采集、速度自适应调整及故障自诊断等技术的研发和应用，具备工况位置监测、切割路径记忆、煤岩自动识别、流程协同联动、远程集中控制、故障诊断停机、运行状态与环境变化关联分析及动态调整等功能，实现煤矿开采少人化、无人化。 **回填输送装备**。本着坚持生态优先、绿色发展的原则，针对煤矿开采中采空区回填及沿空留巷等作业需求，加快推进环保型高效回填输送装备的研发和应用，促进矿区生态环境的改善。 **离岸转载过驳缓冲仓平台高效装卸系统**。针对物料的海上暂存和转载需求，进行过驳缓冲仓平台高效装卸系统的研究。通过装卸船、散料输送装备以及缓冲仓组成的高效系统，减少供应链环节，提高效率。

（4）推动关键零部件节能改造、换代升级。连续输送机械的关键部件有输送带、托辊、驱动装置、滚筒及拉紧装置等，通过技术创新，逐步提高高技术含量、安全、节能、环保关键零部件的比重，降低高耗能、低附加值零部件的比重，淘汰落后低效零部件，助力连续输送机械的节能降耗。

专栏17 零部件节能改造、换代升级
1）输送带。 **输送带的节约利用**。在设计输送机时，从驱动装置的合理布置到有效抑制张力等方面，将最大张力控制在最低限度内，尽量降低输送带的带强度。 **低阻力轻量化高强度输送带的研发**。选用输送带低阻力覆盖胶和新型带芯［如非金属带芯（芳纶）］、复合材料带芯和功能带芯等，在保证输送带强度不变的情况下，降低输送带品质，提高运行质量，最终达到降低阻力的目的。 2）托辊。 研发高质量低噪音高速托辊，大幅度降低托辊旋转阻力，减小径向跳动等。优化长距离带式输送机托辊布置方式和间距，减少运行阻力，降低输送带强度和驱动功率。

在托辊制造中推广无焊接压装技术，减少或消除焊接带来的品质问题。

3）螺旋叶片。

研发高耐磨螺旋叶片材料。

推广根部厚外缘薄的梯形断面叶片，改善叶片受力状态，降低螺旋叶片重量。

4）高速螺旋输送机中间支撑。

推广叶片外缘支承的中间支撑方式。

研发小直径高耐磨中间支撑，最大限度避免螺旋机槽断面减小的同时，提高支撑使用寿命。

5）驱动装置。

积极研发和推广高效软启动装置、高端限矩型和调速型液力耦合器；推广新型大功率永磁电动机、永磁高效直驱传动滚筒等高效智能化驱动装置，扩大在连续输送机械中的应用范围，达到节能降耗、降低成本的目的。

（5）推广资源高效循环利用技术与装备。引导企业绿色生产，规划产能输出，加大企业闲置产能、僵尸产能处置力度。引导高耗能、低效率、高噪声、高运维成本的输送装备产品逐步有序退出市场。逐步替代棉织物和尼龙带芯的输送带、大阻力输送带、高噪低能托辊（如铸造轴承座的托辊）、低效驱动系统等，完善老旧设备及零部件的回收、处理及循环利用体系。

专栏18　资源高效循环利用技术

下运带式输送机的势能反馈发电技术。推广下运带式输送机势能反馈发电技术应用，可以产生可观的电能，实现节能减排、降本增效、负碳运行、安全生产的目的，是向“双碳”目标迈进的典型举措。

带式输送机托辊的发电技术。推广长距离和煤矿井下带式输送机托辊发电技术应用，有效解决无线传感器的供电问题，保证传感器的持续供电，减少人员更换电池的时间，实现节能减排、安全生产的目的。

废旧输送带原材料再利用。加强对废旧输送带原材料再利用的研究。对废旧输送带进行分类、分级，一是降级使用，二是原材料回收资源化再利用，三是改造后用于其他用途。

废旧托辊的回收及再利用。托辊是大宗易损件，应积极倡导废旧托辊的回收再利用。

（6）连续输送机械绿色低碳技术研究和布局。

1）矿用带式输送机节能智能协同控制关键技术。研究矿用带式输送机的节能智能输送技术，根据输送散料的特性、分布状况、带式输送机运行状态、各部件的工作状态等，推广输送机状态视觉检测装置，提高物料状态识别算法准确性；研发散料输送智能监控与安全防护系统、自适应调速能耗控制系统，用于输送机安全防护、速度节能控制、智能输送、降低系统能耗，以满足矿业现代化生产建设的稳定性与可持续性需求。

①基于深度学习的带式输送机异常状态人工智能模型的研究；②基于输送状态运行数据的协同能耗优化和智能排程排产；③带式输送机启制动及自学习节能调速控制策略研究。

推广带式输送机模块化设计与组合技术，各个模块按照用户不同需求快速重组，第一时间提供行之有效、符合使用条件的产品，极大地提高产品设计效率、缩短产品设计周期。

2）长距离大运量复杂线路带式输送机的节能设计关键技术。

①长距离带式输送机的线路规划及钢结构设计与优化研究。结合实际项目工程数据（如散料性能参数、典型线路、关键部件选型等）建立带式输送机设计基础数据库，形成带式输送机设计专家系统的知识库，为其优化设计提供大数据支撑；针对长距离带式输送机线路的规划与设计时存在的线路规划约束多、协同困难等问题，研发针对长距离带式输送机线路规划的简便、高效、智能化的设计方法；研发长距离带式输送机的精确设计方法，进行钢结构的轻量化及优化理论与应用研究，得到符合工程实际的结构选型方案，降低制造成本。

②长距离带式输送机的动态特性研究。构建能够有效解决线性粘弹性方程无法准确表达输送带特性的新型非线性粘弹性本构模型，对长距离带式输送机动态特性的后续诸多研究（如启制动冲击振动、应力波传递等）提供有力支撑；采用精确的检测方法和检测设备对各种复合材料或复杂结构的输送带特性进行检测与评定，获得影响输送机动态特性的输送带的各种性能参数。

③主要阻力的特性研究。进行输送带压陷滚动阻力的理论和试验研究，研制输送带压陷阻力测试系统，为低阻力轻量化输送带的定量化分析验证提供检测和评价手段；研制带式输送机综合模拟摩擦系数测试系统，针对带式输送机不同机型、不同牵引构件和不同支承形式（单托辊组、槽型托辊组、多边形托辊组；气垫；波状挡边；索道支承；水平转弯、空间转弯等）进行实际运行阻力测试，解决目前模拟摩擦系数从单托辊旋转阻力测试获得，不能反映实际情况的问题；高速高性能托辊的研发；高强度、高性能、轻质输送带结构材料的研究和应用。

④无人巡检及不停机托辊智能更换技术及装备研究。对不停机智能托辊更换技术进行研究，以保证输送机在不

停机的前提下，在故障托辊位置处自动完成更换托辊。

无人巡检及不停机智能托辊更换自适应运行管控平台；开发与带式输送机智能化运行配套的智能化运维管理平台；研发托辊拆装的智能机械臂，实现不同位置、不同直径、不同长度、不同槽角托辊的高精度有效识别与拆装。

⑤颠覆性低阻力输送方式的研究。研发新的机型、新的结构，重点是低阻力结构与输送机安全运行关键技术等。

3）高效螺旋卸船 / 输送机。研发卸船能力在 2 000t/h～3 500t/h 的螺旋卸船机，提高整机和主要零部件寿命，有效降低运营费用。研发用于散料封闭存储装卸领域的高效无机槽螺旋输送机。研发可精确定量供料的螺旋输送机。

①基于极高密度气固两相 TCP 流稳定螺旋涡的高效螺旋输送机理研究；②螺旋输送机磨损机理研究；③基于气固两相 DEM 模型的相对旋转式喂料头的研究；④螺旋卸船机喂料头的运行路径规划研究；⑤高效水平螺旋输送机理及应用研究；⑥无机槽螺旋高效输送机理及应用研究等。

4）带式输送机设计计算及动态分析软件的开发与模块化设计。加强实用粘弹性动力学分析理论研究，鼓励并加强输送带和散状物料特性等相关的基础数据及其研究。加快开发带式输送机基础设计及动态分析软件。

5）新型永磁直驱系统技术的完善与应用。多相永磁直驱电动机可以实时调整驱动磁场适应负载变化，具有低速时稳定性、精确性和动态响应特性更好的特点，是现有永磁直驱系统性能升级的方向。

①新型多相永磁直驱电动机的本体设计优化及其复杂结构轻量化和 3D 打印技术研究；②高性能永磁材料的研发；③提高永磁直驱系统转矩体积比（或转矩密度）和功率体积比；④新型多相永磁直驱系统转矩预测和无位置传感控制方法研究；⑤长距离带式输送机用多相永磁直驱电机的高效协同控制策略研究。

6）散料转运粉尘抑制理论和技术。解决因设计不合理造成物料黏附、堵料、粉尘、噪声等问题，严重时还可能造成安全生产事故，确保输送机运行的稳定性和可靠性。

①基于气固两相卸料流场的高效阻风抑尘机理研究；②空气幕 + 无动力负压引导装置结合的复合抑尘技术；③新型高效节能无动力抑尘技术。

三、保障措施

1. 加强统筹协调

充分发挥协会的桥梁纽带作用，加强与有关部委主管部门的沟通协调，做实、做好业务支撑，落实并做好工作部署。积极支持行业企业承担关键技术攻关和前沿技术突破任务，引导和鼓励企业加大智能制造、绿色制造、资源保障等方面的投入。

要充分依靠并发挥行业重点骨干企业、科研院所在节能降碳工作中的关键引导作用。行业重点骨干企业要强化低碳发展意识，结合自身实际明确企业“碳达峰”目标和路径，加大技术创新力度，逐年降低碳排放强度，加快低碳转型升级。鼓励行业重点骨干企业体现责任担当，发挥表率作用，明确“碳达峰”碳减排时间表和路线图，编制绿色低碳发展报告。

加强与产业上下游行业协会的对接，加强跨行业交流与合作，注重需求引导，围绕节能降碳及绿色低碳转型升级，推进绿色标准联合制定、产品绿色或能效联合认证，推进绿色低碳指标进入招投标。联合举办论坛、研讨会、交流会等，搭建跨行业交流平台，宣传、推广绿色低碳新技术、新产品、新工艺。

利用协会的平台作用，充分发挥会员单位的技术及制造优势，加强优势互补，强化产业协同，强化绿色降碳发展。加强主机与配套企业的互动，从源头提升绿色设计水平。积极推动行业高效节能关键零部件能效认证评价，推进行业绿色低碳产业链的构建。构建行业主导产品、重大关键设备产能过剩预警机制，倡导行业不盲目新增新上已过剩的产能，以免导致设备利用率低、增加能耗、加剧行业恶性竞争。

2. 完善标准体系

发挥行业现有各专业标委会的标准制修订的主渠道作用，建立并完善行业绿色低碳标准体系，加快推进绿色低碳产品、评价、检测等标准制修订。充分发挥团体标准能够释放市场主体标准化活力的作用，以需求为导向，强化绿色低碳技术、新产品、高效节能关键零部件等方面的团标制定，鼓励绿色低碳、节能低碳企业标准上升为团体标准。

3. 营造良好环境

整合行业重点骨干企业、科研院校、行业标准化技术委员会、检测机构等各方资源，探索建设重型机械行业“碳达峰”碳减排公共服务平台，推动排放核算、测试评价、技术推广等绿色低碳公共服务。加强政策解读和宣贯，发挥行业期刊等舆论宣传渠道的引导作用，传播重机行业绿色低碳发展理念，利用协会会员代表大会及协会主办的论坛、专题交流会等，加大对行业节能降碳典型案例、优秀项目、先进个人等表彰、宣传力度，全面动员行业力量，广泛交流经验，形成重机行业绿色低碳发展合力。

4. 加强专业人才培养

鼓励相关高校增加“碳排放”专业课程设置，培养一批具有识别、驾驭低碳发展关键性要素能力，从事低碳、零碳、负碳技术开发、应用、运维和推广的“双碳”工作人才。加快培养精通冷、热、电及数字化等业务的复合型人才，开展精细维护、设备提效、性能优化、技术创新等工作，持续提升创效增效能力。鼓励校企合作、产教融合，推动科研院所、高校、企业加强产学研用合作对接，培育专业技术 + 绿色低碳的跨领域复合型人才，推动先进适用绿色低碳技术、产品与服务推广应用。鼓励企业积极引进海外高层次人才。

5. 加强绿色国际合作

加强与对口的国外专业协会在绿色制造领域的合作交流。鼓励行业制造业企业积极参与绿色“一带一路”建设，共建一批绿色工厂和绿色供应链。鼓励以绿色低碳技术装备为依托进行境外工程承包，推动行业先进高效绿色技术装备“走出去”和标准国际化。

〔供稿单位：中国重型机械工业协会〕

大事记

记载2023年重型机械行业发生的重大事件

Record the major events of the heavy machinery industry in 2023

中国重型机械工业年鉴2024

大事记

2023 年重型机械行业十大新闻

1．工业和信息化部等七部门联合发布《机械行业稳增长工作方案（2023—2024 年）》

2023 年 8 月 17 日，由工业和信息化部等七部门联合印发的《机械行业稳增长工作方案（2023—2024 年）》（工信部联通装〔2023〕144 号）正式发布。《方案》提出坚持“两条主线”，做好“四个统筹”，强化“四个动力”，从供需两侧提出 4 方面 16 个重点任务和 4 方面保障措施，推动机械行业运行保持在合理区间，重点产业链供应链韧性和安全水平持续提升，产业发展质量效益不断增强。《方案》的发布与贯彻落实，进一步推动了重型机械行业向高端化、智能化、绿色化、国际化、特色化方向稳步发展，对重型机械行业主营收入、利润总额和进出口贸易实现同步增长具有重要促进作用。

2．2023 中国（上海）国际重型机械装备展览会成功举办

2023 年 10 月 24—27 日，2023 中国（上海）国际重型机械装备展览会在上海新国际博览中心成功举办。作为中国重型机械行业唯一的专业性展会，本届展会与汉诺威上海工业联展同期举办，以多点联动的方式将产业上下游资源和观众进行串联，展出面积、展商数量倍增，吸引了国内外近 15 万人次专业观众到场，开幕仪式、新品发布会、钢企对接会、技术论坛等多项同期活动与展会交相呼应，规模与影响力创历史新高，为推动产业链上下游、大中小企业融通协同发挥了重要作用。

3．推进绿色低碳转型，《重型机械行业节能降碳行动方案》发布

2023 年 4 月 20 日，《重型机械行业节能降碳行动方案》发布仪式在北京隆重举行。《方案》涵盖总体要求、重点任务、保障措施三部分内容，聚焦“行业自身绿色低碳转型升级”和“为全社会提供高效节能的技术工艺和装备”两个重点方向提出 95 项具体任务，形成 18 个专栏，制定 91 项行动。《方案》的发布将有效凝聚行业共识，构建行业绿色制造和服务体系，加快行业绿色低碳转型升级。

2023 年 5 月 16 日，工业和信息化部节能与综合利用司正式转发《重型机械行业节能降碳行动方案》。

4．坚持创新驱动，两家重型机械企业获国家大奖

2023 年 3 月 19 日，第七届中国工业大奖发布会在北京隆重举行，中国重型机械研究院股份公司的“航空万吨级铝合金板张力拉伸装备”荣获中国工业大奖。

航空万吨级铝合金板张力拉伸装备

2023 年 12 月 4 日，党和国家功勋荣誉表彰工作委员会办公室发布《关于国家卓越工程师和国家卓越工程师团队拟表彰对象的公示》，中国一重集团有限公司“重型高端复杂锻件制造技术变革性创新研究团队”荣获国家卓越工程师团队奖。

5．行业 28 项成果获机械工业科学技术奖

2023 年 10 月 13 日，2023 年度机械工业科学技术奖获奖名单发布，重型机械行业获奖 28 项，其中一等奖（含特等奖）3 项。中国第一重型机械股份公司等联合研制的“宽幅不锈钢薄带热连轧关键技术研发与成套装备研制”项目荣获特等奖，是 2023 年度机械工业科学技术奖两项特等奖之一。

宽幅不锈钢薄带热连轧关键技术研发与成套装备

6．一批重大技术装备成果填补国内外空白

2 月，太原重型机械集团有限公司完全自主设计制造的直径 219mm 三辊连轧管机组一次试车成功，这是世界首套具备轧制外径 73～219mm、壁厚 3.5～35mm 钢管的三辊连轧管机组。

6 月，中国重型机械研究院股份公司总承包的全球首台兼容小方圆坯、大方圆坯、厚板坯多功能连铸机一次热试成功。

6 月 29 日，中信重工机械股份有限公司自主研发的新型蒸汽汽轮机组下线并交付用户，打破了铅冶炼行业产品长期依赖进口的局面，填补了我国在铅冶炼等领域的空白。

7 月 13 日，中国一重集团有限公司承制的全球首台海南昌江“玲龙一号”反应堆核心模块成功发运。

7 月 14 日，二重（德阳）重型装备有限公司研制的世界最大单机容量 500 兆瓦级冲击式水轮机转轮中心体锻件顺利通过三方联检并成功下线。

8 月 5 日，山东华特磁电科技股份有限公司自主研制的全球首台、全球最大 6m 智能立环高梯度磁选机成功下线。

8 月 15 日，大连重工装备集团有限公司自主研制的全球首套大角度敞集多功能双车翻车机成功下线并通过检验。

9 月 4 日，北方重工集团有限公司为我国钾盐矿自主研制开发的首台（套）全断面掘采机成功下线。

9 月 27 日，中国一重集团有限公司研制的世界最大 500MW 冲击式机组全尺寸不锈钢转轮轮毂及水斗锻件成功下线。

12 月 7 日，北京起重运输机械设计研究院有限公司设计制造的亚洲运量最大吊椅索道——辽宁沈阳东北亚滑雪场 1 号索道通过国家索检中心验收。

7. 重型机械行业进出口贸易再创新高

根据海关数据，2023 年重型机械行业实现进出口总额 394.98 亿美元，同比增长 13.64%。其中出口额 355.81 亿美元，同比增长 15.56%；进出口顺差 316.64 亿美元，同比增长 18.06%。

中国一重集团有限公司与达涅利荷兰康力斯公司签订的向巴西盖尔道集团出口的 240t 转炉完成验收。

太原重型机械集团有限公司出口欧洲的首件 150MW 大型火电转子成功发运。

华电重工股份有限公司负责设计和供货的越南中鼎 Van Phong 2 × 660MW 电厂输煤系统项目完成第一船垫底煤卸料任务。

大连华锐重工集团股份有限公司为印度尼西亚青山客户研制的 3 台 1 500t/h 卸船机和 1 台 4 100t/h 装船机顺利发运。

在第三届“一带一路”国际合作高峰论坛期间，中国重型机械有限公司与柬埔寨矿产和能源部签署了上达岱 1 000 MW 抽水蓄能电站开发谅解备忘录，沿“一带一路”布局内容更加丰富。

南昌矿机集团股份有限公司为华友钴业津巴布韦 Arcadia 锂矿项目提供了多品种、多规格、多台（套）振动筛分设备，在非洲树立了中国装备的金字招牌。

8. 数字赋能、推动重型机械行业智能化升级

2023 年重型机械行业积极开展数字化转型行动，推动数字产业与重大技术装备融合创新，行业数字化转型升级发展取得新的重大进步。

2023 年 6 月 9 日，中国重型机械工业协会发布《重型机械行业数字化转型发展研究报告》。10 月 17 日，重型机械行业数字赋能工作机构——中国重型机械工业协会数字赋能工作委员会正式成立。12 月 6 日，中国第一重型机械股份公司、中信重工机械股份有限公司、卫华集团有限公司等 11 家行业企业入选 2023 年度智能制造示范工厂揭榜单位和优秀场景名单。

9. 中国重型机械工业协会八届四次会员代表大会在京召开

2023 年 4 月 20 日，中国重型机械工业协会八届四次会员代表大会暨理事会在北京成功召开，来自重型机械行业企业、高校、科研单位的400余位代表参会。大会先后举行了中国重型机械行业“2022年度先进科技工作者”表彰活动、中国重型机械行业大工匠工作室和工匠工作室授牌仪式、河南省新乡县“振动之都”揭牌仪式，发布了《重型机械行业节能降碳行动方案》，邀请多位行业专家与企业家分享多项精彩报告，为行业内外搭建了良好的交流平台。

10．聚“链”成“群”，重型机械行业产业集群蓬勃发展

2023年4月20日，河南省新乡县被中国重型机械工业协会正式授予“振动之都”称号。河南省新乡县现有振动设备生产企业和配套企业300余家，产品涵盖矿用筛等45个系列共计1 000多种规格，规模以上振动设备企业18家，经多年培育发展已形成布局集中、门类齐全、市场覆盖面广的振动设备产业生产和研发基地。

河南省长垣市于2006年被授予“中国起重机械之乡”称号。经过十多年的长足发展，已集聚规模以上整机生产企业114家、配套生产企业1 042家，年产起重机整机30万台、零部件170万台（套），产品涵盖桥式、门式起重机等10多个系列200多个品种。为推动“起重机械之乡”全面升级，2023年12月16日，中国重型机械工业协会理事会决定授予河南省长垣市“中国起重机械之都”称号。

2023年重型机械行业大事记

1月

5日，《人民日报》头版头条发表的《固实体，产业体系塑优势》一文中，称赞中信重工机械股份有限公司（简称中信重工）的“磨机换衬板机械臂开发，成为中信重工开拓市场的金钥匙”。该系列产品不仅成功应用至多家大型矿山企业，还走出国门，行销多国。

8日，华电重工股份有限公司（简称华电重工）承建的云南大为煤堆场改造项目EPC工程条形料场中心挡墙顺利封顶，土建结构重要节点按期完成，为后续网架施工和设备安装打下坚实的基础，标志着项目正式转入安装阶段。

9日，川润股份入选四川省经济和信息化厅发布的2022年四川省服务型制造示范企业（项目、平台）名单。

9日，中国一重自主设计的全连轧机组唐银1 450mm带钢生产线第一卷钢成功产出，标志着该项目一次性热负荷试车成功。

9日，由北起院为北京房山云居滑雪场建造的2号索道通过国家起重运输机械质量检验检测中心验收。

10日，中国一重与甘肃省人民政府签订战略合作框架协议，甘肃省副省长李沛兴与中国一重集团副总经理陆文俊代表双方签约。甘肃省委书记胡昌升和中国一重集团党委书记、董事长刘明忠共同为“酒泉一重风电集团有限公司”揭牌。

10日，上海振华重工集团（南通）传动机械有限公司研制的自动换挡双速比主驱动盾构减速器第二批共10套发运。该批产品的投用，标志着盾构机主驱减速器核心配套件又一次实现国产化突破。

10日，中国重机与中国石油工程建设有限公司华北分公司签署战略合作协议。中国重机总经理、党委副书记郝平与中国石油工程建设有限公司华北分公司党委书记、执行董事郭慧君出席签署仪式并代表双方签字。双方将充分利用各自品牌、资源、技术、市场和网络优势，为共同开发重点合作区域相关项目提供支撑，并在行业互补、国别互补、项目互补等方面实现互利共赢。

11日，华电蓝科科技股份有限公司自主研发、设计及生产制造的首台（套）新一代高效穿越式双小车岸桥顺利发运。

14日，中国重型院为安徽鑫科铜业有限公司自主研发的国内首套800mm铜带六辊中精轧机组项目，在二重装备完成主机装配及设备出厂三方联检，顺利完成主机制造。

14日，振华重工承建的上海冠东轨道起重机项目6台轨道起重机从南通分公司发运。

15日，中国重型院为秦皇岛佰工钢铁炼钢厂承建的100t转炉一次烟气干法除尘系统热试成功并正式投产。

15日，华电重工承建的东灶港管带机项目重载调试一次成功。

17日，北起院承建的浙江安吉云上草原滑雪场2号索道通过国家客运架空索道安全监督检验中心（简称索检中心）验收。

19日，振华重工承建的比利时项目3台岸桥和挪威项目1台岸桥顺利发运。

19日，振华重工为盐田国际集装箱码头研制的2台岸桥顺利发运。

21日，大连重工巴西淡水河谷S11D二期散料项目重载试车成功。

月内，中国重型院承建的山东泰山钢铁集团有限公司不锈钢2号板坯连铸机升级工程一次性热试成功，该铸机为直弧型板坯连铸机，弧形主半径9.0m，可生产铸坯断面厚度（200mm、220mm）×1 600mm。

月内，二重装备成功浇注3 800mm特种钢宽厚板轧机特大型机架。该机架长15m、宽5m，钢液总量达到658t。

月内，二重装备提前完成福建龙钢集团1 580mm热连轧粗轧机组和立辊总装任务，并陆续发运。该项目由7台精轧、1台粗轧、1台立辊、2台卷取机等组件构成，整条轧线总重量超过3 100t。

月内，黎明重工系列产品——立轴冲击式破碎机，顺利通过国家专利产品备案，关联专利16项。

月内，中信重工全资子公司洛阳中重铸锻有限责任公司、中信重工洛阳重铸铁业有限责任公司，通过国家高新技术企业认定。

月内，中钢集团西安重机有限公司为土耳其用户设计制造的第7条连轧生产线陆续发运。

月内，济南重工集团有限公司为中铁二十局集团公司制造的“广兴九号”盾构机顺利通过工厂验收。

月内，太重集团首台（套）6.78m分体捣固焦炉顺利投产。

月内，北方重工研发制造的新型立式螺旋磨机在攀钢集团一次性试车成功。

月内，中国重型院为广西柳钢中金不锈钢有限公司设计成套的850mm不锈钢二十辊可逆冷轧机组项目（共4条机组）1# 机组一次性冷联动试车成功。

月内，中国重型院总包的山西建龙实业有限公司炼钢总厂（二区）2号转炉一次烟气湿法改干法除尘项目顺利投运。

月内，中国重型院承建的普阳钢铁三炼钢2# 特厚板板坯连铸机一次热试成功。

月内，黎明重工“高品质骨料制备成套装备高价值专利培育项目”成功入选2022年度河南省高价值专利培育计划项目立项名单。

月内，北方重工与山东钢铁集团永锋临港有限公司再次签订了2台滚筒混匀取料机合同。

月内，大连重工起重机公司与山东企业再签亿元合同，该合同包括9台起重机，其中4台为460t特大型铸造起重机。

月内，大连重工为广西盛隆研制的第二批后4台1 000t/h抓斗卸船机顺利发运。

2月

1日，中国一重召开领导班子（扩大）会议。受中央组织部领导委托，中央组织部有关干部局负责同志宣布了中央关于中国一重总经理调整的决定：徐鹏同志任中国一重董事、总经理、党委副书记，免去其东电集团董事、总经理、党组副书记职务。

1日，由北起院主编的起重机械安全评估国家标准——GB/T 41510—2022《起重机械安全评估规范　通用要求》正式实施。

6日，中国重型院承担的涟钢一炼轧厂3# 板坯连铸机一次热试成功。

6日，黎明重工荣获“2022年度河南省创新型中小企业”称号。

9日，振华重工为云南水富港设计建造的首批2台轨道起重机顺利发运。该项目包括2台轻型岸桥及4台轨道起重机。

9日，北起院承建的江西德兴大茅山索道通过国家索检中心验收。该索道水平长1 297.8m，高差575.8m，沿线设立10座支架，最大运行速度为6m/s，每小时单向运量为1 500人。

10日，停靠于天津滨海大沽口港区太重码头的5万吨级“大西洋”号外轮，在两条拖轮的拖引下平稳安全地驶离码头泊位，标志着太重码头夜航试航取得圆满成功。

11日，酒泉一重西北高端装备制造基地奠基。该基地建成后，将年产10万t大型风电铸件与百吨级核乏燃料罐铸件，可以满足 1 000 套以上风电装机需求，有力提升风电新能源技术装备核心制造和区域整机配套能力。

13 日，浙矿重工股份有限公司的“采矿设备智能化管理解决方案”入选工业和信息化部公布的 2022 年工业互联网 APP 优秀解决方案名单。

13 日，中国重机与中国轻工业广州工程有限公司签订战略合作框架协议。签订仪式之前，双方充分交流了各自公司的发展历程、业务领域、市场范围和合作发力点，就重点合作开发项目展开了深入的讨论。中国重机董事长、党委书记肖平与中轻广州董事长、党委书记罗军出席并见证协议签订。中国重机党委副书记、总经理郝平与中轻广州总经理李振洲代表双方签字。

13 日，天水二一三电器集团“数字能源与数字控制技术研究院”挂牌成立。该研究院是在国家企业技术中心、国家地方联合工程实验室两个“国家级”的创新平台下筹建的，助力企业在招才引智、技术交流与合作、加快技术创新和产业升级方面打破时空限制、加速资源流动、延伸产业链条、重构组织模式、搭建跨界桥梁，发挥突破性的作用。

13 日，中信重工承制的明阳阳江青洲四 I 标段 11MW 海上风电首批导管架成功下线。该项目基础单套重 1 550 余 t、高 76m、宽 30m，是中信重工目前承制的最大规格四桩导管架。2023 年年底建成投产后，每年可提供清洁能源发电量约 18.3 亿 kW · h。

14 日，南昌矿机正式启动智能制造 MOM 平台项目，该平台是智能工厂的核心管理平台和实现各类专业工业软件集成互联的平台载体。

15 日，华电重工负责设计和供货的越南中鼎 VanPhong 2×660MW 电厂输煤系统顺利完成第一船垫底煤卸料任务。

20 日，中信重工与洛阳市人民政府签订战略合作协议。根据协议，在“十四五”期间，双方将围绕制造强国、“双碳”战略、中部地区高质量发展、黄河流域生态保护和高质量发展等国家重大战略的实施，进一步深化在绿色装备（风电装备）产业、高端重型装备产业、矿山智能化产业等领域以及实施“三大改造”方面开展全面合作，加速推进洛阳制造业高端化、智能化、绿色化进程，加快建设全国先进制造业基地，共同推进洛阳市经济社会协调发展，实现合作共赢。

26 日，振华重工与中国铁建港航局集团签订 5 000t 全回转起重船项目合同。项目建成后，将针对我国深远海域复杂海况，满足深远海域 13MW 及以上风机基础施工、海上升压站安装施工需求，同时兼顾海洋工程施工功能要求。

27 日，中信重工与中国华能河南分公司签署战略合作协议。双方将本着平等互利、合作共赢、共同发展的宗旨，充分发挥各自优势和协同效应，在党建联建、风电等新能源装备研制、机器人及智能装备、技术研发、资本层面等领域开展深度合作，建立紧密、稳定的战略合作伙伴关系，以绿色发展理念为引领，携手共促双方高质量发展。

27 日，北方重工与众兴集团签订战略合作协议。此次的战略合作，双方将充分发挥各自优势，开展广泛、深入的业务交流，在绿色矿山改造升级、“双碳”战略、锂产品加工、智慧料场等领域积极推进场景应用和成果转化，实现生产转型和产品升级的新突破。

28 日，中国一重与河南金汇不锈钢产业集团有限公司再生不锈钢 1 780mm 深加工项目工程总承包签约仪式在黑龙江省齐齐哈尔市富拉尔基区隆重举行。

28 日，大连市人民政府公布 2022 年度大连市科学技术奖名单。大连重工装备集团共有 3 项成果榜上有名，其中下属大连橡胶塑料机械有限公司申报的“大型串联橡胶密炼机组研发与应用”项目获大连市科技进步奖一等奖；大连华锐重工集团股份有限公司申报的“智能环保焦炉机械设备”“3 600t/h 无人化连续卸船机”两个项目获大连市科技进步奖二等奖。

月内，江苏卫华高端智能港口装备项目一期车间首根钢柱成功吊装。

月内，中国重型院成套供货的靖江特殊钢有限公司管加工厂 1 号线淬火装置升级改造项目一次热负荷试车成功，并正式投入生产。

月内，北方重工检测中心通过中国合格评定国家认可委员会认可评定，取得 CNAS 检测和校准实验室认可资质。

月内，济南重工出口津巴布韦，用于锂矿生产的两台直径 4.5m×6.8m 湿式格子型球磨机顺利发运。

月内，太重集团研制的直径 219mm 三辊连轧管机组一次试车成功。该机组设备由太重集团完全自主设计制造，是世界首套具备轧制外径 73～219mm、壁厚 3.5～35mm 钢管的三辊连轧管机组。

月内，中国重机中标广西－东盟经济开发区取水泵房设备采购项目。

月内，由北起院为缅甸 Pyin Oo LwinBEFall 设计制造的索道完成试车并通过验收。

月内，大连重工的“铁路敞车翻车机系统”、大橡塑公司的“大型挤压造粒机组”被评为辽宁省单项冠军产品。

月内，大连重工下属大连华锐智能化科技有限公司成功中标高炉炼铁前原料厂智慧控制系统合同。该合同包括 2 台堆料机、4 台刮板取料机、1 台卸料小车等运行系统和 160 余条带式输送线传送系统的智慧控制建设项目。

月内，济南重工研发制造的“起航三号”“济重 035 号”“玉昆二号”3 台盾构机通过工厂验收。

月内，大连重工起重机公司自主研制的宝钢炼钢跨用 460t 铸造起重机顺利投入使用。

月内，卫华集团荣获“全国就业与社会保障先进民营企业”荣誉称号。

月内，通力科技的“大型运动场景快速精准驱动传动成套装置”荣获 2022 年度浙江省首台（套）装备认定。

月内，大连重工成功中标某煤炭储备基地三车翻车机 EPC 总包项目，该项目主要包括 1 套具有行业领先水平的折返式三车翻车机系统、输煤配套设备及土建工程。

月内，河南矿山承制的 500t 门式起重机助力中铁九桥参建的马鞍山长江公铁大桥 Z3 钢塔首轮总拼通过验收。

月内，由中国一重机电液供货、安装总承包的美富淦 1 450mm 酸轧联合机组热负荷试车成功，进入试生产阶段。

月内，中国一重成功获得 ASME 核电体系换证新证书，新证书包括股份公司证书和分场所证书两大类型共 7 个证书。新证书的获得标志着中国一重将继续拥有 ASME 核电产品的设计和制造供货资质能力。

3月

1 日，由中国重型院为福建青拓新材料有限公司设计、制造、安装及调试的世界首台不锈钢双流最大断面为 230mm × 1 600mm 的连铸机装备一次热试成功！

3 日，工业和信息化部公布了“2022 年工业互联网试点示范名单”。中钢集团邢台机械轧辊有限公司的“面向钢铁和冶金行业标识解析的工业互联网网络安全分类分级管理应用项目”上榜。

8 日，中国一重与上海电气电站设备有限公司上海汽轮机厂在富拉尔基举行徐大堡 4# 机组低压转子签约仪式。

10 日，济南重工为中铁二十局集团制造的无喂片机式双螺旋土压平衡盾构机——“广兴十号”通过工厂验收。

13 日，华特磁电与厦门紫金矿冶技术有限公司联合共建“紫金 – 华特”磁电与智能选矿实验室签约仪式在紫金矿业集团厦门分部隆重举行。双方将本着资源共享、共同发展的原则，在新型低温超导磁选机、电磁浆料高梯度磁选机、湿式强磁板式磁选机等多项关键磁电技术和产品，以及提高微细粒含锂矿物的回收方法和先进设备等方面进行深入交流。

14 日，中国一重与建龙集团签署战略合作协议，中国一重党委书记、董事长刘明忠，党委副书记、董事、总经理徐鹏；建龙集团董事长、总裁张志祥，副总裁黄丹，建龙北满总经理巩飞出席签约仪式。中国一重党委常委、副总经理陆文俊，建龙集团副总裁阮小江代表双方签字。

15 日，由济南重工为中铁二十三局制造的“起航四号”盾构机顺利通过工厂验收。该机用于济南地铁 4 号线林家庄站至雪山路站区间，设备全长 84m，计划掘进里程为 1 056m。

17 日，山东金玺泰集团与华特磁电达成合作，双方就全球首个年产 500 万 t 光伏砂项目举行合作签约仪式。

17 日，华润水泥（安顺）有限公司年产 100 万 m^3 混凝土、200 万 t 骨料项目正式竣工投产。该生产线的全套主机设备均由南昌矿机提供。

17 日，由中国一重设计制造的华菱涟钢 1 580mm 热连轧机组在华菱涟钢现场一次性热试成功。

20 日，卫华集团向武汉理工大学捐资设立“卫华奖学金及专业建设与学生创新创业活动基金”签约仪式在武汉理工大学举行。武汉理工大学社会合作与校友工作处副处长杨万庆、河南卫华董事长崔鹏代表双方签约，武汉理工大学党委副书记赵经代表武汉理工大学向卫华集团颁发捐赠证书。

22 日，中国一重与通用技术集团签订 7 台大型数控镗床采购合同，用于酒泉一重风电集团公司建设西北高端装备制造基地项目，为打造风电装备标杆企业、补强西北地区风电产业链、配套风电产业和升级改造新能源装备提供技术支撑。

23 日，华电重工承建的中煤科工集团信息技术有限公司“西湾露天煤矿大型露天矿用连续采煤机研制与示范应用”项目，首台露天矿用自移式转载机、卸料车设备供货安装工程正式开工。

23 日，豫飞重工集团旗下新乡市起重设备厂有限责任公司承制的广东粤海珠三角供水有限公司珠江三角洲水资源配置工程起重机项目双向门式起重机通过验收。

23 日，北方重工与内蒙古包钢西创集团签订战略合作协议。内蒙古包钢集团总经理助理、内蒙古包钢西创集团有限责任公司董事长、党委书记邹彦春，北方重工董事长孙贵臣、总裁张斌等双方相关人员参加。此次战略合作协议的签订，是北方重工在发展智能制造和推动钢铁产品升级方面的重大举措，也是北方重工在实施绿色冶金战略上迈出的关键一步。

24 日，中机锻压江苏股份有限公司参与研发的 6 000kJ 以上超大型液压打桩锤项目在南通国际会议中心成功签约。

24 日，华电重工承建的云南大为煤堆场改造项目 EPC 工程条形料场网架结构顺利封顶，这是项目顺利进行的重要节点，为后续膜结构施工和按时储煤打下坚实的基础。

24 日，太重集团生产制造的 1 000t 造船门式起重机在用户现场实现本体合拢。该起重机由 4 800t 钢铁部件组成，跨距 189m、基距 30m、抬吊重量达 1 000t，标志着太重集团门式起重机制造能力将从 500 吨级提升到 1 000 吨级。

27 日，涟钢举办以先进钢铁材料为导向的产品结构调整升级项目（1 580mm 热连轧线）投产仪式。

28 日，北方重工与江阴天澄机械装备有限公司签订战略合作协议，共同推进高端装备国产化。

29 日，华电重工与葡萄牙知名工程咨询公司 FUTURE 签署合作备忘录。华电重工党委副书记、总经理郭树旺出席并见证签约。华电重工党委委员、总工程师赵迎九与 FUTURE 公司 CEO 安德雷德代表双方签署合作备忘录。双方将在智慧港口、智能物流等领域进一步深化合作。

29 日，中国重型院完成的“极薄金属带材系列化二十辊高效精密冷轧制工艺装备技术与应用”与“油气输送管道高效节能双工位超高压在线监测技术与装备”两项目通过科技成果鉴定。鉴定委员会认为“极薄金属带材系列化二十辊高效精密冷轧制工艺装备技术与应用”项目整体技术达到了国际先进水平，其中极薄带单面残油量控制技术达到了国际领先水平。“油气输送管道高效节能双工位超高压在线监测技术与装备”项目总体技术达到国际先进水平。

30 日，中机一院承接的设计项目“光大涟水一般工业固废处置及热电联产项目”完成（72+24）h 满负荷试运行，标志着该项目正式投入运行。

30 日，由济南重工为中铁四局集团公司研发制造的“同心圆号”土压平衡式盾构机顺利通过工厂验收。

30 日，国家市场监督管理总局公布了“2022 年度中国标准创新贡献奖”获奖名单。由河南矿山牵头编制的团体标准《起重机用碾压车轮》荣获“2022 年度中国标准创新贡献奖”标准项目奖三等奖。

31 日，振华重工为蒙古国嘎顺苏海图口岸建造的 6 台智能搬运机器人（AGV）从上海港机重工发运。

31 日，中国一重与东方电气集团签署战略合作协议。

月内，南昌矿机助力华友钴业津巴布韦 Arcadia 锂矿项目顺利试产，该项目的产量为 950t/h，南昌矿机为其提供了 EHS2060 棒条筛、2BS3673 香蕉筛、2MLS4385-B 香蕉筛、2ZKR3675H 直线筛等数台设备。

月内，河南矿山立足智能制造创新优势，自主研发设计的全自动电磁挂梁起重机，具有自动化程度高、安全可靠性强、定位精度高等技术优势，实现了真正意义上的全自动化。

月内，太原重工工程技术有限公司被认定为国家高新技术企业。

月内，太重集团出口欧洲的首件 150 兆瓦级大型火电转子成功发运。该转子锻件净重超过 40t，是火电机组的核心部件，对锻造工艺要求极高。

月内，中国重机与吉尔吉斯共和国国有企业吉尔吉斯车辆公司签订道路工程机械设备供货合同。合同内容包含 5 条沥青生产线和 5 条混凝土生产线的安装和调试，以及 10 个碎石场生产线的安装和指导调试工作。

月内，位于江西省瑞昌市的中建材新材料有限公司 3 000 万 t/a 灰岩矿项目开工生产。南昌矿机为该项目提供了 12 台 CC400 单缸液压圆锥破碎机、2 台 VS1500 立轴冲击式破碎机，其中 12 台 CC400 圆锥破碎机全部用于二段破碎。

月内，振华重工与泰国 TIPS 公司成功签订 2 台全自动电动空箱堆高机供货合同。这是振华重工电动堆高机产品首次进入国际市场。该款堆高机能高效作业并续航 8h 以上，与传统燃油堆高机相比，5 年内可节约 75% 的使用成本。

月内，振华重工承建的大连港 21 台轨道起重机自动化改造项目全部完工，为大连港大窑湾港区“智慧港口 2.0”项目建设夯实硬件基础。

月内，由中钢集团邢台机械轧辊有限公司全资子公司——邢台轧辊小冷辊有限责任公司为广东某客户量身定制的大规格电池极片辊压机用辊成功下线并全部交付使用。

月内，卫华集团 600t 新中式大型门式起重机在广东粤水电项目现场顺利安装并交付。

月内，大连重工为内蒙古旭阳中燃研制的 6.78m 3# 焦炉机械顺利投产。

月内，中国重型院为宝武铝业科技有限公司研发成套的 125MN 预拉伸机组实现最大负载拉伸测试并通过性能考核，完成最终验收。

月内，大连重工港机事业部为中国宝武集团研制的 5 000t/h 装船机成功滚装上船，顺利发往宝钢股份舟山港区。

月内，停靠在太重码头的万吨货轮“杨浦”号，满载着出口起重机驶离泊位，标志着太重码头“一站式港口服务”首航成功，太重码头正式开启全程物流服务新模式。

月内，由中国一重大连工程技术有限公司自主设计研发的核电主泵水力部件检修翻转装置通过验收。

月内，太重集团 5 项成果获 2022 年度山西省科学技术奖。其中，“油气输送用大口径厚壁不锈钢焊管高质高效制备关键技术研究与应用”获技术发明奖一等奖；“225MN 卧式铝挤压成套装备关键技术研发与应用”“大型露天矿旋回式半移动破碎站成套装备关键技术研究及应用”获科技进步奖二等奖；“核电站大型起重机抗震技术及应用”“高性能滚道行星轮关键制造技术研究及应用”获科技进步奖三等奖。

月内，河南矿山为弘元能源 10 万 t 高纯晶硅项目承制的洁净防爆电动葫芦双梁起重机、粉尘防爆单梁起重机等 54 台（套）各类型起重机，标志着河南矿山在光伏产业领域取得了重大技术突破。

月内，二重装备参与研制的“特异型超大构件原位精密测量关键技术及系统”项目荣获 2022 年度四川省科学技术进步奖二等奖。

月内，由中国重型院轧制所为浙江中环铜业有限公司设计成套的 600mm 铜带六辊可逆精轧机组一次性热试车成功，标志着浙江中环高精度高性能铜板带生产线（二期）建设已基本完成，进入试生产阶段。

月内，中冶陕压中标陕西有色榆林新材料集团有限责任公司高强高耐蚀铝合金研制中试建设项目 1 150mm 冷、热轧机机组各一套，为机电液 EP 项目。

月内，由中国一重大连工程技术有限公司机电液总包的赤峰远联 850mm 酸轧机组二期项目热负荷试车成功，进入试生产阶段。

月内，湖南长重机器股份有限公司与武汉港迪电气有限公司举行战略合作签约仪式。

月内，上海振华重工（集团）股份有限公司自主研制的新型电动正面吊下线。

4 月

4 日，中国一重集团有限公司召开领导班子会议。受中央组织部领导委托，中央组织部有关干部局负责同志宣布了中央关于中国一重集团有限公司董事长、党委书记调整的决定：按照中央企业领导人员任职年龄有关规定，免去刘明忠同志的中国一重集团有限公司董事长、党委书记职务。相关免职按有关法律和章程的规定办理。

6 日，太重集团与美的集团举行战略合作签约仪式。双方将依托自身优势，携手在数字转型、产业发展、项目落地等方面进行多领域、深层次合作。

7 日，中国一重与哈电集团签署战略合作协议。

10 日，南昌矿机集团股份有限公司在深圳证券交易所主板上市，股票简称为“南矿集团”，股票代码为 001360。

12 日，由济南重工制造的“济重 034 号”和“齐鲁六号”土压平衡式盾构机完成工厂验收。

24 日，中国机械总院与太原市政府在北京签署战略合作协议。

25 日，中国重型院与衡阳镭目科技有限公司在西安举行战略合作长期供应协议签署仪式，标志着中国重型院与镭目公司的合作全面升级。本次合作将进一步提升双方企业竞争力、有效降低成本、实现合作共赢，创造更大商业价值。

26 日，川润物联智造产业园投运仪式在西南（自贡）国际陆港举行。该产业园总占地面积 745 亩（1 亩 =666.6m^2），规划建筑面积约 42 万 m^2，总投资预计 30 亿元。一期占地面积 310 亩，建成建筑面积 19.7 万 m^2。该产业园主要包括陆港创享中心、生产资料交易中心、工业品展销中心、数字化供应链协同智造服务中心、新能源科技服务中心、数字化科技研发中心和数字化供应链服务平台，将协同川润股份、东方锅炉、远东电缆等链主企业，共同提升区域配套服务能力。

26 日，中国一重与宝武集团签订战略合作框架协议。根据框架协议，双方将共同推动科研与成果转化、冶金装备与服务、材料加工与应用、数字化与绿色低碳转型、公司治理等全方位交流与合作。

26 日，振华重工为长飞海工打造的“长胜 5000”全回转起重船及“长胜 1200”自升式风电安装平台在振华重工所属振华重装举办交付仪式。

26 日，北起院设计制造的海南琼海白石岭索道通过国家索检中心验收。该索道水平长 690.55m，高差 190.55m，沿线设立 4 座支架，最大运行速度为 6m/s，设计每小时单向运量为 2 000 人。

26 日，南昌矿机与吉林大学产学研合作签约仪式暨 2022 年度“南矿奖学金”颁发仪式在吉林大学南岭校区工程训练中心举行。

27 日，中国重型院与瓦房店轴承集团有限责任公司在西安举行企业战略合作框架协议签署仪式，标志着中国重型院与瓦轴集团合作的全面升级，为双方在科研发展领域及项目合作共赢方面奠定了良好的基础。

27 日，2022 年湖南企业家活动日暨企业家年会在湖南省长沙市举行。会上，湖南省工业和信息化厅、企业和工业经济联合会发布了企业百强、制造业百强等多项榜单，天桥起重荣登湖南省制造业企业百强榜。

月内，北起院自主研发的“集群式多功能抓斗起重机”通过北京市新技术新产品（服务）认定，获北京市新技术新产品（服务）证书，充分展现了北起院起重运输领域的自主创新与研发能力。集群式多功能抓斗起重机由多功能抓斗起重机集群构成，主要服务于废弃资源综合利用行业，对生活垃圾、农林废弃物、餐厨垃圾、工业固废、污泥、危废等多种固体废弃物进行无害化协同处置。

月内，太重集团数智公司开发的数字化工艺平台在太重集团起重机、矿山分公司正式上线运行，该平台的上线标志着公司信息化、数字化、精细化、战略化管控水平迈上新的台阶。

月内，由一重集团大连工程技术有限公司自主研制、一重集团天津重工有限公司制造生产的“核工业中低放固体废物超级压缩机”通过专家组鉴定。专家组一致认为“核工业中低放固体废物超级压缩机”是处理核工业中低放射性可压缩固体废物的核心装备，是核工业建设必须配置的装备。该压缩机总体达到国际先进水平，部分技术达到国际领先水平。

月内，济南重工与国内某大型矿业公司签订购买 4 台湿式球磨机合同，用于河北承德钒钛磁铁矿年产铁精粉 30 万 t、磷精粉 7.5 万 t 项目。

月内，河南矿山为广西翅冀钢铁有限公司承制了 59 台（套）各类型起重机，其中 4 台 32t 智能抓斗起重机应用于该企业 2 060m^3 高炉项目建设，为该项目转型升级提供智能装备支撑。

月内，中国重型院冶金设计院中标川威集团陕西片区花岗岩石材综合开发利用项目。

月内，大连重工为山西安昆新能源有限公司研制的 4 座 70 孔 6.78m 智能捣固焦炉机械（一体机模式）设备全面投产，并实现有人值守、无人操作，全自动运行率达到 95% 以上，装煤、出焦全过程无烟无尘。

月内，中国重型院精整所为马鞍山钢铁股份有限公司设计的成套硅钢产品成材率提升技术改造项目的引带机组一次性热负荷试车成功。

5 月

3 日，中机一院与上海环保工程成套有限公司连接承接的 EPC 项目“丰县南部集中式生物质热电联产项目”顺利完成（72+24）h 满负荷试运行，标志着该项目正式投入运行。

11 日，北方重工与辽宁装备制造职业技术学院签署校企合作协议，进一步加强校企合作，巩固合作成果。辽宁装备制造职业技术学院将针对企业短缺的铆工、焊工等工种开展人才选拔，入选的学生将由辽宁装备制造职业技术学院与北方重工进行联合培养。毕业后，经考核合格的学生可直接进入北方重工工作，实现“入学即入职，毕业即就业”的新就业模式。

15 日，川润股份承制的安德里茨 OKI Ⅱ项目核心部件 RB 汽包，水压试验一次成功。该汽包刷新了全球最大碱回收炉汽包纪录。

15 日，世界首台 7×82-2.0-HPSCR 型主机在中国船舶中船发动机有限公司成功交验，计划安装在青岛北海船造船有限公司为达飞轮船建造的 5 500TEU 集装箱船上。该型号主机最核心的部件 7×82-2.0 型曲轴由大连重工研制。

16 日，江西省工业和信息化厅发布《关于公布 2022 年度江西省优秀新产品名单的通知》，南昌矿机集团开发的 MSP200 制砂楼荣获 2022 年度江西省优秀新产品奖一等奖。

16 日，国内首台 150 兆瓦级大型冲击式水轮机转轮成功下线，该水轮机核心铸锻件马氏体不锈钢转轮体及水斗等由中信重工生产。

18 日，老挝南俄 4 水电站项目 3 台主变压器全部运抵项目现场并成功就位，标志着南俄 4 水电站项目电气设备安装工作拉开序幕。

23 日，河南矿山与金盛安集团遵义长岭特殊钢有限公司承制合同签订仪式在河南矿山举行。双方就起重机产业发展、产业链供应链稳定、战略合作等有关方面深入交换了意见，并达成了高度共识。该合同包括 69 台（套）冶金项目起重机，其中包含 2 台 360t 四梁铸造起重机。针对该产品，河南矿山从图样设计、技术标准、监理审核，到产品工艺质量都严格把控，得到了客户的认可。

24 日，“济重 009 号”盾构机通过工厂验收，将由中铁十一局用于济南轨道交通 4 号线经七路西站至纬十二路站。

24 日，大连重工在瓦房店基地举行大型高端风电核心零部件智能制造项目开工奠基仪式。

26 日，中国一重与辽宁机电职业技术学院签署校企战略合作协议，由中国一重人力资源部牵头搭建平台，组织大连核电石化、天津重工等所属单位与辽宁机电职业技术学院联合开展高技能人才培养，加强高技能人才引进培养。

28 日，北方重工作为主要起草单位参与修订的两项国家标准 GB/T 7233.1—2023《铸钢件　超声检测　第 1 部分：一般用途铸钢件》和 GB/T 7233.2—2023《铸钢件　超声检测　第 2 部分：高承压铸钢件》获批发布。

28 日，黎明重工参与起草的两项新版国家标准 GB/T 14684—2022《建设用砂》和 GB/T 14685—2022《建设用卵石、碎石》正式实施。

30 日，由太重集团生产的航天发射塔架，在酒泉卫星发射中心发射场内助力神舟十六号载人飞船成功发射。

30 日，中国重型院承担的宁波宝新 6 万 t 高品质不锈钢光亮板项目——1 450mm 二十辊冷轧机组热负荷试生产成功，该机出产的带钢产品厚度板形和表面质量优良，受到用户高度评价。该机组是中国重型院承接的首套宽幅不锈钢二十辊冷轧生产线，主要生产 300 系、400 系 BA 板，成品厚度 0.3～3.0mm，最大宽度 1 300mm，设计最高速度 600m/min。

31 日，大连重工焦炉车辆公司为福建三钢闽光股份有限公司研制的 2 套 6.25 m 捣固焦炉机械在福建三钢闽光股份有限公司举行焦炉升级改造工程项目投产仪式。

31 日，由中国重机以建设－经营－转让（BOT）模式建设的柬埔寨上达岱水电站导流洞顺利贯通。这是上达岱水电站第一个里程碑目标开普河截流的关键，为后续大坝二期填筑和项目整体工期按时推进奠定了坚实基础。

31 日，济宁海螺水泥有限责任公司承接的工程总承包（EPC）项目“济宁海螺 9MW 生物质气化补充热能项目”完成性能考核，正式投入试运行。试运行期间，整套机组系统稳定，各项性能指标良好。

月内，太重集团冶金设备分公司生产的 60MN 压平机正式投产。该设备主缸重达 138t，上横梁重 170t、下横梁重 195t，最大压力可达 60MN，是目前国内压力最强、单体吨位最大的压平机。该机采用横移小车电动机推动替代液压马达推动，实现了绿色化、自动化，达到了控制性能更优、同步性更高的效果。压头可在主机框架内横向移动，工作台面宽大，可直接对冷态钢板进行矫直，满足用户对大规格钢板矫直的要求。

月内，洛阳市发布 2022 年度洛阳市装备制造业十大标志性高端装备名单，中信重工的直径 11m×5.4m 半自磨机上榜。

月内，由大连重工申报的“制造业焦炉车辆数字场景无人协同整体解决方案及应用”荣膺国务院国资委“首届国企数字场景创新大赛”一等奖。

月内，由中国一重总承包的河南金汇不锈钢产业集团有限公司再生不锈钢 1 780mm 热连轧深加工工程项目顺利通过技术设计审查。

月内，福建某钢厂 1 780mm 热连轧项目热连轧一次性热试成功，太重集团为该项目提供油膜轴承产品。

月内，中信重工获评河南省首批绿色制造服务供应商。

月内，中国重型院 4 项科研成果荣获 2022 年度陕西省科学技术奖。其中，“精品带钢精整生产线核心装备的研制及工业化生产技术的开发”及“智能化 LF 一键精炼关键技术开发与应用”获二等奖，“钢液精炼的高效节能型机械真空系统及其装备技术”及“高效耐腐蚀双金属复合管液压胀形工艺与装备技术”获三等奖。

月内，大连重工先后中标南方某铜业公司 2 个智能化项目，合同总额近亿元。

月内，大连重工港机事业部为印度尼西亚青山客户研制的后 3 台 1 500t/h 卸船机和 1 台 4 100t/h 装船机顺利发运。

月内，孟加拉帕德玛大桥铁路连接线先通段试运行，太重集团为这批运行时速 120km/h 的列车提供车轴产品。

月内，卫华集团 35 台搬运机器人（AGV）批量交付。

月内，太重集团承制的田湾核电站 VVER-1200 核电机组起重机主体结构全部吊装就位。

月内，太重集团与全国新能源领域头部企业签订 500 台 6.25MW 风电齿轮箱合同订单。

月内，由金属成形技术与重型装备全国重点实验室与其依托单位中国重型院锻压工程事业部为西安赛特思迈钛业有限公司研发成套的 12.5MN 半连续挤压机设备主机完成出厂验收。该产品是首台国内自主研发成套且拥有完全自主知识产权的钛及钛合金电极整体成形装备。

月内，由中国重型院成套供货的宝钢股份烟台鲁宝钢管公司 2# 热处理线 508 钢管半浸式淬火装置一次热负荷试车成功，进入连续试生产阶段。

月内，大连重工为中天钢铁研制的 7m 顶装焦炉机械竣工并顺利验收。3 台装煤车、3 台推焦机、3 台液压交换机和 4 台拦焦机均已投入使用且运行状况良好。

月内，大连重工与中国宝武集团签订了 26 台智能化无人混铁车（Smart TPC）供货合同。

月内，中国重型院研制总承包的全球首台兼容小方圆坯、大方圆坯、厚板坯多功能连铸机一次热试成功。

月内，大连重工华锐国际与冶电事业部协同配合，顺利完成了巴西某钢厂 350t 转炉设备的最终业主、设计方、制造方三方联检工作。

6 月

5 日，中冶陕压与福州聚利泰合国际贸易有限公司（印尼海洋特钢有限公司）在福州市签订两台 1380 六辊轧机供货合同。

6 日，起重行业战略研讨会暨卫华集团成立三十五周年庆典大会在河南长垣卫华智能产业园隆重召开。

9 日，太重（深圳）国际重装研究院揭牌成立。太重（深圳）国际重装研究院入驻深圳市南山智园，在南粤大地和三晋大地之间架起一座科技研发、成果转化、优势互补、协同发展的桥梁，进一步拓展太重集团“一重点、一中心、多基地”的技术研发体系，助力太重集团打造“设计研发、智能制造、三电总成、整体集成”的新优势。

11 日，深中海底隧道实现全部隧道合龙。河北同力滑车在抗冲击力载荷、钢丝绳倾角、全封闭轴承、耐海水侵蚀、水下自动脱钩等方面进行全力攻关，成功研制出安全、高效的 400t 沉放泊滑轮组，确保项目沉管沉放时的精度和效率。

12 日，太重集团与赛威传动（中国）投资有限公司（SEW）签署战略合作协议。双方将进一步加强联系，通过资源共享和优势互补，促进战略合作，实现互利共赢。

13 日，鞍重股份发布公告，正式由原“鞍山重型矿山机器股份有限公司”更名为“威领新能源股份有限公司”。证券简称由“鞍重股份”变更为“威领股份”，证券代码“002667”不变。

14 日，中国一重设计制造的土耳其 TOSYALI 集团 1 800mm 热连轧机组一次性热试成功。

18 日，南昌矿机集团子公司江西鑫矿智维工程技术有限公司与无锡锡南铸造机械股份有限公司、青岛青铸装备有限公司就高性能智能破碎机关键配套件产业化项目改性水玻璃砂造型线、砂处理生产线的交钥匙工程达成一致，三方正式签订合同。

24 日，全球首台 16MW 超大容量海上风电机组在平潭外海正式开始安装。川润股份为该机组提供了全套润滑与冷却系统解决方案，包括齿轮箱润滑系统、电气传动水冷主机、机械传动水冷主机、机组外冷散热器与高位水箱、机舱散热器及中央冷却管路等。

25 日，二重装备为陕钢集团汉钢公司生产的 3 500mm 四辊可逆轧机机架在德阳基地成功发运。该轧机一期钢板产品定尺长度 3 000～18 000mm、宽度 1 500～3 350mm、厚度 8（6）～150mm。本次发运的轧机牌坊单片重量 345t、单个底座重 70 余 t，加上支撑辊、工作辊及机架内部相关部件，机架装配总重量达 1 700 余 t。用于陕钢集团汉中钢铁有限责任公司新建的年产 100 万 t 的中厚板生产线。

26 日，由济南重工为中铁三局制造的“开元一号”土压平衡式盾构机完成工厂验收，将用于济南轨道交通 6 号线世纪大道站至徐家庄站。

27 日，中国重机与阿根廷 CRONTAB S.A. 公司签订叉车供货合同，实现了在阿根廷市场业务新突破。

27 日，第二批国家高端装备制造业标准化试点项目考核名单公布，太重集团成为全国唯一一家装备制造业（重型机械）标准化试点企业。

28 日，河南矿山承制的宝钢股份取向硅钢产品结构优化（二步）项目起重机产品通过专家 A 检。

28 日，工业和信息化部工业文化发展中心公布了 2022 年“工业图强”企业史志鉴优秀案例名单。卫华集团凭借“‘智’造强国向复兴”案例成功入选榜单。

29 日，由中信重工自主研发的新型蒸汽汽轮机组在洛阳市伊滨区中信重工节能环保装备产业基地顺利下线并交付用户，打破了铅冶炼行业产品长期依赖进口局面，填补了我国在铅冶炼领域空白。

30 日，中信机电制造公司完成公司制改制，正式更名为“中信机电制造集团有限公司”。

月内，大连重工装备集团与印度尼西亚某企业签订 134 台储罐设备订单。

月内，大连重工减速机厂自主研制的国内首批 8.X×MW 海上半直驱风电齿轮箱 2 台样机成功下线，通过型式试验及中国船级社的型式认可，各项试验及拆箱验证指标均符合设计要求。

月内，中信重工创新研究院基础共性技术研究所研发的“智能预警处置一体化系统”被评为2023年河南省机器人创新产品，该系统同时在安徽省芜湖市国家电网的应用获评典型应用场景。

月内，中国一重与达涅利荷兰康力斯公司签订的向巴西盖尔道集团出口的240t转炉完成验收。

月内，太重集团为国内某重点用户量身打造的国内最大18.3m合缝预焊机组顺利交付，将应用于用户螺旋焊管生产线改造升级暨新能源管材制造项目。该项目建成后将创造两个世界第一，三个国内第一：世界第一条具备生产直缝焊管、螺旋焊管、新能源管材的柔性生产线；世界第一台18.3m模片式结构万吨级JCO成型机；国内第一条钢管长度为18m JCOE直缝焊管生产线；国内第一条实现直缝成型段、精焊段自动化集中控制的生产线；国内第一条完全用同工位进行直缝钢管内、外焊作业的生产线。

月内，太重集团滨海公司与某港务公司签订了7台50t-40m门座式起重机订单。其中2台设备配备全自动化系统，将进一步加快公司在传统产品升级改造方面的有效实践，推进通用散货码头自动化进程。

月内，中国一重的“华龙一号”改进型接管段锻件评定性能检验工作全部结束，所有检验结果均满足技术要求，标志着中国一重成功掌握此类锻件制造技术，成为首家完成“华龙一号”改进型接管段锻件评定的企业。

月内，大连重工核电事业部成功中标1台某工程公司海外核电站建设项目用核环吊。该核环吊将应用于巴基斯坦恰希玛核电站5号机组。

月内，大连重工为秦皇岛港股份有限公司煤三期更新项目研制的DQL4500/4860.55型堆取料机完成空载试车。

月内，大连华锐重工集团股份有限公司港机事业部中标山东某港口3台3 000t/h桥式抓斗卸船机项目，合同额超1亿元。

月内，中钢邢机自主研发的宽幅铝合金工具钢轧辊，成功解决了我国铝业轧制企业在该类产品领域长期依赖进口的“卡脖子”痛点。该轧辊硬度均匀性高、组织热稳定好、辊形保持能力强。

月内，中国重机与泰国PPA原材料有限公司签订了泰国光伏设备供货合同。

月内，卫华集团自主研发生产的550t新中式门式起重机在广东某项目现场完成重载试验。

月内，大连重工焦炉车辆公司为攀钢集团研制的2套7m智能顶装焦炉机械项目竣工并通过验收。

月内，太重集团首套6.78m SCP一体机捣固型焦炉设备顺利出焦投产。

月内，太重集团成功入选第一批山西省省级数字化转型促进中心培育名单（行业型），是山西省唯一一家获此殊荣的装备制造企业。

月内，中国一重铸锻钢事业部炼钢厂获评2023年黑龙江省数字化（智能）示范车间。

月内，济南重工SAG 4.0m×2.0m湿式半自磨机、MQY2.7m×4.5m溢流型球磨机完成试车验收，发往国内某大型集团公司位于非洲刚果（金）的项目现场。

月内，中车唐山公司为某海外国家制造的首列新能源轻轨车辆正式下线，实现了我国新能源轻轨车辆的首次出口。太重集团作为重要零部件供应商，生产的轨道交通用车轮、车轴、齿轮箱集成整体轮产品随车辆实现首次出口。

7月

5日，中冶陕压与阿联酋DANA钢铁实业有限公司在迪拜签订了1380六辊轧机供货合同。

5日，由振华重工建造的4 000t全回转起重船“海峰2001”顺利完成11天的试航任务，靠泊启东海洋工程码头。该起重船总长195 m、型宽46.9m、型深16m。船艉设置一台起重能力为固定尾吊4 000t、全回转吊3 000t的大型海洋工程起重机。

5日，卫华集团与芜湖造船厂签订战略合作协议。双方本着互利共赢、优势互补的原则，聚焦高端新能源船研发、智能化生产线、海外销售渠道、国产化替代等领域，开展全方位合作，构建共创价值、协同发展的新型战略合作伙伴关系。

7日，大连重工秦港煤三期2台取料机起航发运。

10日，中国重机与吉尔吉斯斯坦国家电网公司签订变压器供货合同。该项目属于吉尔吉斯斯坦国家能源资源部年度重点电力改造项目，完工后将极大缓解该国贾拉拉巴德市电力紧张局面。

12日，在朱雀二号遥二运载火箭发射场，河南省大方重型机器有限公司研发生产的多台新中式双梁起重机承担了火箭转运吊装工作，高精度完成了火箭在厂房内的搬运、转运、翻转、检测、测试以及燃料加注等任务。

12日，河南省工业和信息化厅发布“2023年河南省制造业单项冠军企业公示名单”，黎明重工荣膺河南省制造业单项冠军企业。

13日，由中国一重承制的全球首台海南昌江“玲龙一号”反应堆核心模块在一重集团大连核电石化有限公司完成竣工验收、启航发运，标志着我国在模块化小型堆技术创新和核电重大技术装备国产化方面实现了“零”的突破，跻身世界前列。

13日，中信重工锻造的世界单机容量最大功率500兆瓦级高水头大容量冲击式水电机组超大型转轮中心体锻件顺利下线。

13日，国务院国资委发布2022年度国有企业品牌建设典型案例和优秀品牌故事名单。由中工国际工程有限公司报送，展示北起院索道品牌内容的短视频《千里江山景，万山索道连》入选优秀品牌故事。

14 日，在中国大唐集团有限公司和东方电机有限公司的大力支持下，二重装备研制的世界最大单机容量 500 兆瓦级冲击式水轮机转轮中心体锻件顺利通过三方联检，锻件探伤零缺陷，所有检验指标完全符合合同技术要求。

18 日，本钢集团南芬绿色选矿提效及智能化改造一期 A 段 EPC 总承包工程正式投产，标志着本钢集团百年选矿进入绿色、智能、高效的生产新阶段。该项目采用南昌矿机集团 5 台 CC800 单缸液压圆锥破碎机和 2 台 HPF2060 棒条给料机用于中细碎作业。

20 日，大连重工印度尼西亚青山项目的 5 台 40t 门座式起重机顺利发运。

21 日，中冶陕压机电液成套的首台电磁二十辊轧机牌坊吊装成功。

23 日，《人民日报》头版头条刊发题为《高质量发展迈出新步伐》的报道。报道以中信重工上半年的经济运行发展为例，展示了我国企业行稳致远，保持战略定力、增强发展信心，推动经济持续健康发展的情况。

25 日，兴储世纪与川润股份签署战略合作协议，双方在储能行业开展全面合作，引领储能技术与产品发展。

26 日，由山东华特磁电科技股份有限公司自主研制的全球首台 2.5m 智能电磁浆料高梯度磁选机启用仪式在福建省龙岩市举行。

26 日，采用全自动无人驾驶技术的绍兴地铁 2 号线一期首趟列车正式开通运营，这是太重集团轮轴产品在绍兴 1 号线装车运行后的第二条线路，助力绍兴地铁实现“组网运营、双线换乘”的总体规划，进一步推动“亚运通勤圈”的重点建设。

27 日，中国一重与西北工业大学签署战略合作协议。此次战略合作，对双方精准聚焦国家战略需求，对发挥学校作为基础研究主力军、重大科技突破策源地和企业作为创新主体的作用具有重要意义。

28 日，由北京起重运输机械设计研究院有限公司设计制造安装、新疆新天天池生态旅游开发有限公司投资建设的新疆天山天池国际滑雪场 1 号索道通过国家索检中心验收。

30 日，由中冶赛迪总包、中冶陕压机电液成套的重庆望变电气集团（股份）有限公司高端磁性新材料项目 1 450mm 二十辊可逆冷轧机组成功投产。

月内，用于济南轨道交通 6 号线软件园站——工业园站隧道挖掘的“圆梦号”盾构机通过工厂验收，将开始进场施工掘进。

月内，国内自主设计及供货的“一带一路”沿线国家 1 800mm 热连轧项目全线热负荷试车。该项目采用太重集团新开发的油膜轴承，轴承的综合性能有了较大的提升，采用的静动压技术和 ACS 密封技术均属于国际先进水平。

月内，大连重工研制的两台 25t 智能化夹钳起重机在烟台华新不锈钢深加工基地交付使用。该产品实现了从钢坯入库、物料存储到出库上料全流程无人化运行。

月内，大连重工连续中标秦皇岛港 3 台 6 480t/h 智能化堆料机的设计、制造、安装调试及相应辅助配套工程合同以及河港集团曹妃甸某港口堆场大机智能化作业系统研发合同，合同额总计超过 1 亿元。

月内，大连重工自主研制的 132t 焦罐起重机在河南首山化工 220 万 t/a 焦化大型化改造干熄焦项目中通过特种设备型式试验验收，成功交付客户使用。

月内，太重集团自主设计研发、生产制造的某重点能源项目 2 号环行起重机完成厂内联合调试任务。

月内，太重集团成功中标某钢铁企业焦化工序超低排放改造总承包项目。该项目是太重集团自开展除尘业务以来首次承揽的焦化全流程除尘项目。

月内，川润股份与金风科技签署了风电产业创新研究院联合共建协议，进一步完善风电产业创新体系，提升风电产业创新能力，携手共同助力我国风电产业的创新发展。

月内，由济南重工为中铁二十四局研发制造的“开拓者 7 号”土压平衡式盾构机通过工厂验收。

月内，太重集团先后与河南、广西两家用户签订 3 台中厚板矫直机订单。

月内，太重集团参与设计的国内某重点用户的新能源管材制造项目正式竣工投产。这条生产线是世界第一条实现直缝焊管和螺旋焊管生产的双工艺生产线、国内第一条钢管长度为 18m JCOE 直缝焊管生产线。

月内，中国一重与江苏龙源振华海洋工程有限公司成功签订全球首创 6000kJ 以上超大型液压打桩锤核心锻件合同。

8 月

10 日，川润股份承制的安德里茨 OKI Ⅱ项目核心部件 RB 汽包正式成功发运。该汽包全长 35m、宽 3.6m、高 3.97m、总重 406t（含支座），刷新全球最大碱回收炉汽包纪录。

11 日，太重集团与中铁十一局签署战略合作协议，双方将在工程项目建设、设备研发制造、技术创新应用及新领域项目上开展全方位战略合作，实现互惠互利、促进共同发展。

11 日，山西转型综改示范区晋中开发区液压产业联盟成立大会暨太重集团高端装备制造液压产业链建设推进会在太重集团榆次液压工业有限公司举行，22 家单位的近 50 位代表参加了交流。

15 日，济南重工“济重 045 号”盾构机通过验收。“济重 045 号”盾构机用于福州地铁 6 号线掘进施工，盾构机为电驱主动铰接，最大推力为 4 086t、开挖直径 6 430mm、配备滚刀及正面切刀等，驱动总功率达 660kW。

15 日，中信重工突破“卡脖子”技术和矿山重型装备极限制造，为山东黄金集团卡蒂诺纳穆蒂尼矿业项目研制的直径 8.2m × 12.7m 溢流型球磨机，完成工厂试车并交付客户，标志着我国在大型碎磨装备自主研发和制造领域再创新高。

15 日，大连重工自主研制的首套大角度敞集多功能双车翻车机在河南中誉国信能源有限公司成功下线，并通过中铁检验认证（青岛）车辆检验站有限公司检验。

16 日，智慧鑫峰（广西）新材料科技有限公司年产 50 万 t 再生铝合金高端智能化产业项目总承包签约仪式在中国一重举行。

21 日，中国一重承制的 12m 轻合金环轧机在湖南中创空天新材料股份有限公司一次性轧制成功。

23 日，中国一重与金风科技合作工厂首台 5MW 风电机组成功下线。该产品是中国一重首次承制的 5MW 风电机组，标志着合作工厂全面进入生产阶段。

23 日，中国重型院承担的攀钢钒提钒炼钢厂板坯 RH 真空系统升级改造项目完成最终竣工验收。该项目将传统的三车五位的 RH 真空精炼炉改造为两套单工位 RH 真空精炼炉，同时对电气系统进行升级换代，并建设了浊环水系统、蒸汽减温减压系统、能源公辅管线、土建钢结构等配套设施。

23 日，太重集团与舍弗勒贸易（上海）有限公司签署战略合作协议，双方以长期战略合作为基点，以共同发展为目标，在产品供应、新项目研发、解决方案等层面进行全面合作。

23 日，大连重工大型高端风电核心零部件智能制造项目主体钢结构顺利封顶，标志着厂房主体建设步入新的阶段，为后续设备安装调试全面开展奠定基础。

27 日，中国一重与东方汽轮机有限公司举行第 1 000 根工业汽轮机转子签约仪式。

27 日，中国重机与老挝湄公电力有限公司在老挝万象市签订占巴色省 100MW 光伏 EPC 项目合同。该项目是中国重机签订的第一个光伏领域 EPC 项目。作为总承包商，中国重机将负责项目设计、供货、建设等工作。

30 日，中国一重与中铝集团签署战略合作协议。

30 日，中信重工成功锻造核电项目用超大型压力容器筒体。该核电筒体锻件单重 224.89t、外径 6.3m、内径 5.5m、长 3.9m，采用 358t 钢锭锻造。

30 日，天桥起重承担、湖南工业大学参与的湖南省重点研发项目“智能化铝电解核心装备与系统关键技术研究及产业化”通过了湖南省科技厅验收。

月内，金风科技与川润股份签署了大兆瓦前集成风机齿轮箱精准润滑技术研究项目联合开发协议，为我国风电技术创新和大型机组研制提供有力支撑。

月内，由中国重型院牵头，西安交通大学、重庆大学、二重（德阳）重型装备有限公司、西安理工大学等单位参与承接的国家重点研发计划“网络协同制造和智能工厂”专项项目“复杂重型装备定制生产的制造企业网络协同制造平台研发”召开课题综合绩效评价会议，5 个课题均顺利通过评价。

月内，由大连重工冶电事业部为河北某卷板厂 EPC 总承包的二机双流板坯连铸机热试一次成功。该设备已经连续浇钢 1 600 余 t，达到生产标准，得到客户高度认可。该 EPC 总包项目是冶电事业部首次负责制造的连铸整线，整条生产线包含钢包回转台、中间罐车近 70 项产品，总重约 2 000t。

月内，大连重工起重机公司为印尼德信研制的后 3 台 225t 铸造起重机在印度尼西亚苏拉威西岛青山工业园正式交付使用。

月内，由奥力通研发团队自主创新研制的超长铁轨智能吊运系统（即长轨自动起重机）在中亚地区的欧亚铁路线上成功投产。

月内，河南矿山为张靖皋长江大桥钢塔建设项目承制的 700t 门式起重机通过型式试验。

月内，太重集团与河北用户签订两台 BGL 气化炉项目合同。

月内，太重集团核电分公司为国内某重点用户量身打造的直径 3m 的污泥气化炉如期交货，标志着太重集团在固废无害化处理的环保装备领域实现了新突破。

月内，济南重工与氧化铝行业某头部企业签订 MQY6298 溢流型球磨机供货合同，该项目投产后，将刷新氧化铝行业最大单台球磨机产能纪录。

月内，北起院与新疆阿图什市人民政府签署项目合作框架协议。

月内，由中国重型院承揽的江阴兴澄特种钢铁有限公司一炼钢分厂（简称兴澄特钢）VD 精炼炉机械真空泵改造项目通过业主最终验收。

月内，华特磁电与德国亚琛工业大学联合共建中德磁电与智能选矿技术研发重点实验室完工并投入使用。

月内，太重集团轨道公司为国外用户提供的 8 台齿轮箱成功交付，成为轨道公司第一批出口的齿轮箱，借此打开了海外市场。

9 月

1 日，北方重工与宝武重工本着“聚合研发能力、捆绑优势资源、实现跨越式发展”的原则，在上海签订战略合作协议，建立战略合作伙伴关系，旨在应对复杂多变的市场环境，发挥各自优势凝聚发展合力。

2 日，河南矿山与郑州煤矿机械集团股份有限公司签订战略合作框架协议。

4 日，我国首台（套）为钾盐矿研制的全断面掘采机在北方重工下线。

6 日，济南重工“济重 108 号”通过工厂验收，用于济南 9 号线裴家营站 – 路家站 – 凤鸣北路站区间掘进施工，盾构区间全线约长 2 031m。

7—8 日，中央电视台科教频道（CCTV-10）《创新进行时》栏目播出专题片《巡检“钢铁侠”》。节目通过矿用巡检机器人的自主研发过程，生动展现了中信重工开诚智能研发团队不断攻关，以优秀的机器人技术成果赋能煤矿生产转型升级的创新故事。

8 日，乌兹别克斯坦 AZIA METALL PROF 一行到访中国重型院，双方就深化合作进行了深入交流。

12 日，由北起院承建，湖南省郴州市发展投资集团宏发建设有限公司投资的湖南郴州苏仙岭脉动索道通过国家索检中心验收。该索道为单线脉动循环固定抱索器六人吊厢索道。

12 日，中信重工按照国际标准自主研发制造，用于紫金矿业西藏巨龙铜业铜多金属矿二期采选工程的直径 11m × 7.2m 半自磨机、直径 7.92m × 14.33m 溢流型球磨机，完成工厂试车并交付客户，开创目前国内矿山应用规格最大、海拔最高半自磨机、球磨机研发制造新纪录。

20 日，中国一重与通用技术集团签署战略合作协议。

20 日，大连重工澳大利亚 MRL 万吨桥式取料机设备正式通电，项目总体工期、质量得到了外方客户的认可。

22 日，中国重机阿根廷叉车供货项目完成生产和发货工作，于 11 月上旬运抵布宜诺斯艾利斯。

22 日，由北起院设计制造、河南汉山索道有限公司投资建设的河南灵宝汉山索道通过国家索检中心验收。

22 日，北起院物流仓储高质量发展大会暨北起院物流仓储从业 50 周年纪念大会在北京召开。

23 日，通力技术 19 根火炬柱的独立仿生机械驱动单元的精密驱动装置，助力第十九届杭州亚运会顺利开幕。

26 日，江苏卫华海洋重工有限公司投产仪式隆重举行，标志着江苏卫华将在港口机械这一领域迈上新的台阶。

26 日，由中机第一设计研究院有限公司为山东能源重型装备制造集团有限责任公司设计的高端液压支架制造、再制造建设项目竣工投产。

26 日，华电重工作为主要设备供应商 EPC 承建的唐山港曹妃甸港区煤码头三期工程圆满竣工，新增两台取料机顺利投产，曹煤三期煤炭装卸系统工程建设全面完成，具备年装卸各 5 000 万 t 的运营能力。

月内，由中国重型院承揽的天水风动机械股份有限公司 20MN/3MN 多向镦液压机一次性热试车成功，投入生产。

月内，由大连重工焦炉车辆公司自主研发的 120t 智能金属料运输车在宝钢股份宝山基地金属料物流系统智能化升级项目中投用。

月内，中国重型院所属子公司西安海威信诚检验检测咨询有限公司成功中标中国石油工程建设有限公司物资监造 / 检验服务框架项目。

月内，济南重工“济重 099 号”盾构机通过工厂验收，该产品用于天津地铁 Z2 线 07 标段滨海西站—宁海路站区间。

月内，由北方重工设计研发的国产直径 7.0m × 4.2m 湿式半自磨机在沈阳完成厂内验收，各项数据指标满足国家及行业标准，符合设计要求，获得用户的高度认可。

月内，太重集团设计的 5 600mm 宽厚板预矫和热矫两台矫直设备，成功中标某钢铁基地宽厚板项目。该预矫和热矫设备是目前世界唯一宽度超过 5 500mm 的矫直机，各项技术参数均处于世界领先水平。

月内，大连重工起重机公司为山东永锋钢铁承制的首台 460t 铸造起重机一次通过客户联检，按期发运。

月内，由大连重工成套公司承揽的内蒙古君正化工有限责任公司 70 万 t/a 电石炉项目（6 × 81MVA 电石炉）举行 1# 炉送电仪式。

月内，中信重工自动化公司自主研发的 CHIC1000PM 系列提升机永磁直驱四象限高压变频器在内蒙古大中矿业有限公司现场带载投运。

月内，中冶陕压成功签订山东冠县润富公司两台 1 150mm 六辊可逆冷轧机组总包合同。

月内，太重集团 8MW 风电齿轮箱成功发运，标志着公司在大兆瓦风电齿轮箱研发方面迈出坚实的一步。

月内，太重集团榆次液压工业有限公司成功研发了 2 项多路阀铸件、2 项球铁外盖铸件以及 2 项灰铁壳类铸件新产品，涉及液压、工程机械、汽车等领域，技术水平国内行业领先。

月内，太重集团滨海公司为万华化学集团股份有限公司烟台乙烯二期项目承制的首批大型塔器在太重码头完成发运。

月内，中信重工承制的国电投揭阳徐闻二 300MW 增容 EPC 工程风机单桩基础设备首桩在漳州公司 0# 泊位码头交付发运。徐闻二项目共 13 根单桩，单重 1 600t，长 76m，陆续发往广东省湛江市徐闻县海域。

月内，中信重工铸锻公司首次成功冶炼 1 千兆帕级海工钢，标志着公司在特殊领域超高强钢用钢冶炼技术上迈上新台阶。该海工钢为公司新开发钢种，是抗拉强度不小于 1 000MPa 的超高强钢，可满足海洋高端装备、海洋新能源装备对极端环境、高强度、大尺寸材料的应用需求。

月内，中信重工铸锻公司冶炼车间时隔一年再次成功冶炼 18-18 护环钢，探索出更高效冶炼高锰高氮奥氏体不锈钢的新工艺方法。

月内，中信重工为江西铜业集团有限公司银珠山矿生产的 JKM-3.25 × 4 P Ⅲ提升机在现场完成安装调试，实现带料试车。

月内，中信重工自主研制的首台（套）特大尾矿专用 GPYJ900-12W 盘式过滤机，在辽宁本溪龙新矿业思山岭铁矿带料运行。

月内，鞍钢重机承制的中钢设备 EPC 总承包建设的东华钢铁 1450 热轧带钢项目投产。

月内，太重集团滨海公司成功签订国内某用户 20MN 卧式单动反向铝挤压机项目 3 台设备合同。

10 月

4 日，太重集团成立 73 周年。

4 日，太重集团设计制造的 6 400t/h 大型排土机、卸料车一次联动试车成功。该设备具有 100% 自主知识产权，达到世界先进水平，是大型露天矿连续或半连续开采工艺用系统成套设备之一。

8 日，大方重机为海南商业航天发射场一号发射工位固定勤务塔顶设计的火箭发射专用起重机成功完成塔吊主臂吊装。

8 日，北方重工与河南安钢周口钢铁有限责任公司签订了供货合同，北方重工将提供两台宽度达 5 500mm 宽厚板精整剪切设备。该合同的签订标志着由北方重工自主研发的我国首台宽度 5 500mm 宽厚板设备，不仅实现了核心技术上的重大突破，也获得了市场的认可。

9 日，中信重工为 5 600mm 厚板轧机项目制作的世界最大规格轧机牌坊一次性浇铸成功。

11 日，太重集团与中车株洲电力机车研究所签署深化合作行动方案。

11 日，山东山矿机械有限公司通过 ISO“三体系”审核。

12 日，卫华集团参与制造的惠生（南通）重工有限公司 2 000t×200m 造船门式起重机成功完成提升。该造船门式起重机为单主梁、大吨位、大跨度门式起重机，额定起重能力为上小车 500t×2×2 台，下小车 600t/50t，整机轨距 200m。主梁梁底高度 90m，主梁截面高度 17m、宽度 12m，整机自重约 6 800t。该起重机 3 台小车以及整机运行机构由卫华集团制作完成。

16 日，卫华集团与中国电建集团山东电力建设有限公司在沙特阿拉伯达曼举行了沙特阿美石油公司动力车间项目签约仪式。此次签约金额近 1 000 万美元，包含多台大吨位新中式双梁起重机。

16 日，由北起院总承包施工的京环安定项目智能起重机成套设备 EPC 垃圾起重机、渣起重机项目，经国家起重运输机械质量检验检测中心、北京市特种设备检验检测研究院全面严格的检验检测，确认项目符合验收条件，通过特检验收。

16 日，“济重 098 号”通过工厂验收，将用于天津滨海新区轨道交通 Z4 线 11 标段进行盾构掘进施工。

17 日，北起院成立 65 周年。

18 日，中国重机与南非签署了日产 465kL 燃料酒精 EPC 项目合同。

18 日，与上海振华重工（集团）股份有限公司与华工科技产业股份有限公司签署战略合作框架协议。

18 日，太重集团与“一带一路”沿线国家某铝业企业达成合作，成功签订了 18MN、82MN 两条铝挤压生产线项目订单。

19 日，北方重工隧道掘进装备分厂为中铁七局制造的“兆寰 6 号”盾构机通过工厂验收。该盾构机将用于沈阳地铁 3 号线一期工程方形广场站至三好街站区间的土建施工。

26 日，济南轨道交通 8 号线首台盾构机——“济重 071 号”通过工厂验收，将运往围子山站—彩龙路站区间进行施工。

28 日，中国一重与中国机械总院签署战略合作协议。

28 日，中国一重举行全球首台自主研发 8.88m 液压打桩锤替打系统交货暨全球首创 6000kJ+9.08 替打系统与锤芯开工仪式。

31 日，中国一重与陕煤集团签署战略合作协议。

月内，中冶陕压总包的武洲新材料冷轧一期 1 380mm 机组一次性试车成功，顺利下线合格成品卷。

月内，太重集团数智公司联合技术中心自主研发的穿孔机工艺模型系统在用户生产现场正式上线。

月内，大连重工华锐智能的“无人值守焦炉装载装备控制系统关键技术及应用”项目获批辽宁省“揭榜挂帅”科技项目。

月内，太重集团榆液长治公司完成两款新型齿轮泵研发制造。

月内，中冶陕压成功签订山东海鑫两台 1150 单机架六辊轧机总包合同。

月内，由振华重工建设的蒙古国 AGV 跨境货物运输项目完成导航地图验证和全网基站测试工作，标志着全球首例陆路口岸 AGV 无人驾驶跨境运输新模式已初步呈现。

月内，河南矿山为浙江某项目承制的 750t 双梁门式起重机正式投入使用。该起重机具备整车安全监控系统，全车采用 PLC+ 变频器通信控制，多吊点同步控制、自动调节平衡，运行更加平稳、安全可靠；可根据项目特殊工况要求，采用单侧双轨道设计，有效降低大车轮压，节约建设成本，搭载自动定位系统，更精准高效；采用高强度特种钢材，不仅能保证结构的安全性还能在等效载荷情况下连续作业提高吊运效率，整车采用高压 10kV 供电，重物下降过程中电能自动回收，可节能 25%～30%。

月内，中国重型院全资子公司西安重型技术有限责任公司牵头炼钢事业部、液压所执行的 6 机 6 流方、圆坯连铸机 EP 项目一次性热试车成功，并连续生产 10 炉，设备运行稳定。

月内，沈阳隆基 LPNC-M 煤用智能分选机发往新疆某大型选煤厂。和传统分选方式相比，LPNC-M 煤用智能分选机分选精度高，矸石带煤率低于 2%，矸石排净率高于 95%。搭载智能控制系统，能够实现无人化运行及远程操控，有效提高生产效率。无需水及介质，系统电耗约 0.9kW・h。

月内，中国重型机械有限公司与柬埔寨王国矿产和能源部签署了上达岱 1 000MW 抽水蓄能电站开发谅解备忘录，标志着上达岱 1 000MW 抽水蓄能项目开发工作正式启动。

月内，太重集团 45MN 自由锻造液压机首次实现批量生产。该设备由太重集团自行设计研发、具有自主知识产权，该设备生产的产品一次交检合格率达到了 100%，钢锭利用率提高了 3%，原材料减少了近 40t，总成本降低 50 余万元。

月内，中信重工为重点客户生产首批 30 件蒸汽发生器用电筒体锻件投产，该订单锻件总数量超过 100 件。

月内，北起院联合行业有关单位，首次系统性、前瞻性地开展了起重机械国内和国际标准体系以及国内外标准技术内容的比对分析研究工作，并在此基础上出版了我国物料搬运行业首部标准专著《起重机械国内外标准技术比对研究》。

月内，大连重工港机事业部中标营口港务股份有限公司一台 2 750t/h 桥式抓斗卸船机项目。

月内，大连重工盐城公司高质量交付 108 套风电塔筒。

月内，大连重工港机事业部为澳大利亚客户承制的 10 000t/h 固定式装船机项目正式完成电气调试。

月内，大连重工起重机公司中标国内龙头钢铁集团 450t 铸造起重机项目。

月内，太重（深圳）研究院成功将碳基电容技术融入风电变桨系统，研制出行业首创的碳基电容形变桨后备电源，大幅提升了风机的安全性能。

月内，由中国重型院重型锻压工程事业部为西南铝业（集团）有限责任公司研制的 6 000t 自由锻造压机设备水压机改油压机项目一次性热负荷试车成功并顺利投产。

月内，振华重工在马来西亚为新加坡国际港务集团码头制造组装的 46 台 AGV 项目首批两台设备顺利发运。

11 月

5—11 日，河南矿山开展了第一期全国“起重机质量与安全”服务行业活动。活动为期 7 天，遍及江苏常州、南京重点区域，涉及航天、钢铁、电气、机电、建材、医疗等行业的 44 家客户。

6 日，中国一重在第六届中国国际进口博览会期间，分别与舍弗勒贸易（上海）有限公司、德国斯特曼机械自动化有限公司、富力拓国际贸易公司、赛拓瑞投资有限公司签订采购协议。

8 日，济南轨道交通二期 9 号线第二台盾构机——“济重 061 号”通过工厂验收，将用于裴家营站 - 路家站 - 凤鸣北路站（左线）区间掘进施工，盾构区间全线长 2 018m。

8 日，河南矿山为中国核电某项目承制的 100t 双主梁门式起重机通过出厂验收。

8 日，国茂股份与摩多利智能传动（江苏）股份有限公司（简称摩多利传动）签署“股权转让意向协议”，双方就国茂股份拟以现金方式收购摩多利传动 65% 的股权事项达成初步意向。股权交易完成后，国茂股份将实现对摩多利传动的财务并表。

8 日，河南矿山为西安航天复合材料研究所承制的下旋转起重机载荷试验圆满成功。这是继 160t+160t 新型防爆双梁桥式起重机后，河南矿山研发制造的又一台创新产品，填补了下旋转起重机在航天领域应用的空白。

10 日，由太重集团自主研发的大型露天矿旋回式半移动破碎站首次中标大型国际矿山项目，这对太重集团矿山“一揽子”解决方案走出国门、走向世界，具有深远的历史意义和重要的商业价值。该大型露天矿旋回式半移动破碎站主要用于千万吨级以上金属矿山矿石及岩石的初级破碎，位于矿山剥采系统的初始端，其生产效率和运行可靠性决定了整个露天矿山的生产效率和安全性，对推广露天矿山半连续开采工艺、实现大型化智能化绿色开采具有重要意义。

11 日，由中国一重集团大连核电石化有限公司承制的浙江石化 3 037t 超级浆态床锻焊加氢反应器完工发运。

13 日，北起院为河南辉县宝泉旅游度假区设计制造的客运地面缆车通过国家索检中心验收。该缆车由河南宝泉旅游股份有限公司投资建设，水平长 175.107m，高差 58.512m，最大运行速度 3.5m/s，配备一个 35+1 人客车，每小时单向运量 410 人，是北起院首条实现主线曲线转弯运行的缆车。

15 日，伴随着振华重工加纳项目 2 台岸桥顺利完成交机，特马新港开始举行新泊位启用剪彩仪式。

17 日，由太重集团牵头的山西省风电装备产业链项目建设推进会暨岢岚县润重 100MW 风电项目正式开工。

17 日，振华重工为中国铁建港航局建造的 5 000t 自航式全回转起重船在启东海洋工程海新基地举行搭载仪式，标志着该船正式从分段制作进入船坞搭载合拢阶段。

27 日，由济南重工制造的山东省首台 9 米级盾构机“齐鲁号”下线。这是目前山东省内生产制造的规格最大的盾构机，将用于粤港澳大湾区城际轨道项目建设。

28 日，由中国重型院成套设计供货的首钢京唐公司 3#RH 真空精炼炉项目一次性热负荷试车成功，精炼钢水成分、温度精准命中目标，设备整体各项指标全部满足工艺要求。

月内，由济南重工为中交二公局研发制造的“创新 2 号”复合式土压平衡式盾构机顺利完成工厂验收，将用于济南轨道交通 8 号线 02 工区青年政治学院站—围子山站。

月内，由豫飞重工集团新乡市起重设备厂有限责任公司承制的广东粤海珠三角供水有限公司珠江三角洲水资源配置工程项目 6 台环形双梁起重机，顺利通过业主单位组织的设计院、监理单位、施工安装单位联合验收。

月内，太重集团成功中标国内首个水电门机智能化升级改造项目。

月内，振华重工亚洲区域中心与泰国 LCMT 码头签订了 12 台轮胎起重机柴油机组升级锂电池机组合同。

月内，由大连重工成套公司承揽的神木市电石集团能源发展有限责任公司 90 万 t/a 电石生产装置施工续建项目总承包电石炉项目（10×48MV·A 电石炉）3#、5# 电石炉顺利投产。

月内，中国一重为柳钢中金公司不锈钢冷轧项目（一期）设计供货的 850mm 不锈钢黑皮轧制退火酸洗机组正式投产。

月内，大连重工减速机厂与印度某公司签订了 150 台 2.7MW 风电齿轮箱订单，合同额超过 1 亿元。

月内，由大连重工冶电事业部为河北某钢厂研制的3 800mm特种钢宽厚板滚切式双边剪成套设备顺利发运。

月内，大连重工港机事业部为国能浙江舟山发电有限责任公司研制的2台1 800t/h智能抓斗卸船机和为中天钢铁集团研制的1台1 800t/h抓斗卸船机顺利同船发运。

月内，由大连重工铸业公司为某大型风电客户研发的18MW轮毂、底座核心高端球铁铸件，在福建省福清市风电总装生产基地顺利装机下线。这是全球目前已下线的单机容量最大、叶轮直径最大的直驱海上风电机组，底座最大净重65.6t，高度5.8m。

月内，河南矿山为某钢构公司承制的智能仓库管理起重机在公司智能产业园1 200t起重机试验台上进行了功能性试验。

月内，中国重机与斯里兰卡瑟纳吉药厂公司签订的设备供货合同正式生效。该项目采取分次签约、分批发货的方式执行。

月内，由中国重型院总承包的石钢京诚装备技术有限公司技术升级改造工程1号连铸机项目一次性热试成功。

月内，太重滨海公司为海外用户生产制造的55MN铝挤压机首次实现远程调试。

月内，太重集团研发的云平台正式上线运行。

月内，振华重工新建自用5 000马力（1马力=735.499W）全回转拖轮“振华拖20”顺利交付。

12月

1日，川润智慧零碳产业园开工仪式在川润成都园区举行。

6日，国家重大科技专项标志性成果、全球首座第四代核电站——华能石岛湾高温气冷堆核电站示范工程正式投入商业运行，中信重工为该项目提供了蒸汽发生器用法兰类、管嘴类、支承类等共40多个重要锻件。

7日，北起院设计制造的辽宁沈阳东北亚滑雪场1号索道通过国家索检中心验收，该索道由沈阳金展索道景区经营管理有限公司投资建设。

8日，“圣勇2号”盾构机顺利通过工厂验收，将用于济南地铁4号线山大路站—燕山立交桥东站区间掘进施工，区间长度1 859m。

9日，朱雀二号遥三运载火箭在我国酒泉卫星发射中心发射升空，将搭载的鸿鹄卫星、天仪33卫星及鸿鹄二号卫星顺利送入预定轨道。在本次发射任务中，大方重机研发生产的多台新中式双梁起重机承担了火箭吊装的关键任务，安全、可靠、精准地完成了火箭在厂房内的搬运、转运、翻转、检测以及燃料加注等工作。

9日，由中国重型院总承包，中国重型院所属子公司陕西冶金设计研究院有限公司参与设计的山东钢铁股份有限公司莱芜分公司新旧动能转换项目陶家岭区转炉连铸EPC总承包项目荣获2022—2023年度国家优质工程奖。

11日，中国一重制造的西南铝3万t模锻水压机升级改造项目正式启动。

12日，全球已下线单机容量最大、风轮直径最大的海上机组——明阳智能MySE18.X-20MW海上风电机组下线仪式在广东省汕尾市举行。该机组齿轮箱润滑系统由川润股份自主研发。

13日，济南重工自主研发设计制造的土压平衡盾构机“砥砺1号”通过工厂验收。该设备用于地铁8号线济南邢村站—青年政治学院站区间，全长1 709.475m。

15日，大连重工中革基地大兆瓦风电齿轮箱扩能项目16MW试验台正式“挂箱”试运行。

19日，太重集团承建的山西省风电产业链项目建设推进会暨宁武县润重100MW风电项目开工。

20日，大方重机与武汉理工大学签署战略合作框架协议。

21日，中国重型院与首钢京唐钢铁联合有限责任公司举行钢轧作业部6号连铸机升级改造工程项目签约仪式。

21日，北起院设计制造的浙江金华越龙山东线索道通过国家索检中心验收。该索道由浙江外事越龙山交通服务有限公司投资建设。

22日，由中国一重承制的福建三宝钢铁有限公司1 780mm热连轧项目热负荷试车成功。

22日，海南省乐东县人民政府与卫华集团战略合作协议签订仪式在海口市举行。

23日，北起院设计制造的浙江德清莫干山瑶坞景区索道顺利通过国家索检中心验收。该索道由湖州中石房地产开发有限公司投资建设。

25日，中信机电制造集团有限公司与清华大学苏州汽车研究院举行战略合作签约仪式。

27日，北起院设计制造的四川巴中光雾山燕子岩索道通过国家索检中心验收。该索道水平长1 765.369m，高差591.35m，沿线设立支架13座，最大运行速度为6m/s，单向运量为2 000人/h。

28日，中冶陕压设计供货的无锡市硕阳不锈钢有限公司1 400mm二十辊可逆冷轧机组顺利投产。

月内，山矿公司主导产品“球磨机”“破碎机”荣获2023年山东知名品牌（产品）。

月内，太重集团与江苏新用户首次签订2台矫直机订单。

月内，由济南重工为中交二公局研发制造的“奋起2号”复合式土压平衡式盾构机完成工厂验收，将用于济南轨道交通8号线02工区青年政治学院站—围子山站区间（右线）掘进施工，盾构区间全线长1 939.951m。

月内，国机智能技术研究院有限公司成功签约天地上海采掘装备科技有限公司MOM系统项目。

月内，河南矿山全国“起重机质量与安全”服务行活动（第二期）圆满落幕。服务团队奔赴南京等123家单位，涉及汽车、能源、船舶、桥梁等行业重点项目，深入客户现场进行安全培训、产品检测、技术指导等。客户对河南矿山的产品质量和优质服务给予了肯定。

月内，大连重工焦炉车辆公司为邯钢 2 座 70 孔焦炉研制的国内最大 7.65m 焦炉机械设备投产运行后，首套设备已竣工验收，并已实现三大车有人值守、无人操作，装煤、出焦全过程无烟无尘。产品性能大大超出预期，客户对产品和服务质量给予了高度认可。

月内，大连重工港机事业部成功中标山东某港口企业两台 3 500t/h 智能化桥式抓斗卸船机项目。

月内，由中国重型院、中汽智达承担的陕钢集团汉钢公司 3 500mm 中厚板全过程咨询项目成功热试。中国重型院及子公司陕西冶金设计研究院有限公司、西安海威信诚检验检测咨询有限公司为该项目提供先进、科学的全过程咨询服务，这是中国重型院在钢铁冶金领域实施全过程咨询服务的首个业务。

月内，中国重型院承担的瑞士某知名钢管公司全自动连续上料伺服回转送进 LG-10 冷轧管生产线项目通过设计审查。

月内，北起院成功中标中国机械设备工程股份有限公司（CMEC）孟加拉北达卡市垃圾发电项目起重机供货项目。

月内，陕钢集团汉钢公司年产 200 万 t 白云岩项目竣工投产，该项目全套主机设备由南矿集团提供。

月内，太重集团成功中标海外多台 550t 铸造起重机。

月内，华特磁电的发明专利“一种强磁板式磁选机”荣获 2023 年度潍坊市专利奖一等奖。

月内，华电重工所属华电蓝科科技股份有限公司的“新一代穿越式双小车自动化集装箱岸桥”获评北京科委、中关村管委会 2023 年度“国际首创产品”。

月内，大连重工港机事业部为印度和孟加拉两国客户研制的 2 台 2 000t/h、2 台 880t/h 抓斗卸船机成功滚装上船，顺利发往客户现场。

月内，北起院首个有色金属领域起重项目——恩菲防城港阳极板转运及存储门式起重机项目完成现场调试工作，进入试运行阶段。该项目中的阳极板转运及存储双悬臂门机式起重机、阳极板转运及存储门式起重机设备由北起院设计制造。

月内，由中国重型院承担的广西盛隆冶金有限公司南区转炉一次除尘改造项目 1# 转炉、2# 转炉干法除尘系统相继成功投运。

月内，太重集团具有完全自主知识产权的 10MW 风电机组顺利并网。

月内，由中国重型院承担的中国石油集团工程材料研究院有限公司全尺寸非金属复合管服役综合性能评价系统项目在新疆乌鲁木齐顺利投产。

〔撰稿人：中国重型机械工业协会赵雅琪　审稿人：中国重型机械工业协会王继生〕

行业与市场篇

从生产发展情况、市场及销售、产品进出口、科技成果及新产品等方面记载重型机械各分行业2023年的发展情况，记录矿山机械智能化发展概况

Record the development of each sub-industry of heavy machinery in 2023 from the aspects of production development, market and sales, product import and export, scientific and technological achievements and new products, and record the general situation of intelligent development of mining machinery

中国重型机械工业年鉴 2024

行业与市场篇

冶金矿山机械

冶金矿山机械行业是以提供炼焦、烧结、冶炼、轧制、矿山开采、矿井提升、破碎粉磨、煤矿采掘、筛分洗选、竖井及隧道挖掘、水泥、重型锻压等大型成套设备及相关产品，为能源、原材料、化工、造船、军工、机械等部门提供所需的机械制造设备，主要产品多为重大基本建设项目所需的核心设备。

行业经济运行情况 2023 年，冶金矿山机械行业规模以上企业年末数由 2 369 家增加到 2 634 家；实现营业收入 4 387 亿元，同比增长 3.5%；营业成本 3 558 亿元，同比增长 2.0%；利润总额 261 亿元，同比增长 3.9%。2023 年行业资产负债率为 62.2%（2022 年为 62.4%），成本费用利润率为 6.6%（2022 年为 6.5%）。

1. 进出口情况

2023 年，冶金矿山机械行业进出口总额 75.76 亿美元，其中，出口额 69.28 亿美元，进口额 6.48 亿美元，进出口顺差 62.81 亿美元。

冶金机械进出口总额 31.58 亿美元，其中，出口额 27.94 亿美元，进口额 3.64 亿美元。矿山机械进出口总额 44.18 亿美元，其中，出口额 41.34 亿美元，进口额 2.84 亿美元。2023 年冶金矿山机械行业主要产品进出口情况见表 1。2019—2023 年冶金矿山机械行业产品进出口变化趋势如图 1 所示。

表 1　2023 年冶金矿山机械行业主要产品进出口情况

产品名称	出口		进口		进出口总额		进出口差额	
	金额 / 亿美元	同比增长 (%)	金额 / 亿美元	同比增长 (%)	金额 / 亿美元	同比增长 (%)	金额 / 亿美元	同比增长 (%)
冶金矿山机械	69.28	20.36	6.48	−11.26	75.76	16.81	62.81	24.96
冶金机械	27.94	15.68	3.64	0.45	31.58	13.69	24.30	18.37
1. 金属冶炼设备	1.01	−14.81	0.11	74.06	1.12	−10.13	0.89	−20.04
2. 连续铸钢设备	0.23	−9.62	0.00	−79.23	0.23	−12.00	0.23	−7.06
3. 金属轧制设备	5.99	−2.01	1.46	29.39	7.44	2.88	4.53	−9.11
4. 冶金设备零件	20.71	24.75	2.07	−14.72	22.78	19.73	18.65	31.50
矿山机械	41.34	23.75	2.84	−22.81	44.18	19.14	38.51	29.50
1. 采掘、凿岩设备及钻机	6.76	46.12	1.28	−13.66	8.04	31.64	5.49	74.20
2. 破碎、粉磨设备	11.87	20.28	0.65	−10.92	12.51	18.13	11.22	22.76
3. 筛分、洗选设备	6.49	13.20	0.71	−41.23	7.20	3.76	5.79	27.65
4. 矿山提升设备	0.12	−44.82	0.02	−11.33	0.14	−41.50	0.10	−48.96
5. 矿山用牵引车及其矿车	14.87	25.65	0.13	−25.85	15.00	24.92	14.75	26.40
6. 矿山机械零件	1.23	9.11	0.06	−19.63	1.29	7.46	1.17	10.98

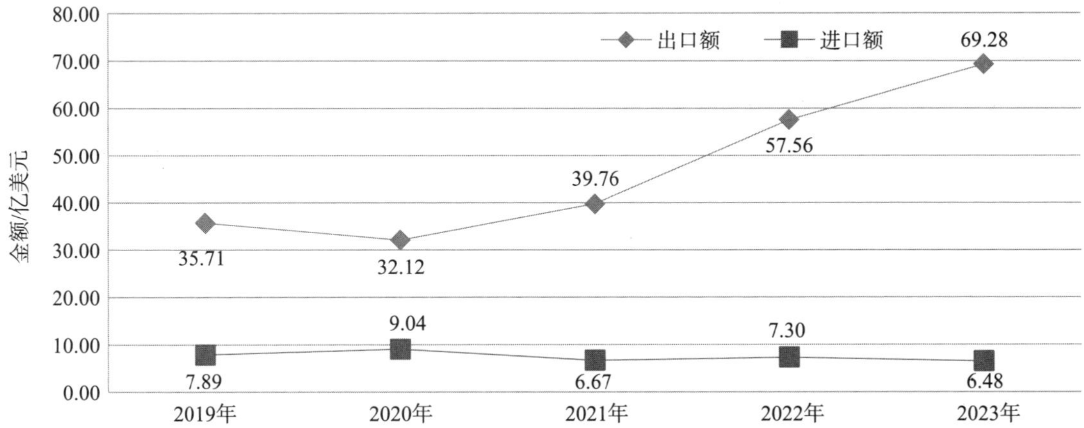

图 1　2019—2023 年冶金矿山机械行业产品进出口变化趋势

2. 经济效益指标

2023 年冶金矿山机械行业经济效益指标见表 2。

表 2　2023 年冶金矿山机械行业经济效益指标情况

行业分类	每百元营业收入中的成本 / 元		每百元营业收入中的费用 / 元	
	2023 年	2022 年	2023 年	2022 年
冶金矿山机械	81.10	82.23	9.41	8.84
冶金机械	83.58	84.63	8.34	7.84
矿山机械	80.12	81.23	9.83	9.25

重点企业情况

1. 冶金机械

2023 年，参与产值统计的 7 家重点企业完成工业总产值 495.32 亿元，同比下降 1.39%；完成工业销售产值 494.95 亿元，同比下降 2.57%。

2023 年，参与产品产量统计的 9 家重点企业，覆盖 5 大类产品。其中，6 家企业完成冶炼设备 14.33 万 t，同比增长 1.41%；5 家企业完成轧制设备 21.95 万 t，同比下降 40.27%；1 家企业完成冶金专用设备配套件 18.56 万 t，同比增长 10.21%。

2. 矿山机械

2023 年，参与产值统计的 15 家重点企业，完成工业总产值 377.31 亿元，同比增长 7.53%；完成工业销售产值 361.97 亿元，同比增长 9.70%。

2023 年，参与产量统计的 16 家重点企业，覆盖 7 大类产品。其中，1 家企业完成采掘凿岩设备 148 台，同比增长 3.50%；1 家企业完成矿山提升设备 5 335t，同比增长 2.66%；3 家企业完成矿物破碎机械 7 820t，同比下降 4.06%；4 家企业完成矿物粉磨机械 3.47 万 t，同比增长 39.09%。

〔撰稿人：中国重型机械工业协会王淼　审稿人：中国重型机械工业协会景晓波〕

冶金设备

冶金设备行业是为冶金工业提供重大成套技术装备的行业。冶金设备是指金属冶炼、锭坯铸造、轧制及其专用配套设备等生产专用设备，包括黑色冶金设备和有色冶金设备两大类，也被称作工业母机，是冶金工业发展所需的重要基础装备。

冶金压延设备主要指金属轧制设备（包括板带材热、冷轧机，管轧机，型钢轧机，线材轧机，有色金属轧机），以及金属精整及后处理设备（酸洗机组，热镀锌机组，热镀锡机组，热镀铝机组，冷、热平整机组，连续退火机组）等，其技术先进性和发展水平决定了冶金压延行业的综合竞争力及高质量发展水平，是衡量一个国家经济和技术实力的重要标志之一。

2023 年，我国工业经济呈现稳定恢复态势，工业和信息化部及各地政府加大稳经济政策落实力度，工业和信息化部出台了实施十大重点行业稳增长工作方案，支持制造业企业设备更新和技术改造，着力提振消费和稳定工业产品出口。2023 年，全国规模以上工业企业实现营业收入 133.44 万亿元，比 2022 年增长 1.1%，规模以上工业企业实现利润总额 7.69 万亿元，比 2022 年下降 2.3%，降幅比 2022 年收窄 1.7 个百分点，年内降幅逐月收窄；41 个工业大类行业中 28 个行业增加值比上年增长，其中黑色金属冶炼和压延加工业增加值比 2022 年增长 7.1%，有色金属冶炼和压延加工业增加值增长 8.8%。[㊀]

随着国内钢铁行业持续向高质量发展转型，以及国家对于制造业特别是高端装备制造领域的高度重视，冶金压延设备供应商展现了强大的研发创新能力和技术攻关实力。这些企业不仅深刻理解钢铁行业的最新发展趋势，还积极投入到关键核心技术的研发中，旨在通过技术创新推动钢铁行业的转型升级。2023 年多家国内领先的冶金压延设备供应商成功助力钢铁企业实施绿色化改造、智能化升级和高端化发展，相继签订了山钢永锋 2 250mm 热连轧、唐山东华 1 580mm 热连轧、福建大东海 3 800mm 宽厚板轧机、唐山华西 3 800mm 宽厚板轧机、河北胜宝 1 450mm 酸轧机组、山东鑫海 1 150mm 单机架可逆轧机、梧州鑫峰 2 400mm 铝板热轧机组、魏桥铝业 2 400mm 铝板热连轧机组等先进设备。

行业运行情况

1. 综合效益情况

2023 年，受需求收缩、供给冲击和预期走弱的三重压力及原料价格上涨的影响，钢铁行业经济效益明显下滑，直接导致冶金设备生产企业在销售、履约和组织生产方面出现困难，行业营业收入和利润总额均有所下降。2023 年，冶金设备行业实现营业收入 1 236 亿元，同比下降 0.8%；利润总额 51 亿元，同比下降 28.4%；利润率 4.1%，较 2022 年下降 1.6 个百分点；亏损面较 2022 年增加 3.1 个百分点[㊁]。

㊀ 数据来源：国家统计局，工业和信息化部。

㊁ 数据来源：中国重型机械工业协会《2023 年重型机械行业经济运行报告》（2024 年 4 月）。

2023年，重型机械行业每百元营业收入中的成本为81.39元，较2022年减少1.56元；每百元营业收入中的费用为8.86元，较2022年增加0.53元。冶金设备行业每百元营业收入中的成本为83.58元，较2022年减少1.05元；每百元营业收入中的费用为8.34元，较2022年增加0.5元。2022—2023年冶金设备行业效益质量指标见表1。

表1　2022—2023年冶金设备行业效益质量指标　　（单位：元）

指标名称	2022年		2023年	
	重型机械行业	冶金设备行业	重型机械行业	冶金设备行业
每百元营业收入成本	82.95	84.63	81.39	83.58
每百元营业收入费用	8.33	7.84	8.86	8.34

注：数据来源于中国重型机械工业协会《2023年重型机械行业经济运行报告》（2024年4月）。

2. 主要产品进出口情况

根据《重型机械主要产品进出口年报2023》统计数据，2023年，冶金机械实现进出口总额31.58亿美元，同比增长13.69%。其中，出口额为27.94亿美元，同比增长15.68%；进口额3.64亿美元，同比增长0.45%；进出口顺差24.30亿美元，同比增长18.37%。

2023年，我国冶金设备出口贸易中，一般贸易方式占据主导地位，出口额22.76亿美元，占全年出口总额的81.46%。我国冶金设备出口贸易额排名前3位的省（市）分别是江苏省（5.60亿美元，占比20.04%）、北京市（4.39亿美元，占比15.71%）、河北省（2.93亿美元，占比10.49%）。2023年我国冶金设备出口到177个国家和地区，出口额排名前3位的国家分别是印度（3.19亿美元，占比11.42%）、印度尼西亚（2.74亿美元，占比9.81%）、土耳其（1.85亿美元，占比6.62%）。

2023年，一般贸易方式仍然是我国冶金设备进口贸易的主要方式，进口额3.10亿美元，占全年进口贸易总额的85.16%。我国冶金设备进口贸易额排名前3位的省（市）分别是江苏省（1.08亿美元，占比29.67%）、上海市（0.56亿美元，占比15.38%）、山东省（0.41亿美元，占比11.26%）。2023年我国冶金设备从42个国家和地区进口，进口额排名前3位的国家分别是德国（1.20亿美元，占比32.96%）、意大利（0.65亿美元，占比17.86%）和日本（0.61亿美元，占比16.76%）。

2023年，冶金设备产品进出口主要有金属冶炼设备、连续铸钢设备、金属轧制设备和冶金设备零件等。

出口产品中，冶金设备零件出口额为20.67亿美元，占总出口额的74.27%；金属轧制设备出口额为5.92亿美元，占比为21.28%；金属冶炼设备出口额为1.01亿美元，占比为3.62%；连续铸钢设备出口额为0.23亿美元，占比为0.83%。

进口产品中，冶金设备零件进口额为2.10亿美元，占总进口额的57.09%；金属轧制设备进口额为1.46亿美元，占比为39.74%；金属冶炼设备进口额为0.11亿美元，占比为3.12%；连续铸钢设备进口额为0.002亿美元，占比为0.05%。

3. 国内市场占有率情况

2023年，我国钢铁工业大型冶金设备国产化率达95%以上（按重量计算），在大型冷、热连轧生产线领域，国内钢铁企业均选择国产设备，说明国内设备供应商在设计水平、制造能力、设备质量和精度、性价比、自动化水平和系统解决问题能力等方面能够较好满足国内钢铁企业的需求。

国内大型冶金成套设备供货商如中国一重、二重装备、中国重型院、中冶陕压等凭借先进的技术水平、可靠的产品质量以及良好的售后服务，赢得了国内钢铁企业的广泛认可，在国内冶金设备领域占据较高的市场份额，特别在热连轧、中厚板、冷连轧、单机架、连铸及有色轧机等细分领域，总体市场占有率达85%以上。在单体设备方面，太重集团的中厚板矫直机国内市场占有率在90%以上、北方重工集团有限公司（简称北方重工）的中厚板精整剪切设备国内市场占有率超过50%。行业企业紧跟行业发展趋势，不断推出符合市场需求的新产品和新技术，是企业取得领先地位的主要因素。

科技成果及新产品　2023年，冶金设备行业始终坚持创新驱动，以市场为导向，不断提高自主创新能力、加快关键核心技术攻关，自主设计研发了多项具有自主知识产权的重大装备新产品，使我国冶金装备的多项新产品和工艺技术水平不断接近或达到国际先进水平。从行业获奖情况可以看到，我国冶金设备行业自主创新能力显著提升，获奖成果已成为引领我国冶金设备科技进步的重要导向，成为我国冶金设备赶超世界的重要标志。

1. 企业主要科技成果

中国一重坚持创新驱动发展战略，把科技创新放在企业发展的战略核心位置，以科技规划、产品发展规划、专项发展规划为引领，创新成果继续涌现。2023年，中国一重研制出了我国首套“宽幅不锈钢薄规格热连轧成套装备机组”，首创“1+8”宽幅不锈钢热连轧生产线工艺及设备配置，突破了超宽、超厚极限轧制难题，打破国外垄断，实现1.8mm极限厚度的宽幅不锈钢稳定生产，取得发明专利14项、实用新型专利7项、软件著作权2项，整体技术达到国际先进水平。在该技术框架下，项目成果应用于福建鼎信、溧阳德龙和鼎信印度尼西亚项目等8个项目，国内同类设备市场占有率90%以上，其中溧阳德龙2 680mm不锈钢热连轧生产线是世界上最宽规格的不锈钢热连轧生产线，鼎信印度尼西亚项目首次实现装备成套出口，对后续出口土耳其、阿尔及利亚、马来西亚等国家的热连轧项目起到了引领和示范作用，增强了我国装备制造业的国际竞争实力。该技术成果获机械工业科技进步奖特等奖和中国好设计金奖。

二重装备以国家战略需求为导向，集聚力量进行原创性引领性科技攻关，为加快实现高水平科技自立自强，实现关键核心技术突破提供了有力支撑。2023年，二重装备在冶金压延机械领域承担省部级以上科研项目1项，掌握关键新技术1项，其中新型2250系列串列式粗轧机组突破了同类产品的设备宽幅瓶颈，达到世界先进水平。铝热轧方面，完成高精度铝热连轧成套装备的研制，产线具备高速、高精度轧制能力，可满足罐体料、高端PS板等高精度产品的生产。项目突破了精轧机弯窜辊技术，属国内自主产线首次设计应用，打破了国外技术垄断，成功实现了国产化替代，并完成了快开式高精度圆盘剪设备研制，具备2mm以下带材高精度切边能力，技术达到国内先进水平。2023年获省部级以上科技成果奖励项目1项。

中国重型机械研究院股份公司（简称中国重型院）积极应对制造领域生产工艺和生产装备升级的需求，聚焦产业链供应链关键核心技术，促进科技成果加速转化，以众多的创新成果服务国家重大战略需求。2023年，中国重型院独立完成的“高品质汽车面板高效精整线工艺装备开发及应用”项目通过中国机械工业联合会科技成果鉴定，获机械工业科学技术奖二等奖。该项目以陕西省重点科技创新团队计划和广西钢铁集团有限公司防城港钢铁基地国家重点建设工程项目为依托，攻克技术难关，实现了项目国产化，项目成果已成功推广应用到国内多家大型骨干企业，经济效益和社会效益显著，总体技术达到国际先进水平。中国重型院与衡阳华菱钢管有限公司联合研发的“高品质钢管多功能高效淬火技术与装备”整体技术达到国际先进水平，获陕西省科学技术奖三等奖。该项技术填补了国内空白，打破了高品质钢管依赖进口的现状，已成功推广9套相关技术和设备应用。中国重型院独立完成的“高效高性能精密板坯连铸新型结晶器装备研发与应用”获第二届全国机械工业产品质量创新大赛银奖，该项目从三个方面创新开发4项先进技术，打破国外高端连铸装备与关键技术长期垄断的局面，为发展我国具有自主知识产权的高端板坯连铸装备基础理论研究、智能控制技术的研发和工业化应用起到奠基和引领作用。中国重型院独立完成的“极薄金属带材系列化二十辊高效精密冷轧制工艺装备技术与应用”项目获2023年度中国质量协会质量技术奖二等奖。围绕极薄带生产的设备关键点和工艺难点，科研团队对二十辊轧制工艺装备技术开展了系列化的研究开发，并向市场推广应用，取得国家发明专利26项。以该项目为基础制定“二十辊带材冷轧机”行业标准，项目技术达到了国际领先水平，研发成果已推广应用至太原理工大学、湖南稀土金属材料研究院、青拓科技有限公司、广西柳钢中金不锈钢有限公司、云南钛业股份有限公司和宁波宝新不锈钢有限公司等多条二十辊生产线。此外，中国重型院成功获批立项国家重点研发计划项目课题2项，国家工业母机产业链“链主”企业项目1项，陕西省科技计划项目4项。

太重集团近年来高度重视创新驱动，始终坚持把科技创新摆在发展的核心位置，圆满完成了全国重点实验室重组，打造了“一重点、一中心、多基地”技术研发体系，全面实施“512”人才工程，建立了“精英管理、科技创新、能工巧匠”3支队伍，研发投入屡创新高，技术攻关成果逐年递增，科技创新迈出坚实步伐，科研实力跃上新的台阶。2023年，太原重工股份有限公司主持完成的“大口径无缝钢管旋扩机关键技术及成套装备”获山西省科技进步奖二等奖和第三届全国机械工业设计创新大赛优秀奖。该设备针对大口径薄壁无缝钢管的特点，创新性地提出复式生产模式，完善了高效、稳定、连续的生产技术，实现了多种规格的小批量、批量生产自动切换，形成了新型的在线式热旋扩生产线工艺生产模式，填补了国内空白。太原重工股份有限公司独立完成的“矫直机安装调试标准化”获山西省QC评选特等奖。此外，太重集团荣获2023年度山西省重点产业链“链主”企业。

中冶陕压重工设备有限公司（简称中冶陕压）长期坚持驱动创新，不断将科技成果转化为生产力，以品质为导向，聚焦主责主业，大力推进自主创新，不断深化协同创新和集成创新，倾力研发高端化、智能化、绿色化新产品。中冶陕压2023年共开展了28项科技研发项目，其中11项重点科技研发项目围绕精密压延轧制工艺、设备、装备制造工艺技术展开研究，进一步提高了公司在精密压延装备领域的市场竞争力。“二十辊可逆冷轧机组”等14项新产品入选陕西省重点新产品开发项目。自主研发产品“高速超大压下率单机架六辊可逆冷轧机组”成功入选第七批国家级制造业单项冠军产品名单，并通过中国冶金科工集团组织的科技成果评价，整体技术达到国际先进水平，荣获中国五矿集团科技进步奖二等奖、陕西省“工业精品”称号，第二届秦创原高价值专利大赛渭南赛区一等奖、大赛优胜奖，夯实了行业领先地位。中冶陕压参与的高质化热轧板带板形及表面质量控制关键技术荣获山西省科学技术合作奖一等奖，“陕压”牌商标荣获陕西省2023年度“陕西省好商标”称号。

泰尔重工股份有限公司（简称泰尔重工）一直致力于冶金装备技术研发和制造，打造了自己的技术研发平台、核心制造平台、服务平台、大数据平台，形成了完整的产业链、价值链、核心竞争力，荣获2023年安徽省人民政府质量奖提名奖。2023年，泰尔重工承担了15项省部级以上科研项目，完成验收2项，国家重点研发计划“固废资源化”重点专项子课题“废旧重型装备表面无损激光清洗与主动柔性控制”、省科技重大专项“具有自监测的带载大伸缩重型鼓形齿联轴器研发及产业化”通过验收。研制新产品4项：“ESP高速飞剪”“MS-Ⅲ 762型柱塞斜楔式热轧内水冷卷筒”“SWC225型助卷辊万向轴”和“TGJZ型鼓形齿联轴器”，荣获安徽新产品称号，产品技术水平国内领先。围绕钢铁行业智能化、绿色化的发展需求，泰尔重工产业衍生出来的泰尔科技，打造出再制造产业，通过自主研制金属粉末、喷涂等技术，已在军工、核电、航空航天等高端领域实现了突破。

北方重工近年来持续在产品创新研发方面发力，着力解决传统产业改造升级难题，创新攻坚新技术、新产品，布局前沿先进科技新赛道，积极推动新技术成果转化，与国内顶尖科研院所、院校开展深入合作，推动传统装备制造业转型升级。2023 年，北方重工研制新产品 1 项，成功研制的 5 500mm 宽厚板剪切成套装备突破了传动系统和剪切轨迹技术，属于国内最大 / 首次。该套 5 500mm 宽厚板滚切式切头剪和定尺剪是目前世界最大规格的剪切设备，填补了国内空白。北方重工与国内知名大学联合开发出目前世界上最优化的剪切轨迹和杆件机构，采用智能化控制系统，运用新一代数据分析技术，精准控制机构轨迹，通过数字化控制有效降低能耗。该设备是高精度自动控制机械定尺装备，可实现自动优化剪切功能，实现全自动精确定尺，剪切质量及精度处于世界领先水平，打破了国外垄断，进入了 5 米级宽厚板精整剪切设备领域。

2. 行业获奖情况

2023 年冶金设备行业获奖情况见表 2。

表 2　2023 年冶金设备行业获奖情况

序号	项目名称	奖项名称	获奖等级	主要完成单位
1	宽幅不锈钢薄带热连轧关键技术研发与成套装备研制	机械工业科学技术奖	特等奖	中国第一重型机械股份公司、一重集团大连工程技术有限公司、太原理工大学、福建鼎信科技有限公司
2	高品质汽车面板精整生产核心工艺及关键装备技术开发	机械工业科学技术奖	二等奖	中国重型机械研究院股份公司
3	2 450mm 钛板热轧机研制与应用	机械工业科学技术奖	二等奖	二重（德阳）重型装备有限公司、新疆湘润新材料科技有限公司
4	宽幅不锈钢极薄带轧制生产核心工艺技术研发	机械工业科学技术奖	二等奖	山西太钢不锈钢精密带钢有限公司、太原理工大学、太原科技大学、燕山大学
5	JB/T 13527.2—2018 热连轧四辊粗轧机通用技术条件等热连轧线关键工艺装备系列行业标准	机械工业科学技术奖	三等奖	二重（德阳）重型装备有限公司、一重集团大连工程技术有限公司
6	宽幅不锈钢薄带钢热连轧生产线设计及应用	中国好设计	金奖	中国第一重型机械股份公司、一重集团大连工程技术有限公司
7	大口径无缝钢管旋扩机关键技术及成套装备	山西省科技进步奖	二等奖	太原重工股份有限公司、太原科技大学、山东聊城中钢联金属制造有限公司、太原学院
8	高效高性能精密板坯连铸新型结晶器装备研发与应用	全国机械工业产品质量创新大赛	银奖	中国重型机械研究院股份公司
9	极薄金属带材系列化二十辊高效精密冷轧制工艺装备技术与应用	中国质量协会质量技术奖	二等奖	中国重型机械研究院股份公司
10	矫直机安装调试标准化	山西省 QC 成果	特等奖	太原重工股份有限公司
11	高质化热轧板带板形及表面质量控制关键技术	山西省科学技术合作奖	一等奖	中冶陕压重工设备有限公司
12	热轧高精度新型弯辊横移装置技术及应用	大连市科技进步奖	三等奖	一重集团大连工程技术有限公司
13	高速超大压下率单机架六辊可逆冷轧机组	中国五矿集团科技进步奖（技能人才类）	二等奖	中冶陕压重工设备有限公司
14	高速超大压下率单机架六辊可逆冷轧机组	第二届秦创原高价值专利大赛渭南赛区	一等奖	中冶陕压重工设备有限公司

3. 热试投产和新增产线情况

中国一重近年来在冷、热连轧关键工艺及装备技术方面持续发力，自主设计制造的国内外大型冷、热连轧成套工艺设备的综合装机能力已达到国际领先水平，荣获“2023 中国卓越钢铁技术与服务供应商（机构）品牌”和中国重型机械工业协会评选的“优秀主机设备供应商”称号。2023 年，中国一重在钢铁装备领域中深耕细作，在热轧装备技术上开拓创新，不断致力于为用户提供系统化解决方案，承制的唐银 1 450mm 带钢生产线一次性热负荷试车成功，该生产线是继梧州鑫峰 950mm 项目之后，中国一重第二次自主设计的全连轧机组，由一重集团大连工程技术有限公司负责全线设备设计及流体设备的供货，该生产线工艺布置优、装机水平高，进一步丰富了一重热轧的产品序列。由中国一重设计制造的华菱涟钢 1 580mm 热连轧机组一次性热试成功，该生产线采用国际先进的工艺及设备配置，应用了智能化工艺设计软件系统技术、“新型”除鳞技术、粗轧机带钢冷却技术、新一代热卷箱技术、新型精轧弯窜辊技术、精轧出口压带技术、牌坊式强力夹送辊技术等一系列自主创新技术，该项目聚焦工程机械、高端装备、新能源等领域钢材产品的开发生产与优化升级，达产达效后，将为打造国家重要先进制造业高地提供强有力的材料支撑。中国一重承制的福建三宝钢铁有限公司 1 780mm 热连轧项目热负荷试车成功，该项目是福建三宝钢铁有限公司加快转型升级，延伸产业链，开展绿色钢铁产业攻坚，实现高质量发展的重要举措之一，被列入福建省重点项目，所生产的产品将为国家海洋经济发展及打造漳州海上风电产业基地提供强有力支撑。由中国一重机电液供货、安装总承包的美富淦 1 450mm 酸轧联合机组热负荷试车成功，该生产线是继攀达 1 450mm 酸轧项目后，中国一重自主承揽的又一条冷轧总承包工程，采用中国一重自主研发的第四代冷轧技术，代表国内外冷轧技术发展的最先进水平，展现了中国一重在冷轧领域强大的技术优势。由中国一重大连工程技术机电液总包的赤峰远联 850mm 酸轧机组二期项目热负荷试车成功，该项目是继远联一期 850mm 酸轧项目后，赤峰远联钢铁有限公司与中国一重的再次携手合作。中国一重为广西柳钢中金不锈钢有限公司不锈钢冷轧一期项目设计供货的 850mm 不锈钢黑皮轧制退火酸洗机组顺利投产，该机组是目前国内同类型机组的最高速度，也是国内首条中宽带不锈钢黑皮轧制退火酸洗机组。2023 年，中国一重签订了河南金汇不锈钢产业集团有限公司再生不锈钢 1 780mm 深加工项目工程总承包，标志着中国一重在冶金工程总承包领域再次取得新突破，将有力促进高端装备制造业和现代服务业的深度融合。此外，2023 年中国一重还新签了山钢永锋 2 250mm 热连轧、首唐宝生 950mm 热连轧、福建大东海 3 800mm 宽厚板轧机、河北胜宝 1 450mm 酸轧机组、霸州三钢 1 450mm 酸轧机组、鹤山华美 1 250mm 酸轧机组、扬州恒润 1 450mm 酸轧机组、望博 2400“1+4”铝板热连轧机、鑫峰 2400“1+4”铝板热连轧机、鑫峰 2350 铝板冷轧机、鑫峰 1900 铝板双机架冷轧连机等热轧、冷轧及有色冶金成套设备。

二重装备以客户为中心，依托全产业链优势和极限制造能力，实施全流程精益管控，倾力打造“精品工程”，荣获“2023 中国卓越钢铁技术与服务供应商（机构）品牌”和中国重型机械工业协会评选的“优秀主机设备供应商”称号。2023 年，二重装备承接的陕钢集团汉钢 3 500mm 中厚板轧机项目顺利投产。二重装备承制的广西梧州永达特钢 1 780mm 热轧带钢生产线全面投产，该生产线可实现不锈钢和普碳钢生产的自由切换，有效弥补了我国宽幅板材和超纯不锈钢的生产空白。二重装备承担的秦皇岛佰工 750mm 精品优特钢全连轧生产线一次热试成功，助力客户完成了产品结构调整。2023 年，二重装备签订的主要冷、热轧及有色产线有唐山东华 1 580mm 热连轧机组、河南闽源 1 450mm 热连轧机组、赤峰远联 1 150mm 全连轧机组、唐山华西 3 800mm 宽厚板轧机、魏桥铝业 2 400mm“1+4”铝板热连轧机组等。此外，二重装备还签订了热连轧产线设备升级改造 5 台（套），热连轧代表性产品出口生产线 1 条。

中国重型院致力于国家冶金重型装备领域核心技术攻关，是面向我国冶金、重型机械等行业的重大技术装备研发、设计与工程总承包的高新技术企业，荣获“2023 中国卓越钢铁技术与服务供应商（机构）品牌”和中国重型机械工业协会评选的“优秀主机设备供应商”称号。2023 年，中国重型院承制的陕钢集团汉钢公司 3 500mm 中厚板项目是公司在钢铁冶金领域实施全过程咨询服务的首个业务，该项目的热试成功标志着中国重型院立体化、多元化的发展取得了显著成效，该项目由中国重型院及子公司陕西冶金设计研究院有限公司和西安海威信诚检验检测咨询有限公司提供先进、科学的全过程咨询服务，在技术支持、造价咨询、项目管理、设备监造以及工程监理等方面实施了全局性、系统性的管理，以 375 天创造了国内中厚板项目的最短投产纪录，并保证了项目在质量、安全、成本方面取得良好效果。中国重型院承制的宁波宝新不锈钢有限公司 6 万 t 高品质不锈钢光亮板项目——1 450mm 二十辊冷轧机组热负荷试生产成功，该项目是中国重型院进军宽幅高端冷轧不锈钢领域的首套冷轧生产线，开拓了不锈钢冷轧新市场。为浙江中环铜业有限公司设计成套的 600mm 铜带六辊可逆精轧机组一次性热试车成功，该机组设计最大轧制速度 480m/min，最大生产张力 40kN，可生产最宽 450mm、极限成品厚度为 0.06mm 的高品质精密铜带，进一步扩大了中国重型院在高精度铜板带材轧制领域的影响力。为福建青拓新材料有限公司设计、制造、安装及调试的世界首台不锈钢双流最大断面为 230 × 1 600mm² 的连铸机装备一次热试成功，该连铸机集成了当前不锈钢领域最前沿的连铸技术装备，充分展现了中国重型院“精智连铸”技术团队在国内不锈钢连铸专业的领先地位。为涟钢一炼轧厂承制的 3# 板坯连铸机一次热试成功，投产后可实现为涟钢一炼轧厂 1580 和 2250 热轧带钢生产线提供年产 230mm ×（900～2 150）mm 优质铸坯 150 万 t，该项目是涟钢集团与中国重型院合作生产的第二条宽板坯连铸生产线。为石钢京诚装备技术有限公司承制的 1 号连铸机升级改造工程一次性热试成功，该项目为 EPC 总承包工程，工程包含工艺、设备、利旧设备修配改、土建、钢结构、电控系统、液压及水系统等。中国重型院全资子公司西安重型技术有限责任公司牵头炼钢事业部、液压所执行的 6 机 6 流方、圆坯连铸机 EP 项目一次性热试车成功，近年来，中国重型院先后在泰国、菲律宾、印度尼西亚等地承建数条板、方、圆坯连铸项目，这些项目的签约和成功投产充分体现了连铸各专业深厚扎实的技术功底和项目管理能力，为中国重型院进一步拓展东南亚钢铁冶金市场打下坚实基础。2023 年，中国重型院签订了江西云盛 800mm 铜带粗中精轧机组，宁波鑫悦 800mm 铜带轧机，安徽鑫科 800mm 铜带轧机，安徽楚江高精铜带 800mm 粗、中、精轧机组，广西国潮铝业有限公司 1 850mm 拉弯矫直机组，敬业 2 600mm 板坯连铸机，山东钢铁莱芜分公司炼钢厂 1# 连铸机改造 EPC 总承包，柳钢中金 170mm × 800mm 双流板坯连铸机，福建三宝 250mm × 1 650mm 板坯连铸机、首钢京唐钢轧作业部 6 号连铸机升级改造工程等多个项目。此外，中国重型院还入围 2023 西安百强企业。

太重集团以打造“产品一流、效率一流、效益一流、治理一流”的现代智能装备制造企业为目标，紧跟市场形势，紧贴用户需求，不断激发内生动力，加快推动制造业向高端迈进、向智能升级、向绿色转型，锻造传统产品新优势，持续发力大型化、集约化、高效化成套冶金装备市场，2023 年太重集团在“中国机械 500 强”中位居第 157 名，比 2022 年排名跃升 85 位，同时还被中国重型机械工业协会评为“优秀主机设备供应商”。2023 年，太重签订了 6 台矫直机订单，其中为周口钢铁基地设计制造的 5 600mm 宽厚板预矫和热矫两台矫直设备成为矫直机世界之最，创造了行业矫直装备新纪录。此次突破，标志着我国在高端装备先进设计与制造方面迈出了重要一步。此外，太重集团还中标了江苏用户 2 台矫直机订单。

中冶陕压致力于打造为国民经济提供重大装备的国内一流、国际知名的专业化冶金设备及大型成套设备的研发、制造基地。2023 年，中冶陕压供货的无锡市硕阳不锈钢有限公司 1 400mm 二十辊可逆冷轧机组顺利投产，该机组是中冶陕压设计供货的首台（套）不锈钢二十辊轧机，此外投产的二十辊轧机还有重庆望变电气集团有限公司高端磁性新材料项目 1 450mm、唐山首玉电磁新材料有限公司 1 400mm 二十辊可逆冷轧机组。中冶陕压总包的武洲新材料冷轧一期 1 380mm 机组一次性试车成功，自主研发的绿色高效宽幅精密轧机于 2023 年 1 月获国家级制造业单项冠军产品认定，该机型在宝钢股份黄石涂镀板有限公司、新天钢集团、孟加拉 JML 公司等国内外钢铁企业成功应用，产品厚度稳定，板面洁净平整，为客户创造了良好的经济效益。中冶陕压在 2023 年签订了山东冠县润富公司 1 150mm、山东海鑫 1 150mm、广西神龙 1 150mm、广西神龙 1 380mm、博兴中科 1 150mm、重庆神龙腾达 1 150mm 等一系列单机架六辊可逆冷轧机组，碳钢单机架可逆轧机国内市场占有率在 70% 以上。作为国内六辊单机架冷轧机组第一品牌，中冶陕压积极响应国家“走出去”战略，大力开拓“一带一路”沿线国家冷轧市场，与阿联酋 DANA 钢铁实业有限公司在迪拜签订了 1 380mm 六辊轧机合同、与福州聚利泰合国际贸易有限公司（印度尼西亚海洋特钢）在福州市签订两台 1 380mm 六辊轧机合同，这是中冶陕压六辊轧机在出口孟加拉国和印度尼西亚后，首次进军西亚经济较发达地区。此外，中冶陕压还签订了 3 台包头信宏机电 1 400mm 二十辊单机架可逆冷轧机组，及陕西有色榆林新材料集团有限责任公司高强高耐蚀铝合金研制中试建设项目 1 150mm 冷、热轧机机组各 1 套。

北方重工是我国最早实现自主设计并制造生产宽厚板剪切设备的企业，被钢铁冶金行业称为“剪子王”，为包括太原钢铁集团有限公司、本钢集团有限公司、沙钢集团、中国五矿集团有限公司等在内的众多国内钢铁企业提供了优质的剪切设备，荣获 2022—2023 年度全国企业文化优秀成果奖二等奖，并被中国重型机械工业协会评为优秀主机设备供应商。2023 年，北方重工承担了为周口钢铁基地设计生产 5 500mm 切头剪及定尺剪设备工作，打破同类型产品的国外垄断，实现了 5 000 毫米级别厚板生产装备国产化替代。目前，北方重工中厚板剪切产品已发展至 3m、3.3m、3.5m、3.8m、4.3m、5m、5.5m 等多种规格。2023 年北方重工的中厚板精整剪切产品新增订货产线 3 条［9 台（套）设备］，该细分领域在国内市场占有率达 50%。出口 1 条 5 000mm 宽厚板剪切成套装备产线［4 台（套）设备］，公司剪切类设备首次销往国外市场。

行业工作情况

1. 行业标准

中国一重开展了 3 项国际标准、3 项行业标准、3 项团体标准及 12 项企业标准的制修订工作，8 项已报批标准的完善工作，组织了 1 项国际标准、3 项行业标准、3 项团体标准的预研立项及评审答辩，组织开展了 2023 年度国家级“重型装备智能制造网络协同设计标准应用试点”项目、“高端装备制造业（数字化设计平台）标准化试点”项目的申报工作，其中 1 项已获批公示。承办了全国冶金设备标准化技术委员会的标准审查会议，组织专业人员参加了全国冶金设备标准化技术委员会 19 项行业标准、中国重型机械工业协会 2 项团体标准的审查会议。

二重装备按照精益管理的要求组织开展了 7 项精益系列化标准化项目的实施，发布实施了 4 项涉及精益管理方面的技术、管理规范，取得了初步的效果。修订国家标准 3 项、制定国家标准 1 项、制定行业标准 9 项。

中国重型院获批发布 7 项国家标准，作为第一起草单位编写《连铸机　安全技术条件》《重型机械　铸件设计规范》和《重型机械　焊接件设计规范》3 项国家标准，参与编写了《大型锻钢件的锻造规范》等 4 项国家标准。

太重集团荣获第二批国家高端装备制造业标准化试点单位，也是全国唯一一家装备制造业（重型机械）标准化试点企业。太重集团完成了 7 项标准制修订，3 项产品标准化（企业级）。

2. 行业学术期刊

《重型机械》持续立足重型机械装备，以国家战略需求为导向，报道国家重大技术装备及关键技术，为行业理论研究和工程应用搭建了良好的交流平台。2023 年，《重型机械》通过提升编辑服务意识，瞄准重大项目策划专题专栏，与行业内的专家学者主动约稿，提升学术交流活动的策划和组织能力，不断加强与优秀期刊的学习与交流，与中冶有色技术平台联合主办了“2023 年全国钛材料产学研合作高峰论坛”，与中国机械工业联合会、中国国防工业企业协会联合主办了“2023 年第二届钛材料及技术装备国防军工轻量化应用会议”，出版钛材会论文集。与中国重型机械工业协会联合主办了“中国重型机械装备智能制造与低碳发展高峰论坛”论坛。《重型机械》获得了西安交通大学、重庆大学、太原科技大学等高校的一批国内知名教授的肯定与支持，行业影响力和学术地位持续提升，荣获中国机械工业集团有限公司优秀科技期刊三等奖。

《一重技术》致力于反映机械、冶金、化工各类企业的科技、设计、加工、运行、维护、管理等方面的经验总结和研究成果，2023 年完成全年 7 期（含 1 期专刊）的编辑出版工作，刊登论文 120 余篇，约 70 万字。

〔撰稿人：中国重型机械工业协会冶金压延机械分会段婷婷　审稿人：中国重型机械工业协会冶金压延机械分会孙韶辉〕

矿 山 机 械

矿山机械行业是为固体原料、材料和燃料的开采和加工提供装备的重要基础行业，除服务于黑色和有色冶金、煤炭、建材、化工、核工业等重要基础工业部门，其产品也被广泛应用于交通、铁道、建筑、水利水电等基础部门的基本建设中。

矿山机械产品包括采掘、凿岩设备及钻机，破碎、粉磨设备，筛分、洗选设备，矿山提升设备，矿山用牵引车及其矿车和矿山机械零件等，其先进性决定了矿山资源科学开发和综合利用的水平，从而成为衡量一个国家工业实力的重要标志之一。

2023 年，全国工业产能利用率为 75.1%，同比下降 0.5 个百分点。其中，采矿业产能利用率为 75.6%，同比下降 1.2 个百分点；煤炭开采和洗选业产能利用率为 74.4%，同比下降 0.5 个百分点；专用装备制造业产能利用率为 77.5%，同比下降 0.1 个百分点。采矿业、煤炭开采和采选业及专用设备制造业等固定资产投资实现正增长。

2023 年，我国矿山机械行业营业收入同比增长 5.2%；利润总额同比增长 16.5%；利润率较上年提高 0.7 个百分点；亏损面较上年减少 1.1 个百分点，行业经济运行实现整体回升。

2023 年，国内各主要矿山机械制造企业以高质量发展为主题，积极顺应矿山、煤炭、冶金、砂石、建材等行业的发展趋势，进一步整合科技资源、加大科研投入力度，大力开展关键核心技术攻关，相继研发出 10m 超大采高智能综采工作面成套装备、世界首台大倾角下坡掘进矿用 TBM“淮盾号”、8MW 数字化智能刮板输送机、智能化矿用岩巷 ϕ3 660mm 全断面组合式盾构掘进装备、国内首套“一系统多用、一机两用”“环绕式”智能快掘装备、新一代 WK-20 型电铲、全国首台 700 吨级 XE7000 智能液压反铲、ϕ7.92m × 14.33m 溢流型球磨机、SID-500 型超级智能干选机、全断面钾盐矿掘采机、3 000kW 系列整体框架式智能电牵引采煤机、MC800 多缸液压圆锥破碎机、6m 智能立环高梯度磁选机、“载山 CarMo”矿山智能运载机器人等一大批技术先进、具有自主知识产权的重大技术装备，部分科研成果填补了领域空白，获国家、省、行业的奖励。

科技成果及新产品

1. 科技成果、创新平台建设及行业获奖情况

中信重工机械股份有限公司（简称中信重工）以践行国家战略、实现高质量发展为使命，把创新作为第一动力，以“内涵式增长 + 外延式发展”双轮驱动，持续强化硬科技实力，致力打造具有全球竞争力的一流先进装备制造企业。2023 年，中信重工主持、参与完成的矿山重型装备齿轮传动装置极端制造关键技术及产业化、面向矿物磨机的高精度液压重载机械臂关键技术及应用等项目获河南省、行业的奖励。完成的大型高速高效旋回破碎机开发及关键技术研究、大型辊压机 / 高压辊磨机开发与关键技术研究和新型轻量化低能耗智能干法磨装备的关键技术研发等项目通过河南省机械工程学会等组织的成果鉴定，整体技术达到国际先进水平。按照国际标准、国际规范研制的 ϕ8.2m × 12.7m 溢流型球磨机、ϕ11m × 7.2m 半自磨机、ϕ7.92m × 14.33m 溢流型球磨机等先进装备完成工厂试车、交付用户，标志着我国在大型碎磨装备自主研发和制造领域再创新高。中信重工获批牵头组建河南省智能矿山装备产业研究院，为用户提供一站式采购和全生命周期服务，对促进矿山行业和重型装备制造行业的智能化、数字化转型升级具有重要的促进和支撑作用。中信重工联合郑州轻工业大学、河南科技大学、洛阳栾川钼业集团有限公司和中信云网有限公司申报的机械工业智能矿山装备创新中心获批，将搭建矿石智能装备研发平台、矿物绿色加工工艺研发平台和矿山工业互联网智能服务平台，构建涵盖研发、生产、运营、服务的“绿色智能矿山生态圈”。此外，中信重工实施的中信重工重型装备 5G 智能工厂项目入选工业和信息化部“2023 年 5G 工厂名录”；产品数字化研发与设计和产品远程运维两个场景入选工业和信息化部等五部门公布的“2023 年度智能制造优秀场景名单”；制造的 ϕ11m × 5.4m 半自磨机、PBY5.0/30 薄喷用自动化喷涂机入选“2023 年河南省首台（套）重大技术装备认定

名单”。

中煤科工集团上海有限公司（简称上海煤科）以“引领煤炭发展，智创绿色未来”为理念，不断强化科技创新和关键技术攻关，推动装备制造向服务型制造转型。2023年，上海煤科研制的全球首创、掘进速度提升3倍以上的“煤科威龙”智能化矿用岩巷 ϕ3 660mm 全断面组合式盾构掘进装备下线，引领了煤矿全断面掘进新技术、新装备、新工艺，促进了智能、高效、安全、绿色、环保掘进。其创新点包括：采用组合式、模块化结构（在国际上尚属首次），将整套装备按功能进行模块设计后再组合为成套装备，可实现全断面截割、锚（索）网支护、管片支护、加固注浆、多级纠偏、多级推进、连续排渣、智能导航、通风和除尘等平行作业；自动化、智能化程度高，可实现复杂岩层全断面一次成巷，并将现有岩巷掘进速度从月进尺100m提升至300～500m，大幅缩短了巷道掘进工期，同时通过远程遥控操作，实现了掘进面少人化或无人化作业，满足了煤矿减人提质增效的要求；采用三轴激光陀螺和全自动全站仪组成的智能化导航系统，通过三维扫描、坐标激光导向核调以及系统信息实时修正，可精确无障碍地实现超长距离掘进方向、姿态的测量与控制。上海煤科针对7～10m厚与特厚煤层研制的全球首台（套）最大功率、超大采高智能化高端采煤机—MG1250/3430-WD系列采煤机再次登顶全球采煤机装机功率和开采高度最高峰，将世界采掘机械发展推上新高度；研发的大功率高压防爆多点永磁直驱智能带式输送机填补了国内外煤矿领域大功率高压防爆永磁直驱的应用空白，对促进我国带式输送机行业技术进步和推动矿山装备智能化发展具有重要意义；研制的MG300/395-NWD型短壁采煤机填补了3.5～5m采高范围内单滚筒短壁采煤机国内外空白，成为“三下”压煤回收的开采示范；研发的适应最小采高1.3m煤层大功率自适应采煤机关键技术研究及应用项目在国家能源集团神东煤炭石圪台煤矿成功应用，创造了最低1.3m煤层年产260万t的世界纪录，奠定了我国薄煤层采煤机的世界领先地位。

北方重工集团有限公司（简称北方重工）全力推进重大技术装备的研发，不断提升装备的信息化、数字化、智能化水平。2023年，北方重工针对固体钾盐矿开采、自主研发的全断面掘采机下线，标志着我国固体钾盐矿开采技术实现跨越式发展，对推进我国固体钾盐矿乃至其他非煤矿山的开采工艺、产业革新、装备制造业水平提升等具有重要的驱动作用。该装备集全断面连续截割、装运、行走、除尘、惯性导航、无线遥控等多功能于一体，掘采效率是传统掘采设备的数倍，达到国际领先水平。公司制造的“兆寰6号”盾构机通过工厂验收，将用于沈阳地铁3号线一期工程方形广场站至三好街站区间的土建施工。其创新点有：刀盘采用复合式设计（六辐条+六辐板式），开口率约40%，配置6把17in（1in=25.4mm）双刃滚刀、18把17in面滚刀以及7把17in边滚刀，有效提高了刀盘的破岩能力及刀具的抗冲击性和耐磨性，减少了换刀次数，大幅提升了掘进效率；驱动系统采用8×132kW电机驱动，更好地适应沈阳地铁3号线上软下硬的地质条件，使装备快速通过风险区间，为顺利完成隧道施工提供了强有力的保障。研发的 ϕ7.0m×4.2m 湿式半自磨机，是北方重工自2019年实施混改以来设计制造的最大规格湿式半自磨机，可用于矿山、冶金、建材等多个行业，兼有破碎和粉磨两种功能，同时还具有维修简便和高效筛分的特点，大幅提升了用户的使用体验，获得用户高度认可，为北方重工进一步巩固和拓展大型磨机市场奠定了良好基础。

中煤张家口煤矿机械有限责任公司（简称张煤机）以智能化和高可靠性为抓手，不断在智能易控超重型长运距成套输送装备领域实现新突破。2023年，张煤机联合山东科技大学、中国煤矿机械装备有限责任公司、太原理工大学完成的年产千万吨级重型长运距刮板输送机关键技术及装备项目获河北省科技进步奖二等奖。项目攻克了重型长运距刮板输送机研发的设计理论、制造标准以及运维保障三大难题，提出了链传动系统参数化非线性动力学设计方法，建立了以激光增材强化为核心的智能制造集成管控体系，依托自主设计的无线传感器搭建了设备故障预警诊断平台，成功研制了2×1600型、2×2000型、2×2500型等系列化刮板输送机新产品，引领了煤炭高可靠性安全开采技术和煤机制造行业的快速发展。张煤机研发的8MW数字化智能刮板输送机是国际首台超大功率、超长运距刮板输送机，总装机功率8 000kW，输送能力5 000～8 000t/h，输送长度400～600m。其创新点有：首创3 000kW、2 000kW高效节能智能组合驱动模式，其中直驱装置集成永磁电机、变频器、减速装置、紧链装置于一体，体积减小30%、能耗降低40%，具有结构紧凑、传动环节少、传动效率高、启动运行平稳等特点；首次研发并配置 ϕ70m×216m 超大规格链传动系统，新材料链轮、耐腐链条、双向对称模锻刮板具有良好的啮合性，具有长寿命、高可靠性、强适应、超耐磨等特点；搭载输送系统位置姿态高速巡检机器人、煤矿井下用视频巡检及智能搬运机器人、基于电磁传感技术的刮板输送机断链监测装置、顺槽危险区域人员进入安全闭锁装置等高端智能化装置，集工况感知、智能控制、健康管理、运输系统协同互联等多维度智能化技术于一体，可实现在线监测、故障诊断预警等功能，全面满足8m以上特厚煤层智能化少人综采工作面长运距、大运量、高效率的生产需要。张煤机为龙煤集团双鸭山矿业双阳煤矿、山西省东泰鑫源煤业有限公司研制的智能化综采成套输送装备实现了全生产系统集成联动智能化开采，通过出厂验收。此外，张煤机研发的智能化异构SGZ1400/5000型输送机入选《河北省重点领域首台（套）重大技术装备产品公告目录（2023年版）》，并获2023年度煤炭行业设备管理与技术创新奖特等奖；研发的智能化SGZ1400/4800型刮板输送装备获国家知识产权局专利密集型产品备案认定。

顺达重矿集团（简称顺达重矿）坚持“追求卓越，臻于至善”的发展理念，顺应市场需求，不断加强新品研发、优化产品结构，实现高质量发展。2023 年，顺达重矿先后推出 H1708 重型圆锥破碎机、SDG 系列旋回破碎机和 HC 系列高能圆锥破碎机等多款新产品。H1708 重型圆锥破碎机动锥直径 3.15m，装机功率 1 400/1 600kW，重 310t，动锥重量 54t（最大检修件），最大压缩量 120mm（OSS-CSS）。中碎使用时，花岗岩（紧边排料口 50mm）材质每小时处理量 3 500～4 000t；细碎使用时，花岗岩（紧边排料口 30mm）材质每小时处理量 1 700～2 100t。SDG 系列旋回破碎机采用变频技术、超级横梁结构，产量同比国外先进的 MKII 技术增加 30%。排料口自动调整、自动补偿磨损量，针对不同的物料和工艺要求，采用不同的腔型；采用强破碎力设计，具有大行程、高转速、坚固、可靠等产品优势，支持带载启动，8 种产品适用 4 个不同平台。HC 系列高能圆锥破碎机分金属矿山和骨料矿山专用序列，以场景化应用为导向，匹配定制专用技术，满足用户对产品及服务的个性化需求，设备性能达到国际领先水平。其中，HC900 偏心套转速 280～370 r/min，摆幅 146mm，通用部件更换仅需 1.5h；HC1380 动锥直径 2.35m，偏心套转速达 341r/min。顺达重矿完成的 H9 高性能多缸圆锥破碎机项目通过中国冶金矿山企业协会组织的科技成果评价，达到国际先进水平。项目在层压破碎、设备结构、智能化等方面集成创新，所研制的大偏心距、高转速、高悬挂点的高性能圆锥破碎机是目前同规格设备中处理能力最大的多缸圆锥破碎机，具有远程操控、设备故障预警等功能，满足了智能化矿山的建设要求。

中国煤科集团唐山研究院有限公司（简称唐山研究院）致力于选煤技术和成套装备的研发与应用推广，在智能制造和设备大型化上不断迈出坚实步伐，2023 年，入选“第五批河北省制造业单项冠军企业（产品）”。生石灰煅烧过程中，会产生一定比例生烧石灰和过烧石灰，导致生石灰活性度降低，影响生石灰产品质量。针对该技术难题，唐山研究院在传统干选技术与装备的基础上突破创新，开发出适用于生石灰提质的干法分选成套装备，生石灰活性度由 260mL/4N-HCl 提高到 360～380mL/4N-HCl，产品品质大幅提升，通过用户验收。唐山研究院研发的新一代智能干法分选设备—SID-500 型超级智能干选机是目前世界最大的干选机，具有清洁高效、智能低碳等特点，单机处理能力达 500～600t/h，粉尘排放浓度低于 10mg/m^3，分选效率大于 95%，吨煤电耗低至 1.37kW・h，先进的 AI 智能控制系统和数字孪生平台可实现分选过程工艺参数智能调节及全厂数字化管理。唐山研究院自主研制的破碎站成套装备在国能黑山露天矿投用，标志着企业破碎技术与装备在高寒地区露天矿取得新突破。该破碎站采用模块化设计理念，以两级破碎装备为核心，配有给料、输送、智能控制等系统，形成露天矿给料－破碎－运输全工艺一体化作业生产线，可将 1 500mm 的大块原煤直接破碎至 50mm，处理能力为 2 500t/h；整机在耐低温、润滑防冻等方面取得突破，实现了高寒地区露天矿全工况高效、可靠作业；针对露天矿绿色开采需求，增加了受料斗防尘仓，既方便转载，又满足了低排放、少粉尘的绿色作业要求。唐山研究院自主研发的锡铜矿预选抛废成套装备在云南锡业集团试车成功，标志着首台国产跳汰锡铜矿预选抛废装备落地应用，开拓了跳汰技术与装备应用的新领域。此外，唐山研究院研发的 SID-120 智能风力干选机、高效高选择性 XJM-S36 型浮选机、DZSF4042 三质体高频脱水筛入选《河北省重点领域首台（套）重大技术装备产品公告目录（2023 年版）》。

北京踏歌智行科技有限公司（简称踏歌智行）致力于为客户提供安全、绿色、高效、经济的无人运输服务。2023 年，联合临工重机股份有限公司（简称临工重机）推出“正向设计”的无人驾驶新能源矿用宽体运输车 TG 136HA，填补了市场空白。其创新点有：无人驾驶功能实现了“无人则安”，降低了车辆的维修成本，延长了使用周期；电控系统（VCU）控制发动机启停，降低发动机油耗 10% 以上；制动能量回收，使车辆在重载下坡时节油率达到 90% 以上；百吨级载重可减少车辆运行密度，确保运输安全，提升运营效率；冗余制动、应急转向等安全设计极大地提高了车辆安全性；刚性一体车架与前后油气悬架减缓了矿区生产环境对车辆的冲击，延长了整车寿命；液压双举升使卸料作业更流畅，外设防护结构使无人系统更稳定；优化设计的硬件、软件、系统等确保矿车在高温、高寒、高原等极限工况下安全运行。踏歌智行研发的国内首个露天矿无人驾驶运输系统整体解决方案“旷谷”首创了“车－地－云”协同架构，以露天矿为主要应用场景，基于感知、规控、协同、云控、运维五大核心技术，覆盖矿用载货车、宽体车两大类数十种主流车型，可用于煤矿、金属矿等场景。踏歌智行参与的国家重点研发计划智能机器人重点专项——大型露天矿机器人化自主运输装卸系统关键技术与应用示范项目启动，提出一套面向露天矿复杂场景与极端环境的无人驾驶研究理论与方法，为实车无人运输测试应用的实施提供关键技术支持，以期实现世界领先的露天矿大规模无人运输车辆集群示范应用。

中煤科工西安研究院（集团）有限公司（简称西安研究院）面向国内、国际两个市场，提供地质保障一体化的技术、智能装备、工程总包等多种服务。西安研究院研制的新一代 ZDY6500LFK 型智能钻机主要用于矿井瓦斯抽采、冲击地压防治、探放水等多种钻孔的智能化施工，配备了大角度全方位自动装卸系统、电液控制系统、智能远程监控系统及遥控器系统，集成了企业自主研发的开孔定向仪，可实现开孔位置全自动姿态调节；具有智能防卡钻技术与自适应钻进功能，能够降低卡钻风险，提高施工可靠性；通过视距无线遥控、井下集控、地面远控等多种控制方式，实现钻孔施工数据的多方管理和井下施工现场的实时监控，配合智能钻机机群作业，实现“单台一人操作，一机群一人巡检”的工作模式，有效提高人均台效，提高施工效率。此外，该机的核心技术均拥有自主知识产权，具有故障辅助诊断、传感器工作状态监测、控制系统 OTA 升级、关键参数实时存取等功能，可选配丰富的安全保障系统，能够为煤矿智能化建设提供性能先进、技术可靠的智能钻孔解决方案。西安研究院研发的 ZDY23000LDK 大功率自动化定向钻机是大直径定向长钻孔在瓦斯治理中的创新性应用，对有效推动煤炭企业生产方式转变、提升灾害治理能力、降低灾害治理成本意义重大。该装备采用履带式结构，配套履带式泥浆泵车成套使用，具有独立行走能力、搬迁挪移方便、现场布置灵活、爬坡能力强等技术优势，适用于大直径近水平深孔定向钻进施工。西安研究院研发的行业首例、全自主产权的专业级透明地质保障平台——“涅石”透明地质专家（TIM-Pro），依托企业独具的地质、水文、钻探、物探四大特色专业，打造了智能煤矿“全息地质图”数字底座，构建了“矿区—矿井—工作面”三级地质保障体系，实现了煤矿地质保障系统从数字化、透明化到智能化的跨越。此外，西安研究院研发的三维可视化随采随掘数值模拟平台为煤矿井下透明化工作面的高精度构造探查和地质模型建立提供了科学数据和技术支持；实施的乌海矿区透明地质保障系统研究与示范项目将传统的地测工作模式与煤矿地质透明保障技术体系深度融合，实现了地测工作、掘进技术的结构性变革，对推动煤矿智能化开采透明地质保障系统建设具有重要的示范意义，通过了国家能源集团乌海能源有限责任公司（简称乌海能源）组织的验收。

南昌矿机集团股份有限公司（简称南昌矿机）聚焦矿业发展趋势，以新科技、新产品、新业态满足市场需求。南昌矿机最新研制的 MC800 多缸液压圆锥破碎机采用旋转定锥，破碎腔始终保持恒定，产品粒度均匀，破碎机衬板磨损均匀；配备液压控制装置，使破碎机保持恒定排料口，一次破碎成品率高，小于排料口成品率可达 80%；搭载智能化控制系统，可实现恒功率自动运行和提前预警；自动释放系统使设备过铁性能大大提高，减小了停机概率，保证了作业率；采用螺旋锥齿轮传动，具备外置式偏心调节齿轮侧隙功能，运行维护简单，更换衬板仅需 2h。南昌矿机研发的高性能 MC300 多缸液压圆锥破碎机采用高效层压破碎技术，主电机功率 250kW，具有产量大、效率高、成品粒型好、操作简单、自动化程度高等特点。该装备采用固定的主轴和抗旋摆机构设计，改善了主轴受力，增强了动锥稳定性，有效提高了零部件寿命；机架上部有加强法兰和筋板，下部增厚 50%，功率比同类破碎机高 20%、动锥转速提高 15%；主轴和传动轴采用高强度合金材料和先进的热处理工艺，根据需求，可选择有填料或无填料的动锥衬板和定锥衬板；为解决防尘，采用 I 型密封防尘设计，并配备独创的蓄能器和溢流阀双保护系统，使释放缸获得更大行程，过载保护能力更强，大幅提升了装备的使用可靠性。南昌矿机研发的 2MLS4385-B 香蕉筛采用箱式振动器作为激振源，振动强度高达 6G，激振力更大、稳定性更好，激振器免维护，寿命更长；采用多角度的筛面布置，从入料端到出料端角度依次减小，达到物料快速分布、迅速透筛的效果；筛分面积高达 38.8m^2，处理能力大大增加，处理量高达 2 500t/h。南昌矿机研制的 MC600 多缸液压圆锥破碎机获 2023 年度江西省优秀新产品三等奖，3NFS3075D 弛张振动筛获 2023 年度矿业装备质量奖银奖。

宁夏天地奔牛实业集团有限公司（简称天地奔牛）深入开展煤矿绿色开采装备技术创新，为“绿色清洁、智慧安全”的矿山建设提供可靠的装备支撑。2023 年，天地奔牛自主研发的 10m 超大采高工作面智能刮板输送成套装备通过中国煤炭工业协会组织的出厂评议并正式发布。该装备填补了 10m 超大采高工作面输送装备的空白，主要技术参数和性能指标达到国际领先水平，对提升我国煤机装备在国际上的竞争地位、促进煤炭工业的发展具有十分重要的意义。天地奔牛研制的国内首套装机功率 7 000kW、年产 2 000 万 t 刮板输送装备为陕西小保当矿业有限公司 5～6m 煤层实现年产 2 000 万 t 目标提供了装备保证，对大采高、长运距成套煤炭开采装备技术水平和产能及效率的提升具有重要意义，为我国煤炭工业技术装备进步打造了示范样板。天地奔牛为山东能源集团鲁西矿业研制的 260m 超长智能矸石充填刮板输送机是目前国内铺设长度最长、装机功率最大、配套链条规格最大的矸石充填刮板输送机，具有长运距、大功率、高强度和高可靠性等优势，实现了超长充填工作面安全平稳运行。天地奔牛主持完成的超长工作面智能刮板输送装备等多个项目通过中国煤炭工业协会组织的成果鉴定。其中，超长工作面智能刮板输送装备和刮板输送机用 2 000kW 自诊断行星齿轮减速器关键技术达到国际领先水平；铝土矿井工综采工作面成套输送装备和大倾角中厚偏薄煤层工作面高效开采装备技术研究与应用达到国际先进水平。依托天地奔牛建设的煤炭机械工业井工刮板输送装备工程技术研究中心获批筹建，将聚焦井工刮板输送装备的研发和生产，建立先进的技术创新平台、实验平台以及成果转化平台，重点突破井工刮板输送装备关键技术，形成高端矿业输送装备原创技术的国际性领先优势，促进煤机装备向高水平发展。

太原重工股份有限公司（简称太原重工）以创新驱动为引领，以国际化和信息化为主线，重点打造高端制造、工程成套、生产性服务三大增长引擎。其自主研发的新一代 WK-20 型电铲，斗容达 20m^3，不仅具备效率更高、能耗更低、寿命更长等技术优势，而且通过与采矿场生产、检修等系统的有效兼容，能快速融入生产运行。同时，通过在远程操作系统上加装温度监测、振动监测、倾角控制、接地监测等一系列传感器，能精准地采集工作过程中的相关数据，并通过数据分析和趋势预测，及时干预设备的工作进程，为进一步保障整机的稳定运行、提升工作效率提供强力保障。太原重工研发的发明专利“变频调速的矿用电铲挖掘作业系统及控制方法”获第二十四届中国专利奖优秀奖。

中煤科工集团重庆研究院有限公司（简称重庆研究院）不断巩固在国内钻探智能领域的领先地位，为煤矿安全、高效生产和智能化建设提供有力保障。2023 年，重庆研究院研发的“超高压水力钻、扩、割一体化装置”获第二十四届中国专利奖优秀奖。针对煤矿井下钻孔预抽瓦斯措施存在的“工程量大、预抽效率低、措施时间长”等技术瓶颈，重庆研究院创新研发了目前煤炭行业压力最高的100MPa超高压水力割缝成套装备，发明了截流孔触发式高低压水转换割缝器，实现了低压钻进、中压扩孔、高压割缝三种工艺自由切换，解决了二次进钻割缝的低效问题；系统研究了超高压水射流精准割缝关键技术，首创了“源—通—连—割”四重超高压安全防护技术，突破了原有割缝技术装备“压力低、割不深、割不快、安全性低”的难题，实现了低渗煤层安全高效精准割缝与规模化应用。该装备在全国10省市70余对矿井应用，实现了煤矿井下煤巷条带、回采面等多场景瓦斯灾害防治，显著提升了低渗煤层瓦斯治理过程“降本—促抽—提效”效果。重庆研究院完成的全方位多姿态调节机架项目获重庆市科学技术协会岗位创新争先行动二等奖。项目针对我国中小型煤矿巷道普遍断面小、定向钻机无法全断面施工的难题，发明了全方位多姿态调节机架，研发了针对狭窄巷道钻孔施工的ZYWL-4500/6500D系列全方位多姿态定向钻机，一机实现煤矿井下巷道掘进超前探测钻孔、底抽巷全方位钻孔、极薄煤层低位钻孔等钻孔施工，钻孔操作无视野盲区，大幅提高了钻进施工的安全性能，整体技术达到国际先进水平，有效保障了煤矿井下安全、高效生产。重庆研究院实施的中煤科工重庆研究院矿用仪器仪表智能制造示范工厂项目入选工业和信息化部等五部门发布的“2023年度智能制造示范工厂揭榜单位名单”；研发的防爆雷达地质构造精细探测技术通过中国煤炭工业协会组织的成果鉴定，总体技术达到国际先进水平；完成的煤矿井下自动钻孔作业线关键技术及装备项目打造了国内首套煤矿井下自动钻孔作业线成套技术装备，实现了井下钻孔“一人巡检”的少人化施工新模式，通过验收。

湖南创远高新机械有限责任公司（简称湖南创远）以矿山企业的急切需求、痛点问题为研发目标，不断加强自主创新，为矿山行业的发展注入强劲动力。湖南创远参与完成的地下金属矿智能开采关键技术与装备项目获2023年度国家科学技术进步奖二等奖。项目以解决地下金属矿行业共性的深部开采科学技术难题为导向，建立了符合我国实际的地下金属矿智能采矿技术体系，研发出具有自主行驶及智能作业功能的7类智能采矿装备，并在三山岛金矿成功进行技术集成和迭代应用，形成了具有自主知识产权的地下金属矿规模化智能开采成套技术、装备和控制系统，建成了国内首个千米级的深部智能采矿工程示范，实现了关键生产环节综合减员率超过50%，关键生产工艺流程数控化率接近100%，大幅提升了金属矿山的本质安全，有力推动了我国金属矿领域由传统产业向智能化方向发展的进程。随着采矿逐渐向地下深部发展，传统的天井钻机全岩性作业能力不足，难以满足现代矿山发展要求。湖南创远突破国外技术封锁，攻克了天井钻机全岩性作业、智能化等技术瓶颈，研制的CY-R200V智能天井钻机填补了国内全岩性智能天井钻机领域空白。创新点有：一次成井直径可达6m，极大地提高了天井钻机的施工工效；强劲动力搭配独有的高承载钻具，实现了全岩性破岩作业，无论是在软岩还是硬岩环境，均可保持高效运转；采用可视化远程遥控技术，能实现生产过程遥控化、采矿作业办公化，让作业人员远离高深井、高温、岩爆作业环境，确保安全生产；搭载的人工智能自主作业智能操作系统，集成了安全保护、自动作业、故障诊断、数据云存储、在线监测、控制扩展等功能，可根据岩石硬度实时自动调整工作压力和扭矩，实现智能作业，安全高效。湖南创远联合中南大学申报的基于大数据技术的凿岩钻机自动作业系统项目入选“2023年度湖南省重点研发计划”。项目以安全、高效、经济、环保为目标，针对当前国内地下矿山开采过程中，凿岩作业普遍存在的智能化程度低、安全风险高、工人劳动强度大、矿石贫化损失高、采场生产能力小、综合作业成本高等问题，通过开展裸眼3D远程可视化遥控技术、岩层识别技术、孔眼精准定位与机械臂精确控制技术等地下矿山智能凿岩核心技术的研究，形成具有自主知识产权的智能凿岩技术与装备，优化地下矿山采矿生产流程，提高我国矿产资源的开发能力，促进我国从矿业大国向矿业强国发展。依托湖南创远组建的湖南省地下非煤矿山智能采掘装备工程技术研究中心获批建设，该中心聚焦地下非煤矿山，研发具有完全自主知识产权的成套智能采掘装备、关键技术与软件平台，保障国家战略性矿产资源领域安全、高效、绿色、智能开采。

太重煤机有限公司（简称太重煤机）致力于为用户提供最优质的产品与服务，助力煤企实现绿色、安全、智能、高效开采。2023年，太重煤机完成的3 000kW系列整体框架式智能电牵引采煤机项目通过山西省机械工程学会组织的成果鉴定，整体技术达到国际先进水平，其中，变频器参数“智能一键配置”技术达到国际领先水平。项目针对采煤机整机框架式结构、关键参数匹配、核心零部件、制造工艺、冗余通信技术等开展攻关，开发了装机功率可达3 000kW的采煤机机身整体框架式结构，突破了超长薄板锻造和热处理技术瓶颈，机身可承载全部复杂受力，极大提升了采煤机整体运行的稳定性和可靠性；提出了牵引箱整体左右互换的模块化设计方法，实现了牵引传动箱、电控箱、泵站系统等部件从老塘侧拆装，解决了机身变形对部件工况影响的难题，提高了大功率采煤机的可维护性和适应性；研发了基于自然伽马射线感知的煤岩全自动追踪与识别系统，建立了识别算法模型，实现了煤岩界线识别与联动调高。项目成果在开滦集团、内蒙古丹蒙得煤业等煤企成功应用，日产高达3.3万t，月产高达81万t，取得了显著的社会经济效益。

北京易控智驾科技有限公司（简称易控智驾）致力于为矿区提供无人驾驶全栈技术与运输运营服务，打造了国内首个全矿新能源无人驾驶的智慧矿山标杆项目，成为业内率先切入真实场景并形成规模化运营的矿山无人驾驶公司，截至2023年年底，易控智驾已投放无人驾驶矿用自卸车近400台，无人驾驶累计运行里程达610万km，标志着国内矿山无人驾驶进入产品化阶段，开启了规模化复制的进程。2023年，易控智驾基于矿山安全、智能、高效的发展需求，全新推出露天矿无人驾驶运输解决方案“著山”，并首次发布行业内首个新能源无人驾驶线控平台“御石”，实现了矿山无人驾驶技术的又一重大突破。“著山”方案主要包含了搭载无人驾驶新能源线控平台“御石”的线控矿用自卸车、智能云控平台、无人驾驶系统及协同作业系统四大产品，具有规模化和可复制化等特点，可支持车辆的高效运行和高安全冗余。其中，“御石”线控平台采用模块化集成设计理念正向开发设计，可快速实现从有人到无人的新功能迭代升级，不仅可满足矿山运输场景需求，而且大幅提升了全域工况适应性。其核心系统由智能硬件模块、新能源动力系统、线控系统、安全诊断系统和智能配电系统等构成，采用可进化的智能线控底盘和匹配全域工况的混动技术，具有高节油、高安全、高可靠性、高适应、可进化、集成化、通用化七大优势，特别是平台化架构可适配多个厂家、多种车型。已有200余台搭载了“御石”平台的新能源无人驾驶矿用自卸车，在新疆天池能源有限责任公司露天煤矿实现常态化7×24h无人驾驶运营，这也是全球单矿最大无人驾驶车队的常态化运行。

宁夏天地西北煤机有限公司（简称西北煤机）以质量引导市场，以服务赢得市场，以品牌拓展市场。2023年，西北煤机承担的宁夏回族自治区重点研发计划项目基于手机遥控可视化伸缩式自移机尾通过自治区科技厅组织的验收。项目针对目前掘进工作面机尾移动及调整困难，补充单元机身效率低，掘进、支护、运输不能协同作业，工人劳动强度大，存在严重的“掘运”比例失调等问题，通过自动化、无线通信、终端APP开发、液压传动等技术攻关，自主研发了可伸缩带式输送机配套产品，可通过手机APP，实现一键启动、自动前移与远程可视化操作，从而满足机尾及物料平台的自动跟进、自动调平、自动调偏，极大地促进了掘进工作面实现减人、无人化作业。西北煤机研发的我国首台大运量长距离远程控制横向自移式移置带式输送机样机完成工业性试验，将用于露天矿连续、半连续输送系统的剥离工作面、排土工作面和采矿工作面。其创新点有：整条移置式带式输送机移设可由多台履带机驮运分段桁架，随工作面的推进快速协同横向自移，多段桁架可自动对齐、自动调平，从而适应凹凸不平的复杂工作面，一举改变传统的移设工艺，移设费用低，噪声低、污染少，移设效率提高80%以上；具备远程可视化及实时状态监测功能，可实现远程集控或手持终端遥控操作，操作简单方便快捷；多履带机智能化协同自移技术和算法属国内首创，相关技术获多项发明专利授权。该产品的研发促进了我国露天矿连续、半连续输送系统及开采工艺向智能化、集约化、数字化方向发展，为加速智慧矿山建设提供了装备保障。西北煤机等单位完成的快掘迈步式自移机尾项目推动了我国煤矿掘进工作面智能化建设的进程，通过中国煤炭工业协会组织的鉴定，达到国际先进水平。

湘电集团有限公司（简称湘电集团）秉承“创新引领未来，行动成就事业”的创新理念，优化资源配置，推动形成以创新为第一动力的新质生产力。2023年，湘电集团自主研制的2 000kW磨机永磁直驱系统下线，这是国内矿山行业首台（套）兆瓦级磨机直驱系统，推动我国矿用大功率磨机永磁直驱技术迈上新台阶。该系统长2m、宽近9m、高近7m，重80余t，采用环形结构。通过将电机转子与磨机滚筒进行一体化设计，取消了齿轮箱、大小齿轮组、慢传系统、润滑系统等结构，从而大幅降低了系统故障率，提高了运转效率，具有低噪声、高稳定性、高适应能力等特点，整体节能达20%左右，可用于矿山、水泥等高能耗行业，功率级别覆盖国内矿山行业75%的应用场景。湘电集团自主研发的SF31904E/SF32101E型120t级纯电交流电动轮自卸车通过中国重型机械工业协会组织的新产品鉴定，总体技术达到国际先进水平。该自卸车实现了大型矿用自卸车由燃油动力向绿色能源的跨越，填补了国内外百吨级以上纯电动非公路矿用自卸车的空白，具有动力性能强劲、低速稳定性好、可靠性高、维护保养方便、驾驶舒适性好、智能化程度高等特点，与同吨位传统燃油车相比，燃料成本降低70%以上，运行成本降低40%以上，年减少碳排放1 500t，实现了经济效益和环保效益的双赢。湘电集团和云南锡业股份有限公司联合完成的新型高效云锡式摇床关键技术装备开发与应用项目通过中国有色金属工业协会组织的科技成果评价，整体技术达国际先进水平，部分核心技术达国际领先水平。项目突破了长久以来矿产重选领域摇床结构、传动控制、机械连接等技术瓶颈，实现了我国在矿产重选领域的跨越式发展。其中，湘电集团独立研发的驱动系统是项目核心技术，采用“永磁直线电机+伺服控制”取代传统的凸轮-摇臂式摇床驱动系统，大幅提升了选矿率、品位率，降低了维护成本。

西安煤矿机械有限公司（简称西安煤机）围绕煤矿实际需求，集中力量研发智能化新产品，为行业发展注入新活力。2023年，西安煤机自主研制的世界首台10m超大采高智能化采煤机通过中国煤炭工业协会组织的出厂评议。该机发明了大仰角长摇臂多单元分隔润滑技术、分布式冷却技术，开发了超大采高采煤机规划截割控制系统、采煤机物联网健康监测系统，提出了超大采煤机工况负载预测方法，优化设计了超大采高采煤机的整机功率、牵引力及总体布置，提升了整机结构可靠性，为特大型煤矿高效开采与资源高效回收提供了关键装备，开创了煤机行业开采的新高度，填补了国内乃至全世界特厚煤层10m一次性采全高的空白，对提高特厚煤层工作面的资源回收率，提升我国煤炭装备制造核心竞争力有着现实性意义。MG620/1660-WD型采煤机是西安煤机自主研制的可替代进口机型的高端智能化采煤机，采用多电机驱动、电机横向布置、交流变频调速无链电牵引，最大装机功率1 980kW，最大牵引速度30m/min，配套多种机面高度，适用于采高 1.8～4.3m，煤层倾角≤40°的综采工作面，特别适合在较薄煤层、地质条件复杂的工作面使用，具有装机功率大、机身紧凑、高强度设计等技术优势，配置有多种传感器，可实现状态检测、故障诊断及智能化开采等功能。

济南重工集团有限公司（简称济南重工）走科技创新、智能制造之路，持续提升产品水平，不断满足用户需求。2023 年，济南重工研制的“齐鲁号”“济重 057 号”“济重 034 号”“齐鲁六号”“泉新号”等多台盾构机下线。其中，山东省首台 9m 级盾构机“齐鲁号”是目前山东省内制造的规格最大的盾构机，将用于粤港澳大湾区城际轨道项目建设。针对项目区间隧道全断面硬岩地层、全断面软岩地层、上软下硬地层等复杂地质条件，该机搭载了土仓可视化、人舱自动消防喷淋、智能渣土称重、盾尾间隙自动测量等智能化系统，可实时、清晰、准确地判断盾构机的掘进状态；刀盘配备有近 60 把重型滚刀，刀盘、盾体等重要零部件采用分体式设计结构，刀盘、主驱动等预留 TBM 结构，可进行快速模式改造，从而满足多变的硬岩地层掘进要求。“济重 057 号”采用加强型的 6 主梁 +6 副梁的结构设计，刀盘开口在整个盘面均匀分布，整体开口率 32%，中心区域开口率 38%，确保了足够的刚度和强度，可兼顾黏土、砂层等软土地层和上软下硬、基石突起、风化岩等复合地层；在刀盘刀具设计时，采用硬软岩刀具互换方案，既可安装滚刀，也可安装重型撕裂刀，充分满足现场施工需求。“泉新号”是 EPB/TBM 双模盾构机，整机长近 100m，重量 600 多 t，创新性设计了大功率高性能主驱动，既能满足土压模式高扭矩的需求，又能满足 TBM 模式高转速的需求，且研发配备了 TBM 掘进模式除尘设计、螺旋机高荷载抗磨设计等多项关键技术，可根据地质情况，快速实现 EPB 和 TBM 双模式间转换，具有地层适应性强、安全性高、掘进速度快等特点。济南重工研制的 SAG-55×25 半自磨机通过山东轨道交通学会组织的成果鉴定，达到国内领先水平，并入选《2023 年度山东省首台（套）技术装备及关键核心零部件生产企业及产品名单》。该机兼有破碎和粉磨功能，采用了先进的数字信息技术、人工智能和 4G 等核心技术，实现了矿磨生产的环保、节能降耗、低维护和高效运行。

冀中装备集团石家庄煤矿机械有限责任公司（简称石煤机）围绕高端化、智能化、绿色化，开展智能快速掘进装备的研发。2023 年，石煤机研发的首台适用于薄煤层硬岩掘进的 EBZ260M-4 矮机身四臂掘锚机下线，不仅丰富了“石煤”掘锚机系列型谱，也为提升我国薄煤层煤炭资源开采效率，拓宽煤炭资源开采“空间界限”提供了“四肢”健壮有力、“神经”系统发达灵活的掘进利器。该机机身平面高度仅 2m，截割臂高度 2.33m，适应巷道断面高度低至 3m，定位截割范围宽 6.1m、高 5.1m，截割煤岩最大硬度达 f10，爬坡能力 ±18°，预留了智能化系统接口，可进行智能化升级。该机集掘、锚、支、运功能于一体，锚护作业时，四锚臂可分别控制，能够完成全断面锚杆和锚索孔的机械化快速钻孔和锚护施工，有效保障了井下作业安全，降低了工人劳动强度，提高了井下掘进效率。石煤机与开滦集团合作研发的大坡度煤矿用全液压掘进钻车为煤矿井下大坡度钻爆法掘进施工提供了新型机械化装备。该机专为大坡度斜巷设计，结构紧凑、机动灵活、适应性好、爬坡能力强、工作稳定性好，适应巷道坡度≥16°。此外，石煤机研发的 EBZ200M-2 智能掘锚机及控制系统、CCG/C300/160Y 矿用防爆柴油机齿轨机车等重大技术装备入选《河北省重点领域首台（套）重大技术装备产品公告目录（2023 年版）》。

中科慧拓（北京）科技有限公司（简称中科慧拓）以成为全球矿山无人化和智能化的领军企业为目标，致力于打造“数字化、智能化”的矿山发展新格局。2023 年，与中国科学院自动化研究所、国际先进技术应用推进中心、中国矿业大学（北京）内蒙古研究院等联合孵化的矿山智能运载机器人“载山 CarMo”正式发布。这是我国首台（套）具备产业化标准要求的、拥有完全自主知识产权的新能源运载装备，可用于露天矿山、散货码头等多场景的重载物料运输。中科慧拓依托多年来智能化矿山建设的丰富实践，深度参与了国家矿山安全监察局（简称国家矿山安监局）《智能化矿山数据融合共享规范》中的《数据采集－通信接口与协议规范　第 1 部分：基本要求》《数据采集－通信接口与协议规范　第 2 部分：接口》等 11 项规范的编制工作。中科慧拓联合华为、宇通和泰国最大的综合性企业泰国暹罗水泥集团（SCG）、泰国最大电信运营商 AIS 签订合作协议，实现了中国矿区自动驾驶首个出海项目的落地。依托自主研发的全机型、多矿种、全场景适配的“愚公 YUGONG”平行矿山操作系统，中科慧拓为该次合作提供智能化、无人化技术服务，确保新能源矿车无人驾驶、智能调度及智能协同作业的实现。首批改造完成的纯电无人宽体车于 2024 年进入泰国 SCG 位于沙拉武里府的水泥矿区，助力建设绿色、智能、高效、安全的新型矿山。

中国煤炭科工集团太原研究院有限公司（简称太原研究院）面向煤矿智能化重大需求，强化技术攻关，致力于打造具有全球竞争力的高端煤机装备。太原研究院研发的 EBH315Q 硬岩掘进机填补了国内全岩巷道机械化掘进的空白，是目前世界上批量生产的掘进机中截割能力最强、技术最先进的机型，在山东菏泽矿区实现单月累计进尺 210m、单日进尺 9.6m 的全岩巷道掘进新纪录。该机重 130t，采用横轴式截割部，截割功率 315kW，经济截割岩石硬度 f10，局部可截割岩石硬度达 f12。太原研究院自主研发的新一代智能快掘成套装备在陕煤集团曹家滩矿业历时 97 天，高精度贯通 5 992m 巷道，提前到达预定位置，创下了全国首个 10m 超大采高超大断面（巷道尺寸 6.5m×5.5m）日进尺 80m（稳定日进尺 75m 以上），月进尺突破该矿 1 980m（按传统 24m^2 断面折算后达到 2 860m）的历史纪录。该装备采用自主研发的双驱动高速合流截割减速器，截割功率达 560kW，生产能力达 25t/min，可适应薄、中、厚煤层及半煤岩巷道施工要求，具有一次成巷、安全高效、工艺简化三大核心优势，实现了“一人多机”同步作业，解决了曹家滩矿业全国首个10m超大采高顺槽掘进超大断面巷道需分次截割的难题。太原研究院为黄陵煤矿研发的国际首台智能锚索机器人填补了煤机装备在复杂地质条件下高端智能自主式支护装备领域的空白。该装备将多物理场信号采集技术、AI锚钻控制技术与锚护装备相融合，具有远程自适应钻孔作业、自动输送钻杆、自动接钻杆、自动退拆钻杆以及实时监测成孔状态等功能，可根据巷道煤岩分布情况，人机结合优化锚护方案，钻孔效率提高2倍以上，同时显著改善了锚护作业环境。太原研究院自主研制的全球首套铰接式百吨级综采成套搬家装备，为现代化矿井超大采高、超大吨位搬家作业提供了高效、安全、可靠的解决方案，标志着国内大吨位无轨辅运装备进入了发展快车道。此外，太原研究院研发的掘锚一体机用双驱动伸缩滚筒截割机构和煤矿井下连采工作面多设备协同控制方法2项专利获第二十四届中国专利奖优秀奖。

埃里斯克矿山工程机械有限公司（简称埃里斯克）发挥自身在高端破碎筛分领域的技术优势，助力客户高质量发展。2023年，埃里斯克研制的高效智能尾矿破碎设备入选《国家工业资源综合利用先进适用工艺技术设备目录（2023年版）》。该设备可对各类尾矿进行磨前破碎，破碎效率高、节能环保，最大处理能力为2 450t/h，单位物料能耗约0.53kW·h/t，优于《圆锥破碎机能耗指标》（GB/T 26965—2011）规定的普通型圆锥破碎机最高级能耗指标1.0kW·h/t，整体出料合格率达80%。其创新点有：采用“挤满式层压破碎”技术，破碎效率高；利用破碎机执行部件对积聚在破碎腔的多层物料实行冲击、挤压，使物料颗粒间相互产生挤压、劈裂、折断、磨削而实现破碎；配置智能控制系统，实现排料口自动调节、铁载过保护、磨损补偿、设备运行数据实时监测、历史数据追溯、远程控制等多种功能，实时监控设备的运行状态，从而提高生产效率，优化产品粒形，降低能耗；设置防尘系统，可有效沉降破碎作业中产生的粉尘颗粒，减少环境污染。此外，埃里斯克牵头起草的标准《复摆粗碎颚式破碎机》（T/ZZB 3348—2023）入选了浙江省市场监督管理局2023年第二批“浙江制造”标准认定清单。

中煤天津设计工程有限责任公司（简称天津设计公司）坚持“科技创新、示范引领”的发展道路，深耕数字化技术，开拓更多应用场景。天津设计公司研发的智能化掘进技术立足于国家战略、政策要求、行业发展和矿企需求，针对探、掘、支、运、辅及集控系统等开展关键技术攻关，形成了首台智能变频掘进机、首台全自动探水机器人、首台集成AI技术的全自动锚杆钻车、“风尘联控”智能高效除尘技术与装备、多种掘进工艺装备模式的远程可视集中协同监控系统等多项突破性、创新性成果。天津设计公司研发的大海则特大型煤矿全矿井智能化建设关键技术研究与应用等多项成果通过由中国煤炭工业协会组织的鉴定。其中，大海则特大型煤矿全矿井智能化建设关键技术研究与应用、动力煤浮选湍流强化关键技术研究及集成应用达到国际领先水平，基于激光扫描技术的煤矿井下巷道形变监测预警系统研究达到国际先进水平，三产品重介旋流器精确分选智能调控关键技术及应用达到国内领先水平。天津设计公司研发的煤炭洗选工程CPIM三维可视化全生命周期管理平台是针对“双碳”目标下的新能源体系变革需求，首次提出的基于CPIM信息模型技术的煤炭工程数字化建设标准体系，在提高选煤厂等能源工厂运营效率与安全系数的同时，为能源工程从设计、施工到生产运行全生命周期管理提供全方位数据保障，2023年入选国家能源局《第三批能源领域首台（套）重大技术装备（项目）名单》。

山东华特磁电科技股份有限公司（简称华特磁电）不断突破“卡脖子”技术，引领磁选装备向大型化、集约化、智能化和绿色低碳化发展。2023年，华特磁电推出了全球首台、全球最大6m智能立环高梯度磁选机、特大型2.5m智能电磁浆料高梯度磁选机、全新一代新能源电池材料用智能除铁器、高频脉动粉矿风力磁选机、智能传感分选机等多款产品。其中，6m智能立环高梯度磁选机可满足千万吨级大型矿企对特大型装备的需求，入选“2023年度重型机械行业十大新闻”。该装备高11.8m，转环直径达6m，重700t，背景场强高达1.8T。干矿处理量，以鞍山贫赤铁矿为例，达1 300t/h；以石英砂为例，达800t/h，是3m立环高梯度磁选机处理量的8倍，吨矿处理能耗降低60%以上，运行成本大大降低；同时工艺布置简单，占地空间小，可节省工程投入30%以上。其创新点有：研发了套装式磁极和等阶剖分式转环等特大型部件模块化组合技术；线圈采用立体绕组结构，全封闭大流量外循环散热，温升低，适应能力强；研发了分选腔液位自动调整、冷却系统温度控制、卸矿水压力实时检测调整、自动润滑等多点位自动化控制技术，实现了设备智能化运行；应用物联网、云平台等先进技术，可实现远程运维、故障诊断和全生命周期管理。2.5m智能电磁浆料高梯度磁选机可高效清除石英、钾钠长石、高岭土、黄金尾矿等各类非金属矿物中的铁、钛、锰、铬、云母等弱磁性杂质。该装备高9m，分选腔直径2.5m，重210t，背景场强高达1.6T，石英砂处理量达150t/h，高岭土处理量达30t/h。处理能力是1.5m电磁浆料高梯度磁选机处理量的3倍，1m浆料磁选机处理量的6倍多，节能56%以上。其技术特点有：采用八角形外观设计，占地面积少；励磁线圈采用立体绕组结构，散热快、温升≤25℃；全密封结构，可在恶劣环境中使用，可靠性高，寿命长；采用多管多点布料技术，物料均匀通过分选腔，除铁率提高10%以上；采用高压大流量冲洗介质，卸铁干净；采用智能人机交互界面和自动控制系统，实现了全过程自动运行；应用物联网、云平台等先进技术，实现了远程运维、故障诊断和数据共享及全生命周期管理，提升了矿企的智能化水平。

中煤科工集团煤炭科学技术研究院有限公司（简称煤

科院）聚焦矿山智能化，开展新产品研发和成果转化，为加速推动煤炭行业高质量发展提供有力支撑。2023年，煤科院研发的KJSNet煤矿复合灾害远程监测预警平台、智能矿山三维时空集中监测平台和煤矿井下储能微电网系统3项成果被评为2022年度煤炭行业“中国好技术”。智能矿山三维时空集中监测平台基于一张井巷工程底图，利用物联网、大数据、云计算等先进技术，采用轻量级WebGL 3D引擎，融合全矿井“人—机—环—管—控”等业务系统和数据资源，实现了采掘工程、一通三防、机电运输、监测监控、应急管理等全矿井三维GIS一张图集中监测，解决了矿山数字化管理过程中涉及的信息模型、数字化设计、三维可视化、模型应用等关键技术难题，实现了各系统数据的互联互通、融合共享、联动控制。在天地王坡、陕煤红柳林、神东保德、汇能宝平湾、徐矿郭家河等40多个煤矿部署应用，为煤企数字化转型奠定了基础。煤科院投资建设的燕子山矿装车智能煤炭采制样系统正式投入运行，标志着燕子山矿煤质管控的规范化、标准化和智能化发展进入新阶段。该系统开发了智能采样和破碎缩分、样品智能收集、系统智能控制、煤样全流程感知、故障智能诊断等功能，实现了采样采集全流程智能化，改变了煤炭采制样组织生产模式，显著提升了矿区的煤质管理水平。煤科院主持修订的GB/T 19494.1—2023《煤炭机械化采样　第1部分：采样方法》、GB/T 19494.2—2023《煤炭机械化采样　第2部分：煤样的制备》、GB/T 19494.3—2023《煤炭机械化采样　第3部分：精密度测定和偏倚试验》3项国家标准紧密贴合我国智能化采制样技术现状，引领了行业规范化发展，2023年正式发布；研发的高危行业（煤矿）企业风险预警与防控系统采用先进的信息化技术、物联网技术、大数据技术以及人工智能等核心技术，极大地提升了煤企的数字化管理水平，入选中国电子信息行业联合会发布的“2023年企业数字化转型优秀案例”。

郑州煤矿机械集团股份有限公司（简称郑州煤机）围绕煤矿综采智能化成套装备和控制系统开展技术攻关，助力煤企安全、高效、智能发展。2023年，郑州煤机研制的10m超大采高智能化液压支架通过中国煤炭工业协会组织的出厂评议并完成首批交付。该支架是郑州煤机继8.8m支架之后的又一突破，其支护高度、工作阻力均为目前世界之最，不仅为郑州煤机持续引领煤炭综采行业装备技术发展方向、推动我国煤炭装备技术进步、夯实我国在超大采高液压支架方面世界领先地位提供了重要的技术支撑，更为提高我国煤炭开采效率，促进煤炭资源精准绿色开采提供了重要的装备保障。郑州煤机为印度尼西亚现代化井工煤矿研制的CT300-4.3型成套化机组通过联调验收。该机组包含液压支架、刮板机、采煤机等综采工作面设备，泵站系统、乳化液保障系统、电气系统等顺槽供液和供电设备以及回柱绞车、平板车等辅助安装运输设备，涵盖了井工开采的七大系统，助力客户实现高产高效绿色开采。郑州煤机实施的郑州煤矿机械高端液压支架结构件智能制造示范工厂项目入选“2023年度智能制造示范工厂揭榜单位名单”；完成的煤矿智能开采大数据管控平台和离散制造业设计制造全流程原生数字化工厂建设及运营2个场景分获国务院国有资产监督管理委员会“首届国企数字场景创新专业赛”研发设计类一等奖和用户服务类一等奖；自主研制的ϕ630/ϕ460超大缸径双伸缩立柱获行业首个新产品安全标志证书。

航天重型工程装备有限公司（简称航天重工）瞄准矿山智能化建设“瓶颈”，深度融合5G、AI、云计算、车联网等先进技术，持续打造系列智能化矿山装备。航天重工联合辽宁工程技术大学研制的国内首台EJM200/6-2掘锚机可完成掘进、顶侧快速支护、锚固协同并联作业，实现了煤矿井下巷道安全快速掘进。该机由掘进主体、支护系统、锚固系统、液压系统、电气系统、水系统、前探钻机组成。其中，掘进主体包括截割部、铲板部、本体部、行走部、第一运输机、支撑部等部分，支护系统由主支护、副支护和侧支护组成，锚固系统包括八组锚杆钻机装置。传统掘锚机每掘进一两米，就需要停下来支护、锚固，该装备首次在国内提出并实现了三级进给式截割作业方式，采用四履带同步行走技术、伸缩式全断面铲板、分段式移运、回转台滑移式本体、多自由度铰接转向技术以及定位纠偏自动截割系统等多项创新技术，攻克了掘进、支护、锚固无法并联作业，常规掘进机铲板无法一次性全面收料，常规超前支护装备交替支撑对顶板反复碾压等技术难题，具有掘支锚高效协同、无重复碾压柔性支护、全断面无死角铲运等技术优势。航天重工与准能集团合作，完成了首台NTE330型矿用自卸车无人驾驶改造，不仅打破了原有无人驾驶矿用自卸车国内载重最大290t的纪录，开辟了国内载重最大330t矿用自卸车无人驾驶新纪元，也为后续露天煤矿300t以上车型的无人化改造提供了重要参考。

北京天玛智控科技股份有限公司（简称天玛智控）不断突破制约煤矿无人化智能开采的技术瓶颈，为不同地质条件工作面实现常态化无人化智能开采提供有效解决方案。2023年，天玛智控联合国家能源集团神东煤炭完成的榆家梁煤矿采煤工作面无人化建设成果在2023年全国煤矿采煤工作面智能创新大赛启动会暨智能采煤工作面建设论坛上发布。该成果以地面控制中心智能无人采煤一体化控制平台为核心，实现了井上调度、决策采煤工艺、规划截割模板，井下采煤机、液压支架依据控制决策自动执行的智能无人开采新模式的构想，发明了综采工作面采煤工艺驱动引擎技术，提出了一种采煤机沿煤层精准割煤控制的新方法，创新了综采工作面三角煤割煤控制工艺，并最终在43207工作面首创了“地面规划割煤、装备自动执行、面内无人作业”的无人化采煤新模式，建成了“0+2+2”的生产组织方式，即生产期间工作面0人操作，井下顺槽2人监护，地面2名操控员远程监控，实现了生产期间工作面内常态化无人、连续工业应用超过6个月，采煤效率提升16.7%，生产班人工工效提高80.1%。该成果达到国际领先水平，引领了智能采煤工作面建设，为全国煤矿采煤工作面无人常态化运行提供了示范。天玛智控研发的矿鸿系统视频主机在国家能源集团神东保德煤矿通过井下工业性试验，并通过矿鸿操作系统适配认证测试，实现了 L2 级标准型矿鸿系统的成功应用，为矿鸿系统在煤矿井下的物联网网关、边缘计算和视频识别等高级应用打下了良好的基础。天玛智控打造的北京天玛智能化无人采煤控制装备智能制造示范工厂入选“2023 年度智能制造示范工厂揭榜单位名单”；申请的复杂煤矿井下空间多飞行机器人协同定位技术研究青年科学基金项目获资助批准，该研究将进一步丰富煤矿装备智能化定位技术体系，对实现复杂煤矿井下空间飞行机器人自主定位和高效率作业具有重要意义。

中煤科工开采研究院有限公司（简称开采研究院）专注于开采技术的研发，不断引领行业开采技术进步和安全绿色高效发展。开采研究院联合陕煤曹家滩矿业有限公司完成的 10m 超大采高综采关键技术与成套装备研究项目，通过开展超大采高工作面安全高效开采工艺、复合水体下控水开采技术、水平孔区域压裂、液压支架与配套装备、智能化控制系统、“空—天—地”多场多参量协同监测技术等专项研究，突破了 10m 超大采高工作面装备国产化系列核心技术，为特厚煤层安全高效绿色智能开采提供了解决方案。该项目创造了装机功率 22 000kW 世界第一；装备总重量 20 000t 世界第一；一次采全高 10m 世界第一；单面产能突破 2 000 万 t 世界第一；建成了人均工效最高、智能融合最强、经济效益最大、社会影响最广的新时代智慧示范煤矿。2023 年 7 月，世界首套 10m 超大采高智能综采工作面成套装备联合试运转成功。开采研究院完成的内蒙古平庄煤业（集团）有限公司（简称平庄煤业集团）老公营子煤矿 30m 厚煤层分层综放智能化开采关键技术研究及应用项目开发了“采—支—放—运”自主协调控制技术及关键装备，构建了分层综放工作面智能化设计及六大装备、六大辅助控制系统设计模型，形成了 30m 厚煤层分层综放成套技术与装备，实现了远距离集中供液、一键启停、记忆截割、跟机移架、群组记忆放煤、采运协同等功能，建成了平庄煤业集团首个智能化综放工作面，通过国家能源集团组织的验收。开采研究院研发的世界首套用于掘进工作面支护的自动喷涂成套技术与装备在曹家滩煤矿井下试验成功，推动了掘进工作面快速支护技术的进步。开采研究院参与完成的综采工作面装备快速精准推移与超前联动控制技术研发、华能条件多样性煤矿群智能化关键技术与智能煤矿建设示范（井工矿）等多个项目通过中国煤炭工业协会组织的成果鉴定，达到国际领先水平。开采研究院研发的发明专利一种适用于综采工作面的液压支架的循环末阻力预测方法获第二十四届中国专利奖银奖；联合太原研究院研制的钻锚一体化智能快掘成套装备入选“第三批能源领域首台（套）重大技术装备（项目）名单”。

赣州金环磁选设备有限公司（简称赣州金环）坚持以创新为引领，全力打造具有国际领先水平的强磁高端装备和选矿工艺技术。赣州金环研发的首台节能型浆料机 SJ-1250CJ 是钾钠长石、石英砂、高岭土、霞石、萤石、蓝晶石、硅线石等非金属矿物除铁提纯的关键核心装备，尤其适用于微细粒级非金属矿的去杂提纯操作，具有能耗低、磁场高、介质不堵塞、分选时间长和吸附磁性物能力强等特点。该机采用独特的高导磁磁轭结构设计、高聚磁线圈和新型聚磁介质，配有均匀分料系统和脉冲正反高压冲洗系统，并辅以完善的智能化控制系统，可有效去除超细粒级弱磁性杂质，显著提升物料品质。同时，自主研发的热循环系统可以将线圈产生的热量进行高效交换，确保线圈始终在较低温度下运行，保证磁场稳定并减少无用功损耗。和传统的浆料机相比，其磁介质分选面积提升 30% 以上，实现节能 35% 以上。赣州金环研制的 SGTQ-350 × 600 干式永磁双辊式强磁机填补了干式永磁辊式强磁选机在钨锡干式分离领域应用的技术空白，解决了传统钨矿企业钨锡干式分离的难题，在江西赣南某钨矿选厂钨锡干式精选作业中首次实现工业应用，取得显著的经济效益。相比传统的二盘干式强磁选机，处理能力提高了两倍，每年可减少钨金属损失 1.62t，节电 32%，同时大大减少了操作人数。赣州金环研发的 SLon-2500（1.7T）和 SLon-2000（1.3T）磁选机实现了高梯度磁选机首次在黄铜矿选别工艺中的应用，显著提高了入浮品位，填补了强磁选装备在黄铜矿领域应用的技术空白。赣州金环制造的世界首台特大型 SLon-5000 型强磁选机在客户现场完成设备安装，标志着全球特大型 SLon-5000 磁选机首次投入运行，刷新了立环脉动高梯度磁选机应用的新纪录。依托公司建设的江西省磁选技术工程研究中心被认定为“2023 年度江西省工程研究中心”，将开展以磁选技术为核心的前瞻性研究和创新，推动磁选技术在矿产资源高效利用、矿业的绿色发展等方面发挥优势作用。

中煤科工集团北京华宇工程有限公司（简称北京华宇）坚持创新驱动，深耕智慧矿山和选煤厂智能化建设等领域。2023 年，北京华宇联合赵石畔矿业公司、中国移动陕西公司、中兴通讯股份有限公司完成的 5G 赋能煤矿智能化生产项目获第六届“绽放杯”5G 应用征集大赛总决赛一等奖，这也是煤炭行业唯一入围全国总决赛并一举夺魁的 5G 应用案例。项目系统阐释了 5G 应用在新一轮产业发展浪潮中对煤矿智能化生产的支撑与推动作用，首次实现 5G RedCap 技术在煤矿井下的创新应用，打造了从基于 5G 模组的嵌入式矿用产品研发制造、融合网络建设到应用场景设计的一体化解决方案，为煤矿智能化发展注入了澎湃动能。北京华宇完成的露天煤矿极寒条件原位移动式智能干法分选关键技术项目通过中国煤炭工业协会组织的成果鉴定，达到国际先进水平。项目研发了智能干法分选设备耐寒性零部件及空压机余热循环利用技术，充分运用人工智能煤矸图像识别技术，创新研制出褐煤大处理能力智能干选机，实现了极寒条件下露天矿坑下原位可移动式智能干法分选的高效运行，为解决大型露天煤矿复杂结构煤层提质增效和有效替代传统人工采选提供了参考方案，对促进干法选煤在低阶煤分选领域的技术进步具有重要意义。北京华宇总承包的国家能源集团胜利一号露天煤矿地面选煤系统全面建成了“智能干选 + 风选分选 + 分层剔选”褐煤综选系统，转入商业生产运营，标志着企业在低阶煤干法分选技术的工程应用方面取得突破性进展；设计的田庄选煤厂千万吨技改工程竣工暨智慧工厂建成投用，标志着河南省首座年千万吨级“智慧选煤厂”的诞生，为中原地区树立了千万吨级智慧选煤厂标杆；主编的团体标准《智能化煤矿工程数字化应用技术标准》（初稿）、《煤炭工业选煤厂工程数字化模型深度标准》（初稿）通过评审，将在推动能源绿色转型、助推行业数字化及智能化发展方面发挥重要作用。

成都大宏立机器股份有限公司（简称成都大宏立）深入践行科技创新、兼顾发展与环保新理念，助力行业绿色低碳高质量发展。成都大宏立研发的TK系列水平筛，最大进料粒度150mm，每小时可完成110～1 100t的物料分级作业，广泛用于采石场、矿山、建材、煤矿等行业。其产品特点包括：安装高度低，厂房高度降低约2m；占地面积小，占地面积减小5%～10%，输送带长度相应缩短5%～20%；筛床运动轨迹为椭圆，兼顾倾斜式圆振动处理量大和直线振动筛分效率高的优点，处理能力更大，透筛性更好，筛分精度更高、不易堵料；采用先进的自同步技术，无强制同步机构，结构简单可靠，维护方便；独特的弧形筛网结构，使筛面物料层厚度更加均匀；物料在筛面上跳跃式移动，对筛网摩擦小，筛网使用寿命是传统筛网的3倍以上；机架采用全组装式结构，可选配定做，安装运输方便。成都大宏立研发的PX系列旋回破碎机，主要用于第一段粗碎抗压强度不大于300MPa的物料，广泛应用于冶金、建材、矿山等行业。其产品特点有：连续破碎时，生产效率高于颚式破碎机。在相同功率下，产能更大；采用合理设计的破碎频率、偏心距以及层压破碎理念，使破碎料保持较好的产品粒型；运用层压破碎和挤满给料等技术，提高了设备作业率，生产每吨产品的平均耗电量更低；操作简单，只需按钮控制，即可实现排料口的无级调整。

中煤北京煤矿机械有限责任公司（简称北煤机）紧跟煤矿智能化发展趋势，以技术创新助推行业智能化发展。2023年，北煤机研发的智能化工作面超大采高强力轻量化高防锈成套支护装备、全数字液压支架电液控制系统和国产化综采工作面无人少人自动控制技术等多项科研成果通过北京市新技术新产品（服务）认定。智能化工作面超大采高强力轻量化高防锈成套支护装备是北煤机为大海则煤矿研制的全球顶级标准的创新产品。其创新点有：搭载了BMX全数字化电液控制系统和智能喷雾系统，可实现热插拔、采煤工艺流程用户自定义配置、在线编辑、一键更新及面板机身分离等功能；采用轻量化设计，结构件采用高强欧标钢板，立柱采用欧标钢管，有限元理论分析结合样机型式试验，产品实现主体结构件寿命63 000次循环；针对大海则煤矿井下水及煤粉含硫量极高的特点，采用了激光熔铜、（高速）激光熔覆 + 防锈掸子蜡、不锈钢 + 镀锌镍合金管路附件等一系列先进防腐措施。全数字液压支架电液控制系统突破了多项技术瓶颈，创新性地将全数字化概念、双CAN通信技术应用于电控系统，核心芯片实现了国产化替代，做到核心芯片、关键技术和整机工艺完全自主可控，为全数字智慧煤矿安全、智能、绿色、高效开采提供了新型一体化解决方案，填补了井下综采工作面领域数字智能化控制系统的行业技术空白。北煤机研发的BMX全数字电控系统中全数字控制器、操作键盘、全数字姿态传感器、全数字红外传感器、全数字压力传感器、全数字行程传感器、全数字驱动器7项产品通过安标认证，实现了井下液压支架智能控制系统关键国产化核心装备从“0”到“1”的突破，标志着我国煤炭开采核心技术装备水平迈上新台阶。

中信重工开诚智能装备有限公司（简称开诚智能）不断加强矿用机器人技术研究与应用创新，其自主研制的煤矿喷浆机器人、管路安装机器人、辅助运输机器人和电力执行机器人等多款煤矿特种作业机器人能代替或辅助人工完成喷浆、管路安装、运输等日常作业，对降低煤矿工人劳动强度、提高工作效率、提升煤矿本质安全水平具有重要意义。其中，喷浆机器人可对施工巷道进行三维建模，自动规划行走路径、自动定位导航、自动规划喷射作业路径，实现一键全自动喷浆作业。管路安装机器人可实现对不同规格管路的识别、抓取、移动等全过程作业，同时操作人员可通过移动机械臂辅助安装作业。辅助运输机器人可代替人工完成煤矿掘进巷道等易爆危险环境的日常运输作业，减轻工人劳动强度，实现安全生产。开诚智能还对防爆轨道巡检机器人、轮式巡检机器人和工作面巡检机器人进行全面升级，智能化程度大大提高。机器人可通过三维激光断面扫描形成数字3D模型，更加精准高效地实时监测工作面的形变量情况，彻底摆脱对后台工作站、用户环网的依赖，实现自主运行。此外，开诚智能研发的KRXJ51-LS矿用隔爆兼本安型轮式巡检机器人、RXLS-EX102防爆轮式巡检机器人、矿用输送带纵向撕裂检测机器人等重大技术装备入选《河北省重点领域首台（套）重大技术装备产品公告目录（2023年版）》；“特种机器人工业设计中心”被认定为第六批国家级工业设计中心。

中煤科工集团常州研究院有限公司（简称常州研究院）充分发挥智能化、数字化的专业优势，用AI为煤矿数字化、智能化升级赋能。常州研究院自主研发的全矿井智能视频监控系统采用流媒体大规模分发、低延迟传输、业务组态等多项关键技术，可兼容10多种视频感知设备，融合50余种机器视觉算法，能辨识隐患并提前预警，达到煤矿井下全域视频AI感知与协同控制，实现了全矿井“人—机—环—管”可视化监管。常州研究院研发的煤机设备健康诊断与全生命周期管理系统强化了设备状态感知、智能诊断、预知维护等功能，实现了设备从购置、安装、运行、诊断、维护、维修、改造到报废的全生命周期与全流程闭环管理。其创新点有：通过有线 / 无线融合感知技术，全面感知设备运行状态信息；采用多信息融合专家智能诊断技术，准确识别定位故障部位；通过设备资料电子化和技术标准知识库，提高了设备信息数据的准确性和维修管理的规范性，建立了以状态维修和预防性维修为主的多元化维修管理体系，解决了设备过维修、欠维修等问题；通过设备闭环管理模式，实现了设备全生命周期信息电子化管理、一站式查询、一体化协同管控，提高了设备管理效率，有效提升了煤矿智能化、数字化管理水平。常州研究院研发的矿山安全智能监管监察系统通过中国煤炭工业协会组织的成果鉴定，达到国际先进水平，在江苏省 78 家矿山企业（非煤矿山占 94%）示范推广，实现了全国首个全省域内非煤矿山行业的监测预警应用，为非煤矿山的安全生产保驾护航。

沈阳隆基电磁科技股份有限公司（简称沈阳隆基）坚持大型化、智能化、专业化的发展战略，持续完善产品型谱。2023 年，先后推出全球最大筒式磁选机 LCTC-1560、5m 智能立环强磁选机、LGS-5000 型智能立环强磁选机、LGS-3500 型立环强磁选机等新产品。LCTC-1560 超大磁选机为我国磁性装备大型化提供了最新解决方案，处理量高达 400t/h，提高了中国品牌在全球选矿领域的影响力和竞争力。5m 智能立环强磁选机处理量更大、吨功耗更低、占地空间小，极大地满足了大型矿山的分选需求。该机采用企业自主研发的智能控制系统，具有参数智能调节、故障自检等功能，同时支持远程协助和专家调试模式，可及时解决各种运行问题。沈阳隆基和包钢集团矿山研究院、包钢蒙普矿业有限责任公司共同完成的内蒙古白云鄂博超难选含铁岩矿高效绿色磁悬浮综合利用技术及应用研究项目通过中关村绿色矿山产业联盟（简称中绿盟）组织的成果鉴定，达到国际先进水平。白云鄂博低品位含铁岩矿储量大，但由于品位低、粒度细，普通磁选无法得到合格铁精矿，采用传统弱磁强磁反浮选工艺，生产成本高，同时要消耗大量电能、蒸汽等，与国家“双碳”目标相悖。项目针对技术瓶颈，采用全新磁悬浮精选机，并根据现场情况开发了新的工艺流程，实现了白云鄂博低品位含铁岩矿无选矿药剂使用的绿色工业化生产。相比原生产流程，精矿品位大幅提升，且保证回收率仅下降约 2%，分选效果明显，极大地延长了白云鄂博资源供给年限，对国家低品位含铁岩矿资源的绿色利用具有深远意义。

中煤科工集团沈阳研究院有限公司（简称沈阳研究院）全面布局煤矿智能化技术研发，助力行业技术进步。2023 年，由沈阳研究院、中国煤科机器人公司、常州研究院联合华为技术有限公司（简称华为）、科大讯飞股份有限公司（简称科大讯飞）、杭州海康威视数字技术股份有限公司（简称海康威视）研发的国内首套“‘天地井’多场景煤矿机器人一体化解决方案——领航者 3 变电所水泵房智能巡检机器人”正式发布。该机器人具备华为昇腾 AI 算力，结合海康威视视觉相机，具备本体 AI 识别能力，同时搭载了科大讯飞纹声识别系统，能够对煤矿井下进行实时监听、纹声识别及空间定位；与华为鲲鹏架构联合解决方案充分结合，实现了煤矿多场景下的机器人协同调度指挥与平台管控能力。通过与各领域领先技术的深度融合，该装备解决了现阶段煤矿机器人面临的国产感知单元低能力、传统算力平台高功耗、核心控制系统依赖进口等诸多问题，真正实现煤矿井下无人化巡检，国产化率达到 100%。在陕煤韩家湾煤炭公司、国能榆林能源青龙寺煤矿等煤企替代人工完成高效、精准巡检，实现了煤矿井下变电所水泵房无人值守。沈阳研究院联合华为发布了基于昇腾 AI 机器人解决方案。该方案基于昇腾基础硬件，将 Atlas 500 智能小站应用于机器人图像识别系统中，通过基于 Atlas 500 的仪器仪表图像识别、人员检测功能及边缘小站实时智能检测功能，可实现智能巡检机器人对安全隐患的分析、排查，提升了巡检效率。已经在煤矿、变电所等场景实际落地应用，推动了煤企的智能化转型升级。沈阳研究院联合辽宁工程技术大学、国能神东煤炭集团建设的煤矿火灾及瓦斯防控国家矿山安全监察局重点实验室揭牌成立，将重点围绕煤矿火灾、瓦斯灾害、火与瓦斯复合灾害、矿井智能通风及热害防控 5 个研究方向开展基础理论研究、关键技术攻关、先进装备研发、安全监管大数据平台开发等工作，为推进我国煤矿瓦斯、火灾、瓦斯与火耦合灾害、热害监察监管能力发挥重要支撑作用。

中国科学院自动化研究所、国际先进技术应用推进中心、中国矿业大学（北京）内蒙古研究院、中科慧拓等联合孵化的矿山智能运载机器人“载山 CarMo”正式发布。“载山 CarMo”是一款真正意义上正向设计的矿山新能源智能运载装备，通过整合行业资源，集中攻关多项技术难点，在底盘功能整合、核心控制算法、感知定位融合等方面实现多项技术突破，拥有完全自主知识产权，关键部件国产化率 95% 以上，实现了矿山运输车辆的无人驾驶、自主调度、远程监控等功能，极大地提高了矿山运输的效率和安全性，大幅降低了人力成本和环境污染。其创新点有：通过激光雷达、毫米波雷达、热成像相机、可见光相机多传感器深度融合，实现了 360° 全方位对障碍物的感知识别；多场景控制模式实现了近程遥控、远程驾驶、无人驾驶，满足了多场景复杂工况下的控制需求；GPS/ 北斗与惯性导航组合精准定位，IMU、转向角、轮速进行局部定位，再结合 SLAM 局部定位，组成安全运行所需的冗余高精度组合定位；搭载了数字平行车系统，兼备车辆监控、性能优化、故障诊断、车辆控制等功能，可载入手机、平板等终端设备，实时显示车辆各系统状态数据，可与云端调度系统、挖卡协同系统、路侧协同系统、智能监控系统交互，保障了车辆的安全运行管理；高性能底盘可实现不停车换挡、坡道换挡和高速换挡，额定 450kW 双电机驱动单元拥有强劲动力，电池电量较同等荷载的纯电宽体车增加 50%，全液压转向系统，可实现 0.3° 以内转向的精准控制。

中煤科工集团南京设计研究院有限公司（简称南京设计院）以科技创新驱动产业升级，不断在干式分选技术领域取得新进展。南京设计院研发的 RADS 机器人 AI 干式分选机实现了煤炭干式分选技术的重大突破，对保持南京设计院产业优势、引领智能选煤厂技术进步具有重要意义。2023 年，通过中绿盟组织的鉴定，达国际先进水平。该设备主要由布料器、视觉识别系统、夹爪机器人（标准六轴机器人、桁架式机器人）、光电识别系统、高压吹气分选装置、除尘降噪系统等组成，相比于湿法分选，具备节能环保、场地设备投资低等优点。目前国内外同类装置识别方式和分选方式单一，分选粒度范围窄，该机同时具备视觉识别和光电 X 射线识别，以独立或组合配置，可有效识别矸石和杂物，识别精度达 98%～100%；配置的夹爪式机器人和光电式高压气吹，能根据需求单独或组合配置处理矸石和杂物，兼顾大块矸石和杂物与中小块矸石的分选，实现了行业领先的 500～50mm 10 倍粒径范围煤矸石和杂物一体化识别及分拣，适用范围广，处理能力强，经济效益和社会效益明显。南京设计院自主研发的选煤厂工业互联网平台拥有工艺深度学习算法、智能决策分析链、视频 AI 算法、综合能效优化、设备全生命周期管理等多项关键技术，实现了选煤厂减人、提效、降耗、精煤产率提升和柔性生产；所开发的基于六个中心 100+ 智能应用场景，解决了选煤厂生产与安全的多项痛点问题，打造出具有自主孪生能力的黑灯选煤厂，成功应用于智慧洗选、智慧矿山、智慧园区等多个领域。南京设计院主编的国家标准《煤炭工业矿井工程项目规范》《煤炭工业矿区辅助设施项目规范》送审稿（初稿）通过中国煤炭建设协会组织的审查。

河南中誉鼎力智能装备有限公司（简称中誉鼎力）积极探索转型升级，在进行石灰石等软岩破碎设备研制的同时，扎实开展硬质岩破碎设备的研发。2023 年，中誉鼎力先后推出 DLHGC 卧式旋回破碎机、DLVSI20100R 新型冲击破碎机、DLMQ3012 履带散料装车机等新产品。其中，DLHGC 卧式旋回破碎机适用于破碎抗压强度不大于 320MPa 的各种硬质物料，高效节能，时产量高达 3 500t。与传统的立式旋回破碎机相比，该装备具有以下特点：进料高度低，适用于较大产能且工况受限的现场破碎作业使用，大大降低建设成本，仅基础设施建设成本就可减少 60%～70%，更适用于地下采矿破碎作业；进料粒度更大，适应的原料粒度范围更大；与振动给料机或板喂机搭配，有效减少了原料堵塞；采用上下双腔段破碎并具有破碎前预筛分功能，降低了能源损耗；创新性地利用了转动带轮和飞轮，并增设平衡配重块，使设备运行更稳定，噪声更低；具备参数化设定、数字实时显示、一键启停、液压控制连锁等智能化控制功能，确保设备运行始终处于稳定状态，从而增加产量、降低设备损耗、延长使用寿命；保险液压缸中设有压力及位移传感器，可保护设备在出现过载时稳定正常运转，且可实现排矿口大小调整及复位。DLVSI20100R 新型冲击破碎机采用 2m 大直径闭式叶轮设计，进料方式为中心进料和瀑落进料，每小时处理能力可达 700～1 000t，进料粒径小于 200mm，主轴转速 600r/min，可搭配 2 台 400kW 或 500kW 的 6 极电机。该机具有破碎 + 整形双重功能，可取代传统的细碎圆锥破和冲击破的单一破碎工艺，简化破碎过程，从而减少了破碎工艺环节和设备投资。此外，中誉鼎力入选 2023 年河南省大数据产业融合创新中心名单，获批建设“绿色建材智能制造大数据产业融合创新中心”；创新研发的“矿山生产管理系统 V2.0”被认定为 2023 年度河南省首版次软件产品；完成的砂石骨料行业工业互联网平台项目被评为“2021—2022 年建材行业工业互联网项目”。

中煤科工集团沈阳设计研究院有限公司（简称沈阳设计院）持续创新，助力传统煤企走“智能高效、低碳引领”的发展道路。沈阳设计院研发的“露天矿设计”获国务院国资委首届国企数字场景创新专业赛三等奖（设计研发类）。该场景首次提出露天矿设计—生产—运维全生命周期一体化管控技术，构建了全周期、全环节、全要素协同一体化的智慧露天矿运行新模式，采用 GIS 一张图融合 16 类上百种矿山静、动态数据及模型，实现了矿山各生产时期计划数据及施工成果基于同一三维模型的数字化移交与信息化展现。该院联合北京拓疆者智能科技有限公司完成了新疆疆纳矿业有限公司单斗挖掘机远程操控和装载机远程操控等项目的改造工作，不仅提高了设备的智能化水平、操作效率，也大幅提升了操控人员的安全性，标志着企业在远程操控技术领域实现了重大突破。沈阳设计院承担的高寒地区露天矿轮斗连续采煤系统研究与示范工程项目通过阶段验收，标志着轮斗成套装备的研制工作正式进入“转产”阶段，对我国露天煤炭开采工艺技术革新以及煤炭行业减碳、降本、减人、增效、绿色开采具有重要意义。沈阳设计院研制的高寒地区煤灰双向运输带式输送机是散装物料搬运领域的一大突破，创造性地解决了高寒地区散装物料运输系统运行环境差、环保要求高等重大技术难题，获 2023 年沈阳工业设计大赛“装备产品赛”铜奖。

2023 年度矿山机械行业获奖情况见表 1。

表 1　2023 年度矿山机械行业获奖情况

序号	项目名称	奖励类别	获奖等级	主要完成单位
1	地下金属矿智能开采关键技术与装备	国家科技进步奖	二等奖	矿冶科技集团有限公司、山东黄金矿业股份有限公司、北京北矿智能科技有限公司、北京科技大学、西藏华泰龙矿业开发有限公司、安徽马钢罗河矿业有限责任公司、湖南创远高新机械有限责任公司

（续）

序号	项目名称	奖励类别	获奖等级	主要完成单位
2	深部煤炭数智化高效开采成套技术与工程应用	国家科技进步奖	二等奖	山东能源集团有限公司、天地科技股份有限公司、山东科技大学、兖矿能源集团股份有限公司、北京天玛智控科技股份有限公司、青岛中加特电气股份有限公司、山东大学
3	金属氧化矿高效浮选分离多维度精准调控创新技术及应用	国家科技进步奖	二等奖	中南大学、攀钢集团矿业有限公司、湖南有色金属研究院有限责任公司、中国铁路（香港）工程有限公司、西南科技大学。金川集团股份有限公司、雅化锂业（雅安）有限公司
4	一种充气式大型浮选机	第二十四届中国专利奖	银奖	北矿机电科技有限责任公司、北京矿冶科技集团有限公司
5	一种适用于综采工作面的液压支架的循环末阻力预测方法	第二十四届中国专利奖	银奖	天地科技股份有限公司
6	变频调速的矿用电铲挖掘作业系统及控制方法	第二十四届中国专利奖	优秀奖	太原重工股份有限公司
7	一种液压支架移架与推溜的精确控制系统和方法	第二十四届中国专利奖	优秀奖	北京天玛智控科技股份有限公司
8	煤矿井下连采工作面多设备协同控制方法	第二十四届中国专利奖	优秀奖	中国煤炭科工集团太原研究院有限公司、山西天地煤机装备有限公司
9	用于连采机的柔性网可控式展开装置及连采机	第二十四届中国专利奖	优秀奖	中国矿业大学、山东兖煤黑豹矿业装备有限公司、浩珂科技有限公司
10	适合有导井钻进竖井的掘进机	第二十四届中国专利奖	优秀奖	北京中煤矿山工程有限公司
11	掘锚一体机用双驱动伸缩滚筒截割机构	第二十四届中国专利奖	优秀奖	中国煤炭科工集团太原研究院有限公司、山西天地煤机装备有限公司
12	超高压水力钻、扩、割一体化装置	第二十四届中国专利奖	优秀奖	中煤科工集团重庆研究院有限公司
13	大型矿井提升机参数化设计与全生命周期质量管理	“合力杯”第二届全国机械工业产品质量创新大赛	金奖	中信重工机械股份有限公司
14	面向矿物磨机的高精度液压重载机械臂关键技术及应用	机械工业科学技术奖（科技进步类）	一等奖	中信重工机械股份有限公司、山东大学、天津理工大学、北京科技大学、洛阳中重自动化工程有限责任公司、洛阳矿山机械工程设计研究院有限责任公司、山东交通学院、南京晨光集团有限责任公司、南京理工大学、洛阳理工学院
15	露天矿山无人化矿用自卸车关键技术研究及应用	机械工业科学技术奖（科技进步类）	二等奖	江苏徐工工程机械研究院有限公司、徐州徐工矿业机械有限公司、江苏徐工国重实验室科技有限公司
16	煤矿特厚硬煤高端智能化综放装备关键技术研发与应用	机械工业科学技术奖（科技进步类）	二等奖	山东能源集团有限公司、中煤科工开采研究院有限公司、兖矿能源集团股份有限公司、兖矿东华重工有限公司、天地科技股份有限公司、陕西未来能源化工有限公司、北斗天地股份有限公司
17	大型矿用磨机齿轮传动装置关键技术及应用	机械工业科学技术奖（科技进步类）	二等奖	中信重工机械股份有限公司（智能矿山重型装备全国重点实验室）、河南科技大学、郑州机械研究所有限公司、洛阳中重铸锻有限责任公司、洛阳矿山机械工程设计研究院有限责任公司
18	掘进面智能柔性连续运锚平行作业工艺与装备研发	机械工业科学技术奖（科技进步类）	二等奖	中国煤炭科工集团太原研究院有限公司、山西天地煤机装备有限公司
19	煤矿安全智能快速掘锚设备关键技术研发及产业化	机械工业科学技术奖（科技进步类）	二等奖	徐州徐工基础工程机械有限公司

（续）

序号	项目名称	奖励类别	获奖等级	主要完成单位
20	适应最小采高 1.3m 煤层大功率自适应采煤机关键技术研究及应用	机械工业科学技术奖（科技进步类）	三等奖	中煤科工集团上海研究院有限公司、中煤科工集团上海有限公司、天地上海采掘装备科技有限公司
21	9m 特厚煤层超大功率智能化采煤机关键技术与装备	机械工业科学技术奖（科技进步类）	三等奖	中煤科工集团上海研究院有限公司、中煤科工集团上海有限公司、天地上海采掘装备科技有限公司
22	隧（巷）道快速掘进后配套超长距离连续输送机关键技术及应用	机械工业科学技术奖（科技进步类）	三等奖	中煤科工集团上海研究院有限公司、中煤科工集团上海有限公司
23	高性能多缸液压圆锥破碎机	机械工业科学技术奖（科技进步类）	三等奖	世邦工业科技集团股份有限公司、河南黎明重工科技股份有限公司、郑州机械研究所有限公司、郑州大学、河南城盾智能科技股份有限公司
24	高端电牵引采煤机关键技术研究及应用	机械工业科学技术奖（科技进步类）	三等奖	太重煤机有限公司
25	矿用重型刮板输送装备大功率减速器关键技术研究及应用	机械工业科学技术奖（科技进步类）	三等奖	宁夏天地奔牛实业集团有限公司、鄂尔多斯市营盘壕煤炭有限公司
26	综采工作面装备快速精准推移与超前联动控制技术研发	中国煤炭工业协会科学技术奖	特等奖	天地科技股份有限公司、陕煤集团神木柠条塔矿业有限公司、中煤科工开采研究院有限公司
27	基于采煤机振动的随采探测技术与装备（技术发明）	中国煤炭工业协会科学技术奖	一等奖	中煤科工西安研究院（集团）有限公司
28	复杂地质条件下大倾角巷道 TBM 安全快速掘进关键技术及应用	中国煤炭工业协会科学技术奖	一等奖	淮北矿业股份有限公司、中国矿业大学、江苏神盾工程机械有限公司、盾构及掘进技术国家重点实验室
29	煤矿大直径暗立井反井钻井施工技术与装备	中国煤炭工业协会科学技术奖	一等奖	国能包头能源有限责任公司、天地科技股份有限公司、中煤科工集团武汉设计研究院有限公司、北京中煤矿山工程有限公司、矿山深井建设技术国家工程研究中心、内蒙古科技大学
30	急倾斜薄及中厚煤层智能化开采关键技术及装备	中国煤炭工业协会科学技术奖	一等奖	四川华蓥山广能集团嘉华机械有限责任公司、西安科技大学、四川川煤华荣能源公司、四川坤宇沃大智能科技有限公司
31	深部开采冲击地压靶向防控关键技术与装备	中国煤炭工业协会科学技术奖	一等奖	中煤科工开采研究院有限公司、天地科技股份有限公司、中国矿业大学（北京）、中煤科工集团西安研究院有限公司
32	千万吨级特厚煤层智能化综放开采关键技术及装备研发	中国煤炭工业协会科学技术奖	一等奖	天地科技股份有限公司、晋能控股煤业集团有限公司、中国矿业大学、河南理工大学、北京天玛智控科技股份有限公司、中国矿业大学（北京）、中煤科工开采研究院有限公司、重庆大学
33	大型提升机双同步电机变频驱动关键技术与设备	中国煤炭工业协会科学技术奖	一等奖	淮南矿业（集团）有限责任公司煤业分公司、中国矿业大学、江苏国传电气有限公司、淮南矿业（集团）有限责任公司张集煤矿、煤炭工业合肥设计研究院有限责任公司
34	TBM 盾构岩巷钻冲抽装一体化作业平台研发与应用	中国煤炭工业协会科学技术奖	一等奖	河南平宝煤业有限公司、铁福来装备制造集团股份有限公司
35	煤矿智能综掘机器人化关键技术	中国煤炭工业协会科学技术奖	一等奖	太原理工大学、山西焦煤集团有限责任公司、北京大学、山东科技大学、太原科技大学、山西焦煤西山煤电杜儿坪矿
36	智能化煤矿机器人集群研发与工程示范	中国煤炭工业协会科学技术奖	一等奖	陕煤集团神木柠条塔矿业有限公司、天地科技股份有限公司、天地（常州）自动化股份有限公司、中煤科工集团沈阳研究院有限公司
37	露天矿卡平行驾驶关键技术与工程应用	中国煤炭工业协会科学技术奖	一等奖	中国科学院自动化研究所、国能宝日希勒能源有限公司、中国矿业大学（北京）、青岛慧拓智能机器有限公司、江苏徐工工程机械研究院有限公司、中煤平集团有限公司、徐州徐工矿业机械有限公司、航天重型工程装备有限公司、中科慧拓（北京）科技有限公司

（续）

序号	项目名称	奖励类别	获奖等级	主要完成单位
38	一种超大采高液压支架	中国煤炭工业协会科学技术奖	一等奖	中煤科工开采研究院有限公司、天地科技股份有限公司
39	超大采高综采面低污染快速搬家装备及关键技术	中国煤炭工业协会科学技术奖	二等奖	中国煤炭科工集团太原研究院有限公司、山西天地煤机装备有限公司
40	500m SGZ1000/5000 型智能刮板输送装备	中国煤炭工业协会科学技术奖	二等奖	中煤张家口煤矿机械有限责任公司、山东能源内蒙古矿业公司新上海一号煤矿、陕西郭家河煤业有限责任公司
41	悬臂式掘进机远程智能感知与截割控制系统	中国煤炭工业协会科学技术奖	二等奖	中国矿业大学（北京）、内蒙古准格尔旗特弘煤炭有限公司、官板乌素煤矿、石家庄煤矿机械有限责任公司、北京宸控科技有限公司、北京智能中矿科技有限责任公司、中国矿业大学（北京）内蒙古研究院
42	矿用散料装卸机械手的研制与应用	中国煤炭工业协会科学技术奖	二等奖	中国矿业大学、徐州华东机械有限公司
43	煤炭多级带式输送机协同控制关键技术研究及应用	中国煤炭工业协会科学技术奖	二等奖	中国矿业大学、徐州矿务集团有限公司、徐州华东机械有限公司
44	中厚煤层高可靠性智能采煤机研发与应用	中国煤炭工业协会科学技术奖	二等奖	西安煤矿机械有限公司、陕西小保当矿业有限公司
45	60° 急倾斜薄煤层采煤机关键技术及装备	中国煤炭工业协会科学技术奖	二等奖	中煤科工集团上海有限公司、天地上海采掘装备科技有限公司、天地科技股份有限公司上海分公司、川煤集团华荣能源有限责任公司
46	矿用重型刮板输送装备大功率减速器关键技术研究及应用	中国煤炭工业协会科学技术奖	二等奖	宁夏天地奔牛实业集团有限公司
47	高效智能永磁驱动技术在平煤矿区节能减碳中的研究与应用	中国煤炭工业协会科学技术奖	二等奖	平顶山天安煤业股份有限公司、中国矿业大学、美卓矿山安全设备（徐州）有限公司、贵阳高原矿山机械股份有限公司、北京百正创源科技有限公司、精基科技有限公司、浙江达名科技有限公司
48	煤矿主煤流协同控制系统关键技术与装备	中国煤炭工业协会科学技术奖	二等奖	天地（常州）自动化股份有限公司、中煤科工集团常州研究院有限公司、山西天地王坡煤业有限公司
49	强冲富水煤层智能采掘成套技术研究与应用	中国煤炭工业协会科学技术奖	二等奖	中国煤矿机械装备有限责任公司
50	掘进面智能柔性连续运锚平行作业工艺与装备研发	中国煤炭工业协会科学技术奖	二等奖	中国煤炭科工集团太原研究院有限公司
51	高效智能矸石储运关键技术研究与应用	中国煤炭工业协会科学技术奖	二等奖	焦作煤业（集团）新乡能源有限公司、河南工程学院
52	50 000kN 液压支架试验台的研制与应用	中国煤炭工业协会科学技术奖	二等奖	兖矿东华重工有限公司、辽宁工程技术大学
53	减速永磁同步变频调速一体机在刮板输送机上的研究与应用	中国煤炭工业协会科学技术奖	二等奖	枣庄矿业（集团）有限责任公司蒋庄煤矿、青岛中加特电气股份有限公司
54	煤矿巷道全断面掘进机智能装备研究及应用	中国煤炭工业协会科学技术奖	二等奖	中铁工程装备集团有限公司、河南理工大学、贵州贵能投资有限公司
55	智能悬臂掘锚成套装备关键技术与应用	中国煤炭工业协会科学技术奖	二等奖	西安煤矿机械有限公司、西安科技大学
56	煤矿高效能大流量远距离智能配送水基动力系统成套装备	中国煤炭工业协会科学技术奖	二等奖	北京天玛智控科技股份有限公司、国能神东煤炭集团有限责任公司、山东能源集团有限公司、陕西煤业化工集团有限责任公司、中煤华晋集团有限公司

（续）

序号	项目名称	奖励类别	获奖等级	主要完成单位
57	矿用输送带纵向撕裂智能监测技术与装备研究	中国煤炭工业协会科学技术奖	二等奖	中煤科工集团沈阳研究院有限公司、天津工业大学、天津市恒一机电科技有限公司、中信重工开诚智能装备有限公司、北京菲力克技术有限公司、唐山智诚电气（集团）有限公司、浙江华络通信设备有限公司、抚顺中煤科工检测中心有限公司
58	基于数字可视化煤矿智能综合管控平台关键技术研究与实践	中国煤炭工业协会科学技术奖	二等奖	徐矿集团新疆赛尔能源有限责任公司、徐州信智科技有限公司、北京龙软科技有限公司
59	江苏省矿山数字化安全监管系统研究与应用	中国煤炭工业协会科学技术奖	二等奖	天地（常州）自动化股份有限公司、中煤科工集团常州研究院有限公司
60	智能自诊断煤矿安全监控传感关键技术及传感器	中国煤炭工业协会科学技术奖	二等奖	天地（常州）自动化股份有限公司、中煤科工集团常州研究院有限公司
61	煤矿云 - 边协同智能综合管控平台	中国煤炭工业协会科学技术奖	二等奖	天地（常州）自动化股份有限公司、中煤科工集团常州研究院有限公司、中煤科工集团开采研究院有限公司、陕煤集团神木柠条塔矿业有限公司、国家能源集团宁夏煤业有限责任公司
62	智能化综采工作面设计规范	中国煤炭工业协会科学技术奖	二等奖	陕西陕煤黄陵矿业有限公司、华北科技学院、中国煤炭工业协会生产力促进中心、天地科技股份有限公司、西安科技大学、西安重工装备制造集团有限公司
63	大功率高压防爆多点永磁直驱智能带式输送机	中国煤炭工业协会科学技术奖	三等奖	中煤科工集团上海有限公司、同煤大唐塔山煤矿有限公司
64	全自动两臂组合式锚杆钻车研制	中国煤炭工业协会科学技术奖	三等奖	国能神东煤炭集团有限责任公司、廊坊景隆重工机械有限公司
65	适用于架棚巷道用多功能超前支护液压支架的研发	中国煤炭工业协会科学技术奖	三等奖	西山煤电（集团）有限责任公司、西山煤电（集团）有限责任公司机电厂、山西焦煤能源集团股份有限公司西山分公司、辽宁工程技术大学
66	极破碎顶板条件下放顶煤工作面支护运输设备研制	中国煤炭工业协会科学技术奖	三等奖	晋能控股装备制造集团金鼎山西煤机有限责任公司、山西长平煤业有限责任公司
67	永磁半直驱矿用带式输送机智能管控系统研发及应用	中国煤炭工业协会科学技术奖	三等奖	西安重装韩城煤矿机械有限公司、西安科技大学、陕西陕煤韩城矿业有限公司
68	复杂运输环境下矿用无极绳牵引关键技术及装备	中国煤炭工业协会科学技术奖	三等奖	安徽理工大学、凯盛重工有限公司
69	煤矿工作面一体化智能综采成套装备的研究及应用	中国煤炭工业协会科学技术奖	三等奖	郑州煤矿机械集团股份有限公司、平顶山天安煤业股份有限公司、郑州煤机长壁机械有限公司、郑州煤机智能工作面科技有限公司
70	煤矿设备综合故障诊断及智能运维技术研究应用	中国煤炭工业协会科学技术奖	三等奖	国能神东鄂尔多斯市新能源科技开发有限责任公司、中国矿业大学、中国合格评定国家认可中心、淮北工科检测检验有限公司
71	智能化掘进工作面后配套设备的研究与应用	中国煤炭工业协会科学技术奖	三等奖	开滦（集团）有限责任公司、唐山开滦广汇设备制造有限公司、中滦科技股份有限公司
72	WC75E 铲板式搬运车的研制	中国煤炭工业协会科学技术奖	三等奖	兖矿能源集团股份有限公司、山西天地煤机装备有限公司
73	快速掘进铰接式自移机尾与视频监测遥控关键技术与装备	中国煤炭工业协会科学技术奖	三等奖	宁夏天地西北煤机有限公司、中煤科工集团上海有限公司
74	重介质智能陶瓷渣浆泵关键技术与装备研发	中国煤炭工业协会科学技术奖	三等奖	山东省章丘鼓风机股份有限公司、中国矿业大学、江苏大学
75	基于高效协同指挥调度的煤矿多场景巡检机器人系统研究与应用	中国煤炭工业协会科学技术奖	三等奖	中煤科工机器人科技有限公司、中煤科工集团沈阳研究院有限公司、内蒙古伊泰煤炭股份有限公司塔拉壕煤矿、国能神东煤炭集团寸草塔二矿、乌审旗蒙大矿业有限责任公司

（续）

序号	项目名称	奖励类别	获奖等级	主要完成单位
76	煤矿机器人研究及应用	中国煤炭工业协会科学技术奖	三等奖	中煤电气有限公司、中煤陕西榆林能源化工有限公司、中煤陕西榆林大海则煤业有限公司
77	矿井智能化数字无线通讯系统	中国煤炭工业协会科学技术奖	三等奖	中煤科工集团沈阳研究院有限公司、福建科立讯通信有限公司、中国矿业大学（北京）
78	智能化采煤机云边端控制技术的研究与应用	中国煤炭工业协会科学技术奖	三等奖	西安煤矿机械有限公司、中国矿业大学
79	极薄煤层高效成孔装备与关键技术研究	中国煤炭工业协会科学技术奖	三等奖	晋能控股装备制造集团有限公司、晋能控股装备制造集团有限公司寺河煤矿、山西晋煤集团技术研究院有限责任公司、辽宁工程技术大学
80	矿井火灾智能预警防控系统研究	中国煤炭工业协会科学技术奖	三等奖	中煤科工集团沈阳研究院有限公司
81	煤矿安全风险智能监管技术及设备	中国煤炭工业协会科学技术奖	三等奖	中煤科工集团重庆研究院有限公司
82	大型高效滚轴筛	中国煤炭工业协会科学技术奖	三等奖	中国矿业大学、新疆天池能源有限责任公司、河南省振源科技有限公司
83	选煤厂智能输送系统的研究与应用	中国煤炭工业协会科学技术奖	三等奖	中国神华能源股份有限公司哈尔乌素露天煤矿、北京纽科曼科技有限公司
84	一种矿用本安型智能巡检机器人系统装置及其巡检方法	中国煤炭工业协会科学技术奖	三等奖	中滦科技股份有限公司、开滦（集团）有限责任公司电信分公司
85	煤矿智能开采大数据管控平台	国企数字场景创新专业赛（用户服务类）	一等奖	郑州煤矿机械集团股份有限公司
86	露天矿山智能无人运输作业场景	国企数字场景创新专业赛（生产运营类）	一等奖	航天重型工程装备有限公司
87	离散制造业设计制造全流程原生数字化工厂建设及运营	国企数字场景创新专业赛（研发设计类）	一等奖	郑州煤矿机械集团股份有限公司
88	矿用电液控换向阀智能生产	国企数字场景创新专业赛（生产运营类）	二等奖	中国煤科北京天玛智控科技股份有限公司
89	钻探装备数字化柔性智造工厂	国企数字场景创新专业赛（生产运营类）	二等奖	中煤科工西安研究院（集团）有限公司
90	煤矿煤巷掘进与支护	国企数字场景创新专业赛（生产运营类）	二等奖	中煤科工开采研究院有限公司
91	矿业人工智能应用安全生产作业全流程服务	国企数字场景创新专业赛（生产运营类）	二等奖	云鼎科技股份有限公司
92	5G+ 远程控制钻机、挖掘机 + 无人驾驶矿卡 + 光伏储能 + 一体化管理	国企数字场景创新专业赛（生产运营类）	二等奖	焦作千业水泥有限责任公司
93	露天煤矿设计	国企数字场景创新专业赛（研发设计类）	三等奖	中煤科工集团沈阳设计研究院有限公司
94	矿业矿用装备全生命周期溯源管理	国企数字场景创新专业赛（产业协同类）	三等奖	中煤科工西安研究院（集团）有限公司
95	矿业用户服务数字液压支架智能运维管理	国企数字场景创新专业赛（用户服务类）	三等奖	中国煤炭科工集团中煤科工开采研究院有限公司
96	泉域复杂条件下土压平衡盾构智能装备与应用	山东省第七届智能制造（工业 4.0）创新创业大赛	一等奖	济南重工集团有限公司

（续）

序号	项目名称	奖励类别	获奖等级	主要完成单位
97	砂石智能工厂建设综合利用技术与成套装备	山东省第七届智能制造（工业 4.0）创新创业大赛	二等奖	枣庄鑫金山智能装备有限公司
98	基于人工智能机器视觉的矿石高效分选技术应用	第五届中国先进技术转化应用大赛	铜奖	赣州好朋友科技有限公司
99	大型半自磨机筒体衬板及其铸备方法	全国机械冶金建材行业职工技术创新成果	一等奖	江西铜业集团（德兴）铸造有限公司
100	CC400 型破碎机衬板结构优化设计	全国机械冶金建材行业职工技术创新成果	三等奖	首钢集团有限公司矿山机械制造厂
101	智能射线矿石分选机研制	全国机械冶金建材行业职工技术创新成果	三等奖	赣州有色冶金研究所有限公司
102	具有移架自动除尘功能的液压支架	全国机械冶金建材行业职工技术创新成果	三等奖	平顶山平煤机煤矿机械装备有限公司
103	多流态强化干扰床分选（分级）脱水一体机技术	矿业装备质量奖	银奖	威海尚品机械设备科技有限公司
104	液压支架电液控制系统及核心设备	矿业装备质量奖	银奖	山西汾矿成套设备有限公司
105	3NFS3075D 弛张振动筛	矿业装备质量奖	银奖	南昌矿机集团股份有限公司
106	多缸液压圆锥破碎机 -HPY800	矿业装备质量奖	银奖	广东磊蒙智能装备集团有限公司
107	S 系列精品楼站式机制砂生产系统	矿业装备质量奖	银奖	上海山美环保装备股份有限公司、郑州一帆机械设备有限公司
108	横轴全宽截割超前支护智能掘锚机研制	山东省煤炭工业科学技术奖	三等奖	山东能源装备集团鲁南装备制造有限公司、河南理工大学
109	冶金选煤厂智能化分选关键技术和装备的开发与应用	河北省金属学会冶金科学技术奖	一等奖	中煤科工集团唐山研究院有限公司、天地（唐山）矿业科技有限公司、中煤科工集团北京华宇工程有限公司唐山分公司
110	40 000kN 超大采高液压支架试验装备研制与应用	河南省煤炭科学技术奖	一等奖	郑州煤矿机械集团股份有限公司、郑州恒达智控科技股份有限公司
111	智能开采数字化管控平台	河南省煤炭科学技术奖	二等奖	郑州煤机智控技术创新中心有限公司
112	煤矿多用途智能操车设备关键技术研究与应用	河南省煤炭科学技术奖	二等奖	平顶山天安煤业股份有限公司、中国矿业大学、美卓矿山安全设备（徐州）有限公司、浙江达名科技有限公司
113	高品质机制砂高性能混凝土技术研究应用	河南省煤炭科学技术奖	二等奖	焦作千业新材料有限公司
114	新型复合防磨技术在大型砂石骨料生产线的研究与应用	河南省煤炭科学技术奖	三等奖	
115	机制砂混凝土数字量化技术应用研究	河南省煤炭科学技术奖	三等奖	
116	5G 赋能煤矿智能化生产	第六届“绽放杯”5G 应用征集大赛	一等奖	中国煤科北京华宇、赵石畔矿业公司、中国移动陕西有限公司、中兴通讯股份有限公司
117	“人－机－环境”共融的高端装备数字孪生关键技术与应用	河南省技术发明奖	一等奖	郑州轻工业大学、广东工业大学、北京航空航天大学、中信重工机械股份有限公司、郑州恒达智控科技股份有限公司
118	矿山重型装备齿轮传动装置极端制造关键技术及产业化	河南省科学技术进步奖	一等奖	中信重工机械股份有限公司（智能矿山重型装备全国重点实验室）、河南科技大学、郑州机械研究所有限公司、洛阳矿山机械工程设计研究院有限责任公司、洛阳中重铸锻有限责任公司

（续）

序号	项目名称	奖励类别	获奖等级	主要完成单位
119	自主可控的工业互联网智能关键技术及应用	河南省科学技术进步奖	一等奖	河南科技大学、北京交通大学、中信重工机械股份有限公司、中航光电科技股份有限公司、北京奇虎科技有限公司、北京航空航天大学
120	新型低能耗智能干法粉磨装备关键技术与应用	河南省科学技术进步奖	二等奖	中信重工机械股份有限公司、洛阳矿山机械工程设计研究院有限责任公司、郑州轻工业大学
121	多相碳化物强化高性能耐磨合金及复合技术开发与应用	河南省科学技术进步奖	二等奖	河南科技大学、郑州机械研究所有限公司、中信重工洛阳重铸铁业有限责任公司、第一拖拉机股份有限公司、东北大学、龙门实验室
122	液压支架重载高压油缸抗腐蚀关键技术与产业化	河南省科学技术进步奖	二等奖	郑煤机智鼎液压有限公司、河南省煤科院耐磨技术有限公司、郑州煤矿机械集团股份有限公司、中国科学院半导体研究所、中国机械总院集团宁波智能机床研究院有限公司
123	隧道智能化凿岩机器人研制	河南省科学技术进步奖	三等奖	中铁工程装备集团有限公司、中铁工程装备集团隧道设备制造有限公司
124	复杂非结构化作业环境下矿用喷浆机器人安全高效关键技术研究与应用	中国安全生产协会第四届安全科技进步奖	一等奖	安标国家矿用产品安全标志中心有限公司、山东科技大学、南京科工煤炭科学技术研究有限公司、山东胜沃液压机械有限公司、青岛纳控智能科技有限公司
125	高效安全大断面硬岩巷道掘进技术与成套装备研发	中国安全生产协会第四届安全科技进步奖	一等奖	中国煤炭科工集团太原研究院有限公司、山西天地煤机装备有限公司
126	基于RED-MOS的智能综合管控平台关键技术研发与应用	中国安全生产协会第四届安全科技进步奖	一等奖	华夏天信智能物联股份有限公司、华夏天信物联科技有限公司、山西高河能源有限公司、焦作煤业（集团）有限责任公司、晋能控股煤业集团同忻煤矿山西有限公司、上海大屯能源股份有限公司姚桥煤矿、淮河能源西部煤电集团有限责任公司、华晋焦煤有限责任公司沙曲二号煤矿、陕西陕煤韩城矿业有限公司、内蒙古汇能煤电集团有限公司
127	特厚煤层高可靠自适应采煤机关键技术及装备	中国安全生产协会第四届安全科技进步奖	一等奖	中煤科工集团上海有限公司、天地上海采掘装备科技有限公司
128	中厚煤层年产千万吨智能化综采工作面关键技术与装备	中国安全生产协会第四届安全科技进步奖	一等奖	中煤科工开采研究院有限公司、兖矿能源集团股份有限公司、天地科技股份有限公司、北京天玛智控科技股份有限公司、鄂尔多斯市转龙湾煤炭有限公司、兖矿能源集团（鄂尔多斯）有限公司
129	“互联网+”煤矿安全智能监管技术及应用	中国安全生产协会第四届安全科技进步奖	二等奖	中煤科工集团重庆研究院有限公司
130	国产化智能综采工作面关键控制技术研究与应用	中国安全生产协会第四届安全科技进步奖	二等奖	中煤北京煤矿机械有限责任公司
131	矿山灾害防治用智能化钻机	中国安全生产协会第四届安全科技进步奖	二等奖	中煤科工集团重庆研究院有限公司
132	矿用高密度外转子永磁直驱技术	中国安全生产协会第四届安全科技进步奖	二等奖	中煤科工机器人科技有限公司、中煤科工集团沈阳研究院有限公司
133	露天矿崎岖地形5G+无人驾驶智能安全作业关键技术研究与应用	中国安全生产协会第四届安全科技进步奖	二等奖	国能宝日希勒能源有限公司露天煤矿、中国矿业大学、辽宁工程技术大学、航天重型工程装备有限公司
134	深井运输提升装备智能安全监测预警关键技术研究与应用	中国安全生产协会第四届安全科技进步奖	二等奖	中国矿业大学、徐州菲尼克安全科技有限公司
135	EBZ200高效自动切割掘进机的研制	中国安全生产协会第四届安全科技进步奖	三等奖	中煤科工集团上海有限公司
136	MJJ3800×5800高效全断面矩形快速掘进机研制	中国安全生产协会第四届安全科技进步奖	三等奖	中煤科工集团上海有限公司

（续）

序号	项目名称	奖励类别	获奖等级	主要完成单位
137	掘进装备数字孪生远程安全协同管控关键技术研究及应用	中国安全生产协会第四届安全科技进步奖	三等奖	山西天地煤机装备有限公司、中国煤炭科工集团太原研究院有限公司
138	快速掘进铰接式自移机尾与视频监测遥控关键技术与装备	中国安全生产协会第四届安全科技进步奖	三等奖	宁夏天地西北煤机有限公司、中煤科工集团上海有限公司
139	矿用 5G 无线通信技术及装备	中国安全生产协会第四届安全科技进步奖	三等奖	天地（常州）自动化股份有限公司、中煤科工集团常州研究院有限公司
140	矿用典型设备全生命周期管理系统	中国安全生产协会第四届安全科技进步奖	三等奖	煤炭科学技术研究院有限公司
141	矿用高精度位置实时感知系统关键技术研究	中国安全生产协会第四届安全科技进步奖	三等奖	天地（常州）自动化股份有限公司、中煤科工集团常州研究院有限公司
142	矿用长距离巷道六轮自主巡检机器人技术	中国安全生产协会第四届安全科技进步奖	三等奖	中煤科工机器人科技有限公司、中煤科工集团沈阳研究院有限公司
143	煤矿井下底抽巷多姿态快速钻探成孔装备的研究	中国安全生产协会第四届安全科技进步奖	三等奖	中煤科工集团重庆研究院有限公司
144	适应地下铝土复杂矿层的高效开采技术与装备	中国安全生产协会第四届安全科技进步奖	三等奖	中煤科工集团上海有限公司、天地上海采掘装备科技有限公司
145	智能自诊断煤矿安全监控传感器	中国安全生产协会第四届安全科技进步奖	三等奖	天地（常州）自动化股份有限公司、中煤科工集团常州研究院有限公司
146	主井提升数据融合与智能化控制系统关键技术	中国安全生产协会第四届安全科技进步奖	三等奖	河南省正龙煤业有限公司城郊煤矿、徐州中矿大传动与自动化有限公司
147	高性能耐磨摇臂壳体开发及产业化应用	江苏省铸造学会科学技术奖	一等奖	常熟天地煤机装备有限公司
148	年产千万吨级重型长运距刮板输送机关键技术及装备	河北省科学技术进步奖	二等奖	中煤张家口煤矿机械有限责任公司、山东科技大学、中国煤矿机械装备有限责任公司、太原理工大学
149	露天矿用超大处理能力分级破碎装备关键技术开发与应用	河北省科学技术进步奖	三等奖	中煤科工集团唐山研究院有限公司、天地（唐山）矿业科技有限公司
150	长距离本安型钢丝绳牵引巡检机器人技术研究与应用	绿色矿山科学技术奖	二等奖	中煤科工机器人科技有限公司
151	绿色矿山长距离带式输送机智能节能关键技术研发与应用	绿色矿山科学技术奖	二等奖	力博重工科技股份有限公司、山东科技大学、力博工业技术研究院（山东）有限公司、山东欧瑞安电气有限公司、武穴市长江矿业有限责任公司、泰安英迪利机电科技有限公司
152	高精度智能化块煤干法分选技术研究与应用	绿色矿山科学技术奖	二等奖	天津美腾科技股份有限公司、淮北矿业股份有限公司、天津大学、中国矿业大学、国家能源集团新疆能源有限责任公司
153	矿用带式输送系统智能监控技术及装置研究与应用	绿色矿山科学技术奖	二等奖	中国矿业大学、长江师范学院、徐州工程学院
154	带式输送机安全型断带抓捕装置关键技术研发与应用	绿色矿山科学技术奖	二等奖	泰安英迪利机电科技有限公司、山东科技大学、力博重工科技股份有限公司、力博工业技术研究院（山东）有限公司
155	EACON 露天矿山无人驾驶系统研发与应用	绿色矿山科学技术奖	二等奖	北京易控智驾科技有限公司、吉林化工学院、新疆天池能源有限责任公司
156	综采工作面精确推移液压控制系统研发与应用	绿色矿山科学技术奖	二等奖	北京天玛智控科技股份有限公司
157	智能高效永磁直驱 630L/min 乳化液泵站研发与应用	绿色矿山科学技术奖	二等奖	北京天码智控科技股份有限公司

（续）

序号	项目名称	奖励类别	获奖等级	主要完成单位
158	RADS机器人AI干式分选机研发与应用	绿色矿山科学技术奖	二等奖	南京业恒达智能系统有限公司
159	MSP200制砂系统研发与应用	绿色矿山科学技术奖	三等奖	南昌矿机集团股份有限公司
160	大型、弹性、高效圆振动筛研发与应用	绿色矿山科学技术奖	三等奖	鞍山鞍重矿山机械有限公司、鞍山重型矿山机器股份有限公司
161	大型露天矿电铲设计制造关键技术及产业化	山西省科学技术进步奖	一等奖	太原重工股份有限公司、山西太重智能采矿装备技术有限公司（智能采矿装备技术全国重点实验室）、大连理工大学、吉林大学
162	煤矿锚护机器人轨迹规划及其智能控制方法研究	山西省科学技术进步奖	二等奖	中国煤炭科工集团太原研究院有限公司
163	碎软煤层瓦斯区域递进式抽采气动定向钻进成套技术与装备	山西省科学技术进步奖	二等奖	山西天地王坡煤业有限公司、中煤科工西安研究院（集团）有限公司、淮南矿业（集团）有限责任公司
164	建筑垃圾处理成套工艺技术及智能装备	山东省装备制造业科技创新奖	一等奖	功力机器有限公司、山东大学、山东省科学院生态研究所（山东省科学院中日友好生物技术研究中心）
165	高效节能履带移动筛分站研发及应用	山东省装备制造业科技创新奖	一等奖	山东铭德机械有限公司
166	面向冲击地压矿井防冲钻孔机器人	山东省装备制造业科技创新奖	二等奖	山东天河科技股份有限公司
167	智能化急倾斜俯伪斜液压支架研制与应用	山东省装备制造业科技创新奖	三等奖	山东矿机集团股份有限公司
168	基于无人值守的井下煤泥水综合处理系统装备的研究与应用	山东省装备制造业科技创新奖	三等奖	山东莱芜煤矿机械有限公司
169	矿用隔爆兼本质安全型高压永磁同步变频调速一体机	山东省装备制造业科技创新奖	三等奖	山东海纳智能装备科技股份有限公司
170	煤矿工作面一体化智能综采成套装备的研究及应用	河南省装备制造业科学技术奖（产品类）	一等奖	郑州煤矿机械集团股份有限公司、郑州煤机长壁机械有限公司、郑州煤机智能工作面科技有限公司
171	隧道智能化凿岩机器人研制	河南省装备制造业科学技术奖（产品类）	一等奖	中铁工程装备集团有限公司、中铁工程装备集团隧道设备制造有限公司
172	智能开采数字化管控平台	河南省装备制造业科学技术奖（产品类）	二等奖	郑州煤机智控技术创新中心有限公司
173	新型齿辊式筛分碎煤机的研制	河南省装备制造业科学技术奖（产品类）	二等奖	新乡市高服机械股份有限公司
174	泉域复杂条件下土压平衡盾构智能装备与应用	山东省机械工业科学技术奖	一等奖	济南重工集团有限公司
175	带自除尘卸料系统的环保型带式输送机	山东省机械工业科学技术奖	二等奖	山东山矿机械有限公司
176	PY144大型圆盘加压过滤机的研发及应用	山东省机械工业科学技术奖	二等奖	山东莱芜煤矿机械有限公司
177	智能化薄煤层转弯刮板机的研究与应用	山东省机械工业科学技术奖	二等奖	山东能源集团装备制造（集团）有限公司新汶分公司
178	智能高效规模化装运工作站的研发及产业化	山东省机械工业科学技术奖	二等奖	山东泰安煤矿机械有限公司、山东科技大学
179	模块化智能列车散装物料整形系统	山东省机械工业科学技术奖	三等奖	山东莱芜煤矿机械有限公司

（续）

序号	项目名称	奖励类别	获奖等级	主要完成单位
180	深部厚煤层智能开采关键技术与高端装备研发应用	山东省科学技术进步奖	一等奖	兖矿能源集团股份有限公司、天地科技股份有限公司、山东科技大学、山东能源集团有限公司、兖矿东华重工有限公司、中煤科工开采研究院有限公司、陕西未来能源化工有限公司、北斗天地股份有限公司、北京天玛智控科技股份有限公司、济宁能源发展集团有限公司
181	矿山大型机电装备故障智能诊断与预测性维护系统开发及应用	山东省科学技术进步奖	二等奖	山东科技大学、苏州德姆斯信息技术有限公司、山东科大机电科技股份有限公司
182	智能化远程操控大型矿用电铲设计	第三届全国机械工业设计创新大赛	金奖	太原重工股份有限公司
183	智能化矿物质双齿辊分级破碎设备	第三届全国机械工业设计创新大赛	银奖	唐山天和环保科技股份有限公司
184	2～3m煤层千万吨450m智能化综采工作面关键技术及成套装备	陕西省科学技术奖	一等奖	陕西小保当矿业有限公司、陕西陕煤榆北煤业有限公司、天地科技股份有限公司、北京天玛智控科技股份有限公司
185	金属矿山无人驾驶装运卸智能协同控制关键技术及应用	陕西省科学技术奖	三等奖	西安建筑科技大学、西安优迈智慧矿山研究院有限公司
186	高效宽域低噪声矿用智能通风机关键技术研发及应用	陕西省科学技术奖	三等奖	西安重装韩城煤矿机械有限公司、西安科技大学、西北工业大学、陕西陕煤韩城矿业有限公司
187	矿用细磨、超细磨、艾砂磨机研发及产业化应用	中国黄金协会科学技术奖	一等奖	浙江艾领创矿业科技有限公司、招金矿业股份有限公司金翅岭金矿、山东黄金冶炼有限公司
188	模块化智能充填系统工艺与技术装备及应用	中国黄金协会科学技术奖	二等奖	长沙矿山研究院有限责任公司
189	基于5G+AI的黄金矿山智能开采场景建设关键技术	中国黄金协会科学技术奖	二等奖	山东黄金矿业（莱州）有限公司三山岛金矿、北京科技大学
190	PM-MQCY2136新型分体式环形永磁无齿轮球磨机的研制及工业应用	中国黄金协会科学技术奖	三等奖	山金重工有限公司、锡林郭勒盟山金阿尔哈达矿业有限公司
191	MC600多缸液压圆锥破碎机	江西省优秀新产品	三等奖	南昌矿机集团股份有限公司

资料来源：2023年度国家科学技术奖获奖项目名单，第二十四届中国专利奖目录，“合力杯”第二届全国机械工业产品质量创新大赛获奖名单，2023年度机械工业科学技术奖授奖项目目录，2023年度中国煤炭工业协会科学技术奖获奖项目，国务院国资委国企数字场景创新专业赛一、二、三等奖名单，山东省第七届智能制造（工业4.0）创新创业大赛获奖项目，第五届中国先进技术转化应用大赛获奖名单，关于2023全国机械冶金建材行业职工技术创新成果的通报，2023年度矿业装备质量奖获奖项目，2023年度山东省煤炭工业科学技术奖目录，2023年度河北省金属学会冶金科学技术奖目录，2023年度河南省煤炭科学技术奖目录，第六届“绽放杯”5G应用征集大赛获奖目录，2023年度河南省技术发明奖获奖项目目录，2023年度河南省科学技术奖授奖项目目录，中国安全生产协会第四届安全科技进步奖获奖名单，江苏省铸造学会科学技术奖目录，2023年度河北省科学技术进步奖目录，2023年度绿色矿山科学技术奖获奖项目名单，2023年度山西省科学技术奖授奖项目（企业）目录，2023年度山东省装备制造业科技创新奖获奖项目名单，2023年度河南省装备制造业科学技术奖获奖项目目录，2023年山东省机械工业科学技术奖获奖项目名单，2023年度山东省科学技术进步奖获奖项目目录，2023第三届全国机械工业设计创新大赛获奖项目目录，2023年度陕西省科学技术奖获奖项目（入选）名单，2023年度中国黄金协会科学技术奖授奖项目名单，2023年度江西省优秀新产品名单。

2. 主要新产品

2023年矿山机械行业研发的主要新产品见表2。

表2　2023年矿山机械行业研发的主要新产品

序号	产品名称	研制单位
1	ϕ8.2m×12.7m、ϕ7.92m×14.33m溢流型球磨机，ϕ11m×7.2m半自磨机	中信重工机械股份有限公司
2	全断面钾盐矿掘采机，ϕ7.0m×4.2m湿式半自磨机	北方重工集团有限公司

（续）

序号	产品名称	研制单位
3	智能化工作面超大采高强力轻量化高防锈成套支护装备，中煤 BMX 全数字智能控制系统	中煤北京煤矿机械有限责任公司
4	E-SMS8000 多缸液压圆锥破碎机，E-SMG 系列单缸液压圆锥破碎机，HSM 系列可逆锤式制砂机	上海山美环保装备股份有限公司
5	新一代 WK-20 型电铲	太原重工股份有限公司
6	XDR80TE 纯电动矿用自卸车，XES35 电铲，700 吨级 XE7000 智能液压反铲	徐工集团工程机械股份有限公司
7	CMM10-36Y 高效智能十臂煤矿用液压锚杆钻车	江苏中贵重工有限公司
8	“中铁 1237 号”盾构机，“淮盾号”大倾角下坡掘进矿用 TBM，“基石号”TBM	中铁工程装备集团有限公司
9	智能化矿用岩巷 ϕ3660 全断面组合式盾构掘进装备，DTL200/600/G4×1600+2×1600 型大功率高压防爆多点永磁直驱智能带式输送机，MG1250/3430-WD 系列采煤机，特大型主斜井带式输送机，MG750/2150-WD 型交流电牵引智能采煤机，最小采高 1.3m 薄煤层采煤机，MG2×160/730-WD3 型采煤机	中煤科工集团上海有限公司
10	智能化掘进机 EBZ200S，第三代纯水液压支架	三一集团有限公司
11	3 000kW 系列整体框架式智能电牵引采煤机，MG900/2460-WD 智能电牵引采煤机	太重煤机有限公司
12	EBZ260H、EBZ200A 悬臂掘进机	中联重科股份有限公司
13	UK-50 地下矿运车	烟台兴业机械股份有限公司
14	“潞盾一号”矿用 TBM	中国铁建重工集团，潞安化工集团
15	“一系统多用、一机两用”“环绕式”智能快掘装备	榆北煤业公司，中国铁建重工集团
16	薄煤层连续采煤机，EBH315Q 硬岩掘进机，新一代智能快掘成套装备，智能锚索机器人，铰接式百吨级综采成套搬家装备	中煤科工集团太原研究院有限公司
17	新能源刚性矿卡 EM165H	厦门铱钼智汇科技有限公司
18	FGX-IDS 智能型移动式全粒级干法选煤站	唐山神州机械集团有限公司
19	TG136HA 无人驾驶新能源矿用宽体运输车	北京踏歌智行科技有限公司
20	PM-MQCY2136 分体式环形永磁无齿轮球磨机	山金重工有限公司
21	煤矿无人化智能开采控制技术与装备，智能矿山时间敏感网络（TSN）控制系统，矿鸿系统视频主机，SAP 型超大流量智能集成供液系统	北京天玛智控科技股份有限公司
22	气泡水压制砂机	枣庄鑫金山智能装备有限公司
23	露天矿无人驾驶运输解决方案“著山”，行业首个无人驾驶新能源线控平台“御石”	北京易控智驾科技有限公司
24	国内首台 EJM200/6-2 掘锚机	航天重型工程装备有限公司
25	300 吨级国产化矿用自卸卡车	内蒙古北方重型汽车股份有限公司
26	四履带自动化钻车	铁福来装备制造集团股份有限公司
27	新一代 ZDY25000LDK 型大功率自动化定向钻机，新一代 ZDY6500LFK 型智能钻机，ZDY1800G 坑道岩心钻机，“涅石”透明地质专家（TIM-Pro）	中煤科工集团西安研究院（集团）有限公司
28	智能快速掘进系统，EBZ260M-4 矮机身四臂掘锚机，大坡度煤矿用全液压掘进钻车	石家庄煤矿机械有限责任公司
29	MC800 多缸圆锥破碎机，MC300 多缸液压圆锥破碎机、2MLS4385-B 香蕉筛	南昌矿机集团股份有限公司
30	5 000～7 500T/H 半移动式破碎站，BCZB4000×10m 重型板式给料机	北京博创凯盛机械制造有限公司
31	全新一代 DD3-i 型全电脑掘进台车	江西鑫通机械制造有限公司
32	10m 超大采高智能化液压支架，CT300-4.3 型成套化机组	郑州煤矿机械集团股份有限公司
33	“领航者 3”智能巡检机器人	中煤科工集团沈阳研究院有限公司、中国煤科机器人公司、中国煤炭科工集团常州研究院有限公司、华为技术有限公司、科大讯飞股份有限公司、杭州海康威视数字技术股份有限公司

（续）

序号	产品名称	研制单位
34	先驱者 1A 槽底测温机器人，本安挂轨巡检机器人，耕耘者 1- 水仓清淤机器人	中煤科工集团沈阳研究院有限公司
35	H1708 重型圆锥破碎机，SDG 系列旋回破碎机，HC 系列高能圆锥破碎机	顺达重矿集团
36	全矿井智能视频监控系统，矿山安全智能监管监察系统	中国煤炭科工集团常州研究院有限公司
37	极薄煤层液压支架	徐矿集团华东机械公司
38	HES 系列自同步重型椭圆筛	湖州恒通机械设备有限公司
39	10m 超大采高工作面智能刮板输送成套装备，年产 2 000 万 t 柔性生产刮板输送装备，260m 超长智能矸石充填刮板输送机，智能自适应单元液压支架，2 000kW 数字化行星齿轮减速器	宁夏天地奔牛实业集团有限公司
40	无人值守智能装车系统	山能装备制造集团
41	高精度逆流洗砂技术装备	威海市海王旋流器有限公司
42	ZYWL-6000DSY 型煤矿用双履带式全液压定向钻机，ZYWL-15000DSY（A）大功率自动化定向钻机，ZYWL-26000DS 大直径定向钻机，KFSL100-113 型水射流履带式煤层割缝装置，KJXX5/28.8C 煤矿用挂轨式巡检机器人	中煤科工集团重庆研究院有限公司
43	2 000kW 球磨机永磁直驱系统，SF31904E/SF32101E 型 120 吨级纯电交流电动轮自卸车	湘电集团有限公司
44	VCX 超细制砂机，VF 反击式破碎机	重庆三铭重工有限公司
45	6 000V、1 120kW 高电压大功率永磁直驱滚筒	江苏嘉轩智能工业科技股份有限公司
46	CMM2-25 煤矿用液压锚杆钻车，ZDY330LY 底板孔钻机，ZDPJ1000 × 2/22 智能型大流量排水机器人，XKF89-01/02 防喷装置，采煤工作面上下风巷落底成套设备	焦作煤业（集团）演风矿用装备有限公司
47	PXZ1624 大型液压旋回式破碎机，MBS3660 湿式棒磨机，DH980/985 单缸液压圆锥式破碎机，PFG2023 高性能反击式破碎机	广东磊蒙智能装备集团有限公司
48	XPS 新型稀油振动筛	山东金宝山机械有限公司
49	WGM240150 智能型拱形架体高压辊磨机	沈阳盛世五寰科技有限公司
50	RADS 机器人 AI 干式分选机	中煤科工集团南京设计研究院有限公司
51	智能化综采成套输送设备，8MW 数字化智能刮板输送机、输送系统位置姿态高速巡检机器人，煤矿井下用视频巡检及智能搬运机器人	中煤张家口煤矿机械有限责任公司
52	6m 智能立环高梯度磁选机，2.5m 智能电磁浆料高梯度磁选机，全新一代新能源电池材料用智能除铁器，高频脉动粉矿风力磁选机，智能传感分选机，再生金属回收 EPC 生产线	山东华特磁电科技股份有限公司
53	石灰干法提质成套装备，锡铜矿预选抛废成套设备，矸石分级破碎装备	中煤科工集团唐山研究院有限公司
54	SJ.3.Y.K.36.80 振动筛，SJ.V.1300 颚式破碎机	浙江双金机械集团股份有限公司
55	煤矿喷浆机器人，管路安装机器人，辅助运输机器人，电力执行机器人	中信重工开诚智能装备有限公司
56	10m 超大采高智能化采煤机，MG620/1660-WD 型采煤机	西安煤矿机械有限公司
57	煤矿智能选充一体化技术与装备，煤矿用履带式铣刨机	陕西中环公司
58	CY-R200V 大直径全岩性智能天井钻机，CY-UT15i 微型智能掘进台车，UMD6i 智能型潜孔钻机，RV 系列智能型大井径天井钻机	湖南创远高新机械有限责任公司
59	BF 系列切削潜孔一体钻机，SWSD30H 多功能钻机，SWDE165BF 潜孔钻机，SWK105ZA 矿用（宽体）自卸车，SWE10FED 纯电动液压挖掘机，SWDM800H 旋挖钻机，SWPDT125 深井套管车载钻机，SWDM1280 超级旋挖钻机	山河智能装备股份有限公司
60	载山 CarMo 矿山智能运载机器人	中国科学院自动化研究所、国际先进技术应用推进中心、中国矿业大学（北京）内蒙古研究院、中科慧拓科技有限公司
61	大运量长距离远程控制横向自移式移置带式输送机，快掘迈步式自移机尾	宁夏天地西北煤机有限公司

（续）

序号	产品名称	研制单位
62	履带移动建筑垃圾专用锤式破碎站	洛阳大华重工科技股份有限公司
63	NFI200RS 履带移动式反击破筛一体机	福建南方路面机械股份有限公司
64	ZY13000 型液压支架	兖矿东华重工有限公司
65	“齐鲁号”盾构机，“济重 057 号”盾构机，“济重 034 号”盾构机，“齐鲁六号”盾构机，“泉新号”双模盾构机，SAG-55X25 半自磨机	济南重工集团有限公司
66	SGTQ-350×600 干式永磁双辊式强磁机，SLon-2500（1.7T）、SLon-2000（1.3T）磁选机，SJ-1250CJ 节能型浆料机	赣州金环磁选设备有限公司
67	LGS-3500 型号立环强磁选机，5m 智能立环强磁选机，LGS-5000 型智能立环强磁选机，LCTC-1560 超大磁选机，LCF 干式磨选系统，LPPC（XRF）分选机，LPNC（XRT）分选机	沈阳隆基电磁科技股份有限公司
68	同步铺底矿用盾构机 / 全断面硬岩掘进机（TBM）“奋进号”	江苏神盾工程机械有限公司
69	130 吨级纯电矿卡	福建宏大时代新能源科技有限公司
70	MHC600 多缸圆锥破碎机，BSM1861D 香蕉筛	埃里斯克矿山工程机械有限公司
71	新一代露天矿智能调度系统	长沙迪迈数码科技股份有限公司
72	细砂回收一体机，高频脱水筛	威海尚品机械设备科技有限公司
73	超小尺寸吸顶巡检机器人	山西华智弘兴科技有限公司
74	PX 系列旋回破碎机、TK 系列水平筛	成都大宏立机器股份有限公司
75	DLHCP1815 重型反击式破碎机，DLHGC 卧式旋回破碎机，DLVSI20100R 新型冲击式破碎机，DL3YKZ3070-15 稀油振动筛，DLMQ3012 履带散料装车机，矿山生产管理系统 V2.0	河南中誉鼎力智能装备有限公司
76	HGT 系列高效旋回式破碎机，HPT 系列多缸液压圆锥式破碎机，HST 系列单缸液压圆锥式破碎机	世邦黎明集团公司
77	SPG5065 旋回破碎机，立式冲击破碎机 SV12DR1260	韶瑞重工（广东）有限公司
78	DG 系列高压对辊制砂机，MPZ 系列重型多缸液压圆锥破碎机	福建德睿工业科技集团
79	HXY890 单缸液压圆锥破碎机	杭州海兴机械有限公司
80	大型半自磨筒体衬板	江西耐普矿机股份有限公司
81	塔罗斯 1553 型制砂机	郑州昌利装备制造集团有限公司

产品进出口 2023 年，是自 2008 年结束的我国矿山机械进出口逆差的第 16 个顺差年。

根据中国重型机械工业协会的《重型机械主要产品进出口年报 2023》，2023 年，我国矿山机械行业实现进出口总额为 44.04 亿美元，同比增长 18.93%。其中，出口额为 41.20 亿美元，同比增长 23.54%；进口额为 2.84 亿美元，同比下降 22.82%；进出口顺差 38.36 亿美元，同比增长 29.28%。2020—2023 年我国矿山机械进出口额见表 3。

表 3 2020—2023 年我国矿山机械进出口额 （单位：亿美元）

年份	出口额	进口额	进出口总额	进出口顺差
2020	13.86	4.04	17.90	9.82
2021	23.01	3.17	26.18	19.83
2022	33.35	3.68	37.03	29.67
2023	41.20	2.84	44.04	38.36

注：数据来源于《中国重型机械工业年鉴》和中国重型机械工业协会的《重型机械主要产品进出口年报 2023》。由于四舍五入，数据有微小出入。

1. 产品进出口基本情况

2023 年我国矿山机械各类产品进出口情况见表 4。

表 4　2023 年我国矿山机械各类产品进出口情况

产品名称	出口量 / 台	出口额 / 万美元	进口量 / 台	进口额 / 万美元	进出口总额 / 万美元	进出口顺差 / 万美元
矿山机械合计		412 002		28 353	440 355	383 649
1. 采掘、凿岩设备及钻机	139 998	67 526	578	12 773	80 300	54 753
（1）采煤、凿岩机及隧道掘进机	62 282	49 858	561	12 511	62 369	37 347
自推进的采（截）煤机	30	4 406	21	7 843	12 249	−3 437
自推进的凿岩机	2 170	7 090	7	266	7 356	6 823
自推进的隧道掘进机	276	35 708	5	754	36 461	34 954
非自推进的采煤、凿岩机及隧道掘进机	59 806	2 655	528	3 648	6 302	−993
（2）矿用电铲	233	10 417	0	0	10 417	10 417
（3）采矿钻机	744	1 776	4	118	1 894	1 658
牙轮直径在 380mm 及以上的采矿钻机	36	21	0	0	21	21
其他采矿钻机	708	1 755	4	118	1 873	1 637
（4）工程钻机	76 739	5 475	13	145	5 620	5 331
钻筒直径在 3m 以上的非自推进工程钻机	14	83	0	0	83	83
其他非自推进工程钻机	76 725	5 392	13	145	5 537	5 248
2. 破碎、粉磨设备	163 226	117 722	466	6 485	124 207	111 238
（1）齿辊式破碎设备	62 311	7 682	32	1 979	9 662	5 703
（2）球磨式粉磨设备	10 753	34 280	104	935	35 215	33 345
（3）其他破碎或粉磨设备	90 162	75 761	330	3 570	79 330	72 191
3. 筛分、洗选设备	145 532	64 295	2 354	7 071	71 366	57 224
4. 矿山提升设备	9 957	1 112	12	209	1 321	903
（1）电动矿山提升设备	3 334	1 030	7	48	1 079	982
（2）非电动矿山提升设备	6 623	81	5	161	242	−79
5. 矿山用牵引车及其矿车	12 238	149 047	31	1 262	150 309	147 785
（1）电动轮非公路用货运自卸车	690	23 154	2	104	23 258	23 050
（2）其他非公路用货运机动自卸车	11 548	125 893	29	1 158	127 051	124 735
6. 矿山机械零件 /t	23 294	12 299	310	553	12 852	11 746

注：数据来源于中国重型机械工业协会的《重型机械主要产品进出口年报 2023》。由于四舍五入，数据有微小出入。

2023 年，采掘、凿岩设备及钻机，破碎、粉磨设备，筛分、洗选设备，矿山用牵引车及其矿车 4 类产品是我国矿山机械产品进出口的重点，这 4 类产品占当年矿山机械出口贸易额的 96.74%，占当年矿山机械进口贸易额的 97.31%。

（1）出口情况。2023 年，我国矿山机械出口到 198 个国家和地区，其中出口额排名前 3 位的国家和地区分别是俄罗斯联邦（7.89 亿美元，占比 19.15%）、印度尼西亚（4.78 亿美元，占比 11.60%）、刚果民主共和国（1.61 亿美元，占比 3.92%）。

2023 年，我国出口产品中，矿山用牵引车及其矿车出口贸易额为 14.9 亿美元，占当年出口总额的 36.18%；破碎、粉磨设备出口额为 11.77 亿美元，占比为 28.57%；采掘、凿岩设备及钻机为 6.75 亿美元，占比为 16.39%；筛分、洗选设备为 6.43 亿美元，占比为 15.61%。

2023 年，一般贸易方式在我国矿山设备出口贸易中仍然占据主导地位，达 31.38 亿美元，占当年出口总额的 76.16%。我国矿山机械出口贸易额排名前 3 位的省（市）分别是山东省（5.73 亿美元，占比 13.91%）、北京市（4.38 亿美元，占比 10.63%）和河南省（4.01 亿美元，占比 9.74%）。

（2）进口情况。2023 年，我国从 31 个国家和地区进口矿山机械，其中进口贸易额排名前 3 位的国家和地区分别是奥地利（0.80 亿美元，占比 28.24%）、德国（0.53 亿美元，占比 18.67%）、韩国（0.32 亿美元，占比 11.26%）。

2023 年，我国进口产品中，采掘、凿岩设备及钻机进口贸易额为 1.28 亿美元，占当年进口总额的 45.05%；筛分、洗选设备为 0.71 亿美元，占比为 24.94%；破碎、粉磨设备为 0.65 亿美元，占比为 22.87%；矿山用牵引车及其矿车为 0.13 亿美元，占比为 4.45%。

2023 年，一般贸易方式依然是我国矿山设备进口贸易的主体，达 2.48 亿美元，占当年进口总额的 87.48%。我国矿山机械进口贸易额排名前 3 位的省（市）分别是北京市（0.98 亿美元，占比 34.56%）、上海市（0.69 亿美元，占比 24.25%）和陕西省（0.26 亿美元，占比 9.19%）。

2. 典型装备进出口情况分析

从进出口产品的结构看，2023 年度，采掘、凿岩设备及钻机中的采煤、凿岩机及隧道掘进机，破碎、粉磨设备中的其他破碎或粉磨设备（所属税号：84742090），筛分、洗选设备（所属税号：84741000）和矿山用牵引车及其矿车中的其他非公路用货运机动自卸车（所属税号：87041090）是我国矿山机械产品出口的重点，同时也是进口的重点。2015—2023 年采煤、凿岩机及隧道掘进机进出口情况见表 5。2015—2023 年其他破碎或粉磨设备进出口情况见表 6。2015—2023 年筛分、洗选设备进出口情况见表 7。2020—2023 年其他非公路用货运机动自卸车进出口情况见表 8。

表 5　2015—2023 年采煤、凿岩机及隧道掘进机进出口情况

年份	出口			进口		
	数量 / 台	金额 / 万美元	平均单价 / 万美元	数量 / 台	金额 / 万美元	平均单价 / 万美元
2015	29 842	33 821	1.13	1 121	11 128	9.93
2016	20 279	28 189	1.39	216	5 157	23.88
2017	22 423	31 868	1.42	336	4 289	12.76
2018	36 854	40 872	1.11	408	10 074	24.69
2019	39 965	44 542	1.11	441	8 279	18.77
2020	60 329	34 047	0.56	321	13 275	41.36
2021	52 419	33 625	0.64	304	8 116	26.70
2022	51 381	38 969	0.76	544	13 666	25.12
2023	62 282	49 858	0.80	561	12 511	22.30

注：数据来源于《中国重型机械工业年鉴》和中国重型机械工业协会的《重型机械主要产品进出口年报 2023》。

表 6　2015—2023 年其他破碎或粉磨设备进出口情况

年份	出口			进口		
	数量 / 台	金额 / 万美元	平均单价 / 万美元	数量 / 台	金额 / 万美元	平均单价 / 万美元
2015	41 443	46 730	1.13	490	5 806	11.85
2016	31 723	40 005	1.26	857	6 051	7.06
2017	32 136	39 872	1.24	1 047	6 421	6.13
2018	36 942	42 179	1.14	1 087	12 656	11.64
2019	45 972	43 018	0.94	1 733	15 089	8.71
2020	101 678	38 647	0.38	1 088	11 005	10.11
2021	128 741	47 843	0.37	704	7 114	10.11
2022	80 013	68 380	0.85	430	5 546	12.90
2023	90 162	75 761	0.84	330	3 570	10.82

注：数据来源于《中国重型机械工业年鉴》和中国重型机械工业协会的《重型机械主要产品进出口年报 2023》。

表 7　2015—2023 年筛分、洗选设备进出口情况

年份	出口			进口		
	数量 / 台	金额 / 万美元	平均单价 / 万美元	数量 / 台	金额 / 万美元	平均单价 / 万美元
2015	35 754	25 007	0.70	1 704	9 441	5.54
2016	31 812	23 155	0.73	1 569	6 326	4.03
2017	49 920	30 338	0.61	1 541	7 163	4.65

（续）

年份	出口			进口		
	数量 / 台	金额 / 万美元	平均单价 / 万美元	数量 / 台	金额 / 万美元	平均单价 / 万美元
2018	92 967	35 991	0.39	1 947	8 647	4.44
2019	266 253	41 958	0.16	2 409	11 199	4.65
2020	104 293	32 257	0.31	1 744	9 677	5.55
2021	110 009	43 423	0.39	3 253	10 168	3.13
2022	124 496	57 208	0.46	3 537	12 032	3.40
2023	145 532	64 295	0.44	2 354	7 071	3.00

注：数据来源于《中国重型机械工业年鉴》和中国重型机械工业协会的《重型机械主要产品进出口年报 2023》。

表 8　2020—2023 年其他非公路用货运机动自卸车进出口情况

年份	出口			进口		
	数量 / 台	金额 / 万美元	平均单价 / 万美元	数量 / 台	金额 / 万美元	平均单价 / 万美元
2020	4 113	30 028	7.30	61	2 390	39.18
2021	5 674	54 709	9.64	89	2 630	29.55
2022	9 852	103 549	10.51	58	1 707	29.43
2023	11 548	125 893	10.90	29	1 158	39.93

注：数据来源于《中国重型机械工业年鉴》和中国重型机械工业协会的《重型机械主要产品进出口年报 2023》。

综合分析表 5、表 6、表 7 和表 8，可以看出：

（1）采煤、凿岩机及隧道掘进机，其他破碎或粉磨设备，筛分、洗选设备和其他非公路用货运机动自卸车的年出口量和出口额均远远超过了当年的进口量和进口额，长期保持贸易顺差，产品主要出口到印度尼西亚、俄罗斯联邦、也门、马来西亚、刚果民主共和国等国家和地区。

（2）采煤、凿岩机及隧道掘进机，其他破碎或粉磨设备，筛分、洗选设备 3 类国产装备的出口平均单价长期处于低位，且远低于进口平均单价，2023 年，采煤、凿岩机及隧道掘进机，其他破碎或粉磨设备，筛分、洗选设备的进出口平均单价倍数（进口装备平均单价 / 出口装备平均单价）分别是 27.88 倍、12.88 倍和 6.82 倍。

（3）其他非公路用货运机动自卸车 2023 年度出口额高达 12.59 亿美元，占当年矿山机械全部产品出口贸易额的 30.56%，主要出口到印度尼西亚、俄罗斯联邦、蒙古国、刚果民主共和国等国家和地区。自 2020 年以来，进口量逐年减少，而出口量和出口额实现连续增长，出口平均单价呈增长趋势。

以我国矿山机械进出口重点产品之一的采煤、凿岩机及隧道掘进机为例，对其名录下所含的自推进的隧道掘进机（所属税号：84303130）和非自推进的采煤、凿岩机及隧道掘进机（所属税号：84303900）两类装备自 2015 年以来的进出口情况进行分析。2015—2023 年自推进的隧道掘进机进出口情况见表 9。2015—2023 年非自推进的采煤、凿岩机及隧道掘进机进出口情况见表 10。

表 9　2015—2023 年自推进的隧道掘进机进出口情况

年份	进出口差额 / 万美元	出口			进口		
		数量 / 台	金额 / 万美元	平均单价 / 万美元	数量 / 台	金额 / 万美元	平均单价 / 万美元
2015	26 538	58	30 390	523.97	11	3 852	350.18
2016	23 126	66	24 468	370.73	4	1 342	335.50
2017	29 513	133	29 694	223.26	5	180	36.00
2018	34 793	127	36 874	290.35	9	2 081	231.22
2019	37 342	160	39 797	248.73	22	2 455	111.59
2020	17 421	85	25 349	298.22	26	7 928	304.92
2021	22 095	99	28 232	285.17	20	6 138	306.90
2022	25 213	188	30 774	163.69	16	5 561	347.56
2023	34 954	276	35 708	129.38	5	754	150.80

注：数据来源于《中国重型机械工业年鉴》和中国重型机械工业协会的《重型机械主要产品进出口年报 2023》。

表 10 2015—2023 年非自推进的采煤、凿岩机及隧道掘进机进出口情况

年份	进出口差额 / 万美元	出口			进口		
		数量 / 台	金额 / 万美元	平均单价 / 万美元	数量 / 台	金额 / 万美元	平均单价 / 万美元
2015	−1 857	27 617	1 810	0.07	1 059	3 667	3.46
2016	−1 017	18 302	1 178	0.06	173	2 195	12.69
2017	−1 939	19 983	853	0.04	313	2 792	8.92
2018	−4 057	34 538	1 741	0.05	382	5 798	15.18
2019	−3 169	37 421	1 811	0.05	407	4 980	12.24
2020	−1 877	56 915	1 470	0.03	267	3 347	12.54
2021	168	48 267	1 746	0.04	278	1 578	5.68
2022	−2 227	49 283	2 061	0.04	514	4 287	8.34
2023	−993	59 806	2 655	0.04	528	3 648	6.91

注：数据来源于《中国重型机械工业年鉴》和中国重型机械工业协会的《重型机械主要产品进出口年报 2023》。

从表 5、表 9 和表 10 可以看出：

（1）随着国产自推进的隧道掘进机近年来的高速、高效发展，国内进口量极少，2023 年仅进口 5 台；同时年出口量自 2015 年以来总体呈递增趋势，2023 年出口 276 台，达到近年来的最高点。虽然自推进的隧道掘进机在采煤、凿岩机及隧道掘进机历年来的出口量中，所占比例极低，但由于其出口平均单价处于高位，成为采煤、凿岩机及隧道掘进机实现年进出口顺差的重要保证。2023 年，其出口贸易额对采煤、凿岩机及隧道掘进机年出口贸易额的贡献率达 71.62%。

需引起注意的是：①自推进的隧道掘进机出口量总体呈递增趋势，但出口平均单价总体呈下降趋势，2023 年出口平均单价（129.38 万美元）降至近年来的最低点；② 2015—2019 年，进口平均单价低于出口平均单价，2017 年进口平均单价为近年来的最低值；但自 2020 年以来，进口平均单价超过出口平均单价，进出口平均单价倍数总体呈上升趋势，2020—2023 年进出口平均单价倍数分别为 1.02 倍、1.08 倍、2.12 倍和 1.17 倍。

（2）国产非自推进的采煤、凿岩机及隧道掘进机多年以来出口量巨大，主要出口至印度尼西亚、也门、智利、秘鲁、厄瓜多尔等经济欠发达的国家和地区。2023 年的出口量（59 806 台）和出口额（2 655 万美元）均达到了近年来的最高点，出口量远远超过了同类装备当年进口量（528 台），是同类装备当年进口量的 113.27 倍，但出口平均单价仅为 0.04 万美元，进出口平均单价倍数达 172.75 倍。

需尤为关注的是，虽然出口量巨大，但出口平均单价过低、进出口平均单价倍数过高导致非自推进的采煤、凿岩机及隧道掘进机贸易逆差的状况，多年以来始终没有得到有效的改善，这在一定程度上反映了出口的非自推进的采煤、凿岩机及隧道掘进机附加值不高。同时也说明，国产装备的升级之路仍然漫长，国产化还有很大的潜力。

固定资产投资 相关数据显示，2023 年全国固定资产投资（不含农户）503 036 亿元，比上年增长 3.0%。工业投资比上年增长 9.0%。其中，采矿业投资增长 2.1%，制造业投资增长 6.5%，其中，专用设备制造业比上年增长 10.4%。2019—2023 年全国采矿和煤炭采选业固定资产投资增速见表 11。

表 11 2019—2023 年全国采矿和煤炭采选业固定资产投资增速 （单位：%）

年份	采矿业	煤炭采选业
2019	24.1	29.6
2020	−14.1	−0.7
2021	10.9	11.1
2022	4.5	24.4
2023	2.1	12.1

注：数据来源于国家统计局官方网站和中国煤炭工业协会《2023 煤炭行业发展年度报告》。

矿山机械的发展与矿产资源开发以及基础设施建设息息相关，矿业经济以及基础设施建设的繁荣程度就间接地成为矿山机械行业发展的晴雨表和风向标。随着低碳绿色转型战略的深入推进以及煤炭、冶金、建材等传统行业结构的深度调整，将会对矿山机械行业未来几年的固定资产投资前景产生较大的影响。

行业工作情况

1. 行业标准

2023 年，全国矿山机械标准化技术委员会（SAC/TC88，简称全国矿机标委会）根据工业和信息化部、国标委《2023 年国家标准立项指南》《2023 年全国标准化工作要点》及中国机械工业联合会标准化工作的要求，组织完成《移动式矿山机械设备智能化分级》等 12 项国家标准计划项目的申报；组织完成 27 项机械行业标准计划项目的申报；组织完成《矿山机械　洗选设备　系列型谱》等 10 项国家标准项目、8 项机械行业标准项目和 3 项国家标准外文版项目的制修订工作。

全国矿机标委会与国际标准化组织 ISO/TC 82（矿业）和 ISO/TC 127（土方机械）等组织建立了正常的工作渠道。2023 年，积极参与国际标准化的相关活动，先后参加 ISO/TC 82 矿业技术委员会全会、ISO/TC 82/WG8 工作组会议，组织 ISO/TC 82/WG10 第一次工作组会议。

2. 行业检测

2023 年，国家矿山机械质量监督检验中心（国家安全生产洛阳矿山机械检测检验中心）完成 53 台（套）大型煤炭装卸设备检验和 5 台大型矿用自卸汽车产品性能测试；完成 6 台盾构机、3 台破碎机的检验；完成相关矿山在用设备的检验工作，包括：煤矿提升系统 50 台（套）、钢丝绳检验 260 条、提升系统主轴及连接装置 95 套，罐笼、防坠器等非煤矿山设备 595 台、摩擦衬垫 42 份。

3. 行业学术期刊

《矿山机械》办刊质量不断提高。2023 年，完成全年 12 期杂志的编辑、出版工作；期刊影响因子稳步提升，由 2022 年的 0.539 提升至 0.631；获评“2023 年中国科技核心期刊”。

4. 行业交流培训

2023 年 6 月，由智能矿山重型装备全国重点实验室、国家矿山机械质量监督检验中心（国家安全生产洛阳矿山机械检测检验中心）、全国矿机标委会、中信重工、洛阳中重自动化工程有限责任公司主办，中国重型机械工业协会矿山机械分会、《矿山机械》杂志社、洛阳矿山机械工程设计研究院有限责任公司承办的 2023 年（第十三届）矿井提升设备技术培训班在河南洛阳开班。来自冀中能源、山东黄金、金川集团、铜陵有色、招金矿业、义煤集团、华中科技大学、中国矿业大学、河南省煤科院、郑州煤矿安全检测检验中心等矿企、装备制造企业、高校院所、检测机构 60 余家单位的 200 余名工程技术人员参加了此次培训。

参培人员围绕矿井提升系统智能控制技术、矿井提升系统技术现状与发展趋势、超深井提升装备现状及发展、矿山智能化的发展及应用、立井提升安全智能一体化技术及应用等议题进行了交流、研讨。

矿山机械智能化发展概况

矿业是现代经济发展的基础。随着科技的快速发展，数字化转型已成为当今社会发展的趋势，而矿山智能化建设作为矿业数字化转型的重要载体，正引领着矿业走向未来。

针对矿业的未来，国际知名咨询公司德勤和麦肯锡分别开展了专题研究。德勤在其公布的报告——《人工智能采矿的未来：迈向洞察驱动型组织的第一步》中，探讨了矿业公司引入先进技术、先进技术提供的优势和优化投资以及矿业公司成为数据驱动型企业的可能性。报告显示，人工智能在采矿作业中不仅可以优化生产流程，而且在实时事故预防方面拥有更多的竞争优势。麦肯锡通过研究，指出：矿业公司应该从增加增量价值的零碎解决方案转向围绕下一代技术解决方案的整体思考，以更快、更低的成本和更低的环境足迹获取储量；提出了人工智能和分析、机器人和自动化、机器学习、工业物联网传感器、自动驾驶矿用车等矿业十大技术与战略；并预测：到 2035 年，通过使用数据分析和人工智能（AI）等数字技术的自主采矿实现的智能采矿时代，每年将为矿物原材料生产商节省 2 900 亿～3 900 亿美元。

在智能矿山的建设过程中，国内外很多企业在智能矿山整体架构、核心技术攻关、技术单点突破等方面，都取得了一系列的进展，在各个矿山的不同应用场景取得了丰硕成果。

1. 国外智能矿山发展概况

目前，国外很多矿山的建设已经超越了机械化和自动化的范畴，绿色、安全、智能、高效的智能矿山理念渗透到了矿山生产的各个环节。

瑞典基律纳铁矿是世界上规模最大的地下铁矿，也是全面无人智能采矿的典型代表，除在井下作业面保留少量维检人员外，大量生产作业流程由远程计算机集控系统完成。力拓使用矿山自动化系统（MAS）整合了其矿场 98% 的运营数据，从自动化钻探到运输，几乎采矿作业的每个方面都可以为力拓员工生成可操作的数据。必和必拓的信息技术运营已经发展到员工可以使用云端分析和多类应用程序的程度，员工可以通过现场运营中心（SOC）对采矿设备进行监控和优化。必和必拓还和科技巨头微软合作，通过使用机器学习和人工智能技术提高其旗下位于智利的埃斯康迪达铜矿的铜回收率，达到释放更多产量和价值的效果。技术和数字化构成了英美资源集团未来采矿业愿景的基础。英美资源集团利用数字孪生技术创建了设备、电气系统、尾矿管理和采矿作业等业务的虚拟孪生体，例如，其开发的用于矿产勘探和资源估算的人工智能解决方案，不仅可以帮助企业作出最佳决策，而且可以指导工人更有效地识别潜在的矿点。淡水河谷高度重视人工智能技术的应用，通过基于人工智能的分选系统分析矿石样本，可实时识别废石中有价值的矿物，并就最佳分选方法作出决策，最大限度地提高矿物回收率。卡特彼勒与美国最大的砂石骨料家族企业 Luck Stone 开展合作，将在 Luck Stone 位于弗吉尼亚州的 Bull Run 采石场部署自动化解决方案，这是卡特彼勒在骨料行业首次部署自动化解决方案。ABB 和 Norge Mining 矿业公司开展合作，将提供智慧矿山解决方案，助其未来采矿和下游作业全部实现电气化。山特维克、美卓等利用创新技术，让机器设备和解决方案变得更加智能。山特维克研发的全电动 UJ443E 重型颚式破碎机配备了新的自动化系统，不仅使操作更简化，而且完全集成了山特维克 My Fleet 远程信息处理解决方案，可提供诊断支持、设备实时信息以及设备故障排除指南等，帮助客户准确掌握设备情况。美卓针对氧化铝项目研发了 NGi 新一代智能化磨机，使氧化铝磨矿生产实现了高度的自动化与智能化，为安全、可持续的清洁生产创造了有利条件。山特维克、美卓等还通过并购高科技公司，进一步提升其产品和服务的智能化水平。山特维克收购了高级矿山优化软件和服务公司 Polymathian Industrial Mathematics，不仅扩大了产品范围，而且进一步提高了矿业客户的价值链生产力，助力客户优化其运营数据。美卓通过收购 Tedd Engineering 公司，进一步提升了骨料生产与售后的数字化和自动化能力。

此外，波里登、巴里克、自由港等矿业公司也都在实施数字智能矿山建设计划，在三维矿业软件深度应用、装备智能化及无人化作业、生产协同管控与实时调度等方面都达到了很高的水平。

我国矿山以地下开采为主，许多矿山正由浅层开采转向深部开采。地下矿山的资源禀赋条件、开采工艺、生产流程、生产装备的差异，以及资源的不确定性和动态性、工作场所的离散性、生产力要素的移动性、生产环境的高危险性等特点，产生诸多难题。

党的二十大报告指出，推动经济社会发展绿色化、低碳化是实现高质量发展的关键环节。新形势下，我国矿业发展面临着新要求、新挑战。加快推动矿业绿色智能化革命，推进绿色智能矿山建设，正成为行业的主攻方向。

绿色智能矿山建设是一项复杂的系统工程，离不开政策、科技、资金、人才等全要素的支撑。近年来，国家不断加强顶层设计，统筹部署，先后出台了一系列推进矿山绿色化、智能化的政策及指导意见；多地深入贯彻并推出了相关政策和措施；各产学研用等机构也不断加大人才、资金投入和研发力度，扎实推进绿色智能矿山建设工作的开展。

2. 我国出台的支持绿色智能矿山发展的政策、措施

（1）国家层面政策。2023 年 1 月，国务院新闻办公室发布《新时代的中国绿色发展》白皮书，提出，加快绿色矿山建设、促进传统产业绿色转型，全面提升传统产业的绿色化水平。

2023 年 2 月，中共中央、国务院印发《质量强国建设纲要》，提出，推动制造业高端化、智能化、绿色化发展，大力发展服务型制造。中共中央、国务院印发《数字中国建设整体布局规划》，指出，在工业、能源等重点领域加快数字技术创新应用。

2023 年 5 月，二十届中央财经委员会第一次会议召开，强调，要把握人工智能等新科技革命浪潮，推进产业智能化、绿色化、融合化，建设具有完整性、先进性、安全性的现代化产业体系。

2023 年 9 月，中共中央办公厅、国务院办公厅发布《关于进一步加强矿山安全生产工作的意见》，对矿山智能化建设作出专门部署：推动中小型矿山机械化升级改造和大型矿山自动化、智能化升级改造，加快灾害严重、高海拔等矿山智能化建设，打造一批自动化、智能化标杆矿山。

2023 年 10 月，国务院印发《关于推动内蒙古高质量发展 奋力书写中国式现代化新篇章的意见》，提出，全面推动绿色勘查、绿色矿山建设，探索制定促进矿山企业采用先进技术的激励政策。国务院印发《中国（新疆）自由贸易试验区总体方案》，提出，建设国家战略性矿产资源基地和有色金属产业基地，加快发展建筑与矿山机械装备等制造业，加快形成先进制造业集群。

2023 年 11 月，国务院常务会议召开，指出，积极推动新一代绿色高效采选冶技术研发应用，着力推动稀土产业高端化、智能化、绿色化发展。

2023 年 12 月，《中共中央 国务院关于全面推进美丽中国建设的意见》发布，提出，统筹推进重点领域绿色低碳发展，全面推进绿色矿山建设。国务院常务会议召开，讨论并原则通过的《中华人民共和国矿产资源法（修订草案）》《煤矿安全生产条例（草案）》对矿山绿色化、智能化建设均作出明确规定。中央经济工作会议召开，强调，加快推动人工智能发展，广泛应用数智技术、绿色技术，加快传统产业转型升级。

（2）各相关部委层面政策、措施。2023 年 1 月，工业和信息化部等十七部门印发《“机器人 +”应用行动实施方案》，提出，研制矿山、应急救援等领域机器人产品，推进智能采掘、巡检值守、无人化运输等矿山场景应用。国家发展改革委等四部门修订印发《煤矿安全改造中央预算内投资专项管理办法》，规定，煤矿安全改造中央预算内投资主要用于支持提升煤炭开采本质安全水平，对智能化建设示范煤矿等予以重点支持。工业和信息化部办公厅公布《2022 年工业互联网 APP 优秀解决方案名单》，精英数智科技股份有限公司（简称精英数智）的基于人工智能的矿山安全生产管控解决方案、浙矿重工股份有限公司（简称浙矿重工）的采矿设备智能化管理解决方案等入选。

2023 年 2 月，国务院国资委印发《关于做好 2023 年中央企业投资管理进一步扩大有效投资有关事项的通知》，提出，加快传统产业改造升级，推动高端化、智能化、绿色化发展和数字化转型。国家能源局批准发布 168 项能源行业标准，NB/T 11120—2023《井工煤矿数字化建设 技术要求》、NB/T 11115—2023《煤矿智能供电系统技术导则》等多项行业标准在列。

2023 年 3 月，工业和信息化部召开党组会议和干部大会，提出，推动制造业高端化、智能化、绿色化发展。国家矿山安监局召开党组会议，要求，加快露天矿山智能化建设，深入推进自动驾驶、雷达监测等先进技术装备应用。工业和信息化部办公厅印发《有色金属行业智能制造标准体系建设指南（2023 版）》，提出，以推动有色金属行业智能化升级为主线，不断推进有色金属行业智能化发展。国家能源局印发《关于加快推进能源数字化智能化发展的若干意见》，提出，以数字化智能化技术带动煤炭安全高效生产。国家能源局综合司印发《2023 年能源行业标准计划立项指南》，涉及煤矿智能化、数字化领域煤矿智能装备、装置及系统、智能化煤矿大数据建设等方向。国

家矿山安监局发布《矿山安全生产科研攻关项目（第一批）》，开采研究院申报的钻锚一体化智能快掘关键技术及装备、煤炭科学研究总院有限公司（简称煤科总院）申报的等高式薄煤层智能开采关键技术研究与成套装备研制等多个项目入列。教育部科学技术与信息化司印发《关于教育部重点实验室培育建设项目的通知》，江西理工大学牵头申报的战略性稀有金属矿产资源绿色开发利用教育部重点实验室获批建设。国家能源局煤炭司组织召开煤矿智能化标准体系建设研讨会，听取相关机构关于煤矿智能化标准体系研究成果的汇报，研究讨论完善煤矿智能化标准体系有关工作意见。科技部战略规划司在内蒙古自治区调研智能矿山建设情况并召开座谈会，提出，以科技创新引领矿山智能化建设。国家发展改革委经济运行调节局与国家开发银行举行座谈，就金融支持煤炭行业高质量发展进行交流。

2023 年 4 月，国家能源局印发《2023 年能源工作指导意见》，提出，推进能源产业和数字产业深度融合，大力支持煤矿智能化建设，完成全国首批智能化示范煤矿验收。国家能源局会同陕西省人民政府、中国煤炭工业协会召开全国煤矿智能化建设现场推进会，要求，各产煤省区和煤炭企业要进一步完善措施，加快推进煤矿智能化建设。工业和信息化部发布《建材工业鼓励推广应用的技术和产品目录（2023 年本）》，智能矿山综合解决方案入列。国家能源局综合司、工业和信息化部办公厅印发《2022 年度能源领域 5G 应用典型案例汇编》，中煤陕西大海则煤矿的复杂环境下的智慧安全开采、山西新元煤矿的 5G 网络技术应用与研究等入选“智能煤矿 +5G 方向”。教育部公布 2022 年度普通高等学校本科专业备案和审批结果，北京科技大学、山西能源学院、山东科技大学、贵州理工学院申报的智能采矿工程专业（专业代码：081507T）获批备案。国家矿山安监局批准 MT/T 1201.1—2023《煤矿感知数据联网接入规范　第 1 部分：安全监控》、MT/T 1198—2023《煤矿井下人员位置监测系统使用与管理规范》等 21 项行业标准。国务院国资委科技创新局公布首届“国企数字场景创新专业赛”全国总决赛获奖名单，云鼎科技股份有限公司（简称云鼎科技）的矿业人工智能应用安全生产作业全流程服务、郑州煤机的煤矿智能开采大数据管控平台等获奖。

2023 年 5 月，国家矿山安监局综合司印发《关于征集 2023 年矿山安全标准制修订计划项目的通知》，对矿山安全信息化、智能化等五大重点方向予以支持。工业互联网专项工作组办公室印发《工业互联网专项工作组 2023 年工作计划》，提出，支持矿山企业加快 5G 专网建设，提升煤矿设备全生命周期管理水平。国务院国资委党委召开扩大会议，强调，要指导推动中央企业加大在新一代信息技术、人工智能等战略性新兴产业布局力度，推动传统产业数字化、智能化、绿色化转型升级。国务院国资委科创局公布《中央企业科技创新成果推荐目录（2022 年版）》，矿冶科技集团有限公司（简称矿冶科技集团）的选矿流程智能运行操作工业软件、中国五矿集团有限公司（简称五矿集团）的铁矿石品位、粒度及可磨度智能识别系统与装备等创新成果入选。

2023 年 6 月，国家能源局综合司印发《全国煤矿智能化建设典型案例汇编（2023 年）》，为全国煤矿智能化建设提供可借鉴的优秀经验。国家矿山安监局发布《智能化矿山数据融合共享规范》，分 6 个专题 40 项具体规范，旨在有效打通矿山领域普遍存在的“数据孤岛”“信息烟囱”。国务院国资委召开深入推进国有企业数字化转型专题会，指出，国有企业要深刻认识数字化转型的重要意义，全面提升数字化智能化发展水平。由工业和信息化部主办的 ICT 中国·高层论坛——5G 未来矿山产业发展论坛开幕，探讨未来矿山建设需求，推动先进科技在矿山建设的成果转化。由工业和信息化部、江苏省人民政府主办的 2023 工业互联网大会开幕，同期举办以“云网添翼 数智赋能”为主题的工业互联网与矿山行业融合应用论坛，从政策导向解读、行业发展、实践路径、应用成果、经验介绍等方面进行交流和分享。

2023 年 7 月，工业和信息化部等四部门发布《国家工业资源综合利用先进适用工艺技术设备目录（2023 年版）》，埃里斯克研发的高效智能尾矿破碎技术设备、河南黎明重工科技股份有限公司研发的移动式建筑垃圾破碎筛分站等入选。国家知识产权局印发《关于第二十四届中国专利奖授奖的决定》，天地科技股份有限公司（简称天地科技）的一种适用于综采工作面的液压支架的循环末阻力预测方法、太原研究院的煤矿井下连采工作面多设备协同控制方法等获奖。国家能源局综合司印发《关于公开征求 2023 年能源领域拟立项行业标准制修订计划及外文版翻译计划项目意见的通知》《煤矿井下变电所轮式巡检机器人技术要求》《煤炭工业智能化选煤厂设计标准》等入列。国家能源局对十四届全国人大一次会议第 3396 号建议予以答复：下一步，将会同有关方面落实好已出台的支持政策，扎实推动煤矿智能化建设纳入国家法律法规，适时研究增加新的制度供给，支持煤炭企业进一步加快智能化建设。

2023 年 8 月，工业和信息化部等七部门印发《机械行业稳增长工作方案（2023—2024 年）》，提出，加快推进装备数字化发展。工业和信息化部等七部门印发《有色金属行业稳增长工作方案》，提出，鼓励智能化改造，加快开发经济性好、见效快、适用面广的智能化解决方案。工业和信息化部等八部门印发《建材行业稳增长工作方案》，提出，以矿山开采、破碎粉磨、设备运维等为重点，遴选一批智能工厂、数字矿山等典型案例。国家矿山安监局发布《矿山智能化标准体系框架》，明确智能化矿山建设各部分的具体标准研制方向，引导各有关单位开展相关标准规范的制修订工作。国家矿山安监局综合司印发《关于开展 2023 年数字矿山融合发展提升本质安全水平典型案例征集工作的通知》，征集方向包括：地下（井工）矿山、露天矿山、矿山洗选等生产环节的数字化技术应用以及虚拟现实、数字孪生、无人驾驶、远程控制、5G应用等在矿山的数字化技术应用，等。工业和信息化部等五部门印发《元宇宙产业创新发展三年行动计划（2023—2025年）》，提出，探索建设虚实一体的数字矿山等场景应用。工业和信息化部科技司公示《2023年物联网赋能行业发展典型案例》，中国恩菲工程技术有限公司（简称中国恩菲）的有轨运输无人驾驶系统、国家能源集团宝日希勒能源有限公司的面向极寒型复杂气候环境露天矿的5G+智慧矿山等入选。国家标准化管理委员会下达“2023年第二批推荐性国家标准计划及相关标准外文版计划”，大数据领域国家标准《信息技术　矿山大数据　技术架构》（计划编号：20230739-T-469）获批立项。国家能源局对政协“关于加大对安全高效煤矿等先进产能建设政策支持力度的提案”予以答复：将会同有关部门进一步完善相关政策和标准体系，分类分级加快推进煤矿智能化建设。

2023年9月，国务院安委会办公室印发《关于学习宣传贯彻〈中共中央办公厅 国务院办公厅关于进一步加强矿山安全生产工作的意见〉的通知》，要求各地区、各有关部门和各矿山企业确保各项任务措施落地生根。工业和信息化部等五部门印发《安全应急装备重点领域发展行动计划（2023—2025年）》，提出，面向露天矿山矿石采掘、运输和装卸场景，强化智能化、无人化装备应用。应急管理部召开党组会，强调，推进东北矿山高质量发展，加快推进矿山智能化建设。工业和信息化部印发《钢铁行业智能制造标准体系建设指南（2023版）》，在“（三）车间层应用标准”中提出：“1.矿山标准：主要包括钢铁行业采矿选矿、冶金矿山集成管控等矿山智能化管理技术要求，用于规范采矿、现场无人化及远程控制等智能化系统技术要求”。国家矿山安监局召开全国露天矿山智能化建设现场推进会，强调，加大政策鼓励和支持力度，统筹推进露天煤矿和非煤矿山智能化建设。国家能源局综合司下达“2023年能源领域行业标准制修订计划及外文版翻译计划”，基于光电原理智能干式选煤设备使用与效果评定方法、掘锚一体机组掘进技术规范等入列。国家发展改革委产业司召开矿山建设专题座谈会，听取相关意见和建议，研讨下一步工作。全国矿山安全生产紧急视频会议召开，要求，全面提升矿山安全保障能力和水平，开展矿山智能化建设。国家市场监督管理总局、国家标准化管理委员会发布国家标准GB 43203—2023《选煤厂安全规程》，对选煤厂自动化及智能化的开展做出明确要求。

2023年10月，国家矿山安监局召开《煤矿安全规程》修订工作推进会，强调，要积极推广成熟可靠的新技术、新装备、新材料、新工艺，加强煤矿信息化智能化建设。国家能源局公布“第三批能源领域首台（套）重大技术装备（项目）名单”，开采研究院联合太原研究院研制的钻锚一体化智能快掘成套装备、天津设计公司研发的煤炭洗选工程CPIM三维可视化全生命周期管理平台入选。国家矿山安监局与中国煤炭地质总局召开座谈会，将共同推进矿山地质透明化、智能化。工业和信息化部原材料工业司组织召开2023年有色金属和建材行业碳达峰工作座谈会，提出，将加快推动有色金属和建材行业智能化、绿色化转型升级。国家矿山安监局组织开展提升矿山重大灾害防治和智能化建设水平专题调研，与华为就矿山信息化智能化建设等重点问题进行交流。由工业和信息化部主办的第六届“绽放杯”5G应用征集大赛全国总决赛落幕，北京华宇联合赵石畔矿业公司、中国移动陕西公司、中兴通讯完成的5G赋能煤矿智能化生产项目获一等奖。

2023年11月，应急管理部召开全国矿山智能化建设工作会商视频会议，指出，要强化顶层设计，突出政策引领、强化规划推动，加快完善煤矿智能化建设的时间表、路线图。自然资源部就《关于进一步加强绿色矿山建设的通知（征求意见稿）》征求意见，提出，加快融合5G、大数据、互联网、人工智能等信息化技术，推动矿山企业数字化、智能化、绿色化发展。工业和信息化部办公厅印发《2023年5G工厂名录》，淮南矿业顾桥5G井下煤矿、内蒙古华能伊敏露天矿5G矿山、全椒海螺5G工厂、中信重工基于“5G+工业互联网”的离散型重型装备智能工厂等入列。国家矿山安监局综合司、工业和信息化部办公厅印发《关于面向矿山领域征集机器人典型应用场景的通知》，推动先进适用矿山机器人的迭代优化和规模化应用。国家矿山安监局就《矿山安全先进适用技术装备推广目录（2023年）（征求意见稿）》和《矿山安全落后技术装备淘汰目录（2023年）（征求意见稿）》公开征求意见，旨在进一步加快推广矿山安全先进适用技术装备，淘汰落后技术装备。国家能源局综合司印发《关于组织开展第四批能源领域首台（套）重大技术装备申报工作的通知》，重点聚焦能源系统数字化智能化等方向。工业和信息化部、内蒙古自治区人民政府审定《工业和信息化部 内蒙古自治区人民政府 共同推进内蒙古新型工业化战略合作框架协议》，包括加快数字化转型发展、推进绿色低碳循环发展等8个方面。工业和信息化部等五部门联合公布“2023年度智能制造示范工厂揭榜单位和优秀场景名单”，其中，郑州煤机的郑州煤矿机械高端液压支架结构件智能制造示范工厂、天玛智控的北京天玛智能化无人采煤控制装备智能制造示范工厂入选“智能制造示范工厂揭榜单位名单”；中信重工的产品数字化研发与设计和产品远程运维2场景入选“优秀场景名单”。工业和信息化部、湖北省人民政府联合主办2023中国5G+工业互联网大会，由陕煤智引科技、陕煤曹家滩矿业、中国电信、华为、鼎桥通信联合打造的全球首个5G-A（即5G增强）曹家滩智能矿山项目入选“年度标杆示范案例”。

2023年12月，2024年全国能源工作会议召开，强调，要瞄准能源科技自立自强，着力打造能源科技创新高地。国家发展改革委公布《产业结构调整指导目录（2024年本）》，旨在以智能制造为主攻方向，推动产业技术变革和优化升级，推动制造业产业模式转变。应急管理部、工业和信息化部印发《关于加快应急机器人发展的指导意见》，提出，强化煤矿、非煤矿山等高风险行业应急机器人研制，提升机器人在高风险环境的作业水平、复杂环境的智能化水平、恶劣条件的防护水平。工业和信息化部等十部门印发《绿色建材产业高质量发展实施方案》，提出，加快推进绿色建材全产业链与新一代信息技术深度融合，促进绿色建材智能化生产、规模化定制、服务化延伸。工业和信息化部等八部门印发《关于加快传统制造业转型升级的指导意见》，提出，加快数字技术赋能，全面推动智能制造。工业和信息化部等八部门印发《推进磷资源高效高值利用实施方案》，提出，突破智能化技术，开发无人采矿、矿山安全管理物联网及云服务、智能配料及生产、在线监测及物性快速识别、全流程过程控制等智能化技术。工业和信息化部等三部门印发《制造业卓越质量工程实施意见》，旨在以制造业卓越质量工程实现产品高质量、企业现代化、产业高端化。工业和信息化部装备工业一司公示 2023 年度智能制造系统解决方案揭榜挂帅项目，中国科学院沈阳自动化研究所的选矿工艺智能优化控制与智慧决策技术研究、浙矿重工的采矿设备智能化管理解决方案等入选。工业和信息化部、生态环境部印发《国家鼓励发展的重大环保技术装备目录（2023 年版）》，短流程低能耗高品质砂石骨料成套装备、钢渣粉磨成套装备入选。国家能源局煤炭司召开首批智能化示范煤矿验收抽查和专项调研视频会，评估首批智能化示范煤矿建设成效。国家能源局综合司公示第一批国家智能化示范煤矿，内蒙古双欣矿业有限公司杨家村煤矿等 47 处煤矿入列。国家矿山安监局综合司下达 2023 年度矿山安全行业标准制修订计划项目，《露天矿山无人驾驶运输系统通用技术要求》等入列。科技部、河南省人民政府联合主办 2023 世界 5G 大会，“中国平煤神马 5G+ 煤炭绿色安全开发”入选大会发布的“2023 年度 5G 十大应用案例”。

（3）地方政府层面政策、措施。2023 年 1 月，山西省人民政府印发《山西省碳达峰实施方案》，提出，推动煤炭绿色安全开发，推动智慧矿山建设，实现煤炭行业整体数字化转型。山西省人民政府印发《关于做好 2023 年安全生产工作的通知》，要求，全面推进煤矿智能化建设，加快推动井下固定岗位无人值守、采掘工作面智能化减人。山西省人民政府办公厅印发《山西省矿产资源总体规划（2021—2025 年）》，提出，以改造提升传统产业的关键技术为中心，大力推广矿产资源先进适用技术，升级矿山开采和选冶生产技术、加工工艺、设备装备。江西省工业和信息化厅等三部门印发《江西省有色金属行业碳达峰实施方案》，提出，推进物联网、大数据、人工智能、5G、边缘计算、虚拟现实等前沿技术在有色金属行业的应用，构建全产业链智能制造体系。山西省发展改革委、山西省能源局印发《山西省煤炭工业发展“十四五”规划》，提出，加快推动智能化技术与煤炭产业深度融合，分类分级开展智能化煤矿建设。甘肃省自然资源厅等十三部门印发《甘肃省高质量推进绿色矿山建设实施方案（2021—2025 年）》，提出，积极探索智能化绿色矿山建设，推动矿产开发利用的生产要素数字化、应用场景可视化、管理决策智控化和机器设备减人化。安徽省工业和信息化厅印发《关于做好 2023 年非煤矿山行业管理工作的通知》，提出，支持矿企大力推进数字矿山、智能矿山建设，推进大型矿山高端化、智能化、绿色化发展。江西省工业和信息化厅印发《江西省有色金属产业数字化转型行动计划（2023—2025 年）》，提出，推进企业装备与生产智能化，建成本质安全、资源集约、绿色高效的智能矿山，清洁环保、优质低耗、安全高效的智能冶炼工厂。山西省安全生产委员会办公室印发《关于开展全省非煤矿山智能化建设的指导意见》，提出，将人工智能、5G 通信、大数据技术引入非煤矿山智能化建设，推动非煤矿山装备向智能化、高端化发展。国家矿山安监局内蒙古局召开煤矿智能化建设技术辅导视频会议，部署 2023 年推进煤矿智能化建设的相关工作。河南省工业和信息化厅组织对河南能源集团有限公司（简称河南能源）、中国平煤神马控股集团有限公司（简称中国平煤神马）等建成的智能化煤矿和掘进工作面进行现场评估，并公示评估结果。山西省能源局发布《山西省煤矿智能化建设评定结果公告》，山西帽山煤业有限公司智能化矿井等 48 个智能化建设项目入列。陕西省教育厅公布 2022 年度陕西省高校工程研究中心立项建设名单，依托西安科技大学建设的矿山工业互联网陕西省高校工程研究中心和矿山全息感知与智慧管控陕西省高校工程研究中心、依托陕西能源职业技术学院建设的煤矿智能与绿色开采陕西省高校工程研究中心入列。

2023 年 2 月，河南省工业和信息化厅印发《河南省 2023 年煤炭工作要点》，提出，全力推动煤矿智能化建设高质量发展，确保三年行动圆满收官。河南省应急厅组织召开全省智能化试点矿山座谈会议，强调，要不折不扣完成非煤矿山智能化建设任务，实现全省非煤矿山高质量安全发展。山东省能源局印发《2023 年全省能源工作指导意见》，提出，加快推进中厚、薄煤层煤矿智能化建设，建成东滩等 6 处国家级智能化示范煤矿，智能化建设煤矿达到 80 处以上。河北省自然资源厅印发《河北省非煤矿山行业发展规划（2021—2025 年）》，提出，积极探索非煤矿山虚拟仿真、智能采选等先进技术与大数据、人工智能等新一代信息通信技术的深度融合，逐步实现采矿生产、选矿加工等的数字化、自动化、智能化应用。山西省工业和信息化厅印发《山西省有色金属行业转型升级 2023 年行动计划》，提出，开展智能矿山数智化建设项目，提升矿山开采智能化水平。江西省工业和信息化厅印发《江西省装备制造业数字化转型行动计划（2023—2025 年）》，提出，促进矿山、工程机械等装备以产品数字化为基础，融合 5G、数字孪生技术，探索矿山、工程装备无人化作业与远程设备管理。安徽省自然资源厅等十五部门印发《安徽省绿色矿山管理办法（试行）》，提出，矿山企业应当依据《非金属矿行业绿色矿山建设规范》等行业标准及《露采非金属矿绿色矿山建设要求》等地方标准，建设绿色矿山。国家矿山安监局内蒙古局召开矿山安全监察工作会议，提出，加快矿山智能化建设，向矿山智能化要成效。

2023年3月，河南省第十四届人民代表大会常务委员会公布《河南省露天矿山综合治理和生态修复条例》，规定，新建露天矿山按照绿色矿山建设标准和要求建设，支持已有露天矿山按照绿色矿山的标准和要求升级改造。山西省人民政府与华为签署推进数字经济发展战略合作协议，标志着山西省在数实融合、数字赋能特别是煤矿智能化开采方面迈出新步伐。山西省煤矿智能化建设工作专班办公室印发《2023年度全省加快推进煤矿智能化建设工作方案》，明确“2023年，180万t/a及以上生产煤矿智能化改造全部开工，确保建成智能化煤矿80座，力争建成90座”等工作目标。河南省制造强省建设领导小组办公室印发《2023年河南省数字化转型战略工作方案》，提出，大力推进5G在工业互联网、智慧矿山等领域融合应用，打造一批5G应用标杆。山西省工业和信息化厅印发《山西省建材工业改造提升2023年行动计划》，鼓励企业建设集智能生产、智能运维和智能管理为一体的智能工厂。山东省能源局印发《山东省能源绿色低碳高质量发展三年行动计划（2023—2025年）》，提出，加快推进煤矿智能化改造，打造煤矿智能化建设示范标杆。黑龙江省煤管局等八部门发布《黑龙江省煤矿智能化建设实施方案（2023—2025年）》，提出，到2025年，全省灾害严重煤矿、120万t/a及以上大型煤矿、其他具备条件的煤矿实现智能化，其他煤矿因矿制宜实现单个或多个生产系统智能化。山西省能源局印发《煤矿智能化建设评定管理办法》，规定了煤矿申请智能化评定的条件，省、市“分级分类”评定管理以及煤矿智能化建设相关指标等。黑龙江省工业和信息化厅印发《关于开展2023年黑龙江省（非煤）智能矿山申报认定工作的通知》，旨在遴选培育一批（非煤）智能矿山建设标杆企业，引领全省（非煤）矿山加速数字化发展。浙江省经济和信息化厅印发《2023年全省装备制造业发展工作要点》，提出，立足浙江省装备制造业特色优势和发展潜力，推动装备制造业高端化、智能化、绿色化、国际化发展。山西省工业和信息化厅印发《山西省高端装备制造产业链2023年行动方案》，提出，以煤机装备、工程机械等领域为重点方向，加快推进高端装备制造产业链做强做优。山西省工业和信息化厅印发《山西省装备制造业2023年行动计划》，提出，全面打造智能煤机等优势产业基地，大力发展机器人等新兴产业集群。国家矿山安监局陕西局印发《关于扎实推进煤矿智能化建设集中攻坚行动的通知》，明确“全省灾害严重矿井、生产能力120万t/a及以上煤矿、咸阳市所属生产能力90万t/a及以上矿井应全部实现智能化建设”等2023年陕西省煤矿智能化建设总体目标任务。国家矿山安监局陕西局联合陕西省应急厅、省能源局召开陕西省煤矿智能化建设推进视频会，通报全省煤矿智能化建设取得的成果和存在的问题，明确工作措施。山西省能源局与华为煤矿军团举行座谈，就加快推进煤矿智能化和能源互联网建设等达成一致意见。河北省发展改革委、省应急管理厅和国家矿山安监局河北局等联合组织对开滦集团钱家营矿业公司进行国家首批智能化示范煤矿验收，该公司成为河北省首家通过智能化验收的矿井。宁夏回族自治区发展改革委、自治区应急管理厅、国家矿山安监局宁夏局等联合组织对宁夏煤业公司（简称宁夏煤业）金凤矿和红柳矿进行国家首批智能化示范煤矿验收，两煤矿达到Ⅱ类中级智能化示范煤矿，洗选中心金凤选煤厂和红柳选煤厂达到中级智能化选煤厂。

2023年4月，内蒙古自治区人民政府印发《关于进一步加强全区露天煤矿安全管理若干措施的通知》，提出，推动小型露天煤矿向大型矿山转型，实现管控一体化、开采智能化、装备重型化、队伍专业化、管理精细化、生态资源化；对现有储量大、现场管理好、技术人员配备强的露天煤矿，通过智能化、信息化建设改造，进一步提升安全生产水平。湖南省应急管理厅与国家矿山安监局湖南局印发《湖南省非煤矿山智能化建设实施方案》，提出，至2030年年底前，具备基础条件的非煤矿山企业基本实现智能化，同时淘汰所有生产工艺落后、不具备机械化生产条件的非煤矿山。河南省加快5G网络建设和产业发展工作领导小组印发《2023年河南省加快5G网络建设和产业发展工作方案》，提出，重点围绕煤矿、非煤矿山等高危行业，挖掘打造一批有效促进提质增效、安全生产的5G应用场景。贵州省财政厅、省能源局印发《贵州省能源安全生产和保供专项资金管理办法》，将重点支持推广煤矿安全生产新技术、新工艺、新装备应用、加快煤矿智能化建设进程等领域。山西省能源局印发《优化能源营商环境三十条》，提出，用政策优势、资金优势激发调动煤矿企业智能化建设的积极性。安徽省科技厅、省教育厅印发《首批安徽省联合共建学科重点实验室认定和培育名单的通知》，淮北矿业股份有限公司（简称淮北矿业）和安徽理工大学共建的深部煤炭资源智能绿色开采安徽省联合共建学科重点实验室、凯盛重工有限公司和安徽理工大学共建的煤矿综掘智能成套技术与装备安徽省联合共建学科重点实验室入选“首批安徽省联合共建学科重点实验室认定名单”；淮北市众泰机电工程有限公司和安徽理工大学共建的矿山智能辅助装备安徽省联合共建学科重点实验室入选“首批安徽省联合共建学科重点实验室培育名单”。陕西省教育厅印发《关于公布省级未来技术学院、现代产业学院名单的通知》，西安科技大学的煤矿智能化现代产业学院获批。辽宁省工业和信息化厅组织开展2023年智慧矿山项目征集工作，旨在鼓励矿企开展智慧矿山建设，加快数字化、网络化、智能化升级改造。国家矿山安监局安徽局、安徽省能源局召开安徽省煤矿定向长距离钻孔灾害治理技术暨智能化建设现场会，强调，加快推进智能化建设步伐，不断提升煤矿灾害治理水平。由山西省工业和信息化厅、省能源局联合主办的2023年山西省高端装备制造产业链（智能煤机）工作推进会召开，围绕煤矿智能化建设、综采装备智能融合、智能钻进、智能化掘进系统、超算赋能煤机制造等进行了交流。由河南省工业和信息化厅主办的河南省煤炭行业“5G+智能化建设”融合发展深度行（平顶山站）活动举行，旨在持续深化产学研用协同创新，全面提升煤矿智能化建设水平。

2023 年 5 月，山西省人民政府办公厅印发《全面推进煤矿智能化和煤炭工业互联网平台建设实施方案》，提出，加快煤矿智能化建设，努力打造全国能源领域数字化转型排头兵。江西省 5G 发展工作领导小组办公室印发《2023 年江西省 5G 发展工作要点》，提出，推进 5G 在智慧采矿等垂直行业协同创新应用，提升行业数字化转型水平。江西省工业和信息化厅印发《江西省新能源产业数字化转型行动计划（2023—2025 年）》，提出，支持企业打造采、选、冶一体化智能生产线，打造安全－自动化、智能－数字化锂资源采选冶产业。西藏自治区经济和信息化厅等三部门印发《西藏自治区工业领域碳达峰实施方案》，提出，加快绿色开采、智能生产方式转变，向数字化、智能化新产业和新业态转型。山西省工业和信息化厅等三部门印发《山西省工业领域碳达峰实施方案》，提出，加强装备制造新技术研发。在煤机装备领域，支持企业突破智能矿山与智能化开采、复杂煤层安全高效开采等关键技术。山西省工业和信息化厅等四部门印发《战略性新兴产业支持目录（试行）》，自动化采矿选矿技术设备等新兴机械制造领域入选。国家矿山安监局贵州局印发《贵州省煤矿安全生产先进管理经验及适用技术汇编》，ZYWL-Y 系列煤矿用履带式全自动钻机、煤矿带式输送机用挂轨式巡检机器人等先进适用技术入选。湖南省工业和信息化厅公布“2023 年度全省重点软件领域关键技术产品攻关项目计划”，湖南军芃科技股份有限公司申报的智能矿石拣选鹰眼超级算法平台项目入选。由国家矿山安监局山东局、山东省能源局主办的山东省煤矿智能化建设推进现场会召开，提出，聚焦薄煤层、中厚煤层智能化开采，加快推进山东煤矿智能化建设。由辽宁省发展改革委、国家矿山安监局辽宁局等主办的辽宁省煤矿智能化建设工作推进会议召开，强调，把加强煤矿智能化建设作为重要工作常抓不懈。安徽省能源局会同国家矿山安监局安徽局组织召开安徽省智能化煤矿建设验收评审会，要求各煤企进一步加大资金投入、科技和人才保障，推动煤矿智能化建设再上新台阶。湖南省应急管理厅召开全省非煤矿山智能化建设工作调度会议，探讨交流智能化建设经验，安排部署相关工作。

2023 年 6 月，内蒙古自治区人民政府办公厅印发《关于进一步加强全区井工煤矿安全管理若干措施的通知》，提出，全区煤矿要严格按照自治区要求，开展智能化建设，实现常态化运行，并不断提档升级。河南省人民政府办公厅印发《河南省实施扩大内需战略三年行动方案（2023—2025 年）》，提出，强化能源安全保障，开展重点煤矿安全改造和智能化建设。山西省发展改革委印发《关于煤炭产业和数字技术一体化发展的指导意见》，明确，到 2025 年，全省大型煤矿、灾害严重煤矿及其他具备条件的煤矿基本实现智能化；到 2030 年，全省各类煤矿基本实现智能化。内蒙古自治区能源局、国家矿山安监局内蒙古局印发《关于煤矿智能化验收评估结果的通知》，内蒙古伊泰广联煤化有限责任公司红庆河煤矿等 12 处煤矿（工作面）通过智能化验收评估。国家矿山安监局新疆局与中国煤炭科工集团（简称中国煤科）举行座谈，就煤矿新技术、新装备以及煤矿智能化、信息化等进行交流。国家矿山安监局湖南局与华为签订合作协议，将在矿山智能化建设、关键技术自主可控等领域加强合作。

2023 年 7 月，内蒙古自治区第十四届人民代表大会常务委员会发布《内蒙古自治区建设国家重要能源和战略资源基地促进条例》，规定，完善绿色智能煤矿建设标准体系，健全煤矿智能化技术、装备、人才发展支持政策体系，加快煤矿智能化改造。江西省人民政府印发《江西省制造业重点产业链现代化建设“1269”行动计划（2023—2026 年）》，提出，围绕有色金属产业链，坚持智能化、低碳化、集群化方向，进一步增强战略资源保供和高效化利用。新疆维吾尔自治区应急管理厅等九部门印发《新疆维吾尔自治区煤矿智能化建设三年行动计划（2023—2025 年）》，明确煤矿智能化建设的总体要求、发展目标、重点任务和保障措施。山西省能源局、省市场监督管理局发布《山西省煤矿智能化标准体系建设指南（2023 版）》，涵盖井工煤矿智能化、露天煤矿智能化、选煤厂智能化三个部分。湖南省科技厅发布《关于 2023 年度湖南省重点研发计划项目立项的通知》，湖南创远、中南大学、湖南科技大学和湖南信息学院等联合申报的基于大数据技术的凿岩钻机自动作业系统项目获批立项。由新疆维吾尔自治区人民政府国家 305 项目办公室等主办的和田地区矿产资源推介暨智慧矿山发展大会召开，对促进智慧矿山建设，推广先进技术与装备的应用起到重要作用。河北省科技厅举办河北省机器人创新应用场景发布会，发布了矿山勘探与应急巡查场景、矿山管道检测场景等 6 个机器人领域创新应用场景。

2023 年 8 月，山西省政府召开全省煤矿智能化建设推进会，指出，全面加快煤矿智能化建设，不断取得煤矿智能化建设新突破、新成效。新疆维吾尔自治区煤矿智能化建设现场推进会举行，强调，各地要落实好《新疆维吾尔自治区煤矿智能化建设三年行动计划（2023—2025 年）》，完成既定目标任务。河南省人民政府印发《河南省建设制造强省三年行动计划（2023—2025 年）》，提出，加快研发制造一批填补国内外空白的高端新产品，提升矿山装备、盾构装备等高端化水平。山西省能源局印发《山西省煤矿智能化建设典型案例汇编（2023 年）》，涵盖智能掘进系统、智能综采系统、全矿井智能化、露天煤矿智能化、智能洗选等 7 个方向，旨在形成示范效应，推动煤矿智能化建设迈向更高水平。辽宁省工业和信息化厅发布“2023 年辽宁省企业技术创新重点项目计划”入选名单，沈阳隆基申报的强磁分选生产全流程运行优化决策与智能控制系统等 3 个科研创新项目入选。河南省工业和信息化厅公布“2023 年度河南省大数据发展创新平台名单”。依托新乡市中誉鼎力软件科技股份有限公司建设的绿色建材智能制造大数据产业融合创新中心、依托焦作科瑞森重装股份有限公司（简称焦作科瑞森）建设的散料连续输送装备大数据产业融合创新中心入选大数据产业融合创新中心；依托河南工程学院计算机学院建设的智能矿山采掘大数据创新实验室入选大数据发展创新实验室。河南省工业和信息化厅公布《2023年河南省人工智能创新平台、重点企业、优势产品和应用案例名单》，天瑞集团信息科技有限公司研发的基于AI图像识别算法技术的智慧矿山一体化平台露天矿山应用入选“应用案例名单”。河南省工业和信息化厅组织召开河南省煤矿数字化智能化改造提升行动方案研讨会，研究编制《全省煤矿数字化智能化改造提升行动方案（2024—2026年）》。

2023年9月，河南省人民政府印发《支持重点产业链高端化智能化绿色化全链式改造提升若干政策措施》，提出，聚焦重点产业链高端化、智能化、绿色化全链式改造提升，鼓励企业运用新技术、新装备、新工艺、新材料进行技术改造。河南省人民政府印发《河南省加快数字化转型推动制造业高端化智能化绿色化发展行动计划（2023—2025年）》，提出，到2025年，5G、大数据、人工智能等新一代信息技术与制造业融合成为制造强省重要支撑，重点行业规模以上制造企业实现智能应用场景全覆盖。贵州省工业和信息化厅印发《贵州省工业领域数字化转型实施方案（2023—2025年）》，提出，推动冶金、建材等原材料工业产业链协同，实现高端化、绿色化、精细化发展；推动能源行业加快建设5G智能煤矿、智慧电厂、数字电网。黑龙江省煤炭生产安全管理局印发《黑龙江省煤矿标准化智能化建设扶持激励政策》，将对标准化建设和智能化建设达到政策标准的煤矿企业在投资及财政政策等四个方面给予支持。国家矿山安监局湖南局组织召开《关于进一步加强矿山安全生产工作的意见》宣贯会暨湖南省煤矿智能化建设工作推进会，要求各煤企加快智能化建设步伐，如期完成建设目标。河南省工业和信息化厅召开煤矿安全生产和煤炭行业发展专题会，强调，抓好数智赋能、绿色转型等四个方面工作，推动全省煤炭行业高质量发展。由黑龙江省煤炭生产安全管理局主办的2023黑龙江省煤矿智能化建设现场推进会召开，强调，落实责任，高标准、快速度实施生产煤矿智能化改造，推动智能化建设攻坚目标如期实现。河南省工业和信息化厅、河南省煤炭学会等主办的河南省煤炭学会煤矿智能开采高层论坛暨平煤神马集团煤矿智能开采高级研修班开班，围绕煤矿智能化建设等开展研讨。河南省工业和信息化厅、省财政厅公布《2023年河南省首台（套）重大技术装备认定名单》，郑州煤机的ZYA12000/18/50D三伸缩液压支架、中信重工的ϕ11m×5.4m半自磨机等入选。河南省工业和信息化厅、省财政厅印发《关于组建第三批省产业研究院的通知》，由中信重工牵头组建河南省智能矿山装备产业研究院，由河南省发恩德矿业有限公司牵头组建河南省矿产资源智能高效利用装备技术产业研究院。山东省发展改革委公布“纳入新序列管理的山东省工程研究中心名单（第二批）”，兖矿东华重工有限公司的高端矿用装备智能制造工程研究中心、烟台兴业机械股份有限公司（简称兴业机械）的地下采掘设备、山东省工程研究中心和兖矿能源集团股份有限公司的煤矿智能开采山东省工程研究中心入列。江苏省工业和信息化厅公布“2023年度江苏省首台（套）重大装备认定名单”，徐州华东机械有限公司的ZC3200/13/28超高水（固体）多功能煤矿智能网络群控充填液压支架、华洋通信科技股份有限公司的煤矿立井提升AI视频智能检测装置YZS12、江苏中贵重工有限公司的CMM10-36Y高效智能十臂煤矿用液压锚杆钻车等入选。山西省教育厅等七部门发布《关于公布定襄法兰产业学院等30个山西省职业学校特色产业学院培育建设名单的通知》，蒲县宏源煤业集团有限公司、上海创力集团股份有限公司、华为共建的运城职业技术大学数智矿山产业学院入选。甘肃省自然资源厅与内蒙古自然资源厅签订战略合作框架协议，将在绿色矿山建设等领域深入合作。

2023年10月，河南省人民政府办公厅印发《河南省培育壮大尼龙新材料等27个重点产业链行动方案》，提出，将聚焦矿山机械等3个重点产业，培育郑洛新平焦等3个千亿级集群。云南省人民政府办公厅印发《云南省煤炭产业高质量发展三年行动计划（2023—2025年）》，提出，到2025年，生产煤矿采煤工作面基本实现综合机械化开采，大型煤矿和灾害严重煤矿基本实现智能化开采。四川省经济和信息化厅等十部门印发《四川省进一步推进工业资源综合利用工作方案（2023—2025）》，提出，推广应用基于人工智能机器视觉的矿石智能分选、高效智能尾矿破碎等技术装备，引入大数据、云计算等新兴技术，提升工业资源智能化、程序化管理水平。河南省工业和信息化厅召开全省煤矿智能化建设工作座谈会，总结2021—2023年煤矿智能化建设成效，谋划2024—2026年煤矿智能化建设目标。山西省发展改革委、省能源局印发《山西省煤炭行业碳达峰实施方案》，提出，实施煤炭产业绿色化、智能化改造；引导金融机构对符合条件的绿色智能煤矿建设等给予合理信贷支持。浙江省智能化绿色矿山建设现场推进会召开，强调，以智能化绿色矿山、基础数字化矿山建设为抓手，以智能感知为关键，推动矿产资源全方位系统性重塑变革。辽宁省工业和信息化厅印发《辽宁省首台（套）重大技术装备推广应用指导目录（2023年版）》，QJL4555井工钾盐矿高效全断面掘采装备、5 000t/h级半移动式破碎站、EBZ-M系列掘锚机、掘锚一体机等入选。山西省市场监督管理局发布DB14/T 2815—2023《煤矿掘进作业智能管控系统建设规范》、DB14/T 2818—2023《煤炭洗选企业重介分选智能化评价技术规范》等多项山西地方标准，对山西省煤矿智能化建设予以规范。新疆维吾尔自治区科技厅召开科技引领绿色矿业产业高质量发展座谈会，旨在推进区域内绿色矿业产业集群建设和高质量发展，加快疆内矿产资源开发利用。山东省非煤矿山智能化建设暨安全生产标准化观摩推广会召开，强调，聚焦短板弱项，响应新技术新手段，推动矿山智能化发展。由江西省人力资源和社会保障厅主办的2023江西省“铜产业数字化转型”高级研修班开班，旨在加强数字化转型技术人才的培养，助推有色金属产业、铜行业数字化转型升级。

2023 年 11 月，内蒙古自治区能源局、国家矿山安监局内蒙古局印发《内蒙古自治区煤矿智能化建设评估和验收办法（试行）》，规定，煤企是建设主体，应按照《煤矿智能化建设指南（2021 年版）》（国能发煤炭规〔2021〕29 号）进行智能化建设。甘肃省人民政府印发《甘肃省新材料产业发展规划》，提出，到 2035 年，传统产业高端化智能化绿色化改造升级取得实质性进展。贵州省能源局就《加快贵州省智能煤矿建设的实施方案（2023—2025）（征求意见稿）》征求意见，提出，推动智能技术与煤炭产业融合发展，加快规划建设新型智能煤矿，促进全省煤炭工业高质量发展。国家矿山安监局湖南局、湖南省应急管理厅发布通知，就加快推进全省矿山信息化智能化建设工作提出要求：2030 年 12 月底前，具备基础条件的非煤矿山基本实现智能化；2025 年年底以前，各煤矿企业要因地制宜全面推进煤矿机械化、智能化采掘、智能化运输。湖南省工业和信息化厅印发《关于征集智慧矿山建设、智慧矿卡应用领域优秀产品、服务和解决方案的通知》，旨在加快整合全省智慧矿山建设服务资源，推动智慧矿山建设产业形成优势竞争力，征集范围包括但不限于：矿山资源与开采技术数字化系统、装备无人化、自动化与无人值守等。由山西省能源局等主办的 2023 山西寿阳智能化煤炭产业发展峰会召开，分享、交流煤炭行业智能化发展的前沿理念和先进技术。河北省工业和信息化厅公布《河北省重点领域首台（套）重大技术装备产品公告目录（2023 年版）》。石煤机的 EBZ200M-2 智能掘锚机及控制系统、张煤机的智能化异构 SGZ1400/5000 型输送机、开诚智能的 KRXJ51-LS 矿用隔爆兼本安型轮式巡检机器人等入选。山东省工业和信息化厅公布《2023 年度山东省首台（套）技术装备及关键核心零部件生产企业及产品名单》，济南重工的 SAG-55×25 半自磨机、山金重工的 PM-MQCY2136 分体式环形永磁无齿轮球磨机等入选。国家矿山安监局宁夏局联合宁夏回族自治区发展改革委、自治区应急管理厅召开煤矿智能化建设推进会，听取煤矿智能化建设情况汇报，提出工作要求。宁夏回族自治区科技厅印发《自治区科技厅关于批复组建 2023 年度自治区创新联合体的通知》，天地奔牛牵头组建的宁夏智能刮板输送装备创新联合体获批建设。

2023 年 12 月，河南省人民政府印发《河南省重大技术装备攻坚方案（2023—2025 年）》，提出，聚焦成套化、智能化、绿色化发展方向，突破大型成套矿山装备。新疆维吾尔自治区科技厅启动 2024 年重大科技需求征集活动，涉及绿色矿业产业集群等“八大产业集群”及其他领域关键核心技术，旨在延链补链强链。宁夏回族自治区科技厅发布《2024 年度自治区重大重点研发项目申报指南》，涉及大倾角急倾斜工作面输送机、自适应吸能让位液压支架及其智能监测装备、巷道辅助作业机器人—支护一体化装备等先进煤炭机械和煤矿安全生产等方向。湖南省科技厅印发《关于 2023 年度湖南省工程技术研究中心立项的通知》，依托湖南创远建设的湖南省地下非煤矿山智能采掘装备工程技术研究中心、依托湘煤立达矿山装备股份有限公司建设的湖南省矿山工程机械工程技术研究中心等获批组建。陕西省科技厅印发《关于批准建设一批陕西省“四主体一联合”校企联合研究中心的通知》，由中国煤科西安研究院牵头，联合西北工业大学申报的矿用钻探装备柔性智造校企联合研究中心获批组建。江西省发展改革委公布 2023 年度江西省工程研究中心认定名单，依托赣州金环建设的江西省磁选技术工程研究中心入列。山西省科技厅发布《2023 年度山西省科技重大专项计划“揭榜挂帅”项目（第一批）张榜的通知》，“5G+ 采煤机导控”驱动的智能综采关键技术研发与应用示范项目入列。山西省能源局印发《关于推动能源领域科技装备高质量发展的通知》，提出，聚焦新一代信息技术和能源融合发展，推动煤炭等传统行业与数字化、智能化技术深度融合。浙江省市场监督管理局公布 2023 年第二批“浙江制造”标准认定清单，埃里斯克牵头起草的 T/ZZB 3348—2023《复摆粗碎颚式破碎机》标准入列。

3. 行业协会、骨干企业、高科技公司及高校院所等开展的绿色智能化探索

2023 年 1 月，中国冶金矿山企业协会智能制造推进委员会第二次会员代表大会召开，提出，发挥平台优势、专业优势、技术优势，构建数字化智能化矿山产业新高地。由中国煤炭学会、中国矿业大学（北京）、华为联合举办第一届全国煤炭行业矿山 AI 大模型大赛决赛，为实现矿山“少人无人、安全、高效”的目标搭建了技术交流、人才培养、机遇共创的建模平台，进一步推动了煤炭行业的创新发展。中国煤炭学会就 T/CCS 005—2023《智能化煤矿工业软件开发接口规范》、T/CCS 006—2023《智能化煤矿云计算部署与管理技术条件》等 50 项团体标准公开征求意见，旨在保证标准的科学性、严谨性和适用性。龙煤双鸭山矿业公司东保卫矿通过国家智能化示范煤矿验收组验收，成为龙煤集团首个Ⅱ类中级智能化示范矿井的井工煤矿。铁法能源公司鑫岩煤矿通过国家首批智能化示范煤矿验收，这是山西省吕梁市，也是辽宁省能源产业控股集团首个通过验收的国家级智能化示范煤矿。西安科技大学与西安煤机联合完成的彬长矿区多元灾害煤巷护盾式智能掘进机器人系统研发与应用项目提高了彬长矿区复杂地质条件的煤矿掘进效率，对破解陕西煤业股份有限公司（简称陕西煤业）乃至我国复杂地质条件多元灾害的煤巷掘进难题具有很好的借鉴和示范作用，通过验收。乌海能源首套快速掘进成套装备在利民公司投用，标志着掘进工作智能化水平再上新台阶。河南能源发布 2023 年“一号文”——《河南能源集团关于做好 2023 年安全工作的决定》，将“智能化矿山（工厂）和智能化工作面建设完成年度规划目标”作为 2023 年安全工作奋斗目标之一。中国平煤神马召开 1 月份生产平衡会、煤炭板块暨平煤股份 1 月份安全办公会视频会议，强调，加快产业数智化改造

步伐，进一步提升数智化创建质量。新华三集团（简称新华三）发布智慧矿山领域业界首款本安型万兆工业以太网交换机、本安型 Wi-Fi6 产品及解决方案，助力矿企共建安全、高效、绿色、低碳的智能化转型之路。中国中煤能源集团有限公司（简称中煤集团）与国家自然科学基金委员会签订国家自然科学基金企业创新发展联合基金协议书，将设立煤炭领域企业创新发展联合基金，重点围绕煤炭安全绿色开采等关键核心技术问题开展研究。

2023 年 2 月，中国煤炭工业协会印发《关于申报中国煤炭工业协会 2023 年度科学技术研究指导性计划项目的通知》，申报领域涉及：智能采煤关键技术与装备、矿用机器人技术、煤矿 5G+ 工业互联网技术等。中关村绿色矿山产业联盟（简称中绿盟）组织召开第一期矿业装备（技术）大讲堂，进一步推动先进适用装备（技术）走进矿山企业，助力绿色矿山建设。中国煤炭学会 2023 年度第一次煤矿智能化团体标准研讨交流会召开，旨在推动构建煤矿智能化标准体系，支撑煤矿智能化标准建设。由中国重型机械工业协会等主办的中国重型机械装备智能制造与低碳发展高峰论坛召开，同期举办冶金矿山技术与发展交流分论坛和物料搬运机械技术与设备发展分论坛，进一步推动重型机械制造业向高端化、智能化、绿色化发展。由中国有色金属学会等主办的 5G+ 有色金属智能工厂绿色信息化建设发展论坛召开，对推动我国 5G+ 有色金属智能工厂绿色信息化建设领域的能力和水平，提升整个产业链的规模和地位具有重要意义。由贵州省煤炭学会、贵州省煤炭工业协会组织的 2023 贵州煤矿智能化建设经验与技术交流洽谈会召开，总结梳理贵州省煤矿智能化建设工作及经验，共享智能成果、共商智能方案、共建智能煤矿。由建筑材料工业信息中心等主办的第十四届建材行业智能制造数字转型大会召开，围绕数实融合助力制造业数字化转型、机器人化智能制造等开展交流分享；期间，发布《建材工业智能制造数字化转型白皮书》《建材工业智能制造数字转型典型案例》。由《黄金》杂志社主办的第八届全国黄金（有色金属）创新技术交流会召开，围绕“双碳”背景下矿业发展、矿产资源高效综合利用、绿色智能矿山建设等进行研讨。由五矿集团主办的中国贵金属产业发展高端论坛召开，针对“十四五”黄金产业，提出，推进黄金产业与新一代信息技术深度融合，促进黄金产业高端化、智能化、低碳化发展。中煤集团科技创新大会暨科协成立大会召开，提出，大力推进数字化转型，推动数字化产业发展。华阳集团召开 2023 年煤炭生产建设工作会，要求，把智能化建设作为推动矿井高产高进的重要手段，依靠先进的智能化采掘设备，建设智能综合管控平台，提升采掘管理能力。国家能源集团召开 2023 年煤炭产业工作会议，强调，加快建设煤矿智能化建设原创技术策源地，继续发挥行业引领作用。陕西煤业召开 2023 年煤炭板块工作座谈会，提出，持续深入推进煤矿智能化建设，加快无人驾驶、智能采煤、智能掘进等技术升级，实现智能安全能力和发展效益的提升。河南能源印发《2023 年数字化转型工作要点》，统筹推进产业数字化、数字产业化，全方位打造数字能源企业。国家能源集团神延煤炭西湾露天煤矿通过国家首批智能化示范煤矿验收，这是国家能源集团首个国家级智能化示范露天煤矿，标志着国家能源集团在露天煤矿智能化建设方面领跑全国。冀中能源集团所属邢东矿、葛泉矿东井、大淑村矿、九龙矿通过验收，成为河北省智能化建设示范煤矿。洛阳国晟集团所属龙宇钼业南泥湖钼矿通过河南省非煤矿山智能化矿山建设验收，成为河南省第一批通过非煤矿山智能化矿山验收的单位。乌海能源老石旦煤矿 5G+ 智慧矿山入选工业和信息化部“平台类试点示范——工业互联网平台 + 安全生产试点示范”项目，标志着国家能源集团乌海能源在该领域处于国内领先水平。我国煤炭行业首个 OTA 无线射频实验室在煤科院建成并投入使用，将在推动和促进 5G 无线通信技术及装备在煤矿井下的应用中发挥巨大作用。开采研究院牵头完成的千万吨级特厚煤层智能化综放关键技术及装备研发项目通过中国煤炭工业协会组织的科技成果鉴定，对推动我国特厚煤层矿区实现智能化综放开采具有重要的借鉴意义。三一智矿科技有限公司（简称三一智矿）和淮北矿业完成的基于数字孪生技术的综采工作面监控系统研究与应用项目赋能智慧矿山高效发展，通过安徽省科学家企业家协会科技成果评价中心组织的成果评价。《浙江省智能化绿色矿山（露采）建设标准》团体标准通过浙江省矿业联合会组织的评审，对浙江省露采矿山企业智能化绿色矿山建设与评价具有指导意义。北京华宇 EPC 总承包的西湾露天煤矿辅助生产系统智能化提升及选煤厂智能化提升技改项目建成了智能一体化生产控制系统，全面提升了选煤厂智能决策和高效管理能力，通过验收。由乌海能源与西安研究院联合研发的国内首创的多属性、多专业协同透明地质保障系统投入运行，对推动全国煤矿智能化建设及透明地质保障系统建设具有重要的示范意义。应急管理部信息研究院与华为签署合作协议，将共同推进新一代矿山生产安全监管平台的建设，提升非煤矿山智慧化建设进程。中国稀土集团有限公司与中国移动签署战略合作协议，将共同推动稀土产业精细化、智能化、科学化高质量发展。山西沁新能源集团股份有限公司和海康威视签署战略合作协议，将携手推动煤矿业数智转型。江钨控股集团与江铜集团签署战略合作协议，将在矿产资源开发、矿山机械设备和信息交流等领域深化合作。中国重型机械工业协会与中国煤科举行座谈，将共同推进重型机械行业向高端化、智能化、绿色化升级发展。山东能源集团与华为座谈交流，就共同推进煤炭行业智能化、产业转型升级达成共识。山西焦煤集团与华为煤矿军团举行座谈，就加快推进智能化数字化建设展开交流。华为煤矿军团与峰峰集团展开交流，将共同探索智能化矿山建设的新途径、新方案。江铜集团与中国有研科技集团开展座谈，将围绕有色金属采、选、冶、加等环节，尤其是在智能化等方向务实合作。南京设计院与腾讯计算机系统有限公司举行技术交流，为双方在智能工厂、智能矿山和智能选煤厂等领域的深入合作奠定了基础。煤炭工业合肥设计研究院和华为煤矿军团举行工作交流，将在智慧矿山建设领域深度合作。湖州宏威新能源汽车有限公司和千里马机械供应链股份有限公司同新疆各矿方联合举办绿色矿山建设方案新疆研讨会，探讨新疆的绿色矿山实施方案。北方重工与众兴集团签订战略合作协议，将在绿色矿山改造升级、“双碳”战略等领域推进场景应用和成果转化。由兖矿能源联合中铁装备研制的“兖矿先锋号”（中铁 1218 号）下线，助推我国煤矿巷道建设机械化、智能化发展。唐山研究院自主研发的锡铜矿预选抛废成套设备在云南锡业集团一次试车成功，标志着首台国产高密度跳汰预选抛废装备落地应用，开拓了跳汰技术与装备应用的新领域。顺达重矿发布 SD72118 旋回破碎机、HC1380 重型高能圆锥破碎设备、JPS1600 制砂机 3 款新品。其中，SD72118 是目前全球最大旋回破碎机，台时生产能力高达 10 500t；HC1380 是目前中国最大圆锥破碎设备，台时生产能力高达 2 420t；JPS1600 是全球世界最大制砂机，台时产量高达 1 600t。山西华智弘兴科技有限公司研发出业内首款超小尺寸吸顶巡检机器人，适用于煤矿、水泥厂等高危场所的长距离智能巡检。太原理工大学完成的面向煤机装备的虚拟现实装配技术与系统为煤机装备数字化设计、零部件高效率装配与煤矿工作面“透明”监测提供了技术支撑，荣登 2022“科创中国”先导技术榜。

2023 年 3 月，由中国煤炭机械工业协会、煤机装备智能化产业联盟主办的 2023 年第一期全国煤矿智能化建设和智能采掘技术装备应用现场研修班开班，交流创新成果，探讨发展思路。由中国煤炭加工利用协会主办的第二届中国选煤发展战略高端研讨会召开，为煤炭行业智能化选煤厂建设、煤炭清洁高效洗选技术的推广应用提供了发展方向。2023 全国大数据标准化工作会议暨全国信息技术标准化技术委员会大数据标准工作组第九次全会召开，发布了《矿山大数据标准化白皮书（2023 年版）》，为指导智能矿山建设、落实工业互联网架构提供了标准体系牵引。由中国煤炭加工利用协会主办的煤炭加工利用领域“机器人 +”应用技术交流暨先进表彰会召开，旨在加快“机器人 +”在煤炭加工利用领域的融合应用，推动煤炭加工利用企业的智能化建设。中国“机器人 + 智能矿山”产业融合发展高峰论坛召开，同期成立“机器人 + 矿山”产业协同推进方阵。会上，中国煤科机器人公司、沈阳研究院、常州研究院联合华为、科大讯飞、海康威视正式发布国内首套“全国产化煤矿机器人解决方案——领航者 3 巡检机器人”。中国煤炭工业协会生产力促进中心召开煤炭行业智能化和大数据技术与标准培训交流会，旨在建立、健全煤矿智能化技术体系和标准体系，推动煤炭行业智能化与大数据技术创新成果耦合转化和先进适用技术应用推广。中国冶金矿山企业协会培训中心等联合举办 2023 选矿智能化控制技术与磨矿工艺第二期研修班，旨在提高选矿自动化智能化水平，推进选矿系统“两化”深度融合。由中国煤炭加工利用协会主办的智能化选煤厂建设技术方案研讨会召开，介绍了 T/CCT 008—2023《智能化选煤厂建设　分级评价》团体标准和智能化选煤厂建设标准模板，发布了《选煤智能化推荐装备目录》。中国砂石协会征集 2023 年度团体标准项目，征集方向包括砂石加工、绿色生产、智能制造、数字矿山、智能工厂、装备制造等领域。由车载信息服务产业应用联盟（TIAA）主办的第三届矿山领域自动驾驶和安全生产融合应用成果大会召开，研讨了自动驾驶技术在矿山智能化建设中的应用进程，发布了《2022 年露天矿山自动驾驶建设成果》白皮书和 T/TIAA 024—2023《露天矿山　智能运载和协同作业系统　通用要求》等 4 项 TIAA 团体标准。山东能源智能化高效矿井建设现场推进会召开，分析总结智能化建设经验、成效，安排部署下一步煤矿智能化建设工作。甘肃省陇南市成县祁连山集团成县分公司 5G+ 智慧矿山系统正式上线，实现了甘肃矿区生产调度和安全管理的远程智能化管控，成为甘肃省第一个智能化升级改造的露天矿。中国平煤神马联合平顶山移动公司在下属十矿井下 1 157m 工作面成功建成 5G 智慧矿山项目，实现了全国首个超千米高瓦斯矿井 5G 智能应用。由上海煤科承建的国家电投贵州金元木担坝煤矿 11 084 工作面智能化改造项目实现了集视频、语音、远程集中控制为一体的自动化控制，达到国内行业先进水平，通过验收。中条山集团北方铜业智能矿山、智能工厂数智化建设项目可研评审会召开，旨在打造精益管控、品质联动、生产联控、安全智控的采选冶一体化智能矿山体系。由北京科技大学牵头、联合矿冶科技集团、中钢集团马鞍山矿山研究总院股份有限公司（简称中钢矿院）、沈阳研究院、中南大学等单位参与的“十四五”国家重点研发计划“战略性矿产资源开发利用”重点专项“超大型深井矿山高效绿色开采技术与智能装备”项目启动暨实施方案论证会召开，将创建新理论、新技术、新装备，形成可推广的超大型深井矿山高效绿色开采技术体系。中国电信发布《5G 全连接工厂解决方案》，推动制造企业完成从“制造”到“智造”的全连接工厂数字化升级。由中国矿业大学（北京）、中科院自动化研究所、中科慧拓三方共建的业内首个集产、学、研一体的智慧矿山联合基地揭牌，将在国家重大需求、人才赋能、关键技术攻关等方面，为国家矿山智能化发展提供创新解决方案。乌海包钢矿业公司与内蒙古新联信息有限公司举行数智化矿山工程签约仪式，标志着乌海矿业数智化矿山建设正式启动。华特磁电与厦门紫金矿冶技术有限公司共建的“紫金 - 华特”磁电与智能选矿实验室揭牌，共同推动矿业装备的健康发展，实现互利共赢。中国平煤神马与中国煤科进行工作会谈，继续深化在技术装备、智能化建设等方面的合作。潞安化工集团与郑州煤机举行座谈，围绕煤矿开采技术智能化、成套化等进行交流。中国铜业与华为进行高层工作座谈，就有色行业智能工厂（矿山）顶层设计规划，合作模式等开展交流。陕西煤业与华为煤矿军团座谈交流，在科技创新、煤矿智能化等方面深度融合，打造引领煤炭行业数字化转型的样板。山西国资运营公司与华为煤矿军团举行会谈，就加强煤矿智能化领域合作，推动山西煤矿智能化转型进行交流。矿冶科技集团与中条山集团签订战略合作协议，对中条山集团进一步推进安全、高效、绿色、智能矿山建设及绿色选冶建设，实现高质量发展有着重要的现实意义。中国有色集团矿山智能化专业技术培训班开班，旨在进一步推动集团矿业产业数字化、智能化建设。中国铜业数字化转型华为专题研修班开班，围绕数字化转型趋势、最佳实践等开展专题培训。中国煤科举行首届品牌发布会，展示企业在智能无人化开采等领域的开创性成果。淮北矿业建成行业首个煤炭无人化实验室系统，标志着淮北矿业煤炭检验检测工作全面迈入智能化时代，为企业绿色、低碳、智能发展注入新动能。上海煤科推出全球首创、掘进速度提升3倍以上的“煤科威龙”智能化矿用岩巷 ϕ3660 全断面组合式盾构掘进装备，开创了国内煤矿岩巷掘进新技术，促进了智能、高效、安全、绿色、环保掘进。国家能源集团准能集团联合航天重工完成首台NTE330型矿用自卸车无人驾驶改造，开辟了国内载重最大330t矿用自卸车无人驾驶新纪元，助力矿区智能化升级建设。中煤华晋集团王家岭矿研发的全国首套煤矿VR远程巡检系统在井下盘区变电所成功应用，检修人员在井上穿戴VR设备，即可实现沉浸式实时视频远程巡检。

2023年4月，由中国工程院主办的中国工程院第351场中国工程科技论坛举行，围绕我国矿业智能绿色低碳发展所面临的热点、重点、难点问题进行交流。由中国工程院等联合主办的中国工程院第358场工程科技论坛暨第六届煤炭科技创新高峰论坛召开，聚焦煤炭绿色安全智能开发，探讨煤炭绿色低碳发展路径和关键问题。中国煤炭工业协会印发《2023年度推进煤矿智能化建设重点工作方案》，旨在按照全国煤矿智能化建设现场推进会要求，进一步加快煤矿智能化建设。中国重型机械工业协会发布《重型机械行业节能降碳行动方案》，提出，开发新一代智能采矿和选矿成套装备，打造绿色低碳、高效运营的矿山装备远程运维智慧工厂。由中国有色金属学会采矿学术委员会等联合主办的第十届中国智能化绿色开采技术与装备大会暨展览会召开，设置“5G+智慧矿山”“砂石骨料技术与装备”等论坛，交流国内外智能矿山建设，绿色开采的新理念、新技术、新装备、新成果。由中国煤炭机械工业协会、陕西省煤炭工业协会主办的2023中国国际矿业装备与技术展览会召开，推动了煤炭行业智能、绿色、低碳、安全发展。由中国矿业联合会等指导、矿冶科技集团等联合主办的2023中国矿物加工大会（CMPC）召开，围绕选矿理论与技术、选矿装备及智能化等开展研讨。由中国机械工业联合会和中国机电装备维修与改造技术协会主办的2023中国工业设备智能运维技术大会召开，全面呈现了工业设备智能运维行业发展态势和技术趋势，发布了工业设备智能运维领域第一本系统性的行业指导文件——《工业设备智能运维产业发展蓝皮书》。由中国金属学会采矿分会、中国煤炭学会煤矿系统工程专业委员会主办的2023年矿业绿色智能高质量发展高峰论坛召开，探讨新形势下矿业绿色智能高质量发展所面临的新问题、新挑战、新任务以及未来发展方向。中国煤炭工业协会信息化分会四届理事会第四次会议暨“数字煤炭”建设发展研讨会召开，就煤炭数字化转型等进行研讨。由中国煤炭工业协会主办的全国煤炭行业首届矿长高峰论坛召开，促进了煤炭行业安全高效绿色智能化建设进程。中国工程机械学会矿山机械分会三届五次理事会暨矿山机电装备创新研讨会召开，旨在推动矿山装备相关技术的创新高质量发展。由中绿盟联合中国恩菲主办的第六届全国绿色矿业发展大会召开，分享交流绿色矿业、矿物加工、智能矿山等方面的前沿技术。由宁夏科协主办的“智慧矿山 清洁能源”助力宁夏煤炭工业高质量发展论坛召开，围绕智能矿山等展开交流。由山西省煤炭工业协会主办的第二十一届2023太原煤炭（能源）工业技术与装备展览会暨“智能高效、绿色低碳”高峰论坛召开，就煤矿智能化、绿色开采等进行交流。陕西省煤炭学会与新华三举办2023新华三智能矿山高峰论坛，就煤矿智能化建设经验与成果展开讨论。由中国稀土产业大数据平台等主办的2023中国稀金产业创新发展高峰论坛暨2023（第二届）智慧矿山与智能装备高峰论坛、中国矿业绿色低碳高质量发展（赣州）论坛召开，为矿企提供智慧矿山一站式整体解决方案，推动“智慧矿山”项目落地实施。王家岭矿通过国家首批智能化示范煤矿验收，达到Ⅰ类中级智能化示范建设煤矿标准，其配套选煤厂达到中级智能化选煤厂标准。山东移动联合山东宏河百利矿业集团等打造的山东省首个“5G＋绿电＋纯电动＋无人驾驶”的“智慧矿山、绿色矿山”项目上线，实现了对矿山安全生产全方位、全流程、全生态的实时管控。天地奔牛等研发的全液压智能控制反井钻机关键技术研究及装备研制项目通过中国煤炭工业协会组织的成果鉴定，项目成果在国家能源集团、山东招金集团等成功应用，取得显著的社会经济效益。中国恩菲主持的国家重点研发计划“工业软件”重点专项——有色金属生产过程多相多场先进工艺控制与优化软件项目启动会暨实施方案论证会召开，标志着我国有色金属产业迈出数字化、智能化转型的重要一步。陕西延长石油（集团）有限责任公司召开可可盖煤矿大采高超长工作面关键技术与成套装备方案和软弱富水裂隙发育煤层巷道智能快速掘进成套技术与装备方案项目方案论证会，就提高工作面生产智能化水平和400m超长工作面与煤层巷道智能快掘的设备选型、技术难题和推广应用等进行研讨。中铁资源集团伊春鹿鸣矿业有限公司智能矿山设计规划方案通过评审，标志着鹿鸣矿业在现代化智能矿山建设领域迈入新阶段。由中国煤炭学会主办的陕北矿业智能化煤矿运行与维护管理体系团体标准工作启动会暨项目实施方案评审会举行，为企业智能化发展奠定了基础。由开采研究院、煤科总院、天地科技等承担的中国工程院重点咨询项目煤炭工业数字化发展战略研究通过评审，对加快推进我国煤炭工业数字化发展具有重要的指导意义。西安建筑科技大学研发的智慧矿山综合管控系统构建了全矿智能调度“超级大脑”，大幅提高了生产效率。中国移动联合华为、中兴通讯发布《中国移动面向矿山行业的语音解决方案白皮书》，旨在进一步提升矿山的语音通信能力和智能化水平，加速矿山行业数智化转型。中国联通发布《5G+ 工业互联网重点行业白皮书》，针对矿山等七个重点行业，形成重点行业工业互联网的发展全景图。陕西省煤炭工业协会、西安科技大学、华为发布《基于工业互联网的煤炭企业信息化系统运维体系建设（2022 版）》白皮书，对煤炭企业进一步落实八部委《关于加快煤矿智能化发展的指导意见》中确定的煤矿智能化发展的 3 个阶段性目标，保障煤炭企业信息化系统的安全可靠运行、助力煤炭企业“两化”融合深度发展和智能化业务创新，对全面推进陕西煤矿现代化工业体系建设具有重要意义。中国移动山西公司联合华为举办“引领矿山新基建 赋能采矿新智慧—5G DMN”推介会，这是双方在山西矿山领域开展 5G+ 数字转型、加快推动矿山转型升级的重要举措。贵州理工学院申报的智能采矿工程专业获教育部批准，成为贵州省首个智能采矿工程专业，将为煤矿安全、高效、绿色开采提供智力支撑和人才保障。厚煤层绿色智能开采教育部工程研究中心建设规划可行性论证会暨揭牌仪式举行，将开展关键技术攻关，服务我国厚煤层绿色智能开采。矿鸿工业互联创新国家矿山安全监察局重点实验室揭牌，将为煤炭行业数字化转型和智能化发展奠定基础。由安徽理工大学和淮北矿业联合共建的深部煤炭资源智能绿色开采安徽省首批联合共建学科重点实验室获批建设，将重点围绕两淮矿区煤炭智能化和绿色开采的重大科技问题，构建深部煤炭资源智能高效开采、灾害防控及环境保护一体化的开采体系。西安科技大学获批建设省级煤矿智能化现代产业学院，将围绕智慧矿山、智能矿井、智能制造等煤矿智能化产业新技术、新业态、新产业，服务西部煤矿的智能化建设。晋商银行股份有限公司与华为签署战略合作协议，将在 5G 煤炭等领域深化合作。中科慧拓与上海华测导航技术股份有限公司签署战略合作协议，将在智慧矿山建设领域展开合作。常州研究院与四川省恒升煤炭科技开发有限公司签署战略合作协议，共同打造行业领先的高质量智能化矿山。中国矿业大学（北京）与上海煤科举行座谈，围绕煤炭装备智能化、智慧矿山建设等进行交流。华能集团联合徐工等单位研发的百吨级“无人驾驶矿用自卸车”（升级版 ZNK）下线，助力矿山运输向无人化转变。张煤机为山西省东泰鑫源煤业有限公司研制的智能化综采成套输送设备实现了全生产系统集成联动智能化开采，通过出厂验收。山河智能装备股份有限公司（简称山河智能）旗下山河巨鼎专属定制的 SWK105ZA 无人驾驶矿用自卸车实现了自动装、运、卸等全流程无人化运行，交付用户。国内首台 EJM200/6-2 掘锚机在航天重工下线，引领煤炭综采行业装备技术的进步。太原研究院自主研制的 EBH315Q 硬岩掘进机填补了国内全岩巷道机械化掘进的空白，在山东菏泽矿区实现单月累计进尺 210m，单日进尺 9.6m 的全岩巷道掘进新纪录。沈阳设计院轮斗成套装备研制项目通过阶段验收，对煤炭行业绿色开采有着重要的推动意义。湘电集团自主研发的 SF31904E/SF32101E 型 120t 级纯电交流电动轮自卸车通过中国重型机械工业协会组织的产品鉴定，标志着国产纯电矿用自卸车研制推广工作再提速。浙江双金机械集团股份有限公司（简称浙江双金）首台 SJ.3.Y.K.36.80 振动筛试机成功，标志着企业研发工作迈上新台阶。

2023 年 5 月，由中国煤炭工业协会、中国煤炭加工利用协会主办的全国煤矿采选充一体化技术研讨会召开，发布了 T/CCT 012—2023《干法选煤工程设计规范》团体标准，围绕智能干法分选技术、采选充一体化新技术等展开了讨论。由中国煤炭工业协会主办的 2023 中国（济宁）煤炭绿色开采与高质量发展技术交流会举办，就煤炭绿色安全清洁开采新技术、新装备、新趋势等进行研讨。由中国有色金属学会、全国有色金属行业智能制造联盟主办的 2023（第三届）有色金属智能制造高端论坛召开，对推动行业和地方有色金属产业智能化转型升级具有重要意义。由中国矿业联合会主办的 2023（第十四届）中国矿业循环经济暨绿色矿业发展论坛召开，围绕绿色矿山建设、矿山智能化作业与智能技术及智能装备等方面进行经验分享。第十七届鄂尔多斯国际煤炭及能源工业博览会开幕，集中展示煤矿智能化装备技术等，其中，华为露天矿无人驾驶解决方案、科大讯飞工业设备卫士等成果首次亮相。由鄂尔多斯国际煤炭及能源工业博览会、踏歌智行联合主办的露天煤矿智能技术应用论坛召开，分享矿山智能化建设的规划、技术、经验与案例。由中国煤炭机械工业协会主办的煤矿智能化快速掘进与定向钻探技术装备发展论坛召开，交流了煤矿智能化快速掘进等方面的先进技术和典型经验。由中国冶金矿山企业协会等主办的中国冶金矿山企业协会智慧矿山建设论坛暨第五届“数字鞍钢 数字生态”现场推进会召开，研讨实现智慧矿山的路径和做法，共享相关冶金矿山企业及鞍钢集团数字化智能化建设经验成果。由建筑材料工业信息中心主办的“科创中国”智能矿山线上论坛召开，就打造智能化露天矿山、“绿色 + 智能”在露天矿转型升级中发挥的作用等进行研讨。由河南省煤炭学会等联合主办的 2023 中国（郑州）国际煤矿安全生产与智能化技术装备博览会召开，促进了安全高效绿色智能开采新理念、新技术、新装备在行业的加速推广应用。由河南省煤炭学会主办的河南省煤炭学会科普工作委员会成立大会暨 2023 绿色矿山智能开采高层论坛召开，就新形势下煤矿智能化高质量发展、华为矿鸿助力矿山智能化转型等进行了研讨。中煤集团科技创新与智能化建设交流会召开，聚焦煤矿智能化建设等展开交流。广西联通举办 5G 智慧矿山研讨会，助力矿山产业向安全绿色、智能高效发展。由西安科技大学主办的第三届西部煤矿智能化学术论坛召开，促进了煤矿智能化发展以及产学研用的深度融合。中绿盟绿色矿山科技特别专员第五期（智能矿山专业委员会）活动召开，围绕煤矿机器人、绿色智能高质量发展、5G/F5G 技术与装备、金属矿智能开采技术与装备等进行了交流。由北京华宇承揽的国家能源集团包头能源有限责任公司李家壕煤矿智能化矿山建设项目和选煤厂智能化建设项目通过集团验收，将在集团乃至整个煤炭智能化建设领域起到示范引领作用。山东能源枣矿集团煤矿智能化建设现场推进会召开，要求、统筹有序抓实智能化建设工作，推动智能化建设再上新台阶。由陕西煤业主办的陕西煤业矿山智能化技术专题培训班（第一期）开班，这是行业内首个企业级集团与中国矿业大学（北京）联合组织的第一次智能化专题培训，也是陕西煤业煤矿智能化建设工作发展的迫切需要。天津设计公司完成的多个项目通过中国煤炭工业协会组织的成果鉴定，其中，大海则特大型煤矿全矿井智能化建设关键技术研究与应用项目达到国际领先水平，三产品重介旋流器精确分选智能调控关键技术及应用项目达到国内领先水平。北京华宇完成的露天煤矿极寒条件原位移动式智能干法分选关键技术项目对促进干法选煤在低阶煤分选领域的技术进步具有重要意义，通过中国煤炭工业协会组织的成果鉴定。上海煤科联合徐矿集团研发的煤矿智能化采煤工作面培训系统是全国首套 1：1 智能化采煤工作面教学培训系统，可模拟真实煤机的各项功能，通过中国煤炭工业协会组织的科技成果函审鉴定。沈阳盛世五寰科技有限公司、东北大学、辽宁五寰特种材料与智能装备产业技术研究院有限公司等完成的 WGM240150 智能型拱形架体高压辊磨机项目通过中国冶金矿山企业协会组织的科技成果评价，整体达到国际领先水平。沈阳研究院等承担的“十四五”国家重点研发计划课题煤矿重大灾害智能感知与信息融合技术及装备启动，将为煤矿重大灾害融合监控预警与智能决策、创建煤矿灾害“云边端”一体化智能精准管控技术体系、构建煤矿多灾害融合监控预警与数字化决策平台提供技术支撑，对智慧矿山建设具有重大意义。江铜集团联合矿冶科技集团组建的矿冶过程智能化制造全国重点实验室江铜分部揭牌，将致力于在我国铜资源开发利用领域打造数字化、智能化技术标杆。由重庆研究院联合重庆大学、重庆市能源投资集团科技有限责任公司建设的煤矿瓦斯灾害预警与防控国家矿山安全监察局重点实验室揭牌，将为智能化矿山建设提供有力的技术支撑。河南省煤炭资源绿色智能开采产业研究院建设方案论证会召开，将建成集产业研究、技术升级、项目集成、成果转化于一体的国内一流创新基地，支撑产业高质量发展。浙江双金与杭州电子科技大学“智能装备”联合创新实验室合作平台成立，将聚焦矿山生产线设备领域开展研发，满足行业对生产线设备数字化智能化的实际需求。中国社会科学文献出版社在线发布由合肥市智能机器人研究院等研创的《中国机器人产业发展报告（2022—2023）》，在其专题报告——《中国煤矿机器人发展报告》中预测：未来，煤矿机器人企业将更加注重引入 AI、物联网等交叉协同技术。华为联合江铜、中铝、金川集团、矿冶科技集团等联合发布《金属矿山数字化转型白皮书》，介绍了金属矿山数字化转型从规划到建设的全景图，并提供典型范例。中国联通联合华为、太原理工大学、华阳集团完成井工矿 5G RedCap 全国首验证，标志着 RedCap 在井工矿场景已具备端到端商用能力，将加速推进煤矿 5G 智能化建设。山西焦煤在国家能源集团调研，围绕煤矿智能化、绿色低碳技术创新等进行交流。中国平煤神马与中兴通讯签订战略合作框架协议，将围绕“智能矿山、智能工厂、智慧企业”开展合作。中铝国际工程股份有限公司与中冶赛迪集团有限公司签订战略合作框架协议，将在数字化和智能化领域深入合作。中国恩菲访问华为，就推进智能矿山建设等开展交流。山东招金金银精炼有限公司与海康威视签署战略合作协议，将在打造智能工厂和企业数字化建设等领域长期合作。中科院自动化研究所、国际先进技术应用推进中心、中国矿业大学（北京）内蒙古研究院、中科慧拓联合发布智能运载机器人“载山CarMo”，对推动矿山高质量发展具有标志性推动作用。淮北矿业与中铁工程装备集团有限公司合作研制的世界首台大倾角下坡掘进矿用盾构机下线，对保障矿井生产接替、提升智能化建设水平具有重要意义。天地奔牛为山东能源集团鲁西矿业研制的 260m 超长智能矸石充填刮板输送机突破国内百米长度充填工作面的技术壁垒，实现超长充填工作面的安全平稳运行。济南重工研发的 JZE/T6650e 土压 /TBM 双模盾构机、SAG-55X25 半自磨机两项新产品通过山东轨道交通学会组织的鉴定，达到国内领先水平。

2023 年 6 月，中国重型机械工业协会发布《重型机械行业数字化转型发展的研究报告》，提出，研究开发矿山装备的少人化、无人化、智能化、绿色化作业是矿山装备今后的发展方向。中国煤炭工业协会组织召开《井工煤矿智能化　第 1 部分　设计规范》等煤矿智能化系列行业标准研讨会，对加快煤矿智能化标准体系建设、发挥标准的支撑保障作用具有重要意义。由中国煤炭学会主办的煤矿安全绿色智能高效充填开采技术装备与工程实践交流研讨会召开，进一步促进煤炭清洁高效开发利用向绿色化、低碳化、智能化发展。由中国煤炭学会矿山建设与岩土工程专业委员会等主办的 2023 年全国矿山建设学术年会召开，进一步推动了现代矿山建设走绿色化、智能化之路。由中国设备管理协会、中国重型机械工业协会联合主办的 2023 行业设备管理与技术创新成果交流大会召开，围绕新时期智能制造和智能装备的关键技术与发展、AI、大数据在设备管理工作中的应用等展开研讨。由中国煤炭建设协会主办的 2023 年煤炭设计选煤专业工作会议召开，围绕选煤工艺设计、智能化发展等开展交流。由河南省自然资源投资集团等主办的 2023 第三届中国（郑州）砂石及尾矿与建筑固废处理技术展览会召开，对加快推进砂石产业转型升级、促进砂石骨料和装备企业的绿色生产和建设具有重要意义。由北京龙软科技股份有限公司（简称龙软科技）等主办的 2023 年龙软科技智能矿山数字生态大会召开，助力煤企智能化建设及数字化转型。新华三举办智慧矿山线上专题论坛，就新一代数字技术与煤炭产业发展深度融合等进行研讨。山东能源召开复杂地质条件中厚及薄煤层高效智能化开采技术装备研讨交流会，旨在全力打造世界领先的智能化开采示范工程。河南能源召开煤炭板块经营管理工作座谈会，强调，加快推进智能化煤矿建设步伐，着力提升采掘自动化、平台智能化水平。煤科院联合神东煤炭、中国电信榆林分公司、华为完成 5G 井下低频大上行能力创新验证，对探索 5G+ 智能矿山建设具有重要作用。国家重点研发计划智能机器人重点专项大型露天矿机器人化自主运输装卸系统关键技术与应用示范项目在国家能源准能集团启动，将以“工艺体系 + 关键技术 + 系统集成 + 规模应用 + 评价示范”为主线，对露天矿机器人化装运卸三大环节开展研究。由中国煤科牵头的国家重点研发计划大型煤矿井下巷道辅助作业机器人关键技术与应用示范项目启动，将为煤矿智能化建设提供强力的技术装备支撑。中国电信联合煤科院、华为、中国矿业大学、西安科技大学、踏歌智行等 20 余家智能矿山领域的企业与研究机构，成立中国电信 5G 智慧矿山产业联盟，合力推进矿山行业的发展和生态繁荣。中国电子技术标准化研究院牵头编制的《煤炭行业数字化转型路径及典型场景（2023）》发布，为推动煤炭行业数字化转型提供路径指导。中绿盟组织召开第一批绿色矿山科学技术成果评审会议，威海尚品机械设备科技有限公司“多流态强化干扰床分选（分级）脱水一体机技术”等多项成果通过鉴定。由中国砂石协会等主办的第七期全国砂石骨料行业技术与管理人员高级培训班开班，从装备智能制造和智能矿山建设等对砂石行业的现状和未来进行梳理与展望。职业技能鉴定中心发布《关于将煤矿智能开采员等新增工种纳入煤炭行业职业能力水平评价范围的通知》，将煤矿智能开采员、煤矿智能掘进员等 5 个工种纳入煤炭行业职业能力水平评价职业（工种）范围。建龙集团思山岭铁矿银团贷款签约仪式举行，兴业银行等 5 家银行提供 35 亿元银团贷款支持，助力思山岭铁矿项目建设深井矿山、平安矿山、绿色矿山、智慧矿山。由西安煤机自主研制的世界首台 10m 超大采高智能化采煤机出厂评议暨发布会召开，标志着中国煤机装备实现了从进口替代到全球化的跨越。由天地奔牛自主研发的 10m 超大采高工作面智能刮板输送成套装备通过出厂评议并正式发布，填补领域空白，对提升我国煤机装备在国际上的竞争地位具有重要的意义。由郑州煤机自主研发的 10m 超大采高智能化液压支架是引领煤炭综采行业装备技术的又一重大突破，通过出厂评议、交付用户。徐工举行超级露天矿业装备 XES35 电铲下线、700t 液压挖掘机交付和 XDE440 矿车发车仪式，标志着徐工自主掌握了大型电铲、大吨位后驱交流电传动自卸车等核心技术，企业研发水平再上新台阶。北煤机研发的 BMX 全数字电控系统中全数字控制器等 7 款产品取得国家安标证书，实现井下液压支架智能控制系统关键国产化核心装备从“0”到“1”的突破。江苏神盾工程机械有限公司（简称江苏神盾）为陕煤建设集团研制的全球首套同步铺底矿用盾构机 / 全断面硬岩掘进机（TBM）“奋进号”成功试运转，标志着陕煤建设集团开辟了岩巷安全快速掘进的新道路，实现了盾构机施工的历史性突破。

2023 年 7 月，中国煤炭工业协会印发《中国煤炭工业协会关于推进数字煤炭建设发展的指导意见》，提出，通过数字煤炭建设，有力推进煤炭工业的中国式现代化。中国煤炭工业协会公布《2021—2022 年度煤炭行业两化深度融合优秀项目》，10 类 145 项，涵盖了煤炭企业数字化转型顶层设计，信息化基础设施建设及 5G 应用，煤炭生产、加工、转化、流通、装备制造等场景数字化、智能化建设，煤炭工业互联网平台建设，人工智能、区块链、数字孪生、自动驾驶等技术应用领域。2023 世界人工智能大会召开，会上，中科慧拓展出了“6S”智慧矿山整体解决方案、VR 虚拟矿用自卸车模拟驾驶系统以及矿山智能运载机器人等，标志着我国迈向矿山本质安全的进程又取得了重要突破。由中国有色金属工业协会主办的 2023 年（第十九届）中国有色金属矿业大会召开，提出加快跨领域、跨行业的技术融合与应用，开创安全、高效、绿色和可持续的智能矿山发展新模式。由中国冶金矿山企业协会、中国有色金属学会主办的 2023 第八届中国（沈阳）国际矿业展览会暨第三届中外矿山产业链发展论坛召开，围绕选矿技术、矿业绿色智能发展等展开交流。中国煤炭工业协会生产力促进中心召开煤矿智能快速全断面掘进能源行业标准研讨会，对指导矿用盾构机应用、推动煤矿智能化掘进具有重要意义。全国三维数字化创新设计大赛 15 周年精英联赛决赛举行，安徽理工大学设计的综掘巷道全断面“锚—支—护”协同作业机器人为煤矿无人、少人化开采奠定了理论和实践基础，获二等奖。《中国煤炭工业》杂志社主办的第十六届西部国际煤炭与高端能源产业博览会暨 2023 中国煤矿智能化技术创新发展会议召开，展示了煤矿智能化、信息化等高端技术，围绕西部地区煤矿智能化开采技术与创新、煤炭工业高质量发展等进行了交流。由矿道网等主办的第三届全国矿用设备管理与创新大会召开，围绕新型矿用装备的开发及应用、智能矿山设备的实践应用和发展趋势等展开对话。由山西省煤炭学会主办的山西省煤炭学会煤炭绿色开采委员会成立大会暨煤炭绿色开采论坛召开，旨在群策群力，助力山西省煤炭在“保供”的同时实现绿色低碳化发展。浙江省矿业联合会发布 T/ZMA 001—2023《浙江省智能化绿色矿山（露采）建设与评价标准》，将全面加快矿产资源领域数字化改革步伐，推动浙江省矿山数字化智能化建设走在全国前列。由太原重型机械集团有限公司、中国矿业大学和太原理工大学共同组建的智能采矿装备技术全国重点实验室揭牌，以大型采矿装备设计自主化、制造绿色化、装备智能化、服务网络化为目标，为我国矿山智能化建设提供战略支撑。由中国煤科武汉设计研究院有限公司（简称武汉设计院）承建的国能乌海能源乌达煤炭加工有限公司新建 4.00Mt/a 选煤厂 EPC 总承包项目完成带煤调试投产运行，实现了精准分选、智能决策，达到国际领先水平。徐矿集团江苏矿业集团花草滩煤矿项目部 1100 智能化综采工作面完成试运转，成为甘肃张掖地区首个智能化综采工作面，为周边其他矿井推进智能化工作面建设提供了有益借鉴。本钢集团南芬绿色选矿提效及智能化改造一期A段EPC总承包工程正式投产，标志着本钢集团百年选矿进入绿色、智能、高效的生产新阶段。江铜集团召开2023年度“数字江铜”建设现场推进会，强调要加快建设“数字江铜”。中煤集团召开2023年上半年经济运行分析会暨专题研讨会，要求加大科技攻关与数字化转型力度，加快煤矿智能化建设。河南能源召开2023年年中经济运行分析会，强调要加快自动化智能化建设进度。山西焦煤召开2023年下半年工作会，提出加快数字化建设步伐，加快走出一条数字化赋能的转型发展之路。西北煤机完成的基于手机遥控可视化伸缩式自移机尾项目促进了掘进工作面的减人与无人化作业，通过宁夏回族自治区科技厅组织的验收。开采研究院等单位完成的华能条件多样性煤矿群智能化关键技术与智能煤矿建设示范（井工矿）项目实现了条件多样性煤矿的安全、合理和先进开采，达到国际领先水平，通过中国煤炭工业协会组织的成果鉴定。南京设计院自主研发的RADS机器人AI干式分选机实现了煤炭干式分选方法的重大突破，通过中绿盟组织的鉴定。顺达重矿完成的H9高性能多缸圆锥破碎机项目研制了大偏心距、高转速、高悬挂点的高性能圆锥破碎机，满足了智能化矿山的需求，通过中国冶金矿山企业协会组织的成果评价。由北京华宇主编的《智能化煤矿工程数字化应用技术标准》《煤炭工业选煤厂工程数字化模型深度标准》等团体标准（初稿）通过评审，对完善煤炭工程数字化标准体系建设具有重要的引领作用。华为联合多家产业伙伴发布《面向工业智能化时代的新一代工业控制体系架构白皮书》，助力制造业高端化、智能化、绿色化发展。精英数智与华为联合发布“矿山多模态智能感知与协同控制终端”解决方案，构建了矿山AIoT全域感知和多级协同管控能力，实现了监测预警、联动控制、处置反馈、统计分析的管理闭环。山西焦煤与中国煤科举行座谈，就矿井智能化建设、智能装备等进行商讨。华为煤矿军团与开滦集团进行工作交流，着力破解煤矿智能化建设中的难点问题，探索可落地的智能应用场景。三一智矿与新疆骏瑞众研矿山设备有限公司签署超500台无人驾驶矿车合作订单，深度共建智慧矿山。浦发银行成都分行与川煤集团签订合作协议，为传统煤企全面实施技术改造、推进智能制造、推动工艺变革、提升能级、方式转型注入强大的金融支撑。由中国产业发展促进会智慧矿业创新集群、北京四象爱数科技有限公司自主设计的我国乃至全球首颗矿业专用卫星AS-01“矿大南湖号”SAR遥感卫星成功发射，标志着“智慧矿山星链计划”正式启动，将为我国乃至世界矿业行业发展提供可靠的遥感数据支撑与多元专属服务。由山东能源、华为联合研发的全球首个能源行业商用AI大模型——盘古矿山大模型发布，将引领矿山AI开发模式从作坊式转变为工厂式的生产变革，为AI大规模进入矿山打下坚实基础。中国煤炭工业协会在曹家滩矿业公司召开世界首套10m超大采高智能综采工作面成套装备联合试运转评议会。该项目创造了装机功率22 000kW世界第一；装备总重量20 000t世界第一；一次采全高10m世界第一；单面产能突破2 000万t世界第一；建成了人均工效最高、智能融合最强、经济效益最大、社会影响最广的新时代智慧示范煤矿。上海煤科研发的适应最小采高1.3m煤层大功率自适应采煤机关键技术研究及应用项目在国家能源集团神东煤炭石圪台煤矿成功应用，奠定了我国薄煤层采煤机的世界领先地位。上海煤科举办2023山西大同煤矿安全智能化论坛暨6kV、10kV矿用隔爆兼本质安全型高压变频器推介会，引领矿用设备向大功率，一体化、智能化发展。东北地区首台载重70t电动矿用自卸车在鞍钢集团关宝山公司完成性能测试，为关宝山公司探索绿色化、智能化发展提供了有力支撑。

2023年8月，中国煤炭工业协会印发《关于批准筹建煤炭机械工业工程技术研究中心的通知》，依托三一重型装备有限公司建设的煤炭机械工业智能化绿色开采成套装备工程技术中心、依托中国煤矿机械装备有限责任公司建设的煤炭机械工业智能化成套工程技术研究中心、依托天地奔牛建设的煤炭机械工业井工刮板输送装备工程技术研究中心等十大煤炭机械工业工程技术研究中心获批筹建。由中国煤炭工业协会主办的全国露天煤矿绿色低碳发展现场会召开，推广交流了国内外智能矿山建设、绿色开采的新理念、新技术、新装备、新成果。由中国煤炭工业协会主办的第三期全国智能化示范煤矿建设技术与经验现场交流会召开，就智能综采、煤矿全场景数字孪生系统等煤矿智能化系统建设经验和应用进行探讨。由中国冶金矿山企业协会等主办的第三届全国矿山绿色智能安全开采技术暨装备论坛召开，就绿色、智慧矿山建设展开交流。由中国冶金矿山企业协会矿山技术委员会等主办的2023（第十三届）矿业科学技术大会召开，设置了智能矿山建设与实践等7个专题论坛，就前沿性、交叉性科学问题进行研讨。由应急管理部信息研究院煤矿机器人协同推进中心、矿山机器人创新应用联盟等主办的矿山机器人与安全生产融合应用成果交流会召开，发布了《矿山机器人创新研发与应用实践》白皮书，梳理、总结了近年来我国矿山机器人研发与应用现状，对推动矿山机器人新技术研发应用具有很大的促进作用。由山西省科协主办的山西煤炭产业千人智库成立大会暨首届产学研融合高峰论坛召开，为持续推进煤炭行业向绿色、智能、安全、高效方向迈进提供了有力支撑。中国黄金报社等举办2023中国（招远）5G+智能矿山安全大会，就创新驱动智能制造、人工智能技术赋能矿山智能化发展等展开探讨。由西安研究院主办的《煤田地质与勘探》创刊50周年特刊发布会暨高峰论坛举行，聚焦智能探测与技术装备等开展交流。由砂石骨料网等主办的全国矿业（砂石）智能化发展峰会召开，旨在深入探讨矿山智能化建设工艺水平，着力打造高效、绿色、智能、低碳的新型矿山，共筑绿色智能砂石发展。中国矿山安全学会露天煤矿专委会2023年年会暨《露天采矿技术》编委会工作会召开，就露天煤矿安全智能、绿色低碳、高质量发展等进行交流，对推动我国露天开采安全技术及智能化建设起到积极作用。中国恩菲创新发展 70 年系列科技论坛——现代矿山发展论坛召开，提出最大限度地实现绿色化智能化发展，努力开创数字化发展新局面。新疆有色集团召开新疆战略金属资源绿色智能开发学术会议，围绕智能矿山建设等进行了研讨。山西焦煤召开煤炭洗选领域改革推进会，提出加快推动智能化建设，着力构建具有山西焦煤特色的“数字化生产模型”。国家能源集团召开露天矿用自卸车无人驾驶现场推进会，旨在推动产业升级，引领智能矿山产业化发展。中国能建葛洲坝一公司舟山市金塘东岙山建筑用石料矿山项目通过基础数字化矿山验收，成为浙江省首家通过基础数字化验收的矿山项目，为推动浙江省矿山数字化转型提供了样本。龙新矿业思山岭铁矿智慧矿山设计方案通过专家组认证，标志着龙新矿业在智慧矿山领域迈出新步伐。陕煤澄合西卓煤矿 1410 薄煤层智能化综采工作面三机联合试运转现场会举行，标志着该矿开创了澄合薄煤层智能化开采的先河，对开发渭北地区储量巨大的薄煤层资源具有深远意义。上海煤科承担的山西潞安集团伊田煤矿 1108 薄煤层综采工作面智能化改造项目实现了生产环境、生产设备及过程实时监控和远程控制，达到国内先进水平，通过验收。宁夏煤业等合作完成的基于透明化地测保障系统的智能化煤矿管控平台研发与应用项目为矿井安全生产、协同调度、集中管控及科学决策提供了智能化信息技术支持，对宁夏煤业、国家能源集团的智能矿山建设具有重大意义，通过中国煤炭工业协会组织的成果鉴定。焦作科瑞森完成的矿井快速掘进转载与输送关键装备及技术项目通过中国重型机械工业协会组织的成果鉴定，其中，在巷道转载和运输方面有明显创新，达到国际先进水平。焦作科瑞森联合太原科技大学完成的超大倾角大运量压带带式输送机开发及应用项目填补了超大倾角大运量压带带式输送机的国内空白，通过中国重型机械工业协会组织的成果鉴定。由上海申传电气股份有限公司、太原理工大学完成的团体标准《矿用永磁同步驱动电机车与辅助驾驶系统技术条件》（送审稿）通过中国重型机械工业协会组织的审查，填补了行业空白，引领了行业发展方向。淮河能源控股集团信息管理中心与中国电信淮南分公司共建的“5G 工业互联网创新应用联合实验室”揭牌，将构建 5G+ 智慧矿山整体解决方案，孵化更多 5G 应用场景。中国煤科与华为签订深化战略合作协议，共建煤矿智能化联合创新中心，推进矿山智能化建设。山东能源与中国煤科签订合作框架协议，在智能装备、绿色发展等领域开展全面合作。临工重机与易控智驾签订战略合作协议，共同推动矿山无人化建设。太原研究院自主研制的全球首套铰接式百吨级综采成套搬家装备在山西霍州矿区完成 100 吨级超大采高综采工作面设备辅运作业，标志着国内大吨位无轨辅运装备进入发展快车道。全球首台（套）最大功率、超大采高智能化高端采煤机 MG1250/3430-WD 系列采煤机在上海煤科问世，标志着我国煤炭绿色、安全、节能、高效开采进程迈出突破性的一步。中信重工研制的 ϕ8.2m×12.7m 溢流型球磨机完成工厂试车、交付客户，标志着我国在大型碎磨装备自主研发和制造领域再创新高。华特磁电举办“智能智造”新产品技术发布会，发布了全球首台特大型 6m 智能立环高梯度磁选机、全球首台特大型 2.5m 智能电磁浆料高梯度磁选机等多款新技术装备。江苏嘉轩智能工业科技股份有限公司研发的全球首台电压 6 000V、功率 1 120kW 高电压大功率永磁直驱滚筒下线交付，标志着我国永磁滚筒行业大型化取得新突破。

2023 年 9 月，中国煤炭学会就 T/CCS 058—2023《智能化煤矿运维术语和定义》、T/CCS 062—2023《井工煤矿智能化采煤系统运维管理规范》等 27 项团体标准公开征求意见。甲子光年智库发布《2023 中国智能矿山行业研究报告》，找寻智能矿山的破局路径，研判智能矿山的发展趋势。由中国煤炭工业协会主办的 2023 煤炭行业“两化”深度融合推进现场会暨“数字煤炭”建设发展论坛召开，科大讯飞首次展示了讯飞工业大模型（矿山版）、矿山智慧调度解决方案、矿山设备智能健康管理系统等创新产品。由中国煤炭工业协会主办的 2023 年全国煤矿采煤工作面智能创新大赛启动会暨智能采煤工作面建设论坛召开，围绕智能采煤工作面建设现状、建设模式、技术装备、实践应用及发展方向等进行交流。会上，国家能源集团就煤矿智能化建设情况作了经验介绍，并发布了与天玛智控联合完成的榆家梁煤矿采煤工作面无人化建设成果。由中国黄金协会等联合组织的 2023 世界黄金技术大会暨中国黄金行业全产业链创新论坛召开，围绕矿山安全、绿色开采、深井采矿、黄金选冶等开展研讨。由中国煤炭工业协会主办的煤矿智能化建设标准宣贯会召开，旨在强化煤矿智能化标准体系建设与应用，加快推进煤矿智能化建设。由中国煤炭机械工业协会、煤机装备智能化产业联盟主办的 2023 年第二期全国煤矿智能化建设和智能采掘技术装备应用现场高级研修班开班，对推动煤矿智能化建设和煤炭行业高质量发展具有现实意义和深远影响。由中国矿业联合会主办的第三届矿业科技创新与可持续发展论坛召开，设置了矿山技术装备创新和矿业融合发展等 3 个专题论坛，旨在推动行业交流合作，实现跨界融合，促进矿业科技创新和可持续发展。由中国煤炭机械工业协会主办的中国煤炭机械工业协会刮板输送机专业委员年会暨绿色智能高端煤机装备技术交流会召开，围绕刮板输送机技术与发展趋势、变频驱动技术及智能控制系统在煤矿智能化建设中的解决方案等进行了研讨。由中国自动化学会等主办的 2023 泰山智慧矿山建设发展大会暨新技术新产品展洽会召开，为矿山产业及矿山装备制造产业的高质量发展提供了新思路、新方向。由中国冶金矿山企业协会和首钢矿业公司主办的 5G+ 井下单体设备集中操控暨智能矿山解决方案现场会召开，发布了井下 5G 通信技术、铲运机地表远程操控技术以及中深孔台车远程操控技术，标志着 5G+ 井下单体设备集中操控技术在冶金矿山行业首次实现了规模化应用，首钢矿业公司智能化矿山建设取得新突破。由中国煤炭学会岩石力学与支护专业委员会主办的

2023年全国煤矿安全、高效、绿色开采与支护技术新进展研讨会召开，就绿色开采、煤炭数字化与智能化等展开探讨。由中国有色金属学会采矿学术委员会等主办的《中共中央办公厅 国务院办公厅关于进一步加强矿山安全生产工作的意见》宣贯暨2023湖南省非煤矿山智能化建设推进会（娄底场）召开，为非煤矿山智能化建设提供了长远发展目标和切实发展路径。由中国水泥协会主办的第十七届水泥矿山年会召开，发布了中国水泥协会团体标准T/CCAS 028—2023《水泥行业数字化智能矿山建设规范》，推动矿山建设向数字化、智慧化转变。由应急管理部信息研究院主办的煤矿企业安全绿色智能发展技术交流会暨2023年《中国煤炭》杂志年会召开，围绕煤矿企业安全绿色智能发展等展开了研讨。2023世界制造业大会开幕，踏歌智行发布"正向设计"的无人驾驶新能源矿用宽体运输车TG136HA，填补了市场空白。由煤科总院主办的煤炭科学技术50年创新发展论坛暨《煤炭科学技术》创刊50周年大会开幕，设煤矿安全绿色开发与清洁高效利用、矿山智能技术与装备2个平行分论坛，分享煤炭领域最新原创性科技成果、先进技术和装备。山西焦煤召开绿色开采技术交流暨绿色开采标准宣贯培训会，进一步推广煤炭绿色开采技术。华阳集团召开煤矿智能化建设推进会，强调加快推进煤矿智能化建设，高质量完成智能化建设目标。陕西煤业组织召开陕煤集团神木张家峁矿业有限公司中厚煤层15Mt/a智能化超长综采工作面关键技术及装备研究项目座谈会，旨在建设世界最长的、首个布置两台采煤机、年产超千万吨的智能化综采工作面。国家能源集团神东煤炭牵头完成的无人智能采煤工作面成套装备技术的集成攻关与工程示范项目为煤矿综采无人化采煤提供了首套工业化常态化应用解决方案，通过中国煤炭工业协会组织的成果鉴定。曹家滩矿业公司承担的设备全生命周期管理系统技术研究与应用、矿井智能通风及快速协同调控关键技术及装备等项目通过中国煤炭工业协会组织的成果鉴定，达到国际先进水平。湘电集团和云南锡业股份有限公司联合完成的新型高效云锡式摇床关键技术装备开发与应用项目实现了我国在矿产重选领域的跨越式发展，通过中国有色金属工业协会组织的鉴定。兴业机械研发的UK-50地下矿运车项目通过中国重型机械工业协会组织的成果鉴定，整体技术达到国际先进水平。由北京华宇总承包的国家能源集团胜利一号露天煤矿地面选煤系统全面建成"智能干选+风选分选+分层剔选"褐煤综选系统，标志着北京华宇在低阶煤干法分选技术的工程应用方面取得了突破性进展。由北京华宇设计的田庄选煤厂千万吨技改工程竣工暨智慧工厂建成投用，标志着河南省首座年千万吨级"智慧选煤厂"的诞生，成为中原地区千万吨级智慧选煤厂标杆。中国冶金矿山企业协会批准发布《冶金露天矿山采掘设备5G智能化远程操控技术规范》等3项团体标准，进一步推动5G智能化远程采矿技术在冶金露天矿山领域的推广与应用。中国煤炭加工利用协会发布T/CCT 008—2023《智能化选煤厂建设　分级评价》团体标准，为智能化选煤厂的设计、施工、运营、管理、相关技术研发、设备及装备研制与服务、智能化程度评价等提供基本参照，对加快我国智能化选煤厂建设进程、全面建成智能矿山幸福指数具有重要现实意义。山东能源与中国煤炭地质总局签署战略合作协议，在智慧矿山建设等方面加强合作。山东能源与西安煤机开展交流，围绕高端采煤机关键技术与应用、高效智能掘进关键技术与装备等深入探讨。山西焦煤和华为举办数字化智能化深化研讨会，就加快推进新焦煤数字化智能化建设展开交流。中铝集团与华为就加快推进有色金属矿山数字化智能化建设等举行座谈，在人工智能、云计算等领域强化合作。金川集团与华为"矿山军团"签订"金川智慧矿山建设合作协议"，将以有色金属智慧矿山建设为重点，全面推进金川集团高质量发展。白银有色集团与华为签订"白银有色集团－华为合作框架协议"，在智慧矿山、智能工厂等领域深度合作。中兴通讯与上海煤科开展技术交流，共同推进我国煤矿的智能化建设。西安科技大学露天开采系统工程研究中心揭牌，致力于露天开采技术系统优化与智能化装备技术研发。由安徽理工大学牵头编撰的《智慧矿山概论》《煤矿智能检测技术》《煤炭智能精准开采概论》3部煤炭高等教育"十四五"规划教材发行，填补了我国智能采矿工程专业教材的空白。由榆北煤业公司科研成果共享定制化的国内首套"一系统多用、一机两用""环绕式"智能快掘装备下线，对提高复杂地质条件下半煤岩巷掘进效率，解决所属矿井"采掘接续"难题，实现单进水平、掘进综合工效和开采效率再上新台阶具有里程碑意义。由徐工制造的全国首台700吨级XE7000智能液压反铲在准能集团投入运行，开启了采装设备智能化升级之路。中信重工按国际标准、国际规范研制的ϕ11m×7.2m半自磨机、ϕ7.92m×14.33m溢流型球磨机完成试车、交付客户，开创了目前国内矿山应用规格最大、海拔最高半自磨机、球磨机研发制造新纪录。我国首台（套）为钾盐矿研制的全断面掘采机在北方重工下线，对推进我国固体钾盐矿乃至其他非煤矿山的开采工艺、产业革新、装备制造业水平提升等具有重要的推动作用。

2023年10月，中国煤炭工业协会印发《露天煤矿高质量发展指导意见》，进一步推进露天煤矿高质量发展，助力新型工业化建设。中国非金属矿工业协会发布《推动非金属矿工业高质量发展三年行动计划（2023—2025年）》，提出，研发数字矿山建模、开采工艺优化、智能设备选型等重点技术，加快推进各类非金属矿山的绿色建设工作。由中国矿业联合会主办的2023（第二十五届）中国国际矿业大会召开，自然资源部中国地质调查局国际矿业研究中心在"一带一路"地学合作与矿业投资论坛上，发布《全球矿业发展报告2023》，指出矿业科技装备走向智能化，5G技术、人工智能引领矿山向绿色、低碳发展等。第二十五届中国科协年会主论坛召开，发布2023重大科学问题、工程技术难题和产业技术问题，矿业领域"如何实现冲击地压煤层智能安全高效开采"入选十大产业技术问题。由中国煤炭工业协会主办的第二十届中国国际煤炭采矿技术交流及设备展览会召开，同期举办 2023 中国国际煤炭发展论坛，全面展示全球煤炭行业在数字化、绿色化、智能化等方面的最新成果，推进煤矿智能化建设，加快实现少人化、无人化、安全高效和绿色开采。由中国安全生产协会主办的安全科技创新大会暨成果转化推进会矿山安全专题分论坛召开，探讨了智能化煤矿发展新思路。由中国煤炭工业协会信息化分会主办的矿山物联网操作系统开发研讨会暨 RED-MOS 4.0 开放平台推介会召开，就当前煤矿智能化建设的现状、存在问题以及未来发展展开研讨。由贵州省煤炭学会等主办的 2023 年贵州省煤矿安全开采与智能化技术创新发展大会召开，旨在推动信息技术与煤炭行业深度融合，推进产业高端化、智能化、绿色化。华为矿鸿生态论坛召开，华为联合合作伙伴发布“矿鸿装备生态使能计划”，立足于矿鸿示范矿建设的成果和经验，打造基于工业互联网的智能矿山底座。由建筑材料工业信息中心主办的 IEEE 标准项目 P3179《数字矿山建设推荐规程》(*Recommended Practice for Digital Mine Construction*)第四次工作会议召开，就数字化矿山业务流程、架构体系等进行研讨。大海则矿井及选煤厂项目通过竣工验收，为煤炭行业高质量建井树立了新标杆。中国平煤神马平宝公司己 15-17-12130 智能化工作面率先在河南省开启智能化采煤 3.0 模式，对河南省煤矿智能化建设具有里程碑意义。乌海矿业公司完成数智化矿山建设（一期）数据中心机房的建设，标志着企业“数智化矿山管理平台”底座构建完毕，成为内蒙古地区首家深度使用“云技术”的非煤矿山生产企业。由武汉设计院 EPC 总承包的国家能源平庄煤业蒙东矿业 3 号破碎系统工程代表了国内露天煤矿智能化、自动化破碎转运生产系统的先进水平，通过竣工验收。陕煤集团发布《陕西煤业股份有限公司数据标准》，为煤炭行业创新驱动、高质量发展提供了有力的技术支撑。开滦集团召开信息化工作领导小组会议，强调，分类别、分层次、分重点推进集团数字化建设规划落实落地。河南能源召开煤炭板块高质量发展座谈会，强调要强化科技创新引领和数字赋能，加快产业数字化转型。山东大学 - 山东能源集团未来技术学院成立，聚焦智能开采与储能等领域，打造有重要国际影响力的工程科技创新平台和人才培养基地。中国冶金矿山企业协会和中国重型机械工业协会举行座谈，就联合制定绿色低碳、高效节能的矿山设备团体标准等达成共识。山东能源与久益环球公司签署战略合作框架协议，聚焦安全高效智能矿山建设等领域开展合作，实现共赢共享。华为矿山军团在开滦集团调研，加强合作，助力开滦集团加快数字化进程。应急管理部信息研究院赴山西相关煤矿调研，旨在加强交流合作，系统攻克一批制约矿山信息化智能化发展的“卡脖子”技术。易控智驾与新疆鸣阳矿业、陕西同力重工、海通恒信达成战略合作意向，在车辆研发、无人驾驶应用等领域强化合作。天玛智控与华为矿山军团签订战略合作协议，针对井工煤矿综采工作面生产场景，合作推出下一代综采工作面全场景无人化解决方案。踏歌智行和无锡宝通科技股份有限公司签署战略合作协议，共同研发包含露天矿无人运输系统在内的中国特色、国际领先的露天矿智慧矿山解决方案。北煤机举行中煤 BMX 全数字智能控制系统产品发布会，为煤矿智能化开采提供安全、便捷、低成本、高寿命、易操作的一体化解决方案。西北煤机研制的我国首台大运量长距离远程控制横向自移式移置带式输送机问世，其样机在模拟场地完成工业性试验，可促进我国露天矿连续、半连续输送系统及开采工艺向智能化、集约化、数字化方向发展，为加速“智慧矿山”建设提供可靠保障。全国首台横轴截链式 EBH300M-2A 型掘锚护一体机在彬长矿业小庄矿 40207 回风顺槽投入使用，推动智能化掘进工作面建设迈上新台阶。由中铁装备集团研制，应用于江西省贵溪市银珠山矿区铅锌银矿项目超小转弯半径矿用 TBM“江铜一号”（中铁 1299 号）始发，这是江西省首次将硬岩 TBM 工法引入矿山工程建设领域，对促进江西省矿山巷道高质量建设具有重大意义。

2023 年 11 月，中国煤炭工业协会召开煤炭工业安全高效煤矿建设 30 周年暨高质量发展推进会，系统总结了安全高效煤矿建设 30 年的成就和经验，研究提出新时期安全高效煤矿的建设方向和实施路径。会上，天玛智控发布了“地面一体化控制中心操作岛”，分享了“地面规划采煤、装备自动执行、面内无人作业”的无人化智能采煤新模式。2023 年煤炭行业对标工作会议暨首届煤炭行业标杆煤矿矿长论坛召开，发布了 5 个品牌标杆、16 处标杆煤矿、53 个标杆案例和 8 个标杆模式，涵盖科技装备、智能矿山等领域的实践成果和典型经验。由中国煤炭工业协会主办的煤矿人工智能创新应用技术交流会召开，旨在加快煤矿智能化建设，推进煤矿人工智能典型场景应用。中国煤炭学会 2023 年学术年会暨成立 60 周年纪念大会召开，围绕煤矿绿色安全智能系统开发等关键核心技术理论前沿，交流专业学科发展方向，以科技进步指导产业发展。中国自动化学会智慧矿山专委会 2023 年会暨智慧矿山学术论坛召开，聚焦智慧矿山建设关键技术与应用研究展开研讨。由中国非金属矿工业协会主办的 2023 中国非金属矿工业大会举行，旨在深入推进“两化”融合、智能制造，加强绿色矿山及绿色工厂建设，促进非金属矿行业上下游全产业链融合发展。由中国煤炭学会开采专业委员会主办的 2023 年全国煤矿科学采矿新理论与新技术学术研讨会召开，对推动煤炭绿色开采和高质量发展起到积极作用。煤炭行业煤矿专用设备标准化技术委员会支护设备分会召开 2023 年全国煤矿支护设备标准化技术年会暨标准审查会，就煤矿智能化装备技术与标准化工作等进行了交流。中国煤炭学会煤矿机电一体化专业委员会等举办煤矿机电技术学术年会（CCMET 2023），围绕矿用全断面掘进技术与装备研究与应用、煤矿数字孪生技术等展开交流。由中国水泥网主办的第五届中国水泥智能化高峰论坛召开，推动了水泥行业的智能化进程。国家能源集团组织召开进一步提升露天矿用车无人驾驶应用水平专题研讨会，探讨矿区无人驾驶技术发展新方向。徐工举办露天矿山绿色与智能化建设交流大会，发布了露天矿山挖运成套装备应用解决方案、露天矿山高端绿色装备应用解决方案、露天矿山装备金融解决方案等一揽子解决方案，助力矿企可持续发展。华阳集团二矿通过省级智能化矿井验收，被评为Ⅱ类中级智能化煤矿，标志着集团煤炭产业阔步迈向智能化时代。武汉设计院等联合总包的全国最大智能化矸石充填系统在陕煤集团小保当矿业公司正式投运，创下单体项目建设规模最大、单体项目矸石处置能力最大、高浓度矸石浆体单泵水平管道输送距离最远等多项第一。由中煤科工山西天地王坡煤业有限公司和上海煤科共同研发的智能化矿用3 660mm复杂条件岩石巷道组合式盾构掘进系统入井，标志着天地王坡成为全国首个在中等复杂地质条件下应用“智能化组合式矿用盾构掘进系统”的矿井。山西省井下现用直径最大的盾构机——“潞盾一号”在潞安化工集团余吾煤业公司投入使用，标志着潞安化工集团在推进煤矿智能化建设、加快采掘装备升级方面取得了新突破。天地奔牛为陕西小保当矿业有限公司研制的国内首套装机功率7 000kW、年产2 000万t刮板输送装备完成地面联合试运转，为我国煤炭工业技术装备进步树立了样板。陕煤黄陵矿业召开极薄煤层智能开采研讨会，将全力攻克极薄煤层智能开采难题，实现矿井高产高效。山西焦煤召开重大技术攻关科技揭榜制项目——“煤矿智能化掘进关键技术研究与应用”现场推进会，强调，各单位要紧密配合，对制约智能化效能的关键技术进行重点攻关，确保智能化掘进机整体系统的协调运行。北方矿业有限责任公司（简称北方矿业）与铜陵有色金属集团控股有限公司（简称铜陵有色）合作研发的地下开采无人驾驶系统项目通过技术鉴定评审，标志着安徽铜陵冬瓜山铜矿实现千米井下全流程无人化作业。陕西有色金属集团出台《深入实施创新驱动发展战略加快构建现代化产业体系的实施意见》，提出要推动有色金属采、选、冶等传统产业高端化、智能化、绿色化升级改造，推动重点产业数字化转型。T/GRM 073—2023《绿色矿山设计技术要点规范》团体标准发布实施，适用于新建、改建、扩建和生产矿山的绿色矿山建设的设计。山西焦煤与中国煤科举行技术交流研讨会，围绕煤炭安全绿色智能开发和清洁高效低碳利用等深入交流。龙软科技与北京大学南昌创新研究院共建的智能化矿山数值模拟与仿真联合实验室揭牌，开展GIS与数字孪生融合、多物理场仿真算法、大数据分析及云计算技术等科学研究。国家能源集团数智科技公司与国家区块链技术创新中心就共同成立国家区块链技术（煤炭行业）创新中心签署合作协议，开展关键技术攻关，助力煤炭产业数字化升级转型。武汉设计院与中铝宁夏能源集团签订战略合作协议，在智慧矿山建设等领域开展协作。中科慧拓与徐工签署战略合作协议，在矿用机械设备、无人驾驶等领域深度合作。由山西建投集团和徐州徐工基础工程机械有限公司共同研发的全球首台XVM1600竖直铣削采矿机现场中试试验成功，用于老挝万象400万t/a光卤石采矿暨50万t/a氯化钾加工项目，为老挝钾盐矿的绿色、安全、高效开发利用提供保障。太重大型露天矿旋回式半移动破碎站首次中标国际项目，对推广露天矿山半连续开采工艺、实现大型化智能化绿色开采具有重要意义。国内首台通用运输场景露天矿用无人运输机器人在国家能源集团国神哈密煤电公司大南湖二矿投运，可替代矿用重卡驾驶员完成露天矿山长距离、重载大坡道上坡、复杂场景重载运输等高风险、高强度工作。浙江双金自主研发的多缸液压圆锥破碎机和立轴式冲击破碎机通过浙江省经济和信息化厅组织的鉴定，被认定为浙江省工业新产品。

2023年12月，中国煤炭机械工业协会主办的七届理事会第七次会议暨《中国煤炭机械工业发展研究报告（2023）》发布会举行，总结行业发展经验，推广行业先进技术，分析行业发展问题、研判行业发展方向。2023年煤炭安全高效智能绿色开采地质保障学术论坛召开，为推动煤炭安全智能绿色开采地质保障技术的高质量发展提供新思路。由中国砂石协会主办的第八届中国国际砂石骨料大会召开，推动全球砂石及装备产业绿色低碳可持续和高质量发展。中国国际大学生创新大赛（2023）全国总决赛举行，山东科技大学研发的微视图灵——带式输送机多运行状态一体化智能监测系统有效提高了带式输送机智能监测系统的集成度、实时性和量化程度，解决了系统复杂、响应滞后和量化缺失等行业痛点问题，获得金奖。中国机械工业联合会机器人分会主办的矿用机器人产业发展研讨会召开，就矿山智能化装备的进展和需求、机器人及机器人技术赋能矿山智能化等展开讨论。由《工矿自动化》编辑部主办的首届《工矿自动化》青年论坛暨“全矿井智能视频分析技术”专题发布会召开，推动智能AI视频分析、计算机视觉等智能化技术与煤炭生产方式的深度融合和赋能应用。甘肃能化股份靖煤能源公司大水头煤矿智能化示范矿井通过验收，达到Ⅱ类中级智能化示范煤矿建设水平，成为甘肃省第一座国家级智能化示范矿井。由中煤科工集团信息公司承建的内蒙古神东天隆集团股份有限公司霍洛湾煤矿智能化建设项目实现对生产全过程的智能化管控，通过内蒙古自治区煤矿智能化建设验收。开采研究院承担的内蒙古平庄煤业（集团）有限公司老公营子煤矿30m厚煤层分层综放智能化开采关键技术研究及应用项目建成平庄煤业集团首个智能化综放工作面，通过国家能源集团组织的验收。由中煤科工集团国际工程公司等合作完成的云南东源镇雄煤业长岭一号煤矿智能化综采工作面建设项目实现综采面设备远程集中控制，记忆截割、自动推溜、跟机拉架，转载机及其他设备自移，常态化实时监测的生产模式，通过云南省煤炭产业集团的验收。由煤科总院等合作完成的红柳煤矿无人化智能井工煤矿关键技术研发与工程示范项目实现煤矿勘察、设计、施工、生产、运维全生命周期智能化管控需求，通过国家能源集团宁夏煤业组织的验收。南京设计院自主研发的基于数字孪生的曹家滩选煤厂智能管控平台将数字孪生技术创新应用于煤炭洗选领域，成为选煤厂智能化数字化升级改造的技术标本，被评为“2023 年南京市元宇宙优秀案例”。中国黄金集团科技大会暨技术交流论坛召开，强调要把推进矿山智能化建设作为增安提效、转型升级、高质量发展的必由之路。由中钢矿院申报的国家重点研发计划项目超大规模金属露天矿低碳开采技术与连续运输装备获批立项，将为构建高质量资源保障体系提供科技支撑。由国家能源集团牵头的国家重点研发计划揭榜挂帅项目大型露天矿机器人化自主运输装卸系统关键技术与应用示范完成露天矿机器人化装运卸虚拟仿真平台工艺要素库的搭建等阶段性成果，通过里程碑节点考核。由中国煤科牵头的国家重点研发计划揭榜挂帅项目“大型煤矿井下巷道辅助作业机器人关键技术与应用示范”形成了执行报告、测试报告、设计图样、传感器、机械臂等阶段性成果，通过里程碑节点考核。由中信重工、智能矿山重型装备全国重点实验室和洛阳矿山机械工程设计研究院有限责任公司完成的 ϕ 12.2m 大型高效智能化自磨机关键技术与应用项目通过中国重型机械工业协会组织的成果鉴定，整体技术达到国际领先水平。由山西焦煤牵头的国家重点研发计划“大型矿井综合掘采机器人”项目现场推进会召开，围绕任务进度、实施项目和现阶段需求等进行交流。北京华宇矿山标准研究院揭牌成立，致力于补足行业标准在智能化、数字化、绿色矿山建设以及安全生产等方面的空缺和短板，充分发挥标准的技术引领和支撑作用。由煤科院主持修订的 GB/T 19494.1《煤炭机械化采样　第 1 部分：采样方法》、GB/T 19494.2《煤炭机械化采样　第 2 部分：煤样的制备》、GB/T 19494.3《煤炭机械化采样　第 3 部分：精密度测定和偏倚试验》3 项国家标准发布。国家能源集团发布企业标准《露天煤矿卡车无人驾驶运输系统技术规范》，为煤炭行业无人驾驶矿用卡车的推广应用提供了标准指导。由中国煤炭工业协会信息化分会牵头编制完成的煤炭行业首部数字化转型工具书——《煤炭企业数字化转型发展研究报告（2023）》由应急管理出版社出版，为社会各界研究煤炭行业数字化转型方法实践、架构方案，学习借鉴先进企业的成功经验和实践案例等提供了参考。山东能源和华为联合发布《矿山智能化暨矿山大模型最佳实践白皮书》，全面总结矿山大模型在山东能源的实践经验，为各行业使用大模型提供了参考。华电煤业集团与华为签订战略合作协议，在数字化转型、智能矿山、矿山鸿蒙、大模型、无人驾驶等领域深入合作。华为矿山军团与常州研究院举行座谈，交流智能矿山建设情况。海螺集团与华为签订战略合作协议，共同推进建材行业数智化转型。上海煤科与山西忻州神达能源集团有限公司开展交流，持续深化在智能化装备、AI 大模型、智慧矿山等领域的合作。唐山神州机械集团（简称神州机械）与中国矿业大学煤炭加工与高效洁净利用教育部重点实验室举行座谈，联合开发复合式干选、重介质干选以及矿物高效分离等先进技术装备。常州研究院与华能煤炭技术研究有限公司签署战略合作协议，共同打造服务于煤矿安全、绿色、高效开采的智能化解决方案。开采研究院与中天合创煤炭分公司签订科技创新战略合作框架协议，在煤矿绿色智能开采、钻锚一体化快速掘进等领域深入合作。《工矿自动化》编辑部围绕“煤矿灾害智能感知新技术与实践”专题征稿，征稿主题包括但不限于：煤矿灾害智能感知的新技术、新方法和新设备，结合煤矿灾害智能感知的智能处理技术与方法等。国内地下铁矿山建设首次应用的 TBM“基石号”在鞍钢西鞍山铁矿项目始发，为国内大型地下铁矿山在建设工艺、技术装备和成本管控等提供了新思路、新方案。依托国家重点研发计划项目“智能电驱动重载车辆平台关键技术研究与示范应用”研发的全球首款 240 吨位智能混动重载车辆——徐工 XDE240H 矿用自卸车在陕西神延煤炭西湾露天煤矿进入混编运输车队，示范运行，为矿山绿色转型提供了重要装备支撑。厦门铱钼智汇科技有限公司发布大型新能源刚性矿用自卸车 EM165H，实现了大型矿用自卸车绿色高效运输。安徽省首个新能源无人驾驶矿用自卸车项目——白马山水泥厂新能源无人驾驶矿用自卸车正式投用，标志着海螺集团在打造水泥行业数字化、智能化标杆矿山的道路上又迈进了一大步。

2023 年，我国行业协会、大型矿企、骨干装备制造企业、高科技公司、高校院所等进一步强化科技创新国际交流，合作广度和深度不断拓展，为全球矿业的发展贡献“中国智慧”。

第二十五届中国国际矿业大会聚焦行业热点，共谋全球矿业创新之路。第二十届中国国际煤炭采矿技术交流及设备展览会规模、社会关注度、国际影响力取得新突破。2023 中国国际煤炭发展论坛凝聚了全球煤炭行业共识。第八届中国国际砂石骨料大会推动了全球砂石及装备产业绿色低碳可持续和高质量发展。中国煤炭工业协会带队参加在澳大利亚布里斯班召开的第 26 届世界采矿大会，并与大会组委会共同举办中澳煤炭清洁发展论坛，分享智能化矿山建设、深部煤炭资源安全高效绿色智能开采等领域的研究成果和实践经验。易控智驾参加了由澳大利亚采矿业协会 Austmine 主办的 2023 年澳大利亚矿业创新路演活动，介绍了易控智驾矿山无人运输方案中所践行的可持续发展战略和具备的高柔性场景适配能力，引发强烈反响。中科慧拓参加了由 IEEE 智能交通系统协会主办的第 26 届 IEEE 智能交通系统国际会议，分享了在矿山无人驾驶技术领域的创新成果。华为、中科慧拓、宇通与泰国最大的综合性企业 SCG（泰国暹罗水泥集团）、泰国最大电信运营商 AIS 在泰国签订合作协议，实现了中国矿区自动驾驶首个出海项目的落地，助力泰国建设首个绿色、智能、高效、安全的新型矿山。华为煤矿军团在刚果（金）矿业周峰会推出融合 IP 工业网、FTTM 全光工业网、5G/eLTE 等全场景网络解决方案，可满足不同场景下的矿山网络覆盖方案，助力矿山客户实现高效、安全生产。神州机械联合印度选煤学会举办“印度干法选煤新技术研讨会”，分享干法分选技术最新成果。中绿盟为来自乍得、乌兹别克斯坦、亚美尼亚、莫桑比克、尼日利亚、塞拉利昂、巴西等国家的学员开展绿色矿山专项培训，包括：中国绿色矿山发展、绿色矿山建设技术要求等。此外，中国有色和英美资源集团、攀钢矿业与智利矿业代表团、山东黄金与美卓、潞安化工集团与ABB公司、紫金矿业与美卓、矿冶科技集团与南非金山大学、上海煤科和俄罗斯西伯利亚煤炭能源集团、龙软科技与俄罗斯拉斯帕德斯卡亚煤炭公司等分别开展技术交流，并就加强在矿山智慧化、绿色化建设等方面的合作达成共识。

4. 我国绿色智能矿山建设取得的成果

在国家顶层设计，各部委、各地方相关政策、措施的引领和推动下，在5G、大数据、云计算、人工智能和工业物联网等现代信息技术的支撑下，各行业协会、骨干企业、高校院所、高科技公司等协同布局科技创新体系，围绕矿山绿色智能化建设中的“卡脖子”难题开展技术攻关。

煤炭是我国的主体能源，在当前一次能源生产和消费中分别占67%、56.2%，成为支撑我国能源革命的压舱石，为国家能源安全起着重要的兜底作用，其智能化建设直接关系到我国国民经济和社会智能化的进程。中国煤炭工业协会信息化分会牵头编制的《煤炭企业数字化转型发展研究报告（2023）》显示，数字化转型已成为煤炭行业转型升级与高质量发展的重要支撑。

2023年度，煤炭行业在煤矿智能化基础理论和技术体系研究与建设方面成果丰硕，在AI应用、无人驾驶、5G应用、矿用机器人等方面走在了工业行业前列，远程操控、无人驾驶、智慧巡检、实时巡检成为典型应用场景。

2023年，煤炭行业AI应用场景拓展加深加快，在多个领域取得重大突破。山东能源和华为联手发布全球首个矿山领域商用人工智能大模型——盘古矿山大模型，涵盖采煤、掘进、主运、辅运、提升、安监等9个专业数十个应用场景，显著提升了智慧矿山的建设水平。大唐国源龙王沟煤矿建设的内蒙古首个特厚煤层综放工作面AI智能感知平台完成搭建，多项指标达到国内先进水平。西安研究院研发的全自主产权的专业级透明地质保障平台——“涅石”透明地质专家（TIM-Pro），打造了智能煤矿“全息地质图”数字底座，实现了煤矿地质保障系统从数字化、透明化到智能化的跨越，为煤炭行业提供了精准高效的地质保障服务。

2023年，我国露天煤矿无人驾驶技术的研发应用成效突出。易控智驾推出全新的露天矿无人驾驶运输解决方案“著山”，并发布了行业首个新能源无人驾驶线控平台“御石”。在新疆天池能源有限责任公司露天煤矿，搭载了“御石”的200余台新能源无人驾驶矿用自卸车实现常态化7×24h无人驾驶运营，这也是全球单矿最大无人驾驶车队的常态化运行。国家能源集团发布了企业标准《露天煤矿卡车无人驾驶运输系统技术规范》，为煤炭行业无人驾驶矿用自卸车的推广应用提供了标准指导，填补了国内相关标准的空白。国内首台通用运输场景露天矿用无人运输机器人在国家能源集团国神哈密煤电公司大南湖二矿投运，可替代矿用自卸驾驶员完成露天矿山长距离、重载大坡道上坡、复杂场景重载运输等高强度、高危险工作。

2023年，5G技术在煤矿的应用成效更加显著。从5G+智能掘进、5G+智能综采到5G+智慧洗选，再到5G+智能主煤流运输等，5G技术已经渗透到了煤矿生产的各个环节。在智能掘进领域，5G技术的应用实现了掘进机的远程遥控；在智能综采工作面，5G网络的覆盖实现了采煤机数据的实时回传和集中控制；在智慧洗选环节，5G技术不仅提升了洗选煤的效率，而且使得整个过程环保、节能。在智能主煤流运输环节，通过5G技术实现了对全矿井煤流的数据采集和实时监控，故障率降低了20%，检修效率提升了15%～20%。在智能通风系统中，5G技术的应用实现了对风阻、风量、风压等参数的智能感知和实时监控，大幅提升了通风效率，降低了安全事故发生的可能性。

2023年，全国首个煤矿VR虚拟现实设备在中煤华晋集团王家岭煤矿应用。巡检人员坐在办公室就能看到井下立体的真实环境，实时对井下数千台设备从运行状态到数据监控进行全视角巡检，两分钟就可以巡检完井下设备的运行情况，而且一旦发现问题，还可以远程指导井下人员进行检修维护。

数字化、智能化技术的创新和应用为煤矿绿色智能化建设赋予了强大的发展动力，为行业的可持续发展注入了新动能，2023年度，我国煤矿绿色智能化建设达到新高度。

中煤陕西公司大海则煤矿秉持安全、高效、绿色、智能的建设理念，强力推动5G、物联网、大数据、人工智能等现代信息技术与煤炭生产的深度融合，在智能采掘、5G应用、煤矿机器人等领域取得了关键技术突破，解决了复杂水文、埋藏深、大采高、软岩偏帮等地质条件下的高效生产难题，实现了矿井全流程智能化管控，形成了2 000万吨级世界最大立井煤矿全矿井智能化建设关键技术及应用成果，打造了世界最大立井煤矿全矿井智能化标杆，成为国家首批智能化示范矿井，为煤炭行业高质量建井树立了新标杆。2023年10月，大海则煤矿通过竣工验收。

中国平煤神马大力引进5G、人工智能、大数据等新一代信息技术，全面推动煤矿智能化建设，从采到选，赋能多个业务场景，开启了智慧矿山的新时代。中国平煤神马聚焦井下生产环节，联合中国移动、中兴通讯等多家单位打造的中国平煤神马5G+煤炭绿色安全开发项目，是国内首个千米5G+智慧煤矿项目，构建了全国首套5G+智能选矸、河南省首套5G+智能综采、5G+辅助作业等应用场景，实现了危险作业区域设备远程控制，提升了作业效率，保障了生产安全，助力煤企实现少人化、无人化。2023年12月，入选“2023年度5G十大应用案例”。

国家能源集团神东煤炭牵头完成的无人智能采煤工作面成套装备技术的集成攻关与工程示范项目，以榆家梁煤矿43207中厚偏薄煤层工作面作为示范工程点，解决了综采设备群间协同、设备与采场环境协同等难题，首创了“地面规划采煤、装备自动执行、面内无人作业”的无人化采煤新模式，实现了生产期间工作面内常态化无人作业，为行业提供了示范，通过中国煤炭工业协会组织的成果鉴定，达到国际领先水平，并入选“2023 年煤炭科技十大新闻”。

截至 2023 年年底，我国煤矿智能化采掘工作面数量激增，从 400 多个跃升至 1 600 个左右，初步形成了适应多种煤层条件的智能化煤矿建设模式，内蒙古双欣矿业有限公司杨家村煤矿等首批 47 处国家级智能化示范煤矿通过验收。

2023 年度，非煤矿山的智能化建设也取得了长足的进步。北方矿业与铜陵有色对标国际领先的深部矿体开采无人驾驶建设标准，高起点设计矿山全流程无人化开采作业建设方案，借助远程控制、大数据、5G 和 Wi-Fi6 等智能化手段，开展了井下生产设备远程控制和无人驾驶技术的研发及应用，突破了千米井下开采全流程无人化作业的“卡脖子”难题，在安徽铜陵冬瓜山铜矿实现了地下金属矿铲、装、运、卸现场全流程无人化作业，这也是国内首次实现地下金属矿现场全流程无人化作业。2023 年 11 月，北方矿业与铜陵有色联合研发的地下开采无人驾驶系统项目通过技术评审，整体达到国际先进水平，其中地下矿车铲协同技术达到国际领先水平。金川集团选矿厂利用 5G+、AI 视觉分析、机器人及智能算法技术，打造了破碎—磨矿—浮选全流程的“数字基础设施集成”场景，不仅结束了碎矿和磨矿工艺参数人工测量、手工调整的历史，还首次实现了多工序协同控制、参数动态优化和物料平衡，使磨矿可选粒级提高 10% 以上，入选了工业和信息化部等五部委联合发布的“2023 年智能制造试点示范优秀场景名单”。T/MMAC 013—2023《冶金露天矿山采掘设备 5G 智能化远程操控技术规范》等多项团体标准发布实施，进一步推动基于 5G 的采掘设备、穿孔设备智能化远程操控技术在冶金露天矿山推广应用，为冶金矿山企业实现装备无人化作业、远程化操控提供了重要参考和有益借鉴。

技术兴则矿业兴，装备强则矿业强，矿业的高质量发展离不开先进技术装备的强力支撑。在我国矿业加速转型、迈入高质量发展的新阶段，先进的技术装备更成为智能绿色矿山建设中的关键一环。

5. 我国矿山机械装备向高端化、智能化、绿色化转型

2023 年，国内各矿山机械制造企业锚定矿山绿色智能化建设，大力开展技术创新，加快装备的数字化转型、智能化升级，所研发的一大批先进适用装备成为矿山生产的重要力量，为深入推进矿山绿色化、智能化注入了新的发展动力。

中国煤机装备作为我国矿山机械装备的突出代表，以新一代信息技术融合煤炭开发技术，全面开展煤矿系统智能化核心技术与成套装备的研发，不仅有力地支撑了我国煤矿的智能化建设，而且实现了从跟跑、并跑、到部分领跑的跨越。

2023 年，上海煤科研发的全球首创、掘进速度提升三倍以上的“煤科威龙”智能化矿用岩巷 ϕ3660 全断面组合式盾构掘进装备引领了煤矿全断面掘进新技术、新装备、新工艺；研发的全球首台（套）最大功率、超大采高智能化高端采煤机 MG1250/3430-WD 系列采煤机为实现超大采高工作面安全、高效、智能开采奠定了基础。

西安煤机研制的世界首台 10m 超大采高智能化采煤机为特大型煤矿的高效开采与资源高效回收提供了关键装备，对提升我国煤机装备制造核心竞争力有着重要意义。

郑州煤机研发的 10m 超大采高智能化液压支架其支护高度、工作阻力均为目前世界之最，是引领煤炭综采行业装备技术的又一重大突破。

天地奔牛研发的 10m 超大采高工作面智能刮板输送成套装备填补领域空白，主要技术参数和性能指标达到国际领先水平，对提升我国煤机装备在国际上的竞争地位具有重要意义。

张煤机研发的 8MW 数字化智能刮板输送机是国际首台超大功率、超长运距刮板输送机，集工况感知、智能控制、健康管理、运输系统协同互联等多维度智能化技术于一体，为煤矿生产提供了智能化保障。

北煤机研制的智能化工作面超大采高强力轻量化高防锈成套支护装备是国内首台（套）、全球顶级标准的创新产品，通过北京市第十八批新技术新产品（服务）认定。

西北煤机研发的我国首台大运量长距离远程控制横向自移式移置带式输送机，推动了我国露天矿连续、半连续输送系统及开采工艺向智能化、集约化、数字化方向发展。

太重煤机研发的 3 000kW 系列整体框架式智能电牵引采煤机整体技术达到国际先进水平，其中，变频器参数“智能一键配置”技术达到国际领先水平。

徐矿集团华东机械公司研发的适用于 0.6m 煤层厚度的极薄煤层液压支架填补了该厚度极薄煤层综合机械化开采技术的空白，实现了极薄煤层机械化、智能化、无人化开采。

除煤机专用装备外，2023 年徐工生产的 XES35 电铲、中信重工研制的 ϕ8.2m × 12.7m 溢流型球磨机、ϕ11m × 7.2m 半自磨机、北方重工研发的固体钾盐矿全断面掘采机、华特磁电制造的全球首台特大型 6m 智能立环高梯度磁选机、江苏神盾研发的全球首套同步铺底矿用盾构机 / 全断面硬岩掘进机（TBM）“奋进号”、顺达重矿研制的 H1708 重型圆锥破碎机、沈阳隆基推出的全球最大筒式磁选机 LCTC-1560 等一大批先进装备填补了相关领域空白，促进了行业的技术进步。

2023 年，地下金属矿智能开采关键技术与装备、深部煤炭数智化高效开采成套技术与工程应用、变频调速的矿用电铲挖掘作业系统及控制方法、大型矿井提升机参数化设计与全生命周期质量管理、面向矿物磨机的高精度液压重载机械臂关键技术及应用、露天矿山无人化矿用自卸车关键技术研究及应用和煤矿特厚硬煤高端智能化综放装备关键技术研发与应用等一大批项目获国家、省、行业的奖励。

2023 年，基于人工智能的矿山安全生产管控解决方案、采矿设备智能化管理解决方案等入选《2022 年工业互联网 APP 优秀解决方案名单》。

2023 年，“钻锚一体化智能快掘成套装备”和“煤炭洗选工程 CPIM 三维可视化全生命周期管理平台”入选《第三批能源领域首台（套）重大技术装备（项目）名单》。

2023 年，ZYA12000/18/50D 三伸缩液压支架、ϕ11m×5.4m 半自磨机、QJL4555 井工钾盐矿高效全断面掘采装备、ZC3200/13/28 超高水（固体）多功能煤矿智能网络群控充填液压支架、EBZ200M-2 智能掘锚机及控制系统、高效高选择性 XJM-S36 型浮选机等重大技术装备入选各省级《2023 年首台（套）重大技术装备认定名单》。

6. 存在的问题

我国矿山机械行业近年来取得了长足的进步，部分细分产品实现了并跑、领跑，但仍存在着产业结构待改善、产业基础薄弱、发展动力不足等诸多问题。

（1）在产业结构方面，高端装备产能不足，中低端装备产能过剩，市场同质化竞争严重。

（2）在产业基础方面，部分智能化装备、元器件、传感器和工业软件等国产化不足，产品质量保证体系、管理规范与关键技术标准不健全，设备可靠性、稳定性不足。

（3）在发展动力方面，智能制造、绿色制造和服务型制造发展缓慢，产业链、价值链协调互动不够，创新和科技研发平台尚不成熟，行业杰出企业家、领军型人才和高技能人才还不能满足发展要求。

7. 发展方向

《中华人民共和国矿产资源法（修订草案）》规定，大力开展技术装备创新，推进产业绿色化、智能化发展。《关于进一步加强矿山安全生产工作的意见》提出，推动中小型矿山机械化升级改造和大型矿山自动化、智能化升级改造，加快灾害严重、高海拔等矿山智能化建设。《煤矿安全改造中央预算内投资专项管理办法》规定，对智能化建设示范煤矿等予以重点支持。《机械行业稳增长工作方案（2023—2024 年）》提出，加快推进装备数字化发展。《关于加快推进能源数字化智能化发展的若干意见》提出，以数字化智能化技术带动煤炭安全高效生产。《2023 年能源工作指导意见》提出，推进能源产业和数字产业深度融合，大力支持煤矿智能化建设。《推动非金属矿工业高质量发展三年行动计划（2023—2025 年）》提出，研发数字矿山建模、开采工艺优化、智能设备选型等重点技术，加快推进非金属矿山的绿色建设工作。《重型机械行业数字化转型发展的研究报告》提出，研究开发矿山装备的少人化、无人化、智能化、绿色化作业是矿山装备今后的发展方向，是矿山高质量发展的必经之路。《重型机械行业节能降碳行动方案》提出，开发新一代智能采矿和选矿成套装备，打造绿色低碳、高效运营的矿山装备远程运维智慧工厂。

国内各矿山机械制造企业应以高质量发展为主题，以打造原创技术策源地为抓手，充分认识到行业和自身的发展“瓶颈”，在相关政策的引导下，高效整合各类创新资源，通过场景牵引带动全产业链合作攻关，下大力气解决在产业结构、产业基础和发展动力等方面存在的问题，推动我国矿山机械装备朝着智能化、绿色化、高端化、成套化、大型化方向不断前行。

矿业行业的高质量发展离不开先进技术装备的有力支撑。展望未来，我国矿山装备制造业前景可期、大有可为。

〔撰稿人：洛阳矿山机械工程设计研究院有限责任公司沈剑峰　审稿人：洛阳矿山机械工程设计研究院有限责任公司杜波〕

破碎粉磨设备

破碎粉磨设备作为矿山、建筑、水泥、化工、冶金等行业关键的工艺环节，具有重要地位。其不仅承担着将原材料转化为可用形态的重要任务，还在促进资源高效利用、环境保护以及产业链升级等方面发挥着核心作用。在国家政策有力引导下，破碎粉磨设备站在新的历史起点，面临前所未有的发展机遇。无论是煤炭行业的税收减免与清洁高效利用，还是建材行业的绿色转型，以及水利、交通基础设施、固废处理、城市基建等领域的大力投资，都为破碎粉磨设备创造了广阔的市场空间。各行业对高质量发展的追求加深，对设备性能、环保标准的要求也日益提高，这为破碎粉磨设备制造商带来了新的挑战与机遇，促使行业向更智能、绿色、高效的方向迈进。

行业外部环境

1. 投资与政府经济扶持

2023 年，我国经济在稳健中前行，全年国内生产总值超 126 万亿元，同比增长 5.2%。其中，装备制造业投资表现亮眼。全年全国固定资产投资（不含农户）达 503 036 亿元，同比增长 3.0%，增速较前 11 个月加快 0.1 个百分点。分领域看，基础设施投资增长 5.9%，制造业投资增长 6.5%。分产业看，第二产业投资 162 136 亿元，增长 9.0%；第三产业投资 330 815 亿元，增长 0.4%。在第二产业中，工业投资比上年增长 9.0%，其中采矿业投资增长 2.1%，电力、热力、燃气及水生产和供应业投资增长 23.0%。在第三产业中，交通运输、仓储和邮政业投资比上年增长 10.5%。

2. 房地产

2023 年，中央首提“三大工程”，即规划建设保障性住房、城中村改造、平急两用基础设施三方面重要部署，并在 4 月、7 月两次政治局会议中重点提及。7 月，国务院发文推进城中村改造。8 月，国务院常务会议审议通过

《关于规划建设保障性住房的指导意见》。10—11 月，住房和城乡建设部领导带队赴多地开展“三大工程”专题调研。12 月，国家开发银行发放全国首笔配售型保障性住房开发贷款。

在供给端，金融支持力度不断加大。2023 年 1 月有关部门发布了《改善优质房企资产负债表计划行动方案》，2 月证监会放宽境外募资等限制，7 月中国人民银行延期“金融 16 条”适用期限，8 月证监会明确上市房企再融资不受破发、破净、亏损限制，10 月中央金融工作会议召开，11 月三部门召开金融机构座谈会，提出“三个不低于”，并拟定了“50 家房企白名单”。

然而，诸多金融支持政策在执行层面存在一些问题，导致基层落实不到位，房企资金压力并未得到根本缓解。2023 年前 11 月，80 家典型房企融资总量为 5 430 亿元，同比下降扩大至 25%。

破碎粉磨设备行业作为房地产和基础设施建设的上游供应商，市场表现与下游需求紧密相连。规划建设保障性住房、城中村改造、平急两用基础设施“三大工程”及相关金融支持政策旨在促进房地产市场的健康发展，长期来看，若政策效应得以释放，将为破碎粉磨设备行业创造更多商机。行业企业应密切关注政策动态，优化产品和服务，以抓住市场机遇。

3. 城市基建

2023 年 7 月 25 日，国家发展改革委、生态环境部、住房和城乡建设部发布《环境基础设施建设水平提升行动（2023—2025 年）》，提出到 2025 年，环境基础设施处理处置能力和水平显著提升。11 月 10 日自然资源部办公厅印发《支持城市更新的规划与土地政策指引（2023 版）》，提出将城市更新要求融入国土空间规划体系，针对城市更新特点改进国土空间规划方法，完善城市更新支撑保障的政策工具。

2023 年的环境基础设施提升行动与城市更新政策，共同驱动了破碎粉磨设备行业的发展。环境基础设施的升级，如污水处理和垃圾处理能力的增强，催生了对高效破碎粉磨技术的需求。城市更新政策促进了老旧城区改造，增加了对破碎粉磨设备用于建筑废料处理和资源回收的需求。

4. 交通基础设施

2023 年 3 月，交通运输部、国家铁路局、中国民用航空局、国家邮政局、中国国家铁路集团有限公司联合印发《加快建设交通强国五年行动计划（2023—2027 年）》。3 月 30 日召开的 2023 全国交通运输工作会议强调，要扎实落实该行动计划。21 个省、自治区、直辖市已发布 2023 年交通基建投资规划，万亿砂石市场需求陆续释放。

《加快建设交通强国五年行动计划（2023—2027 年）》的实施与大规模的交通基础设施投资，刺激了砂石骨料的需求，为破碎粉磨设备行业带来了广阔的市场机遇。随着高铁、高速公路、航道等项目的推进，市场对高质量建筑材料的需求激增，推动破碎粉磨设备制造商提升产能，优化产品性能。

5. 固废处理

2023 年 8 月 25 日，国家发展改革委、生态环境部、住房和城乡建设部等部门印发《环境基础设施建设水平提升行动（2023—2025 年）》，对“十四五”期间固废环境管理的精准施策和科学防控具有重要意义。政策推动下，建筑垃圾、生活垃圾等固废的处理和资源化利用需求增加，促进了破碎粉磨设备在固废回收领域的应用。破碎粉磨设备行业需响应政策导向，开发适应固废特性、高效率、低排放的处理设备，助力“无废城市”建设。

6. 水利

2023 年，水利部规划计划司司长张祥伟在国新办举行的发布会上介绍，水利建设投资主要投向流域防洪工程体系建设、国家水网重大引调水和重点水源工程建设、河湖生态环境复苏、水文基础设施、智慧水利等项目。以上水利基础设施建设的四大重点领域，直接拉动了对破碎粉磨设备的需求。

7. 煤炭

2023 年 1 月 29 日，中国人民银行延续实施碳减排支持工具等三项结构性货币政策工具。3 月 26 日，国务院关税税则委员会发布《国务院关税税则委员会关于延长煤炭零进口暂定税率实施期限的公告》。11 月 30 日，国务院印发《空气质量持续改善行动计划》。12 月 27 日，国家发展改革委发布中华人民共和国国家发展和改革委员会令第 7 号令，公布《产业结构调整指导目录（2024 年本）》。

以上的煤炭市场政策对破碎粉磨设备行业产生了深远影响，主要体现在推动行业向更高标准的环保、智能化和高效化方向发展。这些政策直接或间接地增加了对先进破碎粉磨设备的需求，特别是在环保性能、智能化水平和生产效率方面提出了更高要求。

8. 建材

2023 年 4 月 21 日，工业和信息化部办公厅发布《关于组织开展 2023 年度工业节能监察工作的通知》。4 月 24 日，工业和信息化部编制了《建材工业鼓励推广应用的技术和产品目录（2023 年本）》。6 月 16 日，生态环境部发布公开征求《关于推进实施水泥行业超低排放的意见（征求意见稿）》。7 月 18 日，工业和信息化部消费品工业司司长何亚琼介绍，2023 年上半年，绿色建材营业收入超过 1 000 亿元。7 月 27 日，生态环境部部长黄润秋在“加强生态环境保护，全面推进美丽中国建设”的新闻发布会上表示，全国共淘汰落后和化解过剩产能水泥 4 亿 t、平板玻璃 1.5 亿重量箱。8 月 25 日，工业和信息化部等部门发布《关于印发建材行业稳增长工作方案的通知》。9 月 22 日，生态环境部发布了关于公开征求《京津冀及周边地区、汾渭平原 2023—2024 年秋冬季大气污染综合治理攻坚行动方案（征求意见稿）》意见的通知。11 月 2 日，工业和信息化部发布了《绿色建材产业高质量发展实施方案（征求意见稿）》。12 月 5 日，生态环境部发布了《水泥制造建设项目环境影响评价文件审批原则（2024 年版）》。12 月 7 日，国务院发布关于印发《空气质量持续改善行动计划》的通知。

2023 年的一系列政策动向，对破碎粉磨设备行业产生了显著影响。这些政策推动了建材行业向高端化、智能化、绿色化的转型，提高了对能效和环保标准的要求。破碎粉磨设备作为建材生产的关键环节，需适应更严格的能耗和排放标准，促进了设备制造商在节能、减排技术上的创新和应用。

9. 砂石骨料

据统计，2014—2023 年，全国砂石骨料需求量呈波动下降趋势，从 2014 年的 186.91 亿 t 降至 2023 年的 151.72 亿 t。2023 年，受房地产市场持续低迷及地方财政收入减少等因素影响，全年砂石需求降幅达 4.49%，我国砂石市场已完成由增量市场转变为存量市场的过程。城中村改造及保交楼工作仍将继续推进，但受财政支出及基建项目建设双收紧影响，预计 2024 年全国砂石年需求量仍将维持在 150 亿 t 上下，波动幅度或不超过 5%。

近年来环保政策趋严，行业集中度不断提升，但截至 2023 年我国中、小型矿山占比仍然较大。据不完全统计，截至 2023 年年底，全国在册砂石类矿山数量为 15 396 座，与 2022 年砂石类矿山数量相比，减少 11.27%。2023 年破碎粉磨设备行业现存砂石类矿山生产规模偏小现象仍然较为突出，设计年产小于 100 万 t 的占比高达 83.15%，大于等于 500 万 t 以上的矿山占比首次超过 3%。

砂石市场需求的波动下降趋势对破碎粉磨设备行业产生了直接影响。破碎粉磨设备行业面临着市场需求减少的压力。行业内的结构性调整，尤其是环保政策的加强和矿山集中度的提升，促进了设备向更加环保、高效的方向升级。这对破碎粉磨设备企业提出了更高要求，促使企业研发更符合环保标准、适应大规模生产、具备更高效能和更低运营成本的大型设备。

行业基本情况 中国重型机械工业协会破碎粉磨设备专业委员会（简称破磨专委会）有会员单位 66 家，其中 40 家从事破碎粉磨设备主机生产，24 家从事专业配套件生产，2 家科研院校。2023 年破碎粉磨设备行业主要企业销售收入见表 1。2023 年破碎粉磨设备行业分行业部分企业经济指标见表 2。2023 年破碎粉磨设备行业主要企业产品出口情况见表 3。2023 年破碎粉磨设备行业主要企业分类产品国内销售收入见表 4。

表 1 2023 年破碎粉磨设备行业主要企业销售收入

序号	企业名称	销售收入 / 亿元
1	南昌矿机集团股份有限公司	7.73
2	山东山矿机械有限公司	3.48
3	浙江矿山机械有限公司	1.70
4	天津水泥工业设计研究院有限公司常熟中材装备分公司	1.04
5	山东大通机械科技有限公司	0.56
6	唐山市矿山机械厂	0.23
7	上海嘉庆轴承制造有限公司	0.31
8	松滋市金津矿山机械股份有限公司	0.53
9	河北万矿机械厂	0.53
10	上海电气上重碾磨特装设备有限公司	10.63
11	东平开元机械制造有限公司	0.44
12	哈尔滨和泰电力设备有限公司	0.40
13	华创重工工业（大连）有限公司	1.78
14	沈阳顺达重矿机械制造有限公司	5.24
15	宁波东力股份有限公司	14.87

表 2 2023 年破碎粉磨设备行业分行业部分企业经济指标

序号	企业名称	工业总产值		工业增加值 / 万元	营业收入 / 万元	产品销售税金及附加 / 万元	利润总额 / 万元
		当年价 / 万元	同比增长（%）				
1	南昌矿机集团股份有限公司	54 501	1.0	22 871	77 338	433	9 399
2	山东山矿机械有限公司	33 891	−5.8		34 827	802	778
3	浙江矿山机械有限公司	17 350	8.1	3 893	17 016	658	1 170
4	天津水泥工业设计研究院有限公司常熟中材装备分公司	18 287	−27.9	2 782	10 415	110	413
5	山东大通机械科技有限公司	5 600	−16.0	−900	5 600	235	173
6	唐山市矿山机械厂	2 302	5.0	110	2 302	30	230
7	上海嘉庆轴承制造有限公司	4 652	−885.0	1 799	3 101	5	−84
8	松滋市金津矿山机械股份有限公司	8 060	46.5	1 450	5 332	313	234
9	河北万矿机械厂	3 334	−18.7	575	3 471	70	−197
10	上海电气上重碾磨特装设备有限公司	106 324	11.0	10 527	106 314	132	513
11	东平开元机械制造有限公司	4 200	5.0	1 470	4 400	67	180
12	哈尔滨和泰电力设备有限公司	5 392	5.0	257	3 962	266	−507
13	华创重工工业（大连）有限公司	17 283	−11.0	4 587	17 823	96	2 990
14	沈阳顺达重矿机械制造有限公司	46 263	1.0	806	52 430	—	1 499

表 3　2023 年破碎粉磨设备行业主要企业产品出口情况

序号	企业名称	出口国家（地区）	出口量 / 台	出口额 / 万美元
1	南昌矿机集团股份有限公司	俄罗斯、津巴布韦、马来西亚、南非、美国、墨西哥		308.31
2	浙江矿山机械有限公司	尼日利亚、印度尼西亚、非洲、柬埔寨	53	1 102.00
3	松滋市金津矿山机械股份有限公司	格鲁吉亚、卢旺达、埃塞俄比亚、肯尼亚	4	96.66
4	东平开元机械制造有限公司	马来西亚、阿尔及利亚	5	37.00
5	沈阳顺达重矿机械制造有限公司	俄罗斯、巴基斯坦、塞拉利昂、几内亚	13	714.31

表 4　2023 年破碎粉磨设备行业主要企业分类产品国内销售收入　　（单位：万元）

序号	企业名称	销售收入	其中：破碎机械	其中：粉磨机类
1	南昌矿机集团股份有限公司	69 087	22 548	0
2	浙江矿山机械有限公司	16 590	15 860	1 630
3	天津水泥工业设计研究院有限公司常熟中材装备分公司	10 415	8 811	0
4	山东大通机械科技有限公司	5 600	5 600	—
5	唐山市矿山机械厂	2 302	692	1 610
6	上海嘉庆轴承制造有限公司	3 101	0	0
7	松滋市金津矿山机械股份有限公司	4 648	4 648	—
8	河北万矿机械厂	3 471	2 512	—
9	上海电气上重碾磨特装设备有限公司	106 314	0	66 148
10	东平开元机械制造有限公司	4 130	4 130	0
11	哈尔滨和泰电力设备有限公司	3 962	1 643	40
12	华创重工工业（大连）有限公司	17 823	9 517	0
13	沈阳顺达重矿机械制造有限公司	51 237	34 158	17 079

企业技术创新情况　山东山矿机械有限公司被山东省装备制造业协会授予“2023 年度山东省装备制造业科技创新优秀企业”；球磨机、破碎机荣获 2023 年山东省知名品牌（产品）。控制地表沉陷的离层注浆充填系统被山东省工业和信息化厅认定为首台（套）技术装备、荣获 2023 年度山东省装备制造业科技创新奖二等奖。带自除尘卸料系统的环保型带式输送机获得山东省机械工业科学技术奖二等奖。

天津水泥工业设计研究院有限公司常熟中材装备分公司修订了《科技创新工作管理制度》，2023 年申报实用新型专利 4 项，完成重型板喂机标准化、模块化生产的论证和首台样机的试制，开展批量化生产的准备工作。

松滋市金津矿山机械股份有限公司 2023 年陆续通过高新技术企业和专精特新企业复审；拥有专利 100 余项，并全部转化成果应用；余煤清扫机获哈尔滨市总工会“五小”创新成果奖一等奖；《散料敞车卸车后的智能余煤清扫机器人》被评为中国重型机械工业协会散料装卸机械与搬运车辆分会年会优秀论文；获黑龙江省总工会“创新职工之家”称号。

上海电气上重碾磨特装设备有限公司 2023 年进行了新一代大型立磨研制，主要工作内容包括产品方案总体设计、部件图样设计、工艺文件编制、关键设备采购、安装调试等，并申请了 2 项发明专利。截至 2023 年 12 月，研究工作全部完成。

哈尔滨和泰电力设备有限公司 2023 年在新产品开发方面，采取“依靠主脑，引进外脑”的模式提高新产品开发力度。全年在企业技术人员和外聘工程师的共同合力下，研发生产出 GP550S 单缸液压圆锥破碎机，储备了其他型号的单缸液压圆锥破碎机、振动筛、齿辊破等多种新产品图样；对制砂机、锤破等 5 种类型产品进行了改进设计，为今后生产提供了保障。2023 年，企业是黑龙江省高新技术企业和专精特新企业，并拥有实用新型专利 20 项。

华创重工工业（大连）有限公司的 TRSM 系列 5 000t/h 级半移动式破碎站在 2023 年度获得辽宁省首台（套）设备称号。同时，企业自主设计、研发的 5 000t/h 以上级半移动式破碎站、半移动式机头站、半固定式翻带装置等设备，获得发明型专利 6 项、实用新型专利 28 项、软件著作权 5 项，申报中发明专利 3 项、实用型专利 20 项。其中有 2 项发明专利被评为“高价值发明专利”；1 项发明专利获得市级发明专利奖。企业于 2023 年度获得“知识产权优势企业”称号。

2023 年破碎粉磨设备行业新产品和新技术开发项目见表 5。2023 年破碎粉磨设备行业主要企业获得的荣誉见表 6。

表 5　2023 年破碎粉磨设备行业新产品和新技术开发项目

序号	企业名称	项目名称	主要技术性能	奖项及等级	专利情况
1	南昌矿机集团股份有限公司	MC600 多缸液压圆锥破碎机	设备重量：45 400kg 电动机功率：500kW 传动轴转速：750～1 100r/min	2023 年度江西省优秀新产品奖三等奖	
2	山东山矿机械有限公司	自动控制回转布料及输送系统的研发	产量（max）：5 000t/h 带速（max）：6m/s 带宽（max）：2 400mm 功率（max）：3 × 1 250kW 回转半径（max）：60m 回转速度（max）：0.5m/s		发明专利 1 项、实用新型专利 5 项
3	山东山矿机械有限公司	自控加热式褐煤破碎输送系统的研发	进料粒度≤ 600mm 出料粒度≤ 100mm 处理能力：250～300t/h		发明专利 1 项、实用新型专利 4 项
4	山东山矿机械有限公司	PEY300 × 1300 智能检测液压颚式破碎机的研发	进料口尺寸 300mm × 1 300mm 最大进料粒度 250mm，电机功率 75kW 排料口间隙 CSS20～90mm 生产能力 20～90t/h		实用新型专利 3 项、软件著作权 1 项
5	天津水泥工业设计研究院有限公司常熟中材装备分公司	板喂机 BZ1600 × 3200 项目	给料颗粒度：600mm 长度：32m 输送物料：白垩 输送能力：750t/h		
6	松滋市金津矿山机械股份有限公司	多缸液压圆锥破碎机主轴装备研发项目			实用新型专利
7	松滋市金津矿山机械股份有限公司	自同步惯性振动给料机的结构研发			实用新型专利
8	上海电气上重碾磨特装设备有限公司	新一代大型立磨研制	磨碗直径：3 100mm 磨辊直径：1 800mm 基本出力：115.4 t/h 入口空气流量：173.5t/h 电动机额定功率：1 050kW	上海市闵行区产业扶持项目	一种新型迷宫密封装置 ZL202311484603.9 一种分流新型叶轮装置 ZL202311408476.4
9	哈尔滨和泰电力设备有限公司	处理石灰石的立式破碎设备的研制	解决石灰石堵塞的处理，增大破碎空间、稀油润滑保证连续供油		
10	哈尔滨和泰电力设备有限公司	余煤清扫机	高效清扫，清扫时间 <3min/ 节		
11	华创重工工业（大连）有限公司	5 000t/h 级半移动式破碎站项目研发及转化	5 000t/h 级半移动式破碎站	辽宁省首台（套）设备	3 项实用新型专利
12	沈阳顺达重矿机械制造有限公司	半移动旋回破碎站	半移动旋回破碎站具有坚固、稳定、安全、高效、布局合理等优点 半移动破碎站功能特点：自动降尘、智能控制、合理配料、车辆管控、粒度调整、系统优化等		
13	沈阳顺达重矿机械制造有限公司	SD72118 旋回破碎机	一字横梁结构，确保大块物料可以快速滑入破碎腔，降低堵矿概率。动锥部和偏心套部等易损件可实现新、旧零件无差别互换。耐磨衬板提供更高的破碎效率和更长的使用寿命。经过多年实践的腔形调整和优化设计，适用于各种矿石和岩石的破碎，并能够根据用户工况，进行优化改进设计		实用新型专利 4 项： 一种单边进料顶部液压支撑旋回破碎机 一种旋回破碎机的固定装置 一种旋回破碎机破碎系统

（续）

序号	企业名称	项目名称	主要技术性能	奖项及等级	专利情况
14	沈阳顺达重矿机械制造有限公司	SD72118 旋回破碎机	优选合金铜套材质，寿命更长。铜套在振动大、粉尘多的破碎环境里能够提供更大的负载能力。与液压缸串联的平衡缸提供安全可靠的保护能力。定制的液压系统可提供动锥快速升降能力。鼓齿联轴器与加长轴联轴器配合，实现快速检修 自动化程序实时显示衬板剩余寿命，并提示衬板更换预警。设备空转过程中可随时对排矿口进行调整，不影响设备的稳定运行。美标铜套作为偏心套衬套，寿命更长更强，在有冲击载荷或更恶劣工况的条件下，负荷更高。如果蓄能器缺气无法保护液压件和破碎机，自动故障保护液压系统可使结构过载降到最低。螺旋伞齿轮，3.1 倍服务系数，带来更长的使用寿命、更高可靠性和更小的噪声。在不牺牲衬板耐久性的前提下，偏心距、动锥速度和衬板腔型的独特组合提供最大的破碎性能和最大的通过量		一种用于旋回破碎机的液阻柜 外观设计专利：旋回破碎机 软件著作权：旋回破碎机主电机控制系统 发明专利：一种单边进料顶部液压支撑旋回破碎机
15	沈阳顺达重矿机械制造有限公司	H9 圆锥破碎机	H9 圆锥破碎机在层压破碎、设备结构、智能化等方面集成创新；大偏心距、高转速、高悬挂点；实现了装备的远程操控、设备故障预警、设备维护等功能，多种破碎腔型适应大范围产品粒度要求。适合破碎坚硬、中等硬度以上各种矿石及岩石	2022 年度辽宁省建筑材料科学技术奖一等奖	软件著作权：H9 圆锥破碎机润滑控制系统 外观设计专利：圆锥破碎机 实用新型专利：一种圆锥破碎机电控设备
16	沈阳顺达重矿机械制造有限公司	HC1380 圆锥破碎机	高悬挂点，大冲程，更大的破碎力和产能 独特的衬板锁定装置可在 2h 内完成衬板更换 耐磨衬板提供更高的破碎效率和更长的使用寿命 优选美标铜套材质，寿命更长。铜套在振动大、粉尘多的破碎环境里能够提供更大的负载能力 全液压双作用拉紧系统和定锥锁紧系统，提供安全可靠的过铁保护能力和定锥锁紧能力 自动化程序实时显示衬板剩余寿命，并提示衬板更换预警 设备空转过程中可随时对排矿口进行调整，不影响设备的稳定运行 释放液压缸的活塞杆末端朝下安装，减少活塞杆划痕 / 密封损坏和灰尘污染 如果蓄能器缺气无法保护液压件和破碎机，自动故障保护液压系统可使结构过载降到最低 Klingelnberg 螺旋伞齿轮，4.6 倍服务系数，带来更长的使用寿命、更高可靠性和更小的噪声 在不牺牲衬板耐久性的前提下，动锥行程和速度的独特组合提供最大的破碎性能和最好的粒形分布 5G+ 云智能技术可帮助客户实现生产远程实时控制和全线协同运维，实时监控和反馈全系设备运行状态		外观设计专利：多缸液压圆锥破碎机 实用新型专利：一种圆锥破碎机过载保护的液压阀组

表 6　2023 年破碎粉磨设备行业主要企业获得的荣誉

序号	获奖单位	项目名称	奖项名称	颁发单位
1	南昌矿机集团股份有限公司		专精特新“小巨人”企业	工业和信息化部
2	南昌矿机集团股份有限公司		江西省专精特新中小企业	江西省工业和信息化厅
3	南昌矿机集团股份有限公司		江西省管理创新示范企业	江西省工业和信息化厅
4	南昌矿机集团股份有限公司	MSP200 制砂楼	江西省优秀新产品名单	江西省工业和信息化厅
5	南昌矿机集团股份有限公司		第一批省级商业秘密保护联系点、指导站、基地名单	江西省市场监督管理局
6	南昌矿机集团股份有限公司	MC600 多缸液压圆锥破碎机	江西省优秀新产品奖三等奖	江西省工业和信息化厅
7	浙江矿山机械有限公司		浙江省专精特新中小企业	浙江省经济和信息化厅
8	浙江矿山机械有限公司		浙江省矿山破碎筛分设备高新技术企业研究开发中心	浙江省科学技术厅
9	山东大通机械科技有限公司		山东省高新技术企业	山东省科技厅、山东省财政厅、国家税务总局山东省税务局
10	松滋市金津矿山机械股份有限公司		湖北省专精特新中小企业	
11	华创重工工业（大连）有限公司	5 000t/h 级半移动式破碎站项目	辽宁省首台（套）设备	辽宁省工业和信息化厅
12	华创重工工业（大连）有限公司		国家级知识产权优势企业	国家知识产权局
13	华创重工工业（大连）有限公司	两化融合项目	国家级两化融合示范企业	
14	华创重工工业（大连）有限公司	企业技术中心项目	大连市企业技术中心	大连市工业和信息化局
15	华创重工工业（大连）有限公司	大连市好产品项目（3 个成品：3 000t/h 半移动式破碎站、移置式带式输送机设备系统、5 000t/h 级重型板式给料机）	大连市好产品	大连市企业联合会
16	沈阳顺达重矿机械制造有限公司		采选设备制造企业十佳厂矿	中国冶金矿山企业协会
17	沈阳顺达重矿机械制造有限公司		辽宁省高新技术企业	辽宁省科学技术厅、辽宁省财政厅、国家税务总局辽宁省税务局
18	沈阳顺达重矿机械制造有限公司		专精特新冠军单位	中国重型机械工业协会
19	沈阳顺达重矿机械制造有限公司		绿色工厂	沈阳市工业和信息化局

〔撰稿人：中国重型机械工业协会破碎粉磨设备专业委员会杨立轩　审稿人：中国重型机械工业协会破碎粉磨设备专业委员会仇珩〕

洗选设备

洗选设备下游产业主要涵盖新能源电池材料、新能源光伏玻璃原料、再生资源回收利用、煤炭、矿山、电力、建材、冶金等行业。近年来，国外洗选设备发展迅速，设备规模大型化、结构形式多样化、产品规格系列化、控制方式自动化已成为行业的发展方向。随着我国技术水平的提高，高效、适应精细分选提纯的洗选设备实现了快速健康发展。但行业企业数量多、规模小、集中度偏低、技术水平参差不齐、市场恶性竞争已成为当前制约我国洗选设备制造企业良性发展的瓶颈。随着制造成本上升、市场竞争加剧，无核心技术的中小型企业利润空间被挤压。与此相对，技术领先的企业凭借核心技术和规模优势有效降低了生产制造成本，利用规模优势推动新品研发，依靠品牌和网络优势保证营销渠道畅通，扩大了市场占有率。在产业集聚地建设的推动下，行业企业进行兼并重组使洗选设备制造业由分散向集中型、规模化转变，产业集中度不断提高。未来，随着大型化、规模化、智能化应用技术在洗选装备领域的推广应用将促进洗选装备行业快速发展。2021—2023 年洗选设备行业主要企业主要经济指标见表 1。

表 1　2021—2023 年洗选设备行业主要企业主要经济指标

企业名称	年份	销售产值 / 亿元	出口额 / 万美元	主导产品销售产值 / 亿元
山东华特磁电科技股份有限公司	2021	4.20	92.19	4.20
	2022	4.80	95.68	4.80
	2023	6.99	506.63	6.99
沈阳隆基电磁科技股份有限公司	2021	5.89	452.29	2.89
	2022	6.15	1 960.39	6.15
	2023	6.78	1 879.70	6.78
鞍山鞍重矿山机械有限公司	2021	0.95	4.72	0.95
	2022	1.19	5.17	1.19
	2023	1.06	3.80	1.06
淮北市中芬矿山机器有限责任公司	2021	2.52	40.00	2.52
	2022	2.72	226.00	2.72
	2023	2.72	338.00	2.72

1. 山东华特磁电科技股份有限公司

华特磁电是国家级专精特新"小巨人"企业、国家级高新技术企业、国家级创新型试点企业、国家火炬计划临朐磁电装备特色产业基地龙头企业和国家知识产权示范企业，拥有博士后科研工作站、综合院士工作站，山东省磁电工程技术研究中心、磁力技术应用装备重点实验室等省级以上平台 10 个。2014 年 12 月，公司挂牌新三板（股票代码：831387），成为行业内第一家登陆全国资本市场的企业。

2020—2022 年，华特磁电累计投入研发经费 5 423.56 万元，开展了电磁淘洗精选机、X 射线智能传感分选技术、油水复合冷却电磁浆料磁选机、非金属矿成套选矿设备、大型金属矿用立环高梯度磁选机、高压辊磨机、粉矿干式磁选机、提精降渣磁选机、智能传感分选机等 19 项科技项目的研发。3 年中，公司通过自行投资实施转化，共完成 20 项科技成果转化，其中 2020 年转化 7 项，2021 年转化 6 项，2022 年转化 7 项。通过项目的研发，获授权发明专利 7 项、实用新型专利 40 项、软件著作权 11 项，成果主要应用于 PS01 立环高梯度磁选机、PS02 永磁筒式磁选机、PS03 电磁浆料磁选机、PS04 湿式强磁板式磁选机、PS05 永磁除铁器、PS06 电磁除铁器、PS07 管道除铁器、PS08 搅拌器，以及其他高新技术产品和服务。

2020 年华特磁电入选第二批国家专精特新"小巨人"企业，2021 年入选第一批国家级专精特新重点"小巨人"企业，主导产品磁选机入选国家制造业单项冠军产品。

2021—2023 年，公司高新技术产品收入和营业利润逐年增长，尤其是在 2022 年，实现了 32 425.88 万元高新技术产品（服务）收入。科技成果转化不仅提高了公司高新技术产品的市场竞争力，也为公司带来了显著的经济收益和社会效益。

2. 沈阳隆基电磁科技股份有限公司（简称沈阳隆基）

沈阳隆基始建于 1993 年，注册资金 9 348 万元，年生产能力可达 7 000 台（套），是国内规模领先的磁技术分选应用设备供应商，销售居行业首位。

沈阳隆基秉承"可靠、增值、便利"的经营方针，打造引领磁性装备制造业的"隆基"品牌，产品覆盖全国各地并出口美国、俄罗斯、德国、加拿大、荷兰、意大利、巴西、澳大利亚、马来西亚、赞比亚、印度、乌克兰、日本等 70 多个国家和地区，致力于成为全球规模最大的磁性装备供应商。

沈阳隆基是国家级高新技术企业，国家标准、行业标准起草单位，全国矿山机械标准化技术委员会会员单位、机械工业环境保护机械标准化技术委员会固体废弃物处理设备分技术委员会会员单位，拥有机械工业磁选工程技术研究中心、辽宁省企业技术中心。

2021—2023 年，沈阳隆基在研发创新领域取得了显著成果。成功制造 5m 智能立环强磁选机，极大地提高了立环强磁选机的智能水平和处理能力。针对低浓度磁悬浮精选机磁力弧间距需人工调节及排铁结构无法自行移动的痛点，推出全新一代弧形除铁器。

沈阳隆基始终将技术创新置于公司发展的核心位置，从 2021 年至 2023 年，不断投入研发资源，加强科研团队建设，力求在矿山、冶金等传统优势行业及新能源、新材料等领域取得突破。截至 2023 年，公司累计获得授权专利 518 项。

2021 年，沈阳隆基当选机械工业环境保护机械标委会固废分会委员单位，张承臣董事长入选 2020 年国务院政府特殊津贴专家，完成国内首台高温磁选实验，入选工业和信息化部专精特新"小巨人"企业和 2021 年度辽宁省专精特新"小巨人"企业。同年，沈阳隆基运维智能管理系统上线。

3. 鞍山鞍重矿山机械有限公司（简称鞍山鞍重）

鞍山鞍重成立于 1994 年，是上市公司威领新能源股份有限公司的子公司。鞍山鞍重致力于振动筛的研究、设计、制造和销售，目前已发展成为我国振动筛行业的龙头企业，是国内最大的振动筛生产基地。公司占地面积12.2万m^2，注册资金11 000万元，员工375人，拥有各种加工和检测的高精尖设备200多台（套）。主要产品包括筛分机械（大型直线振动筛、圆振动筛、高频振动细筛、温热物料振动筛、多单元组合振动筛）、破碎机（颚式破碎机、圆锥破碎机、反击式破碎机）、给料机、沥青混凝土拌合站、预制混凝土构件生产线（PC生产线）、砂石骨料生产线、建筑垃圾生产线、沥青混凝土回收料分离设备（RAP料分离设备）、餐厨垃圾预处理成套设备及其他选矿设备等三十多个系列、千余种规格，在煤炭、冶金、矿山、筑路、建筑工业化、餐厨预处理等领域中占有明显的优势地位。

截至2023年，公司拥有16项发明专利，92项实用新型专利。鞍山鞍重主持起草制定了振动筛行业唯一1项国家标准。33项振动筛行业标准中，有22项是由公司完成的。目前公司已有7项产品被认定为国家级重点新产品，9项产品获得辽宁省科学技术进步奖，7项产品获评辽宁省优秀新产品。

公司拥有完整的售后服务体系，配备经验丰富的工程师和技术工人，组成专业的售后服务队伍，全程为客户提供技术培训、安装调试、维护维修等服务。公司以诚信的经营、高品质的产品、全方位的服务打造振动筛品种最全、销量最大、产品自主创新能力最强的国际领先企业，将“鞍重”品牌打造成为国际知名品牌。

2021—2023年，公司根据市场需求和振动筛技术发展趋势制定长期发展创新战略和年度新产品研发计划，每年均有新增研发项目。3年来，公司共新增10项研发项目，其中“干法深度筛分关键技术及装备”获得辽宁省科技进步奖三等奖；两项技术成果：“干法深度筛分关键技术及直线抛射复合筛”经专家组鉴定被认定为国际领先水平，“高性能矿用湿式直线筛分机”经专家组鉴定被认定为国际先进水平。公司申报专利40项，其中发明专利9项；获得授权专利29项，其中发明专利1项。2023年公司与辽宁科技大学共建“实践教学基地”。

4. 淮北市中芬矿山机器有限责任公司

淮北市中芬矿山机器有限责任公司拥有发明专利25项、实用新型专利9项，这些专利涵盖了其核心技术和产品。

公司自主研发的“NXZ-40复合高性能浓缩搅拌一体机”入选安徽省工业和信息化厅公布的“2024年第一批安徽省首台套重大技术装备名单”。“NXZ-40复合高性能浓缩搅拌一体机”采用在线数字传感器计算机模块程序控制进行智能运算操作，实现浓缩过程中的在线智能检测、智能运算、智能控制和智能调控，体现了其技术的先进性和创新性。标志着其矿山机器装备实现自主供应能力。

主导产品“周边液压驱动分段自动提耙浓缩机”等获得国家专利密集型产品备案证明，显示了其在技术上的领先地位。

公司在重大成果转化方面取得了显著的成绩，主导产品和技术也取得了重要突破，经济效益显著，并得到了政策的支持。这些成果为公司的持续发展奠定了坚实的基础。

公司内部设有机械研究所、自动化控制研究所和液压控制研究所，拥有齐全的加工设备和先进的测试手段。

2021—2023年，公司入选安徽省市场监管局公布的“2021年安徽省皖美企业品牌示范企业名单”，成为首批入选企业之一。申报的中心智能传动浓缩机NXZ型荣获2022年“安徽工业精品”称号，研制开发的GZN-60m新型高效智能化浓缩机被科技局认定为“高新技术产品”，成功申报安徽省制造业创新中心。2022年，公司被评定为国家级知识产权优势企业。2023年，公司获得安徽省专利奖优秀奖。

〔撰稿人：中国重型机械工业协会洗选设备专业委员会王成业〕

物料搬运（起重运输）机械

按照国民经济行业分类标准，传统的起重运输机械统称为物料搬运机械制造业，主要包括以下8个类别：轻小型起重设备、起重机、生产专用车辆、连续搬运设备、电梯自动扶梯及升降机、机械式停车设备、客运索道、其他物料搬运设备。

基本情况 2023年物料搬运（起重运输）机械有规模以上企业2 890家，同比增加89家。行业实现营业收入7 177亿元，比2022年增长1.2%；实现利润总额484亿元，同比增长18.9%；利润率为6.7%，较2022年增长1个百分点。2022—2023年物料搬运（起重运输）机械行业经济效益指标见表1。

表 1　2022—2023 年物料搬运（起重运输）机械行业经济效益指标

指标名称	2022 年	2023 年
每百元营业收入成本 / 元	83.39	81.56
每百元营业收入费用 / 元	8.02	8.53

产品进出口情况　2023 年，物料搬运机械出口额为 285.94 亿美元，同比增长 14.73%；进口额为 32.38 亿美元，同比增长 1.37%；进出口总额为 318.32 亿美元，同比增长 13.21%；进出口顺差为 253.55 亿美元，同比增长 16.70%。2019—2023 年物料搬运（起重运输）机械进出口总额如图 1 所示。

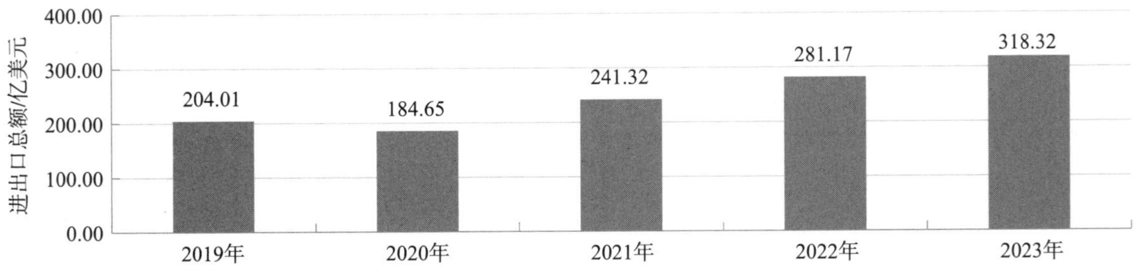

图 1　2019—2023 年物料搬运（起重运输）机械进出口总额

2023 年物料搬运（起重运输）机械出口到 231 个国家和地区，其中出口额排名前 3 位的国家和地区是美国（32.1 亿美元）、印度尼西亚（12.5 亿美元）和俄罗斯（12.5 亿美元）。进口来自 82 个国家和地区，其中进口额排名前 3 位的国家和地区是德国（7.2 亿美元）、日本（6.6 亿美元）和韩国（2.9 亿美元）。

1. 分类产品出口情况

轻小型起重设备出口额为 29.67 亿美元，占比 10.38%；起重机出口额为 68.88 亿美元，占比 24.09%；工业车辆出口额为 89.06 亿美元，占比 31.15%；连续搬运设备出口额为 29.14 亿美元，占比 10.19%；电梯及自动扶梯出口额为 35.23 亿美元，占比 12.32%；其他物料搬运机械出口额为 33.96 亿美元，占比 11.88%。

2. 分类产品进口情况

轻小型起重设备进口额为 2.91 亿美元，占比 9.00%；起重机进口额为 1.50 亿美元，占比 4.63%；工业车辆进口额为 2.96 亿美元，占比 9.15%；连续搬运设备进口额为 8.37 亿美元，占比 25.84%；电梯及自动扶梯进口额为 1.71 亿美元，占比 5.27%，其他物料搬运设备进口额为 14.93 亿美元，占比 46.11%。

各业务板块进出口情况

1. 轻小型起重设备

主要产品包括电动葫芦、手动葫芦及滑车、卷扬机及绞盘、千斤顶、汽车举升机等搬运设备。

（1）经济效益指标。2022—2023 年轻小型起重设备制造企业经济效益指标见表 2。

表 2　2022—2023 年轻小型起重设备制造企业经济效益指标

指标名称	2022 年	2023 年
每百元营业收入成本 / 元	82.15	81.90
每百元营业收入费用 / 元	8.95	9.42

（2）产品进出口情况。2023 年，轻小型起重设备进出口总额为 32.58 亿美元，同比下降 3.26%。其中，出口额为 29.67 亿美元，同比下降 4.57%；进口额为 2.91 亿美元，同比增长 12.48%；进出口顺差为 26.76 亿美元，同比下降 6.12%。2019—2023 年轻小型起重设备进出口总额如图 2 所示。

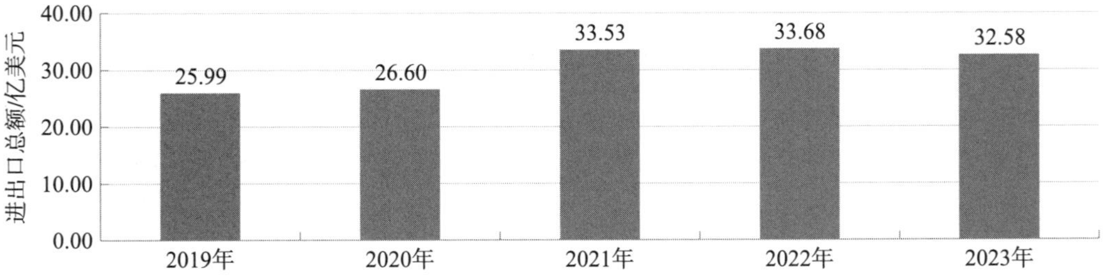

图 2　2019—2023 年轻小型起重设备进出口总额

在统计的 5 类轻小型起重设备出口额分别为电动葫芦 2.75 亿美元，同比增长 14.10%；手动葫芦 2.27 亿美元，同比增长 4.67%；卷扬机 6.47 亿美元，同比下降 3.21%；千斤顶 10.01 亿美元，同比下降 8.09%；举升机 5.79 亿美元，同比下降 10.40%。

在统计的 5 类轻小型起重设备进口额分别为电动葫芦

0.41 亿美元，同比下降 11.69%；手动葫芦进口额 0.16 亿美元，同比增长 31.11%；卷扬机进口额 1.43 亿美元，同比下降 1.97%；千斤顶进口额 0.27 亿美元，同比增长 7.33%；举升机进口额 0.05 亿美元，同比下降 35.27%。

2. 生产用起重机

主要产品包括桥式起重机、门式起重机、桥架类起重机、塔式起重机、门座起重机、未列名起重机等起重设备。

（1）经济效益指标。2022—2023 年生产用起重机制造企业经济效益指标见表 3。

表 3　2022—2023 年生产用起重机制造企业经济效益指标

指标名称	2022 年	2023 年
每百元营业收入成本 / 元	85.35	83.14
每百元营业收入费用 / 元	6.92	7.90

（2）产品进出口情况。2023 年，生产用起重机进出口总额为 70.38 亿美元，同比增长 32.82%。其中，出口额 68.88 亿美元，同比增长 33.68%；进口额 1.50 亿美元，同比增长 2.52%；进出口顺差 67.38 亿美元，同比增长 34.59%。2019—2023 年起重机进出口总额如图 3 所示。

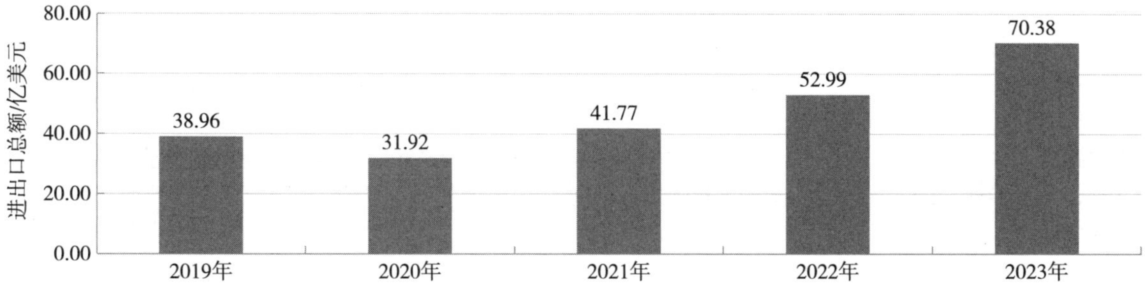

图 3　2019—2023 年起重机进出口总额

在统计的 7 类生产用起重机产品出口额分别为桥式起重机 3.35 亿美元，同比增长 27.81%；门式起重机 3.62 亿美元，同比增长 5.47%；装卸桥 15.01 亿美元，同比增长 14.78%；塔式起重机 5.57 亿美元，同比增长 67.29%；门座起重机 2.51 亿美元，同比增长 21.03%；流动式起重机 35.52 亿美元，同比增长 51.77%；未列名起重机 0.73 亿美元，同比增长 49.58%。

在统计的 7 类生产用起重机产品进口额分别为桥式起重机 0.13 亿美元，同比下降 29.94%；门式起重机 0.26 亿美元，同比增长 87.42%；装卸桥 0.01 亿美元，同比下降 98.49%；塔式起重机没有进口；门座起重机 0.65 亿美元，同比增长 166.73%；流动式起重机 0.06 亿美元，同比下降 44.93%；未列名起重机 0.24 亿美元，同比增长 198.47%。

3. 连续搬运设备

主要产品包括输送机、提升机、装卸机械、给料机械等设备。

（1）经济效益指标。2022—2023 年连续搬运设备制造企业经济效益指标见表 4。

表 4　2022—2023 年连续搬运设备制造企业经济效益指标

指标名称	2022 年	2023 年
每百元营业收入成本 / 元	79.98	79.46
每百元营业收入费用 / 元	9.77	9.90

（2）分类产品进出口情况。2023 年连续搬运设备进出口总额 37.50 亿美元，同比增长 14.30%。其中，出口额 29.14 亿美元，同比增长 19.79%；进口额 8.37 亿美元，同比下降 1.44%；进出口顺差 20.77 亿美元，同比增长 31.17%。2019—2023 年连续搬运设备进出口总额如图 4 所示。

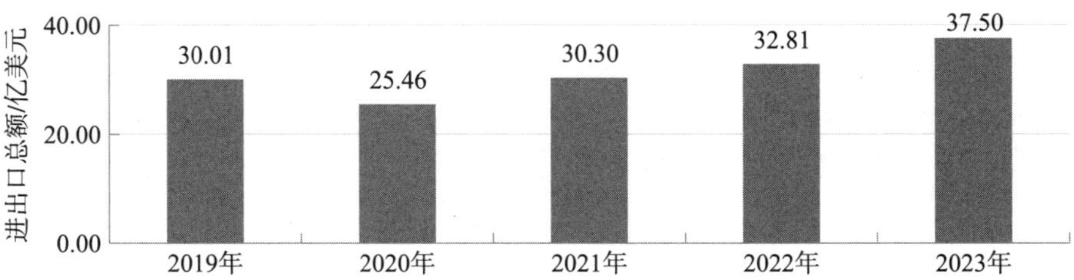

图 4　2019—2023 年连续搬运设备进出口总额

在统计的两类连续搬运设备产品出口额分别为输送机械 26.99 亿美元，同比增长 15.84%；装卸设备 2.14 亿美元，同比增长 109.88%。

在统计的两类连续搬运设备产品进口额分别为输送机械 7.99 亿美元，同比增长 4.55%；装卸设备 0.38 亿美元，同比下降 55.26%。

4. 机械式停车设备

（1）经济效益指标。2022—2023 年机械式停车设备制造企业经济效益指标见表 5。

表 5 2022—2023 年机械式停车设备制造企业经济效益指标

指标名称	2022 年	2023 年
每百元营业收入成本 / 元	79.05	77.68
每百元营业收入费用 / 元	15.50	15.68

（2）产品进出口情况。2023 年，机械式停车设备进出口总额 0.52 亿美元，同比下降 32.00%。其中，出口额 0.52 亿美元，同比下降 32.09%；没有进口产品。进出口顺差 0.52 亿美元，同比下降 32.18%。2019—2023 年停车设备进出口总额如图 5 所示。

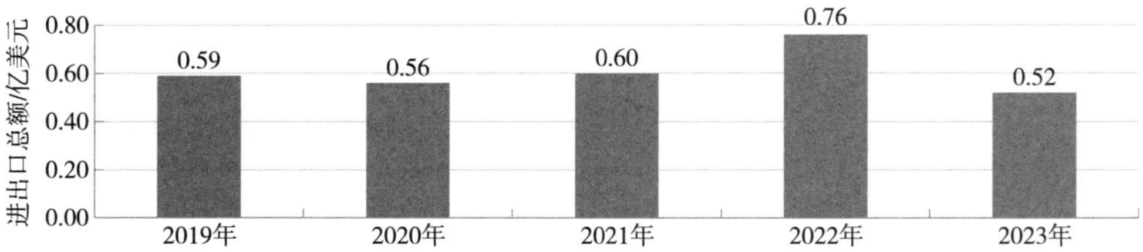

图 5 2019—2023 年停车设备进出口总额

5. 架空索道

（1）经济效益指标。2022—2023 年架空索道制造企业经济效益指标见表 6。

（2）分类产品进出口情况。2023 年，架空索道进出口总额 0.23 亿美元。其中，出口额 0.05 亿美元，进口额 0.17 亿美元，进出口逆差 0.12 亿美元。2019—2023 年架空索道进出口总额如图 6 所示。

表 6 2022—2023 年架空索道制造企业经济效益指标

指标名称	2022 年	2023 年
每百元营业收入成本 / 元	81.17	81.47
每百元营业收入费用 / 元	8.36	8.28

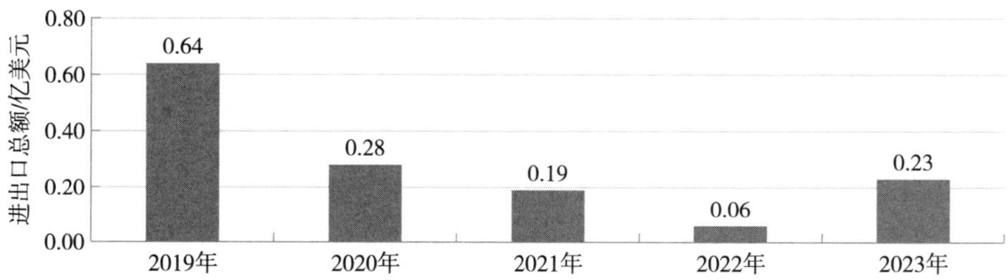

图 6 2019—2023 年架空索道进出口总额

在统计的 3 类架空索道产品出口额分别为货运索道 148 万美元，同比增长 572.73%；客运索道 188 万美元，同比增长 86.14%；其他缆车 208 万美元，同比下降 27.27%。

在统计的 3 类架空索道产品进口额分别为客运索道 7 万美元；其他缆车 1 716 万美元，同比增长 946.34%。

6. 专用车辆

主要包括电动叉车、内燃叉车、短距离牵引车、固定平台搬运车等搬运设备。

（1）经济效益指标。2022—2023 年专用车辆制造企业经济效益指标见表 7。

表 7 2022—2023 年专用车辆制造企业经济效益指标

指标名称	2022 年	2023 年
每百元营业收入成本 / 元	86.52	84.51
每百元营业收入费用 / 元	5.30	5.67

（2）分类产品进出口情况。2023 年，专用车辆进出口总额 92.02 亿美元，同比增长 13.59%。其中，出口额 89.06 亿美元，同比增长 14.99%；进口额 2.96 亿美元，同比下降 16.74%；进出口顺差 86.09 亿美元，同比增长 16.51%。2019—2023 年专用车辆进出口总额如图 7 所示。

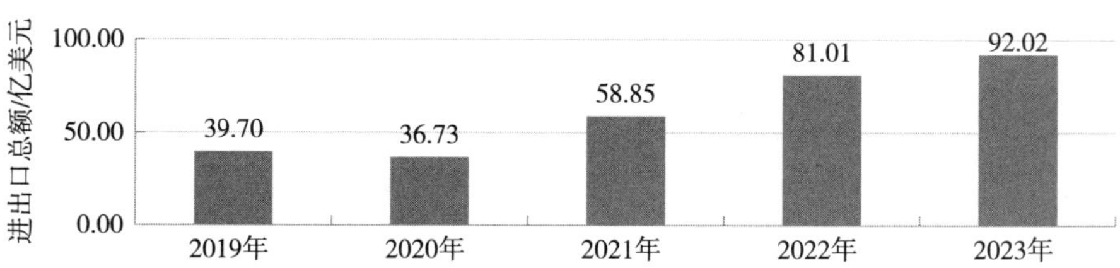

图 7 2019—2023 年专用车辆进出口总额

在统计的5类产品出口额分别为电动叉车34.44亿美元，同比增长35.67%；内燃叉车34.04亿美元，同比增长12.48%；短距离牵引车1.06亿美元，同比增长127.37%；固定平台搬运车1.27亿美元，同比增长32.10%；手动搬运车辆5.24亿美元，同比下降14.33%。

在统计的5类产品进口额分别为电动叉车1.06亿美元，同比下降12.88%；内燃叉车0.25亿美元，同比下降49.29%；短距离牵引车0.04亿美元，同比下降44.59%；固定平台搬运车0.01亿美元，同比下降54.45%；手动搬运车辆0.11亿美元，同比下降30.98%。

7. 电梯、自动扶梯及升降机

主要包括电梯、连续运载乘客输送机、升降机等。

（1）经济效益指标。2022—2023年电梯、自动扶梯及升降机制造企业经济效益指标见表8。

表8　2022—2023年电梯、自动扶梯及升降机制造企业经济效益指标

指标名称	2022年	2023年
每百元营业收入成本/元	82.48	80.27
每百元营业收入费用/元	8.88	9.18

（2）分类产品进出口情况。2023年，电梯、自动扶梯及升降机进出口总额36.94亿美元，同比增长2.42%。其中，出口额35.23亿美元，同比增长2.28%；进口额1.71亿美元，同比增长5.50%；进出口顺差33.53亿美元，同比增长2.12%。2019—2023年电梯、自动扶梯及升降机进出口总额如图8所示。

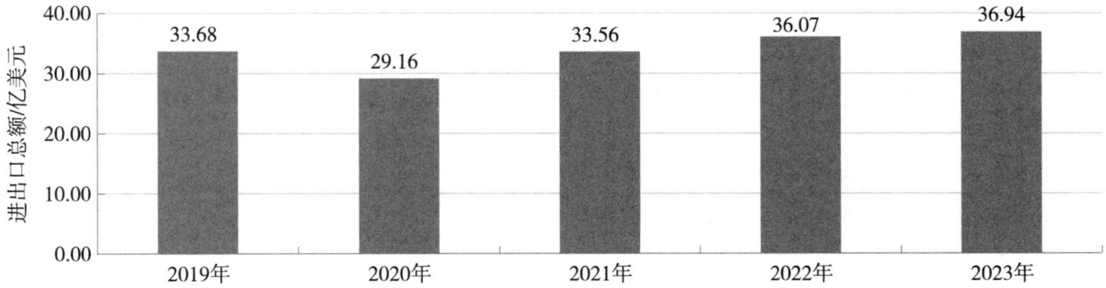

图8　2019—2023年电梯、自动扶梯及升降机进出口总额

在统计的4类产品出口额分别为载客电梯17.55亿美元，同比增长10.53%；升降机1.21亿美元，同比增长13.41%；自动扶梯及人行道4.21亿美元，同比下降6.53%；零配件12.27亿美元，同比下降5.67%。

在统计的4类产品进口额分别为载客电梯0.45亿美元，同比下降4.97%；升降机0.30亿美元，同比增长6.95%；自动扶梯及人行道没有进口；零配件0.95亿美元，同比增长10.79%。

8. 其他物料搬运设备

主要产品包括立体化仓库设备、机场专用搬运设备、工业机器人、未列名的搬运装卸机械设备等。

（1）经济效益指标。2022—2023年其他物料搬运设备制造企业经济效益指标见表9。

表9　2022—2023年其他物料搬运设备制造企业经济效益指标

指标名称	2022年	2023年
每百元营业收入成本/元	82.15	81.64
每百元营业收入费用/元	7.29	8.68

（2）分类产品进出口情况。2023年，其他物料搬运设备进出口总额48.37亿美元，同比增长10.32%。其中，出口额33.44亿美元，同比增长12.89%；进口额14.93亿美元，同比增长4.96%；进出口顺差18.51亿美元，同比增长20.22%。2019—2023年其他搬运设备进出口总额如图9所示。

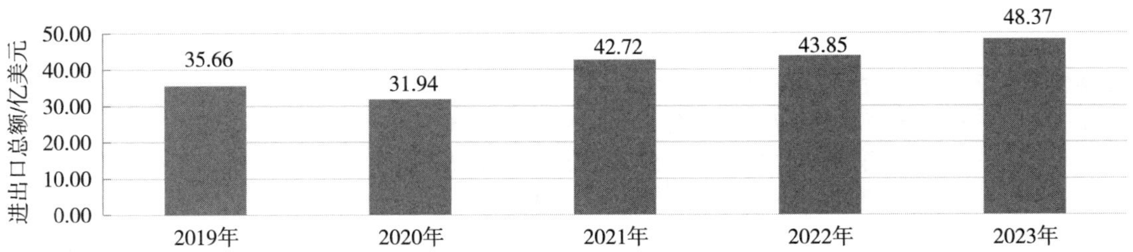

图9　2019—2023年其他搬运设备进出口总额

在统计的5类产品出口额分别是立体仓库0.89亿美元，同比下降15.82%；机场专用设备0.49亿美元，同比增长38.15%；矿车推进车0.13亿美元，同比增长86.01%；工业机器人2.07亿美元，同比增长76.87%；未列名的搬运设备 16.96 亿美元，同比增长 12.96%。

在统计的 5 类产品进口额分别是立体化仓库设备 1.74 亿美元，同比增长 48.35%；机场专用设备 0.12 亿美元，同比增长 235.12%；矿车推进车 0.01 亿美元，同比下降 21.71%；工业机器人 0.79 亿美元，同比增长 18.99%；未列名的搬运设备 9.02 亿美元，同比增长 5.32%。

物料搬运（起重运输）机械行业获奖情况 2023 年物料搬运（起重运输）机械行业共有 10 个项目获机械工业科学技术进步奖，其中一等奖 1 项、二等奖 4 项、三等奖 5 项。2023 年物料搬运（起重运输）机械行业获得机械工业科学技术奖情况见表 10。

表 10 2023 年物料搬运（起重运输）机械行业获得机械工业科学技术奖情况

序号	项目名称	完成单位	获奖等级
1	多场景高效协同物流输送系统关键技术研究与应用	北京起重运输机械设计研究院有限公司	一等奖
2	面向水电等多应用场景的超高扬程多功能起重装备及 AICrane DT 数字平台	河南卫华重型机械股份有限公司、北京云中未来科技有限公司	二等奖
3	3 600t/h 链斗式连续卸船机装备及无人化技术的应用	大连华锐重工集团股份有限公司、大连理工大学	二等奖
4	铸造起重机全生命周期关键技术和标准研究与应用	太原重工股份有限公司、太原科技大学	二等奖
5	新型高效散料储运成套装备研制及应用	华电郑州机械设计研究院有限公司、河南工业大学、郑州科润机电工程有限公司	二等奖
6	高效低噪声公交枢纽站机械式停车设备技术研究与应用	北京首嘉钢结构有限公司、北京首钢城运控股有限公司	三等奖
7	大坡度井下支架搬运车关键技术及应用	连云港天明装备有限公司、江苏海洋大学	三等奖
8	面向电梯系统服役安全的关键技术及产业化	常熟理工学院、东南电梯股份有限公司	三等奖
9	面向固废协同处置的多功能组合机群上料系统关键技术装备与工程应用	北京起重运输机械设计研究院有限公司	三等奖
10	矿用重型刮板输送装备大功率减速器关键技术研究及应用	宁夏天地奔牛实业集团有限公司、鄂尔多斯市营盘壕煤炭有限公司	三等奖

〔撰稿人：中国重型机械工业协会王淼　审稿人：中国重型机械工业协会王继生〕

轻小型起重设备

千斤顶

生产发展情况 千斤顶产品按工作原理主要分为液压千斤顶和机械千斤顶。按其操纵方式分为手动千斤顶和/或其他动力源(气动或电动等)千斤顶。千斤顶产品按市场可大致分为商用千斤顶、汽车配套千斤顶、汽车维修保养用千斤顶及特种用途千斤顶。

千斤顶是一种非常常见的轻小型起重设备，使用范围非常广泛，不仅是汽车保养、维修不可缺少的主要举升工具，在建筑、船舶、机械、冶金、铁路、桥梁、应急救援等方面也有着广泛的应用。随着汽车保有量的增长使得千斤顶的需求量日益增大。

我国千斤顶技术起步较晚，20 世纪 70 年代左右，逐步接触到国外的千斤顶工艺，但当时国内厂家的水平和工艺参差不齐，缺少统一规划。后续经过几轮全国联合设计、行业标准及国家标准的设立，国内千斤顶生产的标准化、系列化、通用化工作得到了落实。以立式油压千斤顶为例，按照国家标准，共性的通用零件基本上得到了专业化生产，产量不断提升，产品成本有所降低。此外，我国千斤顶产品在承载强度、使用寿命、安全性能、成本控制等方面得到了较大的改善，产品质量逐渐接近并超过了国外的多数同类产品，并且进一步打开欧美市场。目前我国出口的千斤顶系列产品门类、规格齐全，产品性能稳定，国际竞争力较强。

为了满足不断增长的新的需求，生产企业特别是行业内的骨干企业投入较大的人力、财力、物力开发设计出大量新产品，改变了原来比较单一的产品结构、改进了加工工艺、提高了产品安全性和操作的便利性。我国超过 600 种不同规格、不同型号的千斤顶产品极大地丰富了市场、满足了用户需求。特种千斤顶是传统千斤顶产品的扩展和延伸，在专业维修店、道路桥梁建设、应急救援等方面应用较广，为千斤顶行业创造新的发展空间。

市场及销售 千斤顶产品以其科学的设计、可靠的结构性、较大的起重能量、小巧便携等特点，被广泛地应用于国民经济的各个领域，与之最密切相关的行业是汽车制造行业和汽车后市场维修行业。千斤顶作为随车与维修场所必备的起重装备，广泛应用于流动性起重作业场所，用于起重、支撑、调整水平等作业。千斤顶制造行业在我国国民经济中有着重要的作用，在大型救援设备无法到达灾难现场的救援工作中，千斤顶特别是分离式千斤顶可发挥积极的作用。

2023 年，工厂的生产、物流全面恢复常态，但是受到欧美通货膨胀的影响，行业经济复苏乏力，2023 年上半年的订单量比往年大幅减少，上半年是高通胀国家去库存的过程，下半年订单才逐步恢复。2023 年，我国千斤顶出口数量为 4 453.6 万台，较 2022 年下降 0.1%，出口额 9.82 亿美元，较 2022 年下降 9.74%，主要原因是原材料较 2022 年有所下降并维持低位，影响产品单价，导致出口额下降幅度远超出口量的降幅。国内较具规模的千斤顶生产企业有 70 多家，集中度较高，主要分布在浙江、江苏、上海、山东、安徽等沿海地区，这几个地区的出口量及出口额分别为：浙江省 2 001.06 万台，4.33 亿美元，金额占比 44.05%；江苏省 1 225.48 万台，2.41 亿美元，金额占比 24.52%；上海市 325.88 万台，0.76 亿美元，金额占比 7.74%；山东省 165.19 万台，0.48 亿美元，金额占比 4.92%；安徽省 165.29 万台，0.36 亿美元，金额占比 3.66%。浙江省、江苏省是千斤顶出口大省，出口数量、金额都占比达 7 成左右，出口量前 5 的省（市）合计出口量 3 882.9 万台，占比达 87.2%，合计出口额 8.34 亿元，占比达 84.9%。美国依然是最大的千斤顶进口国，2023 年，出口至美国的千斤顶合计 1 516.33 万台，占比 34.05%，出口额 4.09 亿美元，占比 41.65%；千斤顶第二大进口国是俄罗斯，出口到俄罗斯的千斤顶合计 245.64 万台，占比 5.52%，出口额 0.44 亿美元，占比 4.48%；千斤顶第三大进口国是德国，出口到德国的千斤顶合计 194.17 万台，占比 4.36%，出口额 0.37 亿美元，占比 3.79%，其他排在前列的进口国为墨西哥、加拿大、日本等。随着“一带一路”建设的深入发展，东南亚国家的千斤顶进口量明显上涨，越南、印度尼西亚等国逐渐出现在千斤顶进口国前 10 名单。

我国千斤顶行业继续在向产品质量高、规模效益好、管理成本低、国际竞争能力强的东南沿海经济发达地区的大、中型企业集中。这些地区行业内专业化分工更加细化，千斤顶绝大部分零部件由配套企业生产，因此千斤顶质量的提升与配套企业密切相关，配套企业更应该提高生产和质量保证能力，提高自动化、规模化协作能力。但随着东南沿海地区劳动力成本和土地成本的持续推高，以及与千斤顶生产相关的铸造、电镀加工受到逐渐趋紧的能源、环保政策制约，这种集中的趋势有可能延缓，甚至产业区域结构有可能发生变化，中西部等相对欠发达地区业内企业应看到承接千斤顶产业转移的机会。

汽车行业与千斤顶行业密切相关，据中国汽车工业协会发布的数据显示，2023 年我国汽车产销量分别完成 3 016.1 万辆和 3 009.4 万辆，同比分别增长 11.6% 和 12%，产销量连续 15 年稳居全球第一。其中，新能源汽车产销分别完成 958.7 万辆和 949.5 万辆，同比分别增长 35.8% 和 37.9%，市场占有率达到 31.6%，进入新能源汽车快速发展期，渗透率在逐年快速提升。作为全球汽车配套千斤顶的主要生产基地，2023 年我国汽车配套千斤顶产量有所下降，主要原因是绝大部分新能源汽车为了提高续驶里程，从减重的目的考虑，放弃了配套千斤顶及备胎，所以配套千斤顶产量没有与汽车产量实现同步增长。2023 年全球汽车产量 9 354.7 万辆，同比增长 10%，其中 5 860 万辆汽车配套千斤顶，全球汽车配套千斤顶产量同比增长 6%，千斤顶增长率低于汽车增长率。2023 年我国生产的汽车中有 1 800 万辆配套千斤顶，我国汽车配套千斤顶产量同比增长 5.8%。根据上述数据显示，全球范围千斤顶增长率低于汽车增长率 4%，我国千斤顶增长率低于汽车增长率 5.8%，OEM 汽车配套千斤顶业务也受到很大影响，主要因素是新能源汽车蓬勃发展，而新能源汽车绝大部分车型不再配备千斤顶。千斤顶行业龙头企业——常熟通润汽车零部件股份有限公司，生产销售汽车配套千斤顶 1 273.8 万台，同比增长 8.6%，占全球汽车配套市场的 21.7%，其中国内生产销售汽车配套千斤顶 515.4 万台，同比下降 19.1%，占国内汽车配套市场的 28.6%。随着国内汽车保有量的快速上升，截至 2023 年年底，我国的汽车保有量已经达到 3.36 亿辆，连续 4 年高居世界第一。伴随着全球汽车保有量的不断提高、汽车平均车龄的逐步提高，汽车后市场的需求会不断提升，对千斤顶行业是个机遇。

风险和挑战 美国市场占我国千斤顶总出口额的四成以上，所以是整个千斤顶行业的必争之地，美国对中国的贸易政策，给我国千斤顶行业的出口企业带来了很大影响，全球化产业链去中国化存在可能，还有一些企业迫于美国对中国的制裁和高关税，也只能把订单交给其他国家，从而规避制裁和高关税，而全球千斤顶制造绝大部分是在中国，迫于一些美国大客户的压力，我国千斤顶行业的一些头部企业已经开始在东南亚国家布局，投资新的海外生产基地。常熟通润汽车零部件股份有限公司、杭州盈江机械制造有限公司、中鼎汽车工具有限公司、江苏海力达机电制造有限公司等已在泰国布局，富阳通力机械制造有限公司已在越南布局，嘉兴市大通机械厂已在柬埔寨布局，伴随着这些海外工厂的陆续投产，必将造成国内千斤顶行业的产能过剩，也在一定程度上减少我国的千斤顶出口量。

此外，人民币汇率的波动，给千斤顶行业企业的出口企业带来了汇兑损益方面的考验。环保、安全生产方面的高标准、严要求，让部分欠账企业有较大的管理压力。用工成本逐年提高、小微企业融资困难等因素逐步推高行业企业运行成本。

根据《国务院关于进一步压减工业产品生产许可证管

理目录和简化审批程序的决定》，轻小型起重设备的生产许可证已经取消，是否会引起行业内的无序竞争是值得行业协会思考的问题，行业协会应引导行业内部形成一种规范，共同维护市场秩序。

“双碳”目标下，行业企业需要改变传统制造方式，在寻求绿色发展的道路上，企业转型升级就变得越来越迫切了。从长远来看，我国千斤顶行业要想在出口方面取得新的进步，不能一味依赖低端制造，不转型升级就无法生存。

技术、质量及标准 千斤顶标准工作组将着力研究国外先进国家的千斤顶标准体系，并不断进行我国的千斤顶行业调查，同时与上级标委会密切联系，充分及时地了解国内外本行业和相关行业的标准制修订和技术发展情况并进行分析研究消化，研究我国千斤顶行业的标准结构，结合实际情况，适时开展标准的制修订工作，逐步完善我国的千斤顶标准体系，从而提高整个千斤顶行业的整体水平，促进千斤顶行业的健康发展。

千斤顶的发展与汽车行业的发展是最密切相关的，所以千斤顶的产品设计需紧紧跟随汽车行业的动态，未来3～5年，新能源汽车将逐渐替代燃油车成为主流，相关汽车后市场应用的千斤顶产品及标准也须为之做出改变。

〔撰稿人：中国重型机械工业协会千斤顶分会陈江 审稿人：中国重型机械工业协会王继生〕

起 重 葫 芦

起重葫芦主要产品包括钢丝绳电动葫芦、环链电动葫芦、微型电动葫芦、气动葫芦、手拉葫芦、手扳葫芦和滑车等提升机械设备，是比较常用的起重工具。广泛用于工厂、矿山、农业、电力、建筑、码头、船舶、仓库的机器安装和货物起吊等方面，是量大面广的通用起重设备。

国内市场与销售 根据中国重型机械工业协会起重葫芦分会对21家电动葫芦制造企业统计，2023年共生产电动葫芦（包括钢丝绳电动葫芦和环链电动葫芦，不包括单相电动葫芦）27.2万台。12家手动葫芦制造企业2023年生产214.4万台手动葫芦（包括手拉葫芦和手扳葫芦）。八达机电股份有限公司2023年单相电动葫芦产量21.9万台，同比增长15.3%。

进出口情况

1. 进出口数量

根据海关进出口统计数据，2023年我国起重葫芦进出口总量为680.10万台，同比增长6.18%。

电动葫芦（海关税号：84251100）进出口总量为153.31万台，同比增长13.25%，其中，进口量为1.74万台，同比下降4.11%；出口量为151.57万台，同比增长13.49%。

手动葫芦及滑车（海关税号：84251900）进出口总量526.79万台，同比增长4.28%，其中，进口量1.53万台，同比下降15.85%，出口量为525.26万台，同比增长4.35%。

2. 进出口金额

根据海关进出口数据统计，2023年我国起重葫芦进出口总额为5.58亿美元，同比增长8.22%。

电动葫芦（海关税号：84251100）进出口总额为3.16亿美元，同比增长9.95%，其中，进口额0.41亿美元，同比下降11.69%；出口额2.75亿美元，同比增长14.10%，贸易顺差2.34亿美元，同比增长20.22%。

手动葫芦及滑车（海关税号：84251900）进出口总额2.43亿美元，同比增长6.05%，其中，进口额0.16亿美元，同比增长31.04%；出口额2.27亿美元，同比增长4.67%；贸易顺差2.11亿美元，同比增长3.13%。

26家主要企业主要经济指标情况 2023年我国起重葫芦行业主机及配件产品25家企业主要经济指标见表1。

表1 2023年我国起重葫芦行业主机及配件产品25家企业主要经济指标 （单位：万元）

序号	企业名称	起重葫芦销售收入	其他产品销售收入	工业总产值	利润	人均产值
1	河南省矿山起重机有限公司	95 650	968 933	1 097 560	49 276	215.2
2	浙江双鸟机械有限公司	41 207	—	41 881	5 073	—
3	凯澄起重机械有限公司	35 835	6 891	42 690	6 623	86
4	纽科伦（新乡）起重机有限公司	169 033	91 950	248 225	18 964	165.5
5	浙江冠林机械有限公司	30 468	—	34 028	3 199	141.8
6	浙江五一机械有限公司	11 077	2 108	13 260	315	110.5
7	江苏三马起重机械制造有限公司	8 150	48	8 198	413	60.7
8	八达机电股份有限公司	10 050	2 355	13 281	2 982	73.8
9	诺威起重设备（苏州）有限公司	28 465	—	30 228	2 517	—
10	江苏鼎力重工集团有限公司	1 643	11 268	15 622	428	148.8
11	山东聊城科顺机械有限公司	2 059	363	2 498	169	51.0
12	重庆凯荣机械有限责任公司	4 500	—	4 296	−81	35.8

（续）

序号	企业名称	起重葫芦销售收入	其他产品销售收入	工业总产值	利润	人均产值
13	河南省飞马起重机械集团有限公司	7 054	3 672	10 394	425	81.8
14	南京特种电机厂有限公司	—	35 292	37 501	3 518	86.6
15	华德起重机（天津）股份有限公司	24 200	—	24 200	1 680	134.4
16	重庆维大力起重设备有限公司	9 500	2 500	11 000	50	62.9
17	北京双泰气动设备有限公司	1 500	2 700	7 000	350	291
18	维多利科技（江苏）有限公司	9 961	485	9 436	292	93.4
19	铜陵市神雕机械制造有限公司	2 170	130	2 349	210	—
20	浙江凯岛起重机械有限公司	5 020	3 351	8 487	−426	53
21	重庆美和机电有限公司	8 900	90	9 800	950	166
22	佳力机械股份有限公司	7 450	—	7 450	240	111
23	上海浦东明象机械有限公司	1 756	—	1 756	89	—
24	河南恒达机电设备有限公司	—	—	8 600	1 107	78
25	河南省牧凌机电设备有限公司	—	1 800	1 900	130	47.5

主要企业主营产品产量产值 2023 年我国起重葫芦行业主要企业主营产品产量产值见表 2。2023 年我国起重葫芦行业主要企业配件产品产量产值见表 3。

表 2 2023 年我国起重葫芦行业主要企业主营产品产量产值

企业名称	主营产品	产量 / 台	产值 / 万元
河南省矿山起重机有限公司	钢丝绳电动葫芦	53 641	100 590
浙江双鸟机械有限公司	钢丝绳电动葫芦	1 770	5 797
	环链电动葫芦	15 509	8 753
	手动葫芦	438 919	19 933
凯澄起重机械有限公司	钢丝绳电动葫芦	27 587	33 681
纽科伦（新乡）起重机有限公司	钢丝绳电动葫芦	35 079	52 619
	环链电动葫芦	4 822	10 608
浙江冠林机械有限公司	环链电动葫芦	36 623	11 191
	手动葫芦	404 876	22 660
浙江五一机械有限公司	环链电动葫芦	10 200	3 122
	手动葫芦	141 250	6 395
江苏三马起重机械制造有限公司	钢丝绳电动葫芦	9 640	8 300
江西起重机械总厂有限公司	钢丝绳电动葫芦	1 102	1 199
八达机电股份有限公司	单相电动葫芦	219 170	11 045
诺威起重设备（苏州）有限公司	钢丝绳电动葫芦	7 458	2 990
	环链电动葫芦	3 023	2 038
江苏鼎力重工集团有限公司	钢丝绳电动葫芦	407	363
	环链电动葫芦	2 100	1 101
山东聊城科顺机械有限公司	环链电动葫芦	180	28
	手动葫芦	60 200	2 096
重庆凯荣机械有限责任公司	手动葫芦	204 332	6 129

（续）

企业名称	主营产品	产量 / 台	产值 / 万元
河南省飞马起重机械集团有限公司	钢丝绳电动葫芦	5 803	6 859
	环链电动葫芦	170	264
	手动葫芦	88	22
华德起重机（天津）股份有限公司	钢丝绳电动葫芦	7 600	24 200
重庆维大力起重设备有限公司	环链电动葫芦	600	300
	手动葫芦	230 000	8 280
铜陵市神雕机械制造有限公司	环链电动葫芦	5 508	1 553
	手动葫芦	24 250	727
北京双泰气动设备有限公司	气动葫芦	900	—
	气动桥式起重机	2	368
	液压葫芦	15	50
维多利科技（江苏）有限公司	环链电动葫芦	2 303	1 091
	手动葫芦	335 630	7 889
浙江凯岛起重机械有限公司	钢丝绳电动葫芦	758	1 580
	环链电动葫芦	17 124	3 440
重庆美和机电有限公司	手动葫芦	190 000	9 800
佳力机械股份有限公司	环链电动葫芦	25 200	7 450
上海浦东明象机械有限公司	手动葫芦	43 560	1 756

表 3　2023 年我国起重葫芦行业主要企业配件产品产量产值

企业名称	配件产品名称	产量 / 台	产值 / 万元
浙江双鸟机械有限公司	单轨小车	56 756	1 499
	链条	23 710(t)	20 153
	葫芦配件	580(t)	5 899
凯澄起重机械有限公司	起重葫芦配件	—	3 993
浙江冠林机械有限公司	单轨小车	3 738	177
浙江五一机械有限公司	起重葫芦配件	25 100	595
八达机电股份有限公司	起重葫芦配件	22 434	360
江苏鼎力重工集团有限公司	葫芦电机	1 837	59
	葫芦小车	308	120
河南省飞马起重机械集团有限公司	起重配件	53 102	2 526
重庆维大力起重设备有限公司	夹持器	4 000	2 600
	单轨小车	2 000	—
	链条	200km	—
	其他零件	190 万件	—
北京双泰气动设备有限公司	气动葫芦配件	2 355	1 650
	气动单轨吊车	110	2 125
	气动单轨吊车配件	2 250	910
维多利科技（江苏）有限公司	上下钩组件	18 550	456
浙江凯岛起重机械有限公司	电机	13 500	1 080
河南省牧凌机电设备有限公司	工业遥控器	51 200	1 900

主要企业产品出口情况 2023 年起重葫芦行业主要企业主机及配件产品出口情况见表 4。

表 4 2023 年起重葫芦行业主要企业主机及配件产品出口情况

企业名称	出口国家或地区	出口量 / 台	出口额 / 万美元
河南省矿山起重机有限公司	越南	320	115
	俄罗斯	189	85
	墨西哥	165	78
	马来西亚	240	95
	印度尼西亚	220	98
浙江双鸟机械有限公司	荷兰	86 415	458
	德国	50 377	267
	印度	33 962	180
	巴西	29 623	157
	南非	2 000	106
凯澄起重机械有限公司	美国	640	345
	日本	15	5
	巴西	42	22
	澳大利亚	22	11
	印度	55	26
	印度尼西亚	17	9
纽科伦（新乡）起重机有限公司	澳大利亚	10	6.23
	北美洲	21	9.85
	非洲	36	42.82
	南美洲	3	0.52
	欧洲	22	8.53
	亚洲	118	236.89
浙江冠林机械有限公司	美国	82 480	770
	加拿大	38 500	450
	日本	30 000	370
	法国	27 500	280
浙江五一机械有限公司	东南亚	46 000	300
	欧美	25 000	150
江苏三马起重机械制造有限公司	东南亚	270	48.75
八达机电有限公司	欧洲	87 452	704
	北美	37 294	227
	其他	49 021	536
诺威起重设备（苏州）有限公司	欧洲	392	140
	大洋洲	370	120
	南美洲	11	15
	亚洲	190	65
山东聊城科顺机械有限公司	印度尼西亚	2 000	82
重庆凯荣机械有限责任公司	美国	180 000	350
	南美	16 000	33
	缅甸	13 000	38
	瑞典	10 246	28.5
	法国	9 500	26

（续）

企业名称	出口国家或地区	出口量 / 台	出口额 / 万美元
河南省飞马起重机械集团有限公司	俄罗斯	387	128
	印度尼西亚	30	2.5
	乌兹别克斯坦	2	0.3
维多利科技（江苏）有限公司	墨西哥	84 494	282
	澳大利亚	2 697	9
华德起重机（天津）股份有限公司	巴西	91	75
	智利	123	92
	哥伦比亚	95	66
	南非	54	48
	俄罗斯	95	78
重庆维大力起重设备有限公司	北美	85 000	650
	欧洲	40 000	240
	南美	40 000	220
	亚太	30 000	140
铜陵市神雕机械制造有限公司	新加坡	3 280	28.8
	俄罗斯	2 450	26.1
	匈牙利	1 770	20.7
	保加利亚	1 550	18.9
	摩洛哥	1 270	15.3
浙江凯岛起重机械有限公司	俄罗斯	2 970	170
	马来西亚	1 250	75
重庆美和机电有限公司	美国	160 000	1 100
佳力机械股份有限公司	东南亚	4 400	1 320
	欧洲	2 800	840
	美洲	1 700	510
	非洲	1 100	330
上海浦东明象机械有限公司	美国	8 578	25
	欧洲	6 425	18.4
	日本	5 648	16.3

主要企业专利情况　起重葫芦行业主要企业在中国的专利申请情况见表 5。

表 5　起重葫芦行业主要企业在中国的专利申请情况　（单位：项）

企业名称	发明专利申请	授权发明专利	实用新型专利	外观设计
河南省矿山起重机有限公司	74	40	576	5
浙江双鸟机械有限公司	46	27	83	26
北京起重运输机械设计研究院有限公司	113	31	251	5
凯澄起重机械有限公司	7	3	46	1
纽科伦（新乡）起重机有限公司	66	37	357	3
浙江冠林机械有限公司	49	34	49	2
浙江五一机械有限公司	8	1	33	8
江苏三马起重机械制造有限公司	6	6	19	1

（续）

企业名称	发明专利申请	授权发明专利	实用新型专利	外观设计
江西起重机械总厂有限公司	18	2	13	—
新乡市起重设备厂有限责任公司	16	8	94	1
八达机电股份有限公司	18	7	64	18
南阳起重机械厂有限公司	1	1	7	—
象王重工股份有限公司	32	6	45	—
科尼起重机设备（上海）有限公司	1	—	41	—
诺威起重设备（苏州）有限公司	20	12	81	9
江苏鼎力重工集团有限公司	23	6	63	30
聊城五环机械有限公司	1	1	18	—
山东聊城科顺机械有限公司	1	1	18	—
重庆凯荣机械有限责任公司	1	1	6	8
河南省飞马起重机械集团有限公司	4	3	55	—
慈溪捷豹起重机械有限公司	3	1	7	2
常州市常欣电子衡器有限公司	6	4	25	1
河南恒达机电设备有限公司	10	6	78	9
南京特种电机厂有限公司	5	1	20	—
南京起重电机总厂	4	3	42	1
南京开关厂有限公司	40	14	54	1
佳力机械股份有限公司	7	2	38	2
安徽九华机械股份有限公司	14	—	15	—
华德起重机（天津）股份有限公司	4	1	72	15
江西工埠机械有限责任公司	28	14	46	20
浙江东海减速机有限公司	1	—	53	—
重庆维大力起重设备有限公司	11	5	37	11
南京神天起重机械设备有限公司	2	—	9	—
北京双泰气动设备有限公司	10	9	28	—
维多利科技（江苏）有限公司	15	7	49	13
湖北三六重工有限公司	20	8	42	1
南京禄口起重机械有限公司	13	4	7	—
常熟海鸥起重机械有限公司	9	5	29	—
浙江手牌起重葫芦有限公司	3	1	10	—
上海万铂起重机械有限公司	—	—	2	1
浙江凯勋机电有限公司	6	2	36	20
科美（杭州）机械有限公司	4	3	18	1
高博（天津）起重设备有限公司	1	1	1	—
星都起重设备（辽宁）有限公司	3	3	21	—
湖北蒲圻起重机械有限公司	—	—	6	—
赤壁市蒲圻起重运输机械有限责任公司	33	—	35	—
江阴市兴科起重机械有限公司	—	—	9	—
聊城市鲁润机械有限公司	—	—	19	—
河北怀鸽起重机械集团有限公司	7	2	31	13

（续）

企业名称	发明专利申请	授权发明专利	实用新型专利	外观设计
天津永恒泰科技有限公司	10	3	10	—
武汉合康电驱动技术有限公司	4	2	24	2
扬戈科技股份有限公司	11	4	16	13
杭州四达机械电子有限公司	—	—	8	—
江苏宇泰电器有限公司	19	—	—	—
浙江中富电气有限公司	5	5	22	3
江西飞达电气设备有限公司	26	9	54	—
辽宁国辰电子技术有限公司	6	3	18	5
南通合兴铁链有限责任公司	5	3	25	—
上海精浦机电有限公司	6	3	13	—
杭州汉乐科新材料科技有限公司	24	18	17	—
郑州市泰德尔电机厂	—	—	3	1
河北神力索具集团有限公司	5	4	23	12
上海宏欣电线电缆有限公司	2	2	57	—
重庆美和机电有限公司	4	2	22	6
铜陵市神雕机械制造有限公司	1	1	25	—
辰力集团有限公司	3	3	17	2
湖北华博三六电机有限公司	—	—	10	—
浙江维大茵特起重设备有限公司	10	6	49	—
丹东市起重机械有限公司	1	1	27	—
池州市华安起重机械有限公司	2	—	20	—
湖北恒欣传动设备有限公司	3	1	15	—
东莞市台冠起重机械设备有限公司	3	1	42	1
南通瑞金制链科技有限公司	7	4	30	—
湖南泰尔汀起重科技有限公司	1	1	11	—
浙江凯岛起重机械有限公司	1	2	19	10
太仓普兰尼特起重有限公司	—	—	1	—
广东韶铸锻造有限公司	4	—	16	—
杭州契卡拉起重机械有限公司	3	—	21	12
安徽杰特电气有限公司	49	—	13	—
河南锐思特科技有限公司	2	—	32	—
如东宏信机械制造有限公司	8	4	11	—
托菲传感技术（上海）股份有限公司	9	6	46	4
安徽创新电磁离合器有限公司	40	12	58	—
苏州库力铁重工有限公司	25	8	48	—
昆山维夏机电科技有限公司	1	1	—	—
宁波红卓塑业科技有限公司	1	—	4	—
河南蒲瑞精密机械有限公司	22	17	67	—
绍兴恒辉机器人科技有限公司	—	—	3	2
和瑞新材料科技（江阴）有限公司	—	—	21	—
如东县铁链厂有限公司	—	—	14	1

（续）

企业名称	发明专利申请	授权发明专利	实用新型专利	外观设计
山东华源索具有限公司	10	12	26	41
深圳市海浦蒙特科技有限公司	226	144	50	32
浙江凯吨机械科技有限公司	—	—	4	—
苏州一桥传动设备有限公司	7	3	33	2
河南省东泰齿轮有限公司	2	—	12	—
曲阜金升电机有限公司	2	1	30	—
河北帕萨克起重机械制造有限公司	—	—	10	1
苏州伟创电气科技股份有限公司	92	50	116	31
河南三智装备科技有限公司	6	2	32	—
泰力诺起重设备（天津）有限公司	—	—	6	—
浙江金轴机电科技有限公司	7	3	14	2
河南省牧凌机电设备有限公司	—	—	—	1
浙江恒邦电气科技有限公司	38	9	48	1
浙江卡巴尔电气有限公司	11	2	44	5
奥创动力传动（深圳）有限公司	10	8	36	—

数据来源：incoPat，截止日期为 2024 年 7 月 23 日。

新产品、质量和标准等情况 2023 年起重葫芦行业部分企业结合自身的特点，将市场需求和本企业的技术能力相匹配，通过自主创新或合作创新，研发出不少新产品。

1. 河南省矿山起重机有限公司（简称河南矿山）

2023 年河南矿山主要产品技术创新不断取得新的突破，产品种类进一步得到扩大。电解锌起重机、吸料起重机、汽车铸模专用起重机、350t 核电起重机、360t 四梁冶金铸造起重机、500t 造船门式起重机、500t 新型双梁起重机、600t 抽水蓄能起重机、800t 双主梁龙门起重机等一大批产品进入国内核电、风电、光伏、航天、水利、港口等重点行业领域，助力张靖皋长江大桥、中国核电、中国航天等国家重点项目建设。

2023 年度河南矿山取得专利及科技成果近百项。获中国标准创新贡献奖、河南省国防科技进步奖等多项荣誉。此外，还与高等院校紧密合作，成功申报河南省联合研发基金重大项目，通过了中原学者工作站项目验收。

（1）主要科技成果与奖励。2023 年河南矿山获得的主要成果与奖励见表 6。

表 6 2023 年河南矿山获得的主要成果与奖励

项目名称	证书号	颁发机构	颁发时间
一种电解锰阴极板智能出入槽系统及使用方法	9412023Y1798	河南省科技厅	2023 年 08 月 08 日
一种起重机用自动抓取吊具装置及其操作系统	9412023Y1799	河南省科技厅	2023 年 08 月 08 日
一种用于智能起重机的安全避障装置	9412023Y1803	河南省科技厅	2023 年 08 月 08 日
一种电动葫芦桥式起重机	9412023Y1950	河南省科技厅	2023 年 08 月 17 日
一种吊钩可连接的双小车桥式起重机	9412023Y1952	河南省科技厅	2023 年 08 月 17 日
一种防摇摆户外门式起重机	9412023Y1953	河南省科技厅	2023 年 08 月 17 日
一种高稳定性的冶金桥式起重机	9412023Y1954	河南省科技厅	2023 年 08 月 17 日
一种具有防脱轨功能的飞行员模拟用起重机	9412023Y1955	河南省科技厅	2023 年 08 月 17 日
一种具有夹紧结构的管状材料起重机	9412023Y1956	河南省科技厅	2023 年 08 月 17 日
一种具有清理结构的门式起重机	9412023Y1957	河南省科技厅	2023 年 08 月 17 日
一种垃圾抓斗桥式起重机	9412023Y1958	河南省科技厅	2023 年 08 月 17 日
一种起重机提升装置及其钢丝绳缠绕方法	9412023Y1959	河南省科技厅	2023 年 08 月 17 日
一种自锁式通用门式起重机	9412023Y1962	河南省科技厅	2023 年 08 月 17 日

（续）

项目名称	证书号	颁发机构	颁发时间
一种起重机吊具用精准定位夹持机构	9412023Y3719	河南省科技厅	2023 年 12 月 28 日
一种工件浸涂装置	9412023Y3720	河南省科技厅	2023 年 12 月 28 日
一种工件浸涂用工件安装架	9412023Y3721	河南省科技厅	2023 年 12 月 28 日
T/CPARK 4—2018《起重机用碾压车轮》	2022-60-3-04-D01	国家市场监督管理总局	2023 年 03 月
智能干法熄焦工艺专用起重机的开发及应用	2023HNGFJ-3-24	河南省国防科学技术工业局	2023 年 10 月 13 日

（2）具有自主感知的多用途起重机研发及产业化项目。该项目以工厂、货场使用量最大的桥式和门式起重机为研究对象，采取产、学、研结合的方式，研发的一种具有自主感知的多用途起重机，重点解决起重机自主感知、自动抓取、智能路径规划、抑摆、精确定位、智能防撞等关键技术，实现起重机全场景作业轻量化模型快速构建、复杂环境下智能起重机作业路径自规划技术，广泛应用于多种物料搬运作业场景。是集结构与电磁兼容性于一体的起重装备风险监管模型及方法体系。该起重机可提高消摆效率≥ 100%，单台工作效率提高 30%，作业人员减少 80%，就位精度达到毫米级。项目研发成果具有完整的自主知识产权。规模化生产之后，可以替代进口产品，节约外汇，拓展技术应用。项目完成后，预期年销售收入 3.5 亿元，净利润 8 750 万元，纳税 3 200 万元。

（3）新产品开发情况。2023 年河南矿山开发的新产品见表 7。

表 7　2023 年河南矿山开发的新产品

产品名称	应用场景（主要功能）
KSQ500t+250/50t-33m	汕头京能清洁能源有限公司风电项目，助力新能源开发
KSQ100/20t-15.175m 桥式起重机	南方某核电站
R2T-6m 桥式起重机	某核处理热室内，具备耐辐射、自动化智能操作
ZJJB40t-16m 洁净桥式起重机	海东红狮半导体项目，性能优异
QBE160t+160t-24m-A5 双小车防爆起重机	航天某项目，安全性能齐备，防爆可靠性高
QD35t-45m-A7 智能化桥式起重机	实现三维定位，自动出入库控制功能
YP8.5t-17.8m 智能桥式钢板运输机	华工科技产业股份有限公司，降低人员工作强度，提高生产线作业效率
FTAB10-33.5 多功能吸料桥式起重机	兰州东金基新材料有限公司，具备卸车、铺料、卸车、出炉等运转吊运功能，满足用户各项要求
ME750(375+375)T-50m A5 双梁门式起重机	中铁宝桥（舟山）有限公司，自动智能化程度高，起吊大型桥梁安全可靠

2. 浙江双鸟机械有限公司（简称浙江双鸟）

（1）主要科技成果与奖励。2023 年浙江双鸟获得的科技成果及奖励见表 8。

表 8　2023 年浙江双鸟获得的科技成果及奖励

产品名称	证书号	颁发机构	颁发时间
TR3 钢丝绳电动葫芦	DJ106022023Y0329	浙江省科技厅	2023 年 12 月 26 日
TR20 钢丝绳电动葫芦	DJ106022023Y0330	浙江省科技厅	2023 年 12 月 26 日
新能源重型载货汽车换电站用电动葫芦	DJ106022023Y0331	浙江省科技厅	2023 年 12 月 26 日
100 级高强度起重链条	DJ106022023Y0332	浙江省科技厅	2023 年 12 月 26 日
不锈钢洁净手拉葫芦	DJ106022023Y0332	浙江省科技厅	2023 年 12 月 26 日

（2）重点项目。2023 年，浙江双鸟继续实施高强度渗碳起重圆环链技改项目、高强度起重链轮技改项目和起重载荷控制技术研发项目。起重链条、起重链轮和载荷控制是手动葫芦安全性、可靠性的保证，公司针对这三个方面关键技术立项研发，出台 3 年计划，每年以 1 项发明专利的授权为目标，带动技术原发性创新；在原有欧盟 CE、GS 认证基础上，增加发达国家产品认证 2 项；研发投入逐年上升，在省级企业技术中心和省级企业研究院两个研发平台基础上，继续开展校企合作，促进科技成果转化。

（3）新产品研发情况。2023 年，浙江双鸟申报立项省级新产品 5 项，分别是 TR3 钢丝绳电动葫芦、TR20 钢丝绳电动葫芦、新能源重型载货汽车换电站用电动葫芦、100 级高强度起重链条、不锈钢洁净手拉葫芦，新产品研发结合市场需求及新能源智能技术发展。

（4）质量及标准。2023 年，参与 1 项国家标准《起重机钢丝绳保养、维护、检验和报废》修订，组织电科院修订 1 项行业标准，参与 2 项行业标准修订研讨；质量管理持续提升，新增获得 GS、UL 产品认证 5 项。

3. 凯澄起重机械有限公司

（1）科技成果与奖励。2023 年凯澄起重机械有限公司获得的主要成果及奖励见表 9。

表 9　2023 年凯澄起重机械有限公司获得的主要成果及奖励

项目名称	证书号	颁发机构	颁发时间
高新技术企业	GR202332002353	江苏省工业和信息化厅	2023 年 11 月 06 日
江苏省专精特新中小企业	20222216	江苏省工业和信息化厅	2022 年 12 月
江苏省省级企业技术中心		江苏省发展和改革委员会	2023 年 11 月 06 日
江苏省省级工程技术研究中心		江苏省科学技术厅	2023 年 9 月 04 日

（2）重点项目。2023 年，公司全面推进实施水性漆替换油性漆项目。公司电动葫芦、起重机产品全部采用水性漆替代原来溶剂型油漆。使用水性漆后，产品外观效果、一般危险废物产生的下降量、油漆废气 VOCs 的减少量都取得了满意效果。经测算，VOC 产生量从 24.429 t/a 降至 7.9t/a，VOC 处理费用每年约下降 130 万元。

（3）新产品研发情况。扩展 RY 型欧式钢丝绳电动葫芦的产品线，最大起重量由 10t 提高到 16t，并完成了固定式葫芦的系列化设计。进行 RY Ⅱ型国产化开发前期准备工作。开发了 1～10t 系列可适用于单梁、悬挂和葫芦起重机的轻量化槽钢端梁。

（4）质量及标准。负责起草修订行业标准 JB/T 9008《钢丝绳电动葫芦》，完成初稿编写及其编制说明。

（5）对外合作和交流情况。与控股公司日本 KITO 开展技术合作，对 RY Ⅱ电动葫芦进行开发试制。

4. 纽科伦（新乡）起重机有限公司（简称纽科伦）

（1）科技成果与奖励。2023 年公司项目一种模块组合型电动单梁获河南省科学技术成果奖（证书号 9412023Y2258）。

（2）重点项目。低净空智能焙烧碳块夹具起重机。该项目以低净空智能焙烧碳块夹具起重机关键技术为研发对象，围绕低净空智能焙烧碳块夹具起重机新型结构设计、双层对称轨道折弯推杆夹具机构的设计技术、先进智能控制技术、焙烧炭块安全的起升机构断绳保护、可靠的防偏摆安全防护关键技术研发，采用超低净空、双层对称轨道布置的结构形式、开闭机构采用折弯电动推杆应用在焙烧起重机上，适合在高度低、轮压小、宽度尺寸狭小的碳素焙烧老厂房车间应用。低净空智能焙烧碳块夹具起重机采用智能新型环保结构，紧凑的尺寸设计：低净空智能焙烧碳块夹具起重机小车架采用低净空下沉式设计，起升机构均隐藏在小车架内部空间，这样可以降低小车高度，大车采用多轮的限宽结构，保证夹具起重机能满足老厂房限高以及厂房承轨梁承载轮压小等特点，在狭窄厂房空间施工具有独特的优势，将有效提高我国碳素制品制造的自动化水平，减轻工人劳动强度，同时提高了施工效率。

弧直交变轨门式起重机。新研发的一种弧直交变轨门式起重机使用的起重机轨距自动补偿机构，使得起重机门架两侧在轨道上的支撑点距离（起重机轨距）可以根据地面铺设的轨道间距进行补偿，不管在双直线段轨道上还是在双弧线段轨道上运行时，都能完美匹配、无卡滞。弧直交变轨门式起重机结构紧凑、安全可靠、工作盲区小、搬运效率高，能够大幅提升低矮型隧道的利用空间和洞型仓库的堆垛层级，有效降低新建洞库的土建投资。随着世界经济的不断发展，隧道、洞形仓库建设及仓储物流业迅速发展，对此种起重机的需求会大大增加，产品市场前景广阔。

（3）新产品研发情况。完成酒厂抓斗专用新型电动葫芦、立体仓库自动装车智能起重机、LNG 罐顶用悬臂起重机的研发。

（4）质量及标准。推进质量管理体系建设，顺利取得质量管理体系证书，通过年度三体系、核体系武器装备质量管理体系监督审核，保证体系有效运行。2023 年组建 5 项 QC 小组，顺利闭关；共通过质量改进项 130 项，对提出质量改进项目全部执行；实施降本增效项目 6 项，共计节约 80 余万元。

2023 年参与修订的国家标准 GB/T 5905.1—2023《起重机　检验与试验规范　第 1 部分：通则》和团体标准 T/CMIF 234—2023《电动葫芦质量分级规范》均已发布。

（5）重大投资、并购、技改等情况。纽科伦投资了低碳智能装备产业园年产 7 万台轻量化起重机建设项目，2023 年已投资约 1.8 亿元。该项目建设有军民融合车间、新中式起重机联合加工车间、涂装车间及配套综合办公楼、公寓楼、餐厅，总建筑面积约 27 万 m^2。项目包含板材预处理、下料、焊接、机加工、涂装等工艺工序，引进自动化焊接机器人生产线、自动化涂装生产线及自动化配件加工生产线等相关设备。项目建成后将推动新中式系列起重机升级换代，实现低碳绿色制造，提升行业整体技术水平。

5. 八达机电有限公司（简称八达机电）

（1）重点项目。2023 年公司设立研发项目 10 余个，研发经费占营业收入的 5.47%，在研制完成无级调速、智能悬浮操控、手机端、远程控制等智能化电动葫芦产品的情况下，进行不同载重型号、夹具、滑轨的拓展。

推出的新一代智能系列产品，适用于工业、汽车行业、军工、养殖业、工装夹具及磨具吊装、设备维护和保养、精加工调运、零部件组装、车间仓库装卸等具有重复性高频率的搬运工作。其精准移动、智能化、数字化、产线配合、实时工况显示满足工业级目标客户群体的需求。为新一代智能型电动葫芦奠定基础研发和使用方向。同时也将原定位为家用级的微型电动葫芦的适用范围扩展为工业级。实现产品的装备与软件双突破，大幅提升产品附加值。

2023 年八达机电销售额为 1.26 亿元。

（2）新产品研发情况。2023 年八达机电在研发完成智能葫芦、无级调速葫芦的情况下，侧重软件算法优化、无刷控制系统及伺服电动机优化，并扩展多个型号。该系列葫芦在应用于吊运物品时，可定制安装于各类高低空组合式起重机（KBK）等滑轨上，具有可随心变速、平稳、无下滑、精准对位、连续工作时间长、噪声低、工况显示、安装便捷等功能及特性，适合对功能要求较高的作业环境。

适用于安装在固定或移动滑轨上，并对操控速度、顺滑、重量显示、低噪声、稳定精准、悬浮控制、单手完成操作等有较高吊装要求的作业环境中。在对模具、物料配件、产品等进行起重搬运移动时，具有随心迁移、调整速度、运载物品不易磕碰等特点。

（3）质量及标准。公司产品拥有 ETL、CETL、CE、GS、EMC 等国际标准认证。主导产品 PA 系列微型电动葫芦和新款智能系列产品，其中涉及安全、耐用性能、环保卫生、加工工艺和技术要求等，部分实施标准甚至高于行业标准和欧洲标准。

6. 诺威起重设备（苏州）有限公司（简称诺威起重）

（1）科技成果与奖励。诺威起重被江苏省科技厅授予高新技术企业（证书号 GR202332012769，颁发时间 2023 年 12 月 13 日）。

（2）新产品研发情况。ECO 葫芦开发。随着工程的不断发展和进步，传统的 CD/MD 葫芦已经无法满足现代化工作的需要。为了提高工作效率和安全性，很多客户选择对设备进行改造升级，针对上述情况，诺威起重开发了 ECO 单梁标准净空电动葫芦。该新型葫芦采用先进的技术和材料，具有承载能力强、稳定性好的特点。它的设计与传统的 CD/MD 葫芦相似，无需改动就可直接替换老式设备，大大降低了客户设备改造升级的成本。该产品主要由运行驱动、起升驱动、起升机构、连接吊梁、运行机构、吊物装置、电控系统等组成，采用模块化设计，结构紧凑，自重轻，用以替代 CD/MD 葫芦；通用性广泛，工作级别最低 M4，级别较高，标配起升 4 级凸轮限位，安全可靠，防护等级 IP55，绝缘等级 F 级，防护性较高。

（3）质量及标准。公司通过 ISO 9001、ISO 14001、ISO 45001 体系认证，覆盖从顾客沟通、设计开发、采购、供应商管理、验证、生产、安装、交付和售后服务等产品实现过程的各环节。公司产品传承德国先进的产品设计理念，严格按照欧洲 FEM、EN 及德国 DIN 标准设计和制造，通过国际 CE 认证、防爆 ATEX 认证、3C 认证等。2023 年参与了团体标准《电动葫芦质量分级规范》的制定。

7. 河南省飞马起重机械有限公司

（1）重点项目。新型电动葫芦双梁桥式起重机研发项目。该电动葫芦双梁桥式起重机，通过固定块、导向筒、触点开关、连杆、凸型滑块、缓冲弹簧、导向杆、推板、触杆、毛刷和警报器的安装，使该起重机具备了方便清洁滑轨内的灰尘和杂物，且当灰尘和杂物多到一定量阻挡起重小车的移动时，报警提醒工作人员通过毛刷清理灰尘和杂质，达到了提高实用性的目的。

通过支撑杆、电动葫芦、圆筒、弹簧筒、连接杆、支撑弹簧、弹簧杆、配合板、传动轮和起吊绳的安装，使该起重机具备了方便检测起吊绳是否有较大磨损的效果；滑轮与起吊绳抵接，起吊绳在收放过程中存在磨损时，滑轮的位置将发生移动，使触杆与触点开关抵接，从而提醒工作人员更换起吊绳，提高了安全性能。

项目完成后产业化推广，预计可实现年产电动葫芦起重机 120 台，实现销售收入 2 500 万元。

（2）重大投资技改等情况。2023 年度投资 580 万元进行喷涂生产线环保设备升级改建。

8. 重庆维大力起重设备有限公司

（1）新产品研发情况。开发了重型铝合金手扳葫芦、360 轻型全钢结构手拉葫芦和 HD500 舞台应用型电动葫芦 3 款新产品。

公司在成功开发 HD1000 型环链电动葫芦的基础上，为适应不同吨位的起吊，又开发了 HD500、HD350、HD250 环链电动葫芦。该款 HD 型电动葫芦具有体积小、能耗低、重量轻等特点，适合在风电、舞台等场景作起吊运输。产品采用高强度铝合金作为箱体箱盖，同时采用优质合金钢斜齿传动，通过油池滑齿轮和限载保护装置相结合，使齿轮使用寿命更长，限载保护装置更加可靠。内置电动机于箱体内，减小电动葫芦的整体体积和降低整机重量，满足了该产品在不同场景中的应用。

（2）质量及标准。获得 ISO 9001—2015 质量管理体系、ISO 14001—2015 环境管理体系、ISO 45001—2018 职业健康安全管理体系认证证书。通过船级社质量体系管理审核。参与《输变电工程施工用环链紧线器》标准起草。

9. 维多利科技（江苏）有限公司

2023 年维多利科技（江苏）有限公司获得的主要奖励见表 10。

表 10　2023 年维多利科技（江苏）有限公司获得的主要奖励

项目名称	证书号	颁发机构	颁发时间
科技型中小企业	202332081208014549	江苏省科学技术厅	2023 年 04 月 03 日
高新技术企业	GR202232010999	江苏省科学技术厅	2022 年 12 月 12 日
淮安市市级企业技术中心		淮安市工业和信息化局	2023 年 07 月 13 日

10. 山东聊城科顺机械有限公司

山东聊城科顺机械有限公司被山东省科技厅评为山东省高新技术企业（证书号 GR202337002320，颁发时间 2023 年 11 月 29 日）。通过了 ISO 9001 质量认证。

11. 南京特种电机厂有限公司

南京特种电机厂有限公司被江苏省科学技术厅评为高新技术企业（证书号 GR202332001727，颁发时间 2023 年 11 月 6 日）。

（1）重点项目。

1）特种电动机减振工艺研发。传统特种电动机在快速转动时振动大、振幅过高会损坏电动机及系统，影响起重机使用寿命。现有减振措施（如伸缩弹簧）效果有限，减振方向单一。该项目采用多级减振技术，通过减振环、减振块和减振支撑杆进行多次缓冲减振，能够避免起重电动机高频振动对自身的损伤，该机构通过多次减振，能够有效降低振动频率，不仅能够保证起重电动机使用寿命和可靠性，还能够提高龙门起重机运输物品的稳定性。采用隔振与防滑设计，隔振顶板提升减振效果，防滑橡胶垫增强地面摩擦力，提升工作稳定性。主要技术指标振动值标准 <0.8 m/s²。

2）防止有害过热的高效能特种电动机研发。现有电动机在极端环境下防护能力不足，驱动轴支撑薄弱，易变形失效。因此，研发防止过热的高效能特种电动机，对提升高温运行稳定性至关重要。该项目采用散热与除湿技术，通过排风壳可以将电动机工作时产生的高温由排风系统进行排出，并且通过排风壳内的除湿盒，将电动机内的潮湿水气通过除湿盒内的除湿剂进行吸收，避免湿气对电动机内部零部件造成腐蚀，有效地提高电动机的除湿能力和工作稳定性。项目采用稳固支撑技术，通过支撑机构在固定架配合套座将轴环套设在驱动轴的外壁上，对驱动轴起到辅助支撑的作用，并在轴环的配合下保证驱动轴的运转稳定性，避免驱动轴在长时间使用中应力过大产生变形影响工作稳定性，有效地提高电动机的耐用性和稳定性。关键技术及指标：散热效率 >90%；控温精度 ±1℃。

3）耐高温特种电动机的研发。随着科技的发展，对电动机耐高温能力提出了更高的要求。要确保特种电动机在高温环境的有效可靠运行，就必须保证特种电动机具有足够的散热能力。目前现有的特种电动机散热形式主要是利用散热风机或风扇通过空气流动的风冷系统来冷却电动机，冷却效果较差。

该项目利用通风结构将电动机内壁的水汽及时干燥排出，实现对电动机内部的通风换气，还可以避免外界水分进入电动机内部。整个装置多处密封，能够提高电动机的密封性能，从而提高电动机的耐高温和耐高压性能。采用耐高温的玻璃纤维套管和高硅氧玻璃钢隔断电动机后腔与旋变本体，能够提高电动机在极端环境下的稳定性和可靠性，保护电动机内部的元器件不受损坏，确保电动机的正常运行。主要技术指标：环境温度在 −45～400℃；流阻≤0.3MPa，耐压≥10MPa。

4）降噪效果好的特种电动机的研发。现有特种电动机技术虽然通过在电动机壳体上安装高温棉和隔热安装板，达到加快电动机散热的效果，但是在实际使用过程中，由于电动机壳体为开放式且电动机驱动组件直接暴露在电动机壳体外，电动机工作时会产生较大的噪声。

该项目拟通过降噪微孔对声波进行反射、折射，从而降低声波的传播能量，达到降噪的效果。降噪孔为正六边形的蜂窝孔，可以延长声波在降噪孔内反射、折射的过程，从而提高声波传播的能耗，进一步提高降噪效果。该项目采用的导热硅胶片具有优异的散热、隔音和密封性能，能够显著提高电动机隔音降噪及散热性能；另外，导热硅胶片具有自粘性，方便贴合安装，提高安装效率。主要技术指标：振动噪声 <58dB。

5）隔爆型三相异步电动机的研发。现有三相异步电动机的外壳由于采用密封式的设计，使得电动机内外气体的流通效果差，当电动机长时间运行时，热量容易在内部积累，导致内部的温度容易过高，从而导致内部的压力会很大，这种设计会对电动机自身的隔爆效果造成一定的负面影响。此外，市场上的防爆的三相异步电动机在使用中一般采用电动机转动时产生的动能带动风扇对电动机进行降温散热，这部分动能只能提供于风扇散热，且散热效率较低，并且容易从散热孔洞中吹入部分粉尘或杂质，导致电动机内部结构损坏甚至引发粉尘爆炸。此外，现有的三相异步电动机在接线端密封性欠佳，并且内部不具备灭弧能力，在防爆能力方面有待提高。

该项目采用多个条形挡块的设计，增加电动机外壳的硬度，对电动机整体起到防护作用，同时通过条形挡块增加对导热块的保护，当电动机整体接触到外部的其他部件时，对导热块起到一个物理防护的作用，可以防止对导热块造成磕碰。通过启动小型电动推杆使固定板与活动板上的通风孔相交错，可以对防爆壳进行密封防护，当需要散热时，使固定板与活动板上的通风孔相重叠，通过起动风扇对三相异步电动机吹风进行散热，具备防护效果好的优点。主要技术指标：防爆标准 EXdI Mb；防护等级≥ IP54。

6）实心转子制动三相异步电动机的研发。在三相异步电动机工作时，电动机轴承发热，内部热量主要依靠后盖侧的风机散热，现有的电动机后盖多为扁平结构，空间利用率低，散热面积较小，影响三相异步电动机散热正常运转。此外，在三相电动机的应用中，通常会使用到三相异步电动机的正反转，三相异步电动机在调整正反转时，需要进行制动后再起动，现有的三相异步电动机大多通过转轴自然制动，需要时间长，起动间隙时间长。

该项目通过在固定环表面增设环形凸起和环形凹槽，增加与空气的接触面积，强化散热效果。内环与固定环、限位环的斜向连接设计，在保持连接强度的情况下减少内环厚度，进一步提高散热效率，有助于增强后盖的散热性能。通过两组对称的制动组可以对三相异步电动机正反转两个方向都进行制动；通过制动刹车板上与制动盘的弧面可以极大地增加制动时的摩擦，从而能够减短制动时间。主要技术指标：防护等级≥ IP54；绝缘等级≥ B 级。

（2）新产品研发情况。2023 年南京特种电机针对新型 NTD-JS 系列电动葫芦驱动机构结构、制造工艺和锥形转子三相异步防爆电动机的制造及工艺升级开展研究工作。

（3）质量及标准。2023 年 7 月 31 日企业通过了 ISO 9001 质量管理体系再认证。

（4）重大投资、技改等情况。2023 年南京特种电机投入近 4 000 万元进行“智转数改”，并通过了 2023 年南京市工业企业重大设备技改项目验收。

12. 辰力集团有限公司

（1）新产品研发情况。辰力集团有限公司开发了智能数显手扳葫芦、智能锂电手 / 电两用手拉葫芦、防爆电动葫芦、防爆手拉葫芦 4 种新产品。

（2）质量及标准。参与行业标准 JB/T 8521.1—2007《编织吊索　安全性　第 1 部分：一般用途合成纤维扁平吊装带》, JB/T 8521.2—2007《编织吊索　安全性　第 2 部分：一般用途合成纤维圆形吊装带》, JB 9010—1999《手动葫芦　安全规则》的修订工作。

参与了国家标准《起重用钢制短环链　中等精度吊链　4 级不锈钢》及团体标准《电动葫芦质量分级规范》的制定工作。

行业大事记

2023 年 1 月 3 日，中国重型机械工业协会发布《关于建设中国重型机械行业工匠工作室的通知》（重机协字〔2023〕1 号文），经会员单位自愿申报、形式审查、专家评审等程序，共评选出中国重型机械行业大工匠工作室 10 个、工匠工作室 21 个，并在中国重型机械工业协会第八届四次会员代表大会上举行了授牌仪式。起重葫芦分会 6 名工匠被批准创建中国重型机械行业工匠工作室。起重葫芦分会被批准创建的工匠工作室见表 11。

表 11　起重葫芦分会被批准创建的工匠工作室

工匠姓名	建设单位	授牌名称
吴庆富	河南卫华重型机械股份有限公司	吴庆富焊接工匠工作室
管建春	河南省矿山起重机有限公司	管建春焊接工匠工作室
邓伟林	浙江双鸟机械有限公司	邓伟林钳工工匠工作室
程洪金	凯澄起重机械有限公司	程洪金数控自动化加工工匠工作室
王雪东	纽科伦（新乡）起重机有限公司	王雪东焊接工匠工作室
陈占峰	新乡市起重设备厂有限责任公司	陈占峰焊接工匠工作室

2023 年 4 月 20 日，中国重型机械工业协会第八届四次会员代表大会暨理事会在北京召开。会上表彰了中国重型机械行业“2022 年度先进科技工作者”。河南省矿山起重机有限公司任海涛、北京起重运输机械设计研究院有限公司唐超、纽科伦（新乡）起重机有限公司金庆好被评为中国重型机械行业“2022 年度科技创新卓越人物”。河南省矿山起重机有限公司姬彪被评为中国重型机械行业“2022 年度科技创新杰出青年”。浙江双鸟机械有限公司李超勇、钱阳天，新乡市起重设备厂有限责任公司李翔，凯澄起重机械有限公司唐晓江，北京起重运输机械设计研究院有限公司王正勇被评为中国重型机械行业“2022 年度科技创新优秀标兵”。

2023 年 10 月 24—27 日，由中国重型机械工业协会、中国机械工业联合会、汉诺威米兰展览（上海）有限公司联合主办的 2023 中国（上海）国际重型机械装备展览会在上海新国际博览中心 N2 馆隆重举办。分会会员单位河南省矿山起重机有限公司、北京起重运输机械设计研究院有限公司、凯澄起重机械有限公司、纽科伦（新乡）起重机有限公司、八达机电股份有限公司、高博（天津）起重设备有限公司、浙江东海减速机有限公司、河南蒲瑞精密机械有限公司、上海宏欣电线电缆有限公司、浙江浩全电器科技有限公司等多家会员单位参展。

2023 年 12 月 6—8 日，中国重型机械工业协会起重葫芦分会（简称分会）第四届二次会员大会在江苏省南京市召开，出席会议的有 100 家会员单位的 154 名代表，中国重型机械工业协会副理事长兼秘书长王继生，南京市六合区委常委、副区长吕明亮，长垣经济技术开发区管理委员会主任李联合，南京市六合区智能制造（数控机床）产业园管委会主任、六合区雄州街道党工委书记邵正平，长垣经济技术开发区管理委员会副主任唐汉章，南京特种电机厂有限公司董事长崔红韦出席了会议。大会由分会理事单位南京特种电机厂有限公司承办。分会理事长王继生做了四届一次理事会工作报告；秘书长张敏做四届一次理事会财务报告。会议通过了浙江凯吨机械科技有限公司、苏州一桥传动设备有限公司、河南省东泰齿轮有限公司、曲阜金升电机有限公司、红与黑自动化（杭州）有限公司、河北帕萨克起重机械制造有限公司、苏州伟创电气科技股份有限公司、河南三智装备科技有限公司、泰力诺起重设备（天津）有限公司、浙江金轴机电科技有限公司、河南省牧凌机电设备有限公司、浙江恒邦电气科技有限公司、南京耀中电机有限公司、浙江卡巴尔电气有限公司、奥创动力传动（深圳）有限公司 15 家新会员单位的入会申请。

分会会员企业获得 2023 年度“机械工业科学技术奖”的 3 个项目分别是，北京起重运输机械设计研究院有限公司的“多场景高效协同物流输送系统关键技术研究与应用”项目获得机械工业科学技术奖一等奖，河南卫华重型机械股份有限公司的“面向水电等多应用场景的超高扬程多功能起重装备及 AICrane DT 数字平台”项目获得机械工业科学技术奖二等奖，北京起重运输机械设计研究院有限公司的“面向固废协同处置的多功能组合机群上料系统关键技术装备与工程应用”项目获得机械工业科学技术奖三等奖。

〔撰稿人：中国重型机械工业协会起重葫芦分会张敏〕

桥式、门式起重机

生产发展现状 2023 年是全面贯彻落实党的二十大精神的开局之年，是三年新冠疫情防控转段后经济恢复发展的一年。国家在 2023 年的宏观政策调控力度显著增强，有效改善了发展环境、增强了市场信心、进一步释放了市场潜力，对推动经济运行持续回升向好发挥积极的带动作用。

随着“十四五”规划中的重大项目、重点工程等开工建设，基础设施建设提速，传统产业高端化、智能化、绿色化转型提速，需求市场加快恢复。但受“后疫情”时期经济波动的影响，企业依然面临内生动力还不强、需求不振、下游需求放缓、项目延期、投资热情减退、行业“内卷”加剧、优势领域产能受限等多重问题。

市场与销售

1. 总体情况

2023 年，起重机行业市场持续低迷，总体需求下滑，市场竞争愈发激烈。为了谋求生存，企业间不断开展价格战、低价战。小部分企业因资金链断裂，面临倒闭。

部分行业龙头企业面对复杂的外部经济环境，充分发挥行业覆盖面广的优势，主攻行业头部客户群，深度挖掘客户需求，抓住周期向上的行业和企业，与优质客户共同成长，实现了经营业绩的持续稳健增长。

2023 年桥式起重机专业委员会（简称桥机专委会）会员企业经营形势整体保持平稳，起重机销售产值略有增加，但是由于行业内“内卷”严重，大部分企业通过降低价格获取市场份额，导致利润率有较大幅度下降。

2023 年桥机专委会归口管理的桥式、门式起重机销售走势与整个物料搬运设备行业基本相同。2019—2023 年桥式、门式起重机的产量和产值见表 1。

表 1　2019—2023 年桥式、门式起重机的产量和产值

指标名称	2019 年	2020 年	2021 年	2022 年	2023 年
销售量 / 万台	9.80	10.78	11.69	9.98	11.80
销售产值 / 亿元	432	460	472	396	453

2. 起重机进出口

2023 年，桥机专委会会员企业聚焦市场国际化战略，持续进行国际化布局，密切关注海外市场的发展机会，不断强化海外业务实施能力，同时加大风险管控力度，平衡风险与收益，部分企业海外业务较疫情前大规模恢复。根据海关统计数据，2023 年桥式起重机进口额较 2022 年略有下降，出口额同比增长较大。2022—2023 年桥式起重机进出口额如图 1 所示。2023 年门式起重机进出口额均比 2022 年略有增加。2022—2023 年门式起重机进出口额如图 2 所示。

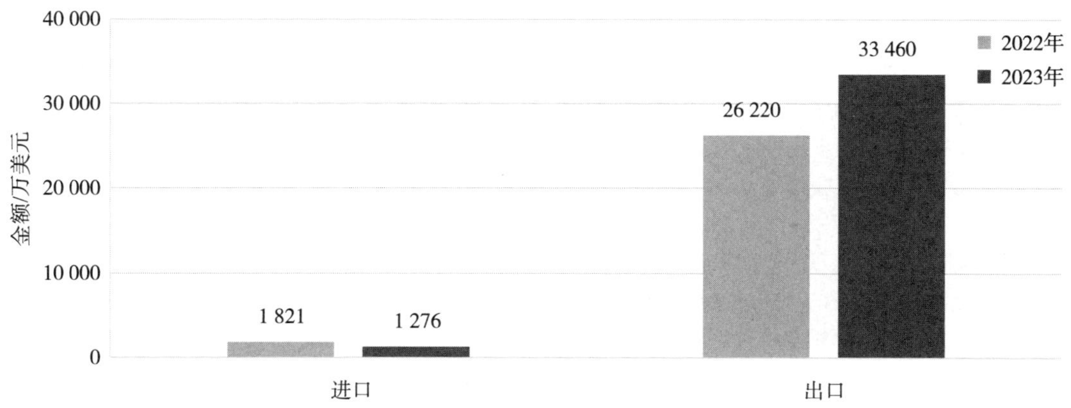

图 1　2022—2023 年桥式起重机进出口额

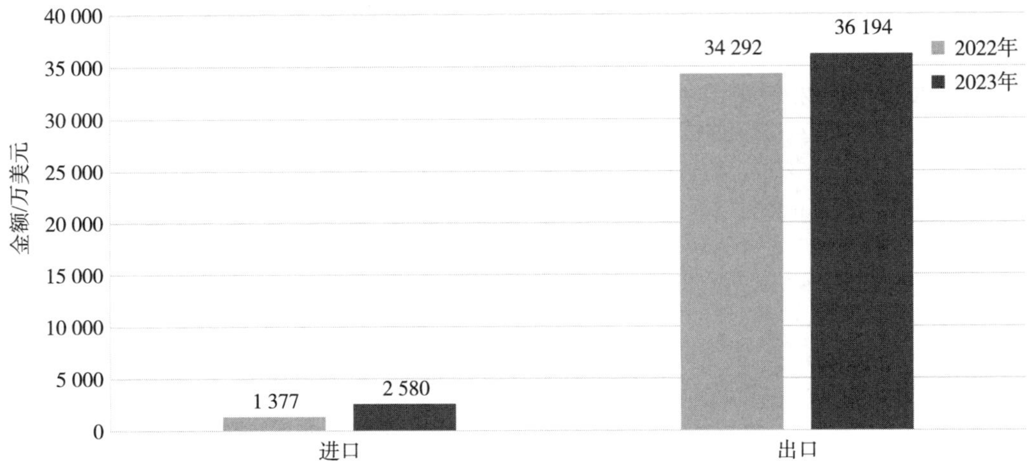

图 2　2022—2023 年门式起重机进出口额

3. 桥机专委会会员企业情况

2023 年，随着行业不断细分和迭代，新产业新经济不断出现，对生产环境和生产效率的要求不断提高，催生出不断迭代的起重机。部分会员企业抓住机遇、稳扎市场，紧密贴合客户需求，在产品研发、设计等方面进一步加大投入力度，营业收入较 2022 年稳中有升；但也有部分企业受后疫情时代的影响、错失市场机遇，造成营业收入下滑。桥式、门式起重机产值排名前 13 位的企业起重机产品销售总值约占整个国内市场 68.53%。2023 年 13 家桥机专委会会员企业起重机销售产值见表 2。

表 2　2023 年 13 家桥机专委会会员企业起重机销售产值

序号	企业名称	销售产值 / 亿元	序号	企业名称	销售产值 / 亿元
1	卫华集团有限公司	191.12	8	大连华锐重工集团股份有限公司	12.89
2	河南省矿山起重机有限公司	101.86	9	科尼起重机设备（上海）有限公司	8.97
3	河南省大方重型机器有限公司	24.93	10	江西起重机械总厂	4.91
4	河南豫飞重工集团有限公司	23.23	11	奥力通起重机（北京）有限公司	4.18
5	法兰泰克重工股份有限公司	17.78	12	山起重型机械股份公司	3.89
6	太原重工股份有限公司（起重机分公司）	14.60	13	广州起重机械有限公司	3.31
7	株洲天桥起重机股份有限公司	13.51			

新产品和科技成果　2023 年桥式、门式起重机行业获奖科研项目见表 3。

表 3　2023 年桥式、门式起重机行业获奖科研项目

项目名称	获奖类别	获奖等级	主要完成单位
铸造起重机全生命周期关键技术和标准研究与应用	机械工业科学技术奖	二等奖	太原重工股份有限公司等
GB/T 28264—2017《起重机械 安全监控管理系统》	机械工业科学技术奖	三等奖	北京起重运输机械设计研究院有限公司

2023 年桥机专委会会员企业在核心技术的自主研发中不断取得突破，研发的成果正逐步投入使用。

1. 大连华锐重工起重机有限公司

辽宁省科技厅“揭榜挂帅”科技攻关计划项目——电炉加料智能起重输送系统。该项目针对我国各大钢铁企业电炉炼钢的智能化需求，研发的电炉加料智能起重输送系统、废钢库智能管控系统与废钢料堆视觉感知系统等关键技术，对提升我国钢铁行业智能制造水平、打破国外垄断、提高国际竞争力具有重要意义。

大连市科技局重点研发计划项目——特大型铸造起重机智能化关键技术研究与测试项目。该项目依托公司在起重机智能技术的多年积累，突破自主决策、自动感知、自主执行等关键技术，掌握了具有完全自主知识产权的特大型智能铸造起重机（300t 以上）的设计制造技术。

主要技术创新项目：

（1）缓冷场智能起重输送系统关键技术研究，完成渣包缓冷全流程智能化作业解决方案开发。该领域智能设备研发在国内外均处于起步阶段，目前尚无全流程智能化作业的成熟产品。该项目成果成为全球首套全流程解决方案，填补了国内外空白，成为有色冶金行业再造示范项目。

（2）大吨位铸造起重机技术提升。通过开展 400 吨

级大型铸造起重机技术提升研究，从核心部件优化等6方面，形成13项提升措施，有效提升了产品竞争力。凭借此项研究成果，2023年累计中标400t以上铸造起重机10台，产品近3年国内市场占有率在60%以上。

（3）全流程数字化设计平台开发。以主导产品铸造起重机为对象，充分利用数字化手段，以产品系列化、标准化为基础，搭建起重机数字化样机库，建成集快速报价、自动计算、参数化设计于一体的全流程数字化设计平台，实现设计工作全部在线上开展，使复杂的设计过程标准化、程序化。目前已实现起升机构、运行机构、核心部件、主结构、附属结构的三维参数化设计，累计参数化出图达1万张，设计效率提高60%。

其他创新成果。2023年共申报专利18项，其中发明专利16项。培育建立了大连市工业设计中心、大连市创新型中小企业创新平台等。大型铸造起重机入选首批“大连好产品”名单。

2. 山起重型机械股份公司

（1）新产品的研发。

1）起重机械可视化智能防摆技术及成套装备的研发。该项目的实施，可显著提高传统起重机械的网络化和智能化水平，通过对用户采用模糊规则，提高产品的现场适应性；在设备使用中采用了基于物联网的实时数据传输技术，实现了大数据化设备制造和运行监管及故障处理，可促进和加快我国起重机械行业生产过程中的自动化进程，降低工人劳动强度。该项目已被列入山东省工业和信息化厅2023年省企业技术创新项目计划（计划编号：202350700294）。

2）MGE150+50t×60mH35m门式起重机。近年来，一些大型装备制造企业在制造海上作业平台、大型压力容器、风力发电设备等领域，对露天作业的门式起重机的起重量、跨度、起升高度要求越来越高。因此，山起重型机械股份公司开发出起重量150t、跨度60m、起升高度35m的超大型门式起重机，以满足用户需要。该产品的主要创新点有：小车采用轻量化设计、运行采用6轮均衡轮压设计、柔性支腿与主梁采用柱铰连接；大车运行机构采用速度检测与视觉自动分析双冗余自动纠偏。

3）三合一减速机双制动装置。由于三合一减速机的制动器安装在电动机的尾部，只能采用电磁摩擦片式制动器，可靠性比轮式、盘式制动器低一些，不适合那些对运行机构可靠性要求较高的起重机。为提高三合一减速机的制动安全性及可靠性，山起重型机械股份有限公司研发出一种三合一减速机双制动装置。

4）起重机多功能小车试验装置。用户对起重机的整机性能、控制方式、自动化程度等要求越来越高，特别是一些智能化起重机，对小车架的刚度、卷筒的刚度、小车运行机构的定位精度都有严格要求。起重机多功能小车试验装置研发的目的是，通过试验，检验起重机小车起升及运行机构的性能是否达到设计要求，总结产品在设计、制造过程中存在的问题，并分析出现问题的原因，制定改进意见。

5）起重机小车锚定装置。根据GB 6067.1—2010《起重机械安全规程　第1部分：总则》标准规定，室外工作的轨道式起重机应装设可靠的抗风防滑装置，并应满足规定的工作状态和非工作状态抗风防滑要求。目前国内室外起重机为满足非工作状态的抗风防滑装备要求，在起重机运行机构设置了锚定装置，但在小车上大都没有设置，存在一定的安全隐患，针对上述情况研发的一种小车锚定装置，可实现自动化控制，以提高室外工作的轨道式起重机的整机安全性。

（2）专利情况。2023年公司获授权专利6项，其中发明专利3项；申请专利6项，其中发明专利2项。

（3）参与国家及行业标准制修订。作为主要起草单位，参加团体标准T/SASE 010—2023《无人值守起重机智能控制系统检验要求》和地方标准DB 37/T 4451.8—2023《特种设备突发事件应急处置技术指南　第8部分：起重机械》的制定工作。

3. 卫华集团有限公司（简称卫华集团）

2023年，在外部环境复杂严峻，国内市场信心未能全面修复的情况下，卫华集团顶住压力，通过开发新产品、拓展产品应用范围，加强市场营销等措施，产值、利润同比均实现增长。

（1）主要产品出口情况。卫华集团始终重视国际市场的开拓，将国际贸易作为公司“十四五”战略规划的重心，目前已在全球拥有100余家营销代理、120余个售后服务团队、5个总装基地、60多座配件库。2023年，卫华集团迎来海外订单“暴涨潮”，出口销售额同比增长240%。年内签约德国某公司桥式起重机、沙特阿美新中式双梁起重机、法国和乌克兰米塔尔冶金起重机、塞内加尔钢厂桥式起重机等多个千万级（美金）项目，中交马来东海岸项目、马来西亚碧桂园森林城市项目、哈萨克斯坦米塔尔项目、巴基斯坦某钢厂等多个海外重大项目成功交付。卫华集团产品已远销俄罗斯、泰国、马来西亚和澳大利亚等170多个国家和地区。

（2）承担或参与国家重点项目情况。卫华集团先后承担国家“863”计划1项、火炬计划2项、国家科技支撑计划4项，将企业技术优势与国家战略需求很好地融合。主导产品起重机械广泛服务于央企、国企等4 000余家大型企业及奥运会工程、西气东输、南水北调、杭州湾跨海大桥、新一代核电站等国家重点工程；卫华集团长期服务于国家航空航天工程，是国内四大卫星发射基地起重装备承制单位，助力神舟系列飞船、长征系列火箭、天宫系列探测器成功飞天。

（3）主要科技成果与获奖情况。卫华集团始终高度重视技术创新，聚集了以李培根、张铁岗、马玉山3名院士为带头人的1 200余人的科研团队，建设有国家地方联合工程研究中心、国家工业设计中心等5个国家级、28个省级研发平台。目前拥有授权专利1 564项，形成政府鉴定科技成果138项，获省部级科技进步奖项141项，创世界纪录 1 项。卫华集团主导或参与制修订国家、行业、团体标准共 163 项，包括 GB/T 14405—2011《通用桥式起重机》、GB/T 14406—2011《通用门式起重机》、GB 6067.1—2010《起重机械安全规程　第 1 部分：总则》等。

4. 河南省矿山起重机有限公司（简称河南矿山）

2023 年是河南矿山从强到精转型升级巩固之年。公司经营持续稳健发展，主要指标增幅较大，公司规模、智能装备、创新产品、国际市场等都有较快发展，继续保持了无贷款、无融资、无拖欠的健康发展态势。

主要产品技术创新不断取得新的突破，产品种类进一步扩大。电解锌起重机、吸料起重机、汽车铸模专用起重机、350t 核电起重机、360t 四梁冶金铸造起重机、500t 造船门式起重机、500t 新型双梁起重机、600t 抽水蓄能起重机、800t 双主梁龙门起重机等一大批产品进入国内核电、风电、光伏、航天、水利、港口等重点行业领域，成功助力张靖皋长江大桥、中国核电、中国航天等国家重点项目建设。公司产品总体市场占有率稳步提升。

获得国家专利及科技成果近百项。荣获中国标准创新贡献奖、河南省国防科技进步奖等多项荣誉。此外，还与高等院校紧密合作，成功申报河南省联合研发基金重大项目，通过了中原学者工作站项目验收。

加快产业链培育。以齿传生态产业链示范园建设为重点，加快基建、设备购进、安装调试，目前锻造锻打生产线投入试产；电缆线、拖链、鼓形齿等生产线陆续投产，采用南京高速齿轮制造有限公司（简称南高齿）技术的通用减速机也实现批量生产，原材料、配套件等实现集中采购，加之公司无贷款、无融资、无拖欠的资金优势，有效地控制了采购成本。目前，河南矿山具有比较完整的炼钢、锻打、铸造、各种机械类及零部件智能精加工、机器人焊接、自动化制造工艺、电机、电器集成、电缆、吊具等产业链优势，为实现产品的高质低价奠定坚实基础。

5. 河南省大方重型机器有限公司

2023 年，在起重机行业市场持续低迷、总体需求下滑、市场竞争愈发激烈的情况下，全体大方人共同努力，订单、营业收入、利税等各项经营指标实现逆势增长、再创新高。

不断提高企业核心技术和自主创新能力。2023 年共取得型式试验 19 项，研发生产能力进一步提升，涵盖 QDXN320t 新型行星驱动起重机、MG400t 双主梁门式起重机、QCL75t 电磁挂梁桥式起重机、MCL75t 电磁挂梁门式起重机、MEX150t 欧式双小车门式起重机等一批新式智能起重机。

自主研发的 QDXN 新式行星驱动起重机拥有集成化、模块化、网络化、智能化、安全化以及覆盖范围广等优势，全方位服务客户。

自主研发的基于三合一驱动的新式卷扬起重机，整机防护等级高，耐侵蚀，小车结构紧凑、重量轻、作业范围广，整机使用频率快、利用等级高等特点被客户高度认可。

2023 年 3 月，工业和信息化部发布 2022 年度绿色制造名单，河南省大方重型机器有限公司被正式认定为国家“绿色工厂”，标志着公司迈入绿色、高效、可持续发展的“快车道”。

6. 北京起重运输机械设计研究院有限公司

2023 年是“十四五”规划实施的攻坚之年，北起院围绕“十四五”科技发展规划提出的总体目标和重点任务，积极组织申报上级科研项目、科技奖励，组织行业专家开展技术交流，组织成果评价和鉴定工作等，鼓励和促进科研开发与科技成果转化工作，进一步推动公司科技进步。2021—2025 年北起院科技发展规划量化指标见表 4。

表 4　2021—2025 年北起院科技发展规划量化指标

序号	目标或指标名称	截至 2023 年完成数量 / 项
1	各领域新技术、新产品研发并应用	10
2	累计申请发明专利	35
3	累计获授权专利	78
4	累计获省部级以上各类成果奖	19
5	牵头及参与制修订的国家或行业标准累计数量	76
6	累计发表科技论文	149（篇）

北起院强化驱动创新，多措并举全方位营造创新氛围，增强科技创新驱动力。

成功举办北起院“首届”创新创意大赛。共有 32 项作品入围比赛，经各业务板块初评、北起院技术委员会全体委员决赛终评，最终推选出 6 项优秀作品入围总决赛。

组织申报新兴装备研发课题，推进集成创新和联合攻关，鼓励先进技术引进消化吸收再创造。2023 年，组织申报并获批立项国机集团青年基金项目“多功能重载搬运机器人”“吨袋全自动储运系统”，联合北京科技大学、北京工业大学等高校和鞍钢集团工程技术有限公司、恩倍力（昆山）机械有限公司、福建省龙氟新材料有限公司等行业上下游企业组成创新联合体协同攻关，以车间、货场多种物品的高效储运为研究对象，研究复杂工艺场景的物料储运智能解决方案，通过深度融合 4D 成像空间精确定位、视觉识别等技术在起重机械的创新应用，研发了多功能重载搬运机器人系列产品、吨袋搬运机器人及全自动储运系统，助力传统产业优化升级，促进北起院开辟新业务新领域。

质量与标准 2023 年批准发布的与桥机专委会会员企业相关的部分标准见表 5。

表 5 与桥机专委会会员企业相关的部分标准

序号	标准编号	标准名称	发布日期	实施日期
1	GB/T 783—2023	起重机械 基本参数系列	2023-11-27	2024-06-01
2	GB/T 5905.1—2023	起重机 检验与试验规范 第 1 部分：通则	2023-08-06	2023-08-06
3	GB/T 5972—2023	钢丝绳 保养、维护、检验和报废	2023-05-23	2023-12-01
4	GB/T 6974.5—2023	起重机 术语 第 5 部分：桥式和门式起重机	2023-12-28	2024-07-01
5	GB/T 17909.1—2023	起重机 操作手册 第 1 部分：通则	2023-09-07	2024-04-01
6	GB/T 17909.4—2023	起重机 操作手册 第 4 部分：臂架起重机	2023-05-23	2023-12-01
7	GB/T 18453.4—2023	起重机 维护手册 第 4 部分：臂架起重机	2023-05-23	2023-12-01
8	GB/T 20776—2023	起重机械分类	2023-12-28	2024-07-01
9	GB/T 22437.2—2023	起重机 载荷与载荷组合的设计原则 第 2 部分：流动式起重机	2023-12-28	2024-07-01
10	GB/T 24814—2023	起重用钢制短环链 中等精度吊链 4 级不锈钢	2023-09-07	2024-04-01
11	T/CMIF 234—2023	电动葫芦质量分级规范	2023-12-28	2024-02-01

行业发展应重点关注的问题

1. 海外项目执行风险

桥机专委会会员企业在执行海外订单的标准、技术、合同要求与国内业务存在差异，项目后续的交付实施存在不确定性，同时账款回收以及汇率波动对经营业绩也带来一定风险。企业应逐步建立健全外贸管理体系，研究吃透国际市场通用标准及技术体系，密切关注海外市场的发展机会，同时加大风险管控力度，平衡风险与收益；密切关注国际市场汇率政策，选择合适的汇率管理工具对外汇风险进行主动管理，防范化解汇率波动对企业产生的影响。

2. 应收账款持续增长

回款周期长主要是由于客户资金周转不灵、信用状况不佳、支付方式不支持等原因导致。这不仅增加了企业的资金压力，还可能对企业的生产、运营和经营造成严重影响。部分大企业拖欠款项的问题则更为复杂，例如某些大企业利用优势地位提出不合理的付款条件，或者是因商业纠纷导致的延迟付款。这种拖欠行为可能导致企业资金流转困难，甚至影响企业的正常运营。因部分买方无能力执行合同导致已完成制作的产品滞留车间、货场，影响企业后续生产能力。企业应对应收账款足额计提坏账准备，强化应收账款管理，加大应收账款的催收力度，运用多重手段化解应收账款风险，以避免对经营和财务造成不利影响。

3. 应对招工难问题

部分会员企业因所属地机械制造行业较少（上规模的机械制造行业只有几家），当地居民（尤其是年轻人）大多外出务工，导致当地一线生产经营人才流失，一线生产经营人才招工难、转化率低，以及人员老龄化等问题。为满足生产需要，电焊工多为外地引进，用工成本大幅增加。企业应联合当地政府，积极妥善解决用工难的问题。

4. 聚焦智能物料搬运

会员企业应充分发挥下游行业覆盖面广阔、聚焦各个下游行业头部客户群的优势，深度挖掘下游行业自动化、智能化升级的需求，持续进行研发创新，不断丰富空中搬运机器人产品，实现先进制造业与现代服务业的深度融合，为客户提供定制化、高质量的重载搬运系统解决方案。

5. 原材料价格波动风险

企业生产所需的主要原材料为钢材及其他零部件，如果原材料价格发生大幅波动或出现原材料供应短缺等情形，可能影响生产成本，进而影响盈利水平。企业应密切关注主要原材料波动情况，预判价格波动趋势，制定合理高效的采购方案；整合供应链，坚持发展和培育长期战略供应商，打造稳定、可靠、成本可控的供应链体系；依托于“先订单、后生产”的销售模式，及时向下游传导原材料的成本压力。

〔撰稿人：中国重型机械工业协会桥式起重机专业委员会夏雯 审稿人：中国重型机械工业协会景晓波〕

带式输送机

行业现状 带式输送机是现代化的输送设备，具有高效、节能、环保的特性。带式输送机产品广泛应用于能源开发、港口货物搬运、航空航天、生产制造、装配流水线、海洋资源开发与开采，以及城市建设等行业。近年来，随着人工智能、5G、大数据和区块链等新技术的应用，在高速、大运量、精确、节能、低碳、降耗、安全等要求的影响下，以及“十四五”规划和“双循环”等国家战略的引领下，带式输送机行业被注入了新的活力与发展动力，取得了长足的进步。

在国际市场方面，“一带一路”倡议带动了沿线国家的投资与经济建设，2023年中国企业在“一带一路”沿线国家非金融类直接投资较2022年增长7.7%；占同期投资总额的17.9%，与2022年同期持平。带式输送机的生产企业与中国中钢集团有限公司、中材国际工程股份有限公司和中国有色矿业集团有限公司等企业组成联合实体，共同提供整体的工程方案，带动中国企业走出国门，增加了货物的贸易量，扩大了带式输送机产品的需求量，也对应用于港口、铁路、公路的带式输送机产品提出了高速化、智能化、高效化的更高要求。在“十四五”规划中，我国在2021—2025年计划对外投资总额约为5 500亿美元，其中采矿业与制造业约占20.2%，这势必会给带式输送机行业带来难得的发展机遇。

带式输送机技术向着智能化、绿色化、标准化等方向快速发展。降低能量消耗以节约能源，减少各种输送机在作业时所产生的粉尘、噪声和废气排放，发展能在高温、低温条件下，以及在具有腐蚀性、放射性、易燃性物质的环境中工作的，能输送炽热、易爆、易结团、黏性的物料输送机，可扩大输送机的使用范围。根据市场需求，输送机的集群（单机）满足物料搬运系统自动化、智能化控制的要求；整体装配制造业亦逐步朝着制造数字化、制造与装备智能化、人工智能等方向发展；商业模式向平台化发展，价值共创、开放共生。企业由制造型向服务型转变，通过技术创新加速“两个根本性”转变，做强、做优，加快转型升级，实现高质量发展成为企业发展的主旋律。

企业日渐重视校企联合，推进产学研用技术创新平台建设，增强行业科研机构基础研发能力，行业综合效益得到明显提高。行业企业通过进行重点科研项目立项，加强行业共性技术研究，在主要领域开发了一批自主可控的关键新技术，为技术和装备提供支撑。结合国家重点工程和市场需求，开发重大装备系统整体解决方案，提升传统服务技术和装备，加速高端装备、智能化重型机械装备关键技术突破，部分产品技术达到世界先进水平。

行业经济运行情况 2023年我国机械工业增加值同比增长8.7%，实现营业收入29.8万亿元，同比增长6.8%；实现利润总额近1.8万亿元，同比增长4.1%。根据带式输送机行业骨干企业的统计数据，2023年带式输送机行业全部产品工业总产值为151亿元，整体运行情况好于往年，主要是因为重点企业的拉动作用，特别是几家龙头企业如力博重工科技股份有限公司、焦作科瑞森重装股份有限公司、上海科大重工有限公司、四川省自贡运输机械集团股份有限公司、福建龙净环保股份有限公司、衡阳运输机械有限公司、山东矿机集团股份有限公司，都保持在10亿元以上的产值。

2023年行业骨干企业带式输送机产品生产情况见表1。

表1 2023年行业骨干企业带式输送机产品生产情况

序号	企业名称	产值/万元	利润/万元	出口产值/万元	产量	
					按吨计/t	按米计/m
1	力博重工科技股份有限公司	153 327	7 040	11 750	63 594	—
2	焦作科瑞森重装股份有限公司	147 796	15 033	19 685	83 419	183 523
3	上海科大重工有限公司	140 929	3 862	18 508	52 182	153 000
4	四川省自贡运输机械集团股份有限公司	125 402	12 756	14 162	43 950	59 915
5	福建龙净环保股份有限公司	119 109	14 600	800	—	76 286
6	衡阳运输机械有限公司	112 500	4 780	3 210	80 225	296 080
7	山东矿机集团股份有限公司	100 000	3 600	—	42 500	50 000
8	宁夏天地西北煤机有限公司	74 569	—	0	31 487	96 143
9	日照港机工程有限公司	71 636	—	3 139	59 697	—
10	安徽攀登重工股份有限公司	69 262	4 712	161	37 665	154 947
11	山东山矿机械有限公司	55 128	1 095	16 076	—	68 268
12	北方重工集团有限公司	57 236	1 350	—	50 102	54 864
13	江苏环宇起重运输机械有限责任公司	52 286	1 830	—	—	—
14	天津成科传动机电技术股份有限公司	32 000	2 650	0	—	—
15	四川东林重工科技股份有限公司	31 773	1 224	0	25 527	—
16	原平市兴胜机械制造有限公司	31 573	3 815	—	—	—

（续）

序号	企业名称	产值 / 万元	利润 / 万元	出口产值 / 万元	产量	
					按吨计 /t	按米计 /m
17	中平能化集团机械制造有限公司	28 390	2 510	0	9 552	—
18	山西东昌实业有限公司	23 341	3 132	0	—	—
19	河南中业重工机械有限公司	19 023	4 087	—	10 339	—
20	焦作鑫恒重工机械有限公司	19 000	2 980	—	15 000	—
21	宝鸡杭叉工程机械有限责任公司	16 870	950	—	12 650	55 620
22	吉林省佳信通用机械集团股份有限公司	14 313	451	—	10 873	16 530

科技成果与新产品　各会员单位加大科技创新投入，提升产品研发的技术水平和生产制造能力，在诸多项目中取得突破。

四川省自贡运输机械集团股份有限公司的“金沙江下游翻坝转运工艺关键技术研究”项目获得四川省航海学会科学技术奖二等奖，“自然导向U型深槽角曲线带式输送机系列开发”项目获得自贡市科学技术进步奖二等奖，“超长越野带式输送系统节能环保关键技术及应用”项目获得自贡市第十一届职工技术创新改进成果奖一等奖。

衡阳运输机械有限公司为陕煤集团神木红柳林井下西一盘区研制的煤大巷带式输送机，并建成“智能协同、绿色立体生态、井下空气质量革命”三示范矿井。该项目设计运量为 4 500t/h，带速达到 5.6m/s，是目前我国井下输送机带速最高、运量最大的输送线。为浙能绍兴滨海热电厂研制的波状挡边大倾角输送机是国内最大带宽、最大运量的波状挡边大倾角输送机，刷新了目前国内波状挡边大倾角输送机工程中带宽、运量、倾角综合参数的新纪录。

焦作科瑞森重装股份有限公司有两项技术通过国际先进水平成果鉴定，大跨度柔性缆索带式输送机项目、无轨摆动可伸缩高效装船机研发与应用项目荣获河南省机械工业科学技术奖一等奖；自主研发的变管径 76.5° 大倾角圆管带式输送机荣获中国重型机械工业协会颁发的“重型机械世界之最”证书。

力博重工科技股份有限公司完成了“中央引导地方科技发展资金项目——复杂地形下长距离大运力带式输送系统关键技术成果转化及产业化”项目的综合绩效评价和验收工作，验收结论为优秀。完成了“山东省自然科学基金重点项目”的结题工作，并且国家重点研发计划“战略性矿产资源开发利用”重点专项成功立项。

山东山矿机械有限公司全力全速推进山矿智能矿山机械产业园新厂区建设，该项目现已完成联合厂房一、联合厂房二和办公楼的主体建设。“控制地表沉陷的离层注浆充填系统”被山东省工业和信息化厅认定为首台（套）技术装备，“带自除尘卸料系统的环保型带式输送机”被授予山东省机械工业科学技术奖二等奖。

宁夏天地西北煤机有限公司应用于宁夏煤业清水营煤矿的煤矿智能拱形升降连续输送系统，解决了软岩巷道反底拱综合治理推进难题，达到不停机连续输送目的，提高了掘进运输效率，降低了人员劳动强度。研发的高效拆装式无基础可伸缩带式输送机，整机无基础安装，机身可自动快速伸缩 50m，可减少停机次数、缩短停采线功能，有效提高采掘效率，降低采掘运输成本。

宝鸡杭叉工程机械有限责任公司应用于陕西能源冯家塔煤矿的永磁直驱大规格主斜井提升带式输送机，将大功率永磁同步多机直驱技术和 PLC 自动控制技术有效结合，在保证整机运行性能参数的情况下，采用变频调速驱动，结合智能化 PLC 自动控制、自动检测技术，提高整机智能自动化控制水平。

湖州电动滚筒有限公司有 4 个新产品（新技术）通过省级新产品新技术鉴定验收，其中滚筒专用右法兰轴同心度检测技术、新能源锂电池行业专用消防翻转带式输送机技术被鉴定为国内领先，交流伺服电动滚筒、新能源锂电池行业专用横移机带式输送机被鉴定为国内先进。

广东中兴液力传动有限公司完成了环保设备设施改造、铸铁和铸铝技术改造等工艺改革，达到了提升效率与降低成本的目的，保证了企业清洁生产和节能减排。开展 R17.2E 液力调速传动装置国产化、YOX V G 系列高转速限矩型液力偶合器、核电用限矩型液力偶合器现场技术检测等 10 个项目及新产品开发与应用。

上海科大重工集团有限公司成功申报“运程最长的双向越野带式输送机单机长度 10.08km”，“直径最大的带式输送机滚筒——滚筒直径 2 500mm”两项大世界基尼斯之最。研制生产的“立式储带仓深井提升带式输送机系统”产品，技术达到国际先进水平，同时被安徽省经济和信息化厅评为首台（套）重大技术装备。

产品出口情况　随着带式输送机技术飞速发展，设计制造能力、产品性能和产品质量得到了国际市场的认可。带速 6m/s、带宽 2 000mm、输送能力 13 000t/h 等特大型输送机工程的实施已达国外先进水平。同时，我国还有生产成本低的优势，除满足国内项目建设的需求外，已经开始批量出口。近年来我国带式输送机出口数量及金额呈增长趋势，企业应不断提高自身实力，集体走出去，势必会给带式输送机行业带来更大的发展机遇。

〔撰稿人：中国重型机械工业协会带式输送机分会杨俊　审稿人：中国重型机械工业协会王继生〕

散料装卸机械

散料装卸机械是用于煤炭、矿石、水泥等大宗散状固体原料、燃料和材料转运、储运、存放、混匀、取样的重大关键设备，主要包括各式堆取料机、装船机、卸船机，以及翻车机卸车系统，广泛应用于交通、冶金、电力、建材、化工、水利等国民经济重要基础工业行业。散料装卸机械产品分类及主要生产企业见表 1。

表 1　散料装卸机械产品分类及主要生产企业

产品分类	主要生产企业名称
门式、混匀式、圆形料场、侧式刮板（刮斗）、桥式刮板式堆取料机	大连华锐重工集团股份有限公司、华电重工股份有限公司、北方重工集团有限公司、哈尔滨重型机器有限责任公司、中国电建集团长春发电设备有限公司、湖南长重机器股份有限公司、上海电力环保设备总厂有限公司、大连通达矿冶机械有限公司、南通奥普机械工程有限公司
斗轮堆取料机、斗轮取料机、堆料机	大连华锐重工集团股份有限公司、哈尔滨重型机器有限责任公司、中国电建集团长春发电设备有限公司、湖南长重机器股份有限公司、华电重工股份有限公司、上海电力环保设备总厂有限公司、北方重工集团有限公司、上海振华重工集团股份有限公司、大连通达矿冶机械有限公司、大连天重散装机械设备有限公司
翻车机	大连华锐重工集团股份有限公司、中国电建集团武汉重工装备有限公司、华电重工股份有限公司、大连通达矿冶机械有限公司、上海振华重工集团股份有限公司、大连天重散装机械设备有限公司
装船机、卸船机	上海振华重工集团股份有限公司、大连华锐重工集团股份有限公司、华电重工股份有限公司、中国电建集团武汉重工装备有限公司、杭州华新机电工程有限公司、江苏工力重机有限公司

生产发展情况　随着全球经济和贸易的增长，特别是我国对外贸易的持续扩大，港口货物吞吐量和集装箱吞吐量显著提升。根据交通运输部数据，2023 年，我国港口货物吞吐量和集装箱吞吐量分别为 169.73 亿 t、3.1 亿标准箱（TEU）。这种增长直接推动了散料装卸机械的需求，特别是在港口和物流中心等领域。散料装卸机械不仅应用于港口和物流，还广泛应用于制造业、建筑业等多个行业。这些行业的快速发展，对散料装卸机械的需求也在不断增加。

随着物联网、大数据、人工智能等新技术的应用，散料装卸机械正朝着更加自动化、智能化的方向发展。例如，自动化引导车辆（AGV）和智能仓储系统等的应用，大大提高了装卸效率和准确性。企业不断加大研发投入，推动散料装卸机械的技术创新。例如，采用更先进的材料、更优化的设计，以及更高效的制造工艺，以提高产品的性能和质量。在市场需求和技术进步的推动下，散料装卸机械的生产量在 2023 年实现了增长。

2023 年行业 8 家主要企业完成工业总产值约 570.47 亿元，同比增长 7.8%；实现营业收入约 569.42 亿元，同比增长 9.0%；利润总额约 12.22 亿元，同比增长 9.6%。2023 年散料装卸机械行业 8 家主要企业主要经济指标完成情况见表 2。

表 2　2023 年散料装卸机械行业 8 家主要企业主要经济指标完成情况

年度	工业总产值		营业收入		利润总额	
	金额 / 万元	同比增长（%）	金额 / 万元	同比增长（%）	金额 / 万元	同比增长（%）
2023	5 704 728.39	7.8	5 694 259.23	9.0	122 194.03	9.6
2022	5 287 231.27	8.0	5 222 012.55	6.7	111 411.47	11.1
2021	4 890 260.69	12.8	4 891 329.15	13.0	100 190.19	40.2
2020	4 336 843.31	—	4 328 086.03	—	71 462.84	—

注：部分数据参考上市公司披露报告。

分类产品产量　2023 年散料装卸行业实现销售 280 台（套），其中堆取料机 203 台、翻车机 50 套、装卸船机 27 台，市场需求依然以智能化产品、环保型产品为主，存量市场改造项目持续增长，新增整机项目小幅上涨。出口方面，2023 年堆取料机出口 29 台、翻车机出口 1 套、装卸船机出口 4 台，合计出口 280 台。2023 年散料装卸机械行业主要产品销售情况见表 3。

表 3　2023 年散料装卸机械行业主要产品销售情况

产品名称	单位	销量	出口量	出口国家和地区
堆取料机	台	203	29	澳大利亚、巴西、印度尼西亚
翻车机	套	50	1	几内亚、印度、乌兹别克斯坦
装、卸船机	台	27	4	几内亚、孟加拉、印度尼西亚
合计		280	34	

科技成果和新产品　为了满足市场多元化、高效化、智能化的需求，行业企业加大研发投入，致力于散料装卸机械的技术创新与产品升级。

在科技成果方面，一系列突破性的技术创新应运而生。例如，智能控制系统在散料装卸机械中的广泛应用，实现了设备的自动化、远程监控与故障预警，大大提高了设备的运行效率与稳定性。同时，环保节能技术的引入，使得散料装卸机械在降低能耗、减少排放方面取得了显著成效，为可持续发展贡献了力量。

在新产品方面，市场上涌现出许多具有创新性和实用性的散料装卸机械设备。例如，高效能的抓斗卸船机、智能化的翻车机卸车系统，以及适应各种复杂工况的带式输送机等。这些新产品不仅具备更高的装卸效率和更广泛的适用范围，还融入了更多人性化设计元素，使得操作更加便捷、安全。

大连华锐重工集团股份有限公司（简称大连重工）2023 年申请发明专利 8 项、实用新型专利 6 项。获得发明专利授权 17 项、实用新型专利授权 6 项，完成专利密集型产品备案 2 项。

2023 年 8 月 15 日，由大连重工下属装卸机械制造事业部（简称装卸事业部）自主研制的首套大角度敞集多功能双车翻车机在河南中誉国信能源有限公司成功下线，并顺利通过中铁检验认证（青岛）车辆检验站有限公司检验。这是继 2020 年 9 月装卸事业部成功研发出敞顶集装箱及通用敞车两用单车翻车机后，企业持续技术创新，产品不断迭代升级，在助力国家打造绿色物流建设方面创新研发的又一行业标杆产品。作为散料装卸、翻卸领域的领军企业，大连重工紧跟国家产业发展方向，以科技创新引领行业绿色发展，迅速攻克适应市场需求变化的翻车机产品关键核心技术。

在全国劳动模范王金福技术团队带领下，针对铁路运输新模式研制出“兼顾传统敞车与集装箱运输的散料不离车作业”新技术，采用一体式转子钢结构，翻车机端环内置，压持、靠持、扶持均满足双车翻车机非对称条件下不同作业对象的高度匹配，在行业内率先实现大角度翻转，达到能力的倍增效果，有效解决了集装箱卸料过程中的积料问题。与此同时，技术团队还研发了清料过桥装置，可实现在线清料，并可通过任意角度自动锁定装置为清料过程提供可靠的安全保障，彻底解决了冻料、黏料、残料清理难的行业难题。

中国电建集团长春发电设备有限公司（简称长春发电）2023 年在国家级刊物上发表论文 3 篇，12 项专利获得授权；企业成功获评“吉林省专精特新中小企业”，获批“吉林省跨区域科技创新中心”，该中心是吉林省唯一“国家技术中心企业”的单位。长春发电多项科技成果成功产业化并获得显著经济效益，MQ6 000t 新型节能环保门式斗轮取料机的研发与应用项目、散料装卸及制粉破碎设备智能健康管理系统的研发及应用项目获批吉林省重点研发项目。

中国电建武汉重工装备有限公司（简称武汉重工）签订了乌兹别克斯坦 JSC 铸造轧制综合体项目铁路敞车卸货站综合体翻车机及附属系统设备采购合同。该项目采用公司研发的新型侧倾式翻车机技术，翻车机土建基础深度浅并可以将煤篦子放置于铁路轨道零米层，很好地解决了当地地下水水位过高带来的施工难题。该项目是武汉重工翻车机整机在中亚国家的典型应用案例，为践行“一带一路”建设贡献力量。

武汉重工“敞顶集装箱和普通敞车集装箱两用翻车机”成为企业新的业绩增长点。2023 年武汉重工再次取得市场突破，成功签订盘江星光电厂、保定热电、甘肃常乐三期等翻车机合同。针对延伸服务业务，武汉重工通过行业标准修订，进一步探索新产品市场，完成电动防溜装置的设计优化，使电动夹轮器快速实现科技成果转化，并实现销售 30 多台（套）。武汉重工凭借“砂石骨料装船机缓冲溜筒开发”技术，通过降低溜筒出口处物料下落速度，有效提高物料的完整性，一举签订 4 台砂石骨料装船机合同。武汉重工成功获得北海 45t-37m 带动门座式起重机合同，这也是公司首个国内大型海港码头设备供货合同。与中国水电三局签订“穿山甲 1 号—3.53m 抽水蓄能专用新型掘进装备”销售合同，实现首台（套）销售，完成市场转化。

北方重工 2023 年设立科技发展计划 18 项，其中：新产品开发项目 8 项、成套工艺项目 3 项、产品关键技术项目 3 项、新工艺项目 4 项。“65m 大跨距、全防爆、多机共轨的智能化全封闭煤料场门式刮板取料机”获得资助资金 192.92 万元。与东北大学专业团队联合开发的萍安钢铁散料堆场智能化升级改造工程实现了智能料场技术在钢铁行业的首次应用。

上海振华重工（集团）股份有限公司（简称上海振华）作为全国首批创新型企业、首批国家技术创新示范企业，拥有国家认定的企业技术中心。在散料装卸机械板块引领着行业的研发创新。通过自主研发与产学研相结合的方式，形成支撑企业散料装卸机械高质量发展的研发创新平台体系，打造科技创新策源地。牢牢把握“高端化、智能化、绿色化”的发展方向，不断推出引领行业发展的新技术、新产品和新服务。攻克散料装卸机械大型高效、绿色低碳等核心技术，推出斗式垂直提升机、螺旋卸船机等新机型，发布绿色单机新品；高效、环保螺旋卸船机打破国外垄断，形成系列产品，最大生产能力可达 2 500t/h；现已生产出 1 000t/h 以上螺旋卸船机 9 台，其中 2 台供货中国台湾；千吨级环保型高效螺旋式连续卸船机已申请“上海市高效智能装备首台突破专项（首台突破或示范应用）”并通过 2022 年度立项，2024 年通过验收。该项目最大生产能力达 2 000t/h，作业船型兼顾 10 万载货吨，具有就地驾驶室操作、就地遥控、远程操控和无人值守自动化 4 种智能操控模式。

湖南长重机器股份有限公司（简称湖南长重）为沪蒙能源及宝丰能源研制的半门式刮板取料机的取料能力达 2 000t，跨度达 53m。为荆州煤炭研制的斗轮堆取料机采用新结构、新材料及新工艺，重量优化超过 10%，获评湖南省制造业单项冠军。

哈尔滨重型机器有限责任公司 2023 年研发的圆弧轨道粮食装船机 ZC500 型荣获黑龙江省重点领域首台（套）创新产品。

质量及标准　在提高产品技术水平和促进行业高质量发展的同时，行业骨干企业日益重视产品质量和标准化工作，目前连续搬运机械专业领域拥有现行有效国家标准 14 项、行业标准 72 项，其中 2023 年发布 5 项行业标准。

2023 年组织制修订 12 项行业标准和 2 项团体标准，其中，8 项标准已完成报批，3 项处于审查阶段，3 项处于征求意见阶段。2023 年组织制修订的行业标准项目见表 4。

表 4　2023 年组织制修订的行业标准项目

序号	项目编号	标准名称	标准级别	制修订	标准性质	在研	进展阶段
1	2020-0900T-JB	连续延伸带式输送机	行业标准	制定	推荐	√	
2	2020-0759T-JB	气力输送系统术语	行业标准	制定	推荐	√	
3	2020-0897T-JB	可同步力矩型液力耦合器	行业标准	制定	推荐	√	
4	2020-0896T-JB	刮板取料机	行业标准	修订	推荐	√	
5	2020-0898T-JB	带式输送机　清扫装置	行业标准	制定	推荐	√	
6	2020-0899T-JB	带式输送机　输送带纠偏装置	行业标准	制定	推荐	√	
7	2020-0901T-JB	滑板式输送机	行业标准	制定	推荐	√	
8	2020-0902T-JB	带式给料机	行业标准	制定	推荐	√	
9	2021-1598T-JB	移置式带式输送机	行业标准	制定	推荐	√	征求意见
10	2021-1537T-JB	气垫带式输送机	行业标准	修订	推荐	√	审查
11	2021-1535T-JB	电磁振动给料机	行业标准	修订	推荐	√	审查
12	2021-1536T-JB	惯性振动给料机	行业标准	修订	推荐	√	审查
13	20220102	带式输送机噪声测试方法	团体标准	制定	推荐	√	征求意见
14	20220101	输送机械　圆环链链轮	团体标准	制定	推荐	√	征求意见

2023 年为满足市场需求，服务行业发展，组织完成了 2 次国家标准和 3 次行业标准计划项目的申报工作，共申报国家标准计划项目 7 项，行业标准计划项目 14 项，2023 年申报制修订的部分项目计划见表 5。

表 5　2023 年申报制修订的部分项目计划

序号	标准名称	标准级别	制修订	进展阶段
1	连续搬运机械　安全标志与危险图示通则	国家标准	制定	计划入库
2	刮板输送机　安全规范	国家标准	制定	计划入库
3	螺旋卸船机验收规范	国家标准	制定	专业处审核
4	带式输送机　安全规范	国家标准	翻译（英文）	主管部门审核
5	连续搬运机械　术语	国家标准	翻译（英文）	计划网上公示
6	输送机械　检查与维护规范　第 1 部分：带式输送机	国家标准	制定	主管部门审核
7	连续搬运机械　安全规范　通用规则	国家标准	制定（ISO1819:1977,MOD）	主管部门审核

（续）

序号	标准名称	标准级别	制修订	进展阶段
8	带式输送机　驱动装置技术规范	行业标准	制定	准备上专家会
9	圆管带式输送机	行业标准	修订	准备上专家会
10	桥式斗轮取料机	行业标准	修订	准备上专家会
11	带式输送机　包装技术规范	行业标准	修订	准备上专家会
12	斗式提升机验收规范	行业标准	制定	委托机构办理

平台建设　湖南长重机器技术中心创建于2014年。2023年重点围绕散料装备从设计、制造到产品及售后服务各环节进行智能化、信息化技术的开发应用开展科技攻关。及时掌握散装物料行业发展趋势，全面提高散料装备行业特别是大型斗轮堆取料机的智能制造水平，推动以斗轮堆取料机为核心的散料装卸运输设备产业的发展。针对该行业的智能化、信息化等高新技术的应用水平低于其他工程机械行业，从智能化、信息化技术的开发应用着手，整合相关资源，推动科技成果向现实生产力转化；找到高新技术开发应用的切入点，突破瓶颈束缚，为行业经济与高端装备制造发展提供技术支撑，为企业提高产品质量和生产技术水平提供保障；结合高校的科研资源，建立产学研合作关系，共同研究开发。

武汉重工技术中心顺利通过湖北省发展改革委2023年度湖北省企业技术中心评价工作，排名在湖北省前16%。从2008年以来，公司一直保持着省级技术中心荣誉称号，为公司高质量可持续发展奠定了坚实基础。

上海振华2023年积极探索散料装卸机械相关新赛道，抢抓全球港口码头老旧港机设备更新改造机遇、全面经营，力争在港机设备更新改造领域获得更高市场份额。以港机设备更新改造为立足点，以公司Terminexus线上备件服务平台为基础，逐渐形成集设计、咨询、采购、服务等于一体的综合性数字化服务平台，构建以数字化服务为主要载体的散料装卸机械业务。

企业转型升级　2023年武汉重工信息化、数字化建设工作按照“统一规划、分步实施”的原则，高度重视数据管理，积极构建价格体系，扎实推进履约系统建设，以数字赋能高质量发展。

有序推进基础设施建设。通过更换老旧服务器设备、网络设备等措施，提高了系统的稳定性和响应速度。

升级信息系统架构。按照公司关于“加强信息化建设，数字赋能高质量发展”的工作部署，对公司现有各项信息化系统进行了升级、改造及重建：①实施新ERP系统建设；②搭建公司业务管控平台；③推进PDM系统更新；④更新套料软件有效提升效能。

2023年企业通过了两化融合管理体系的A级评定，将企业信息化和工业化两方面有机地结合起来，形成一个统一的管理体系，以实现企业数字化转型和智能化发展。通过数字化技术和智能化设备的应用，最大限度地优化资源配置，降低成本，提高利润率；通过数字化技术和信息化手段，同时进一步加强了产品设计和开发过程中的设计优化，提高了产品的质量和创新能力。响应国家政策，获得政府津贴，夯实了基础，增加了收益。

〔撰稿人：大连华锐重工集团股份有限公司孙博　审稿人：大连华锐重工集团股份有限公司赵昱棠〕

仓储机械

为了促进产业链供应链的稳定和高质量发展，2023年中共中央、国务院陆续印发了《数字中国建设整体布局规划》和《质量强国建设纲要》等指导性规划；国务院国资委、商务部、工业和信息化部、交通运输部、国家邮政局等部委陆续出台了《关于开展2023年全国供应链创新与应用示范城市和示范企业申报工作的通知》《共同组织实施的中央企业产业链融通发展共链行动》《关于开展交通强国邮政专项试点工作的通知》《中央财办等部门关于推动农村流通高质量发展的指导意见》《关于强化金融支持举措 助力民营经济发展壮大的通知》《“5G+工业互联网”融合应用先导区试点工作规则（暂行）》和《关于加快传统制造业转型升级的指导意见》等文件，有力地促进了相关产业的健康发展。

根据中国物流与采购联合会发布的《物流恢复向好质效提升——2023年物流运行情况分析》显示，2023年全国社会物流总额为352.4万亿元，按可比价格计算，同比增长5.2%，增速比2022年提高1.8%。2023年，物流基础设施建设稳步推进，全年物流相关固定资产投资额同比增长超过10%。新增建设国家物流枢纽30个，累计形成125个覆盖全国、类型丰富的物流枢纽体系。农村物流网络也得到了健全，新增建设了1 000多个县级寄递配送中心和30.3万个村级寄递物流综合服务站。

国家邮政局公布数据显示，2023年完成邮政行业寄递业务总量1 625亿件，比2022年增长16.8%，其中，快递业务量 1 320.7 亿件，快递业务收入 12 074 亿元。全年实物商品网上零售额 130 174 亿元，按可比口径计算，比 2022 年增长 8.4%，占社会消费品零售总额比重为 27.6%。

纵观 2023 年，随着电子商务、跨境贸易、冷链、医药等新兴领域的快速发展，以及制造业、零售业等传统领域的转型升级，物流仓储行业的需求结构和供给结构都发生了显著变化。

从需求结构来看，电子商务已经成为拉动物流仓储需求的主要动力。根据商务部数据显示，2023 年我国网上零售额 15.42 万亿元，同比增长 11%，连续 11 年成为全球第一大网络零售市场。全年电商物流指数均值为 110.1 点，实物商品网上零售额同比增长 8.4%，均比 2022 年有所加快。电子商务的高速发展，带动了对高效、灵活、智能的物流仓储服务的需求。除了国内电子商务外，跨境贸易等新兴领域也对物流仓储提出了更高的要求。2023 年我国跨境电商进出口额 2.38 万亿元，同比增长 15.6%；2023 年国际 / 港澳台快递业务量和收入分别完成 30.7 亿件和 1 399.1 亿元，同比分别增长 52% 和 20.5%，比全行业增速分别高 32.6 个和 6.2 个百分点，实现了高速增长，显示了跨境电商在中国外贸中的重要作用。

冷链、医药等领域也对物流仓储提出了更高的品质、安全、效率等要求。2023 年国内主要快递企业继续加大在基础设施领域的投资，加快枢纽网络建设，提升干线运输能力，创新服务模式和产品，拓展服务领域和链条，产业综合服务能力显著提升，行业新增全货机 10 余架，开通 10 余条国际全货机航线。2023 年亚洲第一个专业性货运机场顺丰鄂州花湖机场全面投入运营，圆通嘉兴航空货运枢纽开工建设，中通长沙航空货运项目签约，一批快递物流产业园区加快建设和投产，区域辐射能力显著增强。国内冷链网络基本形成，2023 年建成冷链转运中心 83 个、冷链仓 351 个，投入冷链车辆 3 800 余辆。国际寄递网络延伸，2023 年建成境外分拨中心 312 个，总面积 160 万 m^2，海外仓超过 300 个，总面积超过 395 万 m^2。农村寄递物流体系加快建设，2023 年累计建成 1 267 个县级公共寄递配送中心、28.9 万个村级寄递物流综合服务站。

2023 年国内物流仓储行业发展总体呈现积极态势，行业规模持续扩大，结构不断优化，同时面临一些挑战和变化。全球性的新冠疫情基本结束后，中美贸易战、芯片战使中国的出口受到重大考验。此外，世界性的消费能力和投资欲望大幅下降，导致中国出口开始急剧下滑，进而引起企业的连锁反应，很多物流项目因此延后。市场同质化竞争加剧，价格战愈演愈烈、利润大幅度下滑。面对增量市场上升乏力的问题，物流装备企业普遍重视售后服务，提升客户满意度，同时专注于核心业务、核心产品与核心技术，企业的发展也从机会驱动转变为能力驱动，通过数字化转型和升级，进入高质量发展驱动的时代。2023 年我国社会物流总额统计见表 1。2023 年我国社会物流总费用统计见表 2。

表 1　2023 年我国社会物流总额统计

分类物流	总金额 / 万亿元	同比增长（%）
社会物流	352.4	5.2
农业品物流	5.3	4.1
工业品物流	312.6	4.6
进口货物物流	18.0	13.0
再生资源物流	3.5	17.4
单位与居民物品物流	13.0	8.2

数据来源：中国物流与采购联合会。

表 2　2023 年我国社会物流总费用统计

分类物流	总费用 / 万亿元	同比增长（%）
社会物流	18.2	2.3
运输	9.8	2.8
保管	6.1	1.7
管理	2.3	2.0

数据来源：中国物流与采购联合会。

2023 年我国共有 10 家物流企业首次公开募股（IPO）上市。2023 年我国物流企业 IPO 上市情况见表 3。

表 3　2023 年我国物流企业 IPO 上市情况

序号	上市日期	企业名称	主要业务	上市地点
1	2023.03.09	维天运通	道路货运数字化生态系统	港交所
2	2023.03.29	海通发展	国内沿海以及国际远洋的干散货运输业务	上交所
3	2023.03.31	盛丰物流	提供综合物流解决方案	纳斯达克
4	2023.04.21	佳裕达物流	提供端到端供应链解决方案，专注跨境物流服务	纳斯达克
5	2023.10.27	极兔速递	全球物流服务提供商	港交所
6	2023.11.10	佛朗斯	通过共享叉车模式，提供场内物流设备解决方案	港交所
7	2023.11.13	中邮科技	提供智能物流系统领域的综合解决方案	上交所
8	2023.12.05	锦江航运	从事国际、国内海上集装箱运输业务	上交所
9	2023.12.15	震坤行	提供一站式维修与作业耗材（MRO）采购和管理服务	纳斯达克
10	2023.12.22	泛远国际	提供端到端跨境配送服务、货运代理、其他物流服务	港交所

数据来源：罗戈网。

自动化立体库

1. 总体发展状况

中国物流仓储装备市场在2023年上半年因存在新冠疫情结束、生产快速恢复的预期而普遍乐观，下半年订单维持了一定的增长，但利润率下降比较严重。据保守估计，物流仓储装备行业整体保持良好运行态势，市场规模增长8%～10%。

2023年中美贸易战、芯片战升级，世界性的消费能力和投资欲望因新冠疫情和俄乌战争、巴以冲突的影响而大幅下降，导致中国出口开始急剧下滑，进而引起企业的连锁反应，很多物流项目因此延后。国内市场无论是服装、百货（连锁超市）行业，还是电商行业，市场增长均呈现疲软态势；制造业因受国家宏观政策的支持，显示出一定活力，尤其是新能源汽车行业，在2023年普遍显示出高速度增长，成为市场的主要亮点。

由于市场需求下滑，2023年的中国物流仓储装备市场呈现前所未有的激烈竞争态势，部分企业出现不同程度的订单减少、利润严重下滑现象。从以下16家物流装备上市公司2023年年报数据来看，按照年度同比计算，16家上市公司的营业总收入由2022年的246.9亿元降至2023年的241亿元，下降2.4%，7家公司业绩出现下滑；平均毛利率由2022年的19.77%增长至2023年的19.88%，同比平均毛利率增长了0.56%，与2022年基本持平。2023国内主要物流装备上市公司主要经营数据见表4。

表4　2023国内主要物流装备上市公司主要经营数据

序号	企业名称	营业总收入/万元		同比增长（%）	毛利率（%）		同比增长（%）
		2022年	2023年		2022年	2023年	
1	今天国际物流技术股份有限公司	157 065.73	215 497.94	37.20	22.84	25.42	11.30
2	科捷智能装备有限公司	166 939.70	114 846.27	−31.20	20.45	11.79	−42.35
3	昆船智能技术股份有限公司	206 365.04	208 588.60	1.08	22.52	21.66	−3.82
4	兰剑智能科技股份有限公司	84 969.06	89 239.66	5.03	25.47	33.75	32.51
5	南京音飞储存设备（集团）股份有限公司	154 125.77	157 320.24	2.07	21.74	22.16	1.93
6	诺力智能装备股份有限公司	329 886.02	342 727.09	3.89	20.18	19.99	−0.94
7	山西东杰智能物流装备股份有限公司	65 673.62	57 746.05	−12.07	23.73	13.34	−43.78
8	沈阳新松机器人自动化股份有限公司	181 058.45	194 132.75	7.22	7.00	13.38	91.14
9	浙江德马科技股份有限公司	152 372.86	137 878.65	−9.51	21.36	23.08	8.05
10	合肥井松智能科技股份有限公司	58 478.37	66 482.62	13.69	26.40	23.81	−9.81
11	北自所（北京）科技发展股份有限公司	158 743.98	186 350.28	17.39	17.01	17.27	1.53
12	科大智能装备股份有限公司	107 906.94	102 386.17	−5.12	23.66	23.58	−0.34
13	中科微至科技股份有限公司	231 489.59	195 739.70	−15.44	14.78	24.28	64.28
14	机科发展科技股份有限公司	42 762.80	42 798.41	0.08	26.90	25.55	−5.02
15	中邮科技有限责任公司	204 450.50	168 607.48	−17.53	13.16	12.07	−8.28
16	华昌达智能装备集团股份有限公司	166 916.06	129 636.17	−22.33	9.17	7.01	−23.56

2. 技术发展情况

2023年我国物流仓储装备行业技术发展主要体现在技术迭代升级，如提升产品的轻量化、多样化、系统的柔性化，以及产品质量和成熟度，此外，5G技术、数字孪生技术和无接触供电技术等应用成为技术发展的亮点。

在科技创新方面，北起院的“多场景高效协同物流输送系统关键技术研究与应用”项目荣获2023年机械工业科学技术奖科技进步奖一等奖；北自科技股份有限公司的“厨电智能制造成品物流系统研究及应用”项目荣获2023年中国物流与采购联合会科技进步奖一等奖，“生鲜食品工厂智能冷链物流解决方案”项目荣获2023年机械工业科学技术奖科技进步奖二等奖；中邮科技股份有限公司的“重件交叉带分拣机”“基于3D视觉技术的高速单件分离器”和“转环分拣机”3个新产品获得2023年中国物流与采购联合会科技进步奖三等奖。

输送分拣设备

1. 总体发展状况

根据国家邮政局等单位的信息，2023年我国自动分拣设备市场的年度增长率为10.3%。

2. 市场需求情况

输送分拣设备主要应用在电子商务、邮政快递、仓储物流、烟草、医药等行业及工业生产环节。其中，自动分拣设备的需求和中国快递的包裹件数密切相关，也与消费者线上购物的数量密切相关。信达证券研究报告显示，截至2023年年末国内主要快递运营商中的中通、圆通、韵达、申通自营枢纽转运中心数量分别为88个、73个、75个和70个，其中，韵达枢纽转运中心的直营率为100%，中通的直营率为91%，圆通、申通已基本实现直营化。转运中心实现自营后，快递总部基于自身的资金优势及对操作成本的节降需求，对转运中心的自动化改造意愿较强，以达到有效提升转运中心的运作效能的目的。

3. 行业竞争态势

2023 年国内自动分拣行业内卷严重，价格战愈演愈烈，利润普遍呈现下滑趋势。总体来看，自动分拣行业在经历了高速发展后，进入行业周期性的调整期，业内企业开始重视精益化生产和经营，苦练内功，探寻自己的独特“赛道”，为迎接下一个增长周期做准备。

4. 技术发展情况

随着近年来行业的快速发展，国内物流输送分拣装备技术水平有了较大提高。2023 年国内市场推出了翻盘分拣机、落袋分拣机、高速 3D 分拣机等创新产品，行业技术和产品向智能化、智慧化方向发展，市场需求将在高效率、柔性化、高可靠性方面得到进一步提升。

移动机器人（AGV/AMR）

1. 总体发展状况

根据移动机器人产业联盟发布的数据统计，2023 年我国工业应用移动机器人销售规模约为 212 亿元，同比增长 14.59%；销售数量约为 125 000 台，同比增长 34.41%。其中，在光伏行业中移动机器人的销售数量超 2 万台，是增长速度最快的细分应用行业，占整体销售额的 21%；叉车移动机器人销量约 19 500 台，同比增长 46.62%，销售规模 42.9 亿元，同比增长 23.7%。

2. 市场需求

2023 年国内物流机器人系统项目主要集中在三大应用领域，即以新能源汽车为主的生产制造领域、光伏行业、动力电池行业，特别是动力电池与光伏行业的物流机器人项目普遍体量大，单个项目销售额上亿元，而且需要多种类型的产品以适合不同场景使用，但大部分项目都是以最低价中标为基本；半导体、汽车零部件、粮油加工等行业需求平稳；国内物流机器人企业在 2023 年纷纷加大了海外市场的开拓力度。

3. 资本市场情况

根据移动机器人产业联盟数据，新战略移动机器人产业研究所统计，2023 年我国移动机器人领域共发生 24 起融资事件，融资总额累计超过 18 亿元。2023 年工业移动机器人行业融资情况见表 5。

表 5　2023 年工业移动机器人行业融资情况

企业简称	城市	资金	轮次	主要投资方	技术路线	时间
玑域智能	上海	3 500 万元	天使轮	华业天成资本领投，九合创投跟投	四向穿梭车等	1 月
焕智科技	合肥	数千万元	A 轮	阜阳市阜合产业基金有限公司、阜阳市战新科转投资基金合伙企业	AGV	2 月
华睿科技	杭州	增资 2.6 亿元	—	宜宾绿能、无锡芯创、国轩高科等 8 家	AMR 等	3 月
斯坦德	深圳	数亿元	C 轮	小米产投领投，中信建投投资跟投	AMR	3 月
蓝海机器人	广州	数千万元	B 轮	浙能集团、深圳担保、锦聚投资	AMR	3 月
稳石机器人	深圳	近 1 亿元	A 轮	吉富创投	AMR	4 月
寻迹智行	苏州	—	—	无锡智循管理咨询合伙企业	无人叉车	4 月
优艾智合	深圳	—	—	吴兴产投	复合机器人等	4 月
欣奕华	杭州	数千万元	Pre-A 轮	—	复合机器人	5 月
智库智能	南京	数千万元	A 轮	锦沙资本、沙洲科创基金	托盘仓储机器人	5 月
库讯智能	合肥	数千万元	A 轮	毅达资本	移动机器人	5 月
飒智智能	上海	数千万元	Pre-A 轮	深创投领投、金雨茂物跟投	复合机器人	6 月
Syrius 炬星	北京	亿元级	C 轮	铜陵大江、国元资本、安徽弘源资本、铜陵国控	移动机器人	6 月
智世机器人	上海	数千万元	天使轮	联创永宣	四向穿梭车	7 月
灵动科技	北京	2 亿元	C+ 轮	安徽国控投资、合肥高投、合肥产投资本	视觉 AMR	7 月
蓝芯科技	杭州	—	—	吴兴产投	视觉 AMR	7 月
艾吉威	苏州	近 1 亿元	—	天门市兴盛投资	无人叉车	7 月
木蚁机器人	上海	超 1 亿元	B+ 轮	中信建投资本领投，湖州浔商创业跟投	无人叉车	8 月
蓝海机器人	广东	超 1 亿元	C 轮	矩阵纵横三号（海南）领投，杭州远宁奕鑫及安吉锐禧参与	AMR	9 月
镭神智能	深圳	数亿元	D 轮	济南同信未来产投、重庆南部基金共同领投	无人叉车	
华章智能	苏州	超 1 亿元	天使轮	朗玛峰创投领投，动平衡资本、经开投资跟投	穿梭车	10 月
朗誉机器人	天津	—	A+ 轮	瞳辉创投	重载 AMR	10 月
众仓机器人	南京	—	天使轮	紫金矿业	无人叉车、AMR	10 月
中科新松	上海	1.5 亿元	天使轮	上海自贸区基金、海通新能源、海通证券、海望资本	复合机器人等	11 月

从融资分布看，以 AMR 为核心产品的企业最受资本青睐，占比超过 50%；其次，以无人叉车、四向穿梭车为主打产品的企业也是资本关注的重点。

4. 技术标准体系建设

2023 年由全国物流仓储设备标准化技术委员会组织修订并发布标准情况见表 6。

表 6　2023 年由全国物流仓储设备标准化技术委员会组织修订并发布标准情况

标准编号	标准名称	标准级别	代替标准	发布日期	实施日期
GB/T 30029—2023	自动导引车　设计通则	国家标准	GB/T 30029—2013	2023.05.23	2023.12.01
GB/T 30030—2023	自动导引车　术语	国家标准	GB/T 30030—2013	2023.05.23	2023.05.23

移动机器人（AGV/AMR）产业联盟在 2023 年组织制定并发布了《工业应用移动机器人　重载类　技术规范》和《工业应用移动机器人　无线通信　设计规范》两项团体标准。

货架行业

1. 市场总体情况

2023 年我国货架行业头部企业的营业收入出现了一定的下降。2022—2023 年国内货架头部企业货架产品营业收入情况见表 7。

表 7　2022—2023 年国内货架头部企业货架产品营业收入情况

企业名称	营业收入 / 亿元		同比增长（%）
	2022 年	2023 年	
上海精星仓储设备工程有限公司	20.91	19.90	−4.83
江苏华益中亨金属科技发展有限公司	10.70	9.36	−12.52
浙江世仓智能仓储设备有限公司	10.20	10.00	−1.96
南京音飞储存设备（集团）股份有限公司	8.48	9.00	6.10

2. 货架类型分析

2023 年，国内自动化高层货架需求保持领先优势，项目多，规模大，超高、超重项目越来越多。四向穿梭车立库系统近几年发展迅速，相应的货架系统需求较好；其他非自动化型的货架需求仍然集中在适用范围广阔的横梁式叉车货架，以及电商、服装等领域应用较多的搁板、阁楼式货架。传统的横梁式、搁板阁楼式货架，市场竞争极为激烈，利润率也比较低。此外，高层自动化悬臂式货架在一些超长型材、超大物料领域仍有一定需求。

3. 货架市场的地域及行业分布状况

国内经济较为发达的华东、华南地区仍然是货架需求的主阵地，华中、西南地区因大量产业迁入，再加上这些地区的优势产业近几年发展较好，货架市场同样得到扩张，其他区域的发展则较为平淡。

在海外市场的业务拓展方面，特别是在东南亚市场上，中西方货架企业之间的市场竞争已经越发激烈。

在行业需求方面，2023 年食品饮料、机械制造等传统强项领域需求良好。

4. 行业企业发展情况

2023 年货架整体市场规模有所增加，但各大货架企业间的价格竞争激烈程度达到历史极值，几家头部企业也陷入了价格竞争的泥潭，项目利润受到极大压缩。部分企业因依靠可靠的销售途径和产品质量，通过出口项目实现了高效的发展之路。

工业车辆

1. 市场总体情况

经过 2022 年国内市场的调整，2023 年工业车辆在国内和国际市场的销售量均出现 10% 以上的增长，国内市场接近恢复到 2021 年的最高水平，出口继续创历史新高。

根据中国工程机械工业协会工业车辆分会会员单位不完全统计，2023 年机动工业车辆销售量达 1 173 773 台（其中不含贴牌，贴牌为 192 643 台），比 2022 年的 1 047 967 台（其中不含贴牌，贴牌为 232 551 台）增长 12.00%；非机动工业车辆销售量为 857 187 台（其中不含贴牌，贴牌为 103 726 台），比 2022 年的 1 129 655 台（其中不含贴牌，贴牌为 125 317 台）下降 24.12%，其中轻小型搬运车辆的销售量下降约 30%。具体到固定平台搬运车和牵引车，固定平台搬运车的销售量略有下降，牵引车的销售量则实现了 5.27% 的增长。AGV 叉车销售量大幅增长 103.00%，显示出自动化和智能化物流装备的需求增加。锂电池叉车的销售量也有所增长，尤其是电动平衡重乘驾式叉车和电动步行式仓储叉车的销售量增长显著，而电动乘驾式仓储叉车的销售量增长相对较小。

2. 机动工业车辆销售情况

（1）内燃叉车销售情况。2023 年共销售内燃平衡重乘驾式叉车 377 179 台，比 2022 年的 373 203 台增长 1.07%。其中，内燃平衡重乘驾式叉车中的柴油叉车销量为 346 693 台，其余为汽油叉车（含双燃料）30 486 台。

（2）电动叉车销售情况。2023 年电动叉车（包括电动平衡重乘驾式叉车和各类电动仓储叉车）销售量为 796 594 台，比 2022 年的 674 764 台增长 18.06%。

电动平衡重乘驾式叉车。2023 年全国共销售电动平衡重乘驾式叉车 170 751 台，比 2022 年的 132 107 台增长 29.25%。

电动仓储叉车（包括电动乘驾式仓储叉车、电动步行式仓储叉车等）。2023 年全国共销售电动仓储叉车 625 843 台，与 2022 年同期的 542 657 台相比，增长 15.33%。

（3）各地区叉车销售情况。从 2023 年销售到国内各省、市的 768 368 台机动工业车辆的流向看，以往市场份额最大的华东地区下降了1.21个百分点。2023年各地区工业车辆的销售情况见表8。

表8　2023年各地区工业车辆的销售情况

地区	销售量/台	占市场份额（%）
华东地区	335 994	43.73
华南地区	151 773	19.75
华中地区	83 014	10.80
华北地区	76 105	9.90
西北地区	37 645	4.90
西南地区	52 212	6.80
东北地区	31 625	4.12

3. 轻小型搬运车辆市场情况

2023年中国工程机械工业协会工业车辆分会会员单位报告的非机动工业车辆销售量为857 187台（其中不含贴牌，贴牌为103 726台），比2022年的1 129 655台（其中不含贴牌，贴牌125 317台）下降24.12%。

4. 固定平台搬运车销售情况

2023年国内固定平台搬运车销售量为590台，比2022年的549台下降7.47%。

5. 牵引车销售情况

2023年牵引车销售量为5 711台（其中电动牵引车为5 082台，内燃牵引车为629台），比2022年的5 425台增长5.27%。

6. AGV叉车销售情况

2023年国内AGV叉车销售量为2 304台，比2022年的1 135台增长103.00%。其中，电动平衡重乘驾式叉车113台，电动乘驾式仓储叉车1 217台，电动步行式仓储叉车974台。

7. 锂电池及氢燃料叉车销售情况

2023年国内锂电池叉车（1—3类）销售量为370 401台，比2022年的433 410台下降14.54%。其中电动平衡重乘驾式叉车为108 790台，占锂电池叉车总销量的29.37%，比2022年的77 452台增长40.46%；电动乘驾式仓储叉车为6 938台，占锂电池叉车总销量的1.87%，比2022年的3 898台增长77.99%；电动步行式仓储叉车为254 673台，占锂电池叉车总销量的68.76%，比2022年的352 060台下降27.66%。锂电池叉车国内销售量为210 560台，出口销售量为159 841台。

8. 机动工业车辆出口情况

2023年我国出口机动工业车辆405 405台，比2022年的出口量361 541台增长12.13%。其中电动叉车出口301 640台，比2022年的出口量266 522台增长13.18%；内燃叉车（含集装箱叉车）出口103 765台，比2022年的出口量95 019台增长9.20%。

2023年我国共向183个国家和地区出口机动工业车辆，其中欧洲、美洲、亚洲是我国机动工业车辆的传统出口市场。2023年出口到亚洲的机动工业车辆为104 202台，比2022年的出口量95 977台增长8.57%；出口到欧洲的机动工业车辆为162 153台，比2022年的出口量129 530台增长25.19%；出口到美洲的机动工业车辆为110 629台，比2022年的出口量107 974台增长2.46%。

在机动工业车辆中，电动叉车出口至欧洲和美洲的数量分别占45.45%和24.93%；内燃叉车出口至美洲和亚洲的数量分别占34.13%和28.89%。

9. 标准制修订情况

2023年工业车辆行业发布的9项国家标准见表9。

表9　2023年工业车辆行业发布的9项国家标准

标准编号	标准名称	代替标准	发布日期	实施日期
GB/T 10827.4—2023 /ISO 3691-4:2020	工业车辆　安全要求和验证　第4部分：无人驾驶工业车辆及其系统		2023.05.23	2024.12.01
GB/T 10827.5—2023 /ISO 3691-5:2014	工业车辆　安全要求和验证　第5部分：步行式车辆	GB/T 10827.5—2013	2023.11.27	2024.06.01
GB/T 22419—2023 /ISO 15871:2019	工业车辆　集装箱吊具和抓臂操作用指示灯技术要求	GB/T 22419—2008	2023.03.17	2023.10.01
GB/T 36507—2023 /ISO 21262:2020	工业车辆　使用、操作与维护安全规范	GB/T 36507—2018	2023.05.23	2023.12.01
GB/T 26949.7—2023 /ISO 22915-7:2016	工业车辆　稳定性验证　第7部分：双向和多向运行叉车	GB/T 22420—2008	2023.11.27	2024.06.01
GB/T 26949.17—2023 /ISO 22915-17:2020	工业车辆　稳定性验证　第17部分：牵引车、货物及人员载运车	GB/T 26949.7—2016	2023.09.07	2024.04.01
GB/T 26949.21—2023 /ISO 22915-21:2019	工业车辆　稳定性验证　第21部分：操作者位置起升高度大于1200 mm的拣选车	GB/T 26949.21—2016	2023.09.07	2024.04.01

（续）

标准编号	标准名称	代替标准	发布日期	实施日期
GB/T 26949.24-2023 /ISO 22915-24:2015	工业车辆　稳定性验证　第 24 部分：越野型回转伸缩臂式叉车		2023.09.07	2024.04.01
GB/T 35205.2—2023 /ISO 10896-2:2016	越野叉车　安全要求及验证　第 2 部分：回转式叉车		2023.05.23	2023.12.01

托盘行业

1. 市场总体情况

由于受到全球经济整体弱复苏态势、托盘用原材料价格持续处于高位，以及客户需求不足等大环境影响，2023 年我国托盘年产量呈下滑状态，约为 3.55 亿片，同比下降 4%，较 2022 年产量下降 1%；托盘市场保有量约为 17.5 亿片，同比增长 2.94%；2023 年我国托盘池总量已超过 4 000 万片，比 2022 年增加 250 多万片，同比增长 6.67%。塑料托盘使用场景和应用范围持续扩大，市场占有率逐年提升，木托盘占有率略有下降，木托盘和塑料托盘总占有率在 90% 以上。

2. 行业标准工作

2023 年中国物流与采购联合会托盘专业委员会和全国物流标准化技术委员会托盘分技术委员会完成了 1 项托盘基础国家标准 GB/T 3716—2023《托盘术语》的修订工作，该标准等同采用 ISO 445:2013《物料搬运托盘术语》，于 2023 年 11 月 27 日正式发布，同日实施；对团体标准 T/CFLP 0038—2022《质量分级及“领跑者”标准评价要求　平托盘》进行了修订，并于 2023 年 6 月 13 日发布，7 月 1 日正式实施。

〔撰稿人：中国重型机械工业协会物流与仓储机械分会纪凯　审稿人：中国重型机械工业协会王继生〕

机械式停车设备

我国机械式停车设备是引进国外技术和自主研发相结合逐步发展起来的，是受益于城镇化建设而衍生需求中的特种设备。目前我国机械式停车设备的产、销量居世界首位。截至 2023 年年底，全国建设机械式停车设备的城市（包括县级城市）849 个，建设机械泊位共 946 万个。机械式停车设备在缓解城市交通拥堵和停车难方面，正在发挥着越来越重要的作用。

生产发展情况　2023 年，国内新增停车库项目 1 661 个（包括汽车专用升降机），同比减少 3.9%；新增机械泊位 541 844 个，同比减少 7.7%；国内销售总额（包括汽车专用升降机）1 035 716.28 万元，同比减少 11.4%；出口泊位 16 291 个，同比增长 1.6%；出口销售总额 31 056.19 万元，同比增长 1.4%。

产品分类产量　2023 年全国建设机械式停车库的城市（包括县级城市）有 316 个，比 2022 年减少 9 个；在 316 个城市中，有 44 个城市是首次建设机械式停车库。

首次建设机械式停车库的城市新建机械式停车泊位 11 242 个，占全国新增泊位总数的 2.1%。建设量排名前 10 位的省份，新建机械泊位 365 944 个，占新增泊位总数的 67.5%。建设量排名前 10 位的城市，新建泊位 197 959 个，占新增泊位总数的 36.5%。2023 年新增机械式停车泊位排名前 10 位的省份见表 1。2023 年新增机械式停车泊位前 10 位的城市见表 2。2023 年新增机械式停车库类别见表 3。

表 1　2023 年新增机械式停车泊位排名前 10 位的省份

省份	新增泊位 / 个	占全部新增泊位比例（%）
广东	65 922	12.2
江苏	59 998	11.1
浙江	46 763	8.6
上海	35 711	6.6
河北	34 416	6.4
山东	29 424	5.4
陕西	29 040	5.4
北京	25 255	4.7
河南	21 027	3.9
山西	18 388	3.4
合计	365 944	67.5

注：因四舍五入，合计数有微小出入。

表 2　2023 年新增机械式停车泊位前 10 位的城市

城市	新增泊位 / 个	占全部新增泊位比例（%）
上海	35 711	6.6
广州	32 563	6.0
北京	25 255	4.7
杭州	21 784	4.0
南京	19 263	3.6
西安	18 403	3.4
贵阳	12 027	2.2
武汉	11 607	2.1
深圳	11 053	2.0
乌鲁木齐	10 293	1.9
合计	197 959	36.5

表3 2023年新增机械式停车库类别

类别	泊位/个	占全部新增泊位的比例（%）	同比增长（%）
升降横移（PSH）	386 182	71.3	−1.2
简易升降（PJS）	78 934	14.6	8.6
平面移动（PPY）	37 539	6.9	−11.0
垂直升降（PCS）	26 125	4.8	−4.5
垂直循环（PCX）	8 792	1.6	−13.2
巷道堆垛（PXD）	3 402	0.6	−31.4
水平循环（PSX）	794	0.2	168.2
多层循环（PDX）	76	0.01	81.0
合计	541 844		

注：因四舍五入，合计数有微小出入。

市场及销售 机械式停车泊位的用户分为住宅小区、公共配套和单位自用3大类。

从用户情况来看，住宅小区配建车库新增泊位261 712个，占新增泊位总数的48.3%。住宅小区配建车库采用最多的库型是升降横移类，共新增194 773个泊位，占住宅小区新增泊位总数的74.4%；其次是简易升降类，共新增59 319个泊位，占小区车库新增泊位总数的22.7%。

公共配套车库新增泊位173 655个，占新增泊位总数的32.1%。公共配套车库采用最多的库型是升降横移类，共新增110 707个泊位，占公共配套新增泊位总数的63.8%；其次是平面移动类，共新增24 879个泊位，占公共配套车库新增泊位总数的14.3%。

单位自用车库新增泊位106 477个，占新增泊位总数的19.6%。单位自用车库采用最多的库型是升降横移类，共新增泊位80 702个泊位，占单位自用车库新增泊位总数的75.8%；其次是平面移动类，共新增泊位9 563个泊位，占单位自用车库新增泊位总数的8.9%。2023年机械式停车设备用户新增泊位情况见表4。

表4 2023年机械式停车设备用户新增泊位情况

用户类别	新增泊位数/个	占全部新增泊位比例（%）	同比增长（%）
住宅小区	261 712	48.3	−15.6
公共配套	173 655	32.1	7.1
单位自用	106 477	19.6	−7.6
合计	541 844		

1. 国内市场情况

2023年国内销售收入前30强企业国内车库项目总计1 278个，占上报企业项目总数的76.9%；销售额892 318.83万元，占上报企业销售总额的86.2%；安装泊位数458 581个，占国内新增泊位数的84.6%。

2023年机械式停车泊位销售收入前30强企业是（按公司名称字母排序）：安徽鸿杰威尔停车设备有限公司、安徽华星智能停车设备有限公司、安徽乐库智能停车设备有限公司、北京首嘉钢结构有限公司、北京鑫华源机械制造有限责任公司、大洋泊车股份有限公司、广东明和智能设备有限公司、广州广日智能停车设备有限公司、杭州大中泊奥科技股份有限公司、杭州西子智能停车股份有限公司、衡水奇佳停车设备有限公司、江苏金冠汽车产业股份有限公司、江苏金三角钢结构有限公司、江苏普腾智能技术有限公司、江苏润邦智能车库股份有限公司、青岛德盛利立体停车设备有限公司、青岛茂源智能装备有限公司、青岛齐星车库有限公司、三浦车库股份有限公司、山东东方华宸智能停车设备有限公司、山东天辰智能停车有限公司、上海赐宝停车设备制造有限公司、深圳精智机器有限公司、深圳市伟创自动化设备有限公司、深圳怡丰自动化科技有限公司、深圳中集智能停车有限公司、唐山通宝停车设备有限公司、友嘉国际数控机床有限公司、浙江诺力车库设备制造有限公司、郑州卫莱自动化设备有限公司。

2. 国外市场情况

2023年机械式停车泊位出口至40个国家和地区，出口项目97个，出口泊位总数16 291个，出口总额31 056.19万元。2023年机械式停车泊位出口地区和数量见表5。2023年各类型机械式停车泊位出口量见表6。

表5 2023年机械式停车泊位出口地区和数量

出口地区	出口泊位数/个	占全部出口泊位比例（%）
美洲	2 907	17.8
亚洲	11 910	73.1
欧洲	491	3.0
大洋洲	507	3.1
非洲	476	2.9
合计	16 291	

注：因四舍五入，合计数有微小出入。

表6 2023年各类型机械式停车泊位出口量

设备类型	泊位数/个	占全部出口泊位比例（%）
升降横移（PSH）	8 826	54.2
简易升降（PJS）	1 871	11.5
垂直升降（PCS）	1 780	10.9
垂直循环（PCX）	1 762	10.8
平面移动（PPY）	1 476	9.1
巷道堆垛（PXD）	566	3.5
水平循环（PSX）	10	0.1
合计	16 291	

注：因四舍五入，合计数有微小出入。

〔撰稿人：中国重型机械工业协会停车设备工作委员会李仲军　审稿人：中国重型机械工业协会停车设备工作委员会张敏〕

大型铸锻件

行业运行情况 2023年参与统计的17家大型铸锻件骨干企业，实现营业收入239.4亿元。有12家企业营业收入实现同比增长，其中10家企业增长率达两位数；2家企业同比持平（同比增减在2%以内按持平计算），同比降低的有3家。2022年参与统计的8家企业的营业收入由117.5亿元增长到2023年的129.4亿元。铸件实现收入45.2亿元（统计企业数13家），锻件实现收入141.01亿元（统计企业数13家）；大型铸锻件新增订货174.7亿元（统计企业数13家），8家企业2023年的新增订货大于年度营业收入。行业营业收入持续稳定向上态势，新增订货持续增长。

生产方面 大型铸锻件产量同比有所增加，参与统计企业的产能利用率保持较高水平，部分企业新增产能是产品产量提升的一个重要因素。2023年行业产品产量完成情况如下。

钢液产量142.5万t（统计企业数12家），7家企业产量同比增长，4家企业基本持平，1家企业同比下降。

铸件产量39.6万t（统计企业数13家），8家企业产量同比增长，3家企业基本持平，2家企业同比下降。

锻件产量91.3万t（统计企业数14家），11家企业产量同比增长，1家企业基本持平，2家企业同比下降。

技术和产品发展 行业技术升级和产品创新持续取得新突破，服务国家重大工程、重大技术装备和新兴领域装备创新的效益更加凸显，主要行业企业产品特色化、竞争差异化、生产专业化持续向好。因火电设备、新型水电设备、核电设备需求旺盛，行业存在产品同质化生产和同方向研发的情况。

2023年行业主要企业营业收入如图1所示。2023年行业主要企业铸锻件产品营业收入如图2所示。2023年行业主要企业产品产量完成情况如图3所示。2022—2023年大型铸锻件主要产品产量完成情况见表1。

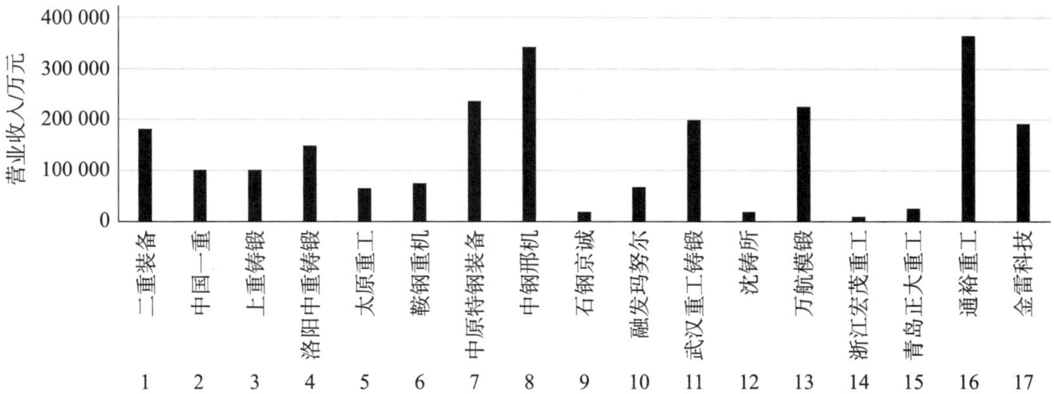

图1 2023年行业主要企业营业收入

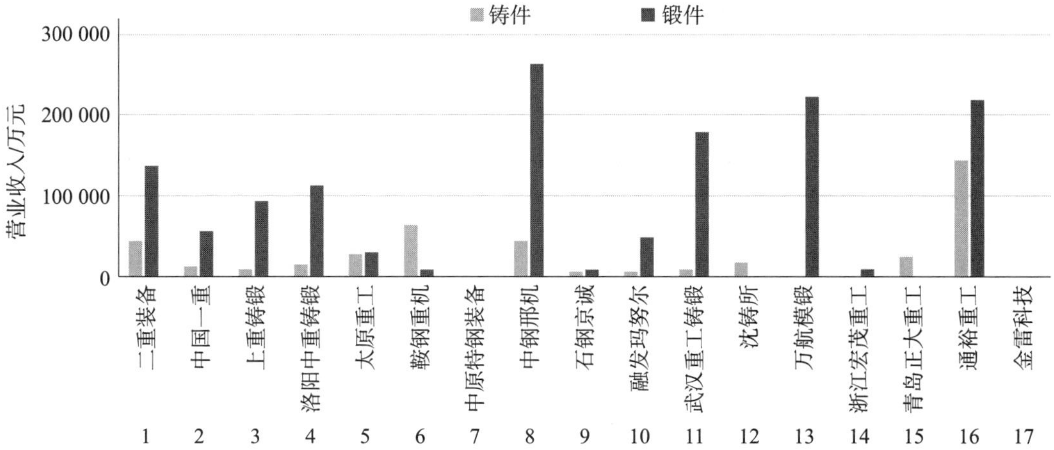

图2 2023年行业主要企业铸锻件产品营业收入

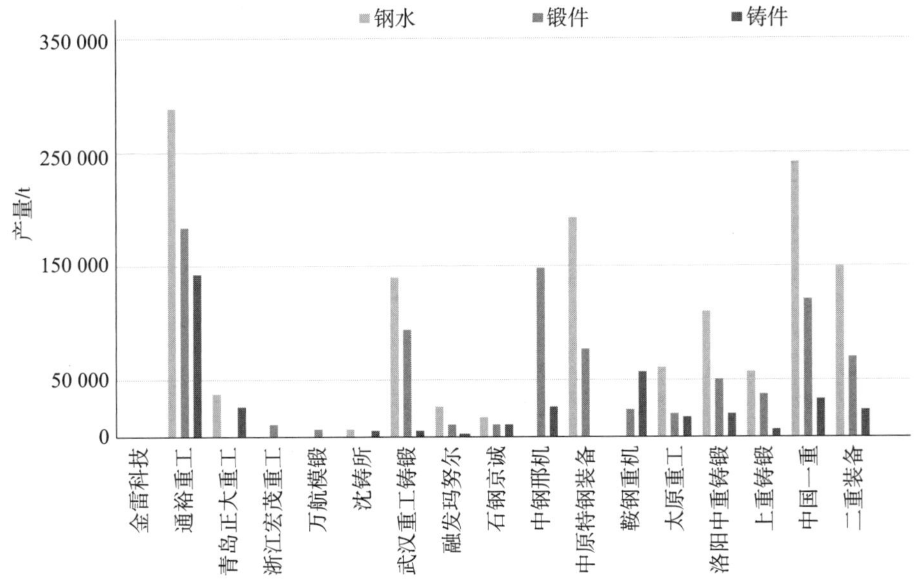

图3　2023年行业主要企业产品产量完成情况

表1　2022—2023年大型铸锻件主要产品产量完成情况

产品名称	2023年产量/万t	2022年产量/万t	同比增长（%）
锻件①	1 370.8	1 315.5	4.2
铸钢件②	635.0	635.0	0

数据来源：①中国锻压协会。
②中国铸造协会。

科技创新情况　行业骨干企业为雅江水电开发、全球首座第四代核电站等重大工程，以及高效火电机组、重型燃气轮机、核电小堆、核废料处理设备等国之重器提供了关键核心大型铸锻件。

二重装备、洛阳中重铸锻有限责任公司（简称洛阳中重）研制的国内最大规格500兆瓦级冲击式转轮中心体锻件，中国一重研制的全尺寸不锈钢转轮轮毂及水斗锻件，为水电装备创新提升，以及雅江水电开发提供了重要保障。

二重装备全面掌握了世界三大百万千瓦核级主泵锻造泵壳制造技术，核电机组常规岛汽轮机焊接转子批量化制造能力进一步跃升，成功研制M701J型燃气轮机燃兼压缸和透平缸铸件，完成目前国内外最大吨位650℃超超临界汽轮机汽缸铸件全尺寸工业试制件的铸坯制备。

中国一重承制的浙江石化3 037t超级浆态床锻焊加氢反应器完工发运，全球首台自主研发的8.88m液压打桩锤替打系统交货，全球首创6 000kJ+9.08m替打系统与锤芯开工建造，“发电站和电网辅助调频用超高强度钢特大储能飞轮锻件产业化”入选2023年黑龙江省重大科技成果转化项目。

上海电气上重铸锻有限公司（简称上重铸锻）交付整套符合要求的聚变CRAFT TF线圈盒锻件产品，承制的我国首套国产920mm缸径大型船用低速机曲轴锻件交付，成功研制600MW高温堆核岛主设备成套大锻件。

洛阳中重进入了水电、四代核电、大型模具等工业领域，成功制造出外径超过5m的百万千瓦级核电护环锻件、世界最大直径13.6m高硬度铸钢齿轮铸件、世界最大规格5 600mm轧机牌坊铸件，为国内首台150兆瓦级大型冲击式水轮机转轮提供马氏体不锈钢转轮体及水斗等核心铸锻件。

太原重工股份有限公司（简称太原重工）签订10件250kW·h飞轮储能转子产品订单。

河南中原特钢装备制造有限公司（简称中原特钢）成功开发W350（XF328R）模具钢，高品质高碳铬轴承钢套圈及滚子用100CrMnMoSi8-4-6锻件产品。

融发玛努尔核电设备股份有限公司（简称融发玛努尔）成功研制核电容器高温气冷堆锻件环轧件，研制的核电乏燃料容器锻件出口韩国，研制出高服役寿命周期飞机轮毂。

武汉重工成功研制主管道、主蒸汽管道，突破了管道冷弯技术及弯管加工等关键技术。

中国第二重型机械集团德阳万航模锻有限责任公司（简称万航模锻）成功研制超复杂立体钛合金构件，第1 000件A320主起落架外筒锻件交付。

中航卓越锻造（无锡）有限公司（简称中航卓越）获得国家专精特新“小巨人”企业认定。

伊莱特能源装备股份有限公司（简称伊莱特）“73mm～16m系列环锻件”入选2023年度“山东制造·齐鲁精品”榜单，为首座深远海浮式风电平台——海油观澜号提供了11件明阳7.25MW样机风电法兰。

非会员单位的相关技术动态。中国铁建重工集团自主研发的直径8.61m盾构机主轴承下线，这件全球直径最大、单体最重的整体式盾构机主轴承，质量达62t。东方电气集团东方电机有限公司联合无锡派克新材料科技股份有限公司自主研制的国内首台变速抽蓄机组超大直径护环锻件下线，填补了超大直径（约 5m）非磁性金属护环锻件国产化制造空白；太重榆液打磨机器人助力铸造生产效率大幅提升，铸造分厂单 01 阀体铸件每天打磨作业可达 2 000 多件，比人工打磨效率提高 30% 以上。

大型铸锻件领域 2023 年获省部级以上科技成果奖励项目 9 项（不完全统计）。2023 年行业获奖项目情况见表 2。

表 2　2023 年行业获奖项目情况

序号	项目名称	奖项名称	获奖等级	主要完成单位
1	重型高端复杂锻件制造技术变革性创新研究团队	国家卓越工程师团队		中国一重
2	高端装备轻合金铸造技术科技创新团队	国家卓越工程师团队		中国机械总院集团沈阳铸造研究所有限公司
3	大型矿用磨机齿轮传动装置关键技术及应用	2023 年度机械工业科学技术奖	二等奖	中信重工机械股份有限公司、洛阳中重铸锻有限责任公司
4	长龙山抽水蓄能发电机整锻转子中心体制造关键技术及应用	2023 年度机械工业科学技术奖	三等奖	二重（德阳）重型装备有限公司
5	先进制造用超大型钢锭洁净化冶金关键技术开发与应用	2023 年度冶金科学技术奖	一等奖	中国第一重型机械股份公司、北京科技大学、燕山大学
6	高品质钢精准钙处理关键技术与在线控制软件开发及应用	2022 年度教育部高等学校科学研究优秀成果奖	一等奖	中国第一重型机械股份公司
7	矿山重型装备齿轮传动装置极端制造关键技术及产业化	2023 年度河南省科学技术进步奖	一等奖	中信重工机械股份有限公司、洛阳中重铸锻有限责任公司
8	大规格合金钢圆坯立式连铸技术及产业化	2023 年度河南省科学技术进步奖	二等奖	河南中原特钢装备制造有限公司
9	海上 14MW 风电关键零部件——超大型轮毂铸造技术的研发及应用	2023 年度机械工业科学技术奖	三等奖	山东国创精密机械有限公司

新产品和技改投入　行业企业积极响应“双碳”号召，增加节能环保设备投入。同时，产能投入活跃度提升，中国一重继 2022 年打造齐齐哈尔风电叶片制造园区后，2023 年持续开展大型铸锻件产能布局，长三角基地项目和酒泉一重西北高端装备制造基地项目奠基；太原重工太重智能高端装备产业园区全面投产，园区占地面积 1 409 亩（1 亩 ≈666.67m^2），总投资 60 亿元；二重装备热加工主设备和配套设备改良项目 20 余项，投资近 5 000 万元；上重铸锻新建 28 个项目设备，包括 5 台炉窑蓄热式改造、热处理炉等，大幅度提升铸锻件产能；洛阳中重新建 1 台直径 2.2m × 5.5m 渗碳炉，新增 360t 大模数齿轮轴产能；中原特钢新增 / 改造工艺设备 4 台（套），项目建成后可以实现年产 16 000t 高品质特殊钢产能；鞍钢重机新增设备及技改投资 2 800 余万元；武汉重工新建大型冶炼设备，大幅提升冶炼能力；金雷科技技改投入约 503 万元，改建 / 新增台车式电阻炉、卧式车床等 6 组设备，年新增产量约 1 万 t。

1. 二重（德阳）重型装备有限公司

二重装备大型铸锻件领域承担省部级以上科研项目 12 项，完成验收 1 项。“1 000MW 及以上核电机组常规岛汽轮机焊接转子锻件研制”以第三代核电常规岛汽轮机焊接转子产品研制为依托，通过系统研究解决冶炼、锻造、热处理、机械加工、检测等技术难题，完全掌握了 1 000MW 及以上核电机组汽轮机焊接转子全流程关键制造技术，形成稳定供货能力，制造技术达到国际先进、国内领先水平。

新产品研制。研制开发新产品 5 项，其中仅历时 4 个月成功研制东电扎拉 500 兆瓦级转轮中心体锻件，突破了 500 兆瓦级冲击式转轮中心体锻件制造全流程关键技术，探伤零缺陷，属世界首台，实现了 500 兆瓦级马氏体不锈钢冲击式转轮锻件“从 0 到 1”的重大突破，为国家开发地下水资源重大工程做出重要支撑，技术达到国际先进水平；为法马通供货的“华龙一号”主泵泵壳研制成功，并通过中国核动力研究设计院核级设备制品技术评定中心评定，属于国产化首件，标志着二重装备成为全面掌握世界三大百万千瓦核级主泵锻造泵壳制造技术的供应商；成功研制核反应堆一体化吊篮筒体，首次在超大尺寸奥氏体不锈钢异形空心筒体上实现工程化制造交付，是二重装备在奥氏体不锈钢大锻件领域的重要突破；为东方汽轮机供货的“华龙一号”核电低压焊接转子实现首套交货，1 000MW 及以上核电机组常规岛汽轮机焊接转子锻件经过多轮技术改进和优化，2023 年实现了批量交货，累计交货 5 套高中压焊接转子和 9 套低压焊接转子，批量化制造能力进一步提升；成功研制 M701J 型燃气轮机燃兼压缸和透平缸铸件，突破了高品质 H/J 级重型燃机关键制造技术，并实现 8 套产品交付。

新技术突破。突破了“半整铸”式转轮铸件全流程制造技术，使二重装备成为行业内首家采用数控模型 + 砂型铸造方式成功制造新型“半整铸”式转轮铸钢件的企业；突破了 650℃超超临界汽轮机汽缸用镍基合金 12 吨级汽缸铸坯大吨位高纯均质冶炼、铸造技术，完成了国内外目前最大吨位 650℃超超临界汽轮机汽缸铸件全尺寸工业试制件的铸坯制备，并通过专家组评审鉴定。

大型铸锻件领域。二重装备主持完成的长龙山抽水蓄能发电机整锻转子中心体制造关键技术及应用项目获 2023 年度机械工业科学技术奖三等奖，参与完成的中国自主三代核电技术“华龙一号”首堆工程项目获中核集团科学技术奖特等奖。

技改投入。2023 年二重装备固定资产总投资项目约 65 项，总投入超过 1 亿元；实施环保创 B 级绩效项目约 30 项。其中，新建模型厂自动化加工设备，改变了模型制作模式，从纯手工制作向机电自动化制作转型；炼钢、铸造完成 12 项环保除尘设备的新增及改造；炼钢、铸造、锻造完成作业现场安全环保整治，大幅改善现场作业环境；持续开展工业炉窑低氮节能改造，降低工业炉窑氮氧化物排放；开展了 120MN 水压机主缸改良、锻造厂 400t · m 操作机改良、热处理炉蓄热式改造等热加工主设备和配套设备改良项目 20 余项，投资近 5 000 万元。

2. 中国第一重型机械股份公司

中国一重在大型铸锻件领域承担省部级以上科研项目 30 项，完成验收 4 项。掌握关键新技术 20 项，2023 年荣获“机械工业大型重点骨干企业”称号。

新产品研制。中国一重研制新产品 6 项，其中，成功研制世界 500MW 冲击式机组全尺寸不锈钢转轮轮毂及水斗锻件，扎拉转轮轮毂锻件采用了 300 吨级马氏体不锈钢钢锭，锻造重量超过 160t、外圆直径近 5m、最大厚度 1.2m，成品轮毂锻件质量达到 107t，是目前世界最大规格的马氏体不锈钢转轮锻件；扎拉转轮模锻水斗锻件的毛坯质量超过 3t，壁厚为 30～300mm，斗宽约 1.5m，锻件复杂系数达 S4 级以上，属于大型深腔复杂曲面马氏体不锈钢锻件，突破了超大超厚不锈钢锻件锻透压实、水斗锻件高效批量化生产等突出技术问题，属于世界最大，技术达到国际领先水平。2023 年中国一重在大型铸锻件领域获省部级以上科技奖励项目见表 3。

表 3　2023 年中国一重在大型铸锻件领域获省部级以上科技奖励项目

项目名称	奖项名称	获奖等级	主要完成单位
重型高端复杂锻件制造技术变革性创新研究团队	国家卓越工程师团队		中国一重
先进制造用超大型钢锭洁净化冶金关键技术开发与应用	2023 年度冶金科学技术奖	一等奖	中国第一重型机械股份公司等
高品质钢精准钙处理关键技术与在线控制软件开发及应用	2022 年度教育部高等学校科学研究优秀成果奖	一等奖	中国第一重型机械股份公司参与
中国自主三代核电技术“华龙一号”首堆工程	中核集团科学技术奖	特等奖	中国第一重型机械股份公司参与

中国一重持续开展大型铸锻件产能布局，2023 年 1 月长三角基地项目奠基，项目一期占地面积 121 亩，总建筑面积 51 332 m^2，建设有冶炼、电渣重熔、锻造等设施和工艺装备。项目建成后，将形成年产 8 万 t 高品质、高技术含量、高附加值的各种锻件产品。2 月，酒泉一重西北高端装备制造基地项目奠基，项目建成后，将年产 10 万 t 大型风电铸件与百吨级核乏燃料罐铸件，满足 1 000 套以上风电装机需求。

新建设备。新建 2 台天然气及高炉煤气与天然气混合气双套管线可以互相切换的加热炉、3 台天然气热处理炉。

新增产能。3 台新建锻后热处理炉投入使用后，锻后热处理件数增长 44.89%，锻件合格毛坯发出量增长 11.6%。2 台加热炉投入使用后，锻造量增长 14.3%，日均火次增长 14.6%，重点品种投料增长 29.5%，月接锭能力增加 23 支。

3. 上海电气上重铸锻有限公司

上重铸锻在大型铸锻件领域承担省部级以上科研项目 3 项，完成“超低温工程用超大直径薄壁弯刀部件的研发及产业化”项目验收，“600MW 快中子增殖反应堆示范工程用超洁净高性能关键材料研制”通过中期评估。

新产品研制。上重铸锻研制新产品 4 项，研制并交付了整套符合要求的聚变 CRAFT TF 线圈盒锻件产品；研发出大型船用柴油机曲轴锻件一系列关键技术，成功实现了 920mm 缸径大型船用柴油机曲轴锻件国产化批量制造，并获得了 WINGD 和 MAN 专利公司及相关船级社认证；成功研制 600MW 高温堆核岛主设备成套大锻件、船舶用改进型铸钢材料。突破了特大型超低碳控氮奥氏体不锈钢电渣重熔冶炼技术、大型厚壁锻件控形控性锻造技术、超低温等级固溶热处理控性技术等系列关键技术。

掌握关键新技术 18 项，其中大型船用曲轴精锻成形技术、奥氏体不锈钢超厚板“锻＋轧”技术、超低温等级固溶处理控性技术等属于国内首创，达到国际领先水平。

获上海市创新型中小企业、上海市专精特新中小企业称号，通过院士工作站建站申请。

大型铸锻件领域。上重铸锻主持的“高端能源装备大型锻件热处理关键技术及应用”项目获中国机械工程学会热处理分会科技创新奖。主持完成的“核反应堆压力容器大型厚壁锻件提升低温冲击功的方法”项目获中国专利奖优秀奖。

新建 28 个项目设备，包括 5 台炉窑蓄热式改造、热处理炉、各式技术支持仪器等，大幅度提升铸锻件产能和大锻件锻造、加工、热处理等能力。

4. 洛阳中重铸锻有限责任公司

洛阳中重在大型铸锻件领域承担省部级以上科研项目 3 项，完成验收 1 项。国家重点研发计划项目——基础制造热加工工艺数据库已采集铸造、锻压、焊接、热处理专业现场数据和实验数据 50 余万条，建成热加工全过程生产测控系统和集成化仿真模拟平台，实现重机行业典型零件热加工过程一体化仿真模拟及生产验证，目前各课题已经完成验收。

研制新产品 15 项，完成 12 项，产品涉及核电、石化、冶金、建材等工业领域，同时突破了大型异型锻件精确成形、大规格不锈钢锻件晶粒度控制、不锈钢冷锻成形、高硬度齿轮钢强韧性匹配等行业技术难题，进入了水电、四代核电、大型模具等工业领域。成功制造出外径超过 5m 的百万千瓦级核电护环锻件，成功制造出国内最大规格 500 兆瓦级水电转轮中心体锻件以及核电成套锻件、大型冶金轧辊、高硬度铸钢齿轮等产品。

掌握关键新技术 7 项，突破了大型矿用高强韧铸造齿轮材料及其制备技术，制造出世界最大直径 13.6m 高硬度铸钢齿轮铸件，属于行业首次，技术达到国际先进水平；制造出世界最大规格 5 600mm 轧机牌坊铸件。2023 年洛阳中重在大型铸锻件领域获省部级以上科技奖励项目见表 4。

表 4　2023 年洛阳中重在大型铸锻件领域获省部级以上科技奖励项目

项目名称	奖项名称	获奖等级	主要完成单位
矿山重型装备齿轮传动装置极端制造关键技术及产业化	河南省科学技术进步奖	一等奖	中信重工机械股份有限公司主持、洛阳中重铸锻有限责任公司等参与
大型矿用磨机齿轮传动装置关键技术及应用	2023 年度机械工业科学技术奖	二等奖	中信重工机械股份有限公司主持、洛阳中重铸锻有限责任公司等参与

技改投入。新建 1 台 2.2m × 5.5m 渗碳炉，新增 360t 大模数齿轮轴产能；对 7 台热处理炉进行改造，蓄热式烧嘴取代传统烧嘴，提高热能利用率，降低燃气消耗。

5. 太原重工股份有限公司

太重智能高端装备产业园区全面投产，园区占地面积 1 409 亩，总投资 60 亿元。冶炼系统达到月度设计产能，125MN 快速自由锻造液压机全面升级改造并投入运行。

6. 鞍钢重型机械有限责任公司（简称鞍钢重机）

鞍钢重机研制新产品新技术 14 项。3.5 万 t 海绵钛工程反应器研制成功，保证了攀钢 3.5 万 t 海绵钛扩能工程急需。“炼钢工序钢包全程节能降碳工艺技术研发与应用”成果获得 2023 年度鞍钢集团科学技术奖三等奖。公司成功完成锻造替代初轧开坯立项攻关，促成了专项产品新的铸锻轧工艺路线；“炼钢工序钢包全流程节能保温成套技术装备”“高端钛特结合 – 薄板生产线智能轧制机组工艺设备”和“宽幅镁合金六辊轧机机组”3 个产品入选《辽宁省工业企业创新产品目录》。

鞍钢重机及所属设计院 2 家单位获国家高新技术企业称号。

2023 年新增设备及技改投资 2 800 余万元，固定资产投资项目 20 项，新建 7 台设备，开展加热炉改造工程，促进了专项产品生产能力和产品质量提升。

7. 河南中原特钢装备制造有限公司

2023 年中原特钢成功开发了 W350（XF328R）模具钢，V 口平均冲击达到 23.8J；试制成功耐磨耐腐蚀高氮高锰钢辙叉产品，各项技术指标达到设计预期，力学性能远高于传统铸造高锰钢辙叉，整体技术指标达到国内领先水平；开发高品质高碳铬轴承钢套圈及滚子用 100CrMnMoSi8-4-6 锻件产品，各项技术指标均达到行业先进水平。

“大规格合金钢圆坯立式连铸技术及产业化”项目获 2023 年河南省科学技术进步奖二等奖。

技改技措情况。锻造节能环保改造提升建设项目，新增 / 改造工艺设备 4 台（套），项目建成可以实现年生产 16 000t 高品质特殊钢产能。小寨园区天然气改焦炉煤气综合改造项目一期，新增 / 改造工艺设备 15 台（套），可以实现年生产 8 000t 高品质特殊钢产能，进一步提升锻造生产工序保证能力。

8. 中钢集团邢台机械轧辊有限公司

中钢邢机围绕创建世界一流专业领军示范企业目标，瞄准科技前沿、绿色制造、市场急需，系统布局新产品谱系，积极开展新材料新技术的理论研究和创新设计，加强明星产品培育。向市场推出三大类 8 项新产品，进一步优化产品结构，厚植新产品储备和应用实力。研发的耐用型高速钢、中板高速钢、短流程专用高速钢系列轧辊和 CHR 专用辊，实现革命性突破。

9. 融发玛努尔核电设备股份有限公司

融发玛努尔在大型铸锻件领域承担省部级以上科研项目 2 项，完成验收 2 项。其中，“小型反应堆核蒸汽系统装备模块化制造”为山东省重点研发计划重大科技创新工程，实现了小型反应堆制造技术的突破，完成了 1 台小型核压力容器的制造，掌握了小型核压力容器一体化封头成型制造技术、大壁厚筒体法兰接管段锻压、热处理制造技术、大厚度镍基堆焊技术等，科研项目通过验收。

研制新产品 4 项。其中，核电容器高温气冷堆锻件环轧件填补了核电容器锻件在环轧制造上的技术空白，实现了自由锻 + 环轧制造新技术的创新，属于首次实现用环轧技术制造核电容器锻件；核电乏燃料容器锻件填补了核电乏燃料容器锻件制造上的技术空白，产品出口到韩国，首次实现核电乏燃料容器锻件出口；高服役寿命周期飞机轮毂解决了我国飞机轮毂寿命周期短等难题，属于国内首次制造，该产品目前成功进入了我国 JM 飞机应用领域，达到世界先进水平；研制了一体成型大型球面产品。

10. 武汉重工铸锻有限责任公司

武汉重工大型铸锻件领域承担省部级以上科研项目 5 项，完成验收 1 项。

研制新产品 22 项，其中 19 个项目完成了研制任务，突破了多项技术瓶颈，掌握关键新技术 25 项。主管道、主蒸汽管道、氢能源成套装备等研制项目，突破了管道冷弯技术及弯管加工等关键技术，进入氢能源等新兴领域，达到国内领先水平。

武汉重工获多家船舶装备企业“2023 年度优秀供应商”称号。2023 年武汉重工承担的 CAP1400 主蒸汽超级管道自主化研制项目获 2023 年中国船舶集团科学技术奖一等奖，大型模拟压力试验筒研制和三沙二号滚装船螺旋桨轴的研制 2 个项目分别获 2023 年中国船舶集团科学技术奖三等奖。

技改投入。武汉重工新建大型冶炼设备，新增炼钢产能，大幅提升冶炼能力。

11. 中国机械总院集团沈阳铸造研究所有限公司

中国机械总院集团沈阳铸造研究所有限公司在大型铸锻件领域承担省部级以上科研项目 1 项。

技改投入。新建 1 台 20t 电渣熔铸设备，新增 1 000t 产能，产能提升 15%。

12. 中国第二重型机械集团德阳万航模锻有限责任公司

万航模锻在大型锻件领域承担省部级以上科研项目 42 项，完成验收 9 项。

研制新产品 178 项，其中，超复杂立体钛合金构件突破了三维方向大尺寸模锻件成形技术、大比例变截面锻件性能保证及均匀性技术、多半封闭区域复杂尺寸零件的加工技术，达到国内领先水平。

掌握关键新技术 6 项，其中“钛合金棒材整体预制 + 精模锻低成本制造技术”打破传统锻坯制框方案，首创棒材拔长、整体预制 + 精模锻方式实现 TA15 整体框低成本制造，该项技术达到国际先进水平。

大型锻件领域 2023 年获得科技成果奖励项目 5 项，“大型飞机用中高强钛合金复杂构件锻造成形关键技术及应用”项目获得 2023 年度中国机械工业集团有限公司科学技术奖一等奖，2023 年度航发集团科学技术奖二等奖、三等奖各 1 项，2023 年度中国航空工业集团科学技术奖二等奖、三等奖各 1 项。

13. 浙江宏茂重工有限公司

浙江宏茂重工有限公司 2023 年度通过国家高新企业评定。

技改投入。浙江宏茂重工有限公司新建热处理 10m 井炉设备 1 台，新增 600 t/a 的转子主轴热处理产能。

14. 青岛正大重工有限公司

青岛正大重工有限公司在大型铸锻件领域参与完成的重型电动螺旋压力机用开关磁阻电机关键技术及应用研究项目获得机械工业科学技术奖三等奖。

15. 通裕重工股份有限公司

通裕重工在大型铸锻件领域，2023 年研制新产品 2 项，即 9MW 海上锻造风力发电机主轴、全纤维一体成型磁轭圈锻件。其中，9MW 主轴为全球最大锻造风力发电机主轴，磁轭圈锻件采用行业首创全纤维一体成型技术，两项新产品均通过山东省机械工业科学技术协会组织的科技成果鉴定。DN3000 球墨铸铁管管模通过山东省机械工业科学技术协会组织的科技成果鉴定，该管模长 6.78m，管身外径 3.4m，管身内径 3.13m，锻造总毛坯重 153.7t，是目前世界最大的球墨铸铁管管模。

2023 年通裕重工主持完成的 ZSK2309A 数控龙门动梁复合式三坐标深孔钻镗床项目获山东省机械工业科学技术奖一等奖。

16. 金雷科技股份公司

金雷科技在大型铸锻件领域共承担省部级以上科研项目 3 项，完成验收 3 项。截至 2023 年，掌握关键新技术 10 项，其中超大异形孔风机轴锻造技术突破了 6 兆瓦级，被认定为山东省首台（套）技术装备，金雷科技被认定为关键核心零部件生产企业，同时是国内首次实现量产化的企业。在大型铸锻件领域累计获省部级以上科技成果奖励项目 12 项。

金雷科技被评为“省级一企一技术”研发中心，“博士后创新实践基地”“山东省工程研究中心”等 5 个省级科技创新平台和 4 个市级科技平台。

技改投入。2023 年技改投入约 503 万元，改建 / 新增台车式电阻炉、卧式车床等 6 组设备，新增年产能约 1 万 t，在保证工件质量的同时加快产品生产过程，并实现能源的节约和工件精细化的提升。

〔撰稿人：中国重型机械工业协会大型铸锻件分会徐文金　审稿人：中国重型机械工业协会大型铸锻件分会沈国劬、毛闯〕

重型锻压机械

1.“十四五”行业发展情况

重型锻压设备主要为机械压力机（含热模锻压力机、摩擦压力机、电动螺旋压力机、平锻机等）和液压机（含模锻液压机、挤压机、自由锻液压机、拉伸机、热成型液压机、橡皮囊液压机等），另外还有电镦机、重型操作机等。重型锻压机械产品广泛应用于汽车、冶金、航空、航天、军工、铁路、化工等行业，包含锻造、冲压和挤压三大领域，每年消耗金属板、管、棒、线和型材等超过 3.9 亿 t，实现工业增加值 7 000 多亿元，采购各种类型装备 1 000 多亿元，在国民经济建设中发挥重要作用。

根据《中国重型机械行业“十四五”发展规划纲要》预测，未来几年我国钢铁工业的发展趋势是从依靠规模经济转向收缩、控制产能，发展绿色经济；科技创新方面，从依赖国外引进技术转向以我国自主知识产权技术为主；能源利用由单位的局部优化转向系统优化；关注有毒有害污染物种类的控制；传统的钢铁工业与现代信息化、智能化深度融合，进一步推进钢铁行业升级。因此，“十四五”期间，我国重型锻压机械行业重点研究方向包括：高端复杂极限制造技术与装备、超大厚壁筒体锻件形状与性能协同控制成型技术与装备、大型高效精密径向锻造成套设备、智能化大型蒙皮拉形设备、第四代先进快堆核燃料组件管成型装备与工艺、适用于新材料新工艺的特种压力机与技术、大型化和整体化型材挤压技术与装备、支撑性产业需求的核心关键塑性加工技术与装备等行业急需的成套设备。

目前我国锻压行业的发展仍然受制于美国、德国等少数国家，他们依靠掌握的3D打印技术、液压成形技术、超高强钢板热冲压技术等先进制造技术，始终处于全球领先地位。国外主要锻压设备制造企业有德国西马克梅尔、德国穆勒万家顿、德国拉斯科、美国阿贾克斯、意大利瓦卡里、俄罗斯伏龙涅什重型机械、俄罗斯重型锻压机械等。我国重型锻压设备企业部分产品技术已经达到国际先进水平，但关键核心技术和产品稳定性等仍有提升空间，且未来将向大型化、智能化、精密化方向演进。

国内主要重型锻压设备制造企业有济南二机床集团有限公司、太原重工、中国一重、二重装备、合肥锻压集团、江苏扬力集团有限公司、中航重机股份有限公司等。

2. 行业整体运行情况

2023年，重型锻压行业在复杂多变的国内外经济环境下，整体运行态势保持平稳。行业内的企业积极应对市场挑战，加强技术创新，提升产品质量，取得了一定的发展成果。

从市场规模来看，重型锻压机械行业保持了稳定的增长态势。随着国家对制造业转型升级的支持力度不断加大，重型锻压机械作为制造业的重要装备，其市场需求也得到了进一步释放。根据中国锻压协会统计，2022年我国锻件总产量约为1 450万t，连续多年成为全球锻件的第一大生产国和消费国。2023年我国大型锻件产品销售收入达到926.31亿元，预计2030年可以达到1 253.68亿元，2024—2030年期间大型锻件年复合增长率（CAGR）为4.03%。2022年，我国重型锻压机械行业市场规模接近500亿元，同比下降17.95%；2023年，受经济增长减速和产能饱和的叠加影响，市场对重型锻压机械需求进一步减小，市场规模约为467.24亿元，同比下降5.47%。预计2025年的市场规模约为422.5亿元。在行业结构方面，重型锻压机械行业逐步向高端化、智能化方向发展。越来越多的企业开始注重产品研发和技术创新，推出了一系列具有自主知识产权的高端锻压机械产品，提升了行业的整体竞争力。2018—2023年我国重型锻压机械行业市场规模如图1所示。

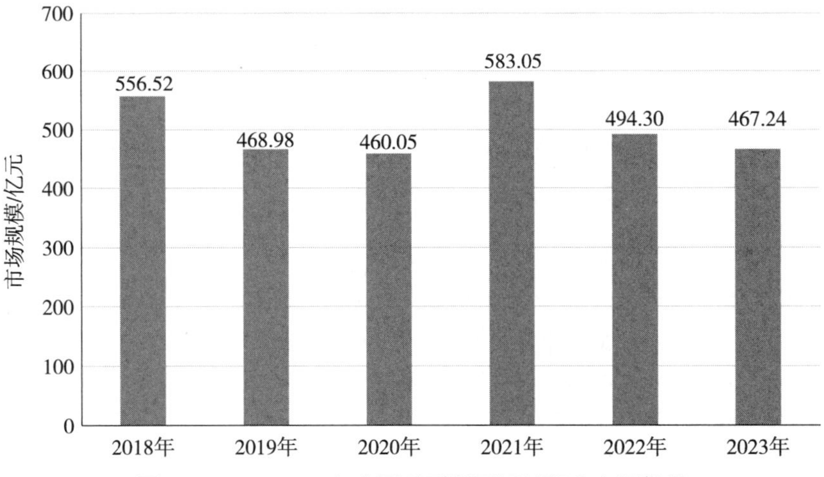

图1　2018—2023年我国重型锻压机械行业市场规模

目前我国重型锻压机械行业低精度、低技术含量的产品呈现产能过剩的局面，价格竞争日趋激烈，产品的利润水平逐步走低；而高技术含量、高附加值的锻件产品，如大型设备中使用的高速重载齿轮锻件，在国内市场供不应求，保持较高的利润水平。“十四五”规划与“一带一路”倡议的进一步实施，为行业融入世界、化解产能带来新的机遇，由锻造零部件延伸至简单装配开发，由零件向部件总成方向发展，由黑色金属向有色金属和新材料方向拓展，由机械零部件向电控零部件总成方向发展。中高端需求进一步增加，国防军工、航空航天、船舶、能源等战略领域重大工程与重点项目对高端装备、短板装备和智能装备需求，将成为新的市场增长点。

2021年重型锻压机械行业主要经济指标情况见表1。2020—2022年重型锻压机械行业产品总体情况见表2。

表1　2021年重型锻压机械行业主要经济指标情况

锻压机械分类	营业收入/万元	同比增长（%）	营业成本/万元	同比增长（%）	利润总额/万元	同比增长（%）	利润率（%）	同比增长（%）
1. 机械压力机	10 240	−23	—	—	—	—	—	—
2. 液压机								
油压机	36 075	8.8	33 910	7.1	2 165	9	6	0.1
3. 热模锻	8 900	−12	—	—	—	—	—	—
4. 挤压机	15 720	−15	—	—	—	—	—	—
5. 环轧机	3 938	—	—	—	—	—	—	—

表2　2020—2022年重型锻压机械行业产品总体情况

锻压机械分类	产量/台	同比增长（%）	产量/台		同比增长（%）	产值/万元		同比增长（%）
	2020年		2021年	2022年		2020年	2021年	
1. 锻锤	16	—	—	—	—	—	—	—
2. 机械压力机	5	20	6	10	66	12 990	10 240	−23
辊锻机	2	0	2	—	—	—	—	—
3. 液压机	—	—	—	4	—	—	—	—
油压机	31	−35.5	20	2	−90	—	36 075	—
4. 热模锻	3	0	3	—	—	—	8 900	—
5. 挤压机	1	0	3	2	−33	235	15 720	6 500
6. 环轧机	0	200	2	—	—	0	3 938	—

3. 重点企业运行情况

2021—2023年重型锻压机械行业重点企业营业收入（锻压机械）见表3。

表3　2021—2023年重型锻压机械行业重点企业营业收入（锻压机械）

企业名称	2021年		2022年		2023年	
	营业收入/亿元	同比增长（%）	营业收入/亿元	同比增长（%）	营业收入/亿元	同比增长（%）
中国一重	3.17	−18.50	—	—	13.8	−16.10
国机重装	0.26	−84.48	0.29	11.54	2.44	−41.38
太原重工	3.61	8.80	4.01	11.08	3.21	−19.95

根据各企业年报的数据，中国一重2023年重型锻压设备的营业收入约为13.8亿元，同比下降16.1%，利润总额和利润率比2022年大幅下降。主要因素包括但不限于国内钢铁行业盈利下滑及部分产业政策的进一步调整。

中国重型院2022年重型锻压机械销售合同总额约5 000万元。中国重型院为广东凤铝生产的200MN前上料短行程铝挤压机投产；完成了为宝鸡钛业股份有限公司研制的国内最大6 300t油压双动钛合金挤压机的验收。

太原重工2022年重型锻压机械的营业收入为4.01亿元，同比增长11.08%；营业成本3.76亿元，同比增长10.8%；利润率6.23%，同比增长0.23%。主要产品为22台油压机，产量比2021年同期增长10%。2022年重型锻压机械主要产品产量11 205t，比2021年增长8.7%。2023年太原重工锻压设备的营业收入约为3.21亿元，同比下降19.95%；营业成本3.03亿元，同比下降19.4%；利润率为5.6%，同比下降10%。主要产品为19台油压机，产量比2022年同期下降13.6%。2023年重型锻压机械主要产品产量8 750t，比2022年减少21.9%。

2023年国机重型装备集团股份有限公司（简称国机重装）重型锻压设备营业收入约为2.44亿元，同比下降24.48%；营业成本2.04亿元，同比下降37.89%；利润总额0.41亿元，利润率为16.68%，同比下降6.16%。

2022年二重装备锻压设备的合同总额为7 400万元，比2021年增长183.2%。公司研制的40MN快速铝合金锻造机组获得铝锻领域新势力宁波旭生集团股份有限公司（简称宁波旭升）青睐，标志着二重装备热模锻压力机产品正式进入了铝合金锻造领域。2023年锻压设备的合同总额约为5 000万元，比2022年下降32.4%。二重装备依托科研项目，开展了智能化生产线总线集成方案和热模锻压力机典型故障机理模型研究，成功签订太重集团 5 000t 热模锻锻造系统生产线总包合同，将 5 000t 热模锻压力机、500t 切边冲孔压力机、机器人自动化锻造系统、模具喷雾润滑系统、链轨节模具模座及锻造工艺、快速换模装置、大屏数据采集系统、远程智能故障诊断技术、整线总控等系统的连线集成、工艺平面布置，以及对接车间的剪切下料系统、余热调质系统、MES 系统，完成整线的全自动控制，应用热模锻自动化生产线先进整体连线技术，实现了智能化先进热模锻生产线技术集成和应用。

2022 年重型锻压机械订货情况见表 4。2023 年重型锻压机械订货情况见表 5。

表 4　2022 年重型锻压机械订货情况

锻压机械分类	生产企业	订货企业	数量 / 台	规格
1. 机械压力机	1. 中国一重	1. 中国一汽	2	24MN、20MN
	2. 西马克、二重装备	2. 宁波旭升	2	25MN、40MN
	3. 西马克	3. 德西福格	1	31.5MN
	4. 重庆江东		1	40MN
	5. 陕西宝锻		1	40MN
	6. 江苏森威		2	25MN 级进模机械压力机
	7. 合锻智能	7. 比亚迪		
螺旋压力机	青岛宏达	中航工业景航锻造有限公司	1	80MN/100MN
2. 液压机	1. 扬力		1	万吨级
	2. 太原重工	宝鼎重工	1	100MN
油压机	1. 中国一重	1. 湖南中创	1	100MN
	2. 西马克	2. 天成航材	1	100MN
3. 挤压机				
铝挤压机	太原重工	湖南中创	1	1.75MN
卧捣卧挤炭素挤压机	太原重工	嘉隆新材料	1	60MN

表 5　2023 年重型锻压机械订货情况

锻压机械分类	生产企业	订货企业	数量 / 台	规格
1. 机械压力机	1. 武汉重工	1. 禾田汽车	多台	60MN
	2. 二重装备	2. 太原重工	1	50MN
	3. 兰石重工	3. 陕西宝锻	1	63MN
	4. 扬力	4. 先锋汽车	1	31.5MN
	5. 扬力	5. 某央企	2	40MN、12.5MN
	6. 新威奇		1	1 000t 平锻机
2. 螺旋压力机	舒勒中国	法国 LISI	1	21MN/250t（切边机）
3. 液压机	太原重工	太重新园区	1	45MN
油压机	合锻智能	威德封头	1	100MN
4. 挤压机				
钢、铜、铝挤压机	太原重工	1. 江苏金合	1	35MN
		2. 宁波博威	1	28MN
		3. 武汉泛州中越合金	1	25MN
		4. 宝武镁业	3	20MN
		5. 长春英利	1	31.5MN
		6. 俄罗斯	2	82MN/18MN
立捣卧挤炭素挤压机	太原重工	宝方炭素抚顺炭素厂	1	20MN/25MN
钢板压力矫平机	太原重工	俄罗斯	1	30MN

4. 行业科技创新情况

2021 年，中国一重围绕国家战略重大需求，承担省部级以上科研项目 14 项，完成验收 5 项，研制新产品 10 项，突破关键核心技术 6 项，掌握新工艺 5 项，5 项项目获得省部级以上科技成果奖励。同年，中国一重申报专利184项（其中发明专利121项），获授权专利86项（包括授权发明专利20项），主持制定行业标准3项，参与修订行业标准2项，获得软件著作权3项。自主开发的7 000t高速冲压线设计和八连杆及六连杆压力机杆系优化设计软件达到国际先进水平。首台（套）“基于机器人柔性传输的大型多工位压力机项目”2021年7月通过科技成果评价，实现了国内外首次大型多工位压力机板料和工件的多机器人协同柔性传输，提高了系统运行的可靠性，降低了生产成本和能耗。

2022年2月，中国一重为湖南中创空天新材料股份公司设计制造的100MN油压机一次性热负荷试车成功，设备各项参数和性能达到用户要求；3月为一汽解放青岛公司设计的2 400t冲压自动化线及2 000t试模压力机是国际首个14SPM机器人上下料的高速冲压线，配备有自动导引车（AGV）、立体库、数字孪生、废料线等设备，市场竞争力较强，是推动技术向数字化、智能化转型重要手段。

2023年，中国一重高质量提前完成了“1025工程”二期项目的全部攻关任务，并承担了国务院国资委未来产业攻关项目、工业和信息化部产业基础再造和制造高质量专项项目、科技部国家重点研发计划等10项重要攻关任务。公司成功中标比亚迪6条热模锻整线集成项目，在铝合金自动化锻造方面持续发力，成功研制出世界最大直径12m轻合金环轧机、世界最大500MW冲击式转轮全尺寸轮毂及水斗锻件、全球首台3 500kJ液压打桩锤替打系统核心部件等创新设备。此外，中国一重整合优化内部资源，调整子公司大连工程技术有限公司与天津重工有限公司的研发职责，推动天津重工有限公司形成研产供销服的核心功能，提升公司的核心竞争力。中国一重的“重型高端复杂锻件制造技术变革性创新研究团队”荣获首届“国家卓越工程师团队奖”。2023年实现装备制造业务生效订单299.7亿元，同比增长3.4%。

2021—2022年，二重装备承担省部级以上科研项目2项，重点关注自身智能化、数字化转型，打造机电液多领域参与的一体化智能生产线，实现锻造生产全流程的精确管控。新产品研制方面，除40MN快速铝合金锻造机组外，2022年11月二重装备研制的十轴伺服驱动步进梁在重庆齐信汽车零部件有限公司热模锻压力机上成功应用，标志着国产伺服驱动步进梁技术实现质的突破，打破国外公司的技术壁垒，实现步进梁机械手的国内市场应用，使得二重热模锻产品由设备供应向工程总包转变。2021年公司申报专利4项；2022年申报专利6项，其中发明专利5项。2023年二重装备不仅推进了热模锻压力机生产线的柔性化、智能化进程，还实现了智能化的先进热模锻生产线技术集成和应用。同年，二重装备自主研制的热模锻步进梁机械手实现了1万件连续生产验证和两种锻件产品工艺验证，该设备具备柔性化的生产能力，可根据工艺需要设定模具喷雾润滑系统的喷盘位置及各工位的脱模剂和空气流量，能适应多种锻件产品的快速切换。通过以上项目的实践应用，二重装备基本具备了提供热模锻自动化生产线整体解决方案的能力。在2023年中国创新设计大会暨2023年度好设计颁奖大会上，二重装备、中国二重万航模锻联合申报的“800MN大型模锻压机”项目荣膺2023年中国“好设计”金奖。十轴伺服控制步进梁机械手项目获得2023“临平杯”第三届全国机械工业设计创新大赛铜奖。公司2023年申报专利3项，其中发明专利2项。

2021年太原重工研制新产品2台（套），包括2×36MN直角铝合金挤压机、33MN铜挤压机。其中，自主研制的2×36MN直角铝合金挤压机属于国内首台（套）全新工艺的制造装备；33MN铜挤压机实现了挤压垫自动循环更换和模具自动清理更换功能。2021年申报专利9项，其中发明专利9项；获授权专利7项，其中授权发明专利7项。

2022年太原重工研制新产品1台（套），包括90MN电极液压机，实现了电极的自动压边、称重、翻转、码垛功能，是国内首次实现该功能的电极液压机。另外，由太原重工为嘉隆新材料有限公司设计制造的60MN卧捣卧挤炭素挤压机热负荷试车成功，该设备是目前国内最大规格的炭素挤压机。2022年太原重工申报发明专利7项；获授权发明专利8项。

2023年太原重工研制新产品1台（套），即25MN双动反向铜挤压机。该挤压机实现了模具的自动清理、定位和更换，从而实现了铜挤压机的全自动化生产，只需要一人值守就可进行主机的挤压生产。太原重工5项科技成果荣获省科技奖，其中“225MN卧式铝挤压成套装备关键技术研发与应用”获山西省科学技术进步奖二等奖。该项技术首次提出双勾头、双半圆键传力结构和预张紧技术，使加工量减少90%，加工工期缩短60%；突破了张力柱长期制约框架承载能力的瓶颈，达到国际领先水平；解决了复杂问题，总和成品率平均提高9%；实现了铝挤压整线精准、高效智能一体化运行。2023年申报发明专利6项；获授权发明专利7项。

2022年中国重型院在重型锻压机械领域承担省部级以上科研项目2项。作为面向冶金、重型机械等行业的综合性装备技术研发、设计与工程总承包的国家级创新型高新技术企业，中国重型院致力于服务国家重大战略，满足国家重大需求，攻克“卡脖子”技术与“短板”装备，实现重型装备的智能化、高端化、绿色化。2022年3月，由中国重型院为宝鸡钛业股份有限公司设计供货的我国最大的钛合金专用挤压生产装备——6 300t正向双动钛合金挤压生产线通过用户验收。该线可生产的型材最大截面积达5 000mm^2，管材最大直径为320mm。

2021—2022年重型锻压机械行业部分获奖项目情况见表6。

表 6　2021—2022 年重型锻压机械行业部分获奖项目情况

项目名称	奖项名称	获奖等级	主要完成单位
大型筒节轧制及热处理控形控性一体化理论技术	河北省科学技术奖	一等奖	中国一重
“华龙一号”核反应堆压力容器制造技术	辽宁省科学技术奖	一等奖	中国一重
7 000t 高速冲压线设计	黑龙江省科学技术奖	二等奖	中国一重
800MN 大型模锻压机关键技术及工程应用	中国机械工业科学技术奖	特等奖	二重装备
225MN 铝挤压成套装备关键技术研发及应用	山西省科学技术进步奖	二等奖	太原重工
重型机械通用技术条件（GB/T 37400.1～16）	机械工业科技进步奖	二等奖	太重集团
伺服冷精锻自动化智能生产线关键技术研发及运用	机械工业科学技术奖	二等奖	兴锻

5. 主要技术产品动态

2021 年

7 月，江苏兴锻智能装备科技有限公司（简称 CPTEK- 兴锻）向客户交付 1 条自主研发的“2 台 2 500t 汽车铝合金控制臂热模锻自动化生产线”，并成功试打样件。该生产线自动化程度高，主要生产高端乘用车的铝合金悬架控制臂。

9 月，中国一重承制的 50MN 多工位油压机热负荷试车成功。

9 月，欧福公司第五次订购采用舒勒伺服直驱技术的 PK 3150 曲柄锻造压力机，用于在欧福中国工厂生产铝合金底盘零部件。

10 月，青岛宏达锻压机械有限公司通过大量理论推导计算和试验，成功研制出最大力为 200MN 的 EP-10000 重型数控电动螺旋压力机，为航空航天、汽车、轨道交通、军工、工程机械等高领域的高速发展提供了关键核心装备。目前，该装备已进入产业化应用阶段。

11 月，二重装备为济南吉隆生产的新型 63MN 热模锻压机顺利通过连续 8h 热负荷运转测试并成功锻打出第一批样件。锻压机整体性能稳定，运行良好，热负荷试车一次性成功。

12 月，合肥合锻智能制造有限公司 7 000t 自由锻液压机研制成功。该液压机主要用于大型钢锭的开坯和各种轴类、饼类、环类等锻件所对应的镦粗、拔长、滚圆、冲孔、扩孔等锻造工艺，具有精度高、高可靠性、抗偏载能力强、能耗低、噪声低等优点。

12 月，河北宏润核装备科技股份有限公司 8 000t 卧式挤压机顺利完成首件 P91 无缝管热挤压试制。

12 月 16 日，东风锻造有限公司 50MN 自动化锻造生产线正式投产。该设备为“东风锻造”50 年发展史上真正意义上的自主集成的全自动锻造生产线，可实现 8s 生产一根曲轴锻件，年产能 150 万件。

2022 年

3 月，由中北大学张治民团队研发、天锻压力机有限公司制造的多向加载旋转挤压装备通过运行考核，该设备解决了内环高筋壳体无法整体成形与均匀强韧化的难题。研制出筋高 66mm 的大型稀土镁合金内环筋锻件、筋承载能力较机加提高 1 倍。

3 月，中国一重自主研发 7 000t 高速冲压线获黑龙江省科技进步奖二等奖。

3 月，作为铝锻领域新势力的宁波旭升向西马克订购了 2 500t 铝锻生产线进行汽车悬架部件锻造；铝锻件著名供应商德西福格公司，再次向西马克订购了 1 台全自动 MP3150 型模锻压力机，该压力机将按照极高的生产精度和节拍，锻造汽车底盘的铝合金锻件。

6 月，总投资 7.188 亿元的江苏太平洋精锻科技股份有限公司新能源汽车轻量化关键零部件生产项目开工，主要产品为新能源汽车转向节、控制臂等底盘类铝合金锻造安全件及其部件总成，全面达产后可形成年产 500 万件铝合金锻件及 2 万 t 铝合金棒材的生产能力。

7 月，中航工业景航生产交付的国内首台 80MN/100MN 重型数控电动螺旋压力机，是目前国内市场上成型力最大、运动部分能量最高的数控电动螺旋压力机。

7 月，二重装备研制的 40MN 快速铝合金锻造机组获得宁波旭升青睐，标志着二重装备热模锻压力机产品正式进入了铝合金锻造领域。

8 月，行业最大的 100MN 西马克四柱下拉式快锻机组在天成航材完成首次热试车。

8 月，重庆江东机械有限责任公司自主研发生产的 4 000t 超高强钢热冲压高速压力机是填补国内同行业空白的科技创新成果。

9 月，合锻智能研制的 3 150t—8 000t 车轮锻造液压机正式投产。该液压机主要用于轨道交通、起重机的车轮锻造，配备了快速对中机构、喷淋系统等辅助机构。液压系统采用了变量节能系统，具有高精度、高可靠性、抗偏载能力强、能耗低、噪声小等优点。

10 月，陕西宝锻锻压有限公司新建的 4 000t 锻压机设备已完成安装调试，正式投入生产。

10 月，CPTEK- 兴锻“伺服冷精锻自动化智能生产线关键技术研发及运用”获 2022 年度机械工业科学技术奖二等奖。CPTEK- 兴锻将大转矩伺服直驱系统与机械式冷锻压力机结合，为攻克新型锻件起到了关键性作用。

11 月，扬力集团为人防工程领域开发的万吨级复合材料专用伺服液压机在江苏扬力液压装备有限公司成功下线，丰富了国内复合材料热成形设备的品种。

11 月，二重装备研制的十轴伺服驱动步进梁在重庆齐信汽车零部件有限公司热模锻压力机上成功应用，标志着国产伺服驱动步进梁技术质的突破，将推进我国汽车行业模锻件的生产效率和质量提升。

11月，江苏森威精锻的两条2 500t热模锻生产线投产。

11月，合锻智能向比亚迪新能源汽车提供多台级进模机械压力机。

12月，青岛宏达锻压机械有限公司通过大量理论推导计算和试验，成功设计研发了EP-12500型125MN重型电动螺旋压力机，为汽车、轨道交通、工程机械等领域的高速发展提供了关键核心装备。目前，该装备已进入试生产阶段。

2023年

1月，武汉新威奇科技有限公司成功研制出4 000t大吨位伺服直驱电动螺旋压力机，用于生产先进航空发动机的关键零部件。武汉新威奇科技自主研制的J58ZK-4000型伺服直驱式数控电动螺旋压力机顺利交付客户，该设备性能指标达到或部分超过了国外同类产品，能更好地实现锻件产品高精、高效、稳定生产。

2月，由太原重工为湘潭钢铁集团有限公司设计制造的60MN压平机挤压机安装调试完毕，并投入使用，这是目前国内最大规格的采用压力矫平中厚钢板的液压机。

4月，三环锻造公司6 300t铝合金智能锻造生产线自动化调试成功，实现连续生产铝合金转向节锻件达218件，标志着该生产线在铝合金锻件产能提升上取得了新突破。

4月，航宇科技精密环锻件智能制造生产线竣工投产大会在德阳国家经济技术开发区成功举行。该生产线是“设备+大数据+智能制造”的精益智能制造生产线、国内首条航空环锻全自动控制生产线，由全自动下料线、柔性锻造线、全自动热处理线和智能仓储线构成，可提供高品质、低成本、短流程的精密环锻件系统解决方案。

6月，太重集团新园区45MN自由锻造液压机热负荷试车一次性成功。该设备由太重集团自行设计研发，在提高机械化、自动化水平中大胆创新，为热处理炉窑配置了20t取料机，它在作业时可灵活穿梭于热处理炉窑之间，大幅提升炉料周转效率。

6月，中锻智能装备设计院成功研制出355MN螺旋压力机核心零部件——螺杆和螺母。其螺杆直径为1 320mm、质量85t，设计院通过有限元分析、三维模拟仿真设计、优化工艺装备，使制造精度尤其是表面粗糙度首次超过了国际先进水平，完全实现国产化。

6月，清华大学设计研制的300MN模锻液压机在北京钢研高纳科技股份有限公司（德阳锻造基地现场）热试成功，该设备的控制精度、锻造精度等指标均达到世界一流水平。

上半年，思进智能成功研制出SJBP-88S复杂零件冷成形机、SJBP-108S多连杆精密零件冷成形机、SJBP-138L及SJBP(H)-168S精密智能冷镦成形装备等八工位系列机型，其中多台设备已完成订单交付。

7月，东风锻造有限公司锻造厂自制的“50MN全自动锻造生产线”投产。该条生产线以生产新能源汽车锻件为主，全铸钢车身、外X形滑块导轨、高效节能电机和储能设计、全稀油循环润滑等高科技运用，充分体现了高效、节能、低碳、绿色的国家发展理念，不仅性能和质量与进口设备相媲美，而且具有很强的价格优势。

8月，天水风动机械股份有限公司隆重举行了凿岩机械精密锻造中心建成投产仪式，新建成两条精密锻造生产线。1 600t电动螺旋压力机，与750kW中频炉和315t压力机配套组合，新建的精密锻造生产线成为目前国内最先进的凿岩机锻件生产线。同样，在400kW中频炉、250t压力机和160t压力机的密切配合下，首台2 000t双向挤压机的成功引进应用，行业首创多向模锻热挤压缸体毛坯锻造加工工艺运行，成为企业领军国内凿岩机械研发制造的又一重大科技成果和实践应用。

9月，中国重型院为天水风动机械股份有限公司设计研发的首套高效节能20MN/3MN多向镦液压机，采用多向镦挤工艺生产凿岩机缸体。该设备的最大压紧力达2 000t，最大镦粗力300t，主要由机架、压紧缸、压紧装置、升降导向装置、镦挤缸、集中润滑系统等组成。其压紧装置首次采用二级连杆增力机构，放大倍数柔性可调；升降导向装置首次采用导向延长机构，导向平稳，且便于更换导向板；液压系统首次采用低功率电动机超压技术，极大地简化了液压系统的配置、降低了装机功率。该项目是中国重型院进军凿岩机械行业的关键工程，为中国重型院进入模锻镦挤领域提供了契机。

9月，合锻智能研制成功海外交钥匙工程大型高铁道岔热模锻自动液压机生产线。该生产线由锻造压力机、加热炉、模具、自动化系统等组成，主要用于欧洲标准轨道道岔的高精度热模锻成型，项目由全资子公司纳赫智能负责总线集成。

11月，北京机电研究所锻压中心承建的两条新能源汽车铝合金底盘关键零部件自动锻造生产线顺利通过客户验收并正式投产。至此，北京机电研究所应用自主研发的高端新能源汽车铝合金精密锻造成套技术在全球范围内已建成20多条生产线，稳定为比亚迪、蔚来、理想、特斯拉、奥迪、宝马等知名新能源汽车企业提供优质铝合金锻件。

11月，山东圣德智能装备有限公司4 000t伺服直驱数控螺旋压力机研发成功。该设备高9.5m，质量超360t，配备了转矩13.5万N·m的永磁伺服电动机，解决了4 000t伺服直驱螺旋压力机的核心技术问题。

11月，天锻公司联合天津职业技术师范大学、机科发展科技股份有限公司完成的THP11-3000B液态模锻生产线项目，获2023年高端装备创新设计大赛金奖。THP11-3000B液态模锻生产线采用先进车轮锻造技术，应用了新材料、新工艺、新设备和智能控制技术，用于高质量、高性能特点的汽车铝合金车轮生产。该项目的实施填补了我国基础装备制造业在液态模锻领域的空白，推动了铝合金车轮在重载货车、客车等领域的应用，并推动轻量化汽车零部件行业的发展。

12月，由太原重工为西部超导材料科技有限公司设计制造的90MN油压机安装调试完毕，投入使用，实现了电极的自动压边、称重、翻转、码垛功能，是国内首次实现该功能的电极液压机。

12月，天锻公司中标Magna公司大吨位复合材料压机订单，这是Magna公司首次选择从中国采购液压机设备。

12月，CPTEK-兴锻4 000t热模锻全自动化生产线在福州金锻整线调试完毕，实现全自动化投产。这是CPTEK-兴锻在2023年继龙腾特钢首条4 000t热模锻自动化线投产之后，第二条由CPTEK-兴锻自主研发的热模锻设备、自动化搬运，以及石墨自动喷涂装置，同时集成加热炉、模架模具等实现自动化生产。

12月，天锻公司为Stellantis集团斯洛伐克工厂提供的首条12 000kN复合驱动热成形压力机自动化生产线完成安装调试，实现首件生产。这标志着该生产线已具备生产能力，为批量生产奠定基础。

6. 行业工作

2021年，重型锻压机械分会（简称分会）大力开展规划编制、技术交流、期刊出版等工作，加强了行业内外信息的沟通。

（1）《中国重型装备》杂志出版工作。中国重型机械工业协会（简称总会）作为《中国重型装备》的主办单位，为期刊的日常运营及提升发展提供政策指导和信息支持。2021年《中国重型装备》共完成4期编辑出版，刊登技术论文80篇。

（2）按照总会的统一安排，组织重型锻压机械“十四五”规划审定工作，根据国家相关规划和重型锻压机械服务行业的规划，修改形成“十四五”规划报批稿，规划分析了重型锻压机械行业现状及发展趋势，制定了重型锻压发展战略原则和重点任务，并提出了相关措施及建议。组织《中国重型机械工业年鉴》行业部分编写工作，组织专家库推荐工作。

2022年，分会主要工作。

（1）搭好平台，促进行业间信息共享。2022年制定并实施《中国重型装备》高质量办刊行动，吸纳青年编委20人和青年技术编辑12人。探索实施期刊专题出版模式，10月刊出清洁能源装备专题，阅读量显著提升。2022年《中国重型装备》共完成4期的编辑出版任务，刊登技术论文74篇。

（2）夯实基础，服务行业。组织编写了《重型锻压机械行业发展基本情况和产业图谱》，梳理了行业概况、经济规模、产业链布局、骨干企业情况、区域发展、标准化工作、国际形势、发展方向等方面情况，绘制了典型重型锻压机械及其技术水平的装备图谱。探索建立重型锻压机械分会运行分析制度，做好重型锻压机械分会自查自纠工作。完成“2021年度优秀会员单位”评比推荐、行业专精特新成果集中推介。组织编写了《中国重型机械工业年鉴2022》中重型锻压机械行业内容，全面反映行业发展状况。

2023年，分会主要完成了以下几个方面的工作。

（1）加强交流，促进行业水平提升。原计划2022年召开的技术交流会“提档升级，重型锻压机械高质量发展”，因疫情原因延期到2023年10月26—27日在重庆市召开。10家行业企业共15人出席会议。中国重型机械工业协会副理事长兼秘书长王继生，重型锻压机械分会理事长李骏骋出席会议。会议由分会秘书长、二重装备副总工程师漆小虎和二重装备设计院主任杜俊雷主持。

重庆大学国家卓越工程师学院执行院长罗远新到会致辞，王继生发表讲话并作重型机械行业形势报告。李骏骋代表分会讲话，对重型锻压机械行业发展和科技创新情况作了介绍，提议行业携手合作、共促行业发展。

会议特邀重庆大学国家卓越工程师学院执行院长罗远新、中国重型院首席专家张营杰、太重滨海重机正高工魏征宇、燕山大学教授曹秒艳、清华大学教授张磊、中国一重天津重型装备工程研究有限公司副部长曹志远、二重装备工程师韩浩然围绕重型锻压机械及上下游技术相关的智能化、高端化发展进行交流研讨。

（2）2023年《中国重型装备》杂志共完成了4期的编辑出版任务，刊登技术论文57篇。

7. 存在的问题及发展建议

通过对比2022年与2023年的相关数据，可以看出我国锻造行业发展速度放缓，行业内部存在产能过剩、产品结构单一等问题，市场响应速度慢，难以灵活应对市场需求变化，但在技术创新、产品升级和市场开拓等方面也取得了显著进展。

然而，锻造行业在发展中仍面临一些挑战，如原材料价格波动、人工成本上升、环保压力增大等。当今世界国际环境复杂多变，正处于大变革大调整时期，同时国际环境日趋复杂，不稳定性、不确定性明显增强。以经济和科技为核心的竞争加剧，国际贸易规则面临挑战，给世界经济持续发展带来诸多变化与风险。因此，锻造企业需加强内部管理，提高生产效率，降低生产成本；同时加大研发投入，推动技术创新和产品升级；并积极拓展国内外市场，提高市场竞争力。

用户对于产品的需求不再是简单的单机设备，而是逐步向系列化转变，更倾向于整线全包的“交钥匙”工程，这就要求企业对生产制造的全流程有更多了解，尤其是对锻造工艺的研究。目前，重型锻压机械行业设备供货企业间的竞争十分激烈，近年出现低于成本价的恶性竞争，并呈扩大趋势。企业利润率的持续降低，导致各企业对装备技术研发的投入不足，不仅阻碍了行业技术进步，而且诱发了人才流失和人才断层等问题。建议各级政府设立科研课题时能针对现有问题有所侧重，促进企业保障适当的技术研发投入。

〔撰稿人：中国重型机械工业协会重型锻压机械分会苏立娜〕

基 础 件

减 速 器

行业发展的宏观环境 作为工业动力传动不可缺少的重要基础部件之一，减速器广泛应用于环保、建筑、电力、化工、食品、物流、塑料、橡胶、矿山、冶金、石油、水泥、船舶、水利、港口、纺织、印染、饲料、制药、机器人、机床等行业。2023年政府逐步调整了疫情防控政策，前5个月行业主要经济指标快速回升；进入6月份后，主要经济指标增速逐渐放缓。减速器行业景气度与宏观经济、固定资产投资、制造业投资等密切相关，2023年下半年在外需不足、内需不振的背景下，减速器行业下游需求放缓，行业发展承受一定的压力。

1. 从市场端看

随着供给侧改革的推进、产业结构调整的继续深入、基础设施投入加大、市场供求矛盾逐渐缓和，传统下游行业逐步回暖。在《中国制造2025》和《“十四五”智能制造发展规划》等相关政策的大力支持下，工业自动化产业规模持续快速增长以及环保、新能源、机器人等新兴行业的发展为减速器行业带来新的需求增长点。据中商产业研究院发布的《2022—2027年全球及中国工业机器人减速器行业研究报告》显示，截至2023年年底，我国减速器行业的市场规模达到1 387亿元。

2. 国家宏观政策对行业发展的支持

2023年6月，工业和信息化部等五部门联合发布的《制造业可靠性提升实施意见》提出，围绕制造强国、质量强国战略目标，聚焦机械、电子、汽车等重点行业，对标国际同类产品先进水平，补齐基础产品可靠性短板，提升整机装备可靠性水平，壮大可靠性专业人才队伍，形成一批产品可靠性高、市场竞争力强、品牌影响力大的制造业企业。

2023年9月，财政部和税务总局联合发布《关于先进制造业企业增值税加计抵减政策的公告》，明确自2023年1月1日至2027年12月31日，允许先进制造业企业按照当期可抵扣进项税额加计5%抵减应纳增值税税额。这项政策进一步降低了先进制造业企业的相关税负，有利于优秀制造企业长期稳健发展。

2023年12月，《工业和信息化部等八部门关于加快传统制造业转型升级的指导意见》出台，再次从政策端发力引导与支持企业加大研发投入，加快传统制造业转型升级，激发高端装备产业突破核心技术封锁的动力。

3. 行业发展特性

（1）行业集中度持续加大，龙头企业带动效应明显。近年来，随着国内工业高速和高质量发展，减速器下游用户对核心零部件的质量要求日益严苛。减速器行业龙头企业凭借优秀的品牌效应、强大的研发能力、广泛覆盖的销售渠道、完善的售后体系、对供应商较强的议价能力，以及充足的现金流等优势持续扩大经营规模，市场份额逐步提升。而众多中小企业因自身能力有限，不断被市场淘汰。尤其是近年来，受环保政策趋严的影响，一批设备能耗或工艺不符合环保要求的落后小规模企业正加速被市场淘汰，市场份额进一步向龙头企业集中。

（2）国产品牌的产品性能持续提升，国产替代进一步提速。近年来，国内减速器行业整体发展较快，国产品牌在产品的结构设计、工艺水平、质量控制等方面与外资品牌的差距进一步缩小，与售后服务等软实力形成共振，品牌认可度逐年升高。国内知名减速器厂商不断扩大产品的市场份额，国产替代进一步提速。

4. 行业周期性

减速器行业景气度与国民经济发展、固定资产投资、制造业投资等密切相关，具有一定的周期性。但因减速器应用领域分布广泛，单个行业的需求变化对减速器行业整体需求不会产生重大影响，在一定程度上可平滑行业周期性波动。

行业主要上市公司业绩

1. 中国高速传动设备集团有限公司

2023年，中国高速传动设备集团有限公司实现销售收入约240.77亿元，同比增长14.2%；综合毛利润约33.95亿元，同比增长4.0%；净利润约9 600万元，同比略有下滑。

2. 宁波东力股份有限公司

2023年，宁波东力股份有限公司实现营业收入14.87亿元，比2022年增长1.28%；实现归属于上市公司股东的净利润0.4亿元，比2022年下降87.68%。

3. 浙江双环传动机械股份有限公司（简称双环传动）

2023年，双环传动实现营业收入80.74亿元，比2022年增长18.08%；实现归属于上市公司股东的净利润8.16

亿元，比 2022 年增长 40.26%；基本每股收益 0.97 元，比 2022 年增长 32.88%。

4. 江苏国茂减速机股份有限公司（简称国茂股份）

2023 年，国茂股份实现营业收入 26.6 亿元，比 2022 年下降 1.35%；实现归属于上市公司股东的净利润 3.95 亿元，比 2022 年下降 4.44%；基本每股收益 0.6 元，比 2022 年下降 4.76%。全年销售减速器约 65.45 万台，比 2022 年增长 7.64%，产品的市场份额进一步提升。主要原因是公司的经营规模在国内通用减速器企业中处于领先地位，具备较强的规模优势和品牌优势。2023 年公司聚焦稳健发展、质量提升、降本增效、改革创新、风险防控等重点工作，持续巩固通用减速器传统核心业务，不断加快发展高端减速器、工程行星减速器、精密减速器等成长型业务，充分发挥营销管理及销售网络优势，加强细分市场开拓，增强客户黏性。但因 2023 年减速器市场需求不足，价格竞争激烈，加之上游原材料价格下降，导致公司产品均价有所下降，营业收入同比下降。

5. 浙江通力传动科技股份有限公司（简称浙江通力）

2023 年，浙江通力实现营业收入 4.67 亿元，比 2022 年增长 0.1%；实现归属于上市公司股东的净利润 0.8 亿元，比 2022 年下降 16.55%；基本每股收益 0.74 元，比 2022 年下降 37.82%。

6. 泰尔重工股份有限公司（简称泰尔重工）

2023 年，泰尔重工实现营业收入 11.07 亿元，比 2022 年增长 2.25%；实现归属于上市公司股东的净利润 −0.42 亿元，比 2022 年下降 10.25%；基本每股收益 −0.08 元，比 2022 年下降 10.21%。

7. 杭州前进齿轮箱集团股份有限公司（简称杭齿前进）

2022 年，杭齿前进实现营业收入 18.82 亿元，比 2022 年下降 14.28%，实现归属于上市公司股东的净利润 2.11 亿元，比 2022 年增长 0.99%，基本每股收益 0.528 元，比 2022 年增长 0.99%。

行业企业技术创新

1. 太原科技大学重型机械教育部工程研究中心（简称中心）

2023 年，中心重大装备关键基础件研发团队围绕传动联接件、轴承等基础件研究，加强与企业合作，在校企产教融合方面做了以下工作。

由中心牵头与太原重工股份有限公司等企业协同完成的科研项目获得 2023 年高等学校科学技术研究优秀成果奖（科学技术）二等奖。中心牵头的“不锈钢中厚板表面质量智能化检测及修复技术开发”“高端冷轧取向硅钢二十辊轧机用二中间辊的研发”两个项目被批准为太原市“双百”攻关行动解绑挂帅项目，项目总金额超过 1 000 万元；中心还获得国家重点研发子课题和山西省科技重大专项项目。中心和宝钢集团建立了项目合作关系。在中心 8 月 20—22 日承办的山西省 2023 年青年摩擦学学术论坛、10 月 19—22 日协办的第十八届全国塑性工程学术年会暨第十届全球华人塑性技术研讨会上，黄庆学院士受邀作主旨报告。卫华集团向中心捐赠价值 98 万元的实验车间起重机，大新传动公司向中心捐赠了价值 38 万元的测功机及控制系统。中心宁可博士顺利通过第二批全国高校“百名研究生党员标兵”创建培育工作验收，学位论文入选山西省优秀博士学位论文。中心被评为山西省新一批“科学家精神教育基地。”

2. 泰尔重工

泰尔重工成立于 2001 年，是冶金装备制造领域的领军企业之一。围绕冶金智能装备、智能制造、工业服务领域的五大系列产品成套技术、核心设备、核心备件、表面技术再制造、生产线服务覆盖全球 1 700 多条轧制生产线、工程公司、设计院和装备制造公司。

泰尔重工以智能化产品、智能化制造、智能化服务、智能化管理，打造冶金装备的技术与研发平台、核心制造平台、设备备件服务交易平台、设备大数据平台，以“精勤治业、追求卓越”的企业精神，不断深化产品链、技术链、服务链。

2023 年，泰尔重工在科技创新、基础研究等方面取得了丰硕的成果，入选首批安徽省标准化创新中心，荣获第六届安徽省人民政府质量奖提名奖、2023 年度安徽省新产品、2023 年度安徽省专精特新冠军企业、2023 年度马鞍山市智能制造标杆示范企业名单、第二十四届中国专利优秀奖、第十届安徽省专利银奖等荣誉。泰尔重工构建了产学研技术研发体系和机制，2023 年先后承担安徽省科技厅重点研发产业链协同创新领域“新能源用高性能齿轮钢及关键零部件技术研究和应用”、工业和信息化部高质量发展专项“动车组联轴器研发及产业化”项目。主持和参与制定并获批发布标准 5 项，其中国家标准 1 项、团体标准 4 项。获授权专利 91 项，其中发明专利 18 项。

3. 国茂股份

国茂股份的减速器产品根据结构和原理不同，可以分为齿轮减速器、摆线针轮减速器两大类。

公司依据下一年度业务情况的预测制定当年采购规划。2023 年年初，公司与主要供应商签订年度采购框架合同。当公司实际出现采购需求时，才向供应商发送采购订单。公司的采购定价模式以核价采购为主，询价采购为辅。核价采购指的是通过成本核算及合理利润加成的方式确定采购价格，通过核价采购的产品主要是铸件、锻件等。每月，公司会根据原材料价格行情判断采购价格是否需要调整，询价采购指的是向多个符合条件的供应商进行询价，综合性价比确定采购对象和价格，通过询价采购的产品主要包括轴承、电机等。

从生产流程来看，公司采取零部件生产环节适当备库、装配环节以销定产的生产模式。从生产的组织形式来看，公司以自主生产为主、外协生产为辅。

根据公司是否将产品直接销售给终端客户，将销售划分为直销、经销。公司的所有销售模式均为买断式销售，不存在代销的情况。公司的客户中，贸易型企业称为经销商，归类为经销客户；使用公司产品的客户，称为终端客户，归类为直销客户。经销模式是指公司与经销商签署买断式经销合同，将产品销售给经销商，经销商再自行销售产品。直销模式是指公司直接与使用公司产品的企业签署销售合同，该类企业为公司的终端客户。

4. 浙江通力

（1）在业务发展上，2023 年浙江通力继续推进上市募投项目建设和通力智能装备（杭州）有限公司高端传动装备智造项目建设，持续推进工程建设、设备购置、调试、产能扩张等工作的落地；公司依托自身在业内良好的品牌知名度和质量口碑，积极巩固原有客户市场，通过提升销售人员积极性、深入挖掘新的细分领域专用市场，保持订单规模稳定。公司新成立市场渠道部，将原有的经销商业务统一划归市场渠道部管理，同时完善相关经销商管理制度和政策，加大资源倾斜力度，积极开发新的经销商渠道。

（2）在研发创新上，浙江通力继续保持较高比例的研发投入，结合市场需求及发展趋势，围绕客户需求，集中资源解决技术难点，积极推进生产工艺优化和改进；公司努力调动技术人员的积极性，加大在传动系统及智能驱动方向的研发力度，促进各类产品逐步向智能驱动方向转型升级，并着重对精密行星齿轮减速器进行一系列的创新、改进探索和测试；加大技术研发人员参与售前选型的力度，锻炼提升技术研发人员同客户沟通、分析问题、解决问题和服务客户的能力；挖掘创新研发或改动的产品技术亮点，形成自主知识产权，积极申报科技创新项目及国家专利等。

（3）在内部管理优化上，浙江通力对管理软件 ERP 系统进行优化升级，更加广泛覆盖了公司各个部门及子公司的协同运作管理，为公司数字化管理升级搭建了更加稳固的基础平台；公司在部分岗位引入绩效考核管理方法，规范岗位业务流程，建立了按岗位、技能、业绩、效益决定薪酬的评价考核方案；大力推动公司各部门将数据分析、数据建模等工具用于日常工作、总结，形成用数据逻辑说话，用数据发现问题、提出问题和解决问题的习惯，从而提升工作能力和工作效率。

（4）核心竞争力。作为我国工业传动系统领域具备明显竞争力的标杆企业之一，浙江通力拥有经验丰富的研发团队，持续进行减速器产品及相关技术的研发创新。公司注重新产品的研究与开发，紧跟行业发展趋势，在研项目及未来计划开展的研发项目具有较高的技术水平和良好的应用前景。

1）技术优势。浙江通力是国内同行业企业中掌握全系列齿轮减速器设计技术的少数企业之一，在研发、生产等关键领域积累了多项专利和核心技术。自成立以来专注于减速器的研发、生产、销售及服务，经过十多年的不断积累与沉淀，目前，公司拥有减速器传动结构设计开发技术、减速器组件模块化设计开发技术、减速器精益生产技术以及减速器定制化设计开发技术四大核心技术。

通过核心技术的应用，公司减速器产品形成了较强的市场竞争力，能够较好地满足下游不同行业客户的多元化需求。公司先后建立了浙江省企业技术中心、浙江省企业研究院、浙江省高新技术企业研究开发中心、浙江省博士后工作站，被评为国家高新技术企业、国家级专精特新“小巨人”企业、国家级绿色工厂、浙江省“隐形冠军”企业，获得了浙江省民营科技创新奖、温州市市长质量奖等奖项，并作为起草单位参与了 4 项减速器国家标准与行业标准的制定。截至 2023 年年底，公司拥有专利 41 项，其中国内发明专利 8 项、实用新型专利 27 项、外观设计专利 6 项。

2）品牌与服务优势。公司减速器产品用户数量较多，用户群体具有行业分布广泛、产品需求多元化等特征。通过持续的研发投入，公司逐步丰富、持续升级、迭代更新自主品牌“通力”系列减速器产品，并不断提升、改善产品性能，多项产品获得了省级工业新产品等相关认定。在各细分市场领域，公司结合行业特性设计了专业化程度高、适用性强的减速器产品，得到客户的广泛认可。公司拥有一支经验丰富的销售团队，拥有多年减速器产品营销经验，熟悉公司产品的结构、性能、应用特点，能与客户进行高效的商务交流与技术沟通，精准把握客户的实际需求，为各类客户提供优质的售前、售中与售后全流程服务。公司先后为中国一重、中国二重、中国中冶、中粮集团、青山控股、齐鲁制药、宁德时代、中央电视台春晚舞台、北京冬奥会、杭州亚运会等国内知名企业以及国家重点项目提供高性能的配套减速器，并出口至东南亚、南美等地区。经过多年发展沉淀，“通力”品牌在我国减速器行业具有较高的知名度和良好的市场口碑，被评为中国驰名商标。得益于“通力”品牌的知名度不断提升，公司业务规模和盈利能力在行业内持续保持领先，被评为“浙江省商标品牌示范企业”。

5. 双环传动

双环传动始终聚焦主业，紧密围绕发展战略和经营管理目标开展各项运营工作，积极推动高精密制造平台化延伸和市场多元化发展。2023 年，公司重型载货汽车自动变速器齿轮业务、新能源汽车齿轮业务等均呈现良好增长态势。公司持续推动的内部降本增效、自主创新等工作，有效地提升了制造能力，降低了单位成本，推动公司业绩稳步增长。

（1）扎实研发，与客户做创新伙伴。作为客户研发的创新伙伴，公司依托自身多年的高精密齿轮制造经验以及研发能力，持续为客户赋能并提供齿轮解决方案，以“研发先行、研产一体”的发展战略相继获得多个优质新能源汽车电驱动齿轮和小总成项目。随着下游客户对电驱动齿轮转速、密度、效率、噪声和品质稳定性要求的日益提升，公司在新能源汽车齿轮领域的竞争优势愈发显著。为进一步提高与客户的合作黏性、巩固先发优势获取全球优质项目，全资子公司环研传动研究院（嘉兴）有限公司全力投入到齿轮及相关传动部件的研发工作中，包括软件开发、精密成形研究、制造装备研究、齿轮相关产品的研发设计等，形成较为完整的研发体系，它不仅成为公司新技术、新产品的研发基地，也是培养技术人才的重要平台，可持续增强公司的核心竞争力，助力公司在行业中保持领先地位。

（2）深化领域拓展，构建多元化产品体系。以齿轮技术为核心，持续研发新产品和探索新的应用场景，紧跟新兴市场的发展趋势，满足更广泛的市场需求。公司将构建以齿轮为核心的多元化产品生态作为一项关键战略。为实现这一战略目标，公司以控股子公司环驱科技为载体，凭借孙公司三多乐智能传动有限公司多年积累的设计实力，结合母公司的运营和制造能力，积极投入注塑和相关复合材料齿轮及小总成的研发，相继在智能家居、车载部品等领域的市场份额获得增长，特别是在扫地机行业的市场占有率增长较快，预计未来将助力公司实现稳定而持续的业绩增长。此外，子公司环动科技凭借自身机器人精密减速器的研发能力和批量交付能力，在国内 RV 减速器的市场占有率持续提升。子公司继续不断地丰富和完善其减速器产品系列，优化性能和设计创新，以高性价比的产品和技术嵌入式营销服务赢得了客户和市场的广泛认可。利用 RV 减速器产品的技术和市场协同效应，环动科技的谐波减速器产品也成功实现供货。为进一步巩固在精密传动领域的领军地位，子公司团队积极组织资源对新结构的精密减速器进行探索与研发，为满足未来机器人对关节的多样化需求奠定坚实的基础。

（3）深耕细作，拓宽“护城河”。通过持续的深耕细作和长期的积累沉淀，公司不断地拓宽“护城河”以提升自身的竞争力。

首先，积累在线数据，加强设备定制。公司在生产制造的过程中不断地收集和分析产品的在线数据，深化对精密制造工艺的理解。借助数据分析结果，公司能够对设备提出精准的定制化要求。2023 年，公司成立装备研究所专注于高精密设备的定制化研究，致力于识别与制定符合公司产品特性的定制化方案。通过这一举措，公司提高了设备的加工能力，保持了制造工艺方面的领先地位，形成了自身独特的精密传动产品设计、制造一体化解决路径，从而在市场竞争中占据有利地位。其次，打造双环特色智造工厂，有效提升人均效率。公司在生产制造过程中不断推进建设高效、柔性的具有双环特色的“智造工厂”。通过精益生产和技术改善有效地提升了关键和核心工艺设备的能力和综合使用效率，叠加生产线自动化的有序推进，单位产出以及人均效率有效持续提升，人均效率比 2022 年提升了 20%。最后，在各生产基地之间统筹调配关键生产设备，平衡各基地之间与下游需求的匹配性，促使生产资源更加充分地发挥作用，进一步显现内部的协同效应。

（4）健全长效激励机制，构建可持续人才发展体系。公司始终以长期战略目标为导向，对人力资源进行科学管理，明确提出了培养“专业、敬业、高效、廉洁”员工的目标，塑造“一群人、一件事、一辈子”的企业文化精神。为打造具有国际竞争力的人才团队，公司实施了多项吸引、培养和激励各类技术型人才和管理人才的策略。此外，公司为员工提供长远的职业发展路径，减少人才流失，确保人才的持续稳定发展。

1）公司通过“双环鹰计划”持续提升关键岗位人员的能力，培养中、基层管理和专业人才，打造人才梯队。

2）不断地丰富和优化人才团队，公司通过已建立的博士后科研工作站持续吸纳优秀科研人才，现已拥有 12 名来自国内外知名大学的博士。截至 2023 年，公司博士后流动站先后培养出 10 名博士后，正联合培养 3 名在站博士。

3）公司通过不断完善长期激励机制，成功吸引并留住了优秀人才的同时，充分调动中高层管理人员、业务骨干及优秀员工的积极性，2023 年人员流失率显著降低。以上举措，为员工提供了充满活力的工作环境和成长机会，为公司的持续发展和保持行业领导地位打下坚实的基础。

（5）绿色制造，走可持续发展之路。为贯彻“绿色低碳”理念，实现绿色转型，公司有序地开展企业范围内的全面碳盘查、识别并计算价值链上下游活动的碳排放情况等工作，将绿色制造理念渗透到产品全生命周期；同时，公司加大了绿色钢材的采购，鼓励供应商提高钢铁材料回收成分的占比；并在内部减少塑料包装的采购，加大发货产品中可循环包装材料的使用等。此外，各基地积极推行绿电设施建设，嘉兴双环、江苏双环、重庆双环已完成光伏设施建设，2023 年发电量共计 5 589MW · h，先后斩获国家绿色工厂、浙江省节水型企业、浙江省“无废工厂”、重庆绿色工厂等荣誉。

6. 杭齿前进

面对严峻的市场形势和外部多重不利因素的影响，杭齿前进经营层紧紧围绕年度工作重点及经营目标，克难攻坚，整体运营水平持续提升。

（1）强化市场开拓，着力稳定内外部市场。船用产品内销方面，抓住船舶市场发展机遇，着力开发市场热点区域业务，实现了存量市场的平稳发展。公司紧盯渔船、运输船等市场，保证常规产品的市场占有率。在内河航运、国产化替代，以及顺应新能源发展趋势，积极推广电驱动及混合动力产品方面，取得一定成绩。船用产品外销方面，公司积极走访东南亚、欧洲等市场，及时调整营销策略，大功率产品同比取得了明显增长。船舶推进系统产品的市场品牌认可度进一步提高，手持订单较多，销售量取得较大增长。风电产品方面，由于行业新增装机容量同比虽有增长但低于预期，部分主机厂装机计划未能如期实施，原定订单延迟提货导致公司相应产品的销售同步延迟，增长额未达预期。公司积极对接主流整机厂，匹配平台型机型产品，保持销售量平稳增长。工程机械产品方面，受行业市场周期性调整、市场需求整体乏力的影响，销售量有所下滑。公司及时调整产品结构，积极推广凿岩台车、铲挖一体机、伸缩臂叉车、新能源电驱动及国产化替代新产品，为后续发展打下良好基础。农机产品受国四升级、各地补贴政策等因素影响，销售量有所下降。粉末冶金产品方面，受工程机械市场调整影响，销售量有所下降。

（2）加大研发投入，持续提升产品市场竞争力。公司全年完成新产品开发 98 项，关键零部件开发 19 项，新增授权专利 37 项，其中发明专利 16 项。公司主持和参与制定国家标准 13 项、行业标准 22 项、团体标准 7 项。2023 年，公司荣获“国家知识产权优势企业”“浙江省知识产权示范企业”等荣誉称号。“智能控制小倾角船用齿轮箱”项目入选国内首台（套）装备，“大功率液力变矩器及变速器的轻量化、高效节能关键技术研究与应用”项目荣获中国产学研合作创新与促进奖——产学研合作创新成果奖。船用产品对标国际先进，完成了多项新产品的国产化替代开发、试制交付工作；积极拥抱低碳经济，完善电推、混合动力系列型谱的规划设计，完成多项电动、混驱齿轮箱的开发应用。完成新型渔船、工作船等项目的主推进系统开发。工程机械产品紧抓国产化替代契机，完成多型号自动变速器、电驱变速器、伸缩臂叉车液力变速器的设计开发应用。风电产品紧跟风电大型化趋势，加快产品迭代，完成 6MW 系列、7MW 系列等重点产品的开发和批量供货，以及 8MW 系列等市场急需产品的设计开发和样机试制。农机产品深入了解客户需要，完成了 350 马力（1 马力 =735.499W）动力换档箱、六道绳打结器和大型收割机传动系统设计开发等。

（3）推进管理创新，不断提高运行效率。公司围绕业务聚焦，优化运营管理体系，深入推进供应商全生命周期管理，持续实施精益管理，加强新型班组建设工作，加大降本工作。强化人力资源管理，多层次、多角度开展员工培训，着力企业高层次人才队伍建设。有序推进生产效率和制造水平稳步提升，持续推进数字化工厂建设，“大功率工程机械变速器数字化车间”项目入选 2023 年浙江省数字化车间名单；深化高质量数字化转型，扩展工业互联网平台应用，“杭齿传动智造工业互联网平台”入选浙江省第四批省级工业互联网平台名单。

7. 宁波东力股份有限公司

（1）主要产品

1）齿轮传动设备。产品包括专用齿轮、非标齿轮、标准齿轮的传动设备，营销模式以直销和经销并重，生产模式为以销定产，产品广泛应用于冶金、矿山、建材、环保、电力、水利等行业。

2）电驱动设备。产品包括高效电动机和冶金、起重、辊道、变频、制动、防爆、永磁等特种电动机，营销模式以直销和经销并重，生产模式为以销定产，产品广泛应用于冶金、起重、建材、化工、煤炭等行业。

3）门控系统。产品包括手术室自动门、通道自动门、防辐射自动门、病房自动门、紧急疏散门、自动重叠门等自动化门控装置，营销模式以直销和经销并重，生产模式为以销定产，产品应用于医院、药企、写字楼等行业。

（2）主要竞争力

1）能够满足客户多元化需求。公司针对不同客户群体设计开发制造多样化、个性化产品，系统化满足客户需求，在全面服务客户多样化需求上具有优势。

2）高效生产和质量控制能力。公司将质量管理体系内化于数字化工厂建设中，将信息技术与生产制造进一步融合，打造数字化运营和分析平台建设，通过信息化手段将设计研发、生产制造、试验检测、售后服务等流程深化到公司各个运营环节，提高生产效率和产品质量，提升响应速度，优化服务品质。

3）卓越的市场开拓能力。公司专注于高端市场，根据符合客户个性化需求的产品特点和客户地域分布，建立了“直销 + 经销”的营销模式，产品销售网络遍布我国的 32 个省、自治区、直辖市，并出口到欧洲、美洲、非洲、东南亚、澳大利亚等国家和地区，在全球范围内拥有一批稳定且优质的客户群体。与众多的世界 500 强企业建立了长期的战略合作伙伴关系。

4）雄厚的技术创新能力。公司目前拥有专利 145 项，其中发明专利 23 项。拥有两家高新技术企业，建有博士后科研工作站、浙江省企业技术中心、浙江省级企业研究院、东力传动省级高新技术企业研究开发中心，与知名院校建立了长期的科研合作，通过多年积累掌握了先进的硬齿面齿轮制造技术、高效电动机制造技术、模块化减速机集成技术和医用门智能控制技术。东力传动作为组长单位牵头起草了“浙江制造”标准《F/K/R/S 系列模块化减速机》；2023 年参与制定的国家标准《旋转电机定子成型绕组端部振动的测量》《交流电梯电动机通用技术条件　第 2 部分：永磁同步电机》已正式发布；欧尼克产品入选国家卫生部《医院专用设备图集》，并成为国内自主品牌唯一定点医用门厂家，欧尼克是住房与城乡建设部行业标准《医用推拉式自动门》、“浙江制造”标准《医用气密平移自动门》及国家标准《建筑用医用门通用技术要求》的主编单位，2023 年参与制定的国家标准《洁净手术部通用技术要求》已发布实施。

5）完善的供应链体系。随着规模的不断扩大，公司在全国范围内建立了完善的供应链体系，为降低成本，满足客户需求创造有利条件。

（3）公司未来发展规划

1）行业发展趋势。国家“新基建”、智能制造等产业政策的实施，对齿轮制造企业转型升级、向高端制造方向转型发展的要求日益提高，我国齿轮行业进入由高速增长阶段转向高质量发展阶段。在市场刚性需求和供给侧结构升级的大背景下，未来齿轮产品将以创新为驱动，以高精度、高可靠性、长寿命和高功率密度产品特性为基本立足点，齿轮传动向电传动、机电传动和机电液控复合传动方向发展，齿轮产业向数字化、智能化、电动化制造方向前行，同时齿轮产品的多样化和细分市场开拓将为齿轮制造业迎来新的经济增长点。随着“一带一路”倡议的推进，出口贸易有望继续增加，这将进一步促进行业的发展。

随着人口老龄化的趋势加快，城镇居民健康意识的逐步增强，国家对医疗投入的不断增加，城市基本建设的持续推动，自动门业发展将迎来广阔的前景。从目前市场情况看，自动门产品主要应用于经济发达的东部及东南沿海地区，随着国家推动优质医疗资源扩容下沉，以及区域均衡布局政策进一步推行实施，产品创新融合多样化的智能技术，自动门的应用范围会逐步扩大，并涵盖更多的医疗机构及场所，使用区域也会逐渐向内陆地区延伸，这将为门控系统发展带来新的增长点。

2）公司的发展方向。抓住新基础建设的机遇，立足于国内大循环、畅通国内国际双循环的新发展格局，加强技术创新，强化人才培养，加快数字转型，实施智能制造，提升运营效率，拓展发展空间，坚持高端化、智能化、绿色化、国际化的发展道路，成为领先的传动设备和门控系统制造商，以卓越的品质向客户提供整体的传动、门控系统解决方案。

高端化。从高端装备、高端技术、高端产品到高端市场、高端用户，公司面向全球500强客户，推进国产化替代，打造高端传动领域和门控领域产品集群与生态系统，成就客户价值。

智能化。从智能生产线、智能产品、智能服务与智能运维，推进全场景、全流程、全价值链的数字化赋能，打造运营数字化、流程IT化、制造柔性化、信息共享化的未来工厂。

绿色化。贯彻落实国家“碳达峰、碳中和”战略，依托科技创新，加速推进“智改数转”，建设绿色低碳供应链体系，实现可持续发展。

国际化。以本土市场为体，海外市场为翼，与国际同行同台竞争，实现产品输出、服务输出、品牌输出，为全球客户提供超值产品与增值体验，打造好产品、培育好品牌、服务好客户。

8. 银川威力传动技术股份有限公司

（1）经营模式

1）销售模式。公司采用直销的销售模式，为风机制造商定制化开发风电偏航减速器、风电变桨减速器产品。公司销售订单主要通过招投标或商务谈判方式取得。公司凭借较强的产品研发能力、严格的质量管控体系和稳定的产品质量，赢得了众多优质客户的认可，成为金风科技、东方风电、远景能源、哈电风能、运达股份、明阳智能、中车风电、三一重能等国内知名风电企业的重要供应商，成功进入西门子 - 歌美飒、德国恩德、德国 EUnion、印度阿达尼等国外知名风电企业的合格供应商名录，并与上述客户建立了良好、稳定的合作关系。

2）生产模式。公司主要采用“以销定产”的生产模式，以自主生产模式为主，部分零部件的常规加工工序采用外协加工模式。

3）采购模式。公司主要采用“以产定购”的采购模式，采购的主要原材料包括齿轮及齿轮轴、铸件、锻件、电动机、轴承等。

公司高度重视客户关系，采取了明确有效的维护现有客户、开拓新客户的措施。2023年公司紧紧围绕公司战略发展规划和整体经营目标，持续聚焦主营主业，以减速器业务为核心，稳定市场促进销售，深耕增速器、工程机械行业、三合一电驱动系统及新能源电站等业务板块，为公司打造新的业绩新增长点。

（2）核心竞争力

公司深耕精密传动领域20年，积累了丰富的经验和技术，自主研制多种型号风电偏航减速器、风电变桨减速器产品，能够适应不同风力资源和环境条件。公司风电减速器产品广泛应用于1MW至17MW等各种功率类型的陆上和海上风电机组。

1）技术研发及创新优势。公司是国家高新技术企业，通过自主研发、持续创新逐渐掌握多项核心技术，核心技术均具有自主知识产权。公司在风电减速器结构设计、传动效率、工艺精度、疲劳寿命、噪声抑制等方面持续进行研发投入，并形成丰富的研发成果。截至2023年12月31日，公司共拥有144项授权专利，其中发明专利21项，并将相应专利和核心技术应用于风电减速器等产品的研发生产过程中，不断提高产品的市场竞争力。经过多年发展，公司形成了一支技术先进、经验丰富的研发团队，能够快速响应客户需求，制定出合理、可行、高效的技术方案。截至2023年年底，公司共有研发人员154人，其中本科及以上学历研发人员占比约为96.75%。

风电偏航减速器、风电变桨减速器属于风电机组核心部件之一，对于风电机组的安全、稳定、高效运行发挥着重要作用，因此风机制造商对于风电减速器产品质量有严格要求。公司不断优化生产工艺，建立健全有效的质量控制体系、制度，在产品质量水平及稳定性方面取得了长足进步，产品设计使用寿命长达20年，质保期5年，能够有效满足下游客户使用需求。公司率先采用五轴数控加工中心，实现多工序一体化生产；并通过产品结构设计改进、工艺顺序优化、工装夹具研制创新等方式，满足多级齿轮组的同轴度、箱体结合面的平行度以及其他零部件的形位公差要求，有效保证产品主要零部件满足国家标准6级精度要求。

2）质量控制。公司设有质量保证中心并建立了完善的质量管理制度，对产品全生产周期进行质量管控，包括原材料的质量管控和生产过程质量管控等。公司通过PLM系统与APQP4Wind工具的融合，对研发质量进行管理，以项目管理形式实现物料清单（BOM）的管理、变更管理、技术文件管理以及项目进度的管理，有效解决在研发质量管控过程中的问题。重点突出对产品质量起关键作用的项目活动提前策划、关键控制，通过分配专业人员负责、定期跟踪进度、及时纠正偏差，既达到控制质量又控制进度的目的。针对产成品，公司自主研发设计了具有自主知识产权的风电减速器试验台，不仅能够模拟实际运行工况，而且能够满足型式试验、疲劳试验、破坏性试验等多种试验要求，有效地保证公司产品的质量水平及可靠性。公司已通过ISO 9001与IATF 16949国际质量管理体系认证，并始终在产品结构设计、原材料选择、制造工艺优化等方面追求卓越。

3）大功率风电减速器领域的竞争优势。通过长期的自主研发创新，公司不断丰富产品种类及型号，目前已形成能够适应不同风力资源和环境条件、广泛应用于 1MW 至 17MW 各种型号直驱和双馈风机的产品体系，并在大功率风电减速器领域形成较为领先的竞争优势。2020 年 7 月，我国首台 10MW 海上风电机组成功并网发电，公司作为该风电机组偏航减速器、变桨减速器的供应商，为我国自主研发并投入运行的单机容量最大的海上风电机组提供技术与产品支持。2023 年，公司向东方风电 17MW 风电机组交付风电偏航减速器、风电变桨减速器产品，进一步体现出公司在大功率产品领域的领先优势。

4）客户资源优势。通过长期的行业深耕和积累，公司积累了较多的优质客户资源。根据彭博新能源财经（BNEF）发布的统计数据，2023 年度国内市场风电新增吊装容量前 5 位企业（合计市场份额约占 74%）均与公司建立了业务合作并进展到批量供货阶段；前 10 位企业中的 9 家（合计市场份额约占 98%）已与公司建立了业务合作，其中 8 家（合计市场份额约占 93%）已进展到批量供货阶段。优质的客户资源为公司的业务发展和持续增长创造了良好的条件，公司通过持续的业务拓展不断丰富自身客户群体，从而巩固并进一步提高市场份额和行业地位。

5）成本控制优势。公司从研发、生产阶段不断提高成本控制能力，形成了较强的成本控制优势。研发阶段，公司对风电减速器内部结构设计不断优化，产品转矩密度达到 300N·m/kg，更高的转矩密度意味着在相同输出功率和转矩的情况下，减速器的质量和体积更小、零部件数量更少，从而为成本控制提供有力保障。生产阶段，公司通过持续的工艺优化、制程改进、设备升级，不断降低生产环节单位产品的时间耗用、人工占用及材料成本，从而降低公司的整体生产成本。

标准化与科技奖励

1. 2023 年一批行业标准通过审查并发布

GB/T 43146—2023《锥齿轮和准双曲面齿轮几何学》

GB/Z 43147—2023《锥齿轮设计建议》

TB/T 2989—2023《机车车辆驱动齿轮箱　牵引齿轮》

GB/T 10095.2—2023《圆柱齿轮　ISO 齿面公差分级制　第 2 部分：径向综合偏差的定义和允许值》

GB/T 17879—2023《齿轮磨削后表面回火的化学浸蚀检验》

GB/T 39545.4—2023《闭式齿轮传动装置的零部件设计和选择　第 4 部分：挠性联轴器平衡等级》

GB/T 8542—2023《高速齿轮传动装置技术规范》

JJG（粤）074—2023《齿轮千分尺》

TB/T 2989—2023《机车车辆驱动齿轮箱　牵引齿轮》

2. 2023 年行业获奖项目

2023 年行业获机械工业科学技术奖项目见表 1。

表 1　2023 年行业获机械工业科学技术奖项目

序号	项目名称	奖项类别、等级	完成单位
1	高端环面蜗杆蜗轮副主动设计与精密加工关键技术	技术发明奖一等奖	重庆大学、重庆机床（集团）有限责任公司、南京工大数控科技有限公司等
2	乘用车串并联混合动力变速系统关键技术及应用	技术发明奖一等奖	北京航空航天大学、广州汽车集团股份有限公司、蜂巢传动系统（江苏）有限公司
3	高冲击负载长寿命精密谐波减速器关键技术及应用	技术发明奖二等奖	北京工业大学、北京精密机电控制设备研究所、北京中技克美谐波传动股份有限公司等
4	汽车后雨刮传动组件智能装配及其关键齿轮零件精冲成形工艺与装备	技术发明奖三等奖	武汉纺织大学、武汉思凯精冲模具有限责任公司、华中科技大学
5	复杂工况下高可靠性盾构主轴承关键技术研究及系列化工程应用	科技进步奖一等奖	洛阳 LYC 轴承有限公司、中铁隧道局集团有限公司、盾构及掘进技术国家重点实验室
6	数据－知识驱动的高性能变速器智能制造关键技术与应用	科技进步奖一等奖	陕西法士特汽车传动集团有限责任公司、西北工业大学、秦川机床工具集团股份公司
7	大型矿用磨机齿轮传动装置关键技术及应用	科技进步奖二等奖	中信重工机械股份有限公司（智能矿山重型装备全国重点实验室）、河南科技大学、郑州机械研究所有限公司、洛阳中重铸锻有限责任公司、洛阳矿山机械工程设计研究院有限责任公司
8	50MW 级汽轮机发电机组用高速重载齿轮传动装置研制及应用	科技进步奖二等奖	郑州机械研究所有限公司、同济大学、郑州轻工业大学、电子科技大学完成
9	超大型智能化立磨减速机关键技术研究与应用	科技进步奖二等奖	重庆齿轮箱有限责任公司、西北工业大学、重庆大学
10	《机械传动装置基础件失效分析》（第一版）	科技进步奖二等奖	沃德传动（天津）股份有限公司、化学工业出版社有限公司
11	大功率齿轮减速潜水轴（贯）流泵关键技术研究与产业化	科技进步奖三等奖	亚太泵阀有限公司、中际通达水处理装备研究院（江苏）有限公司
12	矿用重型刮板输送装备大功率减速器关键技术研究及应用	科技进步奖三等奖	宁夏天地奔牛实业集团有限公司、鄂尔多斯市营盘壕煤炭有限公司

〔撰稿人：中国重型机械研究院股份公司王宇航〕

制 动 器

现代工业装备受生产安全和效率因素等影响，绝大部分工作机构都会采用能够实现特定控制策略的制动停车方式，因而需要装设性能可靠的制动装置。制动器的功能特点见表1。

表1 制动器的功能特点

制动器功能	特点描述
减速－停止制动	制动器吸收运动系统的机械能（动能或势能）使机构或设备减速直到停止（停机）
维持（支持）制动	设备或机构解除驱动的情况下，通过制动器使物品或整机（机构）维持（支持）在某个特定位置上不动，防止其在重力、风力、其他外部作用力等载荷作用下产生运动
紧急（安全）制动	设备或机构出现操作失误、运动失控或意外超出设定参数运动时，通过手动/自动控制策略实施制动使机构停止运动
调速－控制制动	通过制动使机构或物品按设定参数（速度、时间、加速度等）运行，如控制所吊重物恒速下降

制动技术和制动器产品随着工业技术的发展，形成了独具特点的技术研发体系和符合其配套行业特点的定型产品体系。在智能化技术大量应用的场景下，制动技术和制动器产品得电时运动趋于更加高速、动作更加精准，失电时的安全性要求也就更高更重要，从而使制动技术和产品具有不可替代的地位。

以智能化技术应用较为全面的人形机器人为例，人形机器人的动作是由约30个伺服电动机（或同等效力的新型电动机）驱动的，而其动作状态的保持则仍旧需要依靠集成安装在伺服电动机内部的摩擦式制动器来实现。可见，制动技术的应用本质并没有变，变的只是安装在人形机器人里的制动器性能和动作可靠性要求更高，结构要求更小巧，不影响人形机器人的美观，摩擦副在机器人的正常服役周期内几乎不磨损而无需调整。这类需求正是制动技术进步的动力和行业发展的契机。

行业的基本情况

1. 基本情况

在我国境内登记注册并存续运营，注册资本在1 000万元以上的制动器生产制造企业有814家。其中外商（包括港澳台商）投资的企业达248家，内资企业566家。外商投资的企业主要集中在汽车制动行业，达215家；2010年以前成立的有164家，2019年以后成立的仅10家，其中2019年7家，2020年2家，2021年1家。内资制动器生产企业497家，其中汽车制动器209家，工业制动器288家。2010年以前成立的有240家，2019年以后成立的60家，其中2019年30家，2020年20家，2021年7家，2022年2家，2023年1家。从地域看，外商投资的企业主要集中在江浙沪等地区，其中，江苏省74家、广东省33家、浙江省25家、上海市21家、山东省19家、福建省16家。为了避开与外资企业的市场竞争，内资企业更多投资在工业制动器领域，从内资工业制动器企业所在地来看，河南省81家、江苏省43家、广东省28家、河北省22家、山东省21家、安徽省16家、浙江省15家。

在目前行业配套企业增长乏力的情况下，少数小企业经营困难，每年都有个别小企业退出制动器行业，有实力的企业则努力寻求产品转型，争取拓展市场竞争赛道。

2. 行业生产发展情况

虽然我国内资工业制动器企业有288家，但真正以工业制动器为主业的企业仅有85家。国内前15家工业制动器生产企业综合实力排名见表2。前5位外资及合资的工业制动器生产企业综合实力排名见表3。

表2 国内前15家工业制动器生产企业综合实力排名

序号	企业名称	（注册/实缴资本）/万元	成立年份	员工人数/人	产能规模/元	主导产品
1	江西华伍制动器股份有限公司	42 009/42 009	1992	1 000	12亿～15亿	制动系统全系产品
2	成都瑞迪智驱科技股份有限公司	5 300/5 300	2009	600	3亿～5亿	电磁制动器、离合器
3	奥特林豪斯传动技术（济南）有限公司	5 819/4 763	2015	100	1亿以下	电磁、液压制动器、离合器
4	焦作市制动器开发有限公司	4 700/4 700	2003	380	3亿～5亿	风电制动器
5	焦作市制动器有限公司	4 118/4 118	2002	100	2亿～3亿	风电制动器
6	焦作市银星制动器有限公司	3 500/3 500	2002	100	1亿以下	鼓式制动器、防爆制动器
7	芜湖盛力科技股份有限公司	3 200/3 196	2003	300	2亿～3亿	工程机械制动器
8	黑龙江省瑞相制动装备有限责任公司	5 000/3 124	2017	50	1亿以下	石油机械闸瓦、紧急制动装置

（续）

序号	企业名称	（注册 / 实缴资本）/ 万元	成立年份	员工人数 / 人	产能规模 / 元	主导产品
9	焦作市液压制动器股份有限公司	3 000/3 000	2008	100	1 亿以下	工业制动器、液压设备
10	河南省中原制动器有限公司	3 000/3 000	2004	100	1 亿以下	制动器、推动器、防爆电器
11	焦作瑞塞尔盘式制动器有限公司	3 000/3 000	1996	100	1 亿以下	风电制动器、电磁盘式制动器
12	焦作市精制盘式制动器股份有限公司	2 880/2 880	2001	100	1 亿以下	工业制动器、纺织机械配件
13	焦作市力创制动器有限公司	3 000/1 500	2004	100	1 亿以下	工业制动器、制动轮制动盘
14	焦作市虹桥制动器股份有限公司	3 000/612	2014	100	1 亿以下	制动器、推动器、液压夹轨器
15	石家庄五龙制动器股份有限公司	2 277/1 391	2006	100	2 亿～3 亿	电磁鼓式、全盘式、安全制动器

注：数据来源为天眼查数据和企业网站数据，产能规模限指制动相关产品。

表 3　前 5 位外资及合资的工业制动器生产企业综合实力排名

序号	企业名称	注册 / 实缴资本	成立年份	员工人数 / 人	产能规模 / 元	主导产品
1	万特赛传动系统（中国）有限公司	16 261/16 261（万元）	2007	150	2 亿～3 亿	制动器、离合器、联轴器、传动轴
2	伦茨（上海）传动系统有限公司	900/900（万欧元）	2006	300	2 亿～3 亿	电磁制动器、离合器
3	麦尔（张家港）传动技术有限公司	630/630（万美元）	2006	100	1 亿～2 亿	电磁制动器、离合器、扭矩限制器
4	奥创动力传动（深圳）有限公司	421/421（万美元）	2007	400	3 亿～5 亿	制动系统全系产品
5	西伯瑞制动器（天津）有限公司	1 200/1 200（万元）	2004	100	1 亿～2 亿	工业制动器、联轴器、逆止器

注：数据来源为天眼查数据和企业网站数据，产能规模限指制动相关产品。

2023 年新冠疫情的影响看似消失，但全球经济仍增长缓慢，大部分机械产品市场并未实现预期的高速增长。在“十三五”期间高速发展的新能源产业，带动了相关制动器企业的成长。进入“十四五”后，新能源产业陷入了产能过剩、价格“腰斩”“内卷”严重的局面，压力传递到配套零部件行业，导致配套零部件产品毛利率几近为零，个别项目甚至为负。

2023 年中国重型机械工业协会会员企业中的工业制动器生产厂家，上半年业务较为平稳，下半年普遍陷于营业收入和净利润同比下降的困境，利润下降幅度大于营业收入下降幅度。

根据行业头部企业的数据进行推断估计，2023 年中国重型机械工业协会传动部件专业委员会工业制动器相关会员企业销售额约为 28 亿元，净利润为 1 亿元，同比降幅均超过两位数。

2023 年工业制动器行业格局并无大的变化。排名前 10 位的企业仍然占据了制动器产品 90% 以上的市场份额，排名前 5 位的企业占据 80% 以上的市场份额，这样的市场竞争格局在很长的时期内将基本保持稳定。

行业内小微企业融资难问题仍然存在，行业内大部分企业的应收账款都很高。应收账款中，半年期以上的商业承兑汇票及云信所占比例有的超过 30%，企业运营的财务成本居高不下，影响到企业的正常经营发展。

在日益激烈的市场竞争环境中，以中小企业居多的工业制动器行业发展形势严峻，企业希望能从税收减免、创新资金补助、知识产权保护、技工培训、加强行业监管、提高准入门槛、精准扶植优势企业等方面，得到国家相关政策扶持。

协会骨干企业现状

1. 江西华伍制动器股份有限公司（简称华伍股份，创业板股票代码 300095）

华伍股份是国家级高新技术企业和国家火炬计划重点高新技术企业，现有员工 1 000 人。根据 2023 年年报，公司合并报表营业收入 13.46 亿元，比 2022 年的 14.46 亿元下降 6.87%；实现净利润 6 029 万元，同比下降 33%。

华伍股份科研团队紧跟大客户技术创新的节奏和步伐，通过持续不断的研发创新，定型产品逐步完成两化融合升级，智能型产品系列逐年增加，多个产品获国家级或省级新产品称号，主要产品的技术指标均为国内领先水平，部分产品已达到国际先进水平。华伍股份现已形成产品线丰富、产品结构优良、市场前景良好的多层次产品梯队，并且掌握了重型装备、工程机械、电力工程、海洋工程、轨道交通等领域的制动和摩擦材料等核心技术，取得了丰硕的技术研发成果。

华伍股份先后获批成立了江西省工业制动器工程技术研究中心，省级院士工作站、CNAS 认定的检测中心、省级企业技术中心、省级工业设计中心、省级工业制动系统研究中心等科创平台。截至2023年年底，华伍股份先后承担并完成了国家重点新产品4项，江西省优秀新产品6项，江西省重点新产品40余项，获得省部级一等奖1项，二等奖2项，三等奖5项。拥有88项有效专利（其中发明专利14项，国外专利5项）、软件著作权2项。公司主持制定且已颁布实施的国家和行业标准共有9项，另有2项行业标准在起草中。

公司是国内港机龙头企业上海振华的制动器首选供应商，也是上海振华国产制动器唯一战略合作伙伴，通过上海振华打开了工业制动器国际化交流的窗口。公司建立了自己的制动技术与产品研发平台，快速丰富了产品线。公司产品通过配套振华重工等主机厂商，出口到92个国家和地区。

作为在国内重型装备制造业领域的工业制动器制造商，公司的市场占有率长期保持在45%以上。

公司风电产品客户基本涵盖了国内主要风电设备主机厂商，其中包括金风科技股份有限公司、明阳智慧能源集团股份公司、远景能源有限公司、运达能源科技集团股份有限公司、上海电气集团股份有限公司、三一重能股份有限公司、国电联合动力技术有限公司等，在海外市场领域，公司目前已经成功通过通用电气公司（GE）的客户资格审查，并开始批量供货，西门子歌美飒可再生能源公司是公司重要海外合作方，公司是其风电制动系统产品全球合格供应商。

公司在重型装备领域的工业制动技术和产品的主要用户包括上海振华、中国宝武钢铁集团有限公司、中联重科股份有限公司、三一重工股份有限公司、太原重工、大连重工等业内知名企业。公司产品配套上海振华的港口机械产品出口到全球绝大部分国家和地区的大型港口。轨道交通制动产品的主要客户为中国中车集团有限公司。

公司航空零部件业务方面有较大的客户资源优势，公司客户四川安德科技有限公司及长沙天映航空装备有限公司密切跟踪各大主机厂重点型号产品配套研发，经过多年发展，和大型主机厂建立长期牢固的合作关系，形成了国内主要主机厂的优质客户资源。

公司自成立以来一直专注于国内中高端工业制动系统领域，通过近30年来的工艺技术积累，华伍股份既有能力承接和消化大批量的紧急订单，对单件小批量个性化定制的紧急订单也应付裕如，其质量、效率和成本的控制水平在行业内处于领先地位，由此带来大量的订单，形成的规模效益扩大了公司的领先优势。

公司始终以质量零缺陷为目标，以管理精细化为准则，以生产精益化为手段，推行“6S”现场管理，建立了完备的质量管理和质量控制体系。取得多项国际市场准入认证，包括ISO 9001（ISO 14001）质量管理体系认证、欧盟CE认证、北美UL认证、中国船级社CCS入级检验证书、德国劳氏船级社的GL型式认证和美国船级社ABS入级检验证书。

公司坚持精益生产模式，持续改进生产工艺和生产流程，提高生产效率，扩大规模效益。在生产自动化、智能化、网络化、数字化等方面持续发力，在新建的车间大量采用自动化设备及机器人；借助TOP GP ERP管理系统，公司的财务、生产、库存等关键运营节点得以有机结合，信息化水平得到显著提高，具备了快速的订单响应能力。在工业两化融合中，公司建立了具有华伍股份特点的MES管理系统。“华伍”商标被国家市场监督管理总局认定为中国驰名商标。

2. 焦作金箍制动器股份有限公司（简称焦作金箍）

焦作金箍设立于2001年元月，是以焦作制动器（集团）有限责任公司作为主发起人，联合中国重型汽车集团有限公司、郑州高新创业投资管理有限公司等7家企业共同发起设立。其前身是原机械工业部重矿局唯一定点专业生产制动器产品的重点企业。

焦作金箍一直以“实现国内制动器本土化”为目标，以“推动制动器产业发展”为己任。多年来，公司深耕厚植于制动器领域，从引进国外技术入手，逐步吸收、转化，强化科技研发，掌握多项自主专有技术，成功打破了国外企业在国内制动器领域市场的垄断。

焦作金箍研发实力雄厚、技术装备先进、检测手段完善，产品质量可靠，长期承担国家重点建设项目专用制动器的研制生产任务，是西昌卫星发射中心、葛洲坝水利枢纽等国家重点工程的指定配套商，中国宝武钢铁集团有限公司等重点单位的优秀供应商，先后承担了上海世博会、北京奥运“鸟巢”、神舟飞船发射塔架等多项重要工程的制动器配套工作。公司产品序列齐全，涵盖传统工业制动器、风电制动器、汽车制动抱死系统（ABS）系列产品等，“金箍”牌商标是中国驰名商标，连续多年被评为河南省名牌产品，发展前景广阔。

2018年以来，受国内外经济发展诸多原因影响，传统制造工业的发展受到钳制，使得制动器产业受到严重影响，回款难度加大。且随着2011年焦作金箍响应政府号召实施易地搬迁项目后，资金压力骤然加剧，对公司的盈利能力和持续发展造成了一定阻碍，公司的市场竞争力有所下滑。

公司注重科技研发，积极与主机厂如太原重型机械集团有限公司、大连华锐重工集团股份有限公司、山东港口青岛港集团有限公司、三一重工股份有限公司等多家行业标杆企业进行技术合作，开发了多项契合市场的新产品。同时，利用“金箍”质量可靠、客户信赖的品牌优势，先后与武汉理工大学、太原科技大学、沈阳工业大学、河南理工大学及中冶京城工程技术有限公司、中冶南方工程技术有限公司、中交第四航务工程勘察设计院有限公司等科研院所建立了长期合作关系。“十三五”以来，公司新申请专利23项，其中，发明专利5项、实用新型专利18项；获授权专利26项，其中发明专利8项、实用新型专利18项；主持制修订行业标准1项，参与制修订国家标准3项、行业标准6项，是工业制动领域国家和行业标准主起草单位之一；公司检测中心获得中国合格评定国家认可委员会（CNAS）认证证书，全面提升了新产品试制加工及检测试验能力，支撑技术研发的能力进一步加强；ISO 9001 质量体系、ISO 14001 环境管理体系和国际 IATF 16949 质量体系运行水平逐年提升。近年又获得武器装备承制资格 A 类证书及国军标 GJB 9001C 质量管理体系认证证书。

公司 2020 年和 2021 年销售收入均维持在 6 000 万～7 000 万元，在市、县两级政府的关注和扶持下，公司顺利进入预重组状态。2022 年受新冠肺炎疫情散发、管控等影响，重组过程进展缓慢，严重影响了公司运营的恢复。

3. 石家庄五龙制动器股份有限公司（简称石家庄五龙）

石家庄五龙专注于制动器领域 29 年，拥有制动器行业先进技术经验，主要服务于电梯、扶梯和起重机、风电、核电等工业传动市场，是优秀高新技术企业，全国中小企业股转系统的首批挂牌企业。公司以“专注专业、追求极致”的经营理念，始终将用户需求放在首位。现有员工 150 人，2023 年实现销售收入 5 445 万元，净利润 200 万元。2022 年，公司销售额为 2 亿元，比 2021 年略有增长，整体经营运行平稳。

石家庄五龙依据企业战略发展规划，建立了科技创新机制，一方面大力吸引科技型创新人才，另一方面持续加大科研投入，斥巨资购置了制动器检测设备和试验仪器，先后与国家桥门式起重机械产品质量监督检验中心联合共建“制动器研究实验室”，建造了迄今国内顶级的安全制动器试验台。建立河北省电梯制动系统创新中心，企业自造国内独有的试验井，解决了业内技术难题。

石家庄五龙加大力度研制智能制动器，将制动器产品智能化做到极致，通过直接测出制动力，覆盖了摩擦系数在不同制动工况的变化，可直接完成对制动力的自感知，突破了制动器行业的重大技术难题，为制动器行业的中国智造打下了坚实基础。在此基础上研发的制动器在线监测和故障预诊断系统可大幅度减少制动器的运行故障，提高起重机械的可靠性和安全性。

石家庄五龙先后 3 次获得中国专利优秀奖。近几年，石家庄五龙分别被河北省工业和信息化厅授予“河北省工业设计中心”“河北省专精特新中小企业”；被河北省科学技术厅授予“河北省科技型中小企业”；河北省市场监督管理局授予石家庄五龙“河北省知识产权优势企业”奖牌。

4. 山西江淮重工有限责任公司（简称江淮重工）

江淮重工系中国船舶重工集团有限公司所属大型二类国有独资企业，现有员工 1 500 余人，其中各类专业技术人员 425 人，中高级专业技术人员 200 余人。拥有固定资产超过 5 亿元，占地面积 80 余万 m^2，主要生产设备 1 000 余台（套）。近年来，通过对生产线进行全面技术改造，引进国外的新设备、新工艺、新技术，建成了企业独特的铸造、机械加工、焊接、工模具设计与制造、表面处理、热处理等多条生产线，并拥有先进的计量检测和理化分析手段，大大提高了企业的市场竞争能力。

公司拥有 3 个生产区，装备研发制造区位于山西省晋城市泽州县金村镇，主要从事铸造和装配工艺及产品的生产实验。机械加工制造区位于晋城经济技术开发区，毗邻晋长、晋焦、晋济洛、晋侯高速公路，交通便利，主要从事精密机械加工生产；正在建设中的新能源装备产业基地位于山西晋城开发区金匠工业园，是公司产业转型升级、扩大规模效益的重大项目，主要从事机械加工和民用产品的研发制造，园区建成后科研生产能力大幅提升。

公司制动器业务在原来以摩擦材料为主的基础上，依托集团公司中船海装风电有限公司的风力发电机组业务，风电机组制动器业务得到快速发展和巩固。

5. 长沙三占惯性制动有限公司（简称长沙三占）

长沙三占成立于 1998 年，位于长沙市高新技术产业开发区麓谷国际工业园，前身为中国科学院制动离合技术研究中心，系湖南省高新技术企业，湖南省机械工程学会副理事长单位、中国工程机械学会港口机械分会常务理事单位，是集研发、生产制造、销售服务于一体的起重、运输设备领域工业制动及防风制动解决方案的优质供应商。

长沙三占打造了一支由制动领域资深专家、高级工程师、高级技师和工程师等专业人员和相关院校专家教授组成的研发团队，在实战中积累了丰富的研发经验，长期和中南大学、湖南大学、武汉理工大学、长沙理工大学等高校，保持产学研的合作与交流。将长沙三占打造成一个具有行业领先研发能力的技术平台。公司 25 年来持续不断地投入大量资金进行技术创新和产品研发，自全球独创惯性制动器以来，已形成惯性制动技术、变频变力制动技术、电动制动技术、常规制动技术、特殊制动技术和智能制动技术六大系列百余项产品。为国内主要起重设备制造厂商、港口码头、物流装卸、钢铁、电力、冶金矿山等行业用户提供优质产品的同时，坚持以客户需求为研发方向。

长沙三占坚持做好自主研发的惯性制动器系列产品。近年来为适应港口装卸设备发展的需要，开发了防风装置夹轮器、夹轨器、铁楔和变频变力制动器等电动系列产品；扩充了常规臂盘式、鼓式制动器和安全制动器系列产品。各系列产品已广泛应用于国内外港口、造船、冶金、电力、矿山等行业。

6. 焦作市制动器开发有限公司（简称焦作开发）

焦作开发主要生产各类风电制动器、液压驱动装置、工业用制动器及推动器等。其中偏航制动器，以及偏航锁定销技术居国内领先水平，产品因其设计合理、质量可靠、性能稳定深得广大用户的信赖。公司是中国风能协会、中国农业机械工业协会风能装备分会、中国重型机械工业协会桥式起重机专业委员会、中国重型机械工业协会传动部件专业委员会会员单位，参与起草了《风力发电机组 高速轴液压盘式制动器》和《风力发电机组 偏航液压盘式制动器》行业标准。

焦作开发成立于 2003 年，位于河南省焦作市武陟县，占地面积 10 万 m^2，是一家集研发、制造、销售、技术服务与咨询于一体的专业化制动器生产企业。公司先后荣获“国家级高新技术企业”、国家级重点“小巨人”企业、河南省“绿色工厂、省级绿色供应链企业”、“河南省企业技术中心”及“焦作市工程技术中心”等国家和省市级荣誉称号。公司现有员工 386 人，其中高级工程师 5 人、专业技术人员 46 人。拥有发明专利 7 项、实用新型专利 29 项。公司积极响应国家“一带一路”倡议，以“立足国内，放眼国际”为宗旨，积极推动国际化战略，参与国际竞争，产品出口多个亚洲和欧美国家，开拓市场新局面。

随着国家新能源发展战略的实施和市场需求，公司逐渐将制动器核心技术向风电领域延伸，以多年的经验开发出适用于风电领域的产品，并自主出口至欧美市场。公司已为国内外 70 余家风电主机厂家提供了风机高速轴制动器和偏航制动器，打破了国内风机制动器长期依赖进口的现状。现公司生产的各类高速轴制动器和偏航制动器可满足国内外 750kW～16MW 型风力发电机组的不同需求。多年来，公司相继为西门子歌美飒可再生能源公司、金风科技股份有限公司、远景能源有限公司、明阳智慧能源集团股份公司、运达能源科技集团股份有限公司、三一重能股份有限公司、上海电气集团股份有限公司、中国东方电气集团有限公司、中国中车集团有限公司、中船海装风电有限公司、中船重工（重庆）海装风电设备有限公司、哈尔滨电气集团有限公司、湘电集团有限公司、上海华仪风能电气有限公司、内蒙古久和能源科技有限公司等国内外行业知名企业提供产品。

7. 焦作市制动器有限公司

焦作市制动器有限公司是我国业内规模大，工艺装备先进，检测手段完善的制动器专业制造企业之一。公司是中国工程机械工业协会建筑起重机械分会、中国重型机械工业协会传动部件专业委员会、中国重型机械工业协会桥式起重机专业委员会、中国风能协会、中国农业机械工业协会风能装备分会会员单位。

公司占地面积 12.6 万 m^2，固定资产 1.2 亿元，员工 600 余人，中高级工程师、专业技术人员，高层管理人员 130 余人，拥有加工中心、数控车床、数控铣床、推力试验台、力矩试验台等各类加工检测设备 500 余台（套），生产各种电力液压块式制动器，电磁块式制动器，液压型、电磁型、气动型等各类盘式制动器，电力液压推动器，电力液压防风装置等 20 多个系列，400 多个品种规格的产品，3 条制动器生产流水线具有年产各类制动器、推动器产品 8 万台（套）的生产能力。

公司通过与高校建立“产学研”合作关系，充分利用自身的技术资源优势，自主创新，不断研发新技术、开发新产品，成功为中国一重、中国第二重型机械集团公司、中国机械进出口（集团）有限公司、中国航空规划设计研究总院有限公司、北京首钢机电有限公司重型机器分公司、太原重工、大连重工、北方重工、重联重科股份有限公司、西安重型机械研究所有限公司、核工业 212 大队、三峡工程、奥运体育场馆等国内众多大型知名企业和国家重点工程设计配套了各类制动器。

8. 贵阳天龙摩擦材料有限公司（简称贵阳天龙）

贵阳天龙是一家专注生产无石棉纤维编织制动带的公司，规模不大，但很注重技术研发，产品 70% 出口欧美，保持了较好的利润水平。是一家坚持初心，保持自身产品特色，积极参加协会活动的上进小微企业，具有较强的生命力和细分产品领域发展潜力。

重点产品的完成情况 制动器行业内企业产品大多是为装备整机做配套，企业自身基本涉及不到具体的重点项目的重点产品。一般整机厂的一些重点项目有时会在商务订单上进行备注，大部分不会注明。而企业大多以销定产，产能充足，所有订单基本能按合同要求交付。

主要产品的市场和出口 工业制动器产品在不同的应用领域都要经历依赖进口到国产化替代的过程，只是所处阶段不同。在钢铁冶金领域，已经实现全面国产化，只有极少数重大项目，受非产品性能和质量因素影响，还存在指定国外品牌的现象；在港口装卸领域，国产品牌与国外品牌处于拉锯胶着状态；在大型土方机械和矿山机械领域，则仍是以进口品牌为主，国产化工作处于业绩积累阶段；在风力发电领域，制动器国产化程度很高，国外品牌的整机厂商，在成本压力下，也在大力开发国内的制动器供应商。

行业技术创新 2023 年中国重型机械工业协会传动部件专业委员会会员企业积极参与行业标准制修订工作，华伍股份起草的《起重机械　隔爆型制动器》行业标准的报批稿通过专家审核；石家庄五龙起草的《起重机械　安全制动器》行业标准的报批稿通过专家审核。

〔撰稿人：中国重型机械工业协会传动部件专业委员会谢徐洲〕

油膜轴承

油膜轴承（全液体摩擦轴承）是一种在金属加工行业，特别是轧钢生产中广泛使用的高性能轴承。这种轴承的设计原理是利用流体（通常是油）在轴承和轴之间形成一层薄膜，从而实现无直接接触的旋转或滑动，减少摩擦和磨损，提高设备的运行效率和寿命。轧机油膜轴承主要用于钢铁生产中的轧机设备，如热轧机、冷轧机等。在这些设备中，油膜轴承能够有效支持重载荷，确保轧制过程的稳定性和精度，提高生产效率。

生产发展情况 油膜轴承行业为冶金行业提供装备，通过技术创新和服务满足冶金行业新需求。受钢材外需收缩出口下行及原材料价格上涨等因素影响，钢材利润下滑较大，尤其是热轧板带产品利润缩减比较严重，但是中宽厚板材仍有一定的盈利空间。受此影响，2023 年油膜轴承新建项目中，热轧板带轧机项目减少 1/2 以上，同期中宽厚板轧机项目增加 1 倍以上。

2023 年油膜轴承行业受冶金行业发展的影响，增速变缓，营业收入较 2022 年增长约 1%。截至 2023 年年底，全国已建成的使用油膜轴承的轧机机架数达到 949 个，其中热轧板带轧机 742 个机架，中宽厚板轧机 140 个机架，冷轧带钢轧机 67 个机架。2023 年我国在建轧线油膜轴承规格参数见表 1。2023 年我国新建投产轧线油膜轴承规格参数见表 2。2023 年我国新建成套出口油膜轴承规格参数见表 3。

表 1　2023 年我国在建轧线油膜轴承规格参数

序号	项目名称	主要规格参数
1	安徽铜陵 3 500mm 中厚板轧机油膜轴承	油膜轴承直径 1 520mm 额定载荷为 96 460kN
2	河南永锋 2 250mm 热连轧机油膜轴承	油膜轴承直径 985mm、1 166mm 额定载荷为 35 720kN、57 160kN
3	河北敬业 3 800mm 宽厚板轧机油膜轴承	油膜轴承直径 1 520mm 额定载荷为 96 460kN
4	河南鑫金汇 1 780mm 热连轧机油膜轴承	油膜轴承直径 1 115mm 额定载荷为 45 720kN
5	广西柳钢 3 800mm 宽厚板轧机油膜轴承	油膜轴承直径 1 520mm 额定载荷为 96 460kN
6	河南周口 5 600mm 宽厚板粗轧机油膜轴承	油膜轴承直径 1 670mm 额定载荷为 131 760kN
7	河北首唐宝生 950mm 热连轧机油膜轴承	油膜轴承直径 955mm 额定载荷为 38 080kN
8	河北安丰 1 050 mm 热连轧机油膜轴承	油膜轴承直径 690mm 额定载荷为 19 892kN
9	江苏龙腾 3 800 mm 宽厚板轧机油膜轴承	油膜轴承直径 1 520mm 额定载荷为 96 460kN
10	广东欧佩德造纸机油膜轴承	油膜轴承直径 785mm 额定载荷为 22 860kN

表 2　2023 年我国新建投产轧线油膜轴承规格参数

序号	项目名称	主要规格参数
1	广西永达 1780 热连轧机油膜轴承	油膜轴承直径 1 065mm 额定载荷为 41 660kN
2	宝钢梅钢 1422 热连轧 R1 机油膜轴承	油膜轴承直径 955mm 额定载荷为 38 080kN
3	安徽首矿 3500 中厚板轧机油膜轴承	油膜轴承直径 1 520mm 额定载荷为 96 460kN
4	山东鑫海 2250 炉卷轧机油膜轴承	油膜轴承直径 1 166mm、1 127mm 额定载荷为 57 160kN、53 320kN
5	湖南涟钢 1580 热连轧机油膜轴承	油膜轴承直径 945mm、1 065mm 额定载荷为 32 920kN、41 660kN
6	东海 1650 热连轧机油膜轴承	油膜轴承直径 875mm、1 026mm 额定载荷为 31 960kN、44 300kN
7	四川攀钢 1450 精轧机 F1-F7 改造油膜轴承	油膜轴承直径 1 030mm 额定载荷为 44 300kN

（续）

序号	项目名称	主要规格参数
8	福建青拓 1780 热连轧机油膜轴承	油膜轴承直径 1 065mm 额定载荷为 41 660kN
9	福建三宝 1780 热连轧机油膜轴承	油膜轴承直径 1 115mm 额定载荷为 45 720kN
10	陕西钢铁 3500 中厚板轧机油膜轴承	油膜轴承直径 1 520mm 额定载荷为 96 460kN

表 3　2023 年我国新建成套出口油膜轴承规格参数

序号	项目名称	主要规格参数
1	西重所 2 250mm 热连轧机油膜轴承	油膜轴承直径 955mm、1 166mm、1 127mm 额定载荷为 38 080kN、57 160kN、53 320kN
2	二重印度尼西亚 1 780mm 热连轧机油膜轴承	油膜轴承直径 1 065mm 额定载荷为 48 000kN
3	一重俄罗斯油膜轴承	油膜轴承直径 1 180mm 额定载荷为 43 610kN
4	天津中重俄罗斯油膜轴承	油膜轴承直径 945mm、1 065mm 额定载荷为 26 840kN、34 060kN

市场及销售　国内制造轧机油膜轴承的企业有太重集团、中国有色（沈阳）冶金机械有限公司、普瑞特（湖州公司）、达涅利（常熟公司）4 家。太重集团国内市场占有率超过 85%，其他 3 家企业国内市场占有率不到 15%。

板带按照轧钢工艺可分为热轧钢板和冷轧钢板。热轧钢板按照产品的宽度可分为窄带钢、中宽带钢及宽带钢；按照厚度可分为厚板、薄板及超薄板三大类。轧机油膜轴承一般应用在中宽带钢轧机、宽带钢轧机、中板轧机及厚板轧机上。近 5 年油膜轴承新建、改建项目中，共投产 218 机架油膜轴承，其中热轧带钢轧机油膜轴承投产 209 机架，约占新上项目的 94.5%；中、厚板轧机油膜轴承 9 机架，约占新上项目 4.1%。

太重集团是从事高端油膜轴承研发、设计、制造和服务的专业化企业，是我国目前唯一能够独立开发、成套设计制造各类现代大型轧机油膜轴承的生产基地。太重针对各类轧机的不同轧制工况，能为用户提供相应的解决方案，如为新建轧机设计制造成套油膜轴承，为老旧轧机进行油膜轴承升级改造，为全球服役轧机提供完全互换的油膜轴承备件，为油膜轴承配套设计制造动压润滑系统、静－动压润滑系统。同时还在太重集团开展其他行业高端滑动轴承（如能源电力、海洋船舶等）材料研究及产品开发。下属油膜轴承研究所在轧机油膜轴承基础理论、动－静压润滑技术、密封技术、轴承材料、巴氏合金结合技术、轴承智能监控、轴承试验及技术标准等方面保持国内外领先地位。2023 年太重集团轧机油膜轴承产量和出口额见表 4。

表 4　2023 年太重集团轧机油膜轴承产量和出口额

产品名称	产量		出口额	
	数量 /t	比上年增长（%）	金额 / 万元	比上年增长（%）
油膜轴承	5 665	1.03	5 878	−4.66

行业交流　中国重型机械工业协会油膜轴承分会（简称油膜轴承分会）积极配合，参加中国重型机械工业协会会员大会和秘书长工作会议，推荐协会专家委员会委员，编写中国重型机械工业年鉴行业篇稿件，宣贯政策法规。

2023 年 9 月 21—23 日在太原组织召开油膜轴承分会 2023 年理事大会暨第十三届轧机油膜轴承技术研讨会，中国重型机械工业协会领导，以及来自全国钢铁企业、油膜轴承科研院校及相关制造企业的 76 家单位 150 名代表参加了大会。会议选举产生油膜轴承分会第八届理事会，太重集团连任理事长单位，宝山钢铁股份有限公司、太原钢铁集团有限公司、鞍钢集团、一重集团、中国第二重型机械集团公司当选为副理事长单位。同期举办的技术研讨会邀请太重集团、壳牌、首钢集团、唐山瑞丰钢铁（集团）有限公司、太重集团榆液液压工业有限公司、铁岭五星密封研究所、北京嘉明科技有限公司专家进行了专题演讲。

组织完成团体标准《板带轧机油膜轴承油技术规范》《板带轧机油膜轴承润滑系统技术规范》制定，完成国家标准《板带轧机轧辊油膜轴承》外文版编写、审查、报批和宣贯。

首钢京唐热轧职工王洪鹏荣获 2023 年度重机行业大工匠称号。

加强会员单位走访调研，先后走访调研了宝山钢铁股份有限公司、武汉钢铁集团公司、首钢集团、唐钢集团、太原钢铁集团有限公司、鞍钢集团、马钢集团、上海梅山钢铁股份有限公司等 40 多家企业。

行业创新技术及标准化

1. 基于流固耦合特性下衬套疲劳寿命技术攻关

随着油膜轴承的广泛使用，用户对油膜轴承的使用寿命和可靠性要求越来越高。油膜轴承工况不同，衬套的疲劳寿命存在差异性。对于油膜轴承的使用寿命，现阶段仅以使用年限作为参考，对轴承寿命的评估存在较大的误差。近几年，通过不断深入研究油膜轴承承载能力的计算方法，攻克了采用 CFD 仿真技术求解油膜轴承承载能力的技术难题，将该技术应用于衬套疲劳寿命预测中，可以解决实际应用中衬套疲劳寿命的预测问题。

油膜轴承属于全液体润滑轴承，相比其他液体滑动轴承，其所处工况处于低速重载状态，为了平衡轧制力，运行过程中形成的压力油膜很薄。目前国内针对液体润滑轴承 CFD 仿真研究，偏心率在 0.6～0.7，未涉及极高偏心率下的 CFD 仿真计算，通过该项目的研究，提供了高偏心率液体润滑轴承 CFD 仿真计算的方法。

通过对衬套疲劳寿命的研究，首次提出并考虑到了流固耦合的相互作用，同时对衬套模型和衬套外圆与轴承的间隙配合等细节做了考虑，模拟得出了衬套疲劳寿命和间隙值对其疲劳寿命的影响评估方法，在液体润滑轴承疲劳寿命研究领域具有较高的创新性和实用性。

2. 油膜轴承标准化工作

GB/T 13345—2021《板带轧机轧辊油膜轴承》，该标准对轧机油膜轴承的使用条件、各种结构、质量要求、成套性、装配要求、检测试验方法作出了系统规范要求，产品分 3 个系列 228 种规格，结构尺寸兼容了其他品牌的油膜轴承，适用于世界各国进行产品的应用选型、检测验收、使用维护。作为国际上唯一轧机轧辊油膜轴承类标准，该标准又推出外文版，为我国轧辊油膜轴承产品国际化及该领域的全球交流合作提供重要的技术支持。

团体标准 T/CHMIA 0101—2023《板带轧机油膜轴承油技术规范》规定了油膜轴承新油的技术要求和试验方法，新油的验收要求；运行中油膜轴承油的质量指标，取样要求、运行监控要求；补油、换油、相容性要求，库存油管理要求；适用于钢厂热轧板带轧机、冷轧板带轧机和中厚板轧机油膜轴承油的维护管理。

团体标准 T/CHMIA 0102—2023《板带轧机油膜轴承润滑系统技术规范》规定了动压润滑系统及静压润滑系统的组成和基本功能要求；规定了油箱、泵（动压泵、静压泵）、过滤器、加热器、冷却器、压力调整装置（系统压力控制阀、机架前减压阀、压力罐、压力继电器）、进油管路、回油管路等组件的基本要求及使用规范；规定了润滑系统清洗要求、油量测定与校准要求、运行维护管理要求等；适用于钢铁企业板带轧机油膜轴承润滑系统的设计制造、使用、维护和管理。

3. 油膜轴承产品多元化发展，一些新技术、新工艺、新产品的首台（套）推广应用取得重大突破

首套造纸机专用油膜轴承在一家知名造纸企业辊压机上试车成功；首套油膜轴承智能化监测系统在一家钢铁企业 3 800mm 厚板轧机上得到应用；采用激光熔覆制造的油膜轴承在国内多家钢铁企业得到应用。

〔撰稿人：中国重型机械工业协会油膜轴承分会孙鹏程　审稿人：中国重型机械工业协会杨汇荣〕

润滑液压设备

行业运行情况　2023 年，中国重型机械工业协会润滑液压设备分会（简称润滑液压设备分会）经过换届，记录在册的会员单位共 38 家，其中理事长单位 1 家、副理事长单位 4 家、理事单位 8 家、会员单位 25 家。会员单位中有 2 所大学，分别是燕山大学和太原科技大学，约占会员单位总数的 5%。

36 家生产制造企业中，有 6 家主机企业，占比 17%；另外 30 家会员企业中，有 24 家设备生产制造企业，占比 66%；6 家元件生产企业，占比 17%。

36 家生产制造企业中，按企业所有制性质划分：国有企业 4 家，占比为 11%；上市公司 1 家，占比为 3%；外资控股企业 1 家，占比为 3%；私人控股企业 32 家，占比 89%。润滑液压设备行业 36 家生产企业分别是：四川川润液压润滑设备有限公司、太重煤机有限公司、中国重型机械研究院股份公司、常州市华立液压润滑设备有限公司、启东润滑设备有限公司、一重集团大连工程技术有限公司、江苏指南润滑液压科技有限公司、江苏南方润滑股份有限公司、上海润滑设备厂有限公司、黄山工业泵制造有限公司、北方重工集团有限公司、中冶京诚工程技术有限公司、大连华锐重工集团有限公司、江苏澳瑞思液压润滑设备有限公司、淄博九洲润滑科技有限公司、温州中合润滑设备制造有限公司、温州市龙湾润滑液压设备厂、启东安升润液设备有限公司、启东中冶润滑液压设备有限公司、四平市隆百洲机电科技有限公司、江苏恒泰自动化润滑设备有限公司、北京中冶华润科技发展有限公司、美润思（北京）科技有限公司、浙江海马传动科技股份有限公司、陕西中润流体装备有限公司、淄博市博山润丰油泵厂、南通市博南润滑液压设备有限公司、泰州市远望换热

设备有限公司、重庆安特瑞润滑设备有限公司、新乡市胜达过滤净化技术有限公司、三众过滤技术南通有限公司、海林柯液压技术（北京）有限责任公司、沈阳奥信重型设备有限公司、常州智杰机械设备有限公司、威卡国际贸易（上海）有限公司、启东通润润滑液压设备有限公司。

润滑液压设备分会会员企业中有机械工业重点技术装备润滑液压技术设备工程实验室 1 个、省级院士专家工作站 1 个、省级企业技术中心 3 个、省级工业设计中心 1 个、省级工程研究中心 1 个、市级工程技术研究中心 3 个、省级博士后科研工作站 1 个、市级博士后平台储备单位 1 个。

2023 年，润滑液压设备行业 30 家主要生产企业完成工业总产值 36.77 亿元，同比增长 2.87%；完成产品销售收入 33.90 亿元，同比下降 0.95%；其中出口产品销售收入为 2.19 亿元，同比增长 41.18%。2022—2023 年润滑液压设备行业 30 家主要生产企业经济指标完成情况见表 1。

表 1　2022—2023 年润滑液压设备行业 30 家主要生产企业经济指标完成情况

指标名称	2022 年	2023 年	同比增长（%）
工业总产值（当年价）/ 万元	357 447	367 716	2.87
产品销售收入 / 万元	342 338	339 070	−0.95
其中：出口销售收入 / 万元	15 538	21 936	41.18
产品销售税金及附加 / 万元	102 229	107 255	4.92
研发投入 / 万元	16 859	17 606	4.43
利润总额 / 万元	16 180	15 320	−5.32
年末固定资产原价 / 万元	177 286	182 839	3.13
年末固定资产净值 / 万元	109 064	110 867	1.65
流动资产合计 / 万元	370 176	381 518	3.06
流动负债合计 / 万元	214 722	212 073	−1.23
人均产值 /（万元 / 人）	100	94	−5.92
新增投资 / 万元	10 915	8 585	−21.34

从表 1 数据可以看出，润滑液压设备行业主营业务稳定，整体与 2022 年基本持平。值得一提的是，出口销售收入实现了大幅增长，体现出行业内生产企业布局海外市场取得了成效。与此同时，因市场的不确定性、资金压力大等多种因素的影响，行业新增投资降幅最大，这反映出企业在 2023 年对投资活动的审慎态度。产品销售收入和利润总额的下降反映出市场需求发生变化，竞争加剧。研发投入小幅增长，表明润滑液压设备行业对于技术创新和产品研发的重视，这种持续投入将有效增强企业的核心竞争力，并为行业的可持续发展奠定坚实基础。

2023 年液压润滑设备行业 25 家会员企业中，有 9 家企业的销售收入超过 1 亿元，和 2022 年持平。2023 年润滑液压设备行业销售收入超过 1 亿元的企业见表 2。

表 2　2023 年润滑液压设备行业销售收入超过 1 亿元的企业

序号	企业名称	销售收入 / 万元
1	四川川润液压润滑设备有限公司	91 680
2	江苏指南润滑液压科技有限公司	38 661
3	新乡市胜达过滤净化技术有限公司	36 331
4	常州市华立液压润滑设备有限公司	36 000
5	海林柯液压技术（北京）有限责任公司	19 800
6	江苏南方润滑股份有限公司	18 892
7	启东润滑设备有限公司	17 750
8	黄山工业泵制造有限公司	14 000
9	启东中冶润滑液压设备有限公司	12 540
	合计	285 654

9 家销售收入过 1 亿元的企业销售收入总和为 28.56 亿元，占行业总销售收入 36.77 亿元的比例为 77.70%。润滑液压设备行业的生产集中度较 2022 年下降了 12%，行业集中度的下降可能导致竞争更加激烈，因此企业需要更加注重技术创新、品牌建设和服务提升，以应对市场竞争。同时，行业集中度的下降也为中小企业提供了更多的发展机会，推动行业的多元化和差异化发展。

主要产品产量及销量　按照使用领域的不同，润滑液压设备分为润滑产品和液压产品两大类。润滑产品又根据使用介质的不同和润滑部位的不同分为稀油润滑、干油润滑、油气润滑、工艺润滑和喷射润滑五大类。按应用行业可分为风电新能源、石化、冶金、建材、矿山等行业使用的润滑、液压系统。润滑液压产品按部件 / 元件分主要有液压柱塞泵、螺杆泵、齿轮泵、过滤器（含滤芯）、冷却器、分配器、液压缸及管路附件等。2023 年润滑液压设备行业 25 家会员企业主要产品的生产及销售情况见表 3。

表 3　2023 年润滑液压设备行业 25 家会员企业主要产品的生产及销售情况

产品名称	生产			销售		
	产值 / 万元	数量 /（台 / 套）	产值同比增长（%）	产值 / 万元	数量 /（台 / 套）	数量同比增长（%）
稀油站（系统）	96 050	5 742	−4.41	94 939	5 214	−3.38
干油站（系统）	12 186	7 256	−5.86	15 283	3 528	−7.59
冷却器	7 972	112 347	1.59	8 315	112 182	4.32
干油分配器	4 556	28 407	0.84	5 940	21 127	1.38

（续）

产品名称	生产			销售		
	产值 / 万元	数量 /（台 / 套）	产值同比增长（%）	产值 / 万元	数量 /（台 / 套）	数量同比增长（%）
油气润滑系统	6 849	340	−12.79	6 681	284	−9.73
工艺润滑站（系统）	2 978	107	−8.60	3 765	85	−10.40
液压站（系统）	8 529	961	−7.84	23 757	918	−8.95
液压柱塞泵	1 467	2 900	3.56	1 500	2 512	4.46
螺杆泵	34 829	16 029	−0.20	34 014	15 313	−2.35
液压缸	19 633	2 418	9.92	9 004	2 214	−11.47
风电润滑及液压	89 394	8 559	0.15	72 330	6 848	10.89
过滤器、滤芯	41 469	399 633	0.25	41 234	397 252	1.67
其他	14 063	34 552	3.98	17 996	33 659	−6.21
合计	339 975	619 251	−1.49	334 759	601 136	−2.87

产品进出口情况 2023年在俄乌战争持续、巴以冲突不断、中国与美国贸易摩擦持续的背景下，润滑液压设备出口仍大幅增长，虽然进口和出口的主要产品种类有所不同，但出口金额远大于进口金额，行业进出口贸易顺差优势明显。2023年润滑液压设备进出口情况见表4。

表4 2023年润滑液压设备进出口情况

进口			出口		
产品名称	数量 /（件 / 套）	金额 / 万美元	产品名称	数量 /（件 / 套）	金额 / 万美元
齿轮泵	10 878	405.52	润滑系统	837	774
电机	152	60.00	液压站	12	21
阀	12 900	142.36	螺杆泵	5 360	1 072
仪表	450	30.00	过滤器	27	122
			滤芯	14 836	164
			冷却器	12	21
合计	24 380	637.88	合计	21 084	2 174

从表4数据中看出，齿轮泵和阀的进口数量较大，为提升产业自主性和竞争力，应加强关联产品的自主研发和生产，减少对进口的依赖。对于螺杆泵等出口金额较大的产品，应继续加大市场投入，扩大国际市场份额。

承担或参与的国家项目 润滑液压设备分会会员企业积极响应高端、智能、绿色的发展理念，在2023年度多个重大项目的推动创新发展中贡献了重要力量，其中包括华电清远G50自主重型燃气轮机商业示范项目、山东肥城300MW/1 800MW·h先进压缩空气储能国家示范电站、河北丰宁抽水蓄能项目等9项国内外重要项目。2023年度润滑液压设备企业参与的部分重点项目见表5。

表5 2023年度润滑液压设备企业参与的部分重点项目

序号	项目名称	配套产品	参与企业
1	华电清远G50自主重型燃气轮机商业示范项目	润滑油系统	四川川润液压润滑设备有限公司
2	山东肥城300MW/1 800MW·h先进压缩空气储能国家示范电站	润滑油系统	四川川润液压润滑设备有限公司
3	河北丰宁抽水蓄能项目（国内首台300MW变速机组）	润滑油系统	四川川润液压润滑设备有限公司
4	中海油宁波终端天然气	润滑油系统	陕西中润流体装备有限公司
5	中海油高栏终端天然气	润滑油系统	陕西中润流体装备有限公司
6	天津南港百万吨乙烯项目	润滑油系统	陕西中润流体装备有限公司

（续）

序号	项目名称	配套产品	参与企业
7	浙江石化 4 000 万 t/a 炼化	润滑油系统	陕西中润流体装备有限公司
8	吉尔吉斯斯坦库尔干项目	螺杆泵带钟罩联轴器	海林柯液压技术（北京）有限责任公司
9	吉沙电站调速器改造项目	螺杆泵带钟罩联轴器	海林柯液压技术（北京）有限责任公司

企业管理革新与数字化转型升级 2023 年，润滑液压设备分会会员企业的企业管理及变革和数字化升级与技术改造呈现出多元化和深入化的趋势，这些变革和升级为企业发展注入新的动力，提升了企业的竞争力和适应能力。2023 年度润滑液压设备行业部分企业管理革新与数字化转型升级清单见表 6。

表 6 2023 年度润滑液压设备行业部分企业管理革新与数字化转型升级清单

序号	企业名称	管理革新与数字化转型升级项目
1	江苏指南润滑液压科技有限公司	江苏指南科技信息化建设项目
2	黄山工业泵制造有限公司	二期智能制造工厂通过验收，正式投产
3	黄山工业泵制造有限公司	安全生产标准化三级企业认证
4	黄山工业泵制造有限公司	自动化热处理生产线投入使用
5	陕西中润流体装备有限公司	AA 级两化融合达标运行
6	陕西中润流体装备有限公司	建立环境管理体系并获得认证证书
7	陕西中润流体装备有限公司	建立职业健康安全管理体系并获得认证证书

〔撰稿人：中国重型机械工业协会润滑液压设备分会李辉、朱强　审稿人：中国重型机械工业协会润滑液压设备分会罗永忠〕

企业篇

2023年重型机械行业重点企业运行情况、企业经营理念、文化建设及发展规划

The operation status, business philosophy, cultural construction, and development plan of key enterprises in the heavy machinery industry in 2023

企业篇

重点企业

重点企业

太原重型机械集团有限公司

一、企业发展情况

1. 生产发展情况

2023 年太原重型机械集团有限公司完成工业总产值 172 亿元，实现工业销售产值 162 亿元、工业增加值 33.6 亿元。2023 年太重集团产值按行业小类划分完成情况见表 1。2023 年太重集团产品产量完成情况见表 2。

表 1　2023 年太重集团产值按行业小类划分完成情况

行业类别	产值 / 万元
金属表面处理及热处理加工	949.8
黑色金属铸造	12 263.7
锻件及粉末冶金制品制造	7 445.4
金属成形机床制造	35 729.6
生产专用起重机制造	168 078.8
连续搬运设备制造	58 704.7
液压动力机械及元件制造	70 592.1
齿轮及齿轮减、变速器制造	34 576.2
烘炉、熔炉及电炉制造	55 405.8
其他通用设备制造	99 708.7
矿山机械制造	370 903.8
建筑工程用机械制造	97 488.3
冶金专用设备制造	37 278.1
高铁设备、配件制造	257 771.0
铁路机车车辆配件制造	253 384.5
发电机及发电机组制造	160 111.6

表 2　2023 年太重集团产品产量完成情况

产品名称	单位	产品产量
起重机	t	62 527
减速机	台	1 240
铸钢件	t	10 864
锻件	t	11 727
矿山专用设备	t	114 576
炼焦设备	t	22 522
金属轧制设备	t	17 464
铁路机车车辆配件及零件	t	284 505
发电机组、内燃发电机组及旋转式变流机	kW	263 900

2. 市场经营及销售情况

2023 年太重集团完成营业收入 190 亿元，比 2022 年增加 22.7 亿元，同比增长约 14%。2023 年主营业务收入按产品分类情况见表 3。

表 3　2023 年主营业务收入按产品分类情况

产品类别	营业收入 / 万元
挖掘焦化设备	227 272.19
起重机设备	155 715.62
火车轮轴及轮对	250 545.35
轧锻设备	30 008.86
油膜轴承	29 051.87
风电设备	51 416.28
铸锻件	15 969.92
齿轮传动机械	32 403.18
成套项目	8 250.74

2023 年太重集团陆续签订全球最大 5 600mm 矫直机、6.78m SCP 一体机、4.5～5.0MW 风电机组、风电齿轮箱、半移动破碎站等重大项目。建立产品全生命周期服务体系，紧紧围绕客户需求，推进“制造 + 服务”一站式运营模式，签订三峡水电站、小浪底水电站运营维护，海南文昌发射基地设备建设，焦化超低排放改造，桥机远程智能化操作研发等项目。

2023 年太重集团以国际化战略为引领，持续加大国际市场开发力度，不断完善海外营销布局，深耕重点区域，与位于厄瓜多尔的米拉多铜矿签订的移动破碎站项目，实现破碎站出口第一单；签订印度 AMNS 公司 550t 铸造起重机、印度新用户 JSL 公司 240t 铸造起重机、巴西图巴朗钢铁公司 500t 铸造起重机、刚果金 80t 起重机项目，同时中标加拿大巴西安赛乐米塔尔公司 500t 铸造起重机项目，实现了起重设备在巴西、非洲、北美市场出口零的突破。2023 年实现出口收入 26.5 亿元。

2023 年，全球经济形势持续复杂化，经济复苏缓慢且不均衡。总体看，经济增长乏力，通胀居高难下，债务和金融脆弱性仍处于高位，地缘政治风险是造成这种动荡的主要原因。此外，通货膨胀、公共债务、财政破产、大型经济体发展不同步等风险，或将掣肘全球经济复苏势头，对全球产业链供应链的稳定发展带来复杂影响。重型机械行业一直是国家重点支持的领域，尤其是近年来，为实现经济的转型升级，国家制定了多项产业政策和发展规划，大力推动装备制造业的振兴和发展，重点支持高端装备制造业，取得了一定成效。中央经济工作会议在部署 2024 年经济工作时，提到“实施制造业重点产业链高质量发展行动、发展新质生产力、大力推进新型工业化、加快传统产业转型升级、强化企业科技创新主体地位、深入实施国有企业改革深化提升行动”等部署，为企业发展带来政策利好。从行业形势看，重型机械行业预期稳步提升，得益于供给侧结构性改革的持续深化和“一带一路”倡议布局加速落地，行业产能结构和市场结构将不断得到优化。

3. 科技成果及新产品情况

2023 年太重集团围绕“高端化、智能化、绿色化、国产化”产品定位，加快组织新产品开发。在传统产品领域，无人操作电铲在神华北电试运行，全球首套 7.25m 分体式捣固焦炉成套设备成功研制，电牵引系列采煤机填补了同类产品空白；在战略性新兴产品领域，高端客车车轮成功打入欧洲市场并实现批量供货，储能转子实现小批量订货，多款柱塞泵、齿轮等首台（套）产品实现了国产化替代；在批量产品领域，全球首款 25t 甲醇汽车起重机、碳基电容直臂式剪叉式高空作业平台等新能源动力装备填补了行业空白。

2023 年公司获机械工业科学技术奖 3 项，其中二等奖 2 项、三等奖 1 项；获山西省科学技术奖 5 项，其中一等奖 1 项，二等奖、三等奖各 2 项。2023 年太重集团科技成果和获得省市及以上科技奖项目情况见表 4。

表 4　2023 年太重集团科技成果和获得省市及以上科技奖项目情况

序号	项目名称	完成时间	主要性能参数及技术内容	成果水平评价（获奖等级）	负责单位、参与单位
1	铸造起重机全生命周期关键技术和标准研究与应用	2021.12	本项目针对铸造起重机设计、制造、运维、评估及报废的技术难题，开展“铸造起重机全生命周期关键技术和标准研究与应用”系统攻关，在创新铸造起重机结构设计方法等核心技术方面突破了国外技术封锁，为铸造起重机提供了全生命周期的系统解决方案	机械工业科学技术奖二等奖	太原重工股份有限公司、太原科技大学
2	高可靠长寿命滚道行星轮关键制造技术研究与应用	2022.12	本项目通过对高可靠性长寿命滚道行星轮关键制造技术研究，解决了国内滚道行星轮关键制造技术难题	机械工业科学技术奖二等奖	太原重工股份有限公司、重庆大学、重庆齿轮箱有限责任公司、太原理工大学、山东华成中德传动设备有限公司、太原科技大学
3	高端电牵引采煤机关键技术研究及应用	2022.12	本项目瞄准国际先进煤机研发制造技术，通过对采煤机基础理论、设计方法等技术的攻关研究，使采煤机在整体结构参数、配套适用性、系统稳定性、结构先进性、智能化水平等方面得到大幅提升	机械工业科学技术奖三等奖 综合性能达到国际先进水平	太重煤机有限公司
4	大型露天矿电铲设计制造关键技术及产业化	2023.06	本项目通过对大型露天矿电铲设计制造关键技术联合攻关，突破了电铲设计、控制和关重件制造等技术难题，研制出系列大型露天矿电铲并推广应用于多个露天矿	山西省科学技术奖一等奖	太原重工股份有限公司、山西太重智能采矿装备技术有限公司（智能采矿装备技术全国重点实验室）、大连理工大学、吉林大学
5	长跨距大承载核电环吊高精制造技术	2022.12	本项目以长跨距高性能核电环吊为对象，系统开展高精制造技术攻关，形成了高精制造新原理、新方法	山西省科学技术奖二等奖	太原重工股份有限公司、大连理工大学、中北大学
6	超大复杂结构梁类铸钢件制造工艺技术研究	2022.12	本项目研制出世界最大铸钢件，为铸件向超大型化发展奠定坚实基础，助力行业超大铸钢件制造技术升级，提高了我国装备制造业的核心竞争力	山西省科学技术奖二等奖	太原重工股份有限公司、济南圣泉集团股份有限公司
7	大口径薄壁无缝钢管旋扩生产关键技术及成套装备	2019.11	本项目以实现大口径薄壁无缝热轧钢管生产高效化、节能化、高性能为目标，开展以“实心管坯直接生产热轧成品管”为特征的大口径薄壁无缝钢管旋扩生产关键技术研究，建立新热旋扩轧制理论体系，突破现有生产工艺与装备型式，研制大口径薄壁无缝热轧钢管生产工艺技术，实现了产品连续化、智能化，解决了我国高压气瓶管高端产品供应问题	山西省科学技术奖二等奖	太原重工股份有限公司、太原科技大学、山东聊城中钢联金属制造有限公司、太原学院

（续）

序号	项目名称	完成时间	主要性能参数及技术内容	成果水平评价（获奖等级）	负责单位、参与单位
8	大型环保卧式热回收捣固焦炉机械成套设备研发与应用	2019.11	本项目通过炼焦工艺优化设计、关键技术攻关、校企产学研合作的方式，开发了大型、绿色、智能卧式热回收焦炉成套机械设备。执行超低排放国家标准的炼焦工艺，解决了干熄焦工艺在卧式焦炉无法应用的问题	山西省科学技术奖二等奖	太原重工股份有限公司、中国矿业大学、太原理工大学

4. 产品质量及标准工作情况

2023 年太重集团打造“1+N”一体化质量管理体系，在 ISO 9001 质量管理体系有效运行的基础上，不断融合特种设备、强制性认证等个性化产品的质量控制要求和质量保证要求，产品质量和管理水平不断提高，先后获得全国质量标杆、太原市政府质量奖；公司铸造起重机、城市轨道交通车辆用辗钢整体车轮被认定为“山西精品”；公司矿用挖掘机、油膜轴承和带式输送机荣获中国质量协会“用户满意等级评价”四星级、QC 小组“矫直机标准化安装调试项目”荣获 2023 年山西省质量管理小组活动成果交流会特等成果荣誉称号。

2023 年太重集团围绕产品设计标准体系、技术工艺标准等，开展产品标准、工艺标准、质控标准和规范的制修订工作，持续推动产品系列化、标准化、模块化设计，降低产品差错和成本，提升产品竞争力。太原重工股份有限公司高端装备制造业（重型机械）标准化试点考核合格，是全国唯一一家装备制造业（重型机械）标准化试点企业。首次参与修订的国际标准《ISO 米制一般用途螺纹—螺栓、螺钉、螺柱和螺母的选用系列》正式发布。首次主持国际标准《起重机　对机构的要求　第 1 部分：总则》的制修订工作，完成工作小组草案（WD）和委员会草案（CD）投票。

5. 技术改造情况

太重集团聚焦装备制造主业，发挥项目第一支撑作用，按照“储备一批、建设一批、投产一批”原则，积极推动项目建设，持续推进产业链补链、延链、强链。2023 年太重集团已具备年产 300 万 t 装备能力。2023 年建成投产的 4 个项目分别是：智能高端装备产业园区项目，投资 60 亿元，可实现年产装备 80 万 t、收入 160 亿元；智能液压挖掘机产业园区项目，投资 39 亿元，可实现年产 5 万台全系列液压挖掘机、收入 200 亿元；3.0MW 以上风电用变速器生产线升级改造项目，投资 6.4 亿元，可实现年产风电用变速器 1 000 台、收入 10 亿元；高端冶金矿山机械用变速器生产线项目，投资 5.4 亿元，可实现年产矿山用变速器 3 800 台、收入 16 亿元，基本形成了“一总部、多园区”产业协同发展新格局。

太重集团实施绿色战略，落实《绿色低碳专项行动方案》，将“绿色领跑”作为公司加快推动新型工业化八大行动之一，摒弃传统高耗能、高污染和高碳排放的生产方式，以绿色园区为载体，树立行业能效标杆水平和基准水平。打造环保装备，按照“设计研发、智能控制、三电总成、整体集成”的思路，实现工程起重机和矿用车辆等装备的绿色化升级。应用绿色生产工艺，新园区采用不污染环境、无需稀料、附着力强的喷粉工艺代替原有的喷漆工艺，并采用“沸石转轮 + 催化燃烧”的工艺强化挥发性有机物治理。余热资源循环利用，引进余热余能新技术应用替代传统燃气消耗，降低能耗。推广节能设备，建设一级能效压缩空气系统，满足园区不同工序用气需求。统筹园区建设、生产经营和节能降耗，2023 年公司单位产品能源消耗量同比下降 6.43%，二氧化碳排放量减少 10 924t。

二、企业发展存在的主要问题

1. 公司推动传统产品向高端化、智能化、绿色化、国产化升级过程中，开发出了无人操作挖掘机、硬岩掘进机、国内首款 3.6t 全电动智能遥控挖掘机、全球首台 25t 甲醇汽车起重机、国内首台 8t 纯电随车起重机、220t 混动矿用自卸车等一批绿色化产品。但是，国内新能源工程机械的应用在政策引导、产业链成熟度、市场接受程度等诸多方面还存在差异，由于产品需要用户提供大量的应用场景，而用户更加看重设备的总持有成本和回报，导致产品的市场推广力度有限，未能推动产品的持续优化改进。

2. 行业、各级组织对高层次人才的评价机制过于单一，主要依赖职称等硬性条件，一定程度上忽视了创新精神和创新能力等重要指标，制约了高层次人才的培养。对高层次人才的激励机制还不够完善，存在薪酬待遇、福利保障等物质激励不足以及职业通道不健全等问题，对高端人才的吸引力不足。

〔供稿单位：太重重型机械集团有限公司〕

二重（德阳）重型装备有限公司

一、企业发展情况

2023 年，二重（德阳）重型装备有限公司聚焦价值创造拓市场、深化精益运营强根基、着眼卓越长青稳发展，创新超越、臻于至善，经营生产和科技创新成效显著，营业收入、经营订货、货款回收 3 项主要指标连续 3 年创历史新高。

1. 生产经营情况

按照“产出销售最大化”原则，二重装备抓牢抓实冶金、核电、成台（套）重点项目和其他板块指标滚动双结合管控，2023 年实现营业收入 60.03 亿元、同比增长 10.45%，完成合格钢液 16.02 万 t、合格锻件发出量 7.62 万 t、合格铸件发出量 2.5 万 t。二重装备按产品分类的主要经营指标完成情况见表 1。

表 1　二重装备按产品分类的主要经营指标完成情况

产品分类	生产总值 / 万元	销售总额 / 万元	工业总产值 / 万元
汽轮机及辅机制造	110 915	98 563	98 563
水轮机及辅机制造	10 980	9 996	9 996
其他原动设备制造	36 935	27 875	27 875
金属成形机床制造	3 507	3 884	3 884
其他通用设备制造	29 502	25 848	31 650
冶金专用设备制造	219 565	196 809	196 809
炼油、化工生产专用设备制造	83 912	73 677	73 677
其他专用设备制造	3 170	1 722	1 722

2. 市场经营及销售情况

二重装备以推动高质量发展为主线，以客户为中心、市场为导向，持续加强市场信息跟踪和项目策划，全力拼抢市场订单，2023 年实现经营订货 81.05 亿元，创同期历史新高。

冶金成套领域，签订了河南闽源 1450、唐山东华 1580、赤峰远联 1580、华西特钢 3800、云南智铝 2 400mm 铝热连轧等项目，持续稳固热连轧、中厚板市场优势；备件技改订货连续 3 年持续增长；战略性新兴产品取得突破，中标了中国科学院合肥物质科学研究院等离子体物理研究所 BEST 线圈盒等项目。在“大型铸锻件高端化，中小铸锻件批量化”战略指引下，签订了一批 FB2 转子、高铬转子、CB2 铸件、超超临界铸锻件、核电铸锻件；大型支承辊和外贸轧辊市场订单持续增长；燃机市场口碑良好，市场潜力巨大。

石化装备领域，2023 年签订华锦石化反应器、福海创反应器、虹港石化反应器等重点项目，高质量完成交付中石化镇海、大榭石化等重点项目，行业地位持续巩固，业务链条进一步延伸。

核能装备领域，得益于国家积极发展核电产业的政策等有利因素，2023 年签订、执行完成多套中国核工业集团有限公司、中国广核集团有限公司、国家电力投资集团有限公司主管道项目、核岛支撑合同和多个核电锻件合同，核电后处理市场和产品研发领域不断深入，核电产品合同签约额创历史最高水平。

检验检测、工程物流领域不断完善自身能力建设，利用差异化策略拼抢客户和市场，拓展市场份额。

2023 年主要产品销售情况见表 2。

表 2　2023 年主要产品销售情况

产品名称	销售量 /t	销售收入 / 万元
清洁能源发电设备	25 734.22	137 088.11
冶金成套设备及备件	52 180.58	197 070.30
重型石化容器	15 085.15	73 676.66
锻压及其他设备	9 764.01	18 906.67
合计	102 763.96	426 741.74

3. 科技成果及新产品情况

2023 年，公司持续发力关键核心技术攻关，不断强化科研平台能力提升及科研成果管理，推动完善科技创新体系建设，着力提升科技创新能力、激发创新活力。

（1）加快核心技术攻关，推动产业高质量发展。水电装备方面，实现了 500 兆瓦级马氏体不锈钢冲击式转轮锻件“从 0 到 1”的重大突破；同时突破了新型“半整铸”式转轮铸件全流程制造技术。火电装备方面，突破 600℃超超临界机组 Cr12 转子批量制造技术并全面替代进口；突破 620℃超超临界机组高压 FB2 转子小批量制造技术逐步替代进口。电气装备方面，成功研制出 M701J 型重型燃机耐热铸件，填补了国内空白；研制了两台 300 兆瓦 F 级重型燃机国产化样机转子锻件。核电装备方面，突破了 1 000MW 核电常规岛汽轮机焊接低压转子锻件稳定制造质量技术，实现批量交货；全面掌握百万千瓦核级主泵锻造泵壳制造技术，“华龙一号”主泵泵壳研制再出新成果；研制了“玲龙一号”小堆波动管并实现世界首套交货。锻压装备方面，研发大型模锻压机欠压量、模具变形的视觉检测系统；突破热模锻压力机工艺连线技术，在首台 50MN 链轨节锻造生产线实现应用。轧制装备方面，开发高精度、高刚度中厚板轧机技术，在汉钢 3 500mm 项目实现应用推广；攻克了热轧平整机的电气自动化控制技术，在广青德 1 780mm 热平整项目上首次实现机电液总包；研发铝板带精轧机弯窜辊、新型圆盘剪等技术，在云南智铝 2 400mm 热连轧项目首获工程化应用。石化装备方面，成功研制了首台国产化聚乙烯超高压反应釜用成套关键锻件。

（2）新产品开发及推广取得关键突破。突破了 HH70 核聚变装置主体构件等关键设备制造技术，签订了 BEST 项目线圈盒制造合同；积极推进粮机装备、新型压力容器等新产品研发，持续推动新兴产业领域技术突破与市场拓展。

（3）加强科研平台建设，提升产业创新能力。大型铸锻件先进制造技术及装备国家工程研究中心构建设计工艺模拟仿真平台，首次发布立项开放课题，提升了基础技术水平。积极申请新型研究机构，与合肥通用院共建通用基础零部件国家制造业创新中心获得工业和信息化部批复，大型铸锻件国家标准验证点获国家标准委批准，检测中心获得“四川省产业技术基础公共服务平台”认证。

（4）强化成果管理，科技奖励再获佳绩。公司2023年获得省部级科技奖项13项。其中：机械工业科学技术奖二等奖1项、三等奖2项；中国机械工业集团有限公司科学技术奖一等奖1项、三等奖1项，中国机械工业集团有限公司优秀专利奖三等奖2项。“800MN大型模锻压机”获2023年度中国“好设计”金奖；5个项目入围2023年中国创新方法大赛暨四川赛区企业专项赛决赛。2023年企业重大科技成果及获省市以上科技成果奖项目见表3。

表3　2023年企业重大科技成果及获省市以上科技成果奖项目

序号	项目名称	完成时间	主要性能参数及技术内容	成果水平评价（获奖等级）	负责单位、参与单位
1	2 450mm钛板热轧机研制及应用	2020.06	该项目研制了一套专用于高端钛及钛合金板材轧制的2 450mm热轧机，该设备的整体刚度达9 070kN/mm，轧机两侧的刚度差小于50kN/mm。主要技术特点和创新点有：开发了一套钛合金板材轧制规程软件，分析了钛合金板材热轧制变形区应力应变热分布场等参数的分布及其变化情况与轧制条件之间的关系，制定了钛板轧制规程，优化了轧制工艺和设备参数。针对轧机设计了高刚度机架、专用过渡导板、机架辊等结构，研制了专用精细化轧辊冷却装置，开发了工作辊轴承温度智能监控系统，提高了热轧机的刚度、稳定性和轧制精度，所有的结构改进及优化均得到了实际验证，使用效果良好，能有效提高产品质量及产品精度。在该项目研发过程中，获得了发明专利1项、实用新型专利1项	机械工业科学技术奖二等奖、中国机械工业集团有限公司科学技术奖三等奖	二重装备、广西盛隆冶金有限公司
2	长龙山抽水蓄能发电机整锻转子中心体制造关键技术及应用	2020. 12	转子中心体是抽水蓄能电站机组核心关键部件，分为拼装式与整锻式两种结构形式。在同等发电容量情况下，相较于拼装式，整锻式转子中心体机组具有尺寸小、重量轻、寿命长、运行稳定等优点，但是制造难度大。转子中心体外径3 225mm，内径2 020mm，高度4 050mm，重量115t，设计转速600r/min，是国内外该类型产品尺寸和转速之最	机械工业科学技术奖三等奖	二重装备
3	JB/T 13527.2—2018《热连轧四辊粗轧机通用技术条件》等热连轧线关键工艺装备系列行业标准	2018.07	系列标准包括带钢热连轧二辊粗轧机、四辊粗轧机、粗轧立辊轧机、精轧机等共计8项标准，涵盖了带钢热连轧线所有关键工艺装备，标准主要规定了这些工艺装备的性能参数和通用技术条件，综合技术水平达到国际先进水平	机械工业科学技术奖三等奖	二重装备、一重集团大连设计研究院有限公司
4	极薄金属带材系列化二十辊高效精密冷轧制工艺装备技术与应用	2023.03	围绕极薄带生产的设备重点和工艺难点，研发了280mm窄幅、850mm中幅和1 450mm宽幅的系列化二十辊轧制装备；构建了黑色金属和有色金属的轧制工艺模型，完成了不锈钢、硅钢、合金钢、钛及钛合金和稀土合金等多种高强度且难变形金属的工艺模型数据库；通过完善极薄金属带材轧制理论和对轧制装备、轧制工艺、控制方法的创新，开发了极薄金属带材板形与板厚综合控制系统，实现了厚度0.01mm的国内最薄不锈钢带的稳定生产；开发了系列化二十辊轧机关键零部件制造工艺，实现了牌坊的高精加工并促进了二十辊轧机的国产化进程，完成了小辊径（16mm）、大载荷（300kN）、大硬度（HRC64）的二十辊辊系的研制；发明了高等级极薄金属带材表面质量控制技术，机组运行速度达600m/min时的单面残油量仍控制在不大于120mg/m^2	中国机械工业集团有限公司科学技术奖一等奖	中国重型机械研究院股份公司、二重装备

（续）

序号	项目名称	完成时间	主要性能参数及技术内容	成果水平评价（获奖等级）	负责单位、参与单位
5	不规则回转腔壁堆焊轨迹获取方法及其全自动堆焊方法	2021.09	本发明涉及核电主设备的耐蚀层堆焊工艺领域，特别涉及不规则回转腔壁堆焊轨迹获取方法及其全自动堆焊方法，其中堆焊轨迹获取方法包括划分腔壁区域面、建立坐标系、设置回转中心、获取区域面轨迹、调整回转角速度、获取堆焊轨迹六个步骤；全自动堆焊方法包括通过 PLC 控制系统控制堆焊机头沿所述堆焊轨迹移动，采用非熔化极气体保护焊工艺，实现不规则回转腔壁的全自动堆焊，堆焊过程不需要操作人员进入回转腔内，降低了堆焊劳动强度，且堆焊轨迹更可控，堆焊效率较高，堆焊质量容易控制，保证了不规则回转腔壁的整体堆焊质量	中国机械工业集团有限公司专利奖三等奖	二重装备
6	杆类锻件自动锻造装置	2020.04	本发明公开了一种杆类锻件自动锻造装置，包括机架、固定托架和移动托架，固定托架水平安装在机架上，移动托架通过能够驱动移动托架作椭圆循环运动的驱动机构水平安装于机架，且移动托架在一个运动周期内，前 1/4 个周期和后 1/4 个周期时移动托架的上表面低于固定托架的上表面，中间 1/2 个周期时移动托架的上表面高于固定托架的上表面，所述固定托架和移动托架的上表面均设置有多个杆件定位槽，固定托架和移动托架上的杆件定位槽的间距相等。本发明能够实现杆件的自动移动，降低人工操作量，提高锻造效率。此外，每次锻造时，可将多根杆件分别放在固定托架上的多个杆件定位槽中，一次性锻造多根杆件，同时可一次性移动多根杆件	中国机械工业集团有限公司专利奖三等奖	二重装备

（5）积极服务行业发展。组织中国重型机械工业协会锻造技术、检测技术和锻压装备行业技术交流会；承办第七届全国电渣冶金学术会议；入选中国锻压协会评选的“中国锻压装备二十强”。

4. 产品质量及标准工作情况

2023 年，二重装备坚持“创新超越　臻于至善”经营理念，持续从严管理，深化体系建设，加强监督实效，取得良好质量绩效。公司认真践行“诚信为本、客户至上、造福员工、回报社会”核心价值观，在产品制造过程及交付后的活动中与用户保持有效的交流和沟通，顾客满意率达 95.73%。大力开展精益人才培养，成功培养 63 名精益六西格玛绿带人才，绿带一次通过率达 98.36%。持续推进精益管理，有力促进产品实物质量控制和质量管理水平不断提升。2023 年公司产品不合格报告（NCR）频次持续下降，产品质量稳定向好，锻件超声波检测（UT）合格率持续保持高位。外包产品入厂验收合格率、容器焊缝探伤一次合格率等均保持在 99.5% 以上。聚焦质量管理价值创造，强化质量损失成本管理，公司质量损失成本大幅下降。稳步推进现场标准作业流程（SOP）操作标准化，推动基层精益质量改进走深走实，促进质量稳定性和可靠性持续提升。广泛开展质量创新创奖工作，群众性质量活动蓬勃发展，组织“质量月”活动，开展“九个一”主题讨论，大力开展 QC、质量信得过班组、质量品牌故事等群众性质量活动，提升行业影响力。2023 年公司获得“合力杯”第二届全国机械工业产品质量创新大赛 2 金 1 银、第六届中央企业 QC 小组成果发表赛二等奖、中机质协群众性质量管理活动 10 个一等奖、1 个二等奖、1 个质量管理活动标杆小组的优异成绩，进一步巩固和提升公司质量品牌优势。

2023 年公司参与制修订的 13 项国家、行业标准批准发布，其中，主持制定国家标准 2 项，参与制修订国家标准 9 项；主持制修订行业标准 1 项，参与制修订行业标准 1 项。公司积极推进科技成果转化为标准，2023 年发布的主持制定的两项国家标准《特大型锻钢件的热处理》和《大型锻钢件的锻造》是工业和信息化部工业强基工程中“超大型构件先进成形、焊接及加工制造工艺”支撑性标准项目。

5. 技术改造情况

2023 年，二重装备完成技改投资 20 865.2 万元。陆续实施和建成了涉及研发配套、提高产品质量、降耗节能、智改数转的项目，提升了企业数字化、智能化、绿色化水平，降低了生产成本，履行了企业社会责任。

（1）围绕国家科技创新和产业发展重大战略需求，在涉及承担国家产业基础再造工程相关任务、补齐产业链关键领域、关键产品、关键技术的薄弱环节和短板弱项方面进行投资。一是实施主管道专业生产线项目，提高主管道制造效率和质量稳定性，提升产品制造产能，实行专业化生产。二是新增超声水浸系统、力学性能检测试验设备项目等，满足航空航天产品特殊锻造材料（如钛合金和高温合金）的检测需求。

（2）聚焦公司主业，实施数字化、智能化、绿色化改造。一是数字化运营平台等项目，以产品制造全生命周期为主线，实现生产管理全过程数字化、透明化、可视化，提升生产效率和生产过程管控能力。二是完成大型铸锻件先进制造技术及装备国家工程研究中心数值模拟能力专项提升项目建设，大幅提升高端火电、特大型水电、先进核能、重型燃机等领域的核心装备及关键零部件开发前期工艺研究效率。三是大型高端铸锻件炼钢工艺流程再造升级项目，以创新驱动，提高再生钢铁原料利用率，降低冶炼原辅材消耗。四是重污染天气B级绩效企业创建一、二期项目，改善厂区及周边环境空气质量，满足国家政策法规要求。五是试样加工生产线更新、新增电感耦合等离子体质谱仪、数控落地镗床改良、新增堆芯支撑块加工专机等项目陆续完工验收并投入生产，消除了部分“瓶颈”，提高了生产效率和质量，降低了能耗。

公司积极响应国家“双碳”战略部署，加强能源消耗管理，积极推进综合能源利用，节能管理工作取得显著成效。2023年，公司加速优化生产流程、制造工艺，加快推进设备节能改造，生产效率、能源利用效率持续提升。2023年万元产值综合能耗比2022年实际值下降了10.42%。特别是铸锻公司工业炉窑改造，采用低氮蓄热式燃烧技术后，天然气节约量达到30%以上，一年实际节约能耗1万余吨标准煤。核电石化公司高效大涡湍流燃烧加热装置改造项目实施后，天然气节能效果稳定在30%左右。公司全面推进照明设施绿色节能改造，2023年共更换高耗能灯具4 916盏，年节约电力成本77万元。

二、企业发展存在的主要问题

目前，行业无序竞争和产业内耗严重，不利于企业的高质量发展。建议结合地方区域经济发展特色，做好区域规划和产业布局，支持特色产业集群规模化发展，建成若干有比较优势的产业基地，推动行业高质量发展。

〔撰稿人：二重（德阳）重型装备有限公司李韦萤〕

北方重工集团有限公司

一、经营生产特点

1. 市场拓展与品牌建设

2023年，北方重工在营销方面取得了重大突破，成功签订了多个大型项目合同，刷新了大型设备生产制造纪录，打破了国外技术垄断。这些成绩的取得，不仅彰显了企业的技术实力和市场竞争力，也进一步提升了企业的品牌知名度和影响力。通过积极参加各类展会和举办产品下线仪式等活动，有效巩固了与老客户关系，成功开拓了新客户，为企业的持续发展奠定了坚实基础。

2. 技术创新与研发

技术创新是企业发展的核心驱动力。2023年，北方重工在技术方面取得了多项重要成果，包括获得省级科技进步奖、成功研发出填补国内空白的新产品等。这些成果的取得，不仅提升了企业的技术水平和核心竞争力，也为企业赢得了更多的市场机会。同时，企业与高校、科研机构的紧密合作，为企业的技术创新提供了有力支持，推动了企业技术实力的不断提升。

3. 管理优化与运营效率提升

在管理优化方面，通过完善治理体系、优化组织结构、加强信息管理等多项措施，有效提升了运营效率和管理水平。通过修订安全类文件、制定管理制度、优化组织机构等措施，筑牢安全防线、健全制度体系、优化组织结构，形成了集中管理、精干高效的运营模式。同时，通过加强信息管理、提升品牌知名度等措施，有效提升了市场竞争力。

4. 注重质量与成本控制

在经营生产过程中，北方重工始终注重质量与成本控制。通过严格实施项目经理制、开展劳动竞赛活动、加强设备管理等措施，北方重工有效提升了生产效率和产品质量；同时，通过加强成本的过程监管，完成了多个项目的目标成本分解和成本对比分析，进一步提升了成本管控水平。这些措施的实施，为企业的持续发展提供了有力保障。

二、生产发展情况

1. 指标完成情况

2023年，北方重工实现营业收入61亿元，同比增长20%；完成工业总产值31亿元，同比增长40%；实现订货合同70亿元，同比增长15%。

2. 主要产品产量及产值

2023年分类产品产值完成情况见表1。

表1　2023年分类产品产值完成情况

设备名称	产值 / 万元
隧道设备	22 835.17
矿山装备	96 284.15
冶金装备	44 294.20
散料输送与装卸装备	91 504.01
电站装备	26 618.45
其他	28 853.88
合计	310 389.86

三、2023年重大技术装备研制情况

1. QJL4555井工钾盐矿高效全断面掘采装备

面向固体钾盐矿井工开采领域对高效、可靠、长寿命采掘装备的需求，北方重工自主研制出具有国际先进水平的 QJL4555 井工钾盐矿高效全断面掘采装备，填补了国内空白，打破了国外技术垄断。该装备的研制成功，将提高钾盐矿体的安全、高效、连续、智能开发，尤其是基于新型装备、新开采技术与大数据调控系统等新型技术有机结合，实现钾盐矿智能化、机械一体化的系统建设，将成为未来钾盐矿发展的主要趋势。该装备被列入 2023 年《辽宁省首台（套）重大技术装备推广应用指导目录》（辽工信装备〔2023〕144 号）。

2. 散料堆场无人值守智能平台

该项目被列入沈阳市科技发展计划，获得“揭榜挂帅”产业共性技术专项资金支持，在萍乡萍钢安源钢铁有限公司安源炼铁厂混匀料场智能控制改造工程中实现了工程化应用。北方重工联合东北大学，通过产学研联合开发模式，结合信息自动化控制技术、三维扫描及建模技术、数据存储技术等，开发出散料堆场无人值守智能平台，实现了散料堆场远程无人值守运行，堆取料机可通过软件平台客户端软件实现“一键”自动堆垛、开层、换层、空场堆垛、补垛等堆取料全过程智能作业，解决了堆取料机及料场系统多源异构数据、多种通信协议、多样控制接口等难题，可提高作业效率、节省人力成本、改善驾驶员作业环境，提高堆取料机智能化控制水平，推动料场智能化升级。

3. 双江口水电站超高土石坝防渗土料输送、掺和关键技术及成套装备

大渡河双江口水电站是国家西部大开发重点工程和“十四五”重点项目。该项目位于四川省阿坝州境内，地处川西高原，具有“六高一窄”（高寒、高坝、高边坡、高强度、高水头、高地应力、窄河谷）的环境特点，坝高 312m，是世界第一高坝。

北方重工依托双江口水电站建设项目，开展了超高土石坝防渗土料输送、掺和关键核心技术攻关，从“工艺创新、设备引领”到“理论创新、技术引领”，针对窄空间世界第一高坝防渗土料的供配料难题，首创世界上第一套大倾角心墙砾石土料输送与精准掺和系统工艺，实现了精准配料与连续输送，满足了坝体的高质量施工需求；开发了 −42.3° 压带式下运大倾角带式输送机成套技术，解决了输送线路下运角度大、距离长、物料滚动下落、常规下运带式输送机无法实现安全可靠运输问题；开发了大粒度、防渗料、高精配比卧式掺和机，掺和精度高达 ±1%，实现了强制式连续拌合，保证了配料的均匀性。北方重工自主研发的双江口水电站超高土石坝防渗土料输送、掺和关键技术及成套装备，实现了 300 米级心墙堆石坝筑坝技术的突破，提升了我国水电工程设计和建设能力和水平，同时也为今后我国乃至世界 300 米级心墙堆石坝筑坝技术发展奠定基础，引领绿色水电建设新方向，树立我国高效、节能、绿色、智能水电建设新标杆。

4. 智能化全封闭煤料场桥式刮板取料机

该产品是依托于徐州中煤总包台塑菲律宾 MPGC 项目研制的 65m 大跨距、全防爆、多机共轨的智能化全封闭煤料场桥式刮板取料机，应用于全封闭的煤料场，跨距 65m、取料能力 700t/h、粉尘防爆 21 区。是我国自主设计、制造、安装并调试的综合参数最大、工况最繁杂、技术难度最大的桥式刮板取料机。该产品研制过程中，研发出新型的对称直角凹四边形双料耙结构，有效减小了耙架外形尺寸及耙料阻力，减轻了耙架总重量，提高了物料混匀效果；发明了桥式刮板取料机行走机构专用纠偏装置，保证了两侧轨道上的车轮同步行走。开发出一套大跨距桥式刮板取料机桥梁结构优化设计技术，减轻了桥梁自重，实现了桥梁强度、刚度和预拱值的最佳匹配。

5. 智能化全封闭煤料场门式刮板取料机

该产品是依托于徐州中煤总包台塑菲律宾 MPGC 项目研制的 65m 大跨距、全防爆、多机共轨的智能化全封闭煤料场门式刮板取料机，跨距 65m、取料能力 700t/h、粉尘防爆 21 区。是我国自主设计、制造、安装并调试的综合参数最大、工况最繁杂、技术难度最大的门式刮板取料机，该机采用了北方重工自主研发的多项专利技术，主副刮板取料装置相互独立的结构，可根据工作需求独立实施驱动控制，实现了无盲区取料作业，节能效果显著；主动连杆式平衡导向机构，解决了刮板门架侧的偏载问题，降低了行走阻力。该产品研发过程中北方重工开发出一套大跨距门式刮板取料机门架结构优化设计技术，实现了门架强度、刚度和变形量的最佳匹配及门架轻量化。

6. 世界最大规格 5.5m 定尺剪和切头剪

5 500mm 超大规格滚切式横切剪（切头剪和定尺剪）技术此前只有德国西马克公司能够设计制造。随着中厚板精整剪切设备不断朝着大型化、自动化、智能化、专业化方向发展，为实现中厚板产品的高产能、高质量、低能耗、高成材率，提高产品的竞争力，打破这一技术壁垒，北方重工通过自主研发，对其杆件尺寸、运动轨迹、剪刃重叠量、主减速器等核心关键技术进行攻关，成功开发出了国内首台（套）超大规格 5 500mm 宽厚板滚切式横切剪，填补了国内空白，满足了国内外用户对大规格宽度尺寸钢板的需求，并成功与国内用户签订了合同。

7. 宽厚板滚切式剖分剪

5m 宽厚板滚切式剖分剪在国内以前是以引进国外技术为主。北方重工通过自主研发，掌握了该规格滚切式剖分剪的全部技术，填补了国内该类产品技术空白。该产品的研发成功可满足国内外宽厚板市场的需求，逐渐拓展国内外市场，为企业创造新的经济增长点。

8. 直径 3.53m 抽水蓄能型超小转弯隧道掘进机（TBM）

根据山西垣曲抽水电站排水廊道施工需要，研发出的直径 3.53m 抽水蓄能型超小转弯 TBM，填补了北方重工

在此种规格TBM研发上的技术空白，显著增强北方重工小直径超小转弯TBM产品的市场竞争力和影响力，大大提高了抽水蓄能排水廊道的掘进效率，促进了我国抽水蓄能电站的发展。

四、产品质量情况

1. 2023年，北方重工始终坚持以质量为核心，紧紧围绕“采用先进技术、持续改进创新、提供精良产品、满足顾客需求”的质量方针，全面推进质量管理体系建设，通过加强产前质量策划，提高过程检验控制，规范产品检验程序，加大外部供方质量管控及索赔力度，降低质量损失，不断提升产品质量和客户满意度，提升北方重工产品质量信誉度。

2. 公司质量管理体系持续有效运行，2023年质量管理体系顺利通过再认证审核，保持认证注册资格。出厂产品合格率达100%，产品一次交检合格率99.948%，让步接收率0.001%，返修率0.043%

3. 2023年公司组织了以“增强质量意识 推进高质量发展”为主题的“质量月”活动，以提高质量为目的，深入推动全民质量行动，大力提升产品质量水平。活动针对产品实现的不同过程，安排了由不同部门牵头实施的《质量应知应会手册》编制、质量培训讲座、客户满意度提升活动等7项专题活动，旨在增强全员质量意识，创造一个人人关心质量的良好氛围。

五、重大成果及科技奖项目

2023年企业重大科技成果和获得省市及以上科技奖项目情况见表2。

表2 2023年企业重大科技成果和获得省市及以上科技奖项目情况

序号	项目名称	完成时间	主要性能参数及技术内容	成果水平评价（获奖等级）	负责单位、参与单位
1	MLL1200螺旋立式磨机	2019.01	为满足我国选矿细磨超细磨设备的需要，自主开发了MLL1200螺旋立式磨机。该机筒体内径4 200mm，有效高度4 775mm，转速19r/min，装球量127t，在研发中独创应用了离散元软件对设备启动和运行时的离心力力矩和摩擦力力矩进行分析，创新开发设计出新型高耐磨铲靴衬板，使用寿命较国外同类产品提升30%，减少了磨机停机次数，提高产品作业率；创新开发设计出螺旋轴分体式焊接结构、顶部抽取式模块化传动轴结构，提高了核心部件螺旋轴的运行可靠性及传动轴的拆装效率；创新开发研制出一种专用复合型陶瓷橡胶磁性衬板，提高了衬板使用寿命，降低了设备运行噪声	2023年获得辽宁省科技进步奖三等奖	北方重工集团有限公司
2	应用于砂石骨料生产线的大型国产化旋回破碎机装备	2020.08	该装备是为河北九州矿业有限公司建筑石料用灰岩矿开采及加工一期项目而研制的，用于骨料生产线物料破碎。该装备给料口1 270mm，装机功率400kW，通过动平衡优化设计，减小了设备扰力，降低了土建成本；能够带载启动，减少停机时间，降低人员劳动强度；装备智能控制系统，实现了自动运行，自动调整排矿口；研发出的主轴液压升降技术，确保主液压缸调整到位后位置能够保持稳定，从而保持排矿口恒定；研发出的平衡缸动锥跳跃保护技术，确保在工作中压力保持恒定，不会因物料波动而波动，因而不会影响到主轴的位置和排矿口大小。研发出的瞬时过铁保护技术，保护设备正常的破碎作业	2023年辽宁省建筑材料科学技术奖一等奖	北方重工集团有限公司
3	双江口水电站超高土石坝防渗土料输送、掺和关键技术及成套装备	2021.09	依托双江口水电站建设项目，开展了超高土石坝防渗土料输送、掺和关键核心技术攻关，从“工艺创新、设备引领”到“理论创新、技术引领”，针对窄空间世界第一高坝防渗土料的供配料难题，首创世界上第一套大倾角心墙砾石土料输送与精准掺和系统工艺，实现了精准配料与连续输送，满足了坝体的高质量施工需求；开发了−42.3° 压带式下运大倾角带式输送机成套技术，解决了输送线路下运角度大、距离长、物料滚动下落、常规下运带式输送机无法实现安全可靠运输问题；开发了大粒度、防渗料、高精配比卧式掺和机，掺和精度高达 ±1%，实现了强制式连续拌合，保证了配料的均匀性	具有国际领先水平	北方重工集团有限公司

（续）

序号	项目名称	完成时间	主要性能参数及技术内容	成果水平评价（获奖等级）	负责单位、参与单位
4	65m大跨距、全防爆、多机共轨的智能化全封闭煤料场桥式刮板取料机	2020.07	该产品应用于全封闭的煤料场，跨距65m、取料能力700 t/h、粉尘防爆21区。由我国自主设计、制造、安装并调试的综合参数最大、工况最繁杂、技术难度最大的桥式刮板取料机，设备综合指标国际先进。研发出新型的对称直角凹四边形双料耙结构，有效减小了耙架外形尺寸及耙料阻力，减轻了耙架总重量，提高了物料混匀效果。发明了桥式刮板取料机行走机构专用纠偏装置，保证了两侧轨道上的车轮同步行走。开发出一套大跨距桥式刮板取料机桥梁结构优化设计技术，减轻了桥梁自重，实现了桥梁强度、刚度和预拱值的最佳匹配	具有国际先进水平	北方重工集团有限公司
5	65m大跨距、全防爆、多机共轨的智能化全封闭煤料场门式刮板取料机	2020.07	该产品跨距65m、取料能力700t/h、粉尘防爆21区。由我国自主设计、制造、安装并调试的综合参数最大、工况最繁杂、技术难度最大的门式刮板取料机。该机采用北方重工自主研发的多项专利技术，主副刮板取料装置相互独立，可根据工作需求独立实施驱动控制，实现了无盲区取料作业，节能效果显著；主动连杆式平衡导向机构，解决了刮板门架侧的偏载问题，降低了行走阻力。该产品研发过程中北方重工开发出一套大跨距门式刮板取料机门架结构优化设计技术，实现了门架强度、刚度和变形量的最佳匹配及门架轻量化	具有国际先进水平	北方重工集团有限公司

〔供稿单位：北方重工集团有限公司〕

中信重工机械股份有限公司

一、生产发展情况

2023年，中信重工实现工业总产值136亿元，同比增长1.4%；实现销售产值134亿元，同比增长1.4%；实现工业增加值20亿元，同比增长1.6%；实现机器产品产量29万t，同比增长6.5%。产品产量按分类计见表1。

表1　产品产量按分类计

产品分类	产量	
	按台（套）计/台	按吨计/t
1. 矿山设备	199	65 682.3
2. 水泥设备	67	39 899.8
3. 冶金设备	20	14 298.1
4. 工矿配件	—	169 845.0

二、市场经营及销售情况

2023年中信重工全面深化改革进入全新推进阶段，创新提出“树立全员营销理念，建立全员营销模式”的经营思路，广大职工干部准确落实公司的营销战略部署，取得了优异的成绩。

1. 坚持做强矿山及重型装备业务

矿业核心主业稳步增长，建材、冶金、煤炭等传统业务产业稳中有进，主机设备订单取得新突破、创造新业绩；工程成套产业积极布局海外市场，签订大型水泥生产线配套余热发电总包工程，有力支撑了海外成套业务市场；国际业务订货大幅增长，海外市场订货首次突破30亿元。

2. 坚持做精机器人及智能装备业务

持续加大技术创新力度，进行精细化管理、精准化布局和优势化发展。在矿山领域，制定“一矿一策”针对性方案，完成多个智能矿山项目建设，与多位客户签订异物分拣机器人、大巷巡检机器人、应急储能设备等新产品订单；在应急领域，中标四省市总队级消防机器人项目；在石化领域，深入推进用户和技术单位的战略合作，相关产品得到大面积推广。

3. 坚持做成新能源装备业务

明确“新能源开发解决方案供应商”的定位，坚持“能源开发方案+装备研发制造”商业模式，按照“源网荷储一体化”开发模式，构建“产业+资本”双轮驱动平台。2023年，中信重工成功签订国内大客户海上风电订单，成功申报200MW风电、光伏保障性并网项目，为新能源装备业务发展提供支撑。

4. 坚持做深特种材料业务

推动公司产品向高端化发展，签订高温气冷堆成套锻件大单，完成世界最大单机容量500兆瓦级水轮机组超大型马氏体不锈钢转轮锻件交付。与某知名模架企业签订模具钢战略合作协议及亿元批量化采购合同。

三、科技成果及新产品情况

中信重工坚定不移实施创新驱动发展战略，以科技创新赋能产业高质量发展。

1. 持续保持7%研发投入强度

围绕高端化、智能化、绿色化，专项研发“十大突破性装备”，推动国产重型装备突破世界最大规格、达到技术领先水平，实现从“跟跑”到“领跑”的跨越。

2. 推进集团重大科技创新项目

完成破碎、粉磨、重选、浮选等多个智能控制系统开发并实现用户现场应用，矿山装备工业互联网平台2.0建成发布；承建的中信昆仑锂业年产2万t电池级碳酸锂项目全线达标达产，生产、能源、质量、设备、安全、机器人等系统成功投用；7 500t高压压铸机完成厂内加工制造、装配调试并交付用户。

3. 加快构建“公司＋板块”新型研发机制

公司、板块两个层面上下联动开展协同创新。

4. 加强创新平台建设管理

开诚智能“特种机器人工业设计中心”被认定为第六批国家级工业设计中心。公司的2个国家级企业技术中心通过国家发展改革委复评并获优秀评价；按照科技部全国重点实验室建设标准，完成实验室重组推进及建设方案；公司牵头组建的“河南省智能矿山装备产业研究院”“河南省矿山智能装备与工艺技术创新中心”通过河南省工业和信息化厅考核认定；成功获批中国机械工业联合会“机械工业创新中心”。

5. 重大项目立项

直驱式超低速大转矩永磁电驱动系统关键技术及应用、超低温工程装备用高强高韧特种合金研制及应用等6个政府项目获批立项，智能矿井提升系统关键技术及产业化等4个政府项目通过验收。

6. 创新成果获得充分认可

2021—2023年累计申请专利361项；18项“卡脖子”技术取得突破，12项科技成果通过鉴定，其中，10项国际先进、2项国内领先；2023年获中信集团科学技术奖一等奖、二等奖各2项，获河南省科技进步奖一等奖、二等奖各2项，获河南省技术发明奖一等奖1项，辽宁省科技进步奖二等奖1项，机械工业科技进步奖一等奖、二等奖各1项，再次荣获全国机械工业产品质量创新大赛金奖1项；获评“国家级绿色工厂”“河南省制造业头雁企业”等多项国家及省部级科技创新荣誉。新获授权专利130项，其中发明专利60项；获批国际、国家、团体标准立项15项。2023年中信重工重大科技成果和获得的省市及以上科技奖项目（主持）见表2。

表2　2023年中信重工重大科技成果和获得的省市及以上科技奖项目（主持）

序号	项目名称	完成时间	主要性能参数及技术内容	成果水平评价（获奖等级）	负责单位、参与单位
1	面向矿物磨机的高精度液压重载机械臂关键技术及应用	2023年	项目针对复杂受限空间衬板换装灵巧作业、强非线性关节高性能控制、人－机－料共存环境下自主＋人机交互安全作业模式、多约束高效作业系统匹配集成等关键问题，提出了大负载高精度液压机械手多约束综合设计方法，解决了磨机受限空间机械手灵巧作业难题；发明了大负载高精度液压关节非线性伺服控制技术，研制了大转矩－广摆角－低泄漏双叶片式伺服液压马达，实现了七自由度机械手关节高性能伺服控制；创新了衬板换装“自主控制＋人机交互”安全作业新模式，创建了基于可达空间的主从控制人机交互系统和机械手增强现实主动安全系统；研制了国际首套面向矿物磨机衬板换装的液压重载机械手及大规格衬板，提出了衬板自动换装新工艺和衬板换装高效作业系统，大幅提升了磨机运转率和安全性	机械工业科学技术奖一等奖	中信重工机械股份有限公司、山东大学、天津理工大学、北京科技大学、洛阳中重自动化工程有限责任公司、洛阳矿山机械工程设计研究院有限责任公司、山东交通学院、南京晨光集团有限责任公司、南京理工大学、洛阳理工学院
2	大型矿用磨机齿轮传动装置关键技术及应用	2023年	以突破大型矿用磨机齿轮传动装置关键技术为目标，在材料选择、结构设计、高精加工、变形控制、极限测量等关键技术方面取得了多项创新突破，首次研制出全球最大功率18MW、直径13.6m的大型齿轮，齿面承载区硬度达320～360HB、强塑积大于9 000MPa、精度达到AGMA最高精度级别。在大型齿轮铸件控流控向和有序凝固控制技术、大型矿用磨机齿轮轴超大宽径比齿轮拓扑均载修形技术、锻焊大齿轮焊接与变形控制技术方面达到国际领先水平。项目技术成熟，产品重要指标优于国外同类产品，成为国家制造业单项冠军产品	机械工业科学技术奖二等奖	中信重工机械股份有限公司（智能矿山重型装备全国重点实验室）、河南科技大学、郑州机械研究所有限公司、洛阳中重铸锻有限责任公司、洛阳矿山机械工程设计研究院有限责任公司

（续）

序号	项目名称	完成时间	主要性能参数及技术内容	成果水平评价（获奖等级）	负责单位、参与单位
3	矿山重型装备齿轮传动装置极端制造关键技术及产业化	2023 年	项目针对大尺寸铸造齿轮材料内部组织一致性差、力学性能不稳定，承载区易产生点蚀、剥落及沿齿根断裂等技术难题，开展了大型齿轮熔炼、铸造、热处理全流程工艺技术研究：发明了高强高韧性铸造齿轮钢材料及制备技术，提出了铸钢大齿轮轮缘“环形冒口 + 内补贴 + 外圆暗冷铁”铸造方法，开发了三重性能尺寸协调控制热处理技术，研制出最大直径 13.6m 铸钢齿轮。同时，开发了高性能锻焊大齿轮焊接与变形精细调控技术，实现了直径 10m 齿轮装焊变形精细控制。项目产品应用于具有世界领先水平的直径 7.9m × 13.6m 球磨机和直径 11.0m × 6.4m 半自磨机高端矿山装备	河南省科技进步奖一等奖	中信重工机械股份有限公司（智能矿山重型装备全国重点实验室）、河南科技大学、郑州机械研究所有限公司，洛阳矿山机械工程设计研究院有限责任公司、洛阳中重铸锻有限责任公司
4	新型低能耗智能干法粉磨装备关键技术研究与应用	2023 年	项目以半终粉磨系统或联合粉磨系统最大规格干法磨机直径 4.6m × 15m 作为研究实例，对该系列干法磨机进行关键技术研究，采用轻量化与智能化设计，整体技术居同类产品国际先进水平。该成果技术成熟，产品重要指标（传递功率、重量、装载量、运转率、衬板寿命产量及能耗）优于国外同类产品。 项目针对干法粉磨装备粉磨效率及产量低、运转负荷及能耗高、碳排放量大、智能化程度低、粉尘、油品污染等问题，首次提出了物料辊压破碎系数用于 F.C.Bond 理论的干法磨机选型方法，开创性研发了低能量高频冲击下抗磨损衬板技术，开展了研磨介质与磨矿效率的耦合机理研究，建立了研磨介质级配与选型数据库；发明了轻量化分体式排料隔仓、卸料筛分装置、粉磨筛分结构和多功能进料装置，降低了整机重量，改善了物料的流动性，降低了风阻和能耗，解决了漏灰问题；自主研发的直入式轴承供油和多重可调密封技术，改善了轴承润滑，降低了温升，解决了漏油问题；开发的基于多模态数据的磨机成套智能系统，实现了磨机状态的实时监测和关键参数的实时调控，提高了运转率。研发出具有完全自主知识产权的新型低能耗智能干法粉磨装备，可降低运转负荷及能耗、提高粉磨效率及产量	河南省科技进步奖二等奖	中信重工机械股份有限公司、洛阳矿山机械工程设计研究院有限责任公司、郑州轻工业大学

四、产品质量工作情况

中信重工以“践行国家战略、实现高质量发展”和“打造具有全球竞争力的一流先进装备制造企业”的使命愿景支撑高质量发展。按照 GB/T 19001—2016《质量管理体系要求》、GJB 9001C—2017《质量管理体系要求》和 RB/T 048—2020《机械行业铸造企业质量管理体系要求》标准要求，不断完善质量管理体系。秉承客户满意是企业永恒的追求的质量方针，贯彻第一次就把事情做对的质量理念，不断提高产品质量，为客户提供综合的、整体的、高附加值的产品和服务。

2023 年，中信重工持续推进“155”质量管理创新体系建设，有效开展各项质量管理活动，建立质量责任体系，严格履行质量主体责任。相继开展竞争力提升工程、质量风险管控、内部质量监理制等多种形式的控制活动，将质量责任贯穿于全员和全过程。从“为客户负责，让客户满意”的角度出发，实施内部监理质量管理模式，针对重点产品、重大项目的设计、制造过程、外包过程、装配调试过程等模拟客户预验收、实施内部监理工作。开展重大质量攻关课题 4 项、重点项目质量策划 347 项、实施过程质量监督 1 949 次，为提升产品质量提供了有力保障。

2023 年，中信重工荣获“全国产品和服务质量诚信领先品牌”“全国产品和服务质量诚信示范企业”“全国质量诚信先进企业”“全国质量诚信标杆企业”等多项荣誉。

五、技术改造情况

中信重工围绕“改造升级传统产业，巩固提升优势产业，培育壮大新兴产业，前瞻布局未来产业”的产业发展思路，聚焦公司四大板块，通过建设项目投资、资本运作、“四个一批”建设，做强做优核心制造、核心技术、核心产品，打造以中信重工高端制造资源为核心的生态圈，进入高技术、高成长性领域，着力打造“第二增长曲线”，培育公司新的经济增长点。

1. 智能矿山重型装备全国重点实验室项目

为落实国家科技战略部署，提升国家矿山重型装备前沿技术研发能力，中信重工按照获科技部批准的组建方案开展智能矿山重型装备全国重点实验室基础设施建设，推动实验车间、实验楼在内的基础设施建设工作，打造国际一流水平的矿物加工理论研究、装备设计制造、矿物加工装备全生命周期服务的科技研发平台，形成矿山装备领域原创技术的策源地和智慧矿山建设的国家战略科技力量，为国家矿山资源战略安全提供保障。

2. “三大改造”项目

完成一批：2023 年内完成节能环保升级改造项目、重型装备节能环保升级改造项目、110kV 变电站项目。

推进一批：推进面板盒体关键装备生产线建设项目、重型装备智能制造提升工程建设项目建设。

谋划一批：谋划铸锻公司高端材料绿色智能制造项目，铸锻公司燃气炉绿色化改造项目，中信重工采暖系统及余热综合利用提升改造工程项目，齿轮箱能力提升项目等。

此外，为有效节约资源、提高资源利用率，中信重工建立了科学的能源管理制度和能源管理机构，配备了专业人才队伍，充分发挥“互联网 +”能源管理系统的作用，提高管理效率，在取得良好的经济效益和安全效益同时，节能降耗和减排工作成效明显。公司制定了“2023 年全面节约计划考核办法”，针对下属 12 家重点单位制定能源、材料、铁合金、修旧利废考核指标和动能单耗、材料消耗等 111 项考核指标，每月实行分类核算，强化能源消耗管控。持续推进电力需求侧管理系统子平台的推广应用，不断完善平台功能，助力公司高效利用电力资源。加强生产用水控制，对总量异常单位及时查找原因、督促整改，减少生产用水的损耗。公司实行全员考核，落实目标责任，通过强化管理、技术创新、节约挖潜等工作，2023 年取得了良好节约效果。

〔供稿单位：中信重工机械股份有限公司〕

中国重型机械研究院股份公司

中国重型机械研究院股份公司前身为创建于 1956 年的第一机械工业部重型机械研究所，是面向我国冶金、重型机械等行业的重大技术装备研发、设计与工程总承包的高新技术企业，现隶属于中央直接管理的世界 500 强企业——中国机械工业集团有限公司控股子公司国机重型装备集团股份有限公司。

中国重型院汇聚着一大批精心科研、勇于创新的科技精英，培养了一支由中国工程院院士、上百名专家和高水平科技人才组成的强大创新团队。建设有“金属成形技术与重型装备”全国重点实验室等 20 余个国家、行业、省市级研发创新与产业化平台；设有博士后科研工作站，科研体系健全，科研成果丰硕，获得 380 多项国家或省部级科技奖励，研制出 310 多项首台（套）国产重大技术装备，拥有 1 200 多项有效专利，制修订 180 余项国家及行业标准。

中国重型院是全国首批 91 家“创新型企业”之一，是首批获得“企业技术创新工程”国家科技进步奖的五家企业之一，先后荣膺国家技术创新示范企业、国家企业技术中心、国家知识产权优势企业、国家级工业设计中心、国家创新人才示范基地、中国工业大奖等一大批重大荣誉，2021 年入选全国“科改示范企业”，先后获评“标杆”企业。

中国重型院秉承“技术报国，装备世界”的企业使命，深入实施创新驱动发展战略，坚持“锻造国机所长，服务国家所需”，瞄准重型装备科技前沿，攻克更多“卡脖子”技术难题，创造多个“中国第一”，以高水平科技自立自强支撑引领高质量发展，奋力铸就中国制造的新辉煌。

1. 经营情况

2023 年中国重型院先后获得宝武优秀供应链合作伙伴卓越贡献奖、2022—2023 年度本钢集团杰出优秀供应商、2023 上海国际重型机械装备展览会优秀主机设备供应商等荣誉，入围中国机械工业管理协会评选的“2023 中国机械 500 强”，入围 2022 西安 100 强企业。

中国重型院市场经营坚持以“致知力行　稳中求进”为总体工作思路，结合 2023 年度市场形势，严格按照“收信息、抓订单、强策划、大营销、控底线”等经营策略，持续拓展传统优质客户，深度开发首次合作客户，积极开发海外客户，助力公司持续增强各个业务领域的生存力、竞争力、发展力和持续力。2023 年实现营业收入 261 538 万元，较 2022 年增长 24.60%。

2. 科技成果及新产品

2023 年，中国重型院依靠卓越的创新能力，荣获了各级科技奖励 16 项；完成各类科技成果鉴定 5 项，成果技术达到国际领先水平或国际先进水平。在知识产权方面，获授权专利 82 项，其中发明专利 58 项、实用新型 23 项、外观设计 1 项、完成 19 项软件著作权的登记，计算机软件领域的技术实力进一步增强。

不断储备创新技术，增强企业竞争力。2023 年批准立项科技计划项目及后补助项目 39 项。其中，国家重点研发计划项目课题 2 项（承担 1 项、参与 1 项），国家工业母机产业链链主企业项目 1 项。多个项目取得技术突破。

（1）福建鼎信方圆板连铸机项目。该连铸机是中国重型院为青山集团研制的圆、板、方兼容的多功能不锈钢、特钢连铸机，不仅能生产直径 160～700mm 不锈钢圆坯，还能兼容生产 190mm×190mm 不锈钢方坯、300mm×500mm 不锈钢矩形坯、300mm×810mm 不锈钢工/模具钢板坯，满足了不锈钢钢种、断面多样化的市场需求。中国重型院连铸团队充分发挥不锈钢、特钢连铸装备领先优势，深度科研、自主创新，充分利用连铸创新实验平台，结合用户生产的特殊性、多样性需求，科学进行总体布局，优化工艺路线，突破了国内外在特殊钢，不锈钢圆、板、方多功能连铸机设计、工艺、设备、控制等多道难关，攻克了连铸机总体布置、辊列布置、二冷凝固计算等系列关键技术难题。

（2）800mm 铜带六辊中精轧机组项目。中国重型院为安徽鑫科铜业有限公司自主研发成套的 800mm 铜带六辊中精轧机组应用了适用于铜带材轧制的小辊径 UCM 六辊轧机，采用了工作辊正负弯无死区切换技术、高精度小轧制力厚控系统、高精度板形测量与控制系统、高效带材表面除油技术、高品质产品表面质量综合控制技术等，保证了产品的成材率和机组生产率。

（3）用于电极制备的 12.5MN 半连续挤压机设备，对大幅降低电极制备成本、满足国内重点行业需求、保障关键产品供应安全具有重要意义。

（4）3 600t 镁合金挤压生产线是由中国重型院研制的首台镁合金挤压装备。在研制过程中，针对镁及镁合金变形特点和工艺要求，采用了工模具控温技术、筒杆联动联控技术、多段调速控速技术等多项技术，确保了镁合金的高质量安全挤压成形，保障了生产安全，提升了设备运行效率和产品质量。

（5）RH 真空精炼炉项目。中国重型院为首钢京唐公司成套设计供货的 3#RH 真空精炼炉项目应用了 1 500kg/h（at 67pa）的抽气量的真空泵系统和智能化一键精炼控制系统等先进技术，具有生产节奏快、蒸汽消耗低、智能化程度高等突出优点。

（6）2023 年企业重大科技成果和获得省市及以上科技奖项目情况见表 1。

表 1　2023 年企业重大科技成果和获得省市及以上科技奖项目情况

序号	项目名称	完成时间	主要性能参数及技术内容	成果水平评价（奖项等级）	负责单位、参与单位
1	超大型锻造操作机关键技术及应用	2022.12	最大夹持载荷 3 000kN、夹持力矩 7 500kN·m、最大夹持锻件直径 3 500mm、最大提升高度 3 800mm。 大型锻造操作机是一种具有六自由度的巨型重载并联型工业机器人，具有钳口夹紧/松开、大车前进/后退、钳头正向旋转/反向旋转等七组主动动作，同时具有钳杆垂直缓冲和水平缓冲两组被动动作。主要创新成果：①面向大型高端复杂锻件的锻造工艺需求，发明了超大型操作机长杠杆夹持机构和缸动式紧凑型钳杆装置，自主研制了六自由度超大型重载锻造操作机。②针对锻造操作机在小步距、高频次工况下的高精度定位要求，创新发明了千吨级超大移动惯量下的无隙传动技术。③基于大型锻件的锻造工艺特点，建立了大型锻造操作机与压机联动控制模型	总体技术达到国际领先水平。 获得陕西省科学技术奖二等奖	中国重型机械研究院股份公司、西安交通大学
2	核燃料中子吸收板“挤压+轧制”复合成形新工艺装备及应用	2019.10	①挤压速度控制精度 ±0.05mm/s；②挤压筒温度控制精度 ±5℃；③轧制最大速度 0.8 m/s；④轧制加热炉温控精度 ±1℃；⑤轧机压下精度 0.01mm；⑥中子吸收板 3mm 厚 B10 面密 0.0390±0.0005g/cm^2；⑦中子吸收板实际密度占理论密度百分比 100.53%；⑧中子吸收板 B4 含量 31%；⑨抗拉强度（430.6±24.9）MPa；⑩屈服强度（348.0±11.5）MPa。中子吸收板是制造核燃料贮存格架的关键构件，长期以来，其生产技术与装备是制约我国燃料贮存格架国产化的“卡脖子”问题。我国燃料贮存格架此前受此材料限制，一直依赖进口，不仅价格极其昂贵，而且技术和供货周期受制于人，制约了我国核电领域的整体发展。 该项目开发的核燃料中子吸收板“挤压+轧制”复合成形新工艺装备，应用于安徽应流久源核能新材料科技有限公司等企业，自 2015 年 12 月投产至今，成功批量生产出核燃料贮存格架用中子吸收板，填补了我国在该产品和其加工设备的空白，实现了该产品的国产化，突破了制约我国核燃料贮存和运输设备国产化的瓶颈，打破了国外厂家在此类产品上的垄断	总体技术达到国际先进水平，其中中子吸收板的热挤压技术居国际领先水平。 获陕西省科学技术奖三等奖	中国重型机械研究院股份公司

（续）

序号	项目名称	完成时间	主要性能参数及技术内容	成果水平评价（奖项等级）	负责单位、参与单位
3	高品质钢管多功能高效淬火技术与装备	2018.12	高品质钢管多功能高效淬火生产线由机械设备、液压控制系统、电气控制系统、检测监控系统、气动吹扫系统、集中润滑系统和供水控制系统等组成。该生产线产品合格率超过 96%，且马氏体组织含量 >95%，全壁厚和头尾最大硬度差≤2 HRC，淬后钢管的直线度≤2 mm/m，椭圆度 <1.5%。 为钢管热处理淬火提供了新思路、新工艺，提高了钢管淬火性能	整体技术达到国际先进水平。 获得陕西省科学技术奖三等奖	中国重型机械研究院股份公司，衡阳华菱钢管有限公司
4	高品质汽车面板高效精整线工艺装备开发及应用	2020.06	表面质量的纵向 *Rz* 差值≤0.12μm，横向 *Rz* 差值≤0.17μm；板形质量控制在 2-4I，封闭率 0.5% 以内；单侧卷取错层≤0.5mm。 项目组以陕西省重点科技创新团队计划项目和广西钢铁集团有限公司防城港钢铁基地国家重点建设工程项目为依托，形成如下关键技术创新。 ①高品质汽车面板高效精整工艺生产方法及关键装备研发。研制了剖分切边圆盘剪、全自动滚筒飞剪、全自动开头工艺装备、全自动废边卷取工艺装备等核心装备，研发了高品质汽车面板多功能高效精整工艺生产方法，实现了以高品质汽车面板为代表的高端金属板带高效精整生产。②高品质汽车面板精整生产表面质量及板形性能质量综合控制技术研发。提出了高速稳定运行参数优化设计方法、拉伸弯曲矫直机及辊式矫直机工作参数预设定及闭环控制方法，开发了高速运行共振控制技术及软钳口定位控制系统等核心技术，解决了擦划伤、带头印与板形差等生产难题，实现了表面质量与板形性能质量的综合精细控制。③边部卷取质量核心控制技术开发。创建了开卷机、卷取机传动功率计算方法及张力梯度控制方法、助卷张力预设定和控制方法，解决了卷取塔形与错层的技术难题，实现了带卷的高质量卷取	总体技术达到国际先进水平。 获得机械工业科学技术奖二等奖	中国重型机械研究院股份公司

3. 产品质量及标准

2023 年，中国重型院取得新的质量、环境和职业健康安全管理体系认证证书，确保公司质量管理体系持续有效运行。“航空级铝合金板材拉伸装备”和“高效高性能精密板坯连铸新型结晶器装备研发及应用”项目凭借卓越的质量管理和创新，分别荣获中国机械工业联合会组织的“合力杯”第二届全国机械工业产品质量创新大赛金奖、银奖；“极薄金属带材系列化二十辊高效精密冷轧制工艺装备技术与应用”项目荣获中国质量协会质量技术奖二等奖。

中国重型院作为第一起草单位编写了《连铸机　安全技术条件》《重型机械　铸件设计规范》和《重型机械　焊接件设计规范》3 项国家标准，参与编写了《大型锻钢件的锻造规范》等 4 项国家标准。2023 年中国重型院参与编制并获批发布国家标准见表 2。

表 2　2023 年中国重型院参与编制并获批发布国家标准

序号	标准号	标准名称	发布日期	备注
1	GB 43049—2023	连铸机安全技术条件	2023.09.08	负责
2	GB/T 43415—2023	重型机械　铸件设计要求	2023.11.27	负责
3	GB/T 43483—2023	重型机械　焊接件设计规范	2023.12.28	负责
4	GB/T 42602—2023	大型锻钢件的锻造规范	2023.05.23	参与
5	GB/T 20078—2023	铜和铜合金　锻件	2023.05.23	参与
6	GB/T 7679.1—2023	矿山机械术语　第 1 部分：采掘设备	2023.09.07	参与
7	GB/T 37400.1—2023	重型机械通用技术条件　第 18 部分：开式齿轮传动系统	2023.12.28	参与

4. 对外合作

中国重型院以深厚的技术底蕴为依托，充分发挥公司技术优势，大力开拓海外市场。2023 年海外市场开拓呈现良好业态，宽幅不锈钢冷轧与平整机组、宽幅不锈钢准备、切边、分卷、包装机组、API 制管设备设计制作工程等项目成功进军海外市场。

〔撰稿人：中国重型机械研究院股份公司米娇娇〕

洛阳矿山机械工程设计研究院有限责任公司

一、概况

洛阳矿山机械工程设计研究院有限责任公司（原机械工业部洛阳矿山机械研究所，简称矿研院），是集矿山、建材、煤炭、冶金、机械、电力、环保等重型高端装备的定向研制及跟踪服务于一体的综合性科研开发与设计单位，是国家高新技术企业，中信重工下属独立法人单位。截至 2023 年年底，矿研院拥有在册职工 509 人，其中具有中高级技术职称人员 326 人、具有本科及以上学历人员 491 人。

国家矿山机械质量检验检测中心、全国矿山机械标准化委员会等均挂靠洛矿院，同时负责科技核心期刊《矿山机械》的出版发行工作。

二、体制改革

按照“基础研究是根、应用研究是干、开发研究是叶”的改革思路，组建了基础技术研究院、应用技术研究院、矿山产业技术研究院、建材产业技术研究院、煤炭产业技术研究院、冶金产业技术研究院等研究机构，分层次研究开发的组织框架基本形成，为实现“根深蒂固、枝繁叶茂”研发创新的新局面奠定了基础。

三、科研开发

立足于公司和板块两个层级，组织实施科研开发项目 33 项，科研开发的成果转化能力、新产品贡献率、解决现场应用问题能力等显著提升。

核心装备能力提升专项，完成世界最大规格 PXZ72-130 旋回破碎机、GM320-220 高压辊磨机、32MW 半自磨机 /24MW 球磨机及配套大型齿轮装置、CSM-5300 立式搅拌磨、JKM-7.5 × 8/JKMD-7.5 × 6 提升机、直径 7.2m × 136.5m 回转窑、4 500kJ 液压打桩锤、350t 转炉、LGMS8029 矿渣立磨等十大核心装备开发，已具备市场推广条件。

矿山产业专项，通过持续开展产品三维参数化设计、产品可靠性及优化降重等基础共性技术研究，产品核心竞争力稳步提升。研发的 CC800M 圆锥破碎机、直径 11.6m × 6.3m 半自磨机、直径 11m × 7.2m 半自磨机、直径 8.2m × 12.7m 球磨机、GM240-150 高压辊磨机、PSZ3000-B 半移动式破碎站等一大批矿山重大新产品实现产业化。

卡脖子技术研究，郑洛新自创区产业集群专项“矿物加工节能工艺及智能装备系统研发与产业化”项目于 2023 年 12 月 25 日通过河南省科技厅组织的会议验收；中信集团重大研发计划“智慧矿山赋能”项目，矿山装备工业互联网平台 2.0 建成发布，破碎、粉磨、重选、浮选等多个智能控制系统完成开发并实现用户现场应用；中信集团重大研发计划“铝合金大型结构件一体化成型技术及关键装备研发”项目、7 500t 高压压铸机顺利投产。

四、科技成果

获评省部级科技进步奖 4 项。“矿山重型装备齿轮传动装置极端制造关键技术及产业化”获评河南省科学技术进步奖一等奖，“新型轻量化低能耗干法磨装备的关键技术研发”获河南省科学技术进步奖二等奖，“面向矿物磨机的高精度液压重载机械臂关键技术及应用”获得机械工业科学技术奖一等奖，“大型矿用磨机齿轮传动装置关键技术及应用”获得机械工业科学技术奖二等奖。“新型轻量化低能耗智能干法磨装备的关键技术研发”等 6 个项目通过科技成果鉴定。

五、国家矿山机械质量监督检验中心

通过 2023 年国家认监委、河南省应急管理厅、河南省工业和信息化厅组织的“双随机一公开”监督检查；完成河南、安徽、广东、内蒙古等区域在用设备安全检验 400 余台（套）；参与 40 余家矿山设备企业的安全标志技术审查及性能检测工作；完成秦皇岛、唐山等港口设备安全检测 70 余台（套）。

六、全国矿山机械标准化技术委员会

组织召开了全国矿山机械标准化技术委员会六届五次会议；完成 4 批次共计 20 项标准报批工作；完成 9 项国家标准及 8 项机械行业标准的征求意见及审查工作；组建了 ISO/TC 82/TF 3（Roadheader）和 ISO/TC 82/TF 4（Shaft borer）任务组；参加了 ISO/TC 82 年会并完成国际标准进度情况汇报。

七、行业媒体

完成 12 期《矿山机械》杂志的出版发行工作，杂志被评为 2023 年中国科技核心期刊，获得中国学术期刊影响因子年报“统计刊源证书”。

〔供稿单位：洛阳矿山机械工程设计研究院有限责任公司〕

华电重工股份有限公司

华电重工股份有限公司是中国华电科工产业的重要组成部分，作为国内集系统设计与工程总承包、高端装备制造和投资运营等全产业链一体化的系统解决方案服务商，公司坚持以“创造绿色生产、促进生态文明”为使命，积极推进实施可持续发展战略，为加快创建世界一流专业领军示范企业而努力。

一、企业发展情况

1. 生产发展情况

（1）2023 年分类产品的营业收入情况见表 1。

表 1　2023 年分类产品的营业收入情况

产品名称	营业收入 / 亿元	占总营业收入比例（%）
物料输送系统工程	15.09	21.10
热能工程	12.03	16.82
高端钢结构工程	24.23	33.87
海洋工程	15.04	21.03
氢能业务	5.14	7.19
合计	71.53	100.00

注：因四舍五入，合计数有微小出入。

（2）2023 年分类产品的利润（毛利）情况见表 2。

表 2　2023 年分类产品的利润（毛利）情况

产品名称	利润（毛利）/ 亿元	占营业利润比例（%）
物料输送系统工程	2.20	29.41
热能工程	1.65	21.96
高端钢结构工程	3.33	44.38
海洋工程	−0.35	−4.70
氢能业务	0.67	8.95
合计	7.50	100.00

注：因四舍五入，合计数有微小出入。

（3）2023 年营业成本按产品分类的构成情况见表 3。

表 3　2023 年营业成本按产品分类的构成情况

产品名称	营业成本 / 亿元
物料输送系统工程	12.88
热能工程	10.39
高端钢结构工程	20.90
海洋工程	15.39
氢能业务	4.46
合计	64.03

注：因四舍五入，合计数有微小出入。

（4）产销量情况分析。公司向客户提供的物料输送系统工程、热能工程、高端钢结构工程、海洋工程、智慧港口、氢能等业务均为订单式个性化业务，非标准化产品，每项业务在规格方面均存在差异，产销量累计因量纲存在差异，汇总无实际意义。

（5）主要经营特点及情况。2023 年经营生产的特点，一是创新模式，内外联动，市场营销稳中向好；二是压实责任，守牢底线，安全环保平稳有序；三是锚定目标，创先争优，项目管理成效显著；四是优化体系，搭建平台，科技创新赋能发展；五是深化改革，争创一流，汇聚发展强劲动能；六是凝心铸魂，固本强基，党建引领全面提升。2023 年，公司新签合同 92.56 亿元，已中标暂未签订合同 20.64 亿元。

2. 市场经营及销售情况

（1）国内市场情况。华电重工紧跟行业形势变化，牢牢把握新一轮火电建设和绿色低碳发展机遇，以大客户营销为主线，发挥多专业协同发展优势，销售合同实现了量和质的双提升。传统业务方面，物料业务首次以“EPC+运维”的方式签订楚新矿业项目；热能、钢结构发挥业务协同作用，成功签订百万千瓦机组双曲线空冷钢塔项目——华电哈密 2×1 000MW 钢塔空冷系统 EPC 总承包项目；海洋工程业务以区域营销方式中标中广核帆石海上风电项目。战略性新兴业务方面，积极拓展氢能、绿色智慧港口、光伏等业务，成功签订国内首个风电离网制氢项目、首个兆瓦级质子交换膜电解水制氢技术（PEM）项目、首个集团外电解槽供货项目、首个柔性光伏支架 EPC 项目、首个集装箱码头全自动化场桥项目、首个海上光伏供货项目。

（2）国外市场情况。2023 年华电重工海外业务主要包括印度尼西亚青山、蒙古国博迪等出口项目及热能进口管道项目，海外营业收入为 12 818.84 万元，占总营业收入的比例为 1.79%；营业成本为 6 810.79 万元，毛利率为 46.87%。

3. 科技成果及新产品

（1）重大技术装备研制情况。华电重工多年来致力于相关细分领域的工程承包和核心高端装备研制。2023 年，首台（套）兆瓦级 PEM 电解水制氢装置成功下线，标志着氢能打通 PEM 制氢设备关键材料、核心部件、装置及系统集成方面的产品化通道，实现国内首创的高效率电解水制氢装置商业化应用，为推动我国绿氢产业发展壮大奠定坚实技术基础；德令哈 PEM 制氢项目、铁岭离网风电制氢项目、达茂旗风光储氢用一体化制氢项目三大制氢示范项目全部实现“年内开工、年内产氢”目标。公司自主研发的新型高效穿越式岸桥完成调试工作。承接的首个海上光伏项目国华 HG14 海上光伏是国家首批桩基固定式海上光伏项目，采用新技术突破制造瓶颈，成功完成项目。

（2）获省市及以上科技成果奖项情况。核心专利成果“海上自升式作业平台半浮态作业方法”被评为中国电力企业联合会2023年度中国电力创新奖（专利成果）一等奖。申报的科技部重点专项“超大型深远海漂浮式风电机组基础关键技术及应用”课题完成现场答辩。红雁池项目荣获全国电力行业设备管理创新成果奖一等奖，武汉华电“锅炉钢结构核心部件大跨度H型叠梁制作关键技术创新及应用”项目荣获中国钢结构协会技术创新奖，盘煤巡检机器人、智能化座底式大直径单桩调平装备成果获中国电力企业联合会电力职工技术创新奖一等奖。依托科技创新孵化平台，组建“重力储能”和“水能高效利用”两个种子项目孵化团队。参与建设的海上风电工程与运行技术（中心）成功入围国家能源局第一批“赛马争先”创新平台。新一代穿越式新型岸桥完成调试，荣获北京市国际首创产品称号。2023年华电重工重大科技成果和获得省市级以上科技奖项目情况见表4。

表4　2023年华电重工重大科技成果和获得省市级以上科技奖项目情况

序号	项目名称	完成时间	成果水平等级（评价单位）	负责单位、参与单位
1	穿越式岸桥同步提升关键技术研究与应用	2023.05.23	国际先进水平（河北省高新技术企业协会）	华电曹妃甸重工装备有限公司
2	新型高效低流阻通风消声装置	2023.11.22	国内领先〔中科合创（北京）科技成果评价中心〕	华电重工
3	长距离越野胶带机局部柔性支撑结果（斜拉桥）的适应性研究	2024.01.09（评选延迟）	国际先进水平〔中科合创（北京）科技成果评价中心〕	华电科工、华电重工
4	山地崎岖地形柔性光伏支架研究与应用	2024.01.09（评选延迟）	国内领先〔中科合创（北京）科技成果评价中心〕	华电科工、华电重工
5	火电厂湿式冷却塔的互联互通系统	2024.01.10（评选延迟）	国内领先〔中科合创（北京）科技成果评价中心〕	华电科工、华电重工
6	两机互联互通直接空冷系统	2024.01.10（评选延迟）	国内领先〔中科合创（北京）科技成果评价中心〕	华电科工、华电重工
7	海上超大风电基础装备高效可控建造关键技术研发及产业化	2023	江苏省科学技术奖一等奖	华电重工（联合申报）
8	高承载远海超大风电基础装备高效可控建造关键技术研发及应用	2023	机械工业科学技术奖二等奖	华电重工（联合申报）
9	海上自升式作业平台半浮态作业方法	2023	中国电力创新奖（专利）一等奖	华电重工（联合申报）
10	海上风电机组自主可控主控系统关键技术研究与应用	2023	中国安装协会科学技术进步奖一等奖	华电重工（联合申报）
11	浅水海域复杂岩质海床勘探技术在风电机组安装中的研究与应用	2023	中国安装协会科学技术进步奖二等奖	华电重工（联合申报）
12	承压特种设备用耐热钢焊接工艺、装置及防腐关键技术研究及应用	2023	锅炉科学技术奖三等奖	华电重工（联合申报）

4. 产品质量及标准工作情况

（1）产品质量情况。2023年，公司共获得37个工程项目奖项和44封表扬信，制造子公司共获得8个奖项和36封表扬信及感谢信，客户满意度为98%。中铝几内亚项目和华电增城燃气电站三联产噪声治理项目荣获国家优质工程奖，唐山乐亭普吉岛海上风电场300MW示范工程、军粮城项目荣获中国安装工程优质奖（中国安装之星），福建可门项目部荣获福建省“闽江杯”优质工程奖，新疆华电哈密电厂四期钢冷塔项目荣获中国钢结构金奖，福建华电福清海坛海峡荣获2023年度中国电力优质工程和电力建设质量管理小组活动二等成果，连云港项目获得大世界吉尼斯之最——管径最大的圆管形带式输送机等。

（2）助力行业标准化建设。为贯彻国家标准化发展和质量提升的战略，华电重工积极投身行业标准化建设工作，2023年华电重工共参加了32项国内外各层次标准编制工作，其中主持编制国际标准1项、行业标准2项、团体标准8项，参与编制国家标准3项、行业标准7项、团体标准10项、省级地方标准1项。联合编制的1项国际标准、参编的1项行业标准和2项团体标准已批准发布。

5. 技术改造情况

（1）技改投资。2023 年企业完成技改投资 1 900.73 万元。

（2）为减少碳排放所采取的措施。公司坚持绿色低碳经营理念，构建并不断完善能源管理体系，持续推进节能降耗，推进温室气体减排，积极应对气候变化，助力我国实现“双碳”目标。曹妃甸重工完成挥发性有机化合物（VOCs）治理设施升级改造，更换了国二及以下非道路移动机械；重工机械新增绿化面积 200m^2，室外夜间路灯照明全部采用太阳能灯具，新安装和更新的照明灯具全部采用 LED 光源的高效节能灯具，完成 5 台（套）涂料车间废气治理设施吸附填料更换，完成 6 台（套）颗粒物除尘器滤筒滤袋更换，更换全部 57 台焊接烟尘处理器，各项大气污染物排放浓度优于国家及地方标准。武汉华电新增 DA004、DA005 两个排气筒，减少大气污染物的无组织散排，进一步加大绿化面积，增加光伏用电的使用率，减少二氧化碳的排放。河南华电油包工序全部配套安装 VOCs 废气治理设备，在密封空间进行作业，全部使用低挥发水性环保涂料，焊接工位全部配备移动式焊烟净化器，设置环保门禁管理系统，严禁国四及以下重型货车驶入厂区；加强日常跑冒滴漏管理，新增焊烟净化装置 12 台，邀请环保专家及专业人员对公司环保管理体系及环保现场管理进行提升评审；通用氢能在生产过程中使用减碳技术，采用专业废气处理设备，降低含碳工业废气排放；为华电新能源高端装备增添 8 台焊接烟尘净化装置。

二、企业发展存在的主要问题

1. 海洋工程业务向深海发展面临的挑战

海上风电产业已开始向大功率、深远海方向发展，随着海上风电市场逐渐明朗，更多实力雄厚的竞争者进入该领域，市场竞争越来越激烈，后续发展做强面临一定挑战，公司尚需进一步提高在设计资质、海工装备、深海施工技术等方面的硬实力。

2. 世界政治环境不稳定给开展海外业务带来一定的挑战

疫情阴霾散去，国际动荡变革加剧，地缘政治形势又趋紧张，国际形势不确定性进一步加剧。这些因素均为拓展海外市场带来一定挑战。

3. 安全环保政策带来的挑战

环保监管的高压态势、常态化环保专项监督行动以及新《中华人民共和国安全生产法》的实施，要求公司更加重视安全环保问题，正视各项业务的安全环保管理薄弱环节，进一步加强大型起重设施、船机设备的安全管理，加大对战略性新兴业务安全环保管理的监督指导力度。

〔撰稿人：华电重工股份有限公司韩辰希　审稿人：华电重工股份有限公司周升明〕

上海科大重工集团有限公司

上海科大重工集团有限公司（简称科大重工）成立于 1993 年，是一家集设计研发、生产制造于一体的科技型实体民营企业，总占地面积 460 000m^2，建筑面积 158 500m^2。科大重工一直致力于散料输送系统高端设备研发和重大装备制造，总部坐落于上海青浦工业园区华青路 815 号，在安徽省郎溪县设有全球最大的带式输送机生产基地，基地引进了当今世界上最先进的输送机生产加工工艺和专有生产设备。是中国重型机械工业协会物料搬运工程设备成套与服务分会副理事长单位。

科大重工产品主要服务于煤炭、冶金、矿山、港口、化工、建材、水利电力等领域，经过 30 多年的历练与发展，已经成为国内外多家知名企业的长期供货单位，如巴西淡水河谷、澳大利亚力拓、澳大利亚必和必拓、日本三井三池、德国蒂森克虏伯、中国宝钢等。先后承接国内外多个国家级项目的生产，产品远销三十多个国家和地区。

1. 基本情况

科大重工注册资本 1.6 亿元，拥有员工 863 人，其中中、高级技术人员和专项工程技术人员 116 名，生产人员 710 多人，拥有 32 项具有自主知识产权的带式输送机专有设计技术和大量带式输送机设计、制造、运行和维护经验，技术开发能力及生产制造实力雄厚，产品多次获得国家、省、市科技进步奖和重点新产品奖，累计获得发明专利和实用新型 174 项。郎溪生产基地装备了带式输送机专有生产设备和生产加工工艺，滚筒生产专有设备、托辊自动生产线、中间架自动生产线、托辊支架自动焊接线、支腿自动焊接线等专用设备，实现了带式输送机标准部件的智能化制造；激光下料、数字切割、数控加工等设备也为带式输送机核心部件制造提供了保证，专有设备和技术的有效结合使科大重工具备年产 6 000 组各种规格的滚筒、700 000 件各种托辊，以及约 80 000t 钢结构件的生产能力。

企业先后通过 ISO 9001 质量管理体系认证、ISO 45001 职业健康安全管理体系认证、ISO 14001 环境管理体系认证、欧盟 EN1090 认证，严格执行国家标准、欧洲标准、美国标准、澳大利亚标准等。多次获国家、上海市“重合同守信用”企业、高新技术企业、上海市认定技术中心、上海市科技小巨人企业、上海名牌、上海著名商标等百项荣誉。

2. 生产发展情况

2023 年科大重工带式输送机指标完成情况见表 1。

表 1　2023 年科大重工带式输送机指标完成情况

指标名称 / 单位	数量
工业总产值 / 万元	140 929
利润 / 万元	3 862
出口产值 / 万元	18 508
产量：按吨计 /t	52 182
按米计 /km	153

3. 科技成果及新产品情况

为实现可持续发展，科大重工从自身实际出发，确立以技术创新并建立自主知识产权为目标，持续加大研发投入，不断开发具有市场前景和竞争力的新技术、新工艺、新产品，2023 年共申报“一种下运带式输送机升降阻尼防滑装置”等 5 项发明专利和“一种适用于不同半径水平转弯胶带机的托辊组”等 14 项实用新型专利，开展“高寒大运量高带速露天煤矿输送系统”和“大带宽、长距离、高流动性水泥输送机”等 8 项目先进性技术研发，成功申报“大世界吉尼斯之最——运程最长的双向越野带式输送机”，获得了上海市守合同重信用企业、上海进出口商会的上海外贸自主品牌示范企业等荣誉称号，获评中国重型机械工业协会合同信用等级 AAA 企业。

科大重工为溧阳天山水泥有限公司设计、制造的双向物料输送线是溧阳天山水泥厂的输送生命线。该输送线的成功建设，彻底解决了溧阳和溧水两厂区之间物料快速转运的问题，每年运输石灰石 230 万 t、水泥熟料 160 万 t、原煤 25 万 t。输送机输送距离 10.08km，最高带速 4m/s，可实现物料双向连续输送。该机上胶带提升高度为 −27m，运量为 1 200t/h；下胶带提升高度为 29m，运量 150t/h。输送机沿线经过溧阳、溧水两区域，穿过 6 个村庄，跨越 26 处道路和 12 处河流，并横跨 1 处 5 级航道，沿线经过 15 处高低压输变线路，水平方向上还伴有 6 处大角度水平转弯，其中位于头部位置的转弯角度达到 69°；整机上下起伏 30 余处，地形极其复杂，设计难度较大。

科大重工在项目的设计和建设期间，充分考虑现场实际情况，通过大量的数据分析和理论验证，突破传统的设计思维，进行大胆的设计创新：采用大角度水平转弯设计技术替代传统的多机搭接设计方法，解决了多机搭接带来的噪声、粉尘、占地等问题；为了保证大角度转弯处物料的稳定性，又设计开发了大角度水平转弯托辊组，彻底避免了物料在水平转弯过程中的溢出和滑落的可能性；在长距离多点驱动自动化控制技术上，首次采用 CMAC 小脑模型智能控制算法，控制变频器功率平衡和功率分配，实现带式输送机的功率动态调整；在安全保护系统控制策略上，采用插补拟合算法控制保护开关信号，根据不同的运行工况实现了保护系统的热切换；为了解决多种物料混合运输，又与胶带厂联合设计开发了同时具有耐热、阻燃特性的新型输送带，在满足输送工艺要求的同时，又大大提高了胶带的使用寿命；采用全封闭桁架结构加屋顶敷设光伏的设计思路进行钢结构设计，在满足节能、环保要求的同时，实现了绿色、低碳的要求；对钢结构进行差异化、轻量化设计，直接为用户节约成本 2 000 余万元，同时每年还能为用户持续提供大量的清洁能源。

该项目是目前世界上最长的双向输送越野带式输送机，已被收录在大世界吉尼斯之最之中。该项目的成功开发与应用，为长距离双向运输带式输送机的设计开发积累了大量的经验，系列创新性产品和技术的应用，也为复杂地形和工况下带式输送机的设计提供了参考借鉴。

4. 产品质量及标准工作情况

为保证产品质量公司自贯彻 ISO 9001 质量体系标准以来，全部生产过程均实现程序化、规范化、有记录可查。公司内部严格开展内审、管理评审和安标审核，以及供应商评审，及时整改不足之处，保证质量体系有效运行，从管理和流程上杜绝不良产品，确保成品出厂合格率达到 100%。

公司参与起草了《圆管带式输送机》《移动带式输送机》和《带式输送机　包装技术规范》等标准。

5. 技术改造

随着我国对工业设备的绿色、节能、环保等方面提出了更高的要求，为了提高我国带式输送机制造企业在国际市场的核心竞争力，科大重工在加强带式输送机节能、降碳，以及绿色化方面，重点开发了两项技术。

（1）新型环保转载点设计技术。该技术是利用 EDEM 离散元分析软件进行动态分析模拟物料在溜槽中的轨迹、速度等情况，合理设计漏斗、溜槽和导料槽结构，解决带式输送机物料转载过程中因物料冲击产生的扬尘、皮带偏载跑偏、溜槽堵塞问题，减少环境污染。

（2）智能巡检与运维技术。该技术是一种利用现代科技手段，对带式输送机进行实时监测和维护的技术。通过利用现代化的传感技术、人工智能技术、机器自学习技术，对带式输送机整机及关键部件进行实时监测；通过故障预诊功能模块对设备运行工况变化进行实时对比分析；通过在设备设计过程中预留的自动化维修接口，实现对设备的快速自动化维修；通过 VR 可视技术实现对设备维护人员的零基础专业化培训，最终实现对整机设备的傻瓜式管理。

〔撰稿人：上海科大重工集团有限公司杨俊　审稿人：上海科大重工集团有限公司张荣建〕

鞍钢重型机械有限责任公司

一、企业发展情况

1. 生产完成情况

2023 年鞍钢重型机械有限责任公司（简称鞍钢重型）完成工业总产值 159 510.9 万元、销售产值 158 938.1 万元、工业增加值 58 084.7 万元。2023 年鞍钢重型主要产品产值完成情况见表 1。

表 1　2023 年鞍钢重型主要产品产值完成情况

产品名称	重量 / t	价值 / 万元
胜宝支撑辊换辊机	65	117
胜宝工作辊中间辊换辊机	223	324
乐亭 R1 轧机换辊机	36	55
永锋轧机辅机	486	664
一重普阳 1780 轧机辅机	9 918	19 794
西马克印度铝业轧机	162	328
东华 1450 热轧带钢线	6 750	12 566
鞍钢矿山 150m² 环冷机	341	322
冷却壁	7 541	4 655
热风篦	5 786	4 962
烧结台车	5 457	4 812
铜综合件	503	3 794
轴承箱	4 686	6 257
合　计	41 955	58 648

2. 市场经营及销售情况

（1）产品销售收入及按产品分类构成。2023 年鞍钢重型实现销售收入 15.56 亿元，主要是冶金成套设备及零部件的加工制造及原品修复等，用户主要分布于鞍钢、国内各大钢厂及五大设计院所等。2023 年主要用户的销售收入见表 2。

表 2　2023 年主要用户的销售收入

排序	企业名称	销售收入 / 万元	排序	企业名称	销售收入 / 万元
1	鞍钢集团	35 075.59	7	中钢设备有限公司	1 894.66
2	马钢集团设计研究院有限责任公司	10 798.08	8	西马克	908.78
3	一重集团（黑龙江）重工有限公司	10 470.87	9	大连华锐重工集团股份有限公司	862.15
4	中冶北方（大连）工程技术有限公司	3 707.36	10	蒂森克虏伯	515.19
5	中钢集团工程设计研究院有限公司	2 637.17	11	大连威克特重工机械制造有限公司	256.19
6	鞍山正大重型机械设备制造有限公司	2 261.11	12	中冶南方工程技术有限公司	196.46

（2）产品出口情况。2023 年公司实现出口额 4 848.03 万元，主要出口产品是轧辊备件、钢水罐、中间罐、轧机牌坊等，出口到印度、日本、俄罗斯、美国、哈萨克斯坦、土耳其等国家和地区。

（3）国内外市场情况分析。

1）国际冶金市场概况。国际冶金设备市场近年来一直保持着稳步增长的趋势。尽管受到全球金融危机的影响，冶金设备行业仍展现出较强的韧性和发展潜力。根据最新的市场分析报告，预计到 2029 年，全球冶金设备市场规模将达到 516.1 亿美元，未来几年的年复合增长率（CAGR）约为 6.7%。

2）国内市场现状。我国冶金设备市场在全球市场中占据重要地位。2023 年，我国冶金设备行业呈现出良好的发展态势，资产和收入规模均有所扩大。2023 年我国冶金设备行业销售收入达到 1 366.38 亿元。“十四五”期间，我国冶金设备行业销售收入平均增长率达到 3%～5%。

3）市场发展趋势。随着全球经济的逐步复苏和工业化进程的加速，冶金设备市场的需求有望进一步增长。特别是亚洲、非洲和拉丁美洲等新兴经济体，由于基础设施建设和工业化步伐加快，对冶金设备的需求将持续上升。此外，技术创新和环保要求的提高将推动冶金设备市场向更高效、节能和环保的方向发展。

4）市场竞争格局。冶金设备市场的竞争格局正在发生变化。一方面，大型企业凭借其雄厚的资金实力和技术优势，继续主导市场；另一方面，中小型企业通过专业化和差异化的竞争策略，逐渐在市场中占据一席之地。同时，跨国合作和并购活动也在增多，这有助于企业拓展市场份额和增强竞争力。

5）未来展望。未来，冶金设备市场的发展将更加注重技术创新和绿色环保。企业需要不断投入研发，推出新技术和新产品，以适应市场的变化和满足客户的需求。同时，政府的政策支持和市场监管对冶金设备市场的健康发展起到关键作用。企业需要密切关注政策动态，合理规划发展战略，以应对未来的市场挑战。

3. 科技成果及新产品情况

2023 年鞍钢重型研发新产品新技术 14 项。其中，鞍钢重型联合攀钢工程设计院、攀钢长城特钢公司共同开发的具有全部自主知识产权的国内首条钛—特结合高温合金中薄板轧制生产线，经过近 1 年试运行顺利达产通过验收，标志着鞍钢重型在钛金属和高温合金特殊钢轧制领域装备制造达到国内领先水平。突破不锈钢复合钢板滚曲、成型及焊接核心技术，研制成功 3.5 万 t 海绵钛工程反应器，保证了攀钢 3.5 万 t 海绵钛扩能工程急需，受到客户高度评价。

完成锻造替代初轧开坯立项攻关，促成了专项产品新的铸锻轧工艺路线。公司开发的皮带可视化智能监控系统通过验收，大幅提升了皮带工作效率。公司炼钢工序钢包全流程节能保温成套技术装备、高端钛特结合－薄板生产线智能轧制机组工艺设备和宽幅镁合金六辊轧机机组 3 个产品入选《辽宁省工业企业创新产品目录（2023 年度）》。

鞍钢重型及所属设计院两家单位获国家高新技术企业称号。“炼钢工序钢包全程节能降碳工艺技术研发与应用”成果获 2023 年度鞍钢集团科学技术奖三等奖。2023 年企业重大科技成果和获得的省市及以上科技奖项目情况见表 3。

4. 产品质量及标准工作情况

（1）产品质量情况。2023 年鞍钢重型全面落实质量整治提升年的各项措施，以突出质量问题为导向、重点产品的质量控制为着力点开展各项工作，使公司产品质量得到稳步提升。

表 3　2023 年企业重大科技成果和获得省市及以上科技奖项目情况

序号	项目名称	完成时间	主要性能参数及技术内容	成果水平评价（获奖情况）	负责单位、参与单位
1	高端钛特结合－薄板生产线智能轧制技术	2023.06	通过在单机架四辊可逆无张力钛、特结合薄板生产线热轧机组①增设压下 AGC+HGC 装置、弯辊装置，实时监测压下量、轧制力、轧制温度等，提高自动化控制程度，以减少锻造和轧制火次；②增设液压自动转钢装置、液压自动喂钢装置，实现单机架可逆轧机短尺无张力自动喂钢，提高产品精度，稳定产品质量，提高成品率；③以“花辊”辊道＋液压对中装置取代链式输送机，实现短尺板坯稳定运输。 通过在单机架四辊可逆无张力钛、特结合薄板生产线冷轧机组①采用“群轧”工艺取代手工单板轧制，自动化程度高，提高生产率；②增设升降垛板台配合智能上下料装置，实现上下料时间≤6s，产品精度高；③辅助辊道配合工艺辊道实现短坯料准确喂钢；④工艺润滑系统自动喷油代替手动打油，润滑更均匀，更智能化	国内领先	鞍钢重型机械有限责任公司
2	海绵钛反应器	2023.12	制作海绵钛用的反应器为不锈钢复合钢板制作的专用设备，已攻克并掌握不锈钢复合钢板滚曲、成型及焊接核心技术。反应器上线使用达到 18 个循环周期（循环周期定义：反应器每经过一次还原－蒸馏－冷却的循环过程为 1 个循环周期）	国内领先	鞍钢重型机械有限责任公司
3	炼钢工序钢包全程节能降碳工艺技术研发与应用	2023.09		国内领先 鞍钢集团科学技术奖三等奖	鞍钢重型机械有限责任公司、鞍钢股份炼钢总厂

1）全面完成各项目质量指标。一次交检合格率：加工件 99.13%、毛坯件 98.12%，废品损失率 0.14%，有效顾客投诉 27 起（比目标 36 起减少 9 起），重大质量事故为零。

2）产品外观质量有明显提升。经过几年的专项整治，尤其是焊接质量，飞溅、焊渣明显减少，流挂也大量减少。

3）公司外协产品质量得到有效保证。公司外派检查员到唐山、大连、新乡等地现场监造西马克机架的试片切割、毛坯精整、理化检验、探伤见证；至重庆、扬州、秦皇岛等地检查验收一重普阳、乐亭烧结机项目，对各单位的自厂外协产品进行巡检，2023 年共检查外协产品 1.5 万余件。保质保量完成了一重普阳项目、西马克机架、乐亭烧结机项目的产品的出厂。

（2）标准制修订和应用情况。2023 年鞍钢重型参与制修订的行业标准见表 4。

表 4　2023 年鞍钢重型参与制修订的行业标准

项目名称	性质	制修订	代替标准
冶金设备制造通用技术条件　第 17 部分：切削加工件	推荐	修订	YB/T 36.17—1992
冶金设备制造通用技术条件　第 18 部分：装配	推荐	修订	YB/T 36.18—1992
冶金设备制造通用技术条件　第 11 部分：焊接件	推荐	修订	YB/T 036.11—1992
冶金设备制造通用技术条件　第 23 部分：切割件	推荐	制定	ISO 9013—2017

5. 技术改造情况

（1）技改投资项目及完成情况。2023 年公司技改投资项目有 6 项，分别为机电厂搬迁项目、机电新增项目、低效无效资产机电搬迁项目、锻造厂煤气炉窑新增安全装置改造、金属结构厂煤气炉窑安全整改、表面强化分厂 5 座煤气炉安全隐患整改，以上项目目前均已完成。机电厂搬迁等前 3 个技改项目整体提升了企业生产能力和生产效率，对外拓展市场空间，提高了市场竞争力；锻造厂煤气炉窑新增安全装置改造等后 3 个项目改造后提升了产品质量，在节约能源减少排放同时为安全生产提供保证。

（2）节能降碳工作开展情况。

1）锻造厂 8 000t 水压机配套的 16# 加热炉控温精度及炉温均匀性偏差大，而且不是节能型炉窑，煤气耗量大，将 16# 加热炉改造为 48m^2 蓄热式节能型加热炉，可节省煤气 40%，每年可节省煤气费约 133 万元，减少二氧化碳排放 3 000t。

2）冶金公司铜制品工区现有一台 1.5t 工频感应电炉，为 20 世纪 70 年代自制设备，属淘汰的高耗能设备，已严重老化，故障频繁，急需进行更新改造。为节能降耗，需淘汰 1.5t 工频感应电炉，新增一台 2t 中频感应电炉，此举 2023 年减少用电量 9.3 万 kW · h，减少二氧化碳排放 54t。

二、企业发展存在的主要问题

1. 技术创新滞后

采用传统工艺和设备进行生产，产品性能和质量无法满足市场需求，尤其在高精度、高效率和智能化方面与发达国家相比存在明显差距。

2. 人才短缺问题

机械制造行业对高素质的工程技术人才需求极大，但当前仍面临着人才供给不足的问题，学校教育与企业需求之间存在脱节现象。由于薪酬水平相对较低和工作环境较差等原因，吸引优秀人才进入机械制造行业成为难题。

3. 产品质量不稳定

由于工艺流程、维护保养等方面不达标，机械制造业的产品质量普遍存在波动，无法稳定满足市场需求。

4. 成本管理控制困难

技术更新速度加快导致成本增加，产品定制性强导致额外成本产生，以及为了控制产品品质造成成本增加，这些情况都使得成本管理变得困难。

5. 生产运营与生产现场问题

部分工作人员的生产理念落后，生产运作理念不合理，影响了生产效率和产品质量。

以上问题反映了企业在技术、市场、人才、环境、质量和成本管理等方面面临的挑战，需要通过持续的改进和创新来解决。

〔撰稿人：鞍钢重型机械有限责任公司李永明、张慧、刘洋、范志强、石恒钢、高扬　审核人：鞍钢重型机械有限责任公司徐犇、吴戈〕

天津成科传动机电技术股份有限公司

一、企业发展情况

天津成科传动机电技术股份有限公司（简称成科机电）成立于 2000 年，注册资本 6 230 万元，主营业务为绿色智能带式输送机及其配套设备的研发、设计、制造、销售及服务，主要产品包括带式输送机及其配套设备、粉尘治理系统及其配套设备、智能化信息系统及巡检机器人等，产品广泛应用于电力、港口、矿山、冶金、化工等多个行业及领域，为客户提供满足安全、环保、高效要求的带式输送机总体解决方案。

2023 年成科机电实现总产值 32 054 万元、利润 2 565 万元，纳税总额 1 771.86 万元。成科机电分类产品经营指标完成情况见表 1。

表1　成科机电分类产品经营指标完成情况

产品名称	工业总产值 / 万元	销售收入 / 万元	利润 / 万元
全部产品	32 054	32 053	2 565
其中：带式输送机	17 910	17 910	1 432
清洁机组	11 011	11 011	882
巡检机器人	2 622	2 622	210
备品备件	511	511	41

二、市场经营及销售情况

2023年成科机电销售收入达到近5年最高值，主要与2023年前积累的在执行项目数量和金额有关系。2023年新增项目257个，新增合同额52 611.32万元，比2022年提高了122%。项目合同额的增加首先是得益于国家在能源行业的战略定位，使市场需求增加，同时，也离不开公司管理层对于项目进展的把控，能够根据不同的项目制定合理有效的推进办法，以提高项目的成功率。2019—2023年企业项目数如图1所示。2019—2023年企业销售额如图2所示。

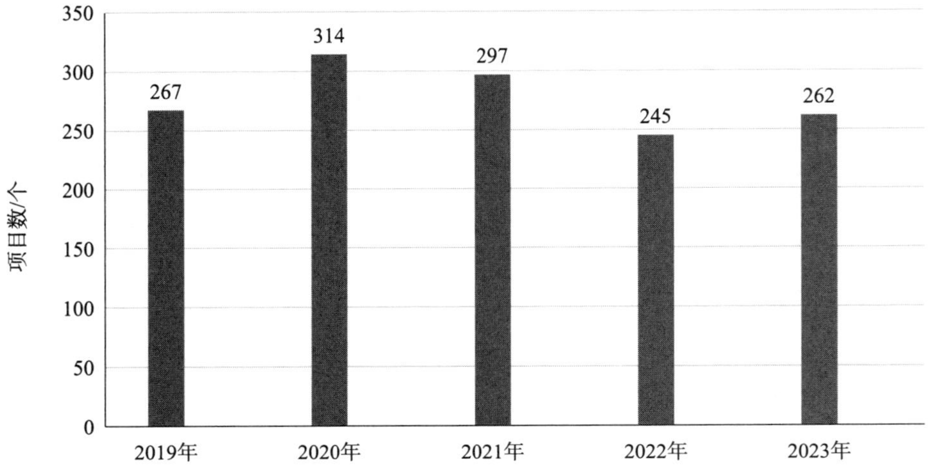

图1　2019—2023年企业项目数

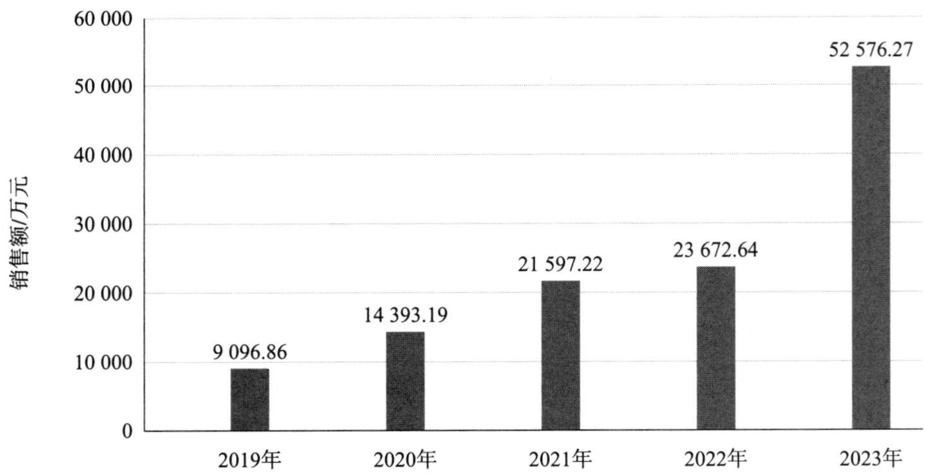

图2　2019—2023年企业销售额

三、科技成果及新产品情况

2023年公司带式输送机及输送带纵向撕裂智能在线监控技术及应用荣获天津市科技进步奖一等奖，该项目成果矿用输送带纵向撕裂检测装置和带式输送机巡检机器人，可广泛应用于煤炭、矿山、港口、电力、冶金、化工等领域，特别适用于煤矿生产中带式输送机输送带表面故障的安全检测和造成输送带纵向撕裂的带式输送机危险源检测，解决了多视点输送带表面故障智能在线监控和基于巡检机器人的带式输送机智能在线监控两个关键技术问题，成功解决了带式输送机输送带纵向撕裂检测的难题和带式输送机无人值守问题。

项目成果矿用输送带纵向撕裂检测装置和带式输送机巡检机器人已在山西、陕西、内蒙古、山东、河北、安徽、宁夏和天津等地推广应用，成功解决了带式输送机输送带纵向撕裂检测和带式输送机危险源检测的难题，取得了显著的社会效益和经济效益。项目成果不仅仅局限于带式输送机及输送带在线监测，还可以广泛应用到需要固定式安全监测或轨道式巡检的场景中，实现其他工业产品、货物或环境的检测（比如配电站、车站、隧道）等。

2023 年企业重大科技成果和获得省市及以上科技奖项目情况见表 2。

表 2　2023 年企业重大科技成果和获得省市及以上科技奖项目情况

项目名称	完成时间	主要性能参数及技术内容	成果水平评价（获奖等级）	负责单位、参与单位
带式输送机及输送带纵向撕裂智能在线监控技术及应用	2022.06	**主要性能参数** 可检测的输送带最大带宽：2.4m； 可检测的输送带带速：0～10m/s； 图像分辨率：1.0mm × 1.0mm； 线阵 CCD 相机行频不低于 9.5kHz，面阵相机分辨率 1 080P，红外线测温范围 −20～300℃、图像分辨率 384 × 288； 线形 LED 光源正常使用寿命：不小于 3 万 h； 线形 LBD 光源的亮度值：10 万 LX； 通信方式：以太网、WiFi/4G/5G； 功耗：小于 100W； 工作电源：127V/220V ± 10%；50Hz ± 1%； 带式输送机巡检机器人行走速度 0～1m/s：双向 0～0.5m/s 可调，行走停止精度 ± 1cm；爬坡能力不小于 17°； 带式输送机巡检机器人拾音器灵敏度 −40dB； 纵向撕裂故障识别准确率 100%； 输送带跑偏故障识别准确率大于 93%； 锚杆、铁钎、工字钢、矸石等带式输送机危险源识别准确率大于 95%； 带式输送机托辊、滚筒、电机、减速机等异响、温度异常检测准确率大于 94%； 工作环境湿度：小于 95%RH； 工作环境温度：−30～40℃； 环境防护等级：IP57； 软件运行环境：Windows XP/7/10。 **主要技术内容** 基于机器视觉的输送带表面故障在线监控系统设计技术。采用电子、以太网和计算机等技术研制出基于机器视觉的输送带表面故障在线监控系统。 基于巡检机器人的带式输送机在线检测技术。利用巡检机器人搭载面阵相机、拾音器和系列传感器采集带式输送机运行图像、声音等环境信息，采用带式输送机危险源检测算法、基于声音的带式输送机故障检测算法检测造成输送带纵向撕裂等安全事故的危险源和带式输送机运行故障，提出了基于巡检机器人的带式输送机在线检测方法，实现了带式输送机危险源在线检测，以及运行故障的智能安全监控。 基于机器视觉的带式输送机危险源图像处理、特征提取与识别技术。提出了基于机器视觉的带式输送机危险源检测算法，实现了危险源图像处理、特征提取与识别。 基于声音的带式输送机故障声音信号处理、特征提取、分类与识别技术。提出了基于声音的带式输送机故障检测算法，实现了带式输送机故障声音信号处理、特征提取、分类与识别。 带式输送机巡检机器人设计技术。采用电子、以太网和计算机等技术研制出带式输送机巡检机器人，设计了其行走机构，实现了带式输送机危险源和运行故障的智能安全监控	天津市科技进步奖一等奖	天津工业大学、天津市恒一机电科技有限公司

四、企业节能降碳工作开展情况

2023年公司积极响应“节能减排”号召，结合公司实际生产情况，制定了一系列目标及措施贯彻落实，深入推进节能减排工作，贯彻落实国务院《“十四五”节能减排综合工作方案》，认真履行社会责任，努力构建资源节约型和环境友好型企业，实现可持续发展目标，为打造一流企业奠定坚实基础。

（1）在生产经营过程中，积极向员工、供应商及客户普及节能减排的科学知识和方法，增强节能减排意识，提倡崇尚节约、科学文明的生活方式。

（2）加强领导和组织机构建设，完善能源环保管理体系，安装能源管理和监控系统，实施运营和基础设施变更，逐步推进能源管理信息系统建设，不断提高节能减排信息化管理水平。

（3）挖掘节能潜力，制订淘汰替换计划，推广使用高效节能机电设备代替高耗能设备，提升设备能源效率。

（4）推广使用清洁能源，加大太阳能光伏发电系统使用率和覆盖率，不断改善环境绩效，推动资源利用高效化。

此外，公司还致力于通过科技创新推动行业绿色发展，坚持为用户提供安全生产、节能降耗的专业服务保障，利用市级及国家级重点新产品项目“无线智能监测系统”“CKHB-Q型气雾降尘系统”为天津神华码头、天津港煤码头、曹妃甸港、广州西基港等国家重大交通物流项目提供安全监控及环保治理等专业服务，为国家重大物流项目的节能减排、绿色发展提供有力支撑。

五、企业发展主要问题

（1）市场竞争加剧。由于市场饱和度增加，企业之间的价格战导致公司的利润空间和市场份额受影响。

（2）资金链的管理。公司融资难、融资成本高。

（3）人才招聘难题。专业人才市场紧俏、技能需求变化快，企业制造业属性导致的招聘难。

〔撰稿人：天津成科传动机电技术股份有限公司谢小雪　审稿人：天津成科传动机电技术股份有限公司张钢〕

沈阳隆基电磁科技股份有限公司

一、企业发展情况

沈阳隆基电磁科技股份有限公司（简称沈阳隆基）是国内领先的工业磁力应用设备供应商，自设立以来，始终以“工业磁力应用”技术为核心，专业从事磁选机、除铁设备、光伏设备、非铁分选设备及其他工业磁力应用设备的设计、生产、销售及服务。产品主要用于矿山、煤炭、电力、冶金、环保、新能源、半导体等领域的选别、除杂和提纯，采取“以销定产、以产定购”的定制化经营模式。

1. 生产情况

2023年沈阳隆基完成工业总产值63 884.3万元、销售总值67 815.7万元、增加值23 399.5万元。工业总产量按产品分类完成情况见表1。

表1　工业总产量按产品分类完成情况

产品名称	产量/台（套）
主要产品产量	59 816
其中：除铁器	9 767
磁选机	470
其他	49 579

2. 产品销售情况及市场分析

（1）产品销售及出口情况。2023年产品出口销售额为13 245.7万元。产品销售收入按产品分类构成情况见表2。

表2　产品销售收入按产品分类构成情况

产品名称	销售收入/万元
销售收入合计	67 815.7
其中：磁选机	28 849.4
除铁器	25 295.4
其他	13 670.9

（2）市场分析。全球范围内对矿产资源的需求持续增长，带动了磁性装备市场的发展。尤其是在发展中国家，基础设施建设和工业化进程的加速，对磁性装备的需求潜力巨大。

1）国外市场情况。磁性装备在国外发展的比较早，技术成熟度相对较高，尤其是德国、美国等发达国家，具有超前的提升设备高效生产能力的意识，以及行动力。磁性装备市场主要分布在北美、欧洲和亚太地区。

2）国外技术趋势。国际磁性装备技术呈现大型化、专用化、节能化和智能化发展趋势。大型化磁性装备能够提高生产效率，降低成本；专用化磁性装备能够满足不同行业和物料的分选需求；节能化磁性装备能够降低能源消耗，符合环保要求；智能化磁性装备能够提高分选精度和自动化程度。

3）国内市场情况。随着国内经济的发展和工业化进程的加速，磁性装备市场规模呈现出稳步增长的趋势，尤其在矿产资源开发、煤炭洗选、环保等领域，对磁性装备的需求持续增加。

经过多年的不断努力，沈阳隆基磁力产品的性能及质量在国际享有很高的声誉，甚至在技术及性能上高于国外同类产品。公司扬长避短，不断加大研发技术力量，对磁性装备进行更深远的研究与开发。

4）国内市场应用领域。磁性装备广泛应用于铁矿石等磁性金属矿物的选别、煤炭洗选领域重介质的回收、工业废水处理等。随着环保要求的提高，磁选装备在工业废水处理领域的应用更加广泛。除了传统的工业领域，磁性装备还将在新能源、医疗等领域得到广泛应用。

5）进出口贸易。我国是磁选设备的出口大国之一，出口市场主要包括亚洲、非洲、南美洲和澳大利亚等地区。同时，我国也从国外进口一些高端磁选设备，以满足国内市场的需求。

磁选设备国内外市场前景广阔，但也面临着激烈的竞争和技术挑战。企业需要不断加强技术创新，提高产品质量和性能，拓展市场渠道，以适应市场的变化和需求。同时，政府也应加大对磁选设备产业的支持力度，推动产业升级和发展。

3. 科技成果及新产品情况

沈阳隆基在国内建设有建筑面积10 000m^2的、由中国机械工业联合会指定的行业唯一的磁选工程技术中心，该中心也是省级企业技术中心及辽宁省磁选设备专业技术创新中心。中心汇聚磁学、选矿、机械、电气、光电技术、人工智能技术领域顶尖工程师，配备40大类300余台实验、检测设备，先后承担各级政府科技类项目，并获得专项资金支持。

2023年沈阳隆基投入2 986万元研发费用用于研发12项新产品，其中4项已完成成果转化。2023年沈阳隆基负责的重大科技项目获省市级以上科技奖情况见表3。

表3　2023年沈阳隆基负责的重大科技项目获省市级以上科技奖情况

序号	项目名称	完成时间	主要性能参数及技术内容	成果水平评价（获奖情况）
1	内蒙古白云鄂博超难选含铁岩矿高效绿色磁悬浮综合利用技术及应用研究	2022.10.25	主要性能参数：通过改进给料以及溢流方式，水路以及磁路设计，最终得到TFe品位65.22%，回收率98.61%，杂质SiO含量1.296%的合格铁精矿。 重要成果及创新点： ①开发的细粒低品位含铁岩矿铁精矿全自动磁悬浮精选机，提质降杂效果明显。②开发“一段磨矿＋磨头筛分级＋粗颗粒预选＋二段磨矿磁选选别＋三段磨矿磁选选别＋旋流器磁悬浮联合分级＋浓缩磁选＋磁悬浮精选”工艺流程处理白云鄂博低品位含铁岩矿，实现低品位含铁岩矿经济性高效利用。③研发的磁悬浮精选机与旋流器联合分级流程，分级效果明显	绿色矿山科学技术奖二等奖 经中关村绿色矿山产业联盟鉴定，项目整体达到国际先进水平，其中研制的全自动磁悬浮精选机达到国际领先水平
2	超导单晶磁场	2023.06.26	技术内容：采用超导线材绕制成线圈，用液氦对线圈进行冷却，达到−217℃，使其达到超导状态，超导状态下电阻为0，可提供稳定的强磁场，且能耗低。 创新点：①超导单晶磁场形式分为CUSP和平行磁场，最新干式无需液氦技术，脱离了对高价稀缺液氦的依赖。超导磁体制作工艺稳定，产品不易失超。电源等控制系统自动化程度高，减少人为干预带来的误操作。②外置触摸屏，实现远程监控状态及更改运行参数，可以满足用户更高的智能化要求，电源的转换效率相比触发板更高且使用触摸屏进行各种参数设定和功能的调试，可以更加直观且调试方便快捷。③提出了一种硅单晶生长用钩形磁场装置，解决了目前使用的磁场为单一方向而导致的单晶棒均存在着轴向和径向氧、掺杂含量不均匀的现象。④通过在线圈组件的中空导线管中通入循环水对线圈组件进行散热，大大提高了线圈的散热效率，可以相应降低线圈发热所带来的额外功耗，降低使用成本，且中空导线管通水，没有匝间短路风险，使用较为安全可靠	入选2023年辽宁省企业技术创新重点项目计划
3	干式精选机装备的自主优化与智能控制系统	2023.06.26	关键技术：超细粒级物料的干式磁选后直接选出市场主流品位的成品。超细粒级的干式磁选技术是新突破的技术难点，该项目的最终目的是在保证环保、降低成本的前提下，采用干磨干选直接选出市场主流品位的成品干精矿。 创新点：干式精选机包括正吹风路和偏心磁滚机构。正吹风路用于向所述偏心磁滚机构表面喷吹与物料输送方向相同的正吹风，偏心磁滚机构用于输送物料，还用于提供偏心旋转磁场；偏心磁滚机构的下方设置有尾矿处理机构和精矿区。 该系统运用多物理场耦合的复杂分选环境进行超细碎物料的干式磁力分选，物料在其中主要受重力、离心力、磁翻转力、正向风力、磁场吸力等多力复合作用，从而达到分级式、高效、精细分选的目的，解决了干磨分级后的干式超细粉状物料无法有效进行干式分选的问题	入选2023年辽宁省企业技术创新重点项目计划

（续）

序号	项目名称	完成时间	主要性能参数及技术内容	成果水平评价（获奖情况）
4	强磁分选生产全流程运行优化决策与智能控制系统	2023.06.26	研制内容：针对矿业领域对智能化磁选选矿技术的应用需求，围绕给矿、精矿、尾矿多通道矿浆体系磁性铁品位有效检测、生产参数控制等强磁分选过程的关键核心技术，开展自主创新技术研究。结合国内实际矿山智能化建设需求，研发以立环高梯度强磁机为核心装备的全流程磁选生产过程，设计强磁分选生产全流程智能检测、优化决策、智能控制与远程运维为一体的分选智能装备与系统，满足智能化矿山装备和选矿智能化市场发展需求，为绿色矿山和智慧矿山助力。 技术指标：①多通道磁性铁品位智能在线检测系统的精度误差≤1wt%，量程0～72wt%，单一通道采样周期≤3min。②矿浆浓度检测误差精度≤1%，量程0～100%，采样周期≤2s。③强磁分选后的精矿回收率≥1%，无人操作率≥98%，节能降耗≥40%	入选2023年辽宁省企业技术创新重点项目计划、沈抚改革创新示范区育成中心科技项目
5	立式感应式湿法强磁选机	2023.06.30	研制内容：主要由转环、感应介质、铁轭、励磁线圈、脉动机构支架和冲水装置构成。选矿时，转环立式转动，环内装有含铬不锈钢聚磁感应介质，磁介质在背景磁场中感应出非常强的感应磁场，进而通过感应出的高梯度磁场对物料进行分选。主要适用于赤铁矿、假象赤铁矿、褐铁矿、钒钛磁铁矿、锰矿、黑钨矿、钽铌矿等弱磁性矿物的湿法富集和锂矿、石英、长石、高岭土、锆英石、霞石、萤石等非磁性矿物的除杂铁提纯。 主要性能：拥有集智能检测、智能控制、自主决策与远程运维为一体的智慧系统。可全面掌握设备运行的实时数据，深入及时地了解设备在现场的使用情况，建立更有效、更科学的设备售后服务管理体系	入选2023年度《辽宁省工业企业创新产品目录》
6	全自动磁悬浮精选机	2023.06.30	技术内容：给矿结构采用分选筒体四周均匀地给矿方式，入矿点在设备的上部，分选区域的最上端。该产品技术的尾矿出矿结构是从设备圆周的中心区域上升到设备顶部，通过溢流的导流通道汇总到溢流槽中，提质降杂效果明显。 技术指标： 处理能力：45～55t/h，粒度 −200 目占 90% 以下； 适用磨矿力度：−200 目大于 50%； 入矿浓度：25%～35%； 水压：≥0.3MPa； 耗水量：100～180t/h； 最大吊装重量：17 000kg。 该技术取代了现有的强磁弱磁反浮的选矿工艺，实现了低品位含铁岩矿无选矿药剂使用的绿色工业化生产，提升铁资源回收利用率，大幅降低选矿生产成本，经济效益良好	入选2023年度《辽宁省工业企业创新产品目录》

4. 产品质量及标准工作情况

沈阳隆基始终将产品质量视为企业发展的生命线。通过一系列严格的管理措施和持续的改进努力，取得了较为显著的成果。

从原材料采购环节开始，沈阳隆基严格把关，确保选用优质、可靠的供应商，对来料进行细致的检验，从源头保障产品质量。在生产过程中，各道工序均设定了严格的质量标准，操作人员严格按照规范进行操作，同时专业的质检团队进行实时监控和抽检，及时发现并解决可能出现的质量问题。

2023年沈阳隆基的产品合格率始终保持在100%。产品的各项性能指标都表现出色。为了进一步提升产品质量，沈阳隆基不断加强员工培训，增强他们的质量意识和技能水平。同时，积极引入先进的生产技术和设备，优化生产流程，从而更好地保障产品的一致性和稳定性。

截至2023年，沈阳隆基先后起草及参与制定1项国家标准及35项行业标准，形成了国内领先的企业技术创新体系与核心竞争力。

5. 技术改造情况

（1）沈阳隆基磁悬浮精选机。设备采用沈阳隆基独创的“四周给矿，中心溢流”分选机构，提品降硅能力强，精矿品位可提高2～13个百分点，节水节能，是传统浮选工艺的最优替代方案。

（2）LXRF系列X荧光在线矿浆多元素品位分析仪。适用于有色金属、黑色金属、水泥和化工等行业工艺流程中的元素含量检测，测量精度高，覆盖元素多，绿色环保，稳定安全，满足多场合检测需求。

（3）铝废料智能分选线工艺。可将铁磁性物质、铜、铝、镁高效分离，分选效果好，最终产物成分稳定，实现资源利用最大化。

二、企业发展存在的主要问题

1. 市场竞争压力大

随着行业的不断发展和成熟，竞争对手日益增多且实力强劲。在这种情况下，沈阳隆基面临着客户资源被分割、市场份额难以扩大的困境。

2. 人才短缺问题凸显

优秀的人才是企业发展的关键，但公司在吸引和留住人才方面存在困难。一方面，受企业地理位置以及地区自身政策条件限制，难以吸引到行业内的高端人才，导致企业在一些关键领域缺乏专业的引领和推动；另一方面，内部人才的培养和发展机制不够完善，使得员工的成长空间受限，容易造成人才的流失。人才的不稳定对企业的持续运营和长远发展带来了不利影响。

〔撰稿人：沈阳隆基电磁科技股份有限公司刘佳　审稿人：沈阳隆基电磁科技股份有限公司郑晓婉〕

天水长城控制电器有限责任公司

一、企业发展情况

1. 生产发展情况

天水长城控制电器有限责任公司（简称长控公司）2023 年完成工业总产值 18 128 万元、销售产值 15 895 万元、工业增加值 3 534.96 万元。2023 年长控公司产品产值和数量完成情况见表 1。

表 1　2023 年长控公司产品产值和数量完成情况

产品类别	金额 / 万元	产品数量
工业总产值	18 128	
成套产品产值	14 481	4 063 台
母线槽产品产值	2 713	16 277m
特种电器产品产值	934	8 208 件
销售产值	15 895	
工业增加值	3 535	

2. 市场经营及销售情况

（1）销售收入。2023 年长控公司分类产品销售收入见表 2。

表 2　2023 年长控公司分类产品销售收入

序号	产品分类	销售收入 / 万元
1	合计	16 240
2	成套产品	13 824
3	母线槽产品	1 645
4	特种电器产品	771

（2）产品出口销售情况。2023 年长控公司与宁波力勤资源科技股份有限公司、矿冶科技集团有限公司签订 301 套低压开关柜 MNS、XM 等出口合同，合同金额 1 096 万元。

（3）国内外市场情况分析。国内市场竞争激烈，国内大环境形势不乐观，重大基建项目骤减，导致企业项目招投标难度增加。目前，全球贸易环境面临多种挑战和不确定性的变化、国内产业结构处于调整和转型升级的关键阶段、政府对于制造业的支持和引导对制造业的发展产生重要影响。

随着国内外市场的不断变化和消费者需求的多样化，制造业面临着激烈的市场竞争。制造业企业需要不断提高包括产品质量、优化服务、品牌建设等的市场竞争力。同时，还需要关注国际竞争对手的动态，及时调整自身的战略和策略。

3. 科技成果及新产品情况

2023 年，长控公司科技研发以高端化、智能化、绿色化为主攻方向，以推进产品结构调整、提升对市场的技术支撑能力为工作目标，在新产品研发、技术创新能力提升、产品工艺技术创新与完善、产品质量提升及信息化建设等方面取得较好科研成果。2023 年共计投入研发费用 666 万元，研发投入强度 4.1%。

（1）产品研发和工艺技术取得新突破。

1）完成了“CCZX 系列智能母线槽”“CCTK1 系列无触点多功能控制器”“SLVA-2500 低压开关柜”“CCW3-1600、2500、4000 万能式断路器”等新产品的设计及样机制造和型式试验，取得了相关资质，并完成省级新产品备案评审工作。其中 SLVA-2500 低压开关柜技术达到国际先进水平，CCTK1-90～500 无触点控制器、CCZX 系列智能母线槽技术达到国内领先水平，CCW3-1600 智能型万能式断路器技术达到国内先进水平。

2）与兰州理工大学进行了智能母线槽智能监控系统搭建、样机制造及相关型式试验方面的技术合作。

3）智能化低压开关柜完成验证。

4）完成了加强绝缘型、防火母线槽和 CJ156 交流接触器产品的优化设计。

5）完成了 KYN61-40.5/T2500-31.5 移开式交流封闭开关设备的研发和型式试验，扩展了产品谱系。

6）完成了“刷镀银工艺守则”等 13 部工艺守则的编制与发布，在规范作业行为和提升实物质量方面取得一定成效。

（2）项目申报及取得的成果。2023 年长控公司获得政府支持资金共计 288 万元。

1）新能源电池储能电站研发及产业化项目被列为中

央引导地方科技支持项目。

2）CCTK1 型系列多功能控制器项目被列为甘肃省级重点研发计划项目。

3）完成省级科技计划——GCEV 新能源电动汽车充电系统项目验收。

4）被甘肃省工业和信息化厅评为甘肃省“专精特新”中小企业。

5）完成国家级绿色工厂项目申报，取得国家级“绿色工厂”资质和 100 万元扶持资金。

6）被重新认定高新技术企业。

（3）重大成果与获奖情况。2023 年企业重大科技成果和获得省市及以上科技奖项目情况见表 3。

表 3 2023 年企业重大科技成果和获得省市及以上科技奖项目情况

序号	项目名称	完成时间	主要性能参数及技术内容	成果水平评价（获奖情况）	负责单位、参与单位
1	CCTK1-90～500 无触点控制器	2023.11.30	CCTK1-90～500 无触点控制器为换向型交流电机控制器，控制三相三线制的分断和换向，具有结构强度高、无触点、防湿、防侵蚀、寿命长、开关速度快、无噪声、体积小、无火花、防爆、抗振耐压击、抗振定性强等优点。可广泛应用于所有电机需频繁换向的建筑、陶瓷生产线、水泥包装线、化工生产线、机床机械加工、电加热控制、矿山、冶金生产、工业自动化装置、注塑机械等。是传统双接触器正反转方案的最佳升级换代产品，特别适用于灰尘大、腐蚀性、潮湿、有防爆要求等恶劣环境，以及频繁开关的场合	国内领先	天水长城控制电器有限责任公司、甘肃长城氢能源工程研究院有限公司
2	CCW3-1600 智能型万能式断路器	2023.11.30	CCW3-1600 智能型万能式断路器采用耐弧银镍碳合金触头和银钨合金触头材料配对；动触头装配在由绝缘材料加工的支架上，各相动触头分别放置在相互隔离的小室内；触头系统采用多路并联；灭弧室壁由耐高温的绝缘材料压制而成，灭弧室内有灭弧栅片、隔弧板，灭弧室的出口为狭缝状，把游离区限制在断路器上置的壳罩内，实现零飞弧；断路器的额定绝缘电压达到 AC1 000V，额定极限短路分断能力 Icu:415V 为 66kA、690V 为 50kA，额定运行短路分断能力 Ics:415V 为 55kA、690V 为 42kA，额定短时耐受电流 Icw:415V 为 50kA、690V 为 42kA	国内先进	天水长城控制电器有限责任公司、甘肃长城氢能源工程研究院有限公司
3	CCZX 系列智能母线槽	2023.11.30	CCZX 系列智能母线槽，其监控模块为内触式，由触臂及弹簧钢片压接在母线槽导电板中进行数据采集，同时触臂抽取电流满足自身供电；模块中测温线路板上热电阻传感器收集数据，经过无线射频通信进行数据上传；监控模块二次布线设计了一种铝合金布线槽，布线槽盖板一边为丁钩状，与底座大斜角加强钩配合扣紧，盖板另一边为半球形，包裹在底座半握拳中，使盖板可以翻转，方便二次线布置；研发的温度在线监测系统，通过建立设备虚拟串口通道，配置数据库后可启动监测系统，实现实时数据的收集、分析、报警等功能	国内领先	天水长城控制电器有限责任公司、甘肃长城氢能源工程研究院有限公司
4	SLVA-2500 低压开关柜	2023.11.30	根据国家电网标准化低压开关柜技术规范设计生产的 SLVA-2500 低压开关柜，柜架型材采用覆铝锌板数控加工型材，柜体功能单元模数设计；柜内绝缘件阻燃、耐高低温抗老化，绝缘耐受能力不低于 1 000V；柜顶板设计为内向上凸起钢质泄压防雨通风结构；框架断路器及塑壳断路器零飞弧，使用寿命长、低耗绿色节能；一两次接口、土建接口、主要电器元件参数统一规范，满足互换性要求；额定电流 2 500A 时，额定短时耐受电流≥ 65kA/1s，垂直母线额定电流 1 600A，额定短时耐受电流≥ 50kA/1s	国际先进	天水长城控制电器有限责任公司、甘肃长城氢能源工程研究院有限公司

4. 产品质量及标准工作情况

（1）提升产品质量管理。加强“三体系”内部审核，制定实施了 QES 体系内审计划。加强“三体系”培训，2023 年组织各部门负责人及体系管理员共 32 人，完成线上资料培训两次，组织专业老师培训两次，考试考核一次。持续加强产品生产过程各个节点的质量监控，积极落实质量提升工作，成品一次交检合格率达 93.6%；按公司年度产品确认检验计划实施确认检验，成品抽检合格率达

100%，质量损失率 0.2%，确保制造过程处于受控状态，切实有效地提高过程控制能力和实物质量。

（2）编制企业标准。编制了 4 项新产品企业标准，分别是 SLVA-2500 低压开关柜技术标准 OCK.536.126、CCZX 系列智能母线槽技术标准 OCK.536.121、CCTK1-90～500 系列无触点控制器技术标准 OCK.536.120 和 CCW3 系列智能型万能式断路器技术标准 OCK.536.116。

5. 技术改造情况

重点进行节能减排工艺改进和工艺装备提升技改技措项目。公司对电器元件包装箱、废纸箱等统一收集，成品发运时循环利用；对生产设备、工具及时更新，采用气动式设备及生产线代替原电动设备、设施，有效降低电能的消耗；对成套产品柜体产生的大量废旧金属支梁，集中贮存，二次改造利用；重新用于新柜体安装，降低成本；针对高耗能设备对员工进行专业知识培训和学习，加强对设备的管理和维护，避免因设备带病运转、空转或低负荷运行带来不必要的能源损耗；加大节能降耗环保意识的培养力度，将节能降耗宣传列入每日班前会的宣传内容，在生产制造部门开展节能降耗、提质增效活动。大力开展培训教育，提升一线员工节能意识。在工作中减少螺钉、导线、铜排等主要原辅材料的浪费。通过对工艺装备及检测设备提升改造，提高了产品质量，缩短了生产周期，使产品合格率得到一定提升；通过回路电阻测试仪、涂层测厚仪的补充完善，为智能化低压电器产品产业化打好基础。

二、企业发展存在的主要问题

（1）市场一线营销队伍的建设仍需进一步加强，自主承接订单能力仍需提高。

（2）科技研发与产业配套、投入应用结合需加强，提高市场转化率。

（3）应收账款居高不下，现金流不足，特别是集团内部应收账款占比过大，造成资金周转困难，制约了企业健康稳步发展。

〔撰稿人：天水长城控制电器有限责任公司肖兆斌 审稿人：天水长城控制电器有限责任公司刘伟〕

统计资料

公布2023年重型机械行业产品进出口统计数据

It objectively reflects product import & export of the heavy machinery industry in 2023

统计资料

2023年冶金机械进出口额分类统计

序号	分类方式	出口额/万美元	占出口总额的比重（%）	序号	分类方式	进口额/万美元	占进口总额的比重（%）
	冶金机械	278 215	100		冶金机械	36 726	100
一	**按贸易方式分类**			一	**按贸易方式分类**		
1	一般贸易	227 619	81.81	1	一般贸易	30 986	84.37
2	对外承包工程出口货物	23 635	8.50	2	海关特殊监管区域物流货物	3 579	9.75
3	进料加工贸易	17 357	6.24	3	保税监管场所进出境货物	1 188	3.24
4	海关特殊监管区域物流货物	4 288	1.54	4	来料加工贸易	523	1.42
5	其他	2 164	0.78	5	进料加工贸易	264	0.72
6	边境小额贸易	1 330	0.48	6	其他	141	0.38
7	保税监管场所进出境货物	1 213	0.44	7	外商投资企业作为投资进口的设备、物品	38	0.10
8	来料加工贸易	589	0.21	8	海关特殊监管区域进口设备	7	0.02
9	租赁贸易	11	0.00				
10	国家间、国际组织无偿援助和赠送的物资	8	0.00				
二	**按行政区分类**			二	**按行政区分类**		
1	江苏省	55 990	20.12	1	江苏省	10 789	29.38
2	北京市	43 897	15.78	2	上海市	5 559	15.14
3	河北省	29 310	10.54	3	山东省	4 122	11.22
4	上海市	23 682	8.51	4	河南省	2 462	6.70
5	辽宁省	16 852	6.06	5	浙江省	2 208	6.01
6	浙江省	14 547	5.23	6	湖北省	2 124	5.78
7	山东省	14 445	5.19	7	河北省	1 423	3.87
8	广东省	12 237	4.40	8	北京市	1 373	3.74
9	福建省	11 033	3.97	9	广东省	1 222	3.33
10	河南省	10 916	3.92	10	辽宁省	1 142	3.11
三	**按国家和地区分类**			三	**按国家和地区分类**		
1	印度	31 871	13.32	1	德国	11 968	32.59
2	印度尼西亚	27 353	11.43	2	意大利	6 529	17.78
3	土耳其	18 478	7.72	3	日本	6 116	16.65
4	俄罗斯联邦	14 122	5.90	4	美国	5 218	14.21
5	越南	10 608	4.43	5	韩国	855	2.33
6	美国	9 774	4.08	6	中国台湾	850	2.31
7	日本	8 382	3.50	7	挪威	818	2.23
8	韩国	8 340	3.48	8	瑞士	789	2.15
9	马来西亚	6 900	2.88	9	斯洛文尼亚	742	2.02
10	泰国	6 382	2.67	10	法国	696	1.89

注：因四舍五入合计数有微小出入。

〔撰稿人：中国重型机械工业协会王淼〕

2023 年矿山机械进出口额分类统计

序号	分类方式	出口额 / 万美元	占出口总额的比重（%）	序号	分类方式	进口额 / 万美元	占进口总额的比重（%）
	矿山机械	412 002	100		矿山机械	28 353	100
一	**按贸易方式分类**			一	**按贸易方式分类**		
1	一般贸易	313 768	76.16	1	一般贸易	24 802	87.48
2	进料加工贸易	47 274	11.47	2	海关特殊监管区域物流货物	2 240	7.90
3	对外承包工程出口货物	21 549	5.23	3	进料加工贸易	1 152	4.06
4	海关特殊监管区域物流货物	14 644	3.55	4	其他	151	0.53
5	边境小额贸易	7 845	1.90	5	边境小额贸易	8	0.03
6	其他	2 883	0.70				
7	租赁贸易	2 343	0.57				
8	保税监管场所进出境货物	1 659	0.40				
9	国家间、国际组织无偿援助和赠送的物资	15	0.00				
10	来料加工贸易	14	0.00				
二	**按行政区分类**			二	**按行政区分类**		
1	山东省	57 320	13.91	1	北京市	9 799	34.56
2	北京市	43 792	10.63	2	上海市	6 876	24.25
3	河南省	40 112	9.74	3	陕西省	2 606	9.19
4	辽宁省	32 756	7.95	4	天津市	2 471	8.72
5	江苏省	26 850	6.52	5	山东省	1 064	3.75
6	浙江省	25 195	6.12	6	浙江省	1 059	3.74
7	内蒙古自治区	24 043	5.84	7	江苏省	686	2.42
8	上海市	23 318	5.66	8	广东省	654	2.31
9	广东省	22 003	5.34	9	广西壮族自治区	526	1.86
10	湖南省	17 132	4.16	10	河南省	395	1.39
三	**按国家和地区分类**			三	**按国家和地区分类**		
1	俄罗斯联邦	78 887	19.15	1	奥地利	8 007	28.24
2	印度尼西亚	47 795	11.60	2	德国	5 292	18.67
3	刚果民主共和国	16 140	3.92	3	韩国	3 192	11.26
4	蒙古国	13 989	3.40	4	美国	2 441	8.61
5	老挝	11 604	2.82	5	日本	2 067	7.29
6	印度	11 420	2.77	6	英国	1 743	6.15
7	澳大利亚	10 688	2.59	7	法国	1 214	4.28
8	马来西亚	9 034	2.19	8	瑞典	850	3.00
9	意大利	8 932	2.17	9	印度	759	2.68
10	越南	8 595	2.09	10	澳大利亚	540	1.90

注：因四舍五入合计数有微小出入。

〔撰稿人：中国重型机械工业协会王淼〕

2023年物料搬运（起重运输）机械进出口额分类统计

序号	分类方式	出口额/万美元	占出口总额的比重（%）	序号	分类方式	进口额/万美元	占进口总额的比重（%）
	物料搬运机械	2 848 406	100		物料搬运机械	323 971	100
一	**按贸易方式分类**			一	**按贸易方式分类**		
1	一般贸易	1 836 161	73.73	1	一般贸易	234 491	73.34
2	进料加工贸易	516 153	20.73	2	进料加工贸易	28 341	8.86
3	对外承包工程出口货物	44 281	1.78	3	海关特殊监管区域物流货物	26 406	8.26
4	海关特殊监管区域物流货物	41 483	1.67	4	外商投资企业作为投资进口的设备、物品	11 136	3.48
5	其他	20 489	0.82	5	保税监管场所进出境货物	8 801	2.75
6	边境小额贸易	15 998	0.64	6	海关特殊监管区域进口设备	8 516	2.66
7	保税监管场所进出境货物	11 625	0.47	7	其他	1 222	0.38
8	租赁贸易	2 061	0.08	8	来料加工贸易	649	0.20
9	来料加工贸易	1 601	0.06	9	租赁贸易	145	0.05
10	其他捐赠物资	0	0.00	10	加工贸易进口设备	0	0.00
二	**按行政区分类**			二	**按行政区分类**		
1	浙江省	539 179	21.65	1	上海市	85 604	26.78
2	江苏省	530 753	21.31	2	江苏省	58 116	18.18
3	上海市	380 597	15.28	3	广东省	38 119	11.92
4	广东省	184 021	7.39	4	北京市	25 226	7.89
5	山东省	166 858	6.70	5	浙江省	18 857	5.90
6	湖南省	128 857	5.17	6	山东省	14 549	4.55
7	安徽省	108 494	4.36	7	天津市	13 249	4.14
8	福建省	83 190	3.34	8	福建省	10 024	3.14
9	辽宁省	70 406	2.83	9	辽宁省	9 711	3.04
10	天津市	60 001	2.41	10	重庆市	7 681	2.40
三	**按国家和地区分类**			三	**按国家和地区分类**		
1	美国	320 644	12.88	1	德国	72 443	22.66
2	印度尼西亚	125 418	5.04	2	日本	66 302	20.74
3	俄罗斯联邦	125 139	5.03	3	韩国	29 176	9.13
4	印度	116 725	4.69	4	美国	20 832	6.52
5	澳大利亚	104 030	4.18	5	中国台湾	20 701	6.47
6	韩国	94 450	3.79	6	意大利	16 722	5.23
7	越南	85 063	3.42	7	中国大陆	11 305	3.54
8	德国	73 274	2.94	8	瑞士	11 156	3.49
9	日本	69 984	2.81	9	奥地利	8 396	2.63
10	新加坡	67 059	2.69	10	芬兰	7 067	2.21

注：因四舍五入合计数有微小出入。

〔撰稿人：中国重型机械工业协会王淼〕

2023 年冶金机械进出口地区数统计

产品名称	出口地区数 / 个		进口地区数 / 个	
	省、自治区、直辖市	国家和地区	省、自治区、直辖市	国家和地区
冶金机械	**31**	**190**	**26**	**46**
一、金属冶炼设备	**24**	**66**	**6**	**8**
1. 炼焦炉	7	4	0	0
2. 转炉	21	57	4	4
3. 炉外精炼设备	19	34	4	5
二、连续铸钢设备	**20**	**47**	**1**	**1**
1. 方坯连铸机	16	23	1	1
2. 板坯连铸机	5	5	0	0
3. 其他钢坯连铸机	15	32	0	0
三、金属轧制设备	**30**	**174**	**20**	**15**
1. 板材轧机	28	163	4	5
板材热轧机	16	38	1	1
板材冷轧机	28	163	4	4
2. 管轧机	28	94	1	1
热轧管机	15	17	0	0
冷轧管机	28	78	1	1
定、减径轧管机	10	35	0	0
其他金属管轧机	19	57	0	0
3. 型材轧机	16	40	0	0
4. 线材轧机	23	65	7	3
5. 其他金属轧机	26	137	10	9
其他金属热轧机或冷热联轧机	19	34	3	2
其他金属冷轧机	26	136	9	9
6. 拉拔机	25	107	14	12
300t 及以下的冷拔管机	15	17	3	2
其他冷拔管机	2	2	0	0
拔丝机	24	104	11	8
金属杆、管、型材、异型材等拉拔机	21	54	8	8
四、冶金设备零件	**31**	**170**	**25**	**45**
1. 金属冶炼设备零件	30	140	19	33
海绵铁回转窑的零件	17	43	0	0
焦炉零件	19	34	4	3
锭模及浇包	27	89	6	6
炉外精炼设备的零件	24	69	11	11
其他金属冶炼设备零件	29	136	19	33
2. 连铸机零件	26	108	12	15
钢坯连铸机用结晶器	22	74	4	5

（续）

产品名称	出口地区数 / 个		进口地区数 / 个	
	省、自治区、直辖市	国家和地区	省、自治区、直辖市	国家和地区
钢坯连铸机用振动装置	13	29	3	4
其他钢坯连铸机用零件	26	100	9	14
3. 金属轧制设备零件	30	162	24	41
金属轧机用轧辊	27	123	20	21
其他金属轧机零件	29	160	24	35

〔撰稿人：中国重型机械工业协会王淼〕

2023 年矿山机械进出口地区数统计

产品名称	出口地区数 / 个		进口地区数 / 个	
	省、自治区、直辖市	国家和地区	省、自治区、直辖市	国家和地区
矿山机械	**31**	**199**	**26**	**36**
一、采掘、凿岩设备及钻机	**28**	**163**	**14**	**17**
1. 采煤、凿岩机及隧道掘进机	28	124	13	13
自推进的采（截）煤机、自推进的凿岩机、自推进的隧道掘进机	25	81	8	8
非自推进的采煤、凿岩机及隧道掘进机	26	109	8	8
2. 矿用电铲	3	3	0	0
3. 采矿钻机	23	66	2	3
牙轮直径在 380mm 及以上的采矿钻机	6	6	0	0
其他采矿钻机	23	65	2	3
4. 工程钻机	26	149	4	7
钻筒直径在 3m 以上的非自推进工程钻机	5	10	0	0
其他非自推进工程钻机	26	149	4	7
二、破碎、粉磨设备	**31**	**185**	**21**	**24**
1. 齿辊式破碎设备	29	115	8	9
2. 球磨式粉磨设备	29	130	17	12
3. 其他破碎或粉磨设备	31	183	18	24
三、筛分、洗选设备	**31**	**183**	**23**	**28**
四、矿山提升设备	**24**	**75**	**5**	**5**
1. 电动矿山提升设备	24	61	5	5
2. 非电动矿山提升设备	15	37	1	1
五、矿山用牵引车及其矿车	**27**	**118**	**4**	**4**
1. 电动轮非公路用货运自卸车	19	42	1	1
2. 其他非公路用货运机动自卸车	27	110	4	3
六、矿山机械零件	**21**	**88**	**9**	**14**

〔撰稿人：中国重型机械工业协会王淼〕

2023 年物料搬运（起重运输）机械进出口地区数统计

产品名称	出口地区数 / 个		进口地区数 / 个	
	省、自治区、直辖市	国家和地区	省、自治区、直辖市	国家和地区
物料搬运机械	**31**	**231**	**31**	**82**
一、轻小型起重设备	**31**	**218**	**29**	**59**
1. 电动葫芦	29	192	19	28
2. 滑车及手动葫芦	29	190	21	30
3. 卷扬机及绞盘	30	189	21	36
电动的卷扬机及绞盘	30	178	16	30
非电动卷扬机及绞盘	28	164	19	30
4. 千斤顶	31	208	21	29
车库中使用的固定千斤顶系统	18	77	1	2
其他液压千斤顶	31	204	0	0
其他千斤顶	31	193	21	29
5. 车辆举升机	28	191	12	14
液压举升机	28	189	10	12
其他举升机	24	134	8	10
6. 轻小型起重零件	30	189	23	53
二、起重机	**31**	**207**	**20**	**35**
1. 桥式起重机	29	147	8	11
通用桥式起重机	29	142	5	6
其他桥式起重机	27	78	8	8
2. 门式起重机	27	125	6	8
3. 装卸桥及其他桥架型起重机	26	106	8	9
装卸桥	20	60	1	1
其他桥架型起重机	25	93	7	9
4. 塔式起重机	29	93	0	0
5. 门座起重机	24	98	9	14
6. 流动式起重机	30	175	7	10
轮式起重机	30	159	2	1
履带式起重机	22	102	3	2
其他流动式起重机	5	4	1	1
公路车辆随车起重机	24	109	5	7
7. 未列名起重机	27	155	14	17
8. 起重机零件	30	197	16	26
三、工业车辆	**31**	**220**	**25**	**53**
1. 乘驾高起升堆垛叉车	19	102	3	4
2. 其他电动车辆（叉车）	29	200	18	21

（续）

产品名称	出口地区数 / 个		进口地区数 / 个	
	省、自治区、直辖市	国家和地区	省、自治区、直辖市	国家和地区
3. 集装箱叉车	18	64	0	0
4. 其他内燃叉车	31	209	12	11
5. 电动牵引车	17	72	9	11
6. 其他机动牵引车	16	62	3	3
7. 电动固定平台搬运车	26	138	10	10
8. 其他固定平台搬运车	25	117	5	4
9. 手动起升搬运车辆	31	206	18	23
10. 品目 8427 所列零件	30	203	24	52
11. 品目 8709 所列零件	27	87	13	25
四、电梯及自动扶梯	**31**	**209**	**20**	**51**
1. 载客电梯	28	178	9	12
2. 其他升降机及倒卸式起重机	30	162	12	17
3. 自动梯及自动人行道	21	130	0	0
4. 电梯、自动梯及升降机零件	30	196	19	51
五、连续搬运设备	**31**	**201**	**27**	**46**
1. 输送机械	31	199	27	46
气力输送机	28	145	21	26
地下专用的输送机	18	32	6	4
斗式提升输送机	30	158	18	18
带式输送机	31	180	25	33
链式输送机	31	153	23	24
辊式输送机	30	142	21	24
其他输送机及提升机	31	183	26	39
架空索道	19	65	5	4
2. 装卸机械	27	112	15	15
装船机	8	8	1	1
卸船机	5	5	0	0
堆取料机	25	74	11	12
其他装卸机械	25	26	12	13
六、其他物料搬运设备	**31**	**216**	**31**	**66**
1. 自动化立体仓储设备	18	64	13	15
2. 有轨巷道堆垛机	16	35	5	9
3. 机械停车设备	18	84	2	3
4. 机场用旅客登机桥	7	24	0	0
5. 其他旅客登机（船）桥	7	23	3	4
6. 矿车推进机、转车台、货车倾卸	16	29	1	1
7. 工业机器人	24	91	21	23
8. 未列名提升、搬运、装卸机械	31	211	30	51
9. 税号 84.28 所列其他机械零件	31	201	28	63

〔撰稿人：中国重型机械工业协会王森〕

2023 年冶金机械进出口额统计

产品名称	数量单位	出口量	出口额 / 万美元	进口量	进口额 / 万美元	进出口总额 / 万美元	进出口差额 / 万美元
冶金机械			**279 395**		**36 394**	**315 789**	**243 001**
一、金属冶炼设备	**台**	**62 777**	**10 083**	**68**	**1 145**	**11 228**	**8 938**
1. 炼焦炉	台	31	5 145	0	0	5 145	5 145
2. 转炉	台	1 908	3 502	38	120	3 623	3 382
3. 炉外精炼设备	台	60 838	1 436	30	1 025	2 461	411
二、连续铸钢设备	**台**	**3 938**	**2 307**	**1**	**19**	**2 325**	**2 288**
1. 方坯连铸机	台	63	1 586	1	19	1 605	1 567
2. 板坯连铸机	台	5	495	0	0	495	495
3. 其他钢坯连铸机	台	3 870	226	0	0	226	226
三、金属轧制设备	**台**	**52 252**	**59 868**	**365**	**14 578**	**74 446**	**45 290**
1. 板材轧机	台	8 008	27 079	7	694	27 774	26 385
板材热轧机	台	454	8 439	1	37	8 476	8 402
板材冷轧机	台	7 554	18 640	6	657	19 297	17 983
2. 管轧机	台	1 808	5 478	1	15	5 492	5 463
热轧管机	台	45	527	0	0	527	527
冷轧管机	台	1 021	3 483	1	15	3 498	3 468
定、减径轧管机	台	171	469	0	0	469	469
其他金属管轧机	台	571	998	0	0	998	998
3. 型材轧机	台	176	1 175	0	0	1 175	1 175
4. 线材轧机	台	4 353	5 778	45	5 007	10 784	771
5. 其他金属轧机	台	26 027	11 901	73	4 334	16 236	7 567
其他金属热轧机或冷热联轧机	台	618	2 380	4	1 417	3 797	962
其他金属冷轧机	台	25 409	9 521	69	2 917	12 438	6 605
6. 拉拔机	台	11 880	8 457	239	4 528	12 985	3 929
300t 及以下的冷拔管机	台	91	161	3	121	282	40
其他冷拔管机	台	3	22	0	0	22	22
拔丝机	台	11 035	6 442	127	2 740	9 183	3 702
金属杆、管、型材、异型材等的拉拔机	台	751	1 831	109	1 667	3 498	165
四、冶金设备零件			**207 138**		**20 651**	**227 789**	**186 486**
1. 金属冶炼设备零件	t		50 332		3 268	53 600	47 064
海绵铁回转窑的零件	t	3 062	898	0	0	898	898
焦炉零件	t	24 749	7 087	8	18	7 105	7 068
锭模及浇包	台	187 909	8 895	167	504	9 400	8 391
炉外精炼设备的零件	t	4 892	3 506	22	184	3 690	3 322

（续）

产品名称	数量单位	出口量	出口额 / 万美元	进口量	进口额 / 万美元	进出口总额 / 万美元	进出口差额 / 万美元
其他金属冶炼设备及铸造机的零件	t	67 260	29 946	768	2 561	32 507	27 385
2. 连铸机零件	t	36 453	23 278	601	3 143	26 421	20 135
钢坯连铸机用结晶器	t	2 801	4 409	48	280	4 690	4 129
钢坯连铸机用振动装置	t	806	536	11	28	565	508
其他钢坯连铸机用零件	t	32 845	18 332	542	2 834	21 167	15 498
3. 金属轧制设备零件			133 528		14 241	147 769	119 287
金属轧机用轧辊	个	275 179	64 012	14 926	5 996	70 008	58 016
其他金属轧机零件	t	143 054	69 516	3 056	8 245	77 761	61 270

注：因四舍五入合计数有微小出入。

〔撰稿人：中国重型机械工业协会王淼〕

2023 年矿山机械进出口额统计

产品名称	数量单位	出口量	出口额 / 万美元	进口量	进口额 / 万美元	进出口总额 / 万美元	进出口差额 / 万美元
矿山机械			**413 429**		**28 358**	**441 786**	**385 071**
一、采掘、凿岩设备及钻机	**台**	**140 511**	**67 625**	**578**	**12 773**	**80 398**	**54 852**
1. 采煤、凿岩机及隧道掘进机	台	62 781	49 874	561	12 511	62 385	37 364
自推进的采（截）煤机	台（t）	30	4 406	21	7 843	12 249	−3 437
自推进的凿岩机	台（t）	2 164	7 118	7	266	7 384	6 852
自推进的隧道掘进机	台（t）	276	35 671	5	754	36 424	34 917
非自推进的采煤、凿岩机及隧道掘进机	台	60 311	2 679	528	3 648	6 327	−968
2. 矿用电铲	台	233	10 417	0	0	10 417	10 417
3. 采矿钻机	台	754	1 781	4	118	1 899	1 663
牙轮直径在 380mm 及以上的采矿钻机	台	36	21	0	0	21	21
其他采矿钻机	台	718	1 761	4	118	1 879	1 643
4. 工程钻机	台	76 743	5 552	13	145	5 697	5 408
钻筒直径在 3m 以上的非自推进工程钻机	台	14	83	0	0	83	83
其他非自推进工程钻机	台	76 729	5 470	13	145	5 614	5 325
二、破碎、粉磨设备	**台**	**172 048**	**118 659**	**469**	**6 489**	**125 148**	**112 170**
1. 齿辊式破碎设备	台	67 306	7 397	32	1 979	9 377	5 418
2. 球磨式粉磨设备	台	10 777	34 531	104	935	35 467	33 596
3. 其他破碎或粉磨设备	台	93 965	76 731	333	3 574	80 305	73 156

（续）

产品名称	数量单位	出口量	出口额/万美元	进口量	进口额/万美元	进出口总额/万美元	进出口差额/万美元
三、筛分、洗选设备	**台**	**151 539**	**64 932**	**2 364**	**7 071**	**72 004**	**57 861**
四、矿山提升设备	**台**	**10 325**	**1 182**	**12**	**209**	**1 391**	**973**
1. 电动矿山提升设备	台	3 700	1 099	7	48	**1 148**	**1 051**
2. 非电动矿山提升设备	台	6 625	82	5	161	**243**	**−78**
五、矿山用牵引车及其矿车	**辆**	**12 271**	**148 732**	**31**	**1 262**	**149 994**	**147 470**
1. 电动轮非公路用货运自卸车	辆	701	23 155	2	104	**23 258**	**23 051**
2. 其他非公路用货运机动自卸车	辆	11 570	125 577	29	1 158	**126 735**	**124 419**
六、矿山机械零件	**t**	**23 298**	**12 299**	**278**	**553**	**12 852**	**11 745**

注：因四舍五入合计数有微小出入。

〔撰稿人：中国重型机械工业协会王淼〕

2023年物料搬运（起重运输）机械进出口额统计

产品名称	数量单位	出口量	出口额/万美元	进口量	进口额/万美元	进出口总额/万美元	进出口差额/万美元
物料搬运（起重运输）机械			**2 859 350**		**323 824**	**3 183 175**	**2 535 526**
一、轻小型起重设备			**296 707**		**29 143**	**325 850**	**267 564**
1. 电动葫芦	台	1 515 681	27 470	17 391	4 080	31 550	23 390
2. 滑车及手动葫芦	台	5 252 635	22 697	15 296	1 562	24 260	21 135
3. 卷扬机及绞盘	台	6 851 596	64 712	21 527	14 344	79 056	50 367
电动的卷扬机及绞盘	台	2 128 037	51 471	10 362	8 428	59 898	43 043
非电动卷扬机及绞盘	台	4 723 559	13 241	11 165	5 917	19 157	7 324
4. 千斤顶	台	44 770 789	100 075	124 631	2 686	102 761	97 389
车库中使用的固定千斤顶系统	台	5 056	456	16	9	465	448
其他液压千斤顶	台	24 444 828	65 981	32 884	1 433	67 414	64 548
其他千斤顶	台	20 320 905	33 638	91 731	1 245	34 883	32 393
5. 车辆举升机	台	1 748 203	57 889	1 618	488	58 376	57 401
液压举升机	台	1 087 655	53 056	1 260	432	53 488	52 623
其他举升机	台	660 548	4 833	358	55	4 888	4 778
6. 轻小型起重设备零件	t	62 822	23 864	3 393	5 983	29 847	17 882
二、起重机			**688 764**		**15 008**	**703 772**	**673 755**
1. 桥式起重机	台	13 570	33 518	239	1 276	34 794	32 243
通用桥式起重机	台	6 109	26 923	145	761	27 683	26 162
其他桥式起重机	台	7 461	6 596	94	515	7 110	6 081

（续）

产品名称	数量单位	出口量	出口额/万美元	进口量	进口额/万美元	进出口总额/万美元	进出口差额/万美元
2. 门式起重机	台	2 889	36 187	19	2 580	38 767	33 606
3. 装卸桥及其他桥架类起重机	台	8 381	150 084	95	85	150 168	149 999
装卸桥	台	539	144 619	8	4	144 623	144 616
其他桥架类起重机	台	7 842	5 464	87	81	5 545	5 383
4. 塔式起重机	台	4 273	55 651	0	0	55 651	55 651
5. 门座起重机	台	1 905	25 075	221	6 543	31 618	18 532
6. 流动式起重机	台	21 929	355 165	152	624	355 789	354 540
轮式起重机	台	15 223	263 749	8	162	263 912	263 587
履带式起重机	台	2 718	83 578	4	98	83 677	83 480
其他流动式起重机	台	150	188	1	5	193	183
公路车辆的随车起重机	台	3 838	7 649	139	359	8 008	7 290
7. 未列名起重机	台	52 733	7 258	144	2 424	9 683	4 834
8. 起重机零件	t（个）	93 507	25 826	2 448	1 476	27 302	24 351
三、工业车辆	**台**		**890 578**		**29 637**	**920 215**	**860 941**
1. 电动车辆（叉车）	台	590 974	344 441	8 405	10 603	355 044	333 838
2. 内燃叉车	台	196 619	340 438	316	2 487	342 925	337 951
3. 短距离牵引车	辆	9 989	10 629	150	441	11 070	10 188
4. 固定平台搬运车	辆	87 881	12 681	102	132	12 813	12 549
5. 手动起升搬运车辆	台	2 059 981	52 379	1 787	1 109	53 487	51 270
6. 工业车辆零件	t	753 471	130 010	16 000	14 865	144 874	115 145
四、电梯、自动梯及升降机	**台**		**352 348**		**17 064**	**369 411**	**335 284**
1. 载客电梯	台	87 588	175 525	659	4 509	180 034	171 016
2. 其他升降机及倒卸式起重机	台	152 735	12 053	440	3 020	15 073	9 034
3. 自动梯及自动人行道	台	13 217	42 084	0	0	42 084	42 084
4. 电梯 . 自动梯及升降机零件	t	569 076	122 685	6 845	9 535	132 220	113 151
五、连续搬运设备	**台**	**731 674**	**291 364**	**38 267**	**83 667**	**375 032**	**207 697**
1. 输送机械（输送机及提升机）	台	721 656	269 922	37 948	79 864	349 786	190 058
气力输送机	台	35 710	9 475	1 876	4 391	13 866	5 084
地下专用的输送机	台	204	3 234	108	1 675	4 908	1 559
斗式提升输送机	台	27 412	13 489	1 272	3 214	16 703	10 274
带式输送机	台	237 860	110 565	14 097	14 738	125 303	95 827
链式输送机	台	34 192	32 231	1 412	8 670	40 901	23 560
辊式输送机	台	77 808	30 585	2 461	10 747	41 332	19 838
其他输送机及提升机	台	308 470	70 344	16 722	36 428	106 773	33 916
架空索道	台	13 653	544	102	1 723	2 267	−1 179
2. 装卸机械	台	10 018	21 443	319	3 803	25 246	17 639
装船机	台	24	2 612	2	0	2 612	2 612
卸船机	台	37	2 491	0	0	2 491	2 491
堆取料机械	台	2 119	13 106	82	1 537	14 642	11 569
其他装卸机械	台	7 838	3 234	235	2 267	5 500	967

（续）

产品名称	数量单位	出口量	出口额 / 万美元	进口量	进口额 / 万美元	进出口总额 / 万美元	进出口差额 / 万美元
六、其他物料搬运设备			**339 590**		**149 305**	**488 895**	**190 285**
1. 自动化立体仓储设备	台	39 230	6 002	571	12 211	18 212	−6 209
2. 有轨巷道堆垛机	台	442	2 927	365	5 206	8 134	−2 279
3. 机械停车设备	台	19 146	5 151	3	7	5 157	5 144
4. 机场用旅客登机桥	台	349	4 737	0	0	4 737	4 737
5. 其他旅客登机（船）桥	台	203	182	8	1 152	1 334	−969
6. 矿车推进机、转车台、货车倾卸	台	2 308	1 278	12	57	1 335	1 221
7. 工业机器人	台	42 740	20 705	10 021	7 902	28 607	12 802
8. 未列名提升、搬运、装卸机械	台	3 480 327	169 584	226 180	90 199	259 783	79 384
9. 税号 84.28 所列其他机械零件	t	321 770	129 025	6 248	32 572	161 596	96 453

注：因四舍五入合计数有微小出入。

〔撰稿人：中国重型机械工业协会王淼〕

2023 年其他重型机械进出口额统计

产品名称	数量单位	出口量	出口额 / 万美元	进口量	进口额 / 万美元	进出口总额 / 万美元	进出口差额 / 万美元
其他设备合计			**5 921**		**3 163**	**9 084**	**2 758**
单件重量≥10t 的粗铸锻件坯	t	24 976	1 712	14 201	2 805	4 516	−1 093
水泥回转窑	台	363	2 597	0	0	2 597	2 597
加氢反应器	台	1 760	1 612	54	358	1 971	1 254

注：因四舍五入合计数有微小出入。

〔撰稿人：中国重型机械工业协会王淼〕

标准与质量

介绍重型机械行业标准化及质量工作情况

It publishes the progress made in standardization and quality inspection by the heavy machinery industry

综述
大事记
行业与市场篇
企业篇
统计资料
标准与质量
附录

标准与质量

2023 年我国冶金设备行业标准化工作

冶金设备作为支撑冶金工业发展的重要基础，其标准化技术水平直接关系到冶金产品的产量、质量和成本，因此标准化工作显得尤为重要。全国冶金设备标准化技术委员会（简称冶金标委会）作为国家冶金设备标准化工作的主要推动者和实施者，2023 年深入学习贯彻《国家标准化发展纲要》《关于印发贯彻实施〈国家标准化发展纲要〉行动计划的通知》《2023 年全国标准化工作要点》精神，充分发挥标准的引领作用，积极推进冶金设备标准化工作的全面发展。冶金标委会秘书处在各委员单位的配合下，在承担单位中国重型机械研究院股份公司的大力支持下，积极贯彻落实有关标准化方针政策，严格按照《全国冶金设备标准化技术委员会章程》和《全国冶金设备标准化技术委员会秘书处工作细则》开展工作，聚焦标准化战略，引领行业高质量发展。

我国冶金行业正面临转型升级的关键时期，冶金设备作为冶金工业的重要组成部分，其标准化工作对于提升行业整体技术水平、促进产业升级具有重要意义。近年来，随着科技的快速发展和市场竞争的加剧，冶金设备领域对标准化的需求越来越迫切。一方面，全球范围内对冶金设备的环保、节能、智能化等要求不断提高，促使冶金设备行业不断引进新技术、新工艺，以提升产品性能和质量，满足市场需求。这要求冶金标委会加强与国际标准化组织的交流与合作，及时引进国际先进标准和技术，提升我国冶金设备标准化水平。另一方面，国内冶金设备行业也面临着激烈的市场竞争和产业升级的压力。为了提升我国冶金设备行业的竞争力，冶金标委会深入了解行业需求和市场动态，制定更加符合实际的行业标准，推动行业技术进步和产业升级。

一、标准制修订

2023 年冶金标委会申请立项国家标准计划 5 项、行业标准计划 3 项；获批立项国家标准计划 5 项，行业标准计划 6 项；获批立项国家标准外文版计划 4 项。各项目均按计划要求进行。2023 年冶金设备行业批准发布 4 项国家标准。2023 年获批立项的国家标准计划见表 1。2023 年获批立项的行业标准计划见表 2。2023 年获批立项的国家标准外文版计划见表 3。2023 年批准发布的国家标准见表 4。

表 1　2023 年获批立项的国家标准计划

序号	计划号	标准名称	制修订	性质
1	20230819-T-469	转炉一次烟气干法净化与煤气回收系统设备技术规范	制定	推荐
2	20232748-T-469	轧制设备　术语	修订	推荐
3	20231825-T-469	重型机械　锻件设计规范	制定	推荐
4	20232045-T-469	重型机械　自动化系统设计规范	制定	推荐
5	20232073-T-469	重型机械　再制造设计规范	制定	推荐

表 2　2023 年获批立项的行业标准计划

序号	计划号	标准名称	性质	制修订
1	2023-1398T-JB	金属带材冷轧　转盘式双卷筒卷取机	推荐	制定
2	2023-1399T-JB	热轧层流冷却辊　激光熔覆　制造　技术规范	推荐	制定
3	2023-1400T-JB	液压自紧机	推荐	制定
4	2023-1674T-JB	不锈钢退火酸洗机组　通用　技术规范	推荐	制定
5	2023-1675T-JB	冷轧工作辊弯窜装置　通用　技术规范	推荐	制定
6	2023-1676T-JB	冷轧双机架平整兼二次冷轧　机组　通用技术规则	推荐	制定

表 3　2023 年获批立项的国家标准外文版计划

序号	计划号	中文标准名称	中文标准号	语种
1	W20233245	转炉一次烟气干法净化与煤气回收　系统设备技术规范	20230819-T-469	英文
2	W20233632	重型机械　锻件设计规范	20231825-T-469	英文
3	W20233652	重型机械　自动化系统设计规范	20232045-T-469	英文
4	W20233708	重型机械　再制造设计规范	20232073-T-469	英文

表 4　2023 年批准发布的国家标准

序号	标准号	标准名称	制修订
1	GB 43049—2023	连铸机安全技术条件	制定
2	GB/T 43415—2023	重型机械　铸件设计要求	制定
3	GB/T 43483—2023	重型机械　焊接件设计规范	制定
4	GB/T 37400.18—2023	重型机械通用技术条件　第 18 部分：开式齿轮传动系统	制定

2023 年度报批了 3 项国家标准和 23 项行业标准。2023 年报批的国家标准见表 5。2023 年报批的行业标准见表 6。

表 5　2023 年报批的国家标准

序号	计划号	标准名称	等级
1	20220489-T-469	重型机械　铸件设计要求	推荐
2	20220486-T-469	重型机械　焊接件设计规范	推荐
3	20220186-T-469	重型机械通用技术条件　第 18 部分：开式齿轮传动系统	推荐

表 6　2023 年报批的行业标准

序号	计划号	标准名称	等级
1	2021-1544T-JB	递进分配器（16MPa）	推荐
2	2021-1548T-JB	重型机械　润滑产品型号编制方法	推荐
3	2021-1551T-JB	油脂加油泵　第 1 部分：电动加油泵（4MPa）	推荐
4	2021-1552T-JB	油脂加油泵　第 2 部分：手动加油泵（2.5MPa）	推荐
5	2021-1553T-JB	压差开关（40MPa）	推荐
6	2021-0080T-JB	热轧无缝钢管行业绿色工厂评价要求	推荐
7	2021-1609T-JB	连轧管机组限动齿条	推荐
8	2021-1543T-JB	大型牙嵌式电磁离合器	推荐
9	2021-1544T-JB	直廓环面蜗杆减速器	推荐
10	2021-1546T-JB	辊式板材矫正机　基本参数	推荐
11	2021-1612T-JB	三辊连轧管机组轧辊机架	推荐
12	2021-1613T-JB	重型挤压机自动化系统通用设计规范	推荐
13	2020-1675T-JB	钢板辊式淬火机	推荐
14	2020-1676T-JB	中厚板高温辊底式明火热处理炉	推荐
15	2020-1677T-JB	中厚板轧后超快冷装置	推荐

（续）

序号	计划号	标准名称	等级
16	2021-1545T-JB	多角形橡胶联轴器	推荐
17	2021-1547T-JB	辊式板材矫正机　技术规范	推荐
18	2021-1549T-JB	蛇形弹簧安全联轴器	推荐
19	2021-1610T-JB	全自动卧式高线盘卷打捆机	推荐
20	2021-1611T-JB	热连轧无头轧制精轧机组鼓形齿式联轴器	推荐
21	2020-0925T-JB	迷宫式高炉送风装置	推荐
22	2021-1550T-JB	油脂润滑泵　第 2 部分：单线润滑泵（20MPa、31.5MPa）	推荐
23	2021-1555T-JB	重载齿轮　第 4 部分：渗碳表面碳含量金相判别法	推荐

二、标准复审工作

根据中国机械工业联合会《关于开展 2022 年度机械行业标准复审工作的通知》（机秘标〔2022〕132 号）的要求，结合冶金标委会 2022 年度至 2023 年度标准复审工作的需要，对 210 项行业标准进行了复审，秘书处按要求将“标准复审意见表”发给各标准的原起草单位（或 / 和相关单位），征询复审意见；对收集到的复审意见进行分析汇总，完成最终版的“标准复审意见表”，并给出“标准复审结论的建议”；之后在国家标准化管理委员会平台上进行全体委员投票，并要求对其进行通过性表决，对表决结果进行统计，整理完成年度复审报告及相关材料，按要求上报至中国机械工业联合会。本次复审的 210 项行业标准结论为 173 项继续有效，18 项需修订，以及 19 项废止。

2023 年 11 月在江苏省淮安市召开了全国冶金设备标准化技术委员会 2023 年年会暨标准审查会，总结 2023 年度工作、部署 2024 年工作。完成了 12 项行业标准、3 项国家标准英文版标准的制修订审查，审查结论为全部通过。

三、标准化工作

重型机械种类繁多，通常具有较高的附加值，以冶金重型产品为例，每年消耗超过 100 亿元。重型机械使用工况恶劣，主要包括重载荷、冲击、磨损、腐蚀、高温等。

在资源和能源相对紧缺的今天，世界各国越来越重视再制造技术，全球再制造产业规模达到了 1 400 亿美元。重型机械是重工业发展不可或缺的重要装备，是世界各国再制造战略的关键方向和突破点。近年来，随着绿色先进表面技术的发展，重型机械再制造在国内发展迅速，越来越多的高端重型机械通过再制造实现了再制造后的重新应用，取得了不错的使用效果。伴随着国内高端装备制造业的发展，对重型机械再制造的要求也进一步提升，需要相应的设计规范进行指导。再制造不但能延长重型机械的使用寿命，提高产品技术性能和附加值，还可以为产品的设计、改造和维修提供信息，最终以最低的成本、最少的能源资源消耗完成产品的全寿命周期。国内外的实践表明，再制造产品的性能和质量均能达到甚至超过原品，而成本却只有新产品的 25%，节能达到 60% 以上，节材达 70% 以上。因此推动重型机械的再制造不仅可以获得经济效益，也能够带来较好的社会效益。重型机械的再制造技术主要包括堆焊、热喷涂、激光熔覆、3D 增材制造等，需要在经济允许、技术具备和环保符合要求的情况下进行合理选择。重型机械的再制造内容主要包括再制造性能评估、再制造过程设计、再制造工艺材料设计。重型机械再制造技术已经相对成熟，但是缺乏相关技术标准，冶金标委会申报了《重型机械　再制造设计规范》标准，以规范重型机械的再制造过程，提升再制造产品的质量。这有利于促进重型机械再制造产品的技术发展，推动重型机械朝着“绿色、高效、高质”的全生命周期发展。该标准制修订计划已获得批复，正在组织起草中。

冶金标委会近年来陆续申报了《重型机械　铸件设计规范》《重型机械　锻件设计规范》《重型机械　焊接件设计规范》和《重型机械　自动化系统设计规范》标准计划，均获得了批复，其中《重型机械　铸件设计规范》《重型机械　锻件设计规范》《重型机械　焊接件设计规范》标准已经获批发布实施。

四、标准化体系建设

冶金标委会已基本建立起结构合理、层次清晰、分类明确、科学开放的冶金设备领域标准体系，涵盖了重型机械基础通用、冶炼设备、连铸设备、轧制设备、金属挤压成型设备、冶金自动化控制、冶金智能化控制、冶金专用液压润滑及控制设备、冶金专用传动和基础件、冶金自动化、智能化控制、绿色环保节能“双碳”等领域，满足重型机械、冶金设备建设基本需求。2023 年度立项申报了多项重型机械设备基础通用标准项目。

目前已完成专业标准化体系建设工作，经过冶金标委会组织行业相关单位的专家共同努力，逐步开展了调研、分析、研究、讨论，征求意见，标委会专家审查确定等工作环节，编制了科学、有效、全面、完整的冶金设备专业领域标准化体系结构。

〔撰稿人：中国重型机械研究院有限公司夏娟　审稿人：中国重型机械研究院有限公司吴量〕

2023 年我国矿山机械行业标准化工作

全国矿山机械标准化技术委员会（简称全国矿机标委会，SAC/TC88）是全国性矿山机械专业领域（固体矿物的开采与选别加工处理设备）行业标准化工作技术组织，负责全国矿山机械行业标准化工作的技术归口管理，并与相应的国际标准化组织建立联系和开展交流活动。第六届全国矿机标委会于 2019 年 11 月 20 日由国家标准化管理委员会（简称国家标准委）批复成立，2023 年度委员没有调整。全国矿机标委会下设电气设备（SC1）、液压传动与控制设备（SC2）和石料矿山开采设备（SC3）三个分技术委员会，同时还有金属耐磨材料（WG3）标准化工作组；根据工作需要，2019 年还成立了外文版标准审查专家组。

2023 年，全国矿机标委会继续积极贯彻有关标准化方针政策，在继续做好标准体系维护、行业技术服务等工作的基础上，重点在智能化装备、新能源装备等领域开展工作，同时全面加强国际标准化工作，实质性参与国际标准化活动，提出了新国际标准提案，为我国矿山机械行业和标准化事业的发展做出了重要贡献。

截至 2023 年年底，全国矿机标委会归口范围内的矿山机械行业现行有效标准共有 465 项，其中，国家标准 90 项，机械行业标准 375 项。

一、标准制修订工作完成情况

1. 国家标准和行业标准计划项目申报

2023 年，全国矿机标委会组织完成《移动式矿山机械设备智能化分级》等 13 项国家标准计划项目申报；组织完成 27 项机械行业标准计划项目申报。矿山机械专业领域国家标准和机械行业标准计划共下达 4 批正式计划，其中，国家标准 2 批次共 5 项，国家标准外文版计划 2 项，机械行业标准 2 批次共 9 项。2023 年矿山机械行业批准立项的标准项目见表 1。

表 1　2023 年矿山机械行业批准立项的标准项目

序号	计划号	项目名称	标准级别
1	20231238-T-604	采矿　操作员空气质量控制系统 性能要求和试验方法	国家标准
2	20231239-T-604	地下矿用架空索道　设计规范	国家标准
3	20231241-T-604	地下采矿机械　工作面移动式采掘机械 采煤机和犁式系统 安全要求	国家标准
4	20231666-T-604	露天连续采矿机　安全要求	国家标准
5	20232003-T-604	移动式矿山机械设备智能化分级	国家标准
6	2023-0816T-JB	矿用高压辊磨机	行业标准
7	2023-0817T-JB	矿用双齿辊破碎机	行业标准
8	2023-0818T-JB	矿用圆盘真空过滤机	行业标准
9	2023-0819T-JB	强力旋回破碎机	行业标准
10	2023-0820T-JB	强力圆锥破碎机	行业标准
11	2023-0821T-JB	旋回式半移动破碎站	行业标准
12	2023-0822T-JB	液压中心传动式浓缩机	行业标准
13	2023-1387T-JB	地下拱喷台车	行业标准
14	2023-1388T-JB	颚式半移动破碎站	行业标准
15	W20233548	地下矿用架空索道 设计规范	国家标准外文版
16	W20233693	移动式矿山机械设备智能化分级	国家标准外文版

2. 标准制修订工作

根据国家标准委及工业和信息化部对国家标准和行业标准项目计划的要求，为按时完成 2023 年度国家标准和行业标准制修订工作任务，全国矿机标委会于 2023 年 12 月 13—15 日在福建省莆田市召开了六届五次会议暨第二届石料矿山开采设备分技术委员会成立大会，会议重点对

《铲斗装岩机》等10项国家标准、8项机械行业标准及3项国家标准外文版进行了技术审查，其中20项标准送审稿通过了审查。2023年全国矿机标委会完成审查的标准计划项目见表2。

表2　2023年全国矿机标委会完成审查的标准计划项目

序号	标准计划项目名称	标准级别	备注
1	矿山机械　洗选设备　系列型谱	国家标准	修订 GB/T 6826—2005
2	矿山机械术语　第4部分：矿用运输设备	国家标准	修订 GB/T 7679.4—2005
3	矿山机械术语　第7部分：洗选设备	国家标准	修订 GB/T 7679.7—2003
4	矿山机械术语　第5部分：破碎粉磨设备	国家标准	修订 GB/T 7679.5—2003
5	矿山机械术语　第2部分：装载设备	国家标准	修订 GB/T 7679.2—2005
6	矿山机械术语　第6部分：矿用筛分设备	国家标准	修订 GB/T 7679.6—2003
7	铲斗装岩机	国家标准	修订 GB/T 25653—2010
8	液压防爆提升机和提升绞车	国家标准	修订 GB/T 25707—2010
9	天井钻机	国家标准	修订 GB/T 12761—2010
10	煤用脱水筛条	行业标准	修订 JB/T 2446—1992
11	碗式磨煤机	行业标准	修订 JB/T 7680—2017
12	弹簧圆锥破碎机　润滑系统	行业标准	制定
13	矿用磨机　衬板拆装机械臂	行业标准	制定
14	矿用气动引风装置	行业标准	制定
15	破碎筛分生产线运行状态智能监测系统　技术规范	行业标准	制定
16	蓄电池型地下铲运机	行业标准	制定
17	智能旋回破碎机　技术要求	行业标准	制定
18	天然石开采设备　安全要求　第1部分：圆盘式锯切机	行业标准	行业标准英文版
19	天然石开采设备　安全要求　第2部分：金刚石串珠锯	行业标准	行业标准英文版
20	天然石开采设备　安全要求　第3部分：臂式锯切机	行业标准	行业标准英文版

3. 标准批准发布情况

2023年度，矿山机械行业国家标准累计批准发布2批次共4项，均为修订项目。2023年矿山机械行业发布的标准项目见表3。

表3　2023年矿山机械行业发布的标准项目

序号	标准号	标准名称	备注
1	GB/T 7679.1—2023	矿山机械术语　第1部分：采掘设备	修订项目
2	GB/T 7679.3—2023	矿山机械术语　第3部分：提升设备	修订项目
3	GB/T 10599—2023	多绳摩擦式提升机	修订项目
4	GB/T 21008—2023	地下矿用架空索道　安全要求	修订项目

二、标准复审工作

国家标准方面，为了提高标准水平，促进产业升级和技术进步，根据国家标准委关于标准复审工作的要求，全国矿机标委会对归口范围标龄已满5年的22项国家标准进行复审。全国矿机标委会于2023年9月下发了《关于开展2023年度矿山机械国家标准复审工作的通知》，广泛征求原标准负责起草单位和标准使用单位的意见，发动行业单位广泛参与标准复审工作。秘书处根据各单位返回的意见，结合现行国家标准相关政策与目前标准的使用情况，按照确立的复审原则，逐项对标准的技术水平、使用情况及存在的问题进行认真分析研究，提出了初审意见，提交全国矿机标委会审查。经全国矿机标委会六届五次会议审查，此次复审的 22 项国家标准，16 项继续有效，需修订 6 项。

行业标准方面，根据中国机械工业联合会秘书处《关于开展 2022 年度机械行业标准复审工作的通知》，全国矿机标委会于 2023 年 1 月下发了《关于开展 2023 年度矿山机械行业标准复审工作的通知》，广泛征求原标准负责起草单位和标准使用单位的意见，发动行业单位参与标准复审工作。标准原起草单位对标准进行了分析、评价，对标准相关行业、有关企业进行了标准实施情况摸底及调研，提出初步的复审意见。全国矿机标委会秘书处根据各单位返回的意见，结合现行的国家标准化相关政策与目前标准的使用情况，按照确立的复审原则，对标准的技术水平、使用情况及存在的问题进行认真分析研究，提出了初审意见，提交全国矿机标委会审查。全国矿机标委会于 2023 年 4 月 12—14 日将初审意见发布在微信工作群中，通过“中国标准信息服务网”微信公众号对 247 项行业标准复审意见进行线上投票，投票通过后，将复审结论及相关材料报送中国机械工业联合会。此次复审的 247 项行业标准中，继续有效的 177 项，需要修订 62 项，废止 8 项。

根据工业和信息化部印发的 2023 年行业标准复审项目计划（机械工业部分），全国矿机标委会有 30 项列入复审项目计划，秘书处于 2023 年 11 月下发了《关于开展 2023 年度第二批矿山机械行业标准复审工作的通知》，广泛征求原标准负责起草单位和标准使用单位的意见，发动行业单位广泛参与标准复审工作。秘书处根据各单位返回的意见，结合现行的行业标准化相关政策与目前标准的使用情况，按照确立的复审原则，逐项对标准的技术水平、使用情况及存在的问题进行认真分析研究，提出了初审意见，提交全国矿机标委会六届五次会议审查。此次复审的 30 项机械行业标准，继续有效 27 项，需修订 3 项。

三、参与国际标准化活动

2023 年 6 月，全国矿机标委会派员参加了国际标准化组织矿业技术委员会矿井提升和矿用提升绞车工作组 ISO/TC82/WG10 首次工作组会议，会议对《矿井提升机和矿用提升绞车　安全要求》标准草案进行了深入的讨论，工作组成员在大部分事项上达成共识，顺利完成了会议的各项议程。

2023 年 9 月，全国矿机标委会派人员参加了 ISO/TC82 全会。会上，我国提出的两项在研国际标准草案被重新命名为《采矿　术语　第 6 部分：矿井提升系统》和《矿井提升系统　安全要求》，重新确定了该两项国际标准草案的结构，并重新确定《采矿　术语　第 6 部分：矿井提升系统》的制定工作改为由 ISO/TC82/WG10 负责。ISO/TC82/WG10 工作组召集人洛阳矿山机械设计研究院杜波副院长就年度内负责的《矿井提升机和矿用提升绞车　安全要求》向大会介绍了项目概况和进展情况。此外，我国代表在会上还向与会专家介绍了两项新的国际标准提案，分别是《矿用悬臂式掘进机　安全要求》和《矿用钻井机　安全要求》。这两项提案得到了 ISO/TC82 的原则性接受，成立了 ISO/TC82/TF3（掘进机任务组）和 ISO/TC82/TF4（矿井钻机任务组）两个特别任务小组，专门研究完善该两项标准草案，我国相关人员被任命为这两个工作组的召集人。

为进一步落实 ISO/TC82 全会工作，针对 ISO/TC82/SC8/JWG3 的工作项目《先进自动化和自主控制系统的参考框架和架构》征集注册专家的要求，国内进行了注册专家召集工作，共有 5 名专家在 JWG3 完成注册。针对 ISO/DIS 23725《自动化系统和车队管理系统互操作性》的国家标准征询意见阶段（DIS）投票工作，组织召集了相关领域专家重大标准评议工作会议，并完成了 DIS 投票。

四、重点标准实施情况分析研究

为了进一步提高标准的适用性，全国矿机标委会定期对领域内已颁布实施的重点标准进行跟踪研究，通过调研主要产品制造商、检验机构、用户、大专院校和科研院所，利用标准宣贯培训收集相关信息，对重点标准实施情况进行分析总结等多种形式，了解和掌握标准的使用情况和技术水平。

2023 年，全国矿机标委会对 GB/T 37887—2019《破碎设备再制造技术导则》进行了跟踪分析和研究，形成了“GB/T 37887—2019《破碎设备再制造技术导则》推荐性国家标准实施情况跟踪分析报告”。报告指出，该标准实施后，在国内多家破碎设备生产厂家进行了应用，如上海山美环保装备股份有限公司每年破碎成套设备再制造产品达数十台。该标准的实施，对破碎设备再制造技术进行了有效推广，破碎设备再制造产品的市场占有率已逐步达到 10%，对发展国内破碎设备再制造产业及增强市场竞争力具有积极的促进作用。破碎设备通过再制造再销售，大大降低了成本，增加了企业利润。破碎产品再制造产品的推广，对绿色矿山有着积极的影响。该标准提供了合理的技术要求及验收依据，规范了破碎设备再制造的市场，可推动产业结构调整和优化升级。

五、国际标准转化工作

按照市场监管总局标准创新管理司要求，对国际标准跟踪转化工作平台的对口国际标准进行了认领工作。截至 2023 年年底全国矿机标委会认领的标准项目共计 20 项，其中，不适合转化的 7 项，已完成转化 2 项（有 1 项为其他标委会完成），已下达计划 3 项，已申报计划尚未下达 1 项，新认领待转化标准 7 项。

〔撰稿人：洛阳矿山机械工程设计研究院有限责任公司王亚东　审稿人：洛阳矿山机械工程设计研究院有限责任公司杨现利〕

2023 年我国起重运输机械行业标准化工作

2023 年，我国起重运输机械标准化工作紧紧围绕《国家标准化发展纲要》有关精神以及国家标准化工作重点，全体起重运输机械标准化工作者守正创新，担当奋进，强力推进各专业领域的标委会组织建设、标准制修订、标准宣贯、标准英文版翻译、国际标准牵头等各项国内和国际标准化工作，包括推进了我国牵头的 8 项起重机国际标准的制修订工作和新承担的 2 项起重机国际标准的牵头工作，发布了行业首部标准化专著《起重机械国内外标准技术比对研究》，开展了 145 项国家标准、行业标准和团体标准的制修订工作等。高质量、高水平完成各项国内和国际标准化工作，有力推动了起重运输机械产业的安全、绿色和智能高质量发展，显著增强了我国在起重运输机械国际标准化工作中的影响力和话语权。截至 2023 年年底，我国物料搬运机械现行有效国家标准和行业标准达到 532 项，其中国家标准 304 项（强制性标准 7 项、推荐性标准 297 项），行业标准 228 项。

一、国内标准化工作

1. 持续强化标委会组织建设工作

我国起重运输机械专业领域的标准化技术组织包括全国起重机械标准化技术委员会（SAC/TC 227）及下属的塔式起重机分技术委员会（SAC/TC 227/SC1）、流动式起重机分技术委员会（SAC/TC 227/SC2）、臂架起重机分技术委员会（SAC/TC 227/SC3）、桥式和门式起重机分技术委员会（SAC/TC 227/SC4）、停车设备分技术委员会（SAC/TC 227/SC5）、电气与智能化分技术委员会（SAC/TC 227/SC6）和千斤顶工作组，全国连续搬运机械标准化技术委员会（SAC/TC 331），全国工业车辆标准化技术委员会（SAC/TC 332）及下属的属具工作组（SAC/TC 332/WG1）、电气工作组（SAC/TC 332/WG2），全国物流仓储设备标准化技术委员会（SAC/TC 499）共计 4 个全国标准化委员会、6 个分技术委员会和 3 个工作组。

2023 年，按照国家关于标准化委员会每 5 年应换届的有关规定，顺利完成全国工业车辆标准化技术委员会、全国连续搬运机械标准化技术委员会、全国物流仓储设备标准化技术委员会、全国起重机械标准化技术委员会桥式和门式起重机分委会 4 个标委会的换届工作。

2. 深入推进标准制修订工作

为持续提升标准技术水平，改善标准供给质量，支撑产业的安全、绿色、智能高质量发展，2023 年起重运输机械专业领域共组织开展了 145 项国家标准、行业标准和团体标准的制修订工作，完成 27 项国家标准、25 项行业标准和 7 项团体标准共计 59 项标准报批。组织完成 25 项国家标准和 21 项行业标准共计 46 项标准制修订计划项目的征集和上报工作。2023 年执行标准项目和组织申报的标准项目数量见表 1。

表 1　2023 年执行标准项目和组织申报的标准项目数量

序号	专业领域	（执行 / 完成标准）数量 / 项				申报标准数量 / 项			
		国际标准	行业标准	团体标准	合计	国际标准	行业标准	团体标准	合计
1	起重机械	24/9	26/6	5/5	65/20	9	2	0	11
2	工业车辆	26/16	17/10	0/0	43/26	8	9	0	17
3	连续搬运机械	3/1	18/4	2/2	23/7	5	6	0	11
4	物流仓储设备	3/1	11/5	0/0	14/6	3	4	0	7
合计		56/27	72/25	7/7	145/59	25	21	0	46

3. 推动发布一批重要标准

2023 年起重运输机械领域共有 33 项国家标准、1 项行业标准和 4 项团体标准共计 38 项标准得到批准发布。2023 年起重运输机械领域批准发布的标准见表 2。

表 2　2023 年起重运输机械领域批准发布的标准

序号	标准编号	标准名称	代替标准 / 采用国际标准	发布日期	实施日期
起重机械					
1	GB/T 783—2023	起重机械　基本参数系列	GB/T 783—2013 GB/T 790—1995	2023-11-27	2024-06-01
2	GB/T 5905.1—2023	起重机　检验与试验规范　第 1 部分：通则	GB/T 5905—2011	2023-08-06	2023-08-06

（续）

序号	标准编号	标准名称	代替标准 / 采用国际标准	发布日期	实施日期
		起重机械			
3	GB/T 5972—2023	钢丝绳　保养、维护、检验和报废	GB/T 5972—2016/ ISO 4309:2017	2023-05-23	2023-12-01
4	GB/T 6974.5—2023	起重机　术语　第 5 部分：桥式和门式起重机	GB/T 6974.5—2008 GB/T 6974.15—1986 GB/T 6974.16—1986 GB/T 6974.17—1986 GB/T 6974.18—1986 GB/T 6974.19—1986	2023-12-28	2024-07-01
5	GB/T 17909.1—2023	起重机　操作手册　第 1 部分：通则	GB/T 17909.1—1999/ ISO 9928-1:2015	2023-09-07	2024-04-01
6	GB/T 17909.4—2023	起重机　操作手册　第 4 部分：臂架起重机	—	2023-05-23	2023-12-01
7	GB/T 18453.4—2023	起重机　维护手册　第 4 部分：臂架起重机	—	2023-05-23	2023-12-01
8	GB/T 20776—2023	起重机械分类	GB/T 20776—2006	2023-12-28	2024-07-01
9	GB/T 22437.2—2023	起重机　载荷与载荷组合的设计原则　第 2 部分：流动式起重机	GB/T 22437.2—2010	2023-12-28	2024-07-01
10	GB/T 24814—2023	起重用钢制短环链　中等精度吊链　4 级不锈钢	GB/T 24814—2009/ ISO 1835:2018	2023-09-07	2024-04-01
11	GB/T 25851.2—2023	流动式起重机　起重机性能的试验测定　第 2 部分：静载荷作用下的结构能力	ISO 11662-2:2014	2023-11-27	2024-06-01
12	GB/T 26471—2023	塔式起重机　安装、拆卸与爬升规则	GB/T 26471—2011	2023-03-17	2023-10-01
13	T/CMIF 199 — 2023	铝型材氧化电泳线用起重机	—	—	2023-09-01
14	T/CMIF 205 — 2023	轨道式集装箱门式起重机智能化技术规范	—	—	2023-12-01
15	T/CMIF 234 — 2023	电动葫芦质量分级规范	—	2023-12-28	2024-02-01
		工业车辆			
16	GB/T 10827.4—2023	工业车辆　安全要求和验证　第 4 部分：无人驾驶工业车辆及其系统	ISO 3691-4:2020	2023-05-23	2023-12-01
17	GB/T 10827.5—2023	工业车辆　安全要求和验证　第 5 部分：步行式车辆	GB/T 10827.5—2013/ ISO 3691-5:2014	2023-11-27	2024-06-01
18	GB/T 10827.6—2023	工业车辆　安全要求和验证　第 6 部分：货物及人员载运车	ISO 3691-6:2021	2023-05-23	2023-12-01
19	GB/T 18849—2023	机动工业车辆　制动器性能和零件强度	GB/T 18849—2011/ ISO 6292:2020	2023-11-27	2024-06-01
20	GB/T 22419—2023	工业车辆　集装箱吊具和抓臂操作用指示灯技术要求	GB/T 22419—2008/ ISO 15871:2019	2023-03-17	2023-10-01
21	GB/T 26945—2023	集装箱空箱堆高机	GB/T 26945—2011	2023-09-07	2024-04-01
22	GB/T 26949.7—2023	工业车辆　稳定性验证　第 7 部分：双向和多向运行叉车	GB/T 26949.7—2016/ ISO 22915-7:2016	2023-11-27	2024-06-01
23	GB/T 26947—2023	步行式托盘搬运车	GB/T 26947—2011	2023-08-06	2024-03-01
24	GB/T 26949.17—2023	工业车辆　稳定性验证　第 17 部分：牵引车、货物及人员载运车	ISO 22915-17:2020	2023-09-07	2024-04-01
25	GB/T 26949.21—2023	工业车辆　稳定性验证　第 21 部分：操作者位置起升高度大于 1 200mm 的拣选车	GB/T 26949.21—2016/ ISO 22915-21:2019	2023-09-07	2024-04-01
26	GB/T 26949.24—2023	工业车辆　稳定性验证　第 24 部分：越野型回转伸缩臂式叉车	ISO 22915-24:2015	2023-09-07	2024-04-01
27	GB/T 27543—2023	步行式升降平台搬运车	GB/T 27543—2011	2023-08-06	2024-03-01
28	GB/T 35205.2—2023	越野叉车　安全要求及验证　第 2 部分：回转式叉车	ISO 10896-2:2016	2023-05-23	2023-12-01

（续）

序号	标准编号	标准名称	代替标准 / 采用国际标准	发布日期	实施日期
工业车辆					
29	GB/T 35205.6—2023	越野叉车　安全要求及验证　第 6 部分：倾斜式司机室	ISO 10896-6:2015	2023-05-23	2023-12-01
30	GB/T 36507—2023	工业车辆　使用、操作与维护安全规范	GB/T 36507—2018/ ISO 21262:2020	2023-05-23	2023-12-01
31	GB/T 42157.1—2023	越野叉车　非集成式人员工作平台　第 1 部分：设计、安全要求及验证	ISO 18479-1:2015	2023-03-17	2023-10-01
32	GB/T 42157.2—2023	越野叉车　非集成式人员工作平台　第 2 部分：对用户的要求	ISO 18479-2:2016	2023-03-17	2023-10-01
33	GB/T 42784.1—2023	越野叉车　验证视野的试验方法　第 1 部分：伸缩臂式叉车	ISO 18063-1:2016	2023-05-23	2023-12-01
34	GB/T 43317—2023	越野叉车　操作者培训　内容和方法	ISO 23676:2020	2023-11-27	2024-06-01
连续搬运机械					
35	JB/T 14394—2023	带式输送机能效测试方法	—	2023-12-29	2024-07-01
36	T/CMIF 200—2023	带式输送机噪声测试方法	—	2023-07-18	2023-09-01
物流仓储设备					
37	GB/T 30029—2023	自动导引车　设计通则	GB/T 30029—2013	2023-05-23	2023-12-01
38	GB/T 30030—2023	自动导引车　术语	GB/T 30030—2013	2023-05-23	2023-05-23

4. 不断加强标准宣传贯彻与培训工作

为推动标准贯彻实施，组织对 GB/T 39989—2021《停车设备　设计规范》、GB/T 41510—2022《起重机械安全评估规范　通用要求》、GB/T 41676—2022《起重机　设计通则　锻钢吊钩的极限状态和能力验证》、GB/T 10596—2021《埋刮板输送机》、GB 40159—2021《埋刮板输送机　安全规范》、GB/T 10827.4—2023《工业车辆　安全要求和验证　第 4 部分：无人驾驶工业车辆及其系统》和 GB/T 36507—2023《工业车辆　使用、操作与维护安全规范》等重要标准召开了标准宣贯会，使从事相关装备设计、制造、安装、改造、使用和检验检测等方面的单位全面掌握了标准的制定背景、主要技术内容及其依据等内容，为其正确理解和应用标准奠定了坚实基础。

为提高标准起草人的能力，保障标准质量和水平，推动标准高质量完成，组织召开了 2023 年物料搬运机械标准制修订工作会议（第十二期），对标准起草人员进行了标准化工作程序、标准编写规则等方面的培训，并落实了标准制修订进度要求。

5. 全力支撑特种安全监管工作

起重机械和工业车辆属于特种设备，为高质量支撑特种设备的安全监管工作，除积极组织修订《起重机械　危险源辨识》《架桥机通用技术条件》等特种设备安全监管所需的重要标准外，还配合国家市场监督管理总局特种设备安全监察局完成了《场（厂）内专用机动车辆安全技术规程（TSG81—2022）释义》的编写和出版，汇报流动式起重机标准情况以及 2023 年工业车辆和起重机械的重点标准化工作及其重点制修订标准项目等工作。

6. 全面完成上级主管部门下达的各项任务

2023 年，起重运输机械标委会全力发挥技术支撑作用，高质量完成了上级主管部门部署的“我国装备制造领域产业链标准化工作调研”“行业标准执行情况上报”“国民经济行业分类中小类代码填报”“标准化工作支撑特种设备安全监管情况报告”等 30 余项标准化工作任务。

7. 发布行业首部标准专著《起重机械国内外标准技术比对研究》

为精准掌握我国起重机械标准体系的不足和缺失，建设前瞻性、引领性的高质量标准体系，引领行业高质量发展；精准掌握我国标准与国外先进标准的技术水平差异，提升我国标准技术水平，指导企业实施产品质量提升，减少起重机贸易的技术壁垒；精准掌握“一带一路”重点国家的执行标准和我国标准应用情况，便利我国起重机在“一带一路”建设中的装备、技术、服务、标准走出去；精准掌握国际标准体系存在的缺失标准，指导我国高水平提出国际标准项目、增强我国在起重机国际标准化工作中的影响力和话语权，2019 年至 2022 年北起院牵头组织开展了《起重机械国内外标准体系及重点产品关键技术标准内容比对分析、“一带一路”标准应用分析》的研究工作。在项目研究基础上，发布了行业首部标准专著《起重机械国内外标准技术比对研究》（第一版）。该书 830 余页，80 余万字，从产业和技术发展角度，讲述了各类起重机的发展历史、现状和趋势；从标准体系方面研究分析了国内和国际标准体系现状、差异及发展趋势；从标准技术层面比对分析了国内外重要标准在总体设计计算以及塔式起重机、流动式起重机、臂架起重机、桥式和门式起重机（含起重葫芦）等的主要技术内容差异，提出了我国标准的水平提升建议。从工程应用角度给出了“一带一路”标准应用案例。

二、国际标准化工作

我国起重运输机械专业领域对口的国际标准化组织为ISO/TC 96起重机技术委员会、ISO/TC 101连续搬运机械技术委员会、ISO/TC 110工业车辆技术委员会和ISO/TC 111钢制圆环链、吊链、部件及附件技术委员会。北起院是国内技术对口单位，承担了ISO/TC 96主席、ISO/TC 96/SC4起重机技术委员会试验方法分会和ISO/TC 110/SC5工业车辆技术委员会可持续性分会主席3个主席职务。2023年，我国全面参与了起重运输机械领域的各项国际标准化活动，高水平履职了承担的各项国际标准化职责，持续提升了在国际标准化工作中影响力和话语权。

1. 高水平承担了3个ISO主席工作

全面履行了3个国际标准化主席的各项职责，包括指导秘书处开展各项工作、组织召开2023年国际会议及推进有关国际标准制修订等工作。顺利完成ISO/TC 110/SC5主席续任工作。

2. 国际标准牵头工作取得深入突破

为积极向起重运输机械国际标准贡献中国技术、经验和方案，全力发挥中国作用、彰显中国力量，近年来我国起重机和工业车辆领域深入参与了国际标准的制修订工作，并在牵头国际标准制修订方面取得了历史性突破。截至2023年年底，我国牵头发布或正在制修订的起重机和工业车辆国际标准共计18项，标准数量逐年递增。我国牵头制修订的起重机和工业车辆国际标准见表3。

表3　我国牵头制修订的起重机和工业车辆国际标准

序号	标准编号	标准名称	制修订	所处阶段
1	ISO 4306-4:2020	起重机　术语　第4部分：臂架起重机	制定	发布
2	ISO 21262:2020	工业车辆　使用、操作与维护安全规范	制定	发布
3	ISO 10245-3:2019	起重机　限制器和指示器　第3部分：塔式起重机	修订	发布
4	ISO 7752-5:2021	起重机　控制装置特性和布置形式　第5部分：桥式和门式起重机	修订	发布
5	ISO 9374-5:2021	起重机　供需双方应提供的资料　第5部分：桥式和门式起重机	修订	发布
6	ISO 23434-1:2021	工业车辆　可持续性　第1部分：术语	制定	发布
7	ISO 23434-2:2021	工业车辆　可持续性　第2部分：因素及报告	制定	发布
8	ISO 12210:2021	起重机　工作和非工作状态下的锚定装置	制定	发布
9	ISO 12480-1	起重机　安全使用　第1部分：总则	修订	在研
10	ISO 12480-2	起重机　安全使用　第2部分：流动式起重机	制定	在研
11	ISO 4301-4	起重机　分级　第4部分：臂架起重机	修订	在研
12	ISO 9928-3	起重机　起重机操作手册　第3部分：塔式起重机	制定	在研
13	ISO 9374-1	起重机　供需双方应提供的资料　第1部分：总则	修订	在研
14	ISO 9374-4	起重机　供需双方应提供的资料　第4部分：臂架起重机	修订	在研
15	ISO 10972-1	起重机　对机构的要求　第1部分：总则	修订	在研
16	ISO 4302	起重机　风载荷估算	修订	在研
17	ISO 23814	起重机　起重机检查人员的资格要求	修订	在研
18	ISO 10245-4	起重机　指示器和限制器　第4部分：臂架起重机	修订	在研

3. 保持国际标准投票率为100%

为积极发出中国声音、贡献中国力量，北起院组织标委会结合国内技术现状，对89个国际标准文件代表中国投出了技术性意见，投票率保持为100%。

4. 积极组团参加国际会议

为实质性参与国际标准化活动，积极在国际上发出中国声音、发表中国观点。2023年北起院作为国内技术对口单位组织行业88个单位143人次专家主持和参加了共17次国际会议，其中6次为主持召开。在ISO/TC 96和ISO/TC 110的各次系列会议中，北起院作为中国代表团团长组织中国代表推动我国新牵头的ISO 23814《起重机　检查人员的资格要求》和ISO 10245-4《起重机　指示器和限制器　第4部分：臂架起重机》两项起重机国际标准的修订工作，推进我国牵头的ISO 4301-4《起重机　分级　第4部分：臂架起重机》、ISO 9374-1《起重机　供需双方应提供的资料　第1部分：总则》、ISO 9374-4《起重

机　供需双方应提供的资料　第4部分：臂架起重机》、ISO 10972-1《起重机　对机构的要求　第1部分：总则》等8项起重机国际标准的制修订进度，新承担1个工作组召集人，推动中文纳入国际标准ISO 5053-3中。

5. 不断加强国际专家人才培养

为加强国际标准化人才培养，深入参与起重运输机械国际标准全球治理，2023年推荐22人作为工作组专家参与了国际标准的制修订工作，其中起重机械专业16人，工业车辆专业3人，连续搬运机械专业3人。同时为建设一支专业能力强、外语水平高、综合素质好的人才队伍，高水平地参与了工业车辆和连续搬运机械国际标准化工作，在上述两个专业领域征集行业专家组建了对应的国际标准化组织国内技术对口专家工作组。

6. 持续开展标准外文版的翻译出版工作

为了提升我国标准影响力，推动我国装备、技术、服务和标准走出去，服务国家“一带一路”建设中的产品应用，2023年组织行业完成了GB/T 38893—2020《工业车辆　安全监控管理系统》、GB/T 36697—2018《铸造起重机报废条件》和GB/T 14521—2015《连续搬运机械　术语》3项国家标准英文版翻译出版工作。

〔撰稿人：北京起重运输机械设计研究院有限公司林夫奎〕

市场监管总局关于2023年全国特种设备安全状况的通告（摘录）

（2024年第9号）

一、特种设备基本情况

1. 特种设备登记数量情况

截至2023年年底，全国特种设备总量达2 128.91万台。其中，锅炉31.96万台、压力容器533.92万台、电梯1 062.98万台、起重机械292.17万台、客运索道1 135条、大型游乐设施2.52万台（套）、场（厂）内专用机动车辆205.25万台。另有气瓶2.88亿只、压力管道99.13万km（在册）。2023年特种设备数量分类比例如图1所示。

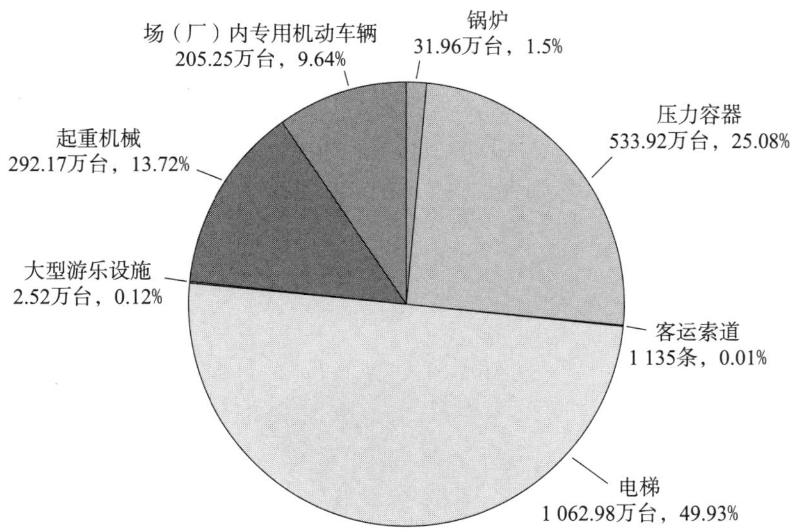

图1　2023年特种设备数量分类比例

2. 特种设备生产和充装单位及作业人员情况

截至2023年年底，全国共有特种设备生产（含设计、制造、安装、改造、修理）和充装单位76 366家，持有许可证77 885张，其中，设计许可证2 275张，制造许可证16 375张，安装改造修理许可证32 062张，移动式压力容器及气瓶充装许可证27 173张。特种设备作业人员持证1 360.09万张。2023年特种设备生产许可证分类比例如图2所示。

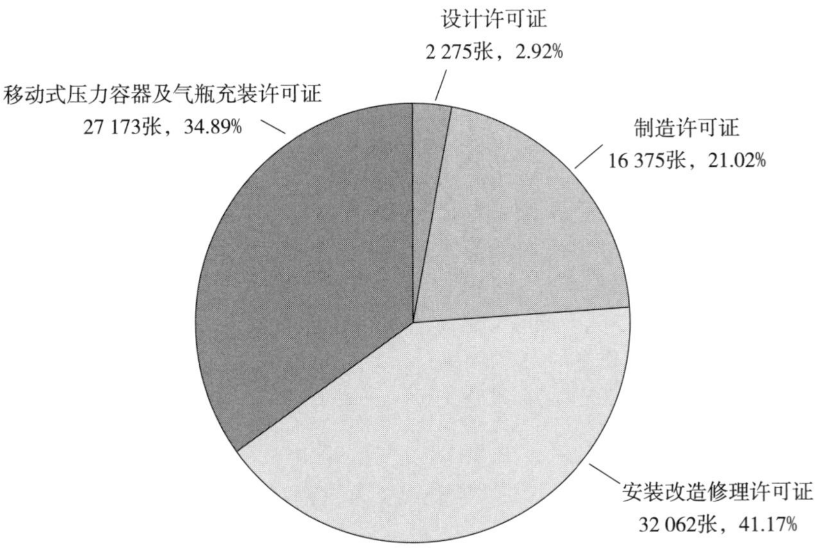

图 2　2023 年特种设备生产许可证分类比例

3. 特种设备安全监察机构和检验检测机构情况

截至 2023 年年底，县级以上市场监管部门共设立特种设备安全监察机构 3 289 个，其中，国家级 1 个，省级 33 个，市级 477 个，县级 2 689 个，区县派出机构 89 个。全国特种设备安全监察人员共计 126 994 人。

截至 2023 年年底，全国共有特种设备检验检测机构 5 255 家，持证 5 438 个。其中，特种设备综合性检验机构 635 个，型式试验机构 46 个，无损检测机构 897 个，气瓶检验机构 2 172 个，安全阀校验机构 1 226 个，房屋建筑工地和市政工程工地起重机械检验机构 370 个，电梯检测机构 92 个。特种设备综合性检验机构包括市场监管系统内检验机构 248 个，社会检验机构和企业自检机构 385 个，技术检查机构 2 个。

二、特种设备安全状况

1. 事故总体情况

2023 年，全国共发生特种设备事故和相关事故 71 起，死亡 69 人。与 2022 年相比，事故数量减少 37 起、降幅为 34.26%；死亡人数减少 32 人、降幅为 31.68%。全年未发生重特大事故，特种设备安全形势总体平稳。但涉及特种设备的间接事故呈多发态势，2023 年涉及特种设备的间接事故 19 起，死亡 59 人。

2. 事故特点

按设备类别划分，锅炉事故 3 起，死亡 6 人；压力容器事故 1 起，死亡 2 人；气瓶事故 2 起，死亡 1 人；未发生压力管道事故；电梯事故 14 起，死亡 13 人；起重机械事故 20 起，死亡 19 人；场（厂）内专用机动车辆事故 29 起，死亡 28 人；客运索道事故 1 起，大型游乐设施事故 1 起，均未造成人员死亡。其中，场（厂）内专用机动车辆、起重机械和电梯事故占比较大，占事故总起数的 88.73%、死亡总人数的 86.96%。2023 年特种设备事故起数及占比情况如图 3 所示。2023 年特种设备事故死亡人数及占比情况如图 4 所示。

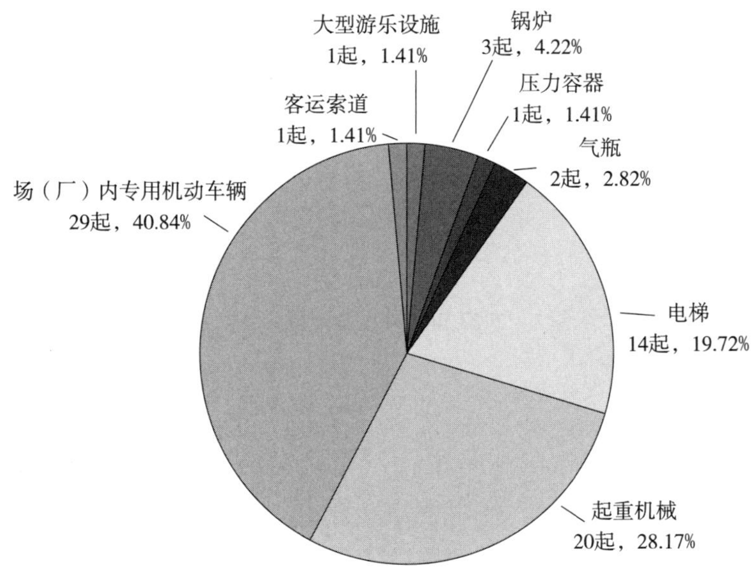

图 3　2023 年特种设备事故起数及占比情况

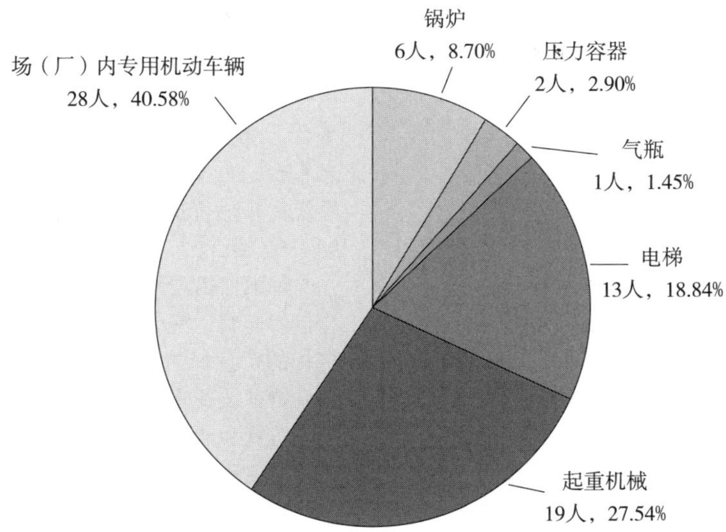

图 4　2023 年特种设备事故死亡人数及占比情况

按事故发生环节划分，发生在使用环节 60 起，占 84.51%；维修环节 9 起，占 12.68%；安装调试环节 1 起，占 1.41%；运输环节 1 起，占 1.41%。2023 年特种设备事故环节分布占比情况如图 5 所示。

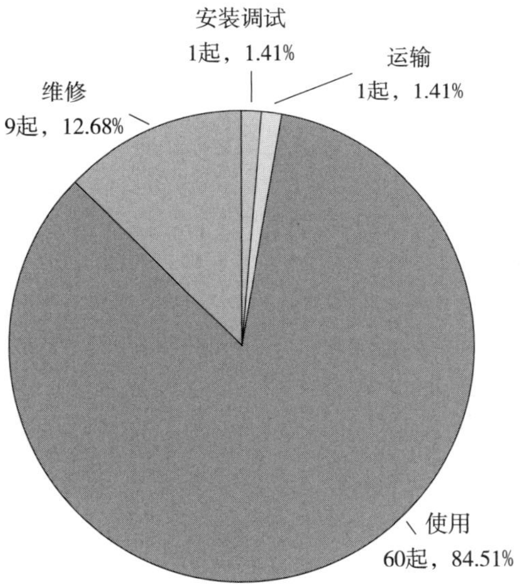

图 5　2023 年特种设备事故环节分布占比情况

按损坏形式划分，承压类设备（锅炉、压力容器、气瓶、压力管道）事故的主要特征是爆炸、泄漏着火等；机电类设备〔起重机械、电梯、大型游乐设施、场（厂）内专用机动车辆、客运索道〕事故的主要特征是坠落、碰撞、挤压、受困（滞留）等。

按发生时间划分，第三季度特种设备事故数量最高，第一季度特种设备事故数量最低。主要原因是第三季度处于暑期假期，人员安全意识懈怠，在线监测、隐患排查、安全管理等多方面存在漏洞、盲区，造成发生事故的风险增大，事故相对多发；第一季度特种设备事故数量最少，主要原因是第一季度处于春节休假期间，加之疫情防控影响，部分设备处于停用状态。2023 年 1—12 月特种设备事故起数分布如图 6 所示。

3. 事故主要原因

截至 2023 年年底，特种设备事故共结案 45 起。根据结案材料分析，事故原因主要分两类：一是因使用、管理不当发生的事故共 38 起，约占 84.44%。违章作业仍是造成事故的主要原因，具体表现为作业人员违章操作、操作不当甚至无证作业，维护缺失，管理不善等。二是因设备缺陷、维护保养不到位造成的安全部件失效及保护装置失灵的事故共 7 起，约占 15.56%。

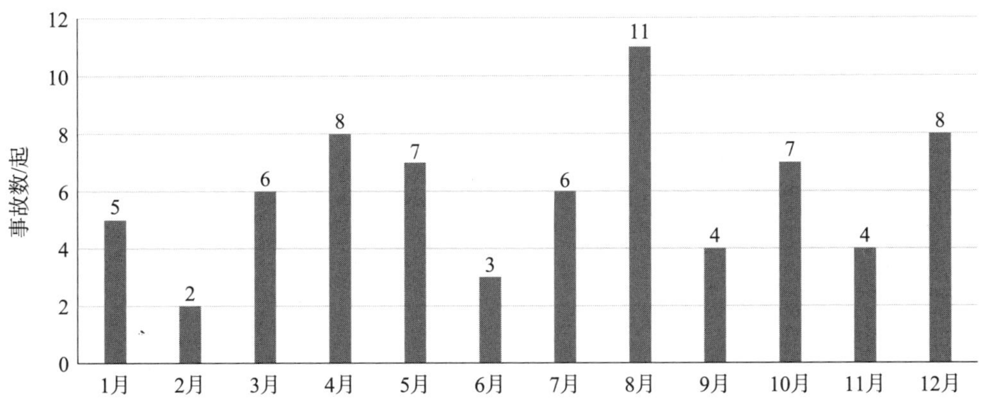

图 6　2023 年 1—12 月特种设备事故起数分布

三、2023年特种设备安全监察工作情况

2023年，全系统认真落实党中央、国务院决策部署和总局党组工作要求，深刻把握“讲政治、强监管、促发展、保安全”工作总思路，全力守好特种设备安全底线，为高质量发展持续营造良好安全环境。

1. 守好“一条底线”，加强特种设备安全监管

深入开展专项整治。按照国务院安委会统一部署，组织开展市场监管系统城镇燃气安全专项整治行动，开展小型锅炉、高压气瓶、压力管道、客运架空索道、化工产业转移相关特种设备安全隐患排查整治行动，开展电梯安全筑底行动、化工企业特种设备安全隐患排查整治“百日攻坚”行动。全系统发出安全监察指令书16.1万份，责令停产停业221家，查封、扣押设备2万余台（套），立案3万余件，市场监管总局约谈企业两家，发出建议函8份、提醒敦促函16份。

完成重大活动特种设备服务保障。北京、上海、浙江、四川等地高标准完成全国两会、服贸会、进博会、亚运会、大运会等重大会议与活动特种设备服务保障任务。

妥善应对突发事件。参与宁夏银川“6·21”特别重大燃气爆炸事故调查工作，做好四川彭州“1·24”客运索道困人事故、云南弥勒“10·18”电梯坠落事故、深圳欢乐谷“10·27”过山车碰撞事故、新疆伊犁“12·09”锅炉爆燃事故等突发事件的应急处置、事故调查工作。

2. 出台“两个规定”，压实企业主体责任

发布特种设备生产单位、使用单位落实主体责任监督管理规定两个部门规章，部署开展“特种设备企业主体责任推进年”活动，加强宣贯培训，制定安全总监、安全员培训教材及考核指南，完善“日管控、周排查、月调度”制度相关配套文件，定期印发工作简报共37期，推动配备安全总监、安全员431.1万人。

3. 推进“三个监管”，提高特种设备监管效能

推动法治监管。配合全国人大常委会完成《中华人民共和国特种设备安全法》执法检查工作。推动《特种设备安全监察条例》修订，完成条例送审稿。出台《电梯监督检验和定期检验规则》《电梯自行检测规则》《起重机械安全技术规程》《大型游乐设施安全技术规程》，制修订《特种设备生产和充装单位许可规则》等多项安全技术规范。建立特种设备标准协调机制，开展特种设备领域国际标准化工作，推动特种设备国家标准制修订。

推进智慧监管。加快气瓶质量安全追溯体系建设，全国46家液化石油气瓶制造单位已全部建成制造信息追溯平台。全国10 982家液化石油气瓶充装单位建立充装信息平台，占比99.82%。建立全国压力管道检验信息管理系统，长输管道、燃气压力管道检验覆盖率分别提升至99.13%、90.11%。

加强信用监管。强化特种设备生产单位和检验检测机构信用监管，完成6.5万家特种设备生产单位和检验检测机构的信息标注工作，标注相关信用监管信息5.6万条。建立特种设备分类监管机制，按企业信用风险状况实施差异化监管和证后抽查，对信用记录良好的企业实施自我声明承诺免评审换证。

4. 推动特种设备产业质量提升，加强特种设备领域文化建设

推动锅炉绿色低碳发展。围绕“碳达峰、碳中和”目标，联合国家发展改革委等5部委出台《锅炉绿色低碳高质量发展行动方案》。加快推动全球环境基金（GEF）项目实施，以人员培训和节能示范项目建设为重点，开展90余项锅炉、热交换器测试与评价活动，筛选出9项节能技术产品拟建立示范点，有效地促进我国锅炉绿色低碳工作。

推动质量提升。贯彻落实《质量强国建设纲要》，指导河南长垣、山东羊流等起重机械产业集聚区持续开展质量提升活动。

加强特种设备领域文化建设及岗位练兵。在2023年“安全生产月”期间，举行“特种设备安全宣传周”启动仪式，央视新闻联播栏目进行了专题报道；举办新时代中国特种设备发展艺术展，《人民日报》等10家中央媒体进行报道；与司法部共同举办“全国特种设备安全普法知识竞赛”活动；与全国人大财经委共同举办特种设备法律颁布十周年座谈会，取得良好社会反响。支持第三届“叉车安全日”暨叉车职业技能竞赛，有效推动提升叉车安全水平。

特此通告。

市场监管总局

2024年3月23日

（此件公开发布，本文为摘录件，略有修改）

〔来源：国家市场监督管理总局官网〕

附录

公布中国重型机械工业协会第八届理事会、监事会名单和组织机构，收录各分会会员名单

Release the list of the 8th organizational structure, board of directors and board of supervisors of China Heavy Machinery Industry Association, and the list of members of the branch

附录

中国重型机械工业协会组织机构

〔供稿人：中国重型机械工业协会张艳君〕

中国重型机械工业协会第八届理事会正副理事长、正副秘书长名单

序号	姓名	单位名称	单位职务或职称
理事长			
1	韩珍堂	太原重型机械集团有限公司	党委书记、董事长
常务副理事长			
1	景晓波	中国重型机械工业协会	常务副理事长
副理事长			
1	王继生	中国重型机械工业协会	副理事长兼秘书长
2	蒋金水	中国第一重型机械股份公司	副总经理
3	王晖球	二重（德阳）重型装备有限公司	总经理
4	张　斌	北方重工集团有限公司	总裁
5	武汉琦	中信重工机械股份有限公司	董事长
6	田长军	大连华锐重工集团股份有限公司	总裁
7	费　国	上海振华重工（集团）股份有限公司	总工程师
8	肖　平	中国重型机械有限公司	董事长
9	倪国平	上海重型机器厂有限公司	执行董事、总经理
10	王社昌	中国重型机械研究院股份公司	党委书记、董事长
11	唐　超	北京起重运输机械设计研究院有限公司	党委书记、董事长
12	程　波	洛阳矿山机械工程设计研究院有限责任公司	院长
13	贾建平	中钢设备有限公司	副总经理
14	韩红安	卫华集团有限公司	董事长
15	赵胜国	华电重工股份有限公司	党委书记、副董事长
16	任海涛	河南省矿山起重机有限公司	总经理
17	肖宝贵	天地科技股份有限公司	总经理
18	李　平	上海科大重工集团有限公司	法定代表人
19	孙善金	山东山矿机械有限公司	董事长
20	王兆连	山东华特磁电科技股份有限公司	董事长
21	盛嘉庆	浙江双鸟机械有限公司	总经理
22	黄　丹	北京建龙重工集团有限公司	副总裁
23	张俊国	中信机电制造集团有限公司	董事长、党委书记
秘书长、副秘书长			
1	王继生	中国重型机械工业协会	秘书长（兼）
2	张艳君	中国重型机械工业协会	副秘书长
3	肖立群	中国重型机械工业协会	副秘书长

〔供稿人：中国重型机械工业协会张艳君〕

中国重型机械工业协会
第八届理事会常务理事、理事名单

序号	姓名	单位名称	单位职务或职称
常务理事			
1	黄庆学	太原理工大学	院士
2	赵永生	燕山大学	副校长
3	马立峰	太原科技大学	副校长
4	李联合	长垣经济技术开发区管理委员会	管委会主任
5	龙九文	株洲天桥起重机股份有限公司	董事长
6	徐新民	山起重型机械股份公司	董事长
7	李　静	芜湖起重运输机器股份有限公司	董事长
8	周水妹	杭州西子智能停车股份有限公司	董事长
9	郭章先	豫飞重工集团有限公司	董事长
10	黄　涛	鞍山重型矿山机器股份有限公司	董事长
11	黄海珊	广州起重机械有限公司	董事长
12	张志华	郑州新大方重工科技有限公司	董事长
13	罗永忠	四川川润股份有限公司	董事长
14	王红华	浙江冠林机械有限公司	董事长
15	喻连生	江西工埠机械有限责任公司	董事长
16	黄珑琳	凯澄起重机械有限公司	总经理
17	张晓华	衡阳运输机械有限公司	副总经理
18	龚欣荣	四川省自贡运输机械集团股份有限公司	总经理
19	赵能平	沈阳隆基电磁科技股份有限公司	总经理
20	李　志	四川矿山机器（集团）有限责任公司	常务副总经理
21	房子献	焦作科瑞森重装股份有限公司	常务副总经理
22	马立民	北京约基智能科技有限公司	总经理
23	龚友良	南昌矿机集团股份有限公司	总经理
24	李祥啟	大洋泊车股份有限公司	总经理
25	祝　伟	常熟通润汽车零部件股份有限公司	副总经理
26	许　强	中机第一设计研究院有限公司	总工程师
27	郭继保	太原通泽重工有限公司	总工程师
28	曹明生	江西华伍制动器股份有限公司	总经理
29	徐　彬	江苏国茂减速机股份有限公司	总裁
30	王思民	河南威猛振动设备股份有限公司	总经理
31	丁元兴	南京高精齿轮集团有限公司	总经理
32	黄　炜	福建龙净环保股份有限公司	总裁
33	石良希	上海创力集团股份有限公司	董事长
34	张　剑	沈阳创新设计研究院有限公司	董事长

（续）

序号	姓名	单位名称	单位职务或职称
理事			
1	孙小跃	云南冶金昆明重工有限公司	董事长
2	华　良	上海起重运输机械厂有限公司	总经理
3	李海龙	北京首钢机电有限公司	总经理
4	杨树勇	中国煤炭机械工业协会	理事长
5	葛文亮	江苏象王集团股份有限公司	副总经理
6	陆　璐	中冶京诚（湘潭）矿山装备有限公司	副总经理
7	杨方祥	重庆起重机厂有限责任公司	党委书记，执行董事
8	卢庆亮	济南重工股份有限公司	总经理
9	杨聪俐	河南黎明重工科技股份有限公司	董事、副总经理
10	方德松	湖南长重机器股份有限公司	总经理
11	梁侠津	南宁广发重工集团有限公司	党委书记、董事长
12	杨洪志	哈尔滨重型机器有限责任公司	总经理助理
13	胡善宏	淮北矿山机器制造有限公司	董事长
14	秦英奕	江西起重机械总厂有限公司	总经理
15	马卫国	新疆通用机械有限公司	总经理
16	孙雨生	中航工程集成设备有限公司	副总经理
17	付建辉	中冶陕压重工设备有限公司	副经理兼总工程师
18	邬青峰	内蒙古北方重型汽车股份有限公司	总经理
19	钱立华	铜陵天奇蓝天机械设备有限公司	董事长
20	王建梅	太原科技大学重型机械教育部工程研究中心	常务副主任
21	鞠益荣	江苏三马起重机械制造有限公司	总经理
22	段京丽	焦作金箍制动器股份有限公司	董事长
23	苗体魁	河南圣起机械集团有限公司	董事长
24	张明荣	泰星减速机股份有限公司	董事长
25	殷爱国	江苏泰隆减速机股份有限公司	总经理
26	郑才刚	宁波东力传动设备有限公司	董事长
27	翁耀根	无锡华东重型机械股份有限公司	董事长
28	汪　玉	安徽盛运重工机械有限责任公司	董事长
29	汪碧远	SEW- 传动设备（天津）有限公司	总经理助理
30	韩红静	北京斯诺堡轴承有限公司	总经理
31	任会江	河南省新乡市矿山起重机有限公司	董事长
32	胡鹏辉	河南重工集团起重机科技有限公司	总经理
33	韩永章	河南宝起华东起重机有限公司	总经理
34	胡章和	河南豫中起重集团有限公司	执行董事
35	李子木	宁夏天地奔牛银起设备有限公司	总经理
36	王孙同	浙江东海减速机有限公司	总经理
37	刘益民	鞍钢重型机械有限责任公司	总经理
38	吴　潇	柳州起重机器有限公司	董事长
39	张玉清	天水长城控制电器有限责任公司	董事长
40	陶　楠	中国电建集团长春发电设备有限公司	董事长

（续）

序号	姓名	单位名称	单位职务或职称
理事			
41	梁 旭	洛阳起重机厂有限公司	总经理
42	邱 平	上海电力环保设备总厂有限公司	副总经理
43	项建忠	浙江通力重型齿轮股份有限公司	董事长
44	施 凡	湖州双力自动化科技装备有限公司	总经理
45	徐 敏	无锡新大力电机有限公司	总经理
46	杜 勇	中国电建集团武汉重工装备有限公司	副总经理
47	李 坤	天津重钢机械装备股份有限公司	董事长
48	陆永生	山东莱钢泰达车库有限公司	经理
49	张彦五	上海嘉庆轴承制造有限公司	董事长
50	李伟敏	河南省东风起重机械有限公司	董事长
51	杜左海	八达机电股份有限公司	总经理
52	操文章	安徽攀登重工股份有限公司	董事长
53	丁乐平	吉林省佳信通用机械集团股份有限公司	董事长
54	郑惠芸	山西新富升机器制造有限公司	总工程师
55	纪振昌	河北同力滑车有限公司	总经理
56	王东升	北京中冶华润科技发展有限公司	董事长
57	万名炎	湖北咸宁三合机电股份有限公司	董事长
58	徐 兵	浙江矿山机械有限公司	董事长
59	李海通	河南奔宇电机科技有限公司	总经理
60	韩际星	河南华北起重吊钩有限公司	董事长
61	高 海	安徽铜冠机械股份有限公司	副总经理
62	金红萍	法兰泰克重工股份有限公司	董事长
63	承 勇	常州市华立液压润滑设备有限公司	董事长
64	马占军	中钢集团衡阳机械有限公司	总经理
65	陈清波	科尼起重机设备（上海）有限公司	总裁
66	陈 浩	德马格起重机械（上海）有限公司	总经理
67	苏光耀	浙江五一机械有限公司	董事长
68	陆 洋	常熟中材装备重型机械有限公司	总经理
69	祁 军	科威瑞（广东）矿机装备有限公司	副总经理
70	刁明霞	淄博大力矿山机械有限公司	董事长
71	王家宝	沈阳新松机器人自动化股份有限公司	副总裁
72	朱 帅	宁波市凹凸重工有限公司	总裁
73	汪东华	江苏省特种设备安全监督检验研究院	院长
74	邱增华	湘电重型装备有限公司	所长
75	陈利华	浙江浙矿重工股份有限公司	董事长
76	杨 钢	镇江电磁设备厂有限责任公司	董事长
77	江 斌	华德起重机（天津）股份有限公司	销售总监
78	田 振	辽宁国辰电子技术有限公司	董事长
79	许剑平	湖北博尔德科技股份有限公司	总经理
80	徐建人	绍兴华运输送设备有限公司	总经理
81	李继东	沈阳泰丰胶带制造有限公司	销售总经理

（续）

序号	姓名	单位名称	单位职务或职称
理事			
82	张　斌	广东中兴液力传动有限公司	董事长
83	禤伟军	东莞大马输送设备有限公司	销售经理
84	肖阳东	四川东林矿山运输机械有限公司	总经理
85	邰正彪	泰尔重工股份有限公司	董事长
86	陈德木	杭州杰牌传动科技有限公司	董事长、总经理
87	高铁英	杭州中德传动设备有限公司	集团副总经理
88	马景山	北京航天汇信科技有限公司	副总经理
89	洪伟泉	浙江子华停车设备科技股份有限公司	董事长
90	王忠利	唐山通宝停车设备有限公司	董事长
91	侯玉鹏	山东天辰智能停车设备有限公司	总经理
92	蒋玲华	上海赐宝停车设备制造有限公司	总经理
93	杨晓代	昆船智能技术股份有限公司	副总经理
94	曹奉来	沈阳飞机工业集团物流装备有限公司	副总经理
95	梁新文	山西省平遥减速器有限责任公司	董事长
96	苏建涛	北京中科凯思科技有限公司	董事长
97	吉富华	苏州吉人高新材料股份有限公司	董事长
98	崔吉胜	徐州徐工矿业机械有限公司	总经理
99	戚　建	三一重型装备有限公司	董事长
100	梁丰收	中国机械总院集团北京机电研究所有限公司	党委书记、董事长
101	徐振勇	山东力山特智能科技股份有限公司	总经理
102	何建波	希望森兰科技股份有限公司	总经理
103	刘　强	日照港船机工业有限公司	总经理
104	周　彬	中国二重万路运业有限公司	总经理
105	王　武	一重新能源发展集团有限公司	董事长
106	张蕴锋	洛阳中重运输有限责任公司	总经理
107	杨林飞	北京祥龙物流（集团）有限公司	总经理助理
108	曹向阳	河南省大方重型机器有限公司	总经理
109	沈耿亮	浙江双箭橡胶股份有限公司	董事长
110	马新强	武汉华工激光工程有限责任公司	董事长
111	邓清锐	四川鸿舰重型机械制造有限责任公司	总经理
112	胡家喜	株洲变流技术国家工程研究中心有限公司	总经理
113	曲　凯	沈阳北方交通重工集团有限公司	董事长、总裁
114	张卫冬	国家材料服役安全科学中心	建设总指挥、总工程师
115	杨友利	河北兴隆起重设备有限公司	总经理
116	LITONG	上海海希工业通讯股份有限公司	总经理
117	陈维茂	山东华成中德传动设备有限公司	董事长
118	方向臣	山东磐金锻造机械有限公司	总经理
119	孟庆利	机械工业第六设计研究院有限公司	党委书记、董事长
120	王　峰	山东宝鼎重工实业有限公司	董事长
121	张　睿	中科迅联智慧网络科技（北京）有限公司	CEO
122	叶李强	东方电气集团大件物流有限公司	总经理

（续）

序号	姓名	单位名称	单位职务或职称
理事			
123	宋学锋	中国矿业大学	校长
124	葛世荣	中国矿业大学（北京）	校长
125	施向华	合建卡特工业股份有限公司	董事长
126	赵传朋	中实洛阳重型机械有限公司	董事长
127	刘东平	焦作鑫恒重工机械有限公司	董事长
128	付　杰	江苏嘉轩智能工业科技股份有限公司	董事长
129	姜俊兵	山西工程技术学院	党委副书记、院长
个人理事			
1	须　雷	河南省矿山起重机有限公司	高级顾问
2	徐格宁	太原科技大学	原副校长
3	孟文俊	山西能源学院	副院长
4	李国杰	苏州大学应用技术学院	工学院副院长
5	黄乐亭	天地科技股份有限公司、中国矿业大学	教授
6	李爱峰	太原科技大学机械工程学院	教授
直管会员			
1	张维友	湖南中铁五新重工有限公司	总经理
2	汪小龙	安美科技股份有限公司	法人代表
3	贺石中	广州机械科学研究院有限公司	总经理助理
4	邵同伟	河北重威矿山机械制造有限公司	执行董事
5	李炳蔚	江门市润宇传感器科技有限公司	董事长

〔供稿人：中国重型机械工业协会张艳君〕

中国重型机械工业协会
第八届理事会监事长、监事名单

序号	姓名	单位名称	单位职务或职称
监事长			
1	王国强	吉林大学	教授
监事			
1	景晓波	中国重型机械工业协会	常务副理事长
2	王玉敏	中国建材机械工业协会	常务副会长兼秘书长
3	尹军琪	北京伍强科技有限公司	董事长
4	林卫国	国家起重运输机械质量监督检验中心	副主任

〔供稿人：中国重型机械工业协会张艳君〕

中国重型机械工业协会会员名录

矿山机械分会

单位名称	通信地址	邮编	电话	传真
中信重工机械股份有限公司（矿山重型装备国家重点实验室）	河南省洛阳市建设路 206 号	471039	0379-64088001	0379-64214680
洛阳矿山机械工程设计研究院有限责任公司	河南省洛阳市建设路 206 号	471039	0379-64087719	0379-64221800
太原重型机械集团有限公司	山西省太原市玉河街 53 号	030024	0351-6365768	0351-6361133
太重煤机有限公司	山西省太原市经济技术开发区电子街 25 号	030032	0351-3040108	0351-3041942
山东山矿机械有限公司	山东省济宁市济安桥北路 11 号	272041	0537-2226931	0537-2228529
南昌凯马有限公司	江西省南昌市国家经济技术开发区丁香路凯马机电工业园	330101	0791-83951398	0791-83951350
中国矿业大学科学技术研究院	江苏省徐州市三环南路	221116	0516-83590758	0516-83590289
山西新富升机器制造有限公司	山西省太原市经济技术开发区十四号线 68 号	030031	0351-83075217	0351-82664710
浙江矿山机械有限公司	浙江省义乌市义亭镇矿机二路 66-67 号	322005	0579-85817891	0579-85815387
鞍山鞍重矿山机械有限公司	辽宁省鞍山市立山区胜利北路 900 号	114042	0412-6215364	0412-6216900
济南重工股份有限公司	山东省济南市东郊机场路	250109	0531-86139298	0531-88287286
吉林大学机械与航空航天工程学院	吉林省长春市人民大街 5988 号	130025	0431-85094404	0431-85095288
太原科技大学车辆与交通工程学院	山西省太原市窊流路 66 号	030024	0351-86998056	0351-86863369
淄博大力矿山机械有限公司	山东省淄博市周村区新华大道 10099 号	255300	0533-6181501	0533-6181392
山东泰山天盾矿山机械股份有限公司	山东省新泰市高新技术开发区新兴路	271200	0538-7069810-8603	0538-7069332
湘电重型装备有限公司	湖南省湘潭市下摄司街 302 号	411100	0731-58595647	0731-58595267
四川矿山机器（集团）有限责任公司	四川省江油市建设北路 888 号	621701	0816-3696018	0816-3698888
浙江双金机械集团股份有限公司	浙江省杭州市余杭区瓶窑镇	311115	0571-28057991	0571-28057991
浙江浙矿重工股份有限公司	浙江省湖州市长兴县和平镇工业园区	313103	0572-6955888	0572-6959977
哈尔滨国海星轮传动有限公司	黑龙江省哈尔滨市哈平路工业区烟台三路 8 号	150060	0451-86522278	0451-86530858
安徽盛运重工机械有限责任公司	安徽省桐城市同安路 265 号	231400	0556-6213999	0556-6205280
洛阳大华重工科技股份有限公司	河南省洛阳市洛龙区关林路 280 号	471022	0379-65520221	0379-65511602
河南黎明重工科技股份有限公司	河南省郑州市高新技术产业开发区科学大道 169 号	450001	0371-67988906	0371-67988906
科威瑞（广东）矿机装备有限公司	广东省韶关市高新开发区莞韶双创（装备）中心	512026	0751-8721999	0751-8721999
湖州恒通机械设备有限公司	浙江省湖州市埭溪镇上强工业园区	313000	0572-2367341、2367342	0572-2367343
河南红星矿山机器有限公司	河南省郑州高新技术产业开发区檀香路 8 号	450100	0371-86670277	0371-67776666
贵阳高原矿山机械股份有限公司	贵州省贵阳市花溪区航天路路尾	550025	0851-3636103	0851-3636113
洛阳百克特摩擦材料有限公司	河南省洛阳市高新开发区孙辛辅路 4 号	471003	0379-65112136	0379-64183328
中实洛阳机械工程科技有限公司	河南省洛阳市建设路 206 号	471039	0379-64088063	0379-64214823

（续）

单位名称	通信地址	邮编	电话	传真
湘煤立达矿山装备股份有限公司	湖南省株洲市新华东路699号	412003	0731-22867865	
浙江武精机器制造有限公司	浙江省金华市武义县城青年路108号	321200	0579-87641326	0579-87647558
鹤壁市豫兴煤机有限公司	河南省鹤壁市山城区豫兴工业园	458007	0392-2560169	0392-2566177
鹤壁万丰矿山机械制造有限公司	河南省鹤壁市山城区石林乡东石林村	458000	0392-2566777	0392-2560777
鹤壁市四达矿山设备有限公司	河南省鹤壁市山城区汤鹤路中段	458000	0392-2560391	0392-2560800
鹤壁市通达矿山设备有限公司	河南省鹤壁市淇滨区渤海路496号	458000	0392-2560354	0392-2568096
鹤壁市星光矿山机械制造有限公司	河南省鹤壁市山城区石林乡东石林村	458000	0392-2563669	0392-2566433
鹤壁市双信矿山机械有限公司	河南省鹤壁市山城区汤鹤路中段路北	458000	0392-2560366	0392-2568366
郑州一帆机械设备有限公司	河南省郑州市荥阳开发区郑源路中段	450100	0371-64606406	0371-64606468
山东升金矿山机械有限公司	山东省新泰市新安路53号	271200	13805487285	0538-2200111
东平开元机械制造有限公司	山东省泰安市东平县工业园区	271500	0538-2821052	0538-6356808
浙江镇南精工机械有限公司	浙江省诸暨市店口镇解放路259号	311835	0575-87655388	0575-87655618
南昌矿山机械研究所	江西省南昌市下罗枫林东大街168号	330001	0791-83806998	0791-83805987
南昌矿机集团股份有限公司	江西省南昌市湾里区红湾大道300号	330004	0791-83798611	0791-83761006
山东华特磁电科技股份有限公司	山东省潍坊市临朐县经济技术开发区华特路5777号	262600	0536-83158808	0536-83158801
沈阳隆基电磁科技股份有限公司	辽宁省抚顺经济开发区文华路6号	113122	024-56605765	024-56605768
浙江东海减速机有限公司	浙江省温州市平阳经济开发区（鳌江镇）	325401	0577-63675933	0577-63635393
大连骅洋液力偶合器有限公司	辽宁省大连市甘井子区营城子工业园	116036	0411-84444529	0411-84444509
洛阳百力克矿山机械有限公司	河南省洛阳市洛新工业园双湘路12号	471822	0379-65190660	0379-67312866
江苏三羊开泰煤矿电机制造有限公司	江苏省丹阳市丹界路100号	212313	0511-86981555	0511-86967626
中实洛阳重型机械有限公司	河南省洛阳市建设路206号	471039	0379-64088063	0379-64088202
河南省荥阳市矿山机械制造厂	河南省荥阳市荥密路三里庄工业园	450100	0371-64696896	
臣桀（上海）橡胶工业技术有限公司	上海市奉贤区陈桥路1876号	201400	021-61841222	021-61842333
郑州中意矿山机械有限公司	河南省荥阳市乔楼镇	450100	0371-64792555	0371-64793555
鄂州市恒基矿山机械制造有限公司	湖北省鄂州市经济开发区	436001	13677117578	0711-3619268
沈阳市永达有色铸造厂	辽宁省沈阳市皇姑屯区鸭绿江北街168号	110033	024-88671638	024-86670186
江阴齿轮箱制造有限公司	江苏省江阴市澄山路601号	214437	0510-86993113	0510-86993519
卫华集团有限公司	河南省长垣市卫华大道西段	453400	0373-8888761	0373-8888761
中冶京诚（湘潭）矿山装备有限公司	湖南省湘潭市九华经济开发区江南大道8号	411200	0731-58276200	0731-58276200
新乡市通用电机有限公司	河南省新乡市小店工业区经九路纬六路西南	453000	0373-3686000	0373-3686333
矿山机械杂志社	河南省洛阳市建设路206号	471039	0379-64087786	0379-64087868
全国矿山机械标准化技术委员会	河南省洛阳市建设路206号	471039	0379-64087746	0379-64087746
国家矿山机械质量监督检测中心	河南省洛阳市建设路206号	471039	0379-64087842	0379-64215427
义乌市黑白矿山机械有限公司	浙江省义乌市上溪镇四通西路36号	322000	0579-85861866	0579-85866118
河南蒲瑞精密机械有限公司	河南省长垣市巨人大道与纬十路交叉口路南	453424	0373-8621889	0373-8621889
泰星减速机股份有限公司	江苏省泰兴市姚王镇泰姚北路10号	225402	0523-87635681	0523-87635683
广州华宝矿山设备有限公司	广东省广州市天河区华观路	510000	020-87026100	020-87026465
定襄县佳敏机械锻造有限公司	山西省忻州市定襄县河边镇牛台村	035400	0350-6090909	0350-6090911
山西省平遥减速器有限责任公司	山西省晋中市平遥县科技工业区	031100	0354-5651188	0354-5651199
湖州电动滚筒有限公司	浙江省湖州市经济开发区西风路888号	313000	0572-2022227	0572-2059480

（续）

单位名称	通信地址	邮编	电话	传真
河南华宏重型机械制造有限公司	河南省新乡市凤泉区宝山中路	453011	0373-3096988	
洛阳诚创耐磨材料有限公司	河南省洛阳市涧西区先进制造业集聚区三西路	471003	0379-60165918	0379-64721868
大连光扬轴承制造有限公司	辽宁省瓦房店市北共济街北段17号	116300	15641175678	0411-85518888
长沙正忠科技发展有限公司	湖南省长沙市雨花区环保科技园职教城路32号	410006	15874937417	0731-85350116
徐州徐工矿业机械有限公司	江苏省徐州经济技术开发区和平大道169号	221004	15950687524	0516-83111663
山东硕源工业机械设备有限公司	山东省淄博市沂源县城沂河东路北侧	256100	13964356346	0533-3438899
云南凯瑞特重工科技有限公司	云南省昆明市彩云北路星都国际总部37栋	651701	13529336034	0871-65936037
湘潭恒欣实业股份有限公司	湖南省韶山市永泉科技园	411300	18073278721	0731-55672100
四川铁鹰机械制造有限公司	四川省江油市厚坝镇工业园区1号	621715	18030945152	0816-3770065
吉林省佳信通用机械集团股份有限公司	吉林省集安市工业园区创业路3号	134200	13944533700	0435-6222942
四川省江油新川矿山机械有限公司	四川省江油市江彰大道中段330号	621701	18990160001	0816-3515333
青岛中加特电气股份有限公司	山东省青岛市黄岛区世纪大道662号	166400	13792918176	0532-89055037
江西海达建材轴瓦有限公司	江西省九江市永修县城南工业园	330304	13907000499	0792-3199633
武汉港迪电气集团有限公司	湖北省武汉市东湖新技术开发区武汉理工大科技园6号	430223	027-87927238	027-87927216
廊坊景隆重工机械有限公司	河北省廊坊市大厂县潮白河工业区	065300	13901067232	0316-8933217
沈阳顺达重矿机械制造有限公司	辽宁省沈阳经济技术开发区大潘镇东古村	110141	13904043236	024-31125060
株洲变流技术国家工程研究中心有限公司	湖南省株洲市石峰区时代路	412000	0731-28498197	0731-28498260
河南省东泰齿轮有限公司	河南省长垣市浦东王楼工业区	453400	15893834111	
山东天瑞重工有限公司	山东省潍坊市高新区银通街6699号	261205	400-800-8605	0536-8803817
山东创捷涂装设备有限公司	山东省德州市齐河县经济开发区纬四路	251100	18416707052	
河南威猛振动设备股份有限公司	河南省新乡市新乡县工业路1号	453700	13938702263	0373-5592575
山西平遥华丰防爆电机有限公司	山西省晋中市平遥县中都乡曹村	031100	13994593233	0354-3567666
合肥华运机械制造有限公司	安徽省合肥市长丰双凤经济开发区金海路25号	231131	13721086036	0551-63664658
大连达尔马电机有限公司	辽宁省庄河市疏港路278号	116400	18840934048	0411-89376329
焦作制动器有限公司	河南省焦作市武陟产业集聚区朝阳三路999号	454950	15139173508	0391-7547688
新乡帅航机械有限公司	河南省辉县市孟庄镇	453621	18738332227	
浙江中凯科技股份有限公司	浙江省乐清市柳市镇东方工业区奋进路9号	325604	13616666168	0577-62787229
天水二一三电器集团有限公司	甘肃省天水市秦州区秦州大道361号	741001	0938-8362888	0938-8360775
临朐华邦重工设备有限公司	山东省潍坊市临朐县辛寨街道清华路1号	262600	18953661217	
江西江特电机有限公司	江西省宜春市袁州区环城南路581号	336000	18879550006	0795-3285285
洛阳宏信重型机械有限公司	河南省洛阳市洛新工业园区	471039	13803885629	0379-65190396
山东金宝山机械有限公司	山东省临沂市高新区金宝山路1号	276002	15216522345	0539-8529345
闵克矿山机械设备（湖州）有限公司	浙江省湖州市吴兴区埭溪镇创意路69号	313023	15957173572	
广东大族粤铭激光集团股份有限公司	广东省东莞市松山湖高新技术产业开发区工业东路28号	523808	13925872636	0769-89833333
蒂克拓普（辽宁）新材料科技有限公司	辽宁省朝阳市朝阳北票经济开发区环保装备产业园区（B区）	121300	15192379632	
青岛瑞莱斯机械有限公司	山东省胶州市中云工业园8号	266300	13854237163	

（续）

单位名称	通信地址	邮编	电话	传真
塞尔姆（北京）科技有限责任公司	北京市朝阳区望京路 4 号 8 号楼	100102	13911126811	010-64343042
宁波博威合金材料股份有限公司	浙江省宁波市鄞州区云龙镇太平桥	315100	0574-83008939	
威海人合机电股份有限公司	山东省威海市火炬高新技术产业开发区大连路 54-1 号	264209	0631-5620300	0631-5620300
江西耐普矿机股份有限公司	江西省上饶市上饶经济技术开发区吉利大道 18 号	334100	0793-8461300	0793-8461032

冶金压延机械分会

单位名称	通信地址	邮编	电话	传真
中国第一重型机械股份公司	黑龙江省齐齐哈尔市富拉尔基区厂前路 9 号	161042	0452-6810186	0452-6810111
天津天重重型机器有限公司	天津市北辰区高峰路	300400	022-26341079	022-26340718
燕山大学机械工程学院	河北省秦皇岛市海港区河北大街 169 号	066044	0335-8057040	0335-8050148
浙江省宁波凯特机械有限公司	浙江省宁波市宁海县越龙街道西郊路 55 号	315600	0574-65210558	0574-65562620
包头市冶金矿山机械制造有限公司	内蒙古自治区包头市铝业产业园区长征路 2 号	014040	0472-4111538	0472-4172310
云南冶金昆明重工有限公司拉丝设备分公司	云南省昆明市盘龙区龙泉路 871 号	650203	0871-65150091-2241	0871-65150151
一重集团大连工程技术有限公司冷轧部	辽宁省大连市经济技术开发区东北大街 96 号	116600	0411-39243366	0411-39243133
中冶京诚工程技术有限公司	北京市大兴区经济技术开发区建安街 7 号	100176	010-83587839	010-83587998
北京科技大学机械工程学院	北京市海淀区学院路 30 号	100083	010-62334723	010-62329145
北京有色冶金设计研究院	北京市海淀区复兴路 12 号	100038	010-63936451	010-63936618
中钢集团邢台机械轧辊有限公司	河北省邢台市新兴西大街 1 号	054025	0319-2116090	0319-2022061
中国重型机械研究院股份公司	陕西省西安市西安经济技术开发区草滩生态产业园尚林路 3699 号	710018	029-86322669	029-86713965
哈尔滨环保制氢设备工业公司	黑龙江省哈尔滨市南岗区哈西大街 107 号	150080	0451-86662954	0451-86662954
中国有色（沈阳）冶金机械有限公司	辽宁省沈阳市经济技术开发区沈辽路 2 号	110141	024-25810645	024-25810645
太原重型机械集团有限公司	山西省太原市万柏林区玉河街 53 号	030024	0351-6362594-8018	0351-6365903
太原矿山机器集团有限公司	山西省太原市解放北路 75 号	030009	0351-3041086	0351-3041086
太原科技大学机械工程学院	山西省太原市万柏林区瓦流路 66 号	030024	0351-6963332	0351-6963332
鞍山矿山机械股份有限公司	辽宁省鞍山市立山区励工街 5 号	114032	0412-6612676	0412-6612313
矿山机械工程设计研究院有限责任公司	河南省洛阳市涧西区建设路 206 号	471039	0379-64087777	0379-64087818
杭州拉丝机制造有限公司	浙江省杭州市桐庐县富春江镇子陵路 10 号	311504	0571-64653908	0571-64653411
中国重型机械有限公司	北京市丰台区汉威国际广场 2 区 8 号楼	100036	010-68221576	010-68296106
大连重工·起重集团有限公司设计研备分公司	辽宁省大连市西岗区八一路 169 号	116013	0411-86852288	0411-86852283
云南冶金昆明重工有限公司	云南省昆明市盘龙区龙泉路 871 号	650203	0871-66085233	0871-66085085
上海市机电设计研究院有限公司	上海市静安区北京西路 1287 号	200040	021-62479741	021-62479741
中国第二重型机械集团有限公司	四川省德阳市珠江路 1 号	618013	0838-2341817	0838-2201998
上海重型机器厂有限公司	上海市闵行区江川路 1800 号	200245	021-54721141-2110	021-54722933
北方重工集团有限公司	辽宁省沈阳市经济技术开发区开发大路 16 号	110025	024-25802406	024-25802416

破碎粉磨设备专业委员会

单位名称	通信地址	邮编	电话	传真
四川矿山机器（集团）有限责任公司	四川省江油市建设北路 888 号	621701	0816-3696180	0816-3696888
山东山矿机械有限公司	山东省济宁市济安桥北路 11 号	272041	0537-2783801	0537-2228529
洛阳矿山机械工程设计研究院有限责任公司	河南省洛阳市涧西区建设路 206 号	471039	0379-64087722	0379-64221800
南昌矿机集团股份有限公司	江西省南昌市湾里区红湾大道 300 号	330004	0791-83782882	0791-82107123
浙江矿山机械有限公司	浙江省义乌市义亭镇矿机一路 96 号	322005	0579-85815385	0579-85815387
北方重工集团有限公司矿业装备分公司［北方重工装备（沈阳）有限公司］	辽宁省沈阳经济技术开发区开发大路 16 号	110860	024-25802282	024-25802858
溧阳中材重型机器有限公司	江苏省溧阳市天目湖工业园区滨河路 11 号	213332	0519-80895001	0519-50895001
唐山市矿山机械厂	河北省遵化市东新庄镇	064200	0315-6999117	0315-6996189
河南龙佰智能装备制造有限公司（河南省群英机械制造有限责任公司）	河南省焦作市解放中路 397 号	454002	0391-3906898	0391-3933430
上海嘉庆轴承制造有限公司	上海市闸北区民德路 158 号 1802 室	200071	021-56559515	021-56639899
湖北枝江峡江矿山机械有限责任公司	湖北省宜昌市白洋镇沿江街 1 号	443208	0717-4400029	0717-4402299
松滋市金津矿山机械股份有限公司	湖北省松滋市经济技术开发区东城路 2-2 号	434200	0716-6210381	0716-6222339
哈尔滨国海星轮传动有限公司	黑龙江省哈尔滨市哈平路工业园区烟台 3 路 8 号	150060	0451-86530858	0451-86523288
广西南宁深远矿山机械有限责任公司	广西壮族自治区南宁市秀安路 15 号	530001	0771-3130687	
山东大通机械科技有限公司	山东省淄博市博山区东良庄北首	255200	0533-4200699	0533-4200699
山东黑山路桥机械科技有限公司	山东省淄博市博山区八陡镇黑山前 165 号	255203	0533-4518240	0533-4518147
河南红星矿山机器有限公司	河南省郑州市高新区檀香路 8 号	450100	0371-86670277	0371-67776666
桂林矿山机械有限公司	广西壮族自治区桂林市灵川县桂矿路 1 号	541200	0773-6825032	0773-6812096
河北万矿机械厂	河北省张家口市西山产业集聚区（万全县）矿机路 6 号	076250	0313-4881100	0313-4811166
上海重型机器厂有限公司（上海电气上重碾磨特装设备有限公司）	上海市闵行区江川路 1800 号	200245	021-34098211	021-34097510
河南焦矿机器有限公司	河南省焦作市焦东中路 28 号	454002	0391-3976001	0391-2107123
云南冶金昆明重工有限公司	云南省昆明市龙泉路 871 号	650203	0871-6085302	0871-66085303
成都大宏立机器股份有限公司	四川省成都市大邑县光华路 8 号	611330	028-88201030	028-88201030
北京斯诺堡轴承有限公司	北京市西城区广安门外三义东里 20 号	100055	010-63427566	010-63479753
上海山美环保装备股份有限公司	上海市奉贤区青村镇奉村路 258 号	201414	021-59766182	021-39282672
昆山多灵重型设备科技有限公司	江苏省昆山市锦溪生态产业园锦荣路 550 号	215324	0512-83639696	0512-83639697
山东益杰重工机械有限公司	山东省淄博市博山经济开发区（高速路口）	255200	0533-4658626	
成都市双流金石机械制造有限公司	四川省成都市双流县金桥镇永和村三组	610200	028-85851092	028-85851618
中南大学机电工程学院	湖南省长沙市岳麓山南路 105 号	410083	0731-88877025	0731-88851136
荆州市巨鲸传动机械有限公司	湖北省荆州市沙市区东方大道 58 号	434000	0716-8303999	0716-8303886
浙江海马传动科技股份有限公司	浙江省诸暨市店口镇解放路 259 号	311835	0575-87655388	
定襄县佳敏机械锻造有限公司	山西省忻州市定襄县河边镇牛台村	035400	0350-6090909	0350-6090911
四达电机制造股份有限公司	河北省邯郸市肥乡经济开发区民生街 1 号	056004	0310-3178286	0310-3178506
陕西蒲城秦星建设机械有限公司	陕西省渭南市蒲城县苏坊镇东大街	715514	0913-7325552	0913-7325552
东平开元机械制造有限公司	山东省泰安市东平县工业园区	271500	0583-2821052	0583-6356808
山东睿能机械有限公司	山东省济南市蓝翔路 15 号 -6 区 -2 号	250023	0531-85980518	0531-85980518
固安百滤得机械制造有限公司	河北省廊坊市固安县温泉园区	065501	0316-7025688	0316-6228358

（续）

单位名称	通信地址	邮编	电话	传真
淄博市博山万雷机械设备厂	山东省淄博市博山区颜北路192路	255200	0533-4235888	
巢湖诺信建材机械装备有限公司	安徽省巢湖市炯炀工业区	238072	0551-88515783	0551-88512652
江苏国茂减速器股份有限公司	江苏省常州市武进高新区龙潜路98号	213000	0519-86568898	0519-86581901
天津赛瑞机器设备有限公司齿轮制造分公司	天津市东丽区滨海重机园3号	300350	022-24362086	022-24355100
广东磊蒙重型机械制造有限公司	广东省韶关市镇江区工业园产业转移工业园	512000	0751-6528888	
上海云统创申智能科技有限公司	上海市浦东新区临港产业园区天高路601号	201411	021-53011861	021-53011873
浙江双金机械集团股份有限公司	浙江省杭州市余杭区瓶窑镇南山村	311115	0571-88537288	0571-88503522
河南中誉鼎力智能装备有限公司	河南省卫辉市唐庄镇盆窑村	453100	13598655653	0373-4222222
山东金宝山机械有限公司	山东省临沂市金宝山路1号	276000	0539-8529300	0539-8529099
哈尔滨和泰电力设备有限公司	黑龙江省哈尔滨市南岗区长江路380号宏洋大厦	150090	0451-82314958	0451-82314178
新乡市通用电机有限公司	河南省新乡市新乡经济技术开发区纬六路19号	453000	13837311718	0373-3686333
臣桀（上海）橡胶工业技术有限公司	上海市奉贤区陈桥路1876号	201400	021-88733929	021-88733929
天津立鑫晟新材料科技有限公司	天津市静海县良王庄乡良二村	301601	022-68120451	022-68120451
莒州集团有限公司	山东省日照市莒县浮来工业园	276511	0633-7882278	0633-6269678
长沙矿冶研究院有限责任公司	湖南省长沙市麓山南路966号	410012	13808462653	0731-88657306
韶瑞重工（广东）有限公司［科威瑞（广东）矿机装备有限公司］	广东省韶关市武江区西郊六公里科技工业园	512029	4000751911	
广州市光泽齿轮机械有限公司	广东省广州市荔湾区海龙街道东联路40号自编N栋	510378	020-81419878	
武汉正通传动技术有限公司	湖北省武汉市黄陂区横店街正通大道99号	430301	027-61768899	027-61768899
哈尔滨贵友科技开发有限公司	黑龙江省哈尔滨市呼兰区双井镇勤劳村	510378	0451-55234800	0451-55234700
浙江正钢机械设备有限公司	浙江省永康市烈桥工业基地正大路88号	321300	0579-87277436	0579-87277495
四川国鼎机械设备制造有限公司	四川省江油市江彰大道172号	621701	0816-3777051	0816-3227927
广东省创力智能机械设备有限公司	广东省韶关市浈江区产业转移工业园创业路23号	512000	0751-8838022	0751-8838022
昆明学院	云南省昆明市昆明经济技术开发区浦新路2号	650224	0871-6509800	0871-6509800
四川江油新川矿山机械有限公司	四川省江油市江彰大道中段330号	621701	0816-3515555	0816-3515555
淄博山重机械制造有限公司	山东省淄博市博山区莲花山路177号	255200	0533-4206977	0533-4206977
四川铁鹰机械制造有限公司	四川省江油市厚坝镇龙王街81号	621701	0816-3770026	0816-3770065
辽宁重型电机制造有限公司	辽宁省抚顺市沈抚新区连城路67号	113122	024-56615150	024-56615150
深圳市德颐姆科技有限公司	广东省深圳市龙岗区坂田街道雅园路坂田创意园Y1-3F10	518000	0755-84715896	0755-28484096
湖州恒通机械设备有限公司	浙江省湖州市埭溪镇上强工业功能区	313032	0572-2367341	0572-3827808
河北重威矿山机械制造有限公司	河北省保定市望都县望都镇彤霞工业园	072450	0312-7836666	
淄博大力矿山机械有限公司	山东省淄博市周村区新华大道10099号	255300	0533-6536766	0533-6182505
山西省平遥减速器有限责任公司	山西省晋中市平遥县科技工业区	031100	0354-85651111	
华创重工工业（大连）有限公司	辽宁省大连市瓦房店市岗店办事处	116300	13700112219	0411-62900515
瓦房店森吉米尔轴承制造有限公司	辽宁省大连市瓦房店市瓦窝工业园园区北路29号	116300	17376581988	0411-83361878
沈阳顺达重矿机械制造有限公司	辽宁省沈阳市沈阳经济技术开发区大藩镇东古村	110027	13840039930	024-89896431

洗选设备专业委员会

单位名称	通信地址	邮编	电话	传真
北方重工集团有限公司	辽宁省沈阳市经济技术开发区开发大路 16 号	110178	13804033923	
鞍山重型矿山机器股份有限公司	辽宁省鞍山市高新区鞍千路 294 号	114051	0412-5235090	0412-5239900
山东华特磁电科技股份有限公司	山东省潍坊市临朐县华特路 6999 号	262600	0536-3158808	0536-3110552
中信重工机械股份有限公司矿山机器厂	河南省洛阳市涧西区建设路 206 号	471039	13837949658	0379-64086883
沈阳隆基电磁科技股份有限公司	辽宁省抚顺市经济开发区文华路 6 号	113122	024-56609125	024-56605768
淮北矿山机器制造有限公司	安徽省淮北市濉溪经济开发区工业园白杨路 15 号	235005	13965876158	0561-6063318
镇江电磁设备厂有限责任公司	江苏省镇江市丹徒新城谷阳大道东延 99 号	212004	13805282608	0511-85622591
南昌矿机集团股份有限公司	江西省南昌市湾里区红湾大道 300 号	330004	13807085540	0791-3761006
东北大学资源与土木工程学院	辽宁省沈阳市东北大学 265 信箱	110006	15904051956	024-23890448
上海盾牌矿筛有限公司	上海市静安区天目中路 383 号 1503 室	200070	021-63540769	021-63853856-8001
河南威猛振动设备股份有限公司	河南省新乡市新乡县工业路 1 号	453731	0373-7080342	0373-5590098
海安县万力振动机械有限公司	江苏省海安市城江海西路 168 号	226600	13706277726	0513-88814780
上海山美环保装备股份有限公司	上海市奉贤区青村镇奉村路 258 号	201414	13700863691	021-58200089
钟祥新宇机电制造股份有限公司	湖北省钟祥市经济开发区西环二路 8 号	431999	13707264888	0724-4223279
沈阳鸿翔复合弹性设备有限公司	辽宁省沈阳市大东区大什字街 80-1 号 23-4	110042	13604904882	024-88472546
北京矿冶研究总院机械研究所	北京市丰台区南四环西路 188 号总部基地 18 区 23 号楼	100044	13701325849	010-68336186
上海嘉庆轴承制造有限公司	上海市闸北区民德路 158 号铭德国际广场 1802 室	200070	13564241799	021-56559515
江阴齿轮箱制造有限公司	江苏省江阴市工业园区澄山路 601 号	214437	13656165722	0510-86993196
煤炭科学研究总院唐山设计研究院	河北省唐山市新华西道 21 号	063012	13703348985	0315-2829275
河南太行振动机械股份有限公司	河南省新乡市经济开发区中央大道 66 号	453731	13803738509	0373-5586811
唐山汇力科技有限公司	河北省唐山市路南区唐古街 3 号	063001	0315-2870061	0315-2876709
辽源市通工机械有限公司	吉林省辽源市工业开发区向阳工业园福兴路 1 号	136200	13604375653	0437-3170955
四川江油新川矿山机械有限公司	四川省江油市江彰大道中段 330 号	621701	0816-3515555	0816-3515333
泰州市白塔橡胶厂	江苏省泰州市江堰区民营经济产业中心	225500	13705268229	0523-88286079
河南省群英机械制造有限责任公司	河南省焦作市解放路 397 号	454002	13782713789	0391-3911397
辽阳市望水橡胶制品厂	辽宁省辽阳市振兴路下王家 256 号	111004	13704196882	0419-3306825
松滋市金津矿山机械股份有限公司	湖北省松滋市城东工业园永兴路 3 号	434200	13972364370	0716-5951166
扬州市金马矿机配件有限公司	江苏省扬州市江都区通江路 43 号	225200	13705250833	0514-86893833
淮北市协力重型机器有限责任公司	安徽省淮北市濉溪经济开发区工业园金桂西路 2 号	235000	13905612169	0561-4080808
河南省平原矿山机械有限公司	河南省新乡市黄河大道 289 号	453700	13803802825	0373-5071699
唐山陆凯科技有限公司	河北省唐山市高新技术产业园区火炬路 208 号	063020	0315-3853380	0315-3853381
扬州市亚业筛网厂	江苏省扬州市江都区城南工业园刘桥路	225200	13905258171	0514-86545138
河北亚恒橡胶科技有限公司	河北省深州市大屯工业区张屯	053873	0318-3486866	0318-3486966
扬州宝飞优斯特振动器制造有限公司	江苏省扬州市宝应县安宜创业园 22 栋	225800	13901440380	0514-88279611
韶瑞重工（广东）有限公司	广东省韶关市武江区西郊六公里科技工业园	512029	4000751911	
沈阳永达有色铸造厂	辽宁省沈阳市皇姑区鸭绿江北街 168 号	110033	024-86671638	024-86673763
淮北市金牛源矿山机器有限公司	安徽省淮北市濉溪县乾隆湖工业园	235100	13966112959	0561-7518061
岳阳科德科技有限责任公司	湖南省岳阳市经济开发区科德工业园	414000	13332509188	0730-8729288
赣州金环磁选科技装备股份有限公司	江西省赣州市章贡区沙河工业园	341000	13970765025	0797-8325798

（续）

单位名称	通信地址	邮编	电话	传真
浙江镇南精工机械有限公司	浙江省诸暨市店口镇解放路 259 号	311835	13395758888	0575-87655618
江苏磁谷科技股份有限公司	江苏省镇江市丁卯开发区南纬四路 10 号	212009	13906104105	0511-88893966
新乡市高科机械设备有限公司	河南省新乡市新乡县小冀镇 21 号桥西 800 米路北	453731	13903734412	0373-5593617
浙江天力装备科技股份有限公司	浙江省东阳市开发区八华南路 18 号	322100	13605727760	0579-86816587
淮北市中芬矿山机器有限公司	安徽省淮北市杜集区孙谢庄工业园腾飞路 1 号	235000	13905610503	0561-3091224
河南省荥阳市矿山机械制造厂	河南省荥阳市荥密路三里庄	450100	15890055500	0371-646496896
江苏金基特钢有限公司	江苏省句容市宝华镇和平村汤龙公路旁	212415	13705183558	025-85818226
河南蒲瑞精密机械有限公司	河南省长垣市巨人大道与纬十路交叉口路西	453400	0373-8625688	0373-8625688
烟台龙腾机械设备有限公司	山东省招远市初山东路 99 号	265400	13853511669	0535-8113099

桥式起重机专业委员会

单位名称	通信地址	邮编	电话	传真
中国中元国际工程有限公司	北京市海淀区西三环北路 5 号	100089	010-68732336	010-84037436
北京起重运输机械设计研究院有限公司	北京市东城区雍和宫大街 52 号	100007	13911685806	
大连华锐重工集团股份有限公司	辽宁省大连市西岗区八一路 169 号	116013	0411-86852173	0411-86852222
卫华集团有限公司	河南省新乡市长垣县卫华大道卫华集团	453400	400-005-8886	0373-8887646
太原重工股份有限公司	山西省太原市小店区正阳街 85 号	030024	0351-6367057	0351-6365445
河南省矿山起重机有限公司	河南省长垣市长恼工业区矿山路与纬三路交汇处	453400	0373-8735669	0373-8735695
上海起重运输机械厂有限公司	上海市奉贤区青工路 418 号	201414	021-65564735	021-56639864
株洲天桥起重机股份有限公司	湖南省株洲市石峰区田心北门	412001	0731-22337000	0731-22337000-8009
山起重型机械股份公司	山东省潍坊市青州市昭德北路 2198 号	262515	0536-3295377	0536-3203037
广州起重机械有限公司	广东省广州市白云区白云大道南金钟大厦 208 室	510420	020-86592003	020-86796828
江苏象王集团股份有限公司	江苏省盐城市建湖县经济开发区亮月路 1 号	224700	0515-82068929	0515-86317221
宁夏天地奔牛银起设备有限公司	宁夏回族自治区银川市西夏区银川经济开发区金波南街 160 号	750021	0951-3067126	0951-3067126
法兰泰克重工股份有限公司	江苏省苏州市苏州汾湖高新技术产业开发区汾越路 288 号	215211	0512-82072666	0512-82072999
河南省大方重型机器有限公司	河南省长垣市恼里镇长恼工业区	453400	0373-2157011	
江西起重机械总厂有限公司	江西省樟树市共和东路 82 号	331200	0795-7364266	0795-7364566
洛阳起重机厂有限公司	河南省洛阳市老城区唐宫东路 10 号	471009	0379-63415966	0379-63415999
常州市常欣电子衡器有限公司	江苏省常州市中新北区汉江路 666 号	213000	0519-86655667	0519-86643943
黑龙江富锦富华起重机有限公司	黑龙江省富锦市富福路西段	156101	0454-2347124	0454-2349210
柳州起重机器有限公司	广西壮族自治区柳州市柳州市阳和工业新区雒容工业园 2 号	545616	0772-6513376	0772-3117615
豫飞重工集团有限公司	河南省新乡市新乡经济技术开发区豫飞新型工业化产业园经十一路	453002	0373-5855069	0373-3321906
辽宁清原第一缓冲器制造有限公司	辽宁省抚顺市 146 信箱	113103	024-54077398	024-54077398
云南冶金昆明重工有限公司	云南省昆明市龙泉路 871 号	650203	0871-63637961	0871-66085010
江苏泰隆减速机（集团）股份有限公司	江苏省泰兴市文昌东路 188 号	225400	0523-87767938	0523-7665426

（续）

单位名称	通信地址	邮编	电话	传真
河南省东风起重机械有限公司	河南省长垣市起重工业园区纬二路北	453400	0373-2156668	
广东永通起重机械股份有限公司	广东省佛山市顺德区杏坛镇德品路5号	538325	0757-23311411	0757-23833832
河南重工集团起重机科技有限公司	河南省长垣市魏庄工业园区长恼路西侧6号	453400	0373-8928888	0373-8712958
河南宝起华东起重机有限公司	河南省长垣市河南起重工业园区巨人大道	453400	0373-8625666	0373-8619880
浙江众擎起重机械制造有限公司	浙江省诸暨市城西工业区千禧路1号	311800	0575-87385688	0575-87387610
无锡新大力电机有限公司	江苏省无锡市惠山区惠畅路19号	214177	0510-83761037	0510-83621022
丹东振安建工机械有限公司	辽宁省丹东市振安区果园路30号	118000	0415-4188608	0415-4188606
江苏三马起重机械制造有限公司	江苏省靖江市经济开发区新桥园区润新大道9号	214500	0523-84331105	0523-56778610
新乡市起重设备厂有限责任公司	河南省新乡市新乡经济技术开发区经十一路	453006	0373-3662200	0373-3058094
河南圣起机械集团有限公司	河南省长垣市魏庄镇圣起大道30号	453424	0373-8710123	0373-8711808
河南豫中起重集团有限公司	河南省长垣市位庄工业区	453424	0373-8711798	0373-8791898
新疆通用机械有限公司	新疆维吾尔自治区乌鲁木齐市米东区九沟北路2446号广汇工业园内	830019	0991-6868363	0991-8787087
浙江通力传动科技股份有限公司	浙江省瑞安市江南大道3801号	325207	0577-65590318	0577-65598888
上海豪力起重机械有限公司	上海市浦东新区合庆镇东川公路5708号	201201	021-68915868	021-58971159
宁波市凹凸重工有限公司	浙江省宁波市海曙区机场路3998号	317600	0574-88008778	0574-88008779
焦作金箍制动器股份有限公司	河南省焦作市博爱县发展大道（东段）1688号	454000	0391-2086000	0391-2086288
宁波东力传动设备有限公司	浙江省宁波市江北工业区银海路1号	315033	0574-88398989	0574-88388889
河南华北起重吊钩有限公司	河南省长垣市起重工业园区华北大道12号	453400	0373-8710588	0373-8710503
河南奔宇电机科技有限公司	河南省长垣市南蒲区纬二路27号	453431	0373-8622311	0373-8622313
郑州凯澄起重设备有限公司	河南省郑州市新郑市梨河镇气象局东隔壁	450000	0371-62575799	0371-62575699
泰星减速机股份有限公司	江苏省泰兴市姚王镇泰姚北路10号	225402	0523-87635681	0523-7635683
江西江特电机有限公司	江西省宜春市环城南路581号	336000	0795-3288626	0795-3263554
大连辽南起重机器有限公司	辽宁省大连市旅顺区营顺路102号	116050	0411-86236158	0411-86236371
辽宁国辰电子技术有限公司	辽宁省鞍山市立山区越岭路266号	114041	0412-8778887	0412-5644777
奥力通起重机（北京）有限公司	北京市通州区工业开发区合欢南路2号	101113	010-61509090	010-61509780
江苏太兴隆减速机有限公司	江苏省泰兴市城区科技工业园7号	225400	0523-87996888	0523-87996999
河南恒达机电设备有限公司	河南省长垣市南蒲区纬十一路北侧，纬十路南侧、北起院东侧	453424	0373-2156199	0373-2156189
江西工埠机械有限责任公司	江西省樟树市药都北大道223号	331201	0795-7776606	0795-7776268
无锡市宏泰电机股份有限公司	江苏省无锡市惠山区前洲镇工业园区万寿路17号	214181	0510-83390388	0510-83390288
浙江东海减速机有限公司	浙江省温州市平阳经济开发区（鳌江镇鸽巢路）	325400	0577-58111997	0577-63679809
科尼起重机设备（上海）有限公司	上海市普陀区绥德路789号	200331	021-26061053	021-26061182
苏州汇川技术有限公司	江苏省苏州市吴中区越溪友翔路16号	215014	0512-68795310	
四川合能起重设备有限公司	四川省成都市金堂县淮口镇工业园现代大道999号	610404	028-84901618	028-84903176
辽宁铭鹏防爆起重机有限公司	辽宁省铁岭市清河区工业园区昌盛路88号	112003	024-2131180	024-2131180
绍兴起重机总厂	浙江省绍兴市袍江新区洋江东路38号	312000	0575-88265988	0575-88265977
东莞市台冠起重机械设备有限公司	广东省东莞市大朗镇杨涌金朗南路229号	523770	0769-83019666-881	0769-83019666
江苏国茂减速机股份有限公司	江苏省佛山市武进高新技术开发区龙港路98号	213164	0519-86552810	
托菲传感技术（上海）股份有限公司	上海市虹口区水电路1422号2号楼804室	200434	021-65311020	021-65311031

（续）

单位名称	通信地址	邮编	电话	传真
上海格尼特控制技术有限公司（原上海技景自动化科技有限公司）	上海市松江区车墩镇泖亭路财富家园188弄29栋102室	201600	021-58558148	021-50761002
太重集团（大同）起重机有限公司	山西省大同市经济技术开发区装备制造园区园泰路99号	037000	0352-7266609	
常州常矿起重机械有限公司	江苏省常州市武进区高新技术开发区凤鸣路18-2号	213164	0519-89607158	0519-86907169
常州市潞城常东塑料五金厂	江苏省常州市经开区潞城街道潞横路2688号	213025	0519-88402188	0519-88400668
上海伯瑞制动器有限公司	上海市奉贤区奉城东街108号	201411	021-57522358	
常州市海之杰港口起重机设备有限公司	江苏省常州市新北区罗溪镇汤庄旺田路21号	213133	0519-83150568	0519-83150568
天津津起起重设备有限公司	天津市津南区葛沽镇葛万公路与华景道交口	300352	022-28683504	022-28682369
扬戈科技股份有限公司	浙江省台州市三门县滨海新城滨港路16号	317100	0576-3337758	0576-3373755
浙江立新起重开关厂	浙江省乐清柳市镇柳黄路1658号	325604	0577-62718111	0577-62718999
常州市武进起重电器有限公司	江苏省常州市武进区横林镇崔桥崔横北路218号	213103	0519-88503118	0519-88501298
河南省飞马起重机械集团有限公司	河南省长垣市魏庄工业园区纬五路11号	453400	0373-8791678	0373-8711976
昌乐县东田聚氨酯厂	山东省维坊市昌乐县红河镇	262413	0536-6973111	0536-69732555
山东烟起起重设备有限公司	山东省烟台市福山区金凤路50号	265500	0535-6361660	0535-6367663
焦作市长江制动器有限公司	河南省焦作市武陟县大司马工业区888号	454981	0391-7517888	0391-7515658
焦作市制动器开发有限公司	河南省焦作市武陟县河朔大道281号	454950	0391-7268818	0391-7268019
南京开关厂有限公司	江苏省南京市江宁滨江开发区秀王路2号	210078	025-68729100	025-69930734
泰兴市华东减速机制造有限公司	江苏省泰兴市新广北路888号	225400	0523-7694282	0523-7694337
新乡市鹏升起重设备有限公司	河南省长垣市位梁工业区	453424	0373-8719619	0373-8719398
施耐德电气（中国）有限公司上海分公司	上海市普陀区绥德路669号	200000	021-63635678	
无锡石油化工起重机有限公司	江苏省无锡市惠山经济开发区惠畅路111号	214178	0510-83592637	0510-83591226
长航集团武汉电机有限公司	湖北省武汉市江夏区藏龙岛科技园九凤街3号	430200	027-81977306	
焦作市虹桥制动器股份有限公司	河南省焦作市武陟县云台大道东侧2号	454950	0391-7541111	0391-7542222
沈冶重型装备（沈阳）有限责任公司	辽宁省沈阳市沈阳经济技术开发区细河十北街26号	110027	024-31228088	024-31228088
上海嘉庆轴承制造有限公司	上海市闸北民德路158号铭德国际广场1802室	200070	021-56559516	021-56639899
上海宝松重型机械工程有限公司	上海市宝山区盘古路732号	201900	021-56698880	021-56690455
山东益杰重工机械有限公司	山东省淄博市博山区博莱高速路口	255213	0533-4658626	
江西飞达电气设备有限公司	江西省宜春市工业园区长青大道经济技术开发区宜工大道68号	336000	0795-2119920	0795-3245168
山东德鲁克起重机集团有限公司	山东省新泰市羊流工业园区	271208	0538-2078966	0538-2078988
山东泰山起重机械有限公司	山东省新泰市羊流工业区	271208	0538-7442312	0538-7444777
江苏格雷特起重机械有限公司	江苏省南通市通州区平潮沿江工业园区蛟龙路18号	226361	0513-86701518	0513-86714777
山东柳杭减速机有限公司	山东省淄博市博山区水河路中段	255200	0533-4266859	0533-4182198
湖北鄂南起重运输机械有限公司	湖北省赤壁市发展大道159号	437300	0715-5250326	0715-5250910
江苏宏达起重电机有限公司	江苏省无锡市惠山区前州镇开发区惠和路3号	214181	0510-83390666	0510-83380072
山东华通机械有限公司	山东省新泰市羊流工业区	271208	0538-7442393	0538-7442003

（续）

单位名称	通信地址	邮编	电话	传真
山东开元重型机械有限公司	山东省新泰市羊流工业区	271208	0538-2097158	4008266163-26866
上海海希工业通讯股份有限公司	上海市松江区莘砖公路518号15幢	201612	021-54902525	021-54902626
无锡市安特防爆机电制造有限公司	江苏省无锡市惠山区长安东庄工业园82号	214177	0510-83620477	0510-83622120
湖北蒲圻起重机械有限公司	湖北省赤壁市经济开发区起重机械工业园区	437300	0715-5250377	0715-5250489
焦作市长控液压制动器有限公司	河南省焦作市修武县产业区集聚区武源路	454950	0391-7131558	0391-7131000
湖北咸宁三合机电股份有限公司	湖北省咸宁市咸安区永安大道同心路138号	437000	0715-8316200	0715-8322725
无锡市安能滑触电器有限公司	江苏省无锡市锡山区东北塘镇农坝工业区	214191	0510-83776126	0510-83776272
河南华豫起重集团有限公司	河南省长垣市起重工业园区华豫大道	453400	0373-8717666	0373-8717555
四平市海格起重机器制造有限公司	吉林省四平市红嘴开发区兴红路1515号	136000	0434-5016801	0434-5016816
武汉正通传动技术有限公司	湖北省武汉市黄陂区横店街正通大道99号	430301	027-61879999	027-61768899
上海共久电气有限公司	上海市松江区石湖荡镇育新路88号	201617	021-57841571-8026	021-57841775
南通力威机械有限公司	江苏省如皋市如城镇东部工业园区兴源大道6号	226500	0513-87268999	0513-87268998
江苏泰宇减速机有限公司	江苏省泰兴市姚王镇石桥工业园	225402	0523-87540099	0523-87540066
天津重钢机械装备股份有限公司	天津市滨海新区塘沽厦门路139号	300459	022-25214491-818	022-25211535
天府重工有限公司	山东省烟台市福山区上庄路81号	265500	0535-6330086	
象山万邦电器有限公司	浙江省宁波市象山县产业区城东工业园望海路5号	315706	0574-65626628	0574-65622768
新乡市志远起重配件厂	河南省长垣市起重机工业园区	453400	0373-8615167	0373-8615167
河南新起腾升起重设备有限公司	河南省新乡市榆东产业聚集区	453000	0373-7722088	0373-7722088
江西华伍制动器股份有限公司	江西省丰城市高新技术园区火炬大道26号	331100	0795-6203200	0795-6241080
郑州市华中路桥设备有限公司	河南省郑州市上街区洛宁路88号	450041	0371-68115785	0371-68117258
唐山沧达电缆有限公司	河北省唐山市路南区复兴路54号	063000	0315-2869026	0315-2866026
湖北创新电气股份有限公司	湖北省宜昌市伍家岗区东站路211号	443000	0717-6572412	0717-6572452
无锡文鼎线缆有限公司	江苏省宜兴市官林镇工业集中区东虹路39号	214251	0510-87258883	0510-87208458
宁波市鄞州中久电子有限公司	浙江省宁波市鄞州横溪镇上畈58号	315131	0574-88239881	0574-88239555
微特技术有限公司	湖北省宜昌市港城路6号	443005	0717-4000082600	0717-6906018
南京高锐特起重机械有限公司	江苏省南京市六合区龙袍街道东沟镇工业园区府前街118号	211514	025-68902297	025-68902298
云南昆钢重型装备制造集团有限公司	云南省昆明市自由贸易试验区昆明片区经开区洛羊街道办事处拓翔路158号	650501	0871-68608516	0871-67427498
上海君睿起重设备安装工程有限公司	上海市静安区永和路398号飞乐大厦315室	200072	021-56652336	021-56652336
河南省恒远起重机械集团有限公司	河南省长垣市起重工业园区巨人大道6号	453400	0373-8622265	0373-8726666
岳阳科德科技有限责任公司	湖南省岳阳市经济开发区桐子岭路196号	414000	0731-8729888	
浙江三港起重电器有限公司	浙江省台州市三门县滨海新城永盛路8号	317100	0576-83351555	0576-83351558
南京神天起重机械设备有限公司	江苏省南京市江宁区禄口街道石埝社区（铜山）	211156	025-86197951	025-87191633
湖北三思科技股份有限公司	湖北省宜昌市高新区大连路33号清华科技园	443700	0717-6341110	0717-6342020
无锡市西塘宏达机电有限公司	江苏省无锡市惠山区前洲镇西塘村	214181	0510-83396588	0510-83396588
上海辛格林纳新时达电机有限公司	上海市嘉定区思义路1560号	201801	021-69926036	021-69926011
宁波新大通电机有限公司	浙江省宁波市象山产业区城东工业园万隆路587号	315706	0574-65626009	0574-65626009
象山亿佳电器有限公司	浙江省宁波市象山县贤庠镇锦庠路15号	315701	0574-65626626	0574-65803535
湖北重工蒲圻机械有限公司	湖北省赤壁市经济开发区赤马港园区11号路	437300	0715-5362978	0715-5362978

（续）

单位名称	通信地址	邮编	电话	传真
江苏上上电缆集团有限公司	江苏省溧阳市上上路 68 号	213300	0519-87308866	0519-87308866
山东天源重工集团有限公司	山东省新泰市羊流工业园	271208	0538-7446789	0538-7443456
河南省龙祥电力电缆有限公司	河南省长垣市人民路西段路南	453400	0373-8881935	
武汉金地球起重设备有限责任公司	湖北省武汉市武昌区中南路 14 号世纪广场 B 座 8002 室	430000	027-59814626	027-59814629
上海辽清缓实业有限公司	上海市宝山区爱辉路 27 弄 4 号 102	200431	021-66207448	021-66207428
广东日丰电缆股份有限公司	广东省中山市西区广丰工业园	528401	0760-88166388	0760-88166388
丹东万达电缆卷筒有限公司	辽宁省丹东市元宝区八道街 165 号	118000	0415-3128544	0415-3131002
鞍山市起重机械有限公司	辽宁省鞍山市立山区羊草庄工业园区强工路 369 号	114031	15941206520	0412-6619166
山东益统重工机械有限公司	山东省新泰市西张庄镇开发区博宇路路西	271224	0538-7446677	0538-7446777
山东鲁新起重设备有限公司	山东省新泰市西张庄镇正阳西路北首	271224	0538-7442439	0538-7442578
深圳市英威腾电气股份有限公司	深圳市光明区马田街道松白路英威腾光明科技大厦	518107	0755-23535641	0755-8631288
石家庄铁道大学国防交通研究所	河北省石家庄市北二环东路 17 号	050043	0311-87939580	0311-87939585
浙江麒龙起重机械有限公司	浙江省绍兴市柯桥区兰亭街道工业园区	312043	0575-84608898	0575-88405050
浙江天正电气股份有限公司（上海工业园）	上海市浦东新区康桥东路 388 号	201319	021-31167247	021-31198729
上海佩纳沙士吉打机械有限公司	上海市青浦区朱家角镇康元路 500 号	201713	021-59240052	021-59240057
江阴市三叶机械有限公司	江苏省江阴市申港镇申港路 259 号	214443	0510-86629737	
德马科起重机械有限公司	河南省长恒市长垣起重工业园区纬四路一号	453400	0373-8614499	0373-8614455
浙江协成起重机械有限公司	浙江省嘉兴市嘉善县惠民街道成功路 101 号	314100	0573-84772000	0573-84648605
承德市开发区盛方电子有限公司	河北省承德市高新区科技大厦附楼 8 层	067000	0314-2067073	0314-2067073
上海宏欣电线电缆有限公司	上海市浦东新区新场镇荷花路 19 号	201314	021-68158306	021-68158356
北京北起新创起重设备有限公司	北京市大兴区工业开发区金苑路 19 号	102606	010-83511775	010-60213238
辽宁三洋重工起重机装备有限公司	辽宁省开原市解放路 578 号	112300	0410-3163777	0410-3613109
深圳市益尔智控技术有限公司	广东省深圳市南山区公园南路蛇口联合工业村 G 栋南山互联网创新创意服务基地 B605	518067	0755-26435085	0755-26641880
斯泰尔起重设备（上海）有限公司	上海市普陀区怒江北路 399 号 901 室	200333	021-66083737	021-66083015
无锡市安全滑触线有限公司	江苏省无锡市滨湖区雪浪街道南泉赵祖浜路北	214128	0510-85062656	0510-85418311
泉州市恒力起重机制造有限公司	福建省泉州市鲤城区江南高新技术园区紫山路 30 号	362000	0595-28829999	0595-28896889
河南蒲瑞精密机械有限公司	河南省长垣市山海大道与留晖大道交叉口往北 20 米路西	453400	0373-8619999	0373-8619998
湖北圣河金起重设备有限公司	湖北省襄阳市樊城区柿铺杨湖社区	441136	0710-3113188	0710-3113188
江阴市金达传动机械有限公司	江苏省江阴市云亭街道那巷路 9 号	214400	0510-86022317	0510-86022092
凯道起重设备（上海）有限公司	上海市徐汇区中山西路 1800 号兆丰环球大厦 11J 室	200235	021-54488936	021-54488937
石家庄五龙制动器股份有限公司	河北省石家庄市桥西区新石中路 375 号金石大厦 C 座 501	050091	0311-83805606	0311-83826381
武汉港迪技术股份有限公司	湖北省武汉市东湖新技术开发区理工大科技园理工园路 6 号	430223	027-87927216	027-87920068
浙江众磊起重设备制造有限公司	浙江省诸暨市江龙工业开发区	311800	0575-87398028	0575-87398028

（续）

单位名称	通信地址	邮编	电话	传真
江阴市正盛机械制造有限公司	江苏省江阴市申港镇于门工业园 68 号	214443	0510-86688868	0510-86623128
浙江欧迈特减速机械有限公司	浙江省温州市平阳县宋桥镇工业园	325409	0577-63770881	0577-63775678
天津市百业机械制造有限公司	天津市东丽区民族路 2 号	300300	022-84893995	022-84893985
河南新科起重机股份有限公司	河南省长垣市巨人大道与阳泽路交叉口往西 350 米路北	453400	0373-8622113	0373-8622900
江苏沃得起重机有限公司	江苏省镇江市丹徒新区勤政南路	212143	0511-85935166	0511-85935226
湖北三六重工有限公司	湖北省咸宁市巨宁大道 36 号	437000	0715-8343666	0715-8312668
云南劲力重型机器有限公司	云南省昆明市官渡区经济技术开发区拓翔路 158 号	650000	0871-68712750	
河南省远征起重机械有限公司	河南省长垣市起重工业园区华豫大道	453400	0373-8611999	0373-8611997
上海神安起重运输机械制造有限公司	上海市青浦区西岑莲西路 4398 号	201721	021-59295355	021-59294371
浙江凯岛起重机械有限公司	浙江省台州市椒江区滨海工业区启航路 998 号	318000	0576-82717999	0576-82958822
浙江浩全电器科技有限公司	浙江省乐清市柳市镇苏吕村苏太路 418 号	325604	0577-62790957	0577-62790993
北京辰极国泰科技有限公司	北京市海淀区学院路 30 号方兴大厦 1006	100083	010-82380155	010-62333908
江苏金泰新减速机有限公司	江苏省泰兴市高新区文昌东路	225400	0523-87830888	0523-87839888
江阴帕沃特起重机械有限公司	江苏省江阴市经济开发区蟠龙山路 188 号	214437	0510-86299187	0510-86299187
山东贝特起重机有限公司	山东省青州市高柳镇天桥宋工业园	262500	0536-3289189	0536-3289186
阿尔法起重机有限公司	河南省长垣市南蒲街道巨人大道 88 号	453400	0373-8993666	0373-8927810
常州基腾电气有限公司	江苏省常州市钟楼区飞龙西路 76 号	213012	0519-83253268	0519-86762937
德驰无线应用技术（上海）有限公司	上海市松江区赵家泾路 389 号	201106	021-67629680	021-67629680
山东龙辉起重机械有限公司	山东省新泰市羊流工业园	271207	0538-7442248	0538-7442599
浦江召日电器有限公司	浙江省浦江县一点红大道 966 号 D 幢 4 楼 02	322000	0579-84300200	0579-84300200
诺德（中国）传动设备有限公司	江苏省苏州市工业园长阳街 510 号	215026	0512-85180277	0512-85180278
焦作工业制动器制造有限公司	河南省焦作市解放区太行路西段（煤校北侧）	454001	0391-2312585	0391-3414996
合力圆（厦门）起重机械有限公司	福建省厦门市同安区金富二路 13 号之一	361009	0592-5211449	0592-7036105
承德市中瑞自动化工程有限公司	河北省承德市高新区上板城 E2-08 地块承德微型智慧创业创新科技园（一期）实验楼 101、201	067000	0314-2268282	0314-757151
郑州机械研究所有限公司	河南省郑州市嵩山南路 81 号	450052	0371-67710564	0371-67710564
江苏兰陵高分子材料有限公司	江苏省常州市经开区横山桥镇五一村	213119	0519-88601616	0519-88604887
山东神州机械有限公司	山东省新泰市羊流工业园区	271208	0538-7446611	0538-7442529
江苏云智控自动化科技有限公司	江苏省徐州市泉山区永嘉科技园 A01 号楼 1-326	221000	0516-87390799	0516-87390799
杰起（上海）起重设备有限公司	上海市青浦区双联路 168 号复襄公社 401 室	201799	021-59887676	
云南特安特起重机械有限公司	云南省昆明市呈贡区乌龙街道松花社区牛头山	650500	0871-67491078	0871-67491078
北京中远通科技有限公司	北京市昌平区回龙观镇国际信息产业基地立业路 11 号	102206	010-69736588	010-69736588 转 839
布顿（杭州）钢丝绳有限公司	浙江省杭州市下城区永华街 57 号	310022	0571-85818781	0571-88133310
河南中科起重电气有限公司	河南省长垣市起重工业园区阳泽路 19 号	453400	0373-8711036	0373-8711036
江苏锡安达防爆股份有限公司	江苏省无锡市惠山经济开发区春惠路 528 号	214178	0510-83591888	0510-83761888
北京迪安帝科技有限公司	北京市朝阳区八里庄西里远洋商务 61 号楼 1201 室	100025	010-51654566	010-85862722
焦作市制动器有限公司	河南省焦作市武陟产业集聚区朝阳三路 999 号	454950	0391-7202511	0391-7202555
南京高精齿轮集团有限公司	江苏省南京市江宁区天册路 8 号	211100	025-84915268	
天津德仕达起重输送设备有限公司	天津市滨海新区塘沽新北路 4668 号创新创业园 22-3-D	300450	022-66218065	022-66218075

（续）

单位名称	通信地址	邮编	电话	传真
中铁十一局集团汉江重工有限公司	湖北省襄阳市樊城区中航大道 22 号	441000	0710-3124071	0710-3124849
河南省东泰齿轮有限公司	河南省长垣市蒲东王楼工业区	453400	15893834111	
江苏东鹰重型机械有限公司	江苏省溧阳市北郊工业园神路 2 号	213324	0519-68262222	0519-68262222
杭州亚绅电缆有限公司	浙江省杭州市经济技术开发区白杨街道	310018	0571-86910806	0571-86910806
江阴市志骏电器线缆有限公司	江苏省江阴市青阳工业区振阳路 19-2 号	214401	0510-86517698	0510-86512208
辽宁恒泰重机有限公司	辽宁省本溪市明山区文化路 14 号	117000	024-3217677	024-4829202
纽科伦（新乡）起重机有限公司	河南省长垣市南蒲巨人大道 5 号	453400	0373-8622016	0373-8622001
上海发那科机器人有限公司	上海市宝山区富联路 1500 号	201906	021-50327700	021-50327711
南京起重电机总厂	江苏省南京市江宁区科宁路 268 号鑫元机电工业园	211100	025-52162732	
佳木斯电机股份有限公司	黑龙江省佳木斯市前进区光复东路 380 号	154002	0454-8305757	0454-8125177
无锡市锡山港口起重机械有限公司	江苏省无锡市新吴区硕放南开路 88 号	214142	0510-85388868	0510-85380162
焦作市长江祥瑞制动器有限公司	河南省焦作市武陟县产业聚集区建业路西段	454950	0391-7517888	0391-7515658
大连达尔马电机有限公司	辽宁省庄河市疏港路 278 号	116400	0411-89812173	0411-89376329
山东峻峰起重机械有限公司	山东省泰安市新泰市果都镇洪庄路村北	271209	13455733083	0538-7420886
山东天正起重机械有限公司	山东省新泰市羊流工业园区	271208	15105483456	
湖北易通智联科技有限公司	湖北省宜昌市西陵区西湖路 32 号 1 号楼	443000	15327644813	0717-6517901
天水二一三电器集团有限公司	甘肃省天水市秦州区秦州大道 361 号	741001	0938-8364011	0938-3863854
深圳市海浦蒙特科技有限公司	广东省深圳市南山区西丽大勘王京坑工业区 28 栋 3 楼 302	518000	0755-26761688	
山东力山特智能科技股份有限公司	山东省日照市东港区临钢路以北、园区一路以西	276800	0531-76885188	0531-76482991
瑞安市金辉机械制造有限公司	浙江省瑞安市塘下镇海安凤山村凤凰西路 6 号	325200	13806535548	0577-65272599
温州合起工程机械有限公司	浙江省温州市平阳县鳌江镇东鳌村（村办公楼边）	325401	0577-58128391	
深圳市科沃电气技术有限公司	广东省深圳市宝安区沙井圣佐治工业园 8 栋三楼	518000	0755-29358285	0755-29109556
浙江恒齿传动股份有限公司	浙江省温州市平阳县万全镇机电创业园	325409	0577-63706688	0577-63186666
欧姆（重庆）电子技术有限公司	重庆市九龙坡区二郎留学生创业园	400039	023-68151154	023-67662083
河南双力桥梁机械集团有限公司	河南省长垣市魏庄工业区巨人大道与纬十一路交汇处	453400	0373-8927886	0373-8712785
杭州华新机电工程有限公司	浙江省杭州市西湖区金蓬街 315 号	310030	0571-89905102	0571-89905102
河南省中原奥起实业有限公司	河南省长垣市魏庄工业区华豫大道中段路东	453400	0373-8814906	0373-8813875
无锡市新华起重工具有限公司	江苏省无锡市新吴区梅村锡达路 228 号	214111	0510-88550088	0510-88550008
四川劲兴制动科技有限公司	四川省德阳市广汉市经济开发区高雄路西端	618312	0838-5298570	0838-5298570
浙江喆泰智能科技有限公司	浙江省桐乡市梧桐街道文华南路 485 号	314500	0573-88137188	0573-88137188
焦作市力创制动器有限公司	河南省焦作市解放区牧野路 1 号	454000	0391-2311050	0391-2311050
常州常迪机电科技有限公司	江苏省常州市新北区春江街道创业东路 2-1 号	213000	15861171618	
北京北起意欧替智能科技有限公司	北京市怀柔区雁栖工业开发区 C 区 1 号	101407	010-61665765	
新乡市海创传动设备有限公司	河南省新乡市卫滨区西环路与香泉路交叉口西北角	453000	15937321154	
河南三五重工有限公司	河南省长垣市芦岗乡再制造产业园区创业大道 2 号	453000	15836083555	
河南正乐电气有限公司	河南省长垣市南蒲区巨人大道中段巨公司 C 区对面	453400	0373-8072555	0373-8934666

（续）

单位名称	通信地址	邮编	电话	传真
苏州伟创电气科技股份有限公司	江苏省苏州市吴中经济技术开发区郭巷街道淞葭路 1000 号	215124	0512-66171988	
河南省重科起重机有限公司	河南省长垣市恼里镇矿山大道北段 1 号	453400	18860251290	
浙江瑞德森机械有限公司	浙江省温州市平阳县麻步镇五七省道北侧	325400	0577-58113206	0577-63662606
河南省志方起重设备有限公司	河南省长垣市魏庄镇董寨村	453400	0373-8610666	
河南吉尼智能起重机有限公司	河南省长垣市魏庄起重工业园区巨人大道 16 号	453400	0373-8928877	0373-8928877
浙江正起电气有限公司	浙江省台州市三门县海润街道工业大道 35-37 号	317199	0576-83230902	
河南巨人起重机集团有限公司	河南省长垣市巨人大道巨人集团 B 区	453400	18837370651	

起重葫芦分会

单位名称	通信地址	邮编	电话	传真
中国重型机械工业协会	北京市丰台区南四环西路 186 号二区 8 号楼	100070	010-83927106	010-83927113
凯澄起重机械有限公司	江苏省江阴市澄江东路 18 号	214429	0510-86199688	0510-86196633
纽科伦（新乡）起重机有限公司	河南省长垣市河南起重机械工业园区	453424	0373-8622060	0373-8622060
北京起重运输机械设计研究院有限公司	北京市东城区雍和宫大街 52 号	100007	010-84037438	010-64079406
河南省矿山起重机有限公司	河南省长垣市长恼工业区矿山路与纬三路交汇处	453400	0373-8735669	0373-8735333
浙江双鸟机械有限公司	浙江省嵊州市黄泽镇工业功能区玉龙路 16 号	312455	0575-83055888	0575-83503801
浙江冠林机械有限公司	浙江省湖州市安吉县天子湖园区五福路 7 号	313310	0572-5819933	
浙江五一机械有限公司	浙江省衢州市衢江区百灵南路 888 号	324000	0570-3850169	0570-3850060
江苏三马起重机械制造有限公司	江苏省靖江市开发区新桥园区润新大道 9 号	214536	0523-84331105	0523-84333096
国家起重运输机械质量检验检测中心	北京市东城区雍和宫大街 52 号质检中心	100007	010-64033405	010-64052252
上海雄风起重设备厂有限公司	上海市松江区佘北公路 2199 号	201602	021-57796432	021-57796450
江西起重机械总厂有限公司	江西省樟树市共和东路 82 号	331200	0795-7364266	0795-7364566
新乡市起重设备厂有限责任公司	河南省新乡市经济开发区新长北线北侧经 11 路东 2 门	453003	0373-3838082	0373-3058094
湖北银起机械有限公司	湖北省赤壁市河北大道 419 号	437300	0715-5337938	0715-5337966
八达机电有限公司	浙江省瑞安市经济开发区毓蒙路 8 号	325200	0577-65156661	0577-65156699
南阳起重机械厂有限公司	河南省南阳市光武中路 1615 号	473000	0377-63382500	0377-63380410
象王重工股份有限公司	江苏省盐城市建湖县经济开发区明珠东路 1 号	224700	0515-82068988	0515-86312253
《起重运输机械》杂志社	北京市东城区雍和宫大街 52 号	100007	010-64031987	010-64031987
德马格起重机械（上海）有限公司	上海市普陀区绥德路 789 号	200331	021-26061001	021-26061001
科尼起重机设备（上海）有限公司	上海市普陀区祁连山南路 2891 弄四号楼 1-3 层	200331	021-26061051	021-26061069
诺威起重设备（苏州）有限公司	江苏省苏州市吴江经济开发区庞金路 1288 号	215211	0512-63120889	0512-63120886
江苏鼎力重工集团有限公司	江苏省江阴市金山路 303 号	214437	0510-86996868	0510-86996666
上海浦东明昌起重机械制造有限公司	上海市浦东新区川沙镇鹿达路 39 号	201202	021-58590038	021-58590038
广东超宇起重设备有限公司	广东省梅州市梅江区城北新田福瑞岗	514089	0753-2382083	0753-2382063
聊城五环机械有限公司	山东省聊城市经济开发区嫩江路 55 号	252000	0635-8880688	0635-8880699
山东聊城科顺机械有限公司	山东省聊城市东昌府区凤凰工业园纬二路 18 号	252000	0635-8578888	0635-8579988
重庆凯荣机械有限责任公司	重庆市九龙坡区九龙工业园区华龙大道 9 号	400052	023-68466289	023-68466279
河南省飞马起重机械集团有限公司	河南省长垣市起重工业园区纬五路 11 号	453400	0373-8712222	0373-8711976

（续）

单位名称	通信地址	邮编	电话	传真
北京北起科瑞起重设备制造有限公司	北京市怀柔区雁栖工业开发区	102628	010-61669268	
慈溪市捷豹起重机械有限公司	浙江省慈溪市庵东镇沿江路 258 号	315327	0574-63479928	0574-63479899
慈溪市勤丰机械有限公司	浙江省慈溪市庵东镇七二三大街 11 弄 3 号	315327	0574-63477188	0574-63479188
常州市常欣电子衡器有限公司	江苏省常州市中凉亭夏雷路 68 号	213001	0519-86643943	0519-86640473
河南恒达机电设备有限公司	河南省长垣市起重工业园区纬四路东侧	453424	0373-2156199	0373-2156189
南京特种电机厂有限公司	江苏省南京市六合区雄州东路 289 号	211500	025-57512568	025-57107279
南京起重电机总厂	江苏省南京市江宁区东山科宁路 268 号	211100	025-51191919	025-52282652
南京开关厂股份有限公司	江苏省南京市江宁区滨江开发区绣玉路 2 号	211178	025-86106608	025-86106515
江苏佳力起重机械制造有限公司	江苏省淮安市盱眙工业园区工六路	211700	0517-88299039	0517-88298123
安徽九华机械股份有限公司	安徽省池州市经济技术开发区金科东路	247000	0566-2220792	0566-2222099
华德起重机（天津）股份有限公司	天津市武清区京滨工业园民丰道 1 号	301712	022-22199090	022-29467189
江西工埠机械有限责任公司	江西省樟树市大桥工业园	331200	0795-7776368	0795-7776268
浙江东海减速机有限公司	浙江省温州市平阳经济开发区鸽巢路（鳌江镇）	325401	0577-63631862	0577-63679809
重庆维大力起重设备有限公司	重庆市渝北区黄山大道中段 77 号	401121	023-88505800	023-88505859
杭州浙起机械有限公司	浙江省杭州市富阳区东洲街道东望路 6 号第 1 幢、第 2 幢	311401	0571-87191600	0571-87191609
重庆市飞鹰起重设备有限责任公司	重庆市江津路珞璜镇工业园 B 区（重庆起重机厂内）	400052	023-61771787	023-65263714
湖北三六重工有限公司	湖北省咸宁市巨宁大道 36 号	437000	0715-8343111	0715-8312668
南京禄口起重机械有限公司	江苏省南京市江宁区禄口街道燕湖路	211113	025-52771222	025-52775660
北京双泰气动设备有限公司	北京市通州区张家湾枣林庄工业大院	101113	010-61569873	010-61569872
常熟海鸥起重机械有限公司	江苏省常熟市碧溪镇留下村	215512	0512-52631785	0512-52637785
四川莱斯特机械制造有限公司	四川省眉山市丹棱县关帝路 69 号	620200	028-37263360	028-37263222
南京神天起重机械设备有限公司	江苏省南京市江宁区禄口街道石埝社区	211156	025-87191633	025-87191633
上海万铂起重机械有限公司	上海市嘉定区丰功路 628 号	201801	021-59158828	021-69151468
浙江凯勋机电有限公司	浙江省瑞安市林垟工业区八达路 35 号	325207	0577-65592888	0577-65590198
上海劲雕起重设备厂有限公司	上海市嘉定区金园六路 396 号	201812	021-56651383	021-56650541
斯泰尔起重设备（上海）有限公司	上海市普陀区怒江北路 399 号 901 室	200333	021-66083737	021-66083737
高博（天津）起重设备有限公司	天津市经济技术开发区第十三大街 58 号	300457	022-59822285	022-59822286
星都起重设备（辽宁）有限公司	辽宁省沈阳市沈北新区佳阳路 18 号	110164	024-88087557	024-88087007
四川合能起重设备有限公司	四川省成都市金堂县淮口镇现代大道 999 号	610400	028-84903622	028-84903300
慈溪市金鑫机械有限公司	浙江省慈溪市庵东镇工业园区南侧	315327	0574-63471402	0574-63475858
湖北蒲圻起重机械有限公司	湖北省赤壁市经济开发区发展大道 131 号	437300	0715-5250377	0715-5250489
赤壁市蒲圻起重运输机械有限责任公司	湖北省赤壁市经济开发区凤凰山路	437300	0715-5250338	0715-5250823
无锡市永昌起重机械厂	江苏省无锡市锡山区东港镇	214199	0510-88761429	0510-88760121
山东省聊城市隆达实业有限公司	山东省聊城市开发区东城工业园九洲路 7 号	252000	0635-6976982	0635-8346011
河北怀鸽起重机械集团有限公司	河北省保定市清苑区东吕村	071100	0312-8151581	0312-8152866
清苑县川岛起重机械制造有限公司	河北省保定市清苑区东吕村	071100	0312-8151230	0312-8152011
杭州恒力机械厂	浙江省杭州市余杭区瓶窑镇凤都工业园区羊城路 8 号	311115	0571-88533080	0571-88533038

（续）

单位名称	通信地址	邮编	电话	传真
天津永恒泰科技有限公司	天津市西青经济技术开发区津淄公路天祥工业园祥瑞路 7 号	300385	022-23789800	022-23786763
武汉合康电驱动技术有限公司	湖北省武汉市东湖高新开发区佛祖岭三路 6 号	430205	027-81650223	027-81650200
扬戈科技股份有限公司	浙江省台州市三门县滨海新城滨港路 16 号	317100	0576-83337758	0576-83373755
杭州四达机械电子有限公司	浙江省杭州市余杭区瓶窑镇凤都工业园区	311115	0571-88531361	0571-88531629
常州市武进起重电器有限公司	江苏省常州市武进区横林镇莲蓉村	213103	0519-88501043	0519-88501298
杭州勤裕昌机械设备制造有限公司	浙江省杭州市余杭区瓶窑镇工业园区	311115	0571-88545633	0571-88545611
山东冠锐链轮科技有限公司	山东省泰安市泰山区省庄镇东羊楼工业区	271039	0538-6512088	0538-6512798
浙江浩全电器科技有限公司	浙江省乐清市柳市镇苏吕村苏太路 418 号	325604	0577-62790993	0577-62790780
浙江中富电气有限公司	浙江省乐清市经济开发区纬十一路 259 号	325600	0577-62998000	0577-62998111
江西飞达电气设备有限公司	江西省宜春市经济开发区宜工大道	336000	0795-3245168	0795-3245060
衡水贝瑞起重机械有限公司	河北省衡水市和平西路肖屯新区 60 号	053000	0318-2328038	0318-2328038
慈溪市锦华机械实业有限公司	浙江省慈溪市古塘街道新潮塘 368 号	315303	0574-63272222	0574-63272727
慈溪市平浪实业有限公司	浙江省慈溪市古塘街道新潮村	315300	0574-63286888	0574-63286888
慈溪市华表五金厂	浙江省慈溪市庵东镇北路 515 号	315327	0574-63474222	0574-63471848
慈溪市腾达滚子有限公司	浙江省慈溪市庵东镇工业园区纬三西路	315327	0574-63472021	0574-63472822
慈溪市通发机械有限公司	浙江省慈溪市坎墩工业开发区 A 区	315303	0574-63288185	0574-63282993
慈溪市精驰齿轮有限公司	浙江省慈溪市坎墩街道坎中路 75 号	315303	0574-63289280	0574-63288255
慈溪市威宁机械有限公司	浙江省慈溪市坎墩街道五房弄 11 号	315303	0574-63273238	0574-63273237
慈溪市庵东镇勤丰机械厂	浙江省慈溪市庵东镇宏兴路 449 弄 6 号	315327	0574-63471095	0574-63476158
慈溪市神州机电实业有限公司	浙江省慈溪市坎墩街道兴安路 250 号	315303	0574-63286681	0574-63288238
慈溪市朝阳机械有限公司	浙江省慈溪市庵东镇府北路 34 号	315327	0574-63471257	0574-63472257
慈溪市文祥机械实业有限公司	浙江省慈溪市坎墩街道坎中路 1 号	315303	0574-63283758	0574-63283488
慈溪起升机械设备有限公司	浙江省慈溪市崇寿镇绿色食品工业园绿园二路 123 号	315326	0574-63297580	0574-63419928
慈溪市慈春机械有限公司	浙江省慈溪市坎墩街道坎中村郑家甲北路	315303	0574-63273105	0574-63273105
慈溪市启力机械有限公司	浙江省慈溪市坎墩街道坎墩西路 428 号	315303	0574-56337822	0574-56338380
慈溪市动力机械配件厂（普通合伙）	浙江省慈溪市坎墩街道长白路 9 号	315303	0574-63273010	0574-63273010
慈溪市通发汽车配件有限公司	浙江省慈溪市坎墩街道沈家甲北路 96 号	315303	0574-63287578	0574-63275628
慈溪市兴迪机械配件有限公司	浙江省慈溪市坎墩镇街 42 号	315303	0574-63288032	0574-63288297
慈溪市庵东镇建兴机械配件厂	浙江省慈溪市庵东镇元祥村	315327	0574-63475790	0574-63475790
睿得新材料科技（常州）有限公司	江苏省常州市新北区河海东路 108 号国宾一号 7 丙 101 室	213004	0519-89890325	0519-89890326
慈溪益通机械有限公司	浙江省慈溪市坎墩街道坎中村严家路 1 号	315303	0574-63273202	0574-63273223
上海鑫斌机械有限公司	上海市嘉定区安亭镇漳翔路 1189 号	201814	021-59508789	021-59505086
鞍山起重控制设备有限公司	辽宁省鞍山市千山区解家堡新工街 18 号	114041	0412-2516379	0412-2516356
咸宁三宁机电有限公司	湖北省咸宁市长江产业园（旗鼓大道 12 号）	437000	0715-7200919	0715-8200937
南通合兴铁链有限责任公司	江苏省南通市如东县新店镇工业集中区	226432	0513-84399999	0513-84386666
上海精浦机电有限公司	上海市普陀区交暨路 185 号 5 幢 3 层	200331	021-36320991-8008	021-36320990
杭州汉乐新材料科技有限公司	浙江省临安市龙岗镇龙岗街 130 号	311322	0571-63631188	0571-63631988
无锡文鼎线缆有限公司	江苏省宜兴市官林镇工业集中区	214251	0510-87211101	0510-87206210

（续）

单位名称	通信地址	邮编	电话	传真
江苏欧玛机械有限公司	江苏省常熟市碧溪新区迎宾路 19-1 号	215513	0512-52639735	0512-52296322
郑州市泰德尔电机厂	河南省郑州市郑上路李克寨	450100	0371-64951411	0371-64951411
河北神力索具集团有限公司	河北省保定市清苑区东吕工业区	071100	0312-8156666	0312-8153333
上海宏欣电线电缆有限公司	上海市浦东新区新场镇祝桥一灶 240 号	201314	021-68158306	021-68158268
无锡市瑞特起重机械有限公司	江苏省无锡市锡山区东港镇	214199	0510-88352279	0510-88763811
重庆美和机电有限公司	重庆市大渡口区建桥工业园 C 区建园路	401325	023-61556906	023-61556907
保定凯诚纤维科技有限公司	河北省保定市清苑区东吕工业园	071100	0312-8106333	0312-8106222
河南省兴垣电子商务有限公司	河南省长垣市起重工业园区管委会 4 层	453400	0373-8928958	0373-8712115
铜陵市神雕机械制造有限公司	安徽省铜陵市泰山大道南段 618 号	244061	0562-5886768	0562-5886758
辰力集团有限公司	河北省保定市清苑区发展东路 33 号	071100	0312-8036111	0312-8152928
安徽文盛科技有限公司	安徽省淮南市大通区工业园区（二期）22 号	232000	0554-3311585	0554-3311595
湖北华博三六电机有限公司	湖北省咸宁市咸安区凤凰工业园	437000	0715-8341384	0715-8341028
临清天德轴承有限公司	山东省临清市烟店经济开发区许张寨工业园 110 号	252665	0635-2855109	0635-2103777
浙江维大茵特起重设备有限公司	浙江省海宁市长安镇（高新区）之江路 888 号	314423	0571-88035681	0571-86925638
丹东市起重机械有限公司	辽宁省丹东市大孤山经济区嵩山街 7 号	118013	0415-6681188	0415-6681166
池州市华安起重机械有限公司	安徽省池州市高新区白浦路	247000	0566-3381969	0566-3381919
温州朗菲电气科技有限公司	浙江省乐清市柳市镇方斗岩工业区横泾西一路 52 号	325603	0577-62867767	0577-62867767
慈溪市洲际齿轮厂	浙江省慈溪市坎墩街道严家河路 47 号	315303	0574-63280945	0574-63276818
湖北恒欣传动设备股份有限公司	湖北省咸宁市高新技术产业园区旗鼓大道 12 号	437000	0715-8200935	0715-8200935
东莞市台冠起重机械设备有限公司	广东省东莞市大朗镇杨涌金朗南路 229 号	523790	0769-83019666	0769-83019669
南通瑞金制链科技有限公司	江苏省南通市如东县丰利镇枫发工业区	226408	0513-84582588	0513-84581688
中煤张家口煤矿机械有限责任公司帕森斯链条分公司	河北省张家口市产业集聚区煤机路 1 号	076250	0313-2056561	0313-2032388
无锡市欧力特起重设备有限公司	江苏省无锡市东港镇五一园区	214199	0510-88350326	0510-88353672
湖南泰尔汀起重科技有限公司	湖南省株洲市石峰区田心北门新民路 266 号	412001	0731-22132226	0731-22323571
浙江凯岛起重机械有限公司	浙江省台州市椒江区三甲街道启航路 998 号	318000	0576-82717999	0576-88165522
山东力特重工机械有限公司	山东省济南市章丘区绣惠镇茂李村	250201	0531-83486566	0531-83472011
太仓普兰尼特起重有限公司	江苏省太仓市南郊北漳泾路 99 号科技园 10 幢	215400	0512-73578836-802	0512-53578826
广东韶铸锻造有限公司	广东省韶关市浈江区十里镇广东韶铸集团有限公司场内	512031	0751-8832682	0751-8858910
杭州契卡拉起重机械有限公司	浙江省杭州市萧山区戴村镇大石盖村兴孙路 5 号	311261	0571-57579713	0571-57579712
河南锐思特科技有限公司	河南省长垣市起重工业园纬十六路	453400	0373-8610888	0373-8713777
浙江劼力起重机械设备有限公司	浙江省诸暨市暨阳街道环城北路郭家 5 号（7-11）	311800	0575-88791616	0575-87763006
维多利科技（江苏）有限公司	江苏省淮安市工业园区发展东道 8 号	223200	0517-89702017	0517-89702015
如东宏信机械制造有限公司	江苏省南通市如东县洋口镇新林工业园区	226407	0513-84852008	0513-84852098
托菲传感技术（上海）股份有限公司	上海市虹口区丰镇路 806 号 1 号楼 6 楼	200434	021-65311020	021-65311031
苏州中州安勃起重有限公司	江苏省太仓市五洋商城 23 栋 123 号	215400	0512-53569021	0512-53569021
安徽创新电磁离合器有限公司	安徽省广德市经济开发区太极大道 585 号	242200	0563-6012895	0563-6012895
慈溪市坎墩沈南五金配件厂	浙江省慈溪市坎墩街道沈五村沈五南路 65 号	315303	0574-63286037	0574-63286037
苏州库力铁重工有限公司	江苏省苏州市吴江区汾湖高新区府时路 297 号	215213	0512-63298737	0512-63298715

（续）

单位名称	通信地址	邮编	电话	传真
昆山维夏机电科技有限公司	江苏省昆山市玉城北路 158 号 D 栋维夏机电	215316	0512-36607981	0512-36607985
江苏蓝威起重机械有限公司	江苏省江阴市富民路 18 号	214400	0510-86991609	0510-86995978
宁波红卓塑业科技有限公司	浙江省余姚市低塘街道郑巷村横棣西 54 号	315400	0574-62538722	0574-62538722
河南蒲瑞精密机械有限公司	河南省长垣市巨人大道南段路西	453400	0373-8619999	0373-8619999
杭州麦克起重设备有限公司	浙江省杭州市余杭区良渚街道古墩路 1359 号	311100	0571-88161057	0571-88161067

千斤顶分会

单位名称	通信地址	邮编	电话	传真
常熟通润汽车零部件股份有限公司	江苏常熟经济开发区新龙腾工业园	215500	13706239906	0512-52343388
北京起重运输机械设计研究院有限公司	北京市东城区雍和宫大街 52 号	100007	010-64032277	010-64052584
山东启阳工具有限公司	山东省临沂市河东区双桥街东段	276000	13805496558	0539-8082929
杭州盈江机械制造有限公司	浙江省杭州市余杭区闲林街道嘉企路 37 号	311122	13606623997	
宁波市奉化区南方机械制造有限公司	浙江省宁波市奉化市尚田镇	315511	13105588888	0574-56377770
杭州天恒机械有限公司	浙江省杭州市临安板桥乡下板桥 113 号	311301	13777365222	0571-63780362
南德认证检测（中国）有限公司上海分公司	上海市静安区恒通路 88 号	200070	13918815583	
嘉兴市舜天机械股份有限公司	浙江省嘉兴市南湖余新镇真北路 21 号	314008	13806737856	
浙江亿鹏机械股份有限公司	浙江省嘉兴市南湖区风桥新篁工业区莲花路	314008	13867354033	
江苏通润集团常熟市千斤顶厂	江苏省常熟市联丰路 58-1 号	215500	0512-52820788	0512-52822288
承德胜利千斤顶有限公司	河北省承德市承德县孟家院街 6 号	067411	13931416995	0314-3056478
上海润韶机电有限公司	上海市宝山区江杨南路 1085 号	200434	021-56881711	021-56881711
承德润韩千斤顶有限公司	河北省承德市西大街 142 号	067000	0314-21185487	0314-21185589
杭州临安市橡胶有限公司	浙江省临安市昌化工业园区 1 号	311321	13906815865	0572-63668866
承德相一机械有限公司	河北省承德市平泉县红山嘴开发区	067500	18931405577	
嘉兴力托机械股份有限公司	浙江省平湖市曹桥街道景兴一路 158 号	314305	13957328571	0573-85961158
海盐亿达电子科技有限公司	浙江省嘉兴市海盐县武原镇盐北路 211 号	314305	13666772017	
海盐星达精密机械股份有限公司	浙江省嘉兴市海盐县元通街道新兴工业园	314317	13857348155	0573-86882682
海盐金鼎钢管股份有限公司	浙江省嘉兴市海盐县西塘桥街道北日晖桥	314305	13906832477	0573-86512688
平湖市通力机械股份有限公司	浙江省嘉兴市平湖曹桥街道石龙一号路 18 号	314214	13706733318	0573-85962818
富阳通力机械制造有限公司	浙江省杭州市富阳鹿山工业园同辉路 8 号	311407	15068134737	0751-63486175
余姚市兴泰机械制造有限公司	浙江省余姚市丈亭工业园区杨梅路 288 号	315410	13805804376	
嘉兴市峰腾汽配股份有限公司	浙江省嘉兴市海盐县西塘桥街道海湾大道 1479 号	314305	13819377251	0573-86811002
浙江中兴机械制造股份有限公司	浙江省嘉兴市南湖区大桥镇双龙路 3065 号	314005	13388635888	0573-83015188
海盐东通家居有限公司	浙江省嘉兴市海盐县通元镇诚创工业园区 2 号楼	314306	13616839285	
上海汉刚液压工具有限公司	上海市宝山区月罗公路 1558 号 -9	200941	13817295373	
安徽省宁国加贝利橡塑制品有限公司	安徽省宣城市宁国经济技术开发区柿子树路 8 号	242300	13605634439	

物流与仓储机械分会

单位名称	通信地址	邮编	电话	传真
北京起重运输机械设计研究院有限公司	北京市东城区雍和宫大街 52 号	100007	010-84044106	010-64052584

（续）

单位名称	通信地址	邮编	电话	传真
北自所（北京）科技发展股份有限公司	北京市西城区德胜门外校场口 1 号	100011	010-62032255	010-62050838
上海精星仓储设备工程有限公司	上海市松江区车墩镇泖亭路 398 号	201611	021-37620999	021-37837356
昆船智能技术股份有限公司	云南省昆明市人民中路 6 号昆船大厦	650051	0871-63173610	0871-63173600
北京伍强科技有限公司	北京市海淀区上地三街 9 号嘉华大厦 C608 室	100086	010-82783336	010-82782140
中国中元国际工程有限公司	北京市海淀区西三环北路 5 号	100089	010-68732571	010-68478686
沈阳飞机工业集团物流装备有限公司	辽宁省沈阳市皇姑区松山路 11 号	110034	024-86598218	024-86597218
沈阳新松机器人自动化有限公司	辽宁省沈阳市浑南新区金辉街 16 号	110168	024-31699677	024-31699275
山西东杰智能物流装备股份有限公司	山西省太原市新兰路 51 号	030008	0351-3633818	0351-3633521
德马科技集团股份有限公司上海分公司	上海市徐汇区虹漕路 461 号软件大厦 7 楼 A 座	200233	021-64855075-806	021-54260092
北京科技大学《物流技术与应用》杂志社	北京市海淀区学院路 30 号方兴大厦 716 室	100083	010-62332914	010-62329145
中邮科技有限责任公司北京分公司	北京市海淀区西三旗建材城西路 65 号	100096	010-82419131	010-82915761
北京康拓红外技术股份有限公司	北京市海淀区地锦路中关村环保科技示范园 7 号院 2 号楼	100190	010-82493680	010-82493674
江苏六维智能物流装备股份有限公司	江苏省南京市建邺奥体大街 118 号紫金西城 1 栋 905 室	210019	025-51873969、86106520	025-86100397
天奇自动化工程股份有限公司	江苏省无锡市惠山区洛社镇洛藕路 288 号	214187	0510-83311041	0510-83313751
江苏前程工业包装有限公司	江苏省无锡市梅村新泰工业园锡鸿路 18 号	214112	0510-88551666-8035	0510-88551717
上海天睿物流咨询有限公司	上海市闵行区华茂路 100 号 14-102 室	201101	021-54190656	021-54198876
北京邮电大学自动化学院物流工程系	北京市海淀区西土城路 10 号	100876	010-62283296	010-62283296
同济大学机械与能源工程学院	上海市嘉定区曹安公路 4800 号	201804	021-69589736、65989750	021-69589485
河北滦宝装备制造有限公司	河北省承德市双滦区双塔山	067101	0314-4320186	0314-4044797
南京音飞储存设备（集团）股份有限公司	江苏省南京市江宁经济技术开发区殷华街 470 号	211102	025-52726325	025-52726328
武汉理工大学交通与物流工程学院	湖北省武汉市和平大道 1178 号	430063	027-86533992	027-86533992
全国物流仓储设备标准化技术委员会	北京市东城区雍和宫大街 52 号	100007	010-64035247	010-64035403
国家起重运输机械质量检验检测中心	北京市东城区雍和宫大街 52 号	100007	010-64004968	010-64052252
浙江德能物流装备科技有限公司	浙江省湖州市八里店镇湖织大道三一重工园区西侧	313000	0572-2282001	0572-2282210
上海睿丰自动化系统有限公司	上海市普陀区中江路 889 号曹杨商务大厦 1303 室	200333	021-61170109-203	021-61170109-201
湖州双力自动化科技装备有限公司	浙江省湖州市经济技术开发区西凤路 888 号	313000	0572-2053013	0572-2031173
普天物流技术有限公司	北京市海淀区海淀北二街 6 号普天大厦 10 层	100080	010-62418007	010-62418000
科捷智能科技股份有限公司	上海市闵行区瓶安路 1358 号 3 号楼 3 楼	201100	021-60759888-818	021-61157115
希望森兰科技股份有限公司	四川省成都市西航港经济开发区空港二路二段 1599 号	610207	028-85960127	028-85962488
浙江刚玉智能科技有限公司	浙江省杭州市下沙正泰中自科技园	310018	15763806611	4000069180
三维通信股份有限公司	浙江省杭州市滨江区火炬大道 581 号	310053	0571-88866999	0571-88923311
永恒力叉车（上海）有限公司	上海市普陀区绥德路 2 弄 12 号	200331	021-26020371	021-26020301
天海欧康科技信息（厦门）有限公司	福建省厦门市火炬高新区软件园创新大厦 A 区	361005	0592-2521388	0592-2521399

（续）

单位名称	通信地址	邮编	电话	传真
河北博途仓储设备有限公司	北京市大兴区亦庄经济技术开发区科创十三街31号北京经开壹中心14号楼3层	100122	010-61556047-8027	010-61552161
黄石邦柯科技股份有限公司	湖北省黄石市杭州西路194号	435000	0714-3090018-8311	0714-6352817
南京华德仓储设备制造有限公司	江苏省南京市江宁区科学园侯焦路111号	211122	025-52641198	025-52643200
机科发展科技股份有限公司	北京市海淀区首体南路2号	100044	010-88301025	010-68343180
苏州市普成机械有限公司	江苏省苏州市吴中区天鹅荡路2555号	215103	0512-65466477	0512-65466577
无锡中鼎集成技术有限公司	江苏省无锡市蠡园开发区鸿桥路801号（无锡现代工业设计大厦12B楼）	214000	0510-81175555-8007	0510-83318379
三丰智能装备集团股份有限公司	湖北省黄石市黄金山工业新区金山大道398号	435000	0714-6359320	0714-6359320
SEW-传动设备（天津）有限公司	天津市滨海新区经济技术开发区第七大街46号	300457	022-25322612	022-25323273
劳易测电子贸易（深圳）有限公司	广东省深圳市南山区深云西二路天健科技大厦A栋塔楼第9层	518074	0755-86264909	
湖州锐格物流科技有限公司	浙江省湖州市南太湖高新区环渚路518号	313000	0572-2582588	0572-2582589
沈阳沈飞电子科技发展有限公司	辽宁省沈阳市皇姑区松山路11号	110034	024-86500156	024-86545727
哈尔滨龙航仓储设备制造有限公司	黑龙江省哈尔滨市南岗区民建路18号	150080	0451-82467705	0451-86655026
湖州众友物流技术装备有限公司	浙江省湖州市长兴县李家巷工业集中区华锦路	313100	0572-6600801	0572-6600801
浙江厚达智能科技股份有限公司	浙江省杭州市天目山西路58号	310023	0571-89301096	0571-89301105
吉林省佳信通用机械集团股份有限公司	吉林省集安市工业园区创业路3号	134200	0435-6222011	0435-6222532
浙江管工智能机械设备有限公司	浙江省湖州市南太湖高新技术产业园区工业路1号科创园3幢1层1号	313000	0572-2673290	0572-2673290
魏德米勒电联接（上海）有限公司	上海市静安区裕通路100号宝矿洲际商务中心25楼	200070	021-22195132	021-22195060
苏州希倍优辊轮有限公司	江苏省苏州市工业园区唯亭镇水东港路20号怡邻工业坊B区6号	215121	0512-65078973	0512-65078643
苏州怡丰自动化装备有限公司	江苏省苏州市吴中区河东工业园尹中南路888号	215124	0512-65978988	0512-66981179
华晟（青岛）智能装备科技有限公司	山东省青岛市市北区郑州路43号	266000	0532-68862155	
浙江凯乐士科技集团股份有限公司	浙江省嘉兴市南湖区亚太路778号7号楼南二区	314000	0573-82586878	
北京中新智慧物流科技有限公司	北京市朝阳区酒仙桥路6号院1号楼1至14层101内6层0601	100016	010-83412953	010-83412953
世仓智能仓储设备（上海）股份有限公司	上海市闵行区中春路7001号G栋12楼	201101	021-51875788	021-54887656
米亚斯物流设备（昆山）有限公司	江苏省昆山市张浦镇德国工业园Ⅱ期建德路399号	215321	0512-57293100-863	0512-57293866
苏州罗伯特木牛流马物流技术有限公司	江苏省苏州市工业园区金田路2号东景工业坊20栋	215000	0512-62798247	0512-62796047
江苏国茂减速机股份有限公司	江苏省常州市武进区高新技术开发区龙潜路98号	213164	0519-88062851	0519-88062898
伊诺维森（北京）企业管理有限公司	北京市朝阳区朝阳路71号锐城国际707室	100025	010-88495971	010-88498437
牧今科技（广州）有限责任公司	广东省广州市海珠区浙滘路100号4号楼101单元	510290	020-89993280	
浙江运畅智能科技有限公司	浙江省湖州市吴兴区道场乡城南工业园区211号	313000	0572-2200728	0572-2200722
中科巨龙（北京）物联网技术股份有限公司	北京市海淀区中关村南大街17号韦伯时代中心C座701室	100081	010-63108339	010-88572248
浙江中轴物流设备有限公司	浙江省湖州市吴兴区妙西工业园聚龙大道	313000	0572-2593380	0572-2198187

带式输送机分会

单位名称	通信地址	邮编	电话
东东（沈阳）输送设备科技有限公司	辽宁省沈阳市大东区大东路堂子街 8-1 号	110000	13840055825
北方重工集团有限公司	辽宁省沈阳市经济技术开发区开发大路 16 号	110141	13889364658
东北大学机械工程与自动化学院	辽宁省沈阳市和平区文化路 3 号巷 11 号	110819	13940324923
华创重工工业（大连）有限公司	辽宁省瓦房店市岗店办事处东林村	116300	13701820712
鞍山冶金集团制造技术有限公司	辽宁省鞍山市铁东区团结街 38 甲	114002	0412-6723622
本溪华隆清扫器制造有限公司	辽宁省本溪市平山区千金办事处千金村	117022	15504148195
大连长盛海华输送设备制造有限公司	辽宁省大连保税区亮甲店镇石城村	116104	13704110209
大连营城液力偶合器厂	辽宁省大连市甘井子区营城子工业园营辉路 35 号	116033	13591108810
大连液力机械有限公司	辽宁省大连市甘井子区营城子工业园营辉路 5 号	116036	13942022006
大连骅洋液力偶合器有限公司	辽宁省大连市甘井子区营城子街道东小磨	116033	13332292180
大连科朵液力传动技术有限公司	辽宁省大连市甘井子区大连湾街道拉树房村	116030	13909856196
辽宁通合实业有限公司	辽宁省辽阳市辽阳县首山镇辽鞍路 88 号	111000	15941210000
沈阳鸿之韵科技有限公司	辽宁省沈阳市大东区堂子街 8 号 47 幢 4-6 号 1 室	110000	13386820963
辽宁起重机械有限公司	辽宁省沈阳市沈北新区道义北大街 123 号	110000	15604000666
沈阳德蒙福特电力设备制造有限公司	辽宁省沈阳市皇姑区鸭绿江北街 57-8 号	110000	13654066155
沈阳制动电磁铁厂（有限公司）	辽宁省沈阳市铁西区路官一街 31 号	110020	13904019799
沈阳沈起技术工程有限责任公司	辽宁省沈阳市于洪区造化镇永强工业园 206-600 号	110141	13358870980
吉艾希商事（沈阳）贸易有限公司	辽宁省沈阳市于洪区紫沙街 22-5	110000	15998282727
吉林省佳信通用机械集团股份有限公司	吉林省集安市工业园区创业路 3 号	134200	13894510000
双鸭山市金诺恒业机械制造有限公司	黑龙江省双鸭山市岭东区南山蓝天社区春晖路	155100	13359788857
山东山矿机械有限公司	山东省济宁市济安桥北路 11 号	272041	13805371928
力博重工科技股份有限公司	山东省泰安市泰山区迎胜路 51 号力博总部	271044	18660881303
日照港机工程有限公司	山东省日照市黄海一路 126 号	276800	13963030276
山东矿机集团股份有限公司	山东省潍坊市昌乐县经济技术开发区大沂路北段矿机工业园	261000	13793691981
山东能源重装集团巨力装备有限公司	山东省新泰市东都镇西都村	271400	18953861279
山东省生建重工有限责任公司	山东省淄博市淄川区昆仑镇昆仑路 1 号	255129	0533-6260227
山东铭扬输送设备有限公司	山东省日照市莒县经济开发区东营路 6 号	276500	18606338115
德州亿轮输送机械有限公司	山东省德州市宁津县宁德路 6 号	253000	18653417888
山东恒兴重工科技有限公司	山东省曲阜市姚村镇席厂村	273100	13954799279
山东金博利达精密机械有限公司	山东省菏泽市高新区泰山路 1177 号	274000	18605307619
日照市腾博达能源有限公司	山东省日照市北经济开发区洪河路 2 号	262306	13676331197
山东胶六橡特胶带有限公司	山东省高密市胶河疏港物流园区胶平路 1 号	261503	13906421163
山东鑫开特轴承有限公司	山东省聊城市冠县甘官屯许村工业园区	252519	13562046305
济南韶欣耐磨材料有限公司	山东省济南市高新区经十东路 33688 号综合保税区内聚轩厂房 C 座办公区三层	250000	18615191688
曲阜市鑫华矿山配件有限公司	山东省济宁市曲阜经济开发区海关路 9 号	273199	13854762002
山东横滨橡胶工业制品有限公司	山东省潍坊市临朐县辛寨镇	262610	13905362737
青岛银龙特种胶带有限公司	山东省青岛市胶州市胶东街道办事处大麻湾三村	266300	0532-88268288
青岛环球输送带有限公司	山东省青岛市平度市南村镇东王府庄村	266700	15192092999
青岛华夏橡胶工业有限公司	山东省青岛市即墨区城马路 146 号	266228	13808983573

（续）

单位名称	通信地址	邮编	电话
山东泰丰钢业有限公司	山东省新泰市经济技术开发区	271200	13954879028
山东淄博电动滚筒厂有限公司	山东省淄博市博山岭西	255213	0533-4140168
山东睿能机械有限公司	山东省济南市天桥区蓝翔路 15 号时代总部基地六区 2 号楼	250000	13869113518
山东盛润胶带有限公司	山东省威海市荣成市石岛工业园龙腾路	264311	13869077089
北京起重运输机械设计研究院有限公司	北京市东城区雍和宫大街 52 号	100007	13910214498
北京约基工业股份有限公司	北京市通州区中关村科技园通州园光机电一体化产业基地嘉创路 10 号 H4 座	101111	13901046226
国家起重运输机械质量检验检测中心	北京市东城区雍和宫大街 52 号	100007	13911780489
国家安全生产北京矿用起重运输设备检测检验中心	北京市东城区雍和宫大街 52 号	100007	13520687817
华电重工股份有限公司	北京市丰台区汽车博物馆东路 6 号华电产业园 B 座 7 层	100077	010-51966621
北京新兴超越离合器有限公司	北京市昌平区科技园区超前路 37 号院 16 号楼 2 层 c2311 号	102206	13901153052
北京东驰易晟科技有限公司	北京市通州区聚富苑民族产业发展基地聚和六街 2 号	101100	13754861238
河北盛泰科技重工有限公司	河北省衡水市枣强县张秀屯镇前崔工业区前进北路 20 号	053100	13253266857
唐山重型装备集团有限责任公司	河北省唐山市曹妃甸工业区零公里东	063200	13932511121
衡水鑫日升智能输送系统有限公司	河北省衡水市高新区大麻森乡大张庄村西	053099	15933836833
衡水金太阳输送机械工程有限公司	河北省衡水市桃城区北方工业基地橡塑路六号	053020	0318-2257600
河北港口集团港口机械有限公司	河北省秦皇岛市海港区开滦路 5 号	066000	0335-3094743
河北云鹏输送机械有限公司	河北省沧州市献县陈庄镇府前街 9 号	061000	13582720809
河北向明输送机械制造有限公司	河北省沧州市献县南河头抛庄村	062250	13513274489
献县通利达机械设备制造有限公司	河北省沧州市献县南河头乡抛庄工业区	062250	13803239204
河北鲁梅卡机械制造股份有限公司	河北省沧州市盐山县正港工业园 18 号	061300	0317-6193123
唐山东亚重工装备集团有限公司	河北省唐山市玉田县伯雍西街经济开发区	064199	0315-5052572
河北巨鑫输送工程有限公司	河北省衡水市枣强县崔庄工业区	053100	18622502901
河北奋进矿山机械有限公司	河北省衡水市枣强县张秀屯乡崔庄工业区	053100	0318-8435636
河北鑫平输送机械有限公司	河北省衡水市枣强县张秀屯镇东留故镇村	053100	15373738628
中瑞重工股份有限公司	河北省衡水市枣强县张新工业区 6 号	053100	13932831132
河北巨铭重工机械有限公司	河北省衡水市冀州区南午村镇李瓦工业区	053100	15612138018
河北润捷橡胶制品有限公司	河北省衡水市冀州区南午村镇李瓦窑村北	053200	15127826789
河北九州橡胶科技股份有限公司	河北省保定市蠡县经济开发区橡胶工业园区	071400	13930865999
河北捷盛橡胶制品有限公司	河北省衡水市滨湖新区开发区	053000	18931808896
任丘市申光异型钢材有限公司	河北省任丘市麻家坞镇南卢庄	062550	17733733399
唐山开元自动焊接装备有限公司	河北省唐山市高新技术开发区高新西道 168 号	063000	13832832137
唐山德伯特机械有限公司	河北省唐山市路北区缸窑路 2 号	272000	13932550910
唐山市协力胶带输送设备有限公司	河北省唐山市路南区侯边庄工业园区 16 号	063000	0315-2877507
玉田县金利冷拔钢有限责任公司	河北省唐山市玉田县东关大街路北	064100	13633157588
衡水润泽金属制品有限公司	河北省衡水市枣强县经济开发区建华街	053100	13780281822
河北芬纳传动机械有限公司	河北省邢台市临西县城北环路北侧 2-1 厂房	054900	17692928777
唐山兴德传动设备有限公司	河北省唐山市开平区北塔头村	063021	13011442666
科耐尔机械制造有限公司	河北省衡水市景县温城工业开发区	053100	13191699139

（续）

单位名称	通信地址	邮编	电话
包头市万里机械有限责任公司	内蒙古自治区包头市东河区南二里半	014040	13947296436
包头钢建新柯机械制造有限公司	内蒙古自治区包头市稀土高新区青工南路20甲	014010	13847293813
呼和浩特市强力煤矿机械有限责任公司	内蒙古自治区呼和浩特市金山开发区福康路西	010070	15847753055
天津成科传动机电技术股份有限公司	天津市华苑产业区（环外）海泰发展一路6号	300192	13821389975
SEW—工业减速机（天津）有限公司	天津市经济技术开发区第七大街46号	300457	022-25322612
天津市宝来工贸有限公司	天津市静海区大邱庄镇海河道6号	301606	022-28898422
天津博宇钢管有限公司	天津市静海区大邱庄镇太平村工业园	301606	022-68557318
焦作科瑞森重装股份有限公司	河南省焦作市高新区神州路2878号	454000	13703891894
中平能化集团机械制造有限公司	河南省平顶山市卫东区矿工路东段11号院	467021	18637559196
中赟国际工程有限公司	河南省郑州市中原区中原西路210号	450000	13633862366
河南卫华重型机械股份有限公司	河南省长垣市山海大道18号	453499	0373-8887695
许昌煤机制造有限公司	河南省许昌市五一路17号	461000	0374-3313455
焦作鑫恒重工机械有限公司	河南省焦作市解放东路827号	454003	13503911629
河南天隆输送装备有限公司	河南省新乡市高新一街	453000	18790518089
焦作三岛输送机械有限公司	河南省焦作市山阳区黄河大道（西段）269号	454000	13709856098
焦作工业制动器制造有限公司	河南省焦作市解放区太行西路	454001	13603890366
河南中业重工机械有限公司	河南省焦作市温县集聚工业区鑫源路70号	454850	13949683688
焦作市瑞诚机械制造有限公司	河南省焦作市山阳区新区黄河大道269号	454150	13503916267
开封铁塔橡胶（集团）有限公司	河南省开封新区周天路109号	475004	0371-23978311
漯河精诚轴承制造有限公司	河南省漯河市经济技术开发区三路66号	462000	13069568106
焦作市中和通用机械有限责任公司	河南焦作武陟产业集聚区向秀路东头	454001	13903918837
郑州纬达自动化科技有限公司	河南省郑州市二七区马寨镇笃勤街56号中物科技园5号楼2单元3楼13号	450052	0371-63304669
太原科技大学	山西省太原市万柏林区窊流路66号	030024	13803452109
太重集团向明智能装备股份有限公司	山西省综改示范区太原唐槐园区汾东大街4号	030032	13935167390
山西东昌实业有限公司	山西省原平市薛孤加油站旁	034100	15343509999
山西隆达煤矿机械制造股份有限公司	山西省大同市云冈经济技术开发区智创园区	037003	13903527878
大同北方煤机设备有限公司	山西省大同市装备制造产业园区圆丰街619号	037000	18603250633
晋能控股装备制造集团金鼎山西煤机有限责任公司	山西省晋城市城区北石店镇	046000	0356-3667619
山西煤矿机械制造股份有限公司	山西省太原市小店区北营南路46号	030031	0351-4117484
原平市丰汇机械制造有限公司	山西省忻州市原平市解村乡北岗村东	034100	0350-8337788
原平市兴胜机械制造有限公司	山西省原平市原平经济技术开发区兴胜路	034100	0350-8258106
原平市宇峰起重运输机械有限公司	山西省原平市原五路南（东营）	034100	0350-8341112
长治市潞安飞虹煤机有限公司	山西省长治市高新区老顶山镇南垂村	046011	0355-2131119
长治市潞安合力机械有限责任公司	山西省长治市城区南环东街138号	046000	13503554849
山西顾德宝丰重工机械有限公司	山西省原平市京原北路108国道京原北路5033	034100	13353403666
山西省平遥减速器有限责任公司	山西省晋中市平遥县科技工业区	030600	13935495076
山西凤凰胶带有限公司	山西省长治市太行西街168号	046011	0355-2088462
山西班姆德机械设备有限公司	山西省太原市小店区转型综合改革示范区唐槐产业园马练营路55号	030032	18734141882
衡阳运输机械有限公司	湖南省衡阳市珠晖区狮山路1号	421002	13807343417

（续）

单位名称	通信地址	邮编	电话
衡阳腾飞机械有限公司	湖南省衡阳市雁峰区白沙洲工业园内兴业路	421000	13973417068
湖南中特液力传动机械有限公司	湖南省益阳市赫山区龙岭工业园龙泉工业小区	413043	13973677632
武汉洪源机械制造有限公司	湖北省武汉市洪山区南李路 22 号武昌首义学院内	430070	18995638275
武汉武钢北湖机械制造有限公司	湖北省武汉市青山区武钢北湖农场 39 号	430085	13507136558
武汉固皇科技有限公司	湖北省武汉市青山区冶金大道 180 号优十产业园	430080	13908640656
江西江铜同鑫环保科技有限公司	江西省贵溪市江铜集团技工学校院内	335421	13970367639
福建龙净环保股份有限公司	福建省龙岩市新罗区工业西路 19 号龙净工业园	364000	13806983775
厦门能科机电技术有限公司	福建省厦门市同安区新民镇湖柑三角埕里 129-101 号	361100	18695630311
厦门力祺环境工程有限公司	福建省厦门市思明区环岛东路 1801 号 1003 单元	361100	13806088112
宁波华臣输送设备制造有限公司	浙江省象山县经济开发区滨海工业园金商路 20 号	315712	13906601166
杭州雄鹰机械有限公司	浙江省杭州市萧山区南阳街道南翔路	311200	13906712136
湖州海纳川输送机械有限公司	浙江省湖州市长兴县吕山工业园区	313000	13511218445
象山光明输送机有限公司	浙江省宁波市象山县石浦光明路 1 号	315731	0574-65983991
湖州恒通机械设备有限公司	浙江省湖州市埭溪镇上强工业功能区	031300	0572-2367343
浙江兴旗机械科技有限公司	浙江省瑞安市南滨街道林北村	325000	13706688270
宝科机械股份有限公司	浙江省台州市天台县始丰街道永盛路 28 号	317210	13385868786
沪源电机有限公司	浙江省台州市椒江滨海工业园区创业路 12 号	317700	18217601140
湖州电动滚筒有限公司	浙江省湖州市经济技术开发区西凤路 888 号	313000	13706521556
浙江双箭橡胶股份有限公司	浙江省桐乡市洲泉镇工业园区	314513	13905838139
桐乡机械厂有限公司	浙江省桐乡市崇福镇锦绣路 1082 号	314511	18857323887
浙江中凯科技股份有限公司	浙江省乐清市柳市镇东风工业奋进路 9 号	325600	0577-62785610
宁波东力传动设备有限公司	浙江省宁波市江北区银海路 1 号	315000	13757476888
浙江通力传动科技股份有限公司	浙江省瑞安市江南大道 3801 号	325200	13806840044
浙江宇龙机械有限公司	浙江省瑞安市塘下鲍四工业区兴工路 8 号	325204	13906873998
浙江鑫隆机械制造有限公司	浙江省瑞安市塘下镇前进工业区	325204	13587520115
绍兴华运输送设备有限公司	浙江省绍兴市上虞区驿亭镇五夫工业园区驿五东路 55 号	312300	13505852633
桐乡市梧桐东方齿轮厂	浙江省桐乡市梧桐街道文华路 519 号	314500	0573-88107291
温州亿通自动化设备有限公司	浙江省温州市洞头区南塘工业区电子电器科技园 G2 栋	325700	13858824456
温州康钛传动机械有限公司	浙江省瑞安市塘下镇凤山村凤凰西路 5 号	325200	13967720956
宁波粤海电力设备制造有限公司	浙江省宁波市象山县产业区城东工业园银河路 266 号	315708	13906840645
宁波甬港起重运输设备有限公司	浙江省宁波市鄞州区潘火街道王家弄村	315105	13806675732
四川省自贡运输机械集团股份有限公司	四川省自贡市高新区板仓工业园区富川路 3 号	643000	13398120999
四川东林重工科技股份有限公司	四川省内江市市中区乐贤大道 328 号	641005	13608254999
四川矿山机器（集团）有限责任公司	四川省江油市三合镇建设北街 100 号 108 栋 1 楼等 69 处	621700	18989281739
自贡新华迪运输机械有限公司	四川省自贡市沿滩区高新工业园区龙乡大道 11 号	643000	13990063166
希望森兰科技股份有限公司	四川省成都市双流区西南航空港经济开发区空港二路二段 1599 号	610207	028-85964751
成都奥恩赛斯科技有限公司	四川省成都市新都工业园东区创业路 189 号	616500	15982315521
重庆市九龙橡胶制品制造有限公司	重庆市长寿经济技术开发区齐心大道 46 号	401221	18166327612
宝鸡杭叉工程机械有限责任公司	陕西省宝鸡市金台区十里铺纺西村 111 号	721004	13809171758
西安重装韩城煤矿机械有限公司	陕西省韩城市新城区苏山路	715499	0913-5265030

（续）

单位名称	通信地址	邮编	电话
宁夏天地西北煤机有限公司	宁夏回族自治区石嘴山市大武口区工业园区长安路 1 号	753001	13621635217
东莞市奥能实业有限公司	广东省东莞市望牛墩镇洲涡工业区	523206	13926891091
广东甲宝输送机械股份有限公司	广东省广州市番禺区南村镇市新公路北段 321 号 101	511400	020-39135669
江门市振达机械制造有限公司	广东省江门市江海区外海东升路 187 号 1 座	529000	0750-3886345
东莞大马输送设备有限公司	广东省东莞市企石镇莫屋发展路 4 号 1 号楼	523502	0769-82216389
艾克玛（惠州）输送设备有限公司	广东省惠州市惠阳区新圩镇红卫村	516225	15986956388
广东中兴液力传动有限公司	广东省云浮市郁南县都城镇河堤路 45 号	527100	13802746699
深圳市德颐姆科技有限公司	广东省深圳市龙岗区坂田街道雅园路坂田创意园 Y1-3F10	518100	13825239383
广西正源电机有限公司	广西壮族自治区南宁市邕宁区永乐路 15 号	530200	15977745251
安徽攀登重工股份有限公司	安徽省桐城市经济开发区同祥路 7 号	231400	13905566777
铜陵天奇蓝天机械设备有限公司	安徽省铜陵市经济技术开发区翠湖三路 1355 号	244061	13965220658
安徽永生机械股份有限公司	安徽省桐城市经济技术开发区和平东路 25 号	231400	13955636088
安徽马钢输送设备制造有限公司	安徽省马鞍山市经济技术开发区阳湖路 499 号	243000	13855520237
芜湖起重运输机器股份有限公司	安徽省芜湖市三山经济开发区官河路 5 号	241080	13966032280
芜湖市爱德运输机械有限公司	安徽省芜湖市高新技术开发区珩琅山路 8 号	241002	13305536789
安徽省无为煤矿机械制造有限公司	安徽省芜湖市无为县赫店镇	238367	0553-6600038
安徽神力运输机械有限公司	安徽省芜湖市无为县赫店镇苏塘行政村	238366	0553-6285091
安徽华运机械有限公司	安徽省安庆市桐城市经济开发区	231400	13965820299
安徽科重重工股份有限公司	安徽省安庆市桐城市经济开发区南三东路	231400	18805566999
安徽佳信机械有限公司	安徽省安庆市桐城市经济开发区经五路	231440	18655617877
安徽省亚邦工程科技有限公司	安徽省合肥市蜀山区经济开发区电子商务产业园四期 B 楼东 906 室	230061	15905565599
安徽盛运重工机械有限责任公司	安徽省桐城市经济开发区东环路 4 号	231400	13905566596
淮北合众机械设备有限公司	安徽省淮北市杜集区经济开发区腾飞路 6 号 -A 区	235065	13865613210
桐城市永辉机械有限公司	安徽省桐城市金神镇工业园区	231440	13955636126
安徽联宝动力科技有限公司	安徽省桐城市龙腾街道白马社区	231400	13855685972
铜陵三佳建西精密工业有限公司	安徽省铜陵市经济技术开发区西湖一路	244000	13905629015
安徽神松机器有限公司	安徽省合肥市经济技术开发区宿松路 3963 号智能科技园 D1 栋	230601	18355166988
安徽赛工环境装备有限公司	安徽省邯郸市郎溪县经济开发区伍牙山东路 11 号	242100	13906169392
安徽百特机电工程有限公司	安徽省芜湖市湾沚区新芜经济开发区西区杨帆路 2158 号	241111	13305536763
安徽省矿业机电装备有限责任公司	安徽省淮北市东山路 222 号	235000	13966111595
上海科大重工集团有限公司	上海市青浦区华青路 815 号	201707	13601988080
上海金绩机械有限公司	上海市嘉定区安亭镇墨玉路 185 号 1 层 J255 室	201800	021-56558982
福伊特驱动技术系统（上海）有限公司	上海市闵行区莘庄工业区元电路 365 号 2 号办公楼 3-16 至 3-23 室	201108	13015341286
道齐（上海）传动机械有限公司	上海市松江工业区松胜路 160 号	201613	13917322769
泰克国际（上海）技术橡胶有限公司	上海市松江区荣乐东路 1536 号	201613	13816144027
施迈赛工业开关制造（上海）有限公司	上海市青浦区漕盈路 3336 号	201712	13816885974
孚乐率传输设备制造（上海）有限公司	上海市松江区新桥镇新蟠路 189 号 17 幢一层东间	201600	13901996496
江苏环宇起重运输机械有限责任公司	江苏省扬州市宝应县城西工业集中区盐金路 1 号	225825	13901440397

（续）

单位名称	通信地址	邮编	电话
江阴市鹏锦机械制造有限公司	江苏省江阴市南闸街道观山东盟科技工业集中区东盟路10号	214405	13861610869
江苏山鑫重工有限公司	江苏省靖江市生祠镇江平路21号	214500	18952625813
南通世邦机器有限公司	江苏省南通市启东滨海工业园北海路	226231	0513-68958325
江阴华东机械有限公司	江苏省江阴市高新技术产业开发区杨宦路8号	214400	13991526125
南京梅山工程技术新产业开发有限公司	江苏省南京市雨花台区梅山街道中兴路8号新产业公司	211100	18951810587
苏州市力神起重运输机械制造有限公司	江苏省苏州市相城区望亭镇项路村巨庄段41号	215155	13338003462
无锡华九机械设备有限公司	江苏省无锡市锡山区东港镇勤盛路19号	214196	13961731168
徐州中煤力特重工有限公司	江苏省徐州市铜山新区第三工业园康平路北、华泰路东	221116	13814438918
中德（扬州）输送工程技术有限公司	江苏省扬州市经济开发区鸿扬路66号	225009	13403551080
无锡市双升矿山机械有限公司	江苏省无锡市锡山区东港镇东湖村环镇南路5号	214196	13906194085
江苏王牌电机制造有限公司	江苏省扬州市宝应县山阳镇二桥工业集中区宝胜西路3号	225800	13852520012
常熟美信达科技能源设备有限公司	江苏省常熟市经济开发区出口加工区	215513	0512-52299004
常州市传动输送机械有限公司	江苏省常州市武进高新技术产业开发区龙惠路27号	213001	15861868888
江苏武运传动机械有限公司	江苏省常州市武进高新区新发路16号	213167	13813566710
江阴齿轮箱制造有限公司	江苏省江阴市高新区东定西路8号	214437	13814230200
马丁工程技术（昆山）有限公司	江苏省昆山市张浦镇建德路398号	215321	18168989256
南京康普曼传动机械有限公司	江苏省南京市江宁区滨江经济开发区天成路8号	211100	15261469988
南京高精齿轮集团有限公司	江苏省南京市江宁区建衡路79号	211100	025-52472106
南京飞达机械有限公司	江苏省南京市江北新区中山科技园汇鑫路16号	210044	13809003912
江苏中格精工轴承有限公司	江苏省宿迁市泗洪县双沟新城工业园区便民大道北侧	223900	13906562169
泰星减速机股份有限公司	江苏省泰兴市姚王镇泰姚北路10号	225402	13601475738
泰州市运达电动滚筒制造有限公司	江苏省泰州市海陵区江州南路313号	225300	13815959058
无锡宝通科技股份有限公司	江苏省无锡市新区张公路19号	214112	0510-88155778
无锡欧唯程钢格板有限公司	江苏省无锡市新吴区城南路220号	214131	13812191868
响水县瑞丰重型轴承座制造有限公司	江苏省盐城市响水县经济开发区	224600	13338953888
盐城辰霏传动科技有限公司	江苏省盐城市响水县经济开发区金兰路西侧	224600	13905119537
徐州光环皮带机托辊有限公司	江苏省徐州市解放南路矿大南都国际公寓4号楼1002室	221001	0516-80267319
徐州光环钢管（集团）有限公司	江苏省徐州市经济技术开发区三环东路19号	221004	13952231183
双优环保科技（常州）有限公司	江苏省溧阳市溧城镇城南路72号	213300	17505128150
江苏磁谷科技股份有限公司	江苏省镇江市高新技术产业开发园区四平山路10号	212009	13914561323
江苏丰尚钢板仓工程有限公司	江苏省扬州市邗江区高新技术产业开发区华声路1号	225000	13929033909
南京龙盘输送设备有限公司	安徽省滁州市来安县汊河经济开发区高新路11号	211100	13337819898
江苏谷瑞斯机电工程有限公司	江苏省扬州市经济技术开发区钱湾路202号	225000	18852517866

输送给料机分会

单位名称	通信地址	邮编	电话	传真
芜湖起重运输机器股份有限公司	安徽省芜湖市三山经济开发区官河路5号	241001	0553-3916777	0553-5852711
北京起重运输机械设计研究院有限公司	北京市东城区雍和宫大街52号	100007	010-64033564	010-64047537
太原科技大学	山西省太原市万柏林区瓦流路67号	030024	0351-6998039	0351-6998005
广西百色矿山机械厂有限公司	广西壮族自治区百色市工业园区银海路（六塘内）	533000	0776-2770823	0776-2770488

（续）

单位名称	通信地址	邮编	电话	传真
四川省自贡运输机械集团股份有限公司	四川省自贡市高新工业园区富川路3号	643000	0813-8236964	0813-8233608
湖北博尔德科技股份有限公司	湖北省宜昌市珍珠路69号盈嘉酒店23楼	443300	0717-8868868	0717-8868877
甘肃二通机械制造有限公司	甘肃省兰州市安宁区安宁中路148号	730070	0931-7752255	0931-5786512
江阴齿轮箱制造有限公司	江苏省江阴市东定西路8号	214437	0510-86993222	0510-86993196
诸暨链条总厂	浙江省诸暨市牌头镇五一路1号	311825	0575-87051296	0575-87056868
芜湖市爱德运输机械有限公司	安徽省芜湖市高新技术开发区纬十路	241001	0553-5682728	0553-567666
恒丰泰精密机械股份有限公司	浙江省温州市瓯海区梅屿工业区2—5号	325016	0577-86113799	0577-86111989
仪征市橡胶制品有限公司	江苏省仪征市陈集镇江淮街37号	211400	0514-83870019	0514-83873977
湖州电动滚筒有限公司	浙江省湖州市经济开发区西凤路886号	313000	0572-2111325	0572-2174376
湖州杭美输送机械有限公司	浙江省湖州市石林路1599号	313000	0572-2358108	0572-2358108
天津减速机股份有限公司	天津市河东区程林庄路8号	300160	022-24328922	022-24326558
石家庄科一重工有限公司减速机分公司	河北省石家庄市和平西路595号	050071	0311-87731909	0311-87772060
邯郸市红星机械制造有限公司	河北省邯郸市峰峰矿区太行东路25号	056200	0310-5167699	0310-5167188
大连理工大学	辽宁省大连市甘井子区凌工路2号	116024	0411-84708409	0411-84707507
昆明输送机械有限公司	云南省昆明市五华区人民西路684号	650106	0871-68184910	0871-68184910
荆州市巨鲸传动机械有限公司	湖北省荆州市开发区东方大道58号	434000	0716-8303900	0716-8303809
宜昌市三峡输送机械制造公司	湖北省宜昌市西陵区窑湾乡东山村	443000	0717-6445067	0717-6445067
启东天地机械制造有限公司	江苏省启东市和平南路105号	226200	0513-83312668	0513-83312649
江苏双菱链传动有限公司	江苏省常州市武进区湟里镇卜东路1号	213151	0519-83341135	0519-83341270
扬州市精固链传动机械制造有限公司	江苏省扬州市朴席工业规划区	211426	0514-83617988	0514-83615003
通化市起重运输机械制造有限责任公司	吉林省通化市保安路2369号	134000	0435-3652137	0435-3617752
沈阳市通用电器研究所	辽宁省沈阳市沈河区乐郊路35甲4	110011	024-24804947	024-24804947
江阴华东机械有限公司	江苏省江阴市高新技术产业开发区杨宦路8号	214429	0510-86195578	0510-86190678
江苏泰兴隆减速机有限公司	江苏省泰兴市城区科技工业园	225400	0523-87996888	0523-87996999
国茂减速机集团有限公司	江苏省常州市武进高新区西湖路111号	213161	0519-86581901	0519-86578002
长沙起重运输机械厂	湖南省宁乡市华夏工业园新康路9号	410005	0731-85555999	0731-85010292
湖南中特液力传动机械有限公司	湖南省益阳市泉交河镇互利工业园	413000	0737-4743608	0737-6181199
安徽省无为煤矿机械制造有限公司	安徽省无为市赫店工业区	238300	0553-6600038	0553-6602198
绍兴华运输送设备有限公司	浙江省上虞市五夫工业园区五东路55号	312353	0575-82415928	0575-82415626
焦作市华武制动器厂	河南省焦作市虹桥工业区	454981	0391-7543668	0391-7543168
盐城康威特橡塑有限公司	江苏省盐城市大丰区大桥镇潘街39号	224000	0515-83384848	0515-83382398
上海交华液力机械有限公司	上海市崇明区绿华镇新建路575号	202151	021-59353159	021-59351202
天津重钢机械装备股份有限公司	天津市滨海新区厦门路139号	300459	022-25214993	022-25211535
安徽盛运环保（集团）股份有限公司	安徽省桐城市经济开发区东环路1号	231400	0556-6216888	0556-6216888
湖北天宜机械股份有限公司	湖北省宜都市陆城十里铺工业园区	443000	0717-4823199	0717-4828111
中德（扬州）输送工程技术有限公司	江苏省扬州市开发区鸿扬路66号	225009	0514-85881696	0514-85881690
哈尔滨和泰电力设备有限公司	黑龙江省哈尔滨市哈南新城工业园区印联西路88号	150060	0451-82314958	0451-82314178
兰溪华能输送设备制造有限公司	浙江省金华市兰溪市香溪镇东升村	321100	0579-88360046	0579-88360046
临安格林输送机械有限公司	浙江省杭州市临安区青山街道雅观村	311307	0571-63773958	0571-63771566

（续）

单位名称	通信地址	邮编	电话	传真
山东中一橡胶有限公司	山东省东营市大王经济开发区	257355	0546-6890999	0546-6890988
海安县万力振动机械有限公司	江苏省南通市海安县江海西路 168 号	226600	0513-88898572	0513-88814780
盐城市羽佳有色金属制品有限公司	江苏省盐城市建湖县汇文东路 576 号	224700	0515-86200056	0515-86203388
北京华伍创新科技有限公司	北京市石景山区八大处高科技园区	100041	010-59117400	010-59117413
大连骅洋液力偶合器有限公司	辽宁省大连市甘井子区营城子工业园	116000	0411-84444529	0411-8444509
长沙三机传动机械设备有限公司	湖南省长沙市黄花工业园	410000	0731-87073036	0731-87073036
泰州市宏大辊业有限公司	江苏省泰州市海陵区城西街道九龙社区东侧	225300	0523-86461138	0523-86264968
青岛百奇橡胶有限公司	山东省青岛市即墨区蓝村镇三城路东侧	266000	0532-83509567	0532-68025505

散料装卸机械与搬运车辆分会

单位名称	通信地址	邮编	电话	传真
大连重工·起重集团有限公司	辽宁省大连市西岗区八一路 169 号	116013	0411-86852166	0411-86852222
哈尔滨重型机器有限责任公司	黑龙江省哈尔滨市经济技术开发区大连北路 15 号	150060	0451-87091525	0451-86818888
湖南长重机器股份有限公司	湖南省长沙市开福区湘江北路一段 12 号	410201	0731-85317111	0731-85317110
上海振华重工港机通用装备有限公司	上海市东方路 3261 号	200125	021-31195630	021-31195918
北京起重运输机械设计研究院有限公司	北京市东城区雍和宫大街 52 号	100007	010-64023392	010-64052252
华电重工股份有限公司上海分公司	上海市浦东新区国展路 839 号华电大厦 15 楼	200122	021-68988281	021-68988257
北方重工装备（沈阳）有限公司散料装备事业部	辽宁省沈阳市经济技术开发区开发大路 16 号	110027	13609820458	024-25802527
常熟市电动平车厂	江苏省常熟市梅李镇聚沙路 5 号	215511	0512-52661892	0512-52661886
中国电建集团长春发电设备有限公司	吉林省长春市经济技术开发区世纪大街 3388 号	130033	0431-81966709	0431-85868500
上海电力环保设备总厂有限公司	上海市宝山区山连路 358 号	200444	021-56650088	021-56657888
丹东振安建工机械有限公司	辽宁省丹东市振安区果园路 30 号	118003	0415-4188609	0415-4188606
中国电建集团武汉重工装备有限公司	湖北省武汉市武昌区白沙洲特 1 号	430064	027-68888403	027-88113825
岳阳强力电磁设备有限公司	湖南省岳阳市京珠连线 5 公里处	414000	0730-8799598	0730-8799009
江苏万事达液压机械有限公司	江苏省江阴市周庄镇周西工业园区高僧桥	214423	0510-86221271	0510-86903068
浙江特种电机有限公司	浙江省嵊州市经济开发区加佳路 18 号	312400	0575-83000508	0575-83000566
上海公茂起重设备有限公司	上海市浦东新区云台路 145 号 2803 室	200126	021-50871759	021-50871665
常熟市亿安电动平车有限公司	江苏省常熟市董浜镇徐市安庆路 215 号	215535	0512-52496081	0512-52496082
浙江双鸟机械有限公司	浙江省嵊州市黄泽镇工业功能区玉龙路 16 号	312455	0575-83503888	0575-3503801
上海特国斯传动设备有限公司	上海市静安区曲阜西路 268 号恒安大厦 1302 室	200122	021-63812226、63679809	021-63810571、63679809
哈尔滨龙鑫重型机械有限公司	黑龙江省黑龙江省哈尔滨市香坊区珠江路 29 号 807	150040	13503618096	0451-55195730
大连长盛输送设备制造有限公司	辽宁省大连市金州区亮甲店镇石城村	116104	0411-87275136	0411-87275757
大连通达矿冶机械有限公司	辽宁省大连市普湾新区三十里堡街道	116103	0411-87362498	0411-87350008
大连重工机电动力有限公司	辽宁省大连市沙河口区汉阳街 10 号	116021	0411-39757578	0411-39757528
常熟市凯龙电动平车有限公司	江苏省常熟市梅李镇珍南路 18 号	215514	0512-52664298	0512-52262798

（续）

单位名称	通信地址	邮编	电话	传真
无锡巨力电动平车有限公司	江苏省无锡市新区新光工业园 5 号地块	214028	0510-82255086	0510-85210217
哈尔滨国海星轮传动有限公司	黑龙江省哈尔滨哈平路工业区烟台三路 8 号	150000	0451-86530858	0451-86523288
秦皇岛秦冶重工有限公司	河北省秦皇岛经济技术开发区鄱阳湖路 2 号	066318	0335-8358085	0335-8586258
湖北三六重工有限公司	湖北省咸宁市巨宁大道 36 号	437000	0715-8343111	0715-8312668
哈尔滨和泰电力设备有限公司	黑龙江省哈尔滨市哈南新城工业园区印联西路 88 号	150060	0451-82314958	0451-82314178
大连天重散装机械设备有限公司	辽宁省大连沙河口区会展路 33 号环球金融中心 7A	116023	0411-62631977	0411-62631978
南京赛摩三埃工控设备有限公司	江苏省南京市江宁经济开发区胜利路 12 号	211100	025-52078957	025-52124028
泰富重装集团有限公司	湖南省湘潭九华经开区奔驰路 6 号	430107	0731-52837017	0731-52837255
湖南省映宏新材料股份有限公司	湖南省娄底市新化经开区向红工业园	417600	0738-3537338	0738-3537909

润滑液压设备分会

序号	所在单位名称	通信地址	邮编	邮箱
1	四川川润液压润滑设备有限公司	四川省成都市郫都区现代工业港北区港北六路 85 号	611743	lihui@chuanrun.com
2	太重煤机有限公司	山西省太原经济技术开发区电子街 25 号	030032	13111082326@163.com
3	中国重型机械研究院股份公司	陕西省西安市经济技术开发区高铁新城尚林路 3699 号	710018	xzsningbo@163.com
4	常州市华立液压润滑设备有限公司	江苏省常州市天宁区郑陆镇牟家村舜平路 8 号	213115	hjl@czhuali.cn
5	启东润滑设备有限公司	江苏省启东市南苑西路 1077 号	226200	m13906282129@163.com
6	太原科技大学机械工程学院	山西省太原市万柏林区窊流路 66 号	030024	2014248@tyust.edu.cn
7	一重集团大连工程技术有限公司	辽宁省大连市经济技术开发区东北大街 96 号	116600	13940827316@163.com
8	江苏指南润滑液压科技有限公司	江苏省南通启东市经济开发区华石路 818 号	226200	znkj@znkj-china.com
9	江苏南方润滑股份有限公司	江苏省启东市惠萍镇工业园区	226255	zr8002@163.com
10	燕山大学	河北省秦皇岛市河北大街西段 438 号	066004	yb@ysu.edu.cn
11	上海润滑设备厂有限公司	上海市杨浦区宁武路 269 号	200090	shrh@shrhsb.com
12	黄山工业泵制造有限公司	安徽省黄山市屯溪区九龙工业园区九龙大道 5 号	245021	hjian@huangbeng.com
13	北方重工集团有限公司	辽宁省沈阳经济技术开发区开发大路 16 号	110141	zhiboli@126.com
14	中冶京诚工程技术有限公司	北京市亦庄经济技术开发区建安街乙 6 号	100176	anhongsheng@ceri.com.cn
15	大连华锐重工集团股份有限公司	辽宁省大连市甘井子区新水泥路 78-7 号	116035	
16	江苏澳瑞思液压润滑设备有限公司	江苏省南通市启东市科技创业园青年东路 6 号	226200	honest@china-honest.cn
17	淄博九洲润滑科技有限公司	山东省淄博市高新区政通路高创园 E 座 227 号	255000	
18	温州中合润滑设备制造有限公司	浙江省温州市鹿城区仰义街道沿吉路 5 号	325007	wzrh01@163.com
19	启东安升润液设备有限公司	江苏省启东市久隆新巷工业集中 118 号	226222	
20	启东中冶润滑液压设备有限公司	江苏省启东市牡丹江西路 3388 号	226200	zy@zyrh.cn
21	江苏恒泰自动化润滑设备有限公司	江苏省启东市南苑工业园区恒丰路 28 号	226200	
22	北京中冶华润科技发展有限公司	北京市丰台区南四环西路 188 号三区 21 号楼	100070	13811468575@163.com
23	浙江海马传动科技股份有限公司	浙江省诸暨市店口镇解放路 259 号	311835	znxh@vip.163.com
24	陕西中润流体装备有限公司	陕西省西安经济技术开发区泾渭工业园泾高南路中段 22 号	710201	
25	淄博市博山润丰油泵厂	山东省淄博市博山区博山镇博沂路	255207	396387@qq.com
26	南通市博南润滑液压设备有限公司	江苏省启东市经济开发区灵峰路 1133 号	226200	ntbnrh@163.com

（续）

序号	所在单位名称	通信地址	邮编	邮箱
27	泰州市远望换热设备有限公司	江苏省姜堰市娄庄镇	225500	87914177@qq.com
28	新乡市胜达过滤净化技术有限公司	河南省新乡市开发区德源西路 200 号	453000	hydraulic@sdfilters.com
29	三众过滤技术南通有限公司	江苏省启东市经济开发区凯旋路 358 号	226200	china_sanz@163.com
30	海林柯液压技术（北京）有限责任公司	天津市宝坻经济开发区天兴路 1 号	301899	liuyang@helnco.com.cn
31	常州智杰机械设备有限公司	江苏省常州市天宁区郑陆镇三河口工业园	213017	ZJ8867@126.com
32	威卡国际贸易（上海）有限公司	中国（上海）自由贸易试验区华京路 8 号	200131	skyia.xia@wika.com
33	启东通润润滑液压设备有限公司	江苏省启东市惠萍镇工业区	226200	9446939409@.com
34	南通耀源机电有限公司	江苏省南通开发区滨水路 28 号双逸创业园 22#101	226010	13912865650@126.com
35	浙江易普润滑设备制造有限公司	浙江省杭州市富阳区鹿山街道谢家溪村	311407	liang.chen@tlindustry.com
36	西华大学能源与动力工程学院	成都市郫都区西华大学锦地苑	610039	lzhgui@126.com
37	湖北大冶中海换热器有限公司	湖北省黄石经济技术开发区黄金山新区宝山工业园	435000	dyzhhr@163.com
38	黄山铁人泵业有限公司	安徽省黄山市徽州区城北工业园永兴二路 21 号	249000	553854177@qq.com
39	青岛海纳能源环保科技开发有限公司	山东省青岛国家高新技术产业开发区新业路 31 号	266111	1105021393@qq.com
40	启东启润康耐柯连接件有限公司	江苏省启东市南苑西路 1077 号	226200	conexa@126.com
41	佛山市南海东旭液压机械有限公司	广东省佛山市南海区新光源产业基地 C 区 5 号厂房	528000	2996412978@qq.com
42	东莞市东村液压制造有限公司	广东省东莞市石碣镇唐洪金星南路 2 号	523000	454101393@qq.com

重型基础件分会

单位名称	通信地址	邮编	电话	传真
中国重型机械研究院股份公司	陕西省西安市经济技术开发区高铁新城尚林路 3699 号	710018	029-86322892	029-86322892
宁波东力股份有限公司	浙江省宁波市江北工业区银海路 1 号	315000	0574-88398860	0574-88398840
浙江通力传动科技股份有限公司	浙江省瑞安市林垟通力大道	325207	0577-65590088	0577-65598888
泰尔重工股份有限公司	安徽省马鞍山市开发区红旗南路 18 号	243000	0555-2229329	0555-2229287
山西工程技术学院	山西省阳泉市经开区学院路 1 号	030002	0353-2111851	
江苏国茂减速机股份有限公司	江苏省常州市武进高新区龙潜路 98 号	213161	0519-86552810	
山西省平遥减速器有限责任公司	山西省晋中市平遥县古城南路 138 号	031100	0354-5650091	0354-5650268
河北衡通传动机械有限公司	河北省衡水市冀州市刘扬村 188 号	053200	0318-8693695	0318-8691484
西安环力减速机械设备有限公司	陕西省西安市经济技术开发区 B4 区迎宾大道 138 号豪盛花园 3 幢 1 单元 10304 室	710018	029-86171905	029-85251460
西安帆力机电技术有限公司	陕西省西安市碑林区曹家巷 44 号	710000	029-82497223	
西安航盛机械设备制造有限公司	陕西省咸阳市泾阳县永乐镇	713702	029-36395066	
陕西旭日机电设备有限公司	陕西省西安市未央区红旗路 21 号	710000	029-87384188	
武汉正通传动技术有限公司	湖北省武汉市黄陂区横店街正通大道 99 号	432200	18971384422	
山西大新传动技术有限公司	山西省运城市新绛县轻纺工业园	043100	13934393003	
北京新兴超越离合器有限公司	北京昌平区科技园超前路 37 号院 16 号楼 C2 311 号	102200	13521881893	
宁波市东钱湖旅游度假区华实传动机械厂	浙江省宁波市东钱湖工业园区莫高公路 58 号	315121	0574-88370903	0574-88373598
泰星减速机股份有限公司	江苏省泰兴市姚王镇泰姚北路 10 号	225402	0523-87541669	0523-87635683
西安润风风电设备有限公司	陕西省西安市未央区徐家湾渭滨街 55 号	710021	029-89616159	
唐陌传动机械（无锡）有限公司	江苏省无锡市湖滨区胡堤镇刘闾路 76 号	214000	0510-85580676	

（续）

单位名称	通信地址	邮编	电话	传真
天津联星传动有限公司	天津市北辰区西堤头工业园泰康路 6 号	300000	13312027849	
河北北环机械通用零部件有限公司	河北省廊坊市胜芳镇北二环路北华阳路 42 号	065000	13931605398	
中国雁峰集团有限公司	浙江省温州市平阳县 104 国道	325400	13892826831	
武汉雄驰机电设备有限公司	湖北省武汉市黄陂区甘棠民街 28 号	430300	13871172211	
重庆市江津区禾丰机械有限公司	重庆市江津区德感工业园	402260	13996086868	
淮安金力传动机械有限公司	江苏省淮安市经开区高教园区明远东路 18-1 号	223021	13952328176	
沧州天硕联轴器有限公司	河北省沧州市泊头南仓街	062150	13603176160	
太原市明汇机模设备制造有限公司	山西省太原市小店区坞城路 601 号	030006	13994237666	
浙江海马传动科技股份有限公司	浙江省诸暨市解放路 259 号	311800	13395758888	
陕西赫力机械工程有限公司	陕西省西安市高陵区泾汇八路	710016	13709198115	
山西巨顺锻造有限公司	山西省忻州市定襄县神山乡	035499	18903503444	
浙江东海减速机有限公司	浙江省温州市平阳经济开发区（鳌江镇）	325401	13906669365	0577-63635393
天津市万新减速机有限公司	天津市东丽经济开发区一经路 31 号	300300	022-24830967	022-24374550
江阴齿轮箱制造有限公司	江苏省江阴市山观工业园区澄山路 601 号	214437	0510-86993103	0510-86993196
安徽省湖滨机械厂	安徽省巢湖市巢湖北路 369 号	238013	0565-2393587	0565-2317765
上海茂德企业集团有限公司	上海市南汇工业园区沪南公路 9408 号茂德工业园	201300	021-68016659	021-68016458
哈尔滨国海星轮传动有限公司	黑龙江省哈尔滨市哈平路工业区内烟台三路 8 号	150060	0451-86530788	0451-86530858
二重（德阳）重型装备有限公司设计院	四川省德阳市珠江西路 460 号	618000	0838-2341179	0838-2341179
山东省德州市金宇机械有限公司	山东省德州市德城区胡滨北路 888 号	253015	0534-2745001	0534-2745033

油膜轴承分会

单位名称	通信地址	邮编	电话	传真
太原重工油膜轴承分公司	山西省太原市万柏林区玉河街 53 号	030024	0351-6367118	0351-6367203
太原理工大学	山西省太原市迎泽西大街 73 号	030024	0351-6010290	0351-6220233
宝钢湛江钢铁有限公司	上海市宝山区富锦路宝钢指挥中心	201900	021-56780055	021-26648046
本钢板材股份有限公司采购中心	辽宁省本溪市平山区 6 号	117000	024-47839809	024-42842074
鞍钢股份有限公司设备资材采购中心	辽宁省鞍山市南中华路 396 号	114021	0412-6734511	0412-6753575
山西太钢不锈钢股份有限公司	山西省太原市尖草坪区尖草坪	030003	0351-3011010	0351-3134170
太原重工油膜轴承分公司	山西省太原市万柏林区玉河街 53 号	030024	0351-6367206	0351-6367206
鞍钢股份有限公司热连轧厂	辽宁省鞍山市鞍钢厂区北部	114021	0412-6751589	0412-6752915
本钢集团有限公司热连轧厂	辽宁省本溪市平山区轧钢路	117021	18041406000	024-7825049
秦皇岛首秦金属材料有限公司轧钢部	河北省秦皇岛市海港区杜庄乡	066326	0335-6086238	0335-6089252
南钢股份有限公司宽厚板厂	江苏省南京市六合区大厂	210035	025-57074699	025-57072545
首钢京唐钢铁联合有限责任公司热轧部	河北省唐山市曹妃甸工业区	100043	0315-8829251	0315-8871641
安钢股份有限公司第二炼轧厂	河南省安阳市殷都区梅园庄	455004	0372-3120928	0372-3120909
武汉钢铁集团公司热轧总厂	湖北省武汉市青山区厂前	430083	027-86891525	027-86891525
攀钢集团有限公司热连轧厂	四川省攀枝花市向阳区	617062	0812-3393260	0812-3396573
山西太钢不锈钢股份有限公司热连轧厂	山西省太原市尖草坪区尖草坪	030003	0351-3014802	0351-3016105

（续）

单位名称	通信地址	邮编	电话	传真
内蒙古包钢钢联股份有限公司	内蒙古自治区包头市河西工业区	014010	0472-2181236	0472-2181236
宝钢集团宝钢分公司设备部	上海市宝山区富锦路 800 弄路 5 号	201900	021-26646629	021-26648830
宝钢热轧厂	上海市宝山区宝钢纬三路	200941	021-26645174	021-26649677
鞍钢第二冷轧厂	辽宁省鞍山市铁东区鞍千路 298 甲	114021	0412-6752596	0412-6751512
重庆钢铁股份有限责任公司热轧厂	重庆市长寿区江南大道 151 号附 47 号	401200	023-37657801	023-37657801
二重（德阳）重型装备有限公司	四川省德阳市珠江西路 460	618013	0838-2342114	0838-2342114
上海大学机电工程与自动化学院	上海市闸北区延长路 149 号	200072	021-82669152	021-56331937
铁岭五星密封研究所有限公司	辽宁省铁岭市辽海北路 15 号	112000	024-4564226	024-74501500
太原科技大学机械工程学院	山西省太原市窊流路 66 号	030024	0351-6998313	0351-6963332
鞍钢股份中板厂	辽宁省鞍山市鞍钢厂区北部	114021	0412-6762355	0412-6761293
江苏沙钢集团有限公司	江苏省张家港市锦丰镇	215625	13951139955	0512-58550681
唐山中厚板材有限公司	河北省唐山市乐亭县玉滩镇	063610	0315-4959566	0315-4959336
唐山港陆钢铁有限公司	河北省遵化市镇海东街	064200	0315-6075518	0315-6075518
唐山不锈钢有限公司热轧厂	河北省唐山市古冶区唐家庄	063105	0315-3765888	0315-3768802
唐山钢铁集团有限责任公司第一轧钢厂	河北省唐山市滨河路 9 号	063013	0315-3707227	0315-3707227
安阳钢铁股份有限公司第二轧钢厂	河南省安阳市殷都区梅园庄	455004	0372-3123012	0372-3123613
武汉钢铁集团有限公司冷轧厂	湖北省武汉市青山区厂前	430083	027-86894638	027-86891470
涟源钢铁集团公司热轧板厂	湖南省娄底市轧钢东路	417009	0738-8663655	0738-8663726
攀钢集团有限公司冷轧厂	四川省攀枝花市向阳区	617062	0812-3380118	0812-3380137
河北省首钢迁安钢铁有限责任公司	河北省迁安市扬店子镇滨河村	064404	0315-7703962	0315-7703011
宁波钢铁有限公司热轧厂	浙江省宁波市北仑区霞浦临港二路 168 号	315800	0574-86859108	0574-86859126
南京钢铁有限公司中板厂	江苏省南京市大厂区卸甲店	210035	025-57074699	025-57072545
宝钢不锈钢股份有限公司热轧厂	上海市宝山区长江路 735 号	200431	021-26033369	021-26034661
广西柳州钢铁集团有限公司热轧板带厂	广西壮族自治区柳州市北雀路 117 号	545002	0772-2596358	0772-2596355
新余钢铁集团有限公司	江西省新余市新钢冶金路	338001	0790-6293328	0790-6294999
五矿营口中板有限责任公司设备部	辽宁省营口市老边区	115005	0417-3256655	0417-3256063
通化钢铁股份有限公司热轧厂	吉林省通化市二道江区	134003	13304422311	0432-3775652
舞阳钢铁有限责任公司一轧厂	河南省舞钢市湖滨大道西段	462400	13937566928	0395-8112802
邯郸钢铁集团有限责任公司中板厂	河北省邯郸市复兴路 232 号	056015	0310-6075426	0310-4959971
河钢承钢板带事业部	河北省承德市双滦区滦河镇	067002	0314-4079789	0314-4314947
马鞍山钢铁股份有限公司第四钢轧总厂	安徽省马鞍山市三台路	243051	13805551364	0555-2890805
江阴兴澄特种钢铁有限公司钢板厂	江苏省江阴市滨江东路 297 号	214429	13961672702	0510-86190970
敬业集团有限公司中厚板厂	河北省石家庄市平山县南甸镇	050400	13230135485	0310-82878888
冀南钢铁集团有限公司	河北省武安市上团城乡	056300	0310-5179100	0310-5179100
沧州中铁装备制造材料有限公司轧钢厂	河北省沧州市渤海新区	061113	0317-5761614	0317-5761614
山西百一机械设备制造有限公司	山西省太原市尖草坪 2 号	030003	0351-3016342	0351-3016803
优必胜（大连）轴承制造有限公司	辽宁省瓦房店市北三家瓦窝工业园	116300	0411-85508388	0411-85545658

（续）

单位名称	通信地址	邮编	电话	传真
广州机械科学研究院密封研究所	广东省广州市黄埔区茅岗	510700	020-32388050	020-32389624
中国石化润滑油有限公司北京研发中心	北京市海淀区安宁庄西路6号2852号研发中心	100085	010-62949743	010-62949751
一重集团大连工程技术有限公司	辽宁省大连市经济技术开发区	116600	0411-39243245	0411-39243388
上海重型机器厂有限公司	上海市闵行区江川路1388号	200245	021-64632262	021-54722933
中钢设备有限公司机电部	北京市朝阳区芳园街1号	100016	010-62688018	010-62688098
宝钢集团新疆八一钢铁有限公司热轧厂	新疆维吾尔自治区乌鲁木齐市头屯河区新钢路	830022	0991-3886408	0991-3886458
河北燕山钢铁集团有限公司1780热轧厂	河北省迁安市迁安火车站旁	064499	18903380259	0315-5359666
河北燕山钢铁集团有限公司1580热轧厂	河北省迁安市迁安火车站旁	064499	18931537633	0315-5359666
河北安丰钢铁集团有限公司1780热轧厂	河北省秦皇岛市昌黎县靖安镇	066603	18031658999	0315-2092111
北海诚德金属压延有限公司	广西壮族自治区北海市铁山港	536017	0779-8527463	0779-8527464
莱芜钢铁集团有限公司银山板带厂	山东省莱芜市钢城区	271100	13156347978	0634-6921887
舞阳钢铁有限责任公司二轧厂	河南省舞钢市湖滨大道西段	462400	13837510808	0395-8112802
南阳汉冶特钢有限公司轧钢厂	河南省南阳市西峡县回车镇	474571	18695968869	0377-69693555
山西嘉明科技有限公司	山西省晋中市榆次区工业园区中央大道	030600	13934156424	0354-3966970
瓦房店轴承股份有限公司	辽宁省瓦房店市北共济街	116300	0351-2390981	0351-6827588
济钢集团有限公司中厚板厂	山东省济南市工业北路21号	250101	0531-88847758	0531-88847461
山东钢铁集团日照钢铁有限公司板材部	山东省日照市东港区临钢路1号	276800	15863386486	0633-7920839
日照钢铁轧钢有限公司1580热连轧部	山东省日照市岚山区沿海公路1号	276800	15954148869	0633-6188060
日照钢铁轧钢有限公司2150热连轧部	山东省日照市岚山区沿海公路1号	276800	13562361934	0633-6188060
山东泰山钢铁集团有限公司不锈钢热轧部	山东省济南市莱芜区新甫路001号	250102	15698108117	0531-6114423
山西建龙实业有限公司热轧厂	山西省运城市闻喜县	043800	18935083353	0359-7302348
福建福欣特殊钢有限公司	福建省龙海市龙池大道1号	363100	0596-6057000	0596-6057000
吉林建龙钢铁有限责任公司	吉林省吉林市龙潭区金珠工业园区	132104	18043827824	0432-6501877
上海宝钢工业技术服务有限公司	上海市宝山区克东路16号	201900	13701689731	021-26649592
河钢乐亭钢铁有限公司	河北省唐山市乐亭县经济开发区	063600	13832579491	0315-6597521
唐山瑞丰钢铁（集团）有限公司	河北省唐山市丰南区小集镇工业区	063300	13931514639	0315-8393708
粤机（广州）机电设备有限公司	广东省广州市高新技术产业开发区科学城	510633	13825065920	
武安市裕华钢铁有限公司	河北省武安市上团城乡	056301	13180502508	0310-5179100

停车设备工作委员会

单位名称	通信地址	邮编	电话	传真
中国重型机械工业协会停车设备工作委员会	北京市西城区月坛南街26号院1号楼2002室	100825	010-68584668	010-68584667

（续）

单位名称	通信地址	邮编	电话	传真
北京起重运输机械设计研究院有限公司	北京市东城区雍和宫大街 52 号	100007	010-64031098	010-64031098
杭州西子智能停车股份有限公司	浙江省杭州市余杭经济技术开发区宏达路 181 号	311199	0571-88136661	0571-88136661
山东莱钢泰达车库有限公司	山东省莱芜市钢城区泰达工业园	271129	0634-75879939	0634-75879939
深圳怡丰自动化科技有限公司	广东省深圳市龙岗区龙城大道龙西路口龙岗高科技园	518116	4007886299	4007886299
北京航天汇信科技有限公司	北京市亦庄经济技术开发区中和街 20 号	100176	010-67886600	010-67874871
唐山通宝停车设备有限公司	河北省唐山市丰润区公园道 162 号	064000	0315-3080599	0315-3081781
大洋泊车股份有限公司	山东省潍坊市潍城区拥军路 3777 号	261041	0536-8791080	0536-8662694
山东天辰智能停车有限公司	山东省德州市（禹城）国家高新技术产业开发区振兴大道西侧	251200	0534-7289910	0534-7289960
上海赐宝停车设备制造有限公司	上海市黄浦区打浦路 1 号金玉兰广场 906 室	200023	021-53960436-802	021-53960435
北京鑫华源机械制造有限责任公司	北京市门头沟区门头沟路 47 号	102300	010-61815320	010-61815100
江苏川铟明椿电气机械有限公司	江苏省南京市溧水区和凤镇凤翔路 18 号	200019	025-57273599	025-57273599
友嘉国际数控机床有限公司	浙江省杭州市萧山经济技术开发区市心北路 120 号	311215	0571-82831393	0571-82832353
江苏金冠停车产业股份有限公司	江苏省南通市港闸区兴盛路 6 号	226003	0513-81552626	0513-81552626
广东三浦车库股份有限公司	广东省广州市海珠区新港西路 1 号银华大厦 20 楼	510260	020-34112922	020-34061599
深圳市伟创自动化设备有限公司	广东省深圳市福田区上梅林卓悦汇 A 座南区 701 室	518000	0755-82445970	0755-82439670
青岛齐星车库有限公司	山东省青岛市胶州九龙工业园新东路 17 号	266300	0532-58651778	0532-58651778
青岛茂源停车设备制造有限公司	山东省青岛市黄岛区临港路 1319 号（原 2377 号）	266400	18366262658	0532-83196318
安徽华星智能停车设备有限公司	安徽省合肥市循环经济示范园天工路 1 号	231602	0551-67758520	0551-67601802
杭州大中泊奥科技股份有限公司	浙江省杭州市萧山区萧山经济技术开发区桥南区高新五路 58 号	311231	0571-22867601	0571-82695083
江苏普腾停车设备有限公司	江苏省南通市经济技术开发区通盛南路 32-9	226017	0513-80770518	0513-80770077
青岛德盛利立体停车设备有限公司	山东省青岛市西海岸新区张家楼工业园	266406	0532-85136619	0532-85136619
上海浦东新区远东立体停车装备有限公司	上海市浦东新区东川公路 7447 号	201201	021-68903740	021-68901921
广州广日智能停车设备有限公司	广东省广州市番禺区石楼镇国贸大道南 636 号之一	511447	020-39965999	020-39965877
上海天地岛川停车设备制造有限公司	上海市杨浦区昆明路 518 号	200080	021-63563092	021-63563092
杭州福瑞科技有限公司	浙江省杭州市塘苗路 18 号华星现代产业园	310013	0571-85023846	0571-85123228
浙江镭蒙科技有限公司	浙江省诸暨市暨阳街道茂阳路 23 号	311800	0575-87789217	0575-87789217
苏州东力机电工业有限公司	江苏省太仓市浏河镇闸南工业区 3 号	215000	0512-33060019-820	0512-33060019-820
淮安仲益电机有限公司	江苏省淮安市涟水县经济开发区祥云路 10 号	215000	0512-66830093	0512-66830093
安徽马钢智能立体停车设备有限公司	安徽省马鞍山市经济技术开发区红旗南路 19 号	243071	0555-2960018	0555-2960021
安徽乐库智能停车设备有限公司	安徽省合肥市肥东县金阳北路 16 号	231600	0551-62533979	0551-62533977
江苏润邦智能车库股份有限公司	江苏省南京市浦口区星甸工业园	211803	025-58465657	025-58265566
陕西隆翔停车设备集团有限公司	陕西省西安市高新区锦业路 38 号粤汉国际 D 座 18 层	710077	029-88865536	029-88865382

（续）

单位名称	通信地址	邮编	电话	传真
上海剑峰停车设备工程有限公司	上海市黄浦区南京东路 61 号新黄浦金融大厦 607 室	200002	021-63392097	021-63391924
苏州联发电机有限公司	江苏省苏州市相城经济开发区富元路 402 号	215131	0512-65793566	0512-65793569
上海山电电机有限公司	上海市普陀区祁连山南路 2888 弄 B 座 507 室	200331	021-62841028	021-52841755
上海禾通涌源停车设备有限公司	上海市闵行区莲花路 1555 号 318 室	200233	13020217116	021-33677096
浙江东海减速机有限公司	浙江省温州市平阳县鳌江镇鸽巢路	200070	0577-63812226	0577-63810571
无锡富通达车库装备有限公司	江苏省无锡市滨湖区梁青路 58 号华邸国际大厦 B 座 6 楼	214062	0510-85881881-208、203	0510-85868947
东杰智能科技集团股份有限公司	山西省太原市新兰路 51 号	030008	13935163396	0351-3633521
华源雄兴智能科技有限公司（北京销售部）	北京市亦庄经济技术开发区科创二街 3 号	100176	010-87952557	010-87952559
江苏聚力智能机械股份有限公司	江苏省苏州市吴江区汾湖高新技术产业开发区新黎路 300 号	215211	0512-82880000	0512-82855666
山东九路泊车设备股份有限公司	山东省聊城市高唐县人和街道办事处卢田楼村北段	252800	13801184460	0635-3673899
深圳市中科利亨车库设备股份有限公司	广东省深圳市宝安区西乡街道桃花源科技创新园主楼 513	518102	0755-29981555	0755-29981777
深圳精智机器有限公司	广东省深圳市南山区科技园科研路 9 号比克科技大厦 11 楼 B	518057	0755-86017789	0755-86017528
合肥巍华智能停车设备有限公司	安徽省合肥市肥东经济开发区公园路 12 号	231600	0551-67266669	0551-67799556
长园天弓智能停车系统（湖北）有限公司	湖北省黄冈市红安县经济开发区高新技术产业园	438400	0713-5289666	0713-5319280
上海腾库智能科技有限公司	上海市闵行区恒西路 189 号 507 室	201114	15000128187	021-34786970
广东明和智能设备有限公司	广东省广州市南沙区东涌镇石排村市南公路南侧	511455	020-29855018	020-29855018
江苏金三角钢结构有限公司	江苏省淮安市淮安区工业新区吴鞠通路 46 号	223200	13905230159	0517-85201112
唐山宝乐智能科技股份有限公司	河北省唐山市滦县装备制造产业园区	063706	13903256868	0315-7410188
衡水奇佳停车设备有限公司	河北省衡水市高新区衡井公路南侧、新桥新路以西	053000	0318-2331281	0318-2331281
北京大兆新元停车设备有限公司	北京市海淀区北小马厂 6 号华天大厦 12 层 13-16 室	100038	010-51916680	010-63319786
云南昆船智能装备有限公司	云南省昆明市昆船工业园新区	650217	0871-63662175	0871-63121030
广州建德机电有限公司	广东省广州市花都区新华街九塘 1404 坐落	510800	020-62321784	020-62321791
武义东风链条有限公司	浙江省金华市武义县黄龙工业园区二路 9 号	321200	0579-87988090	0579-87698070
深圳市易停车库科技有限公司	广东省深圳市龙岗区中心城黄阁北路天安数码城 2 栋 B 座 403B	518172	15818737980	0755-88609800
美迪斯智能装备有限公司	广东省中山市南朗镇华南现代中医药城美迪斯工业园	528400	0760-85528590	0760-85528590
安徽鸿杰威尔停车设备有限公司	安徽省六安市裕安区平桥工业园	237000	13625711830	0564-3351677
青岛华通石川岛停车装备有限责任公司	山东省青岛市南区香港中路 37 号	266100	0532-83959151	0532-83959151
郑州卫莱自动化设备有限公司	河南省郑州市郑州经济技术开发区	450016	4000063699	4000063699
浙江诺力车库设备制造有限公司	浙江省湖州市长兴县县前东街 1299 号	313199	0572-6210037	0572-6210037

（续）

单位名称	通信地址	邮编	电话	传真
安徽凯旋智能停车设备有限公司	安徽省合肥市桃花工业园拓展区玉兰大道与苏岗路交叉口	230088	0551-63422718	0551-63475418
安徽方圆停车有限公司	安徽省宿州市经济技术开发区金海六路 151 号办公楼院内 202 室	234000	15305578777	0557-3318065
合肥汇强起重机械有限公司	安徽省合肥市肥东经济开发区桥头集路与石梁城路交口	230001	0551-67670233	0551-67670233
合肥市春华起重机械有限公司	安徽省合肥市肥东经济开发区燎原路 49 号	230002	0551-67702458	0551-67702458
北京首嘉钢结构有限公司	北京市石景山区八大处路 45 号	100043	010-88291563	010-88291563
福建敏捷机械有限公司	福建省南安市官桥镇洪邦工业区福建敏捷机械有限公司	362341	0595-86838887	0595-86881520
福建金三洋控股有限公司	福建省福州市鼓楼区西江滨大道 66 号融侨锦江 B 区（永辉超市楼上）	350000	15280083002	0591-83300344
厦门市鑫创达科技有限公司	福建省厦门市湖里区五缘湾宝拓大厦写字楼 5 层 01 单元	361000	0592-5552009	0592-5552009
兰州远达停车产业有限公司	甘肃省兰州市西固区西固西路 35 号	730060	0931-8585511	
兰州亚太澳泊智能设备有限公司	甘肃省兰州市城关区延寿巷基隆大厦 A 座 7 楼	730030	18893189590	0931-8622296
甘肃泓盛达科技有限责任公司	甘肃省平凉市工业园区东西路 1 号	730030	0933-8602051	0933-8602051
深圳中集智能停车有限公司	广东省深圳市南山区南新路 1003 号阳光科创中心 B 座 3206	518000	4006007756	4006007756
广东溢隆实业有限公司	广东省广州市越秀区东风东路天誉大厦东塔 109 室	510000	020-37615036	020-37885775
深圳市华智联科技有限公司	广东省深圳市宝安区石岩街道龙腾社区石环路径贝工业园	518000	4008939885	0755-29476689
中建科工集团智慧停车科技有限公司	广东省深圳市南山区中心路中建科工大厦 7 层	518054	18620359850	0755-86518503
深圳市擎天达科技有限公司	广东省深圳市龙华新区大浪街道工业园路 1 号凯豪达大厦 18 楼	518109	0755-28030881	0755-28030981
广州欧莱斯机电实业有限公司	广东省广州市增城区仙村镇沙头村庙边社背底冚（土名）	511335	020-66262278	020-66262288
英特帕克停车场设备（深圳）有限公司	广东省深圳市龙岗区坂田街道马安堂社区环城南路 5 号坂田国际中心 B 栋 6 楼 601 室	518129	0755-21517690	0755-21517690
广东正合智能设备有限公司	广东省广州市番禺区沙湾镇青萝大道 10 号	511483	020-39937395	020-39937395
深圳市奇见科技有限公司	广东省深圳市南山区科技园科技南十二路方大大厦 15 楼	518063	13316960474	
广州达泊智能科技有限公司	广东省广州市黄埔区开源大道 11 号 B9 栋	510530	4006556328	4006556328
深圳市惠车智能科技有限公司	广东省深圳市南山区南岗第一工业园 5 栋 301	518108	0755-26422777	0755-26422777
住友富士电梯有限公司	广东省佛山市高明区杨和镇（杨梅）长春路 1-3 号	528515	0757-88269988	0757-88269988
广西景和停车设备有限责任公司	广西壮族自治区南宁市民族大道 115-1 号现代国际 905-908 室	530028	0771-5595654	0771-5596031
广西冠涛自动化设备有限公司	广西壮族自治区玉林市玉柴工业园区	537002	0775-2809345	0775-2809345
广西云高智能停车设备有限公司	广西壮族自治区柳州市鱼峰区西江路 86 号	545006	4006599630	4006599630
贵州铜仁市科创机械设备实业有限公司	贵州省铜仁市碧江区铜兴大道蓝溪谷地旁	554300	0856-6397777	0856-6397777
贵州海悦科技立体停车设备有限公司	贵州省贵阳市观山湖区美的·财智中心 B 座 15 楼 / 贵州省黔西市甘棠工业园区	550008	4000851955	4000851955

（续）

单位名称	通信地址	邮编	电话	传真
贵州新兆停车设备有限公司	贵州省贵阳市经济开发区黄河街道办事处黄河路 313 号北大资源缤纷广场二期 B2 栋商业 4 层 24-26 号	550027	0851-83800762	0851-83800762
河北宏地车港科技有限公司	河北省石家庄市长安区建设北大街 228 号东海国际 19A4	050000	0311-85970709	0311-85970709
河北奥塔机械设备有限公司	河北省衡水市武邑县东风东路 92 号	053400	0318-5766666	4008875666-601616
河北扑卡龙智能停车设备制造有限公司	河北省张家口市涿鹿县经济技术开发区	075600	0313-6773999	0313-6773999
河南省健泰实业有限公司	河南省商丘市民权县产业集聚区兴业路	476800	0760-89738044	0760-22816225
武汉沃强智能装备有限公司	湖北省武汉市武昌区武昌区友谊大道 2 号 2008 新长江广场 3 单元 14 层 1 号	430050	18627176880	027-68870658
中国电建集团武汉重工装备有限公司	湖北省武汉市武昌区白沙洲特 1 号	430064	027-68888714	027-68888714
湖北勇创智能泊车设备有限公司	湖北省十堰市普林工业园 31 号	442000	0719-8880005	
湖北省齐星汽车车身股份有限公司	湖北省随州市经济技术开发区十里铺村	441300	0722-3587079	0722-3587089
武汉智象机器人有限公司	湖北省武汉市洪山区高新大道 426 号华新大厦 A 座 15 层	430000	027-87802167	027-87802167
湖北众达智能停车设备有限公司	湖北省黄石市经济技术开发区鹏程大道 98 号	435000	0714-3699998	0714-3699998
湖北新世纪环保设备制造有限公司	湖北光武汉市光谷大道 62 号光谷总部国际 2 栋 1701	430073	027-86397698	027-86397698
湖南铭泰智能停车科技有限公司	湖南省长沙市高新开发区林语路 158 号研发楼 6 楼	410205	0731-89930399	0731-89930399
湖南涟钢建设有限公司	湖南省娄底市涟钢北大桥	417009	0738-8660031	0738-8660031
湖南天桥利亨停车装备有限公司	湖南省株洲市天元区中达路 C1-9 号	410000	0731-22118808	0731-22118808
江苏中泰停车产业有限公司	江苏省南京市鼓楼区中山路 165 号	210008	025-86653305	025-86653305
苏州江南嘉捷电梯有限公司	江苏省苏州市苏州工业园区唯新路 28 号	215122	0512-62746790-3048	0512-62741517
江苏冠宇机械设备制造有限公司	江苏省溧阳市中关村科技产业园吴潭渡路 9 号	213300	0519-87036121	0519-87036130
昆山翔固机械有限公司	江苏省昆山市周市镇长兴路 219 号	215314	0512-83663988	0512-83663788
南京力霸智能停车设备制造有限公司	江苏省南京市江宁滨江开发区绣玉路 1 号	211178	025-84950801	025-58707353
无锡安泊智能科技有限公司	江苏省宜兴市新街街道振兴西路	2114200	0510-87131816	0510-87131816
宝胜系统集成科技股份有限公司	江苏省扬州市宝应县氾水镇集中工业区	225819	0514-88429918	0514-88422666
江苏卓茂智能科技有限公司	江苏省南通市通富南路 45 号卓茂大厦	226000	0513-85516128	0513-85516128
江苏现代照明集团有限公司	江苏省高邮市送桥镇扬菱路	225600	0514-85857809	0514-85560482
江苏恒仕源停车设备有限公司	江苏省南京市邓府巷 19 号 A1 栋二楼	210000	025-86566260	025-86566260
江苏跃立智能科技有限公司	江苏省南通市如皋市搬经镇湖刘村 20 组	226561	0513-87333338	0513-87333338
苏州怡丰自动化科技有限公司	江苏省苏州市吴中经济开发区河东工业园尹中南路 888 号	226562	0512-65978988	0512-65978988
江苏浩昌立体车库制造有限公司	江苏省常熟市尚湖镇	226562	0512-52110888	0512-52110888
江苏丰烨驻车系统有限公司	江苏省江阴市申港街道移山路 58 号	214107	0510-86637660	0510-86637660
江苏立泊客自动化科技有限公司	江苏省苏州市相城区华元路 818 号 3 层 B8311-01	215000	13861635692	
淮安市魔方泊车自动车库有限公司	江苏省淮安市经济开发区鸿海南路 10 号	223010	0517-89888296	0517-89888296

（续）

单位名称	通信地址	邮编	电话	传真
中停联静态交通研究院（江苏）有限公司	江苏省南京市建邺区贤坤路 60 号 05 幢第 9 层 05 单元	210000	13802226020	
江苏畅悦智能科技有限公司	江苏省盐城市盐都区大冈镇纬二路 172 号	224043	0515-68668830	0515-68668830
南通科瑞恩智能装备有限公司	江苏省南通市开发区晨阳路 7 号	226409	0512-36862381	0512-36862381
新铁智能车库系统（苏州）有限公司	江苏省昆山市周市镇杜家路 318 号	215300	0512-57007717	0512-57007717
江苏汇菱楼宇设备有限公司	江苏省常州市钟楼区五星街道洪庄路 1-2 号特种设备产业园 5 楼	213000	0519-86993030	0519-86993030
江西奥德川自动化科技有限公司	江西省樟树市金属产业园仁和大道东侧	331200	0795-7837559	0795-7837559
江西核力特种设备有限公司	江西省赣州市经济技术开发区赣通大道 123 号	341000	0797-8251084	
大连誉兴智能设备有限公司	辽宁省大连市保税区亮甲店工业区 B-01-3 亮源路 5 号	116600	0411-87150707	0411-87150505
沈阳建伟智能立体停车系统有限公司	辽宁省沈阳市沈河区西滨河路 62 号滨湖俪园大厦 18B2	110000	024-22906641	024-22906641
青岛昊悦机械有限公司	山东省青岛市李沧区遵义路 3 号	266043	0532-84829888	0532-84816885
青岛车的家车库有限公司	山东省青岛市城阳区玉皇岭工业园	266000	13605427666	0532-66736769
山起重型机械股份公司	山东省青州市昭德北路 2198 号	262500	0536-3295269	0536-3295269
山东博创智能停车设备有限公司	山东省淄博市临淄区经七路 18 号	255400	0533-7217210	0533-7217210
青州市莱保彩钢立体车库有限公司	山东省青州市经济技术开发区	262500	0536-3528619	0536-3528619
山东东方华宸智能停车设备有限公司	山东省潍坊市奎文区东风东街浙鑫广场 1 号楼 601 室	261207	4001085515	4001085515
青岛大象机械设备有限公司	山东省青岛市即墨市海尔路 106 号	250012	0532-88012959	0532-88012959
山东启阳液压科技有限公司	山东省临沂市河东凤凰大街 267 号	276034	0539-8082999	0539-8082999
索戴芬（山东）智能车泊设备有限公司	山东省德州市齐河经济开发区 116 号德瑞智能产业	251121	0534-5759534	0534-5759534
太重集团向明智能装备股份有限公司	山西省太原市综改示范区唐槐园区唐槐路 89 号	030025	0351-7562600	0351-7562600
太原北方重工华博智能工程有限公司	山西省太原市综改示范区长治路 249 号 716 室	030025	0351-7024989	0351-7024989
陕西吉亨自动化科技有限公司	陕西省咸阳市秦都区玉泉西路 243 号	712000	029-33632111	029-33632111
陕西上通泊车设备有限公司	陕西省宝鸡市扶风县城新区机械加工园西二路座西	722200	0917-5228049	0917-5228049
陕西天驹静态交通科技有限公司	陕西省西安市雁塔区雁翔路 99 号	710054	029-87959999-971	029-87959999
陕西嘉航专用汽车有限公司	陕西省宝鸡市岐山县蔡家坡镇熙华路东段北侧	722405	0917-8557969	0917-8557969
陕西万重山智能停车设备制造有限公司	陕西省安康市高新区白河飞地经济园区	725029	0915-3513518	0915-3513518
西安标准电梯有限公司	陕西省西安市西咸新区泾河新城崇文镇泾科路 1 号	710075	029-36390301	029-36390301
西安天达停车设备有限公司	陕西省西安市经济技术开发区凤城七路明丰国际 1407 室	710075	029-89169297	029-89169297
上海人本旭川自动化机械有限公司	上海市奉贤区奉城镇德胜路 69 号	201101	021-54153711	021-54153711
上海沈中停车设备有限公司	上海市浦东新区浦建路 729 号 804 室	200127	021-61460158	021-61460108
上海泊鼎停车设备有限公司	上海市宝山区富联路 1688 号	201906	021-66788790	021-66787981
上海赛迪停车设备有限公司	上海市浦东新区沪南路 2419 弄 30 号复地万科活力城 B 座 902 室	200120	021-61106032	021-61106033
成都东风停车设备制造有限公司	四川省成都市新都工业东区高东路	610500	028-83939177	028-83939176

（续）

单位名称	通信地址	邮编	电话	传真
四川志泰立体车库有限公司	四川省成都市武侯区交子北一路88号枫丹国际一单元1002	620000	028-84442325	028-84442325
四川金石东方新材料科技有限公司	四川省成都市双流区九江镇万家社区3组203	610000	028-85753162	028-85753162
四川科莱立泊停车设备有限公司	四川省绵阳市游仙区石马镇科莱电梯工业园	621000	0816-5012568	0816-5012568
天津市中环富士智能设备有限公司	天津市西青区天祥工业区祥遵路10号	300385	022-83966109	022-83966109
云南名家智慧科技有限公司	云南省昆明市经开区顺通大道世纪浩鸿商业广场3栋11楼	650217	0871-68135189	0871-68135189
云南金鑫智能泊车设备有限公司	云南省昆明市盘龙区万华路96号天宇创智中心2211	650000	0871-63601883	0871-63601883
浙江越宫钢结构有限公司	浙江省绍兴市越城区袍中南路166号	312077	0575-89103760	0575-89103760
宁波邦达智能停车设备股份有限公司	浙江省宁波市高新区木槿路99号	315013	0574-88416668-7388	0574-88411233
浙江天马停车设备有限公司	浙江省湖州市德清县雷甸镇洋北村运河路8号	313000	0572-8487425	
浙江先锋机械股份有限公司	浙江省桐乡市梧桐街道石门路10号	314500	0573-88103893	0573-88103893
浙江喆泰智能科技有限公司	浙江省桐乡市文华南路485号	314599	0573-88137188	0573-88137188
宁波中集物流装备有限公司	浙江省宁波市北仑区扬子江南路26号	315806	0574-86828513	0574-86828513
杭州天豪电梯成套设备制造有限公司	浙江省杭州市富阳区东洲工业功能区8号路1号	311404	0571-87191197	0571-87191197
重庆齐泊智能停车设备有限公司	重庆市南岸区风临路9号A幢12-4-5	401222	023-63702950	023-63702950
南京特种电机厂有限公司	江苏省南京市六合区雄州东路289号	211500	025-57512569	025-57107279
浙江乔力以机械设备有限公司	浙江省衢州市常山县球川镇森嘉路18号	215100	0570-5195788	0570-65719022
万鑫精工（湖南）有限公司	湖南省长沙市宁乡县金州新区金沙东路158号	410600	0731-87071516	0731-87074866
南京英沃斯汶智控集团有限公司	江苏省南京市六合区八百金牛工业集中区一区	210000	025-83750297	025-83750297
江苏国茂减速机股份有限公司	江苏省常州市武进高新区龙潜路98号	213100	0519-86573118	0519-86573118
上海汇聚自动化科技有限公司	上海市松江区车墩镇三浜路470号	200060	021-57783720	021-57783720
安徽博微联控科技有限公司	安徽省合肥市蜀山区淠河路88号华东电子工程研究所	230000	0551-65161289	0551-65161289
福州晋尚机械设备有限公司	福建省福州市晋安区新店镇古城山庄古松花园30号	350012	18059152739	
沈阳智能机器人创新中心有限公司	辽宁省沈阳市浑南新区创新路135号	110169	13804022102	
上海宝舟电器有限公司	上海市嘉定区南翔镇昌翔路81号	201802	021-62274842	021-62661382
中山市塞弗曼电子科技有限公司	广东省中山市西区金昌工业路28号	528403	0760-88667581	0760-88667581
北京亚博瑞思科技开发有限责任公司	北京市海淀区祁家豁子甲2号健德商务楼107A	100000	010-82076094	010-62740309
河南翰森智能科技有限公司	河南省郑州市高新区莲花街100号6号楼	450000	0371-61738377	0371-61738377
郑州纬达自动化科技有限公司	河南省郑州市京广路与长江路交叉口仁恒上元	450000	0371-63302468	0371-60972076
佛山佳立电气科技有限公司	广东省佛山市高明区三明路顺柏工业区	528511	0757-88880253	0757-88880253
温州朗菲电气科技有限公司	浙江省温州市柳市镇新光工业区振兴路7号	325604	0577-62867767	0577-62867767
无锡市三爱电器有限公司	江苏省无锡市苏锡路553号	311525	0510-85072580	0510-85072581
无锡市明达电器有限公司	江苏省无锡市滨湖经济技术开发区立业路7号	214124	0510-81903022	0510-81903022
射阳县达金电气有限公司	江苏省盐城市射阳县经济开发区西区北环西路66号	224300	0515-82391680	0515-82391080
合肥汉德贝尔属具科技有限公司	安徽省合肥市肥东县经济开发区金阳北路16号	230011	0551-64328418	0551-64328665
北京京荣盛防火门窗有限公司	北京市大兴区旧宫镇小红门路136号	100163	010-87600398	010-87600398
盐城市瑞华机电制造有限公司	江苏省盐城市射阳县合德工业园区宏峰路5号	528511	0515-82816111	0515-82816111

（续）

单位名称	通信地址	邮编	电话	传真
浙江神光电器有限公司	浙江省绍兴市柯桥区滨海工业区	312073	0571-57182941	0571-57182941
宣城市华菱精工科技股份有限公司	安徽省宣城市郎溪县梅渚镇	242115	13910453079	0563-7793336
杭州永利百合实业有限公司	浙江省杭州市萧山区义桥工业园区	312073	0571-82402267	0571-82402267
苏州环球科技股份有限公司	浙江省苏州市吴中区胥口镇石中路 188 号	311404	0512-69006900-872	0512-69006900-872
浙江团结传动机械有限公司	浙江省诸暨市牌头镇光明路 26 号	311525	0575-87053665	0575-87056868
浙江神牛机械制造有限公司	浙江省诸暨市丰南路 8 号	311800	0575-89096982	0575-87185255
浙江恒久机械集团有限公司	浙江省诸暨市迎宾路 8 号	311800	0575-87380141	0575-87214388
杭州东毅链传动有限公司	浙江省杭州市萧山区衙前镇新林周工业园	311200	0571-82921882	0571-82921882
常州明瑞链传动有限公司	江苏省常州市新北区春江镇百丈创业东路 20 号	213034	13606124818	0519-85860171
杭州东腾实业有限公司	浙江省杭州市萧山区靖江镇靖东村	311200	0571-82973496	0571-82978729
岳盟链条（湖州）有限公司	浙江省湖州市长兴县泗安镇工业区	313113	0572-6822777	0572-6822777
任丘市昊宇传动机械有限公司	河北省任丘市石门桥工业区	062552	0317-2802788	0317-2802789
丹东振安建工机械有限公司	辽宁省丹东市振安区果园路 30 号	118003	0415-4188608	0415-4188606
杭州台创实业有限公司	浙江省杭州市余杭区径山镇长乐工业区	311115	0571-86771291	0571-86778253
任丘市华隆机械传动配件有限公司	河北省任丘市石门桥磨盘街工业区	062550	0317-2802980	0317-2802538
安徽东华传动科技有限公司	安徽省合肥市庐阳区临泉路 7363 号正奇金融广场 B 座 -1702 室	230000	0551-68991378	0551-68991378
武汉精匠传动机械有限公司	湖北省武汉市黄陂区盘龙城卓尔企业总部基地 2 号楼	432200	027-61757885	027-61757885
无锡鼎昇贸易有限公司	江苏省无锡市锡山区泾达南路 3 号	214194	13961885567	
潍坊银河泊车设备有限公司	山东省潍坊市潍城区乐埠山工业园银河街 8 号	261055	0536-5603568	0536-5603509
大族激光智能装备集团有限公司	广东省深圳市宝安区福海街道重庆路 128 号大族激光全球生产基地 1 栋 6 楼	518100	0755-86632701	0755-86632701
江西基业科技集团有限公司	江西省南昌市小蓝经济开发区富山东大道 1211 号	330000	0719-85989586	0719-85989586
科美（杭州）机械有限公司（上海办公室）	上海市徐汇区复兴中路 1237 号 WeWork 5 楼 -103 室	200031	021-38820620	021-38820620
哈尔滨市静态交通协会	黑龙江省哈尔滨市道里区河松街 87 号 -612 室	150010	13796653598	
重庆市特种设备检测研究院	重庆市北部新区高新园芙蓉路 5 号	401121	023-86158935	023-86158935
山西华博科技有限公司	山西省太原市长治路 249 号 523 室	030006	0351-7024989	0351-7024987
都市（北京）智能停车设备集团股份有限公司	北京市怀柔区迎宾中路 1 号 508 室	101400	010-69685415	010-69685415
广州长野机电设备有限公司	广东省广州市海珠区新滘东路 613 号 3 层	510000	020-28101380	020-28101380
北京京通津顺机电设备有限公司	北京市朝阳区大洋路 333 号 A 座 625	100023	010-67318552	010-67318552
河北捷易达泊车科技有限公司	河北省石家庄市桥西区胜利南大街 118 号塔坛国际商贸城 9 号写字楼	050091	0311-82620816	0311-82620816
泰安沃泰智能科技有限公司	山东省泰安市南天门大街 1110 号泰山科技城	271025	0538-8569908	0538-8569908
杭州灿晟机械设备安装有限公司	浙江省杭州市下城区怡乐银座 3 幢 2 单元 701 室	310022	0571-86658382	0571-86658382
北京双良特安停车管理服务有限公司	北京市大兴区金辅路甲 2 号凯驰大厦 D202	102600	010-60213028	010-60213028
北京西子智能停车设备工程有限公司	北京市朝阳区时间国际 8 号楼北座 602	100028	010-87951695	010-87951695
北京舒玛停车设备技术有限公司	北京市丰台区成寿寺路 1 号鑫源国际大厦 1 号楼 407 室	100078	010-87656485	010-87656485

（续）

单位名称	通信地址	邮编	电话	传真
河北顺致祥科技有限公司	河北省石家庄市桥西区中华南大街与新石南路交口汇龙国际公关 1 号楼 1202-1204	050091	18731810688	
杭州鸿越智能停车有限公司	浙江省杭州市余杭区五常街道西溪金座	311121	15958182877	
上海尚品停车科技有限公司	上海市嘉定区希望路 689 弄 6 号 903 室	201801	021-60518099	021-60518099
河北盟创停车设备有限公司	河北省衡水市桃城区榕花北大街 1399 号恒茂城一区住宅 2 幢 1 单元 2 层 202 室	053099	15531856342	
河南冠翔停车设备有限公司	河南省郑州市金水区文化路 9 号永和国际 20 层 2007	450014	0371-63389589	0371-63389589
上海华宸立体车库集团有限公司	上海市嘉定区希望路 689 弄 6 号 903 室	201801	4009216991	4009216991
太原立智慧机电科技有限公司	山西省太原市不锈钢产业园区丰泽路 5 号	030008	0351-3957288	0351-3957288
北京阳光海天停车管理集团有限公司	北京市朝阳区来广营西路 8 号国创产业园 6 号楼 3 层东贰区	100000	010-53600911	010-64477828
天津市通宇利立体停车场建设有限公司	天津市南开区南京路 349 号	300073	022-60887568	022-60887568
深圳市鑫联发展有限公司	广东省深圳市南山区粤海街道海珠社区文心五路 11 号汇通大厦 2 层	518054	13554761803	0755-26496148
中研智能交通（深圳）有限公司	广东省深圳市福田区深南大道 2003 号华嵘大厦 1603	518034	0755-82796949	0755-82796949
车居办（北京）停车设备科技有限公司	北京市丰台区大红门西路甲 2 号丰航嘉苑 - 车库办	100075	010-67221011	010-67221011
江苏泊车管家科技有限公司	江苏省南京市建邺区科技路 33 号胜科国际大厦 1-403 室	210019	13382776875	
深圳钻镳网络技术有限公司	深圳市福田区福田街道海岸环庆大厦 3105	518033	0755-23746089	0755-23746089
中国平安财产保险股份有限公司北京分公司	北京市朝阳区光华路 5 号世纪财富中心 2 号楼 15 层	100020	010-59710213	010-58391445
中国人民财产保险股份有限公司北京市分公司	北京市西城区德外大街 73 号	100088	010-62372441	010-62372441
南京海轩企业管理咨询有限公司	江苏省南京市建邺区万达广场西地 E 座 1503	210017	025-87716968	025-87716878

大型铸锻件分会

单位名称	通信地址	邮编	电话	传真
二重（德阳）重型装备有限公司	四川省德阳市珠江西路 460 号	618013	0838-2341181	0838-2201998
中国第一重型机械股份公司	黑龙江省齐齐哈尔市富拉尔基区厂前路 9 号	161042	0452-6810488	0452-6810111
上海电气上重铸锻有限公司	上海市闵行区江川路 1800 号	200245	021-34098018	021-54721132
洛阳中重铸锻有限责任公司	河南省洛阳市涧西区建设路 206 号	471039	0379-64088816	0379-64088394
太原科技大学材料科学与工程学院	山西省太原市万柏林区窊流路 66 号	030024	0351-2161129	0351-6963369
太原重工股份有限公司	山西省太原市万柏林区玉河街 53 号	030024	0351-6366750	0351-6366750
鞍钢重型机械有限责任公司	辽宁省鞍山市立山区建国东路 40 甲	114042	0412-6613453	0412-6613453
中原特钢股份有限公司	河南省济源市第九号信箱	454685	0391-6099019	0391-6099019
内蒙古北方重工业集团有限公司	内蒙古自治区包头市青山区兵工路	014033	0472-3384491	0472-3335641
中国中元国际工程有限公司工业工程设计所	北京市海淀区西三环北路 5 号	100089	010-68732019	010-68715543
天津市天重江天重工有限公司	天津市北辰区西堤头镇津榆公路 609 号	300408	022-86885999	022-86885999

（续）

单位名称	通信地址	邮编	电话	传真
中车资阳机车有限公司	四川省资阳市雁江区晨风路 6 号	641301	028-26282570	028-26653416
中钢集团邢台机械轧辊有限公司	河北省邢台市信都区新兴西大街 1 号	054025	0319-2022061	0319-2022061
北京科技大学材料科学与工程学院	北京市海淀区学院路 30 号北京科技大学主楼 203	100083	010-62332572	010-62397463
清华大学材料学院	北京市海淀区双清路 30 号	100084	010-62789922	010-62773637
燕山大学教务处	河北秦皇岛市海港区河北大街西段 438 号	066004	0335-8074036	0335-8387472
东方电气集团东方汽轮机有限公司	四川省德阳市高新技术产业园金沙江西路 666 号	618000	0838-2687289	0838-2687253
上海电气电站设备有限公司上海汽轮机厂	上海市闵行江川路 333 号	200240	021-64358331-2100	021-64355046
哈尔滨汽轮机厂有限责任公司	黑龙江省哈尔滨市香坊区三大动力路 345 号	150046	0451-82953194	0451-82681364
石钢京诚装备技术有限公司	辽宁省营口市西市区柳树镇	115004	0417-3257899	0417-3257777
沈阳铸锻工业有限公司锻造分公司	辽宁省沈阳市经济技术开发区沈辽西路 188 号	110142	024-25336706	024-25336706
烟台台海玛努尔核电设备有限公司	山东省烟台市莱山经济开发区恒源路 6 号	264003	0535-3725658	0535-3725699
广州多浦乐电子科技股份有限公司	广东省广州市黄埔区开创大道 1501 号	510530	020-82086632-8532	020-82086200
二重（德阳）重型装备有限公司铸锻公司	四川省德阳市珠江西路 460 号	618013	0838-2341631	0838-2201742
天津重型装备工程研究有限公司	天津市经济技术开发区络达路 16 号	300457	022-58808555	022-58808000
中国第一重型机械股份公司铸锻钢事业部	黑龙江省齐齐哈尔市富拉尔基区厂前路 9 号	161042	0452-6810085	0452-6810085
内蒙古北方重工业集团有限公司	内蒙古自治区包头市青山区兵工路	014030	13947285732	0472-3335641
大连华锐重工集团股份有限公司	辽宁省大连市甘井子区新水泥路 78 号	116035	0411-86427062	0411-86428210
武汉重工铸锻有限责任公司技术中心	湖北省武汉市青山区武东路 1 号	430084	027-68861955	027-68861955
云南冶金昆明重工有限公司锻造分公司	云南省昆明市盘龙区龙泉路 871 号	650203	13700685245	0871-66085054
中国机械总院集团沈阳铸造研究所有限公司	辽宁省沈阳市铁西区云峰南街 17 号	110025	13332430936	024-25851306
中国第二重型机械集团德阳万航模锻有限责任公司	四川省德阳市珠江西路 460 号	618013	0838-2342304	0838-2201552
大连理工大学材料科学与工程学院	辽宁省大连市甘井子区凌工路 2 号	116024	0411-84706183	0411-84709284
上海电气上重铸锻有限公司大锻所	上海市闵行江川路 1800 号	200245	021-34098189	021-34098188
鞍钢重型机械有限责任公司锻造厂	辽宁省鞍山市立山区灵山红旗路 28 号	114042	0412-6762398	0412-6763038
中冶陕压重工设备有限公司铸锻厂	陕西省渭南市富平县庄里镇北新街 19 号	711711	0913-8622154	0913-8622005
中山市广重铸轧钢有限公司	广东省中山市黄圃镇鲤鱼嘴工业开发区	528429	0760-23213333	0760-23212227
无锡宏达重工股份有限公司	江苏省无锡市滨湖区南泉	214128	0510-85952557	0510-85953536
重庆焱炼重型机械设备股份有限公司	重庆市江津区德感工业园	400084	023-47840718	023-47840718
天津天重车轴制造有限公司	天津市北辰区天穆镇马庄村	300400	022-26626168	022-26341806
上海模具技术研究所有限公司	上海市徐汇区华山路 1954 号	200030	021-62813430-8026	021-62946388
德阳万鑫电站产品开发有限公司	四川省广汉市高坪镇龙潭村八社	618306	0838-5603545	0838-5603545
中国长江动力集团有限公司	湖北省武汉市东湖新技术开发区佛祖岭一路 6 号	430074	027-59254269	027-59254269
太原重工股份有限公司锻造分公司	山西省太原市万柏林区玉河街 53 号	311800	0575-87350580	0575-87350576
武汉迈特炉业科技有限公司	湖北省武汉市东湖高新区光谷大道 303 号光谷芯中心 2-1-503 号	430223	027-87806707	027-87677372

（续）

单位名称	通信地址	邮编	电话	传真
天津市中达电热设备有限公司	天津市西青区南河工业园	300382	022-23811661	022-23811991
中国联合工程有限公司工业装备分公司	浙江省杭州市下城区石桥路 338 号	310022	0571-88155018	0571-88155018
中航卓越锻造（无锡）有限公司	江苏省无锡市惠山区玉祁工业集中区祁北路 8 号	214183	0510-83896535	0510-83896512
内蒙古北方重工业集团有限公司特钢事业部	内蒙古自治区包头市青山区兵工路	014030	13500627867	0472-3335641
德阳天元重工股份有限公司	四川省德阳市庐山南路三段 20 号	618000	0838-2902987	0838-2904108
伊莱特能源装备股份有限公司	山东省济南市章丘区济王路 9001 号	250217	0531-83800663	0531-83809527
德阳市产品质量监督检验所	四川省德阳市荷花巷 99 号	618000	0838-2300169	0838-2206507
天津吉达尔重型机械科技股份有限公司	天津市北辰区北辰科技园华盛道 61 号	300412	022-24278668	
诸暨虹茂重工机械有限公司	浙江省绍兴市诸暨陶朱街道北二环路 6 号	311800	0575-87350580	0575-87350576
重庆大学材料科学与工程学院	重庆市沙坪坝区沙正街 174 号	400044	023-65111493	023-65111493
沈阳埃克斯邦科技有限公司	辽宁省沈阳市和平区欧亚联营商务大厦 2302	110000	024-31258007	
扬州市雪龙铜制品有限公司	江苏省扬州市江都区郭村镇周家楼工业园区	225238	0514-86304836	0514-86306885
青岛正大重工有限公司	山东省胶州市九龙办事处大户村面粉厂西侧	266308	0532-85258388	

重型锻压机械分会

单位名称	通信地址	邮编	电话	传真
二重（德阳）重型装备有限公司	四川省德阳市珠江西路 460 号	618013	028-62338009	
中国重型机械研究院股份公司	陕西省西安市经济技术开发区草滩生态产业园尚林路 3699 号	710018	029-86322500	
太原重工股份有限公司	山西省太原市万柏林玉河街 53 号	030024	0351-6361327	0351-6361133
上海重型机器厂有限公司	上海市闵行区江川路 1800 号	200245	021-34098321	
北方重工集团有限公司	辽宁省沈阳市经济技术开发区开发大路 16 号	110141	024-25802416	
中国第一重型机械股份公司	黑龙江省齐齐哈尔市富拉尔基区厂前路 9 号	161042	0452-6810085	0452-6810085
燕山大学机械工程学院	河北省秦皇岛市河北大街西段 438 号	066004	0335-8052253	0335-8074783
太原科技大学材料科学与工程学院	山西省太原市万柏林区窊流路 66 号	030024	0351-2161129	0351-6963369
西安交通大学机械工程学院	陕西省西安市咸宁西路 28 号	710049	029-82668607	029-82665204
重庆大学	重庆市沙坪坝区沙正街 174 号	400044	023-65105929	023-65105929
清华大学机械工程系	北京海淀区双清路 30 号清华大学机械工程系焊接馆	100084	010-62782448	
德阳立达机电设备有限公司	四川省德阳市庐山南路三段 32 号	618099	0838-2903747	0838-2903999
湖北三环锻压设备有限公司	湖北省黄石市经济技术开发区金山大道 158 号	435000	0714-3298201	

传动部件专业委员会

单位名称	通信地址	邮编	电话	传真
焦作金箍制动器股份有限公司	河南省焦作市博爱县发展大道 1688 号	454450	0391-2086231	0391-2080000
云南冶金昆明重工有限公司	云南省昆明市五华区龙泉路 871 号	650203	0871-65150091	0871-65150151
宁波名泰天力机械制造有限公司	浙江省宁波市象山县丹城镇西丹路 18 号	315700	0574-65723430	0574-65723165

（续）

单位名称	通信地址	邮编	电话	传真
青岛星轮实业有限责任公司	山东省青岛市城阳区流亭建材工业园春雨西路 8 号	266108	0532-84909022	0532-84909003
焦作市虹发制动器有限公司	河南省焦作市武陟县虹桥工业区	454981	0391-7541838	0391-7542897
天水长城控制电器有限责任公司制动器分公司	甘肃省天水市秦州区南廓路 11 号	741018	0938-8371588	0938-8371588
宁波华阳起重电器有限公司	浙江省宁波市象山县大徐新凉亭工业园	315706	0574-65625818	0574-65765355
衡水昕龙制动绝缘材料有限公司	河北省衡水市人民西路电厂西侧	053000	0318-2157566	0318-2124019
贵阳天龙摩擦材料有限公司	贵州省贵阳市宝山北路 372 号贵州报业大厦 16 层	550001	0851-86612735	0851-86612763
焦作市长江制动器有限公司	河南省焦作市武陟县大司马工业区 888 号	454981	0391-7515618	0391-7515658
潍坊利达起重电器有限公司	山东省潍坊市经济开发区民主西街 2088 号	261021	0536-8321809	0536-8321809
大连华锐重工集团股份有限公司通用减速机厂	辽宁省大连市甘井子区新水泥路 78 号	116035	13504082136	0411-86426190-801
长沙三占惯性制动有限公司	湖南省长沙市高新技术开发区桐梓坡西路 229 号	410205	0731-88912607	0731-88912691
湖南博云汽车制动材料有限公司	湖南省长沙市高新开发区麓松路 500 号	410205	0731-88122568	0731-88115258
江西华伍制动器股份有限公司	江西省丰城市高新技术产业园区火炬大道 26 号	331100	0795-6203200	0795-6241080
上海伯瑞制动器有限公司	上海市奉贤区奉城镇东街 108 号	201411	021-57522358	021-57522350
晋城江淮工贸有限公司	山西省晋城市凤台东街 2755 号	048026	0356-2191906	0356-2190689
石家庄三元机电有限公司	河北省石家庄市桥西区西二环与新石北路交口西行 100 m 拉斐小镇写字楼 14 层	050011	0311-86814291	0311-86814291
焦作市江河制动器有限公司	河南省焦作市武陟县虹桥工业区	454981	0391-7541060	0391-7541132
焦作市虹起制动器有限公司	河南省焦作市武陟县虹桥工业区	454981	0391-7541080	0391-7541088
焦作市液压制动器股份有限公司	河南省焦作市武陟县大虹桥乡彭庄村	454981	0391-7545666	0391-7541058
石家庄五龙制动器股份有限公司	河北省石家庄市桥西区新石中路 375 号金石大厦 C 座 501 室	050091	0311-83806381	0311-83826381
北京起重运输机械设计研究院有限公司	北京市东城区雍和宫大街 52 号	100007	010-64053039	010-64052584
石家庄纽伦制动技术有限公司	河北省石家庄市新石路 375 号 C 座 501 室	050091	0311-83806381	0311-83826381
象山万邦电器有限公司	浙江省宁波市象山县产业区城东工业园望海路 5 号	315706	0574-65626628	
焦作市制动器开发有限公司	河南省焦作市武陟县工业园区工业南路 202 号	454950	0391-7230550	0391-7268019
焦作市制动器有限公司	河南省焦作市武陟县工业园朝阳三路 999 号	454950	0391-7202100	0391-7202555
焦作市虹桥制动器股份有限公司	河南省焦作市武陟县云台大道东侧 2 号	454981	0391-7541828	0391-7541666
焦作市宏升实业有限公司	河南省焦作市武陟县前牛工业区	454950	0391-7618960	0391-7619888
宁夏天地奔牛实业集团有限公司	宁夏回族自治区银川市上海西路 475 号	750011	0951-3073858	0951-3067126
西安环力传动机械股份有限公司	陕西省西安市经济技术开发区凤城十一路 91 号	710018	029-86171905	029-85251911
唐山唐冶减速机制造有限责任公司	河北省唐山市路北区缸窑路 4 号	063027	0315-3202616	0315-3202214
包头市起重机械有限公司	内蒙古自治区包头市东河区西脑乡 135 号	014040	0472-4874100	0472-4862406
太原重工股份有限公司齿轮传动分公司	山西省太原市万柏林区玉河街 53 号	030024	0351-6366732	0351-6366732
内蒙古兴华机械制造厂	内蒙古自治区呼和浩特市玉泉区昭君路小黑河村	010070	0471-5686313	

（续）

单位名称	通信地址	邮编	电话	传真
石家庄科一重工有限公司	河北省石家庄市和平西路 595 号	050071	0311-87796242	0311-87756244
山西新富升机器制造有限公司	山西省太原市经济技术开发区十四号线 68 号	030013	0351-3074892	0351-3074892
山西平遥减速器厂	山西省晋中市平遥县古城南路 138 号	031100	0354-5622828	
沈阳金龟减速机厂有限公司	辽宁省沈阳市辽中区商业街 15 号	110200	024-87880508	024-87881361
青岛减速机厂	山东省胶州市铺集镇铺集二村	266326	0532-87737569	0532-86250253
龙口市减速机有限公司	山东省龙口市黄城区西市场 1 号	265701	0535-8519156	0535-8517471
重庆减速机有限责任公司	重庆市璧山区牛角湾	402760	023-41432059	023-41436677
衡阳起重运输机械有限公司	湖南省衡阳市珠晖区狮山路 1 号	421005	0734-3172069	0734-8290779
宁波誉力冶金矿山机械有限公司	浙江省宁波市鄞州区鄞州镇经济工业园	315151	0574-88431146	0574-88432207
太原科技大学	山西省太原市万柏林区瓦流路 66 号	030024	0351-6963399	0351-6998027
浙江东海减速机有限公司	浙江省温州市平阳经济开发区鸽巢路（鳌江镇）	325401	0577-63631862	0577-63635393
江西华伍制动器股份有限公司	江西省丰城市高新技术产业园区火炬大道 26 号	331100	0795-6203200	0795-6241080
嘉兴嘉冶机械制造有限公司	浙江省嘉兴市角里街 112 号	314000	0573-82820184	0573-82818650
广州劲草减速机机械有限公司	广东省广州市白云区爱国 11 路 1-1 号	510450	020-86601532	020-86601532
荆州市巨鲸传动机械有限公司	湖北省荆州市经济技术开发区东方大道 58 号	434000	0716-8303888	0716-8303905

物料搬运工程设备成套与服务分会

单位名称	通信地址	邮编	电话
华电科工股份有限公司	北京市丰台区汽车博物馆东路华电产业园 B 座 11 层	100070	010-63919311
大连重工装备集团有限公司	辽宁省大连市西岗区八一路 169 号	116013	15641190054
上海科大重工集团有限公司	上海市青浦区青浦工业园华青路 815 号	201707	13604210481
山东山矿机械有限公司	山东省济宁市济安桥北路 11 号	272041	13176172055
卫华集团有限公司	河南省长垣市卫华大道西段	453400	13937306043
太原重型机械集团有限公司	山西省太原市万柏林区玉河街 53 号	030024	0351-6364208
中国重型机械有限公司	北京市海淀区公主坟复兴路甲 23 号	100036	13051697330
北京起重运输机械设计研究院有限公司	北京市雍和宫大街 52 号	100007	010-64031098
双鸟集团有限公司	浙江省嵊州市黄泽镇工业功能区玉龙路 16 号	312455	0575-83507908
交通运输部水运科学研究院	北京市海淀区西土城路 8 号	100088	010-65290216
万华化学（宁波）码头有限公司	浙江省宁波市大榭开发区环岛北路 39 号万华工业园	315812	15268415157
株洲天桥起重机股份有限公司	湖南省株洲市石峰区新民路 266 号	412004	13873353399
衡阳运输机械有限公司	湖南省衡阳市珠晖区狮山路 1 号	421002	0734-3172168
苏州大学应用技术学院智能制造研究院	江苏省苏州市昆山周庄镇大学路一号	215325	0512-82190377
焦作科瑞森重装股份有限公司	河南省焦作新区神州路 2878 号	454000	15839198186
四川省自贡运输机械集团股份有限公司	四川省自贡市国家工业园区富川路 3 号	643000	18990068690
华电郑州机械设计研究院有限公司	河南省郑州市郑东新区龙子湖湖心岛湖心环路以西、湖心环路以北湖心环路 27 号	450015	15843100570
中交第一航务工程勘察设计院有限公司	天津市河西区洞庭路 18 号颐航大厦	300200	18512280710
中国电力工程顾问集团西南电力设计院有限公司	四川省成都市东风路 18 号	610016	18980803696
中国电力工程顾问集团东北电力设计院有限公司	吉林省长春市人民大街 4368 号	130021	13644310416

（续）

单位名称	通信地址	邮编	电话
中冶南方武汉钢铁设计院有限公司钢铁公司机械储运分公司	湖北省武汉市青山区红钢城 15 街坊	430080	18086089951
河北大河邯钢设计院有限公司	河北省邯郸市复兴区复兴路 232 号	056015	13931053836
中煤科工集团沈阳设计研究院有限公司	辽宁省沈阳市沈河区先农坛路 12 号	110015	13940560735
华电曹妃甸重工装备有限公司	河北省唐山市曹妃甸区装备制造园区和谐路	063210	18633121885
北京港口机械质量检测中心	北京市海淀区西土城路 8 号	100083	13581982868
上海交通大学机械与动力工程学院	上海市闵行区东川路 800 号	200240	13917680732
同济大学机械与能源工程学院	上海市四平路 1239 号机械与能源工程学院	200092	13601692449
河南科技学院机电学院	河南省新乡市华兰大道东段	453000	13569800035
SEW- 传动设备（天津）有限公司	天津市天津经济技术开发区第七大街 46 号	300457	13901352871
浙江东海减速机有限公司	浙江省温州市敖江镇鸽巢路平阳经济开发区	325401	13906669365
河南恒达机电设备有限公司	河南省新乡市长垣市起重工业园区纬四路东侧	453424	13937375086
湘潭电机股份有限公司	湖南省湘潭市岳塘区下摄司街 302 号	411101	15292298350
浙江双箭橡胶股份有限公司	浙江省桐乡市洲泉镇工业园区	314513	15958302288
厦门克利尔能源工程有限公司	福建省厦门市湖滨北路 59 号中信惠扬 15AB	361012	13810642350
杭州华电工程咨询有限公司	浙江省杭州市西湖区西园九路 2 号	310030	13967146008
唐山东亚重工装备集团有限公司	河北省唐山市玉田县经济开发区伯雍西街	064199	13603152915
沈阳隆基电磁科技股份有限公司	辽宁省沈阳市辽宁省沈抚新区文华路 6 号	113122	15841379819
哈尔滨和泰电力设备有限公司	黑龙江省哈尔滨市南岗区长江路 380 号宏洋大厦	150090	13945046001
洛阳益矿机械设备有限公司	河南省洛阳市洛龙区东方今典天汇中心 1 号楼 1302 号	471003	17737468083
江苏富莱士机械有限公司	江苏省高邮市汉刘镇汉中路	225641	15952778896
秦皇岛市强宇机械设备制造有限公司	河北省秦皇岛开发区张庄工业园	066000	13315380168
武汉新华源电力设备有限公司	湖北省武汉市武昌区中北路 148 号东沙大厦 A 座 8 层	430077	13986205120
天津三岛输送机械有限公司	天津市塘沽区新北路创新创业园 21-B 401 室	300451	15522662009
宁波探索机械制造有限公司	浙江省宁波市象山区丹城白鹤路 206 号	315700	13958214527
唐山德伯特机械有限公司	河北省唐山市缸窑路 2 号	063027	13932550910
宁波华臣输送设备制造有限公司	浙江省宁波市象山经济开发区滨海工业园金商路 20 号	315712	13906601166
湖州电动滚筒有限公司	浙江省湖州市西凤路 888 号	313000	13757261933
厦门三烨清洁科技股份有限公司	福建省厦门市翔安区马巷镇翔安工业区市头二期古垵东路 8 号	361101	13666098759
江苏环宇起重运输机械有限责任公司	江苏省扬州市宝应县城西工业集中区盐金路 1 号	225805	13901440297
启东金利润滑设备有限公司	江苏省启东市中央大道东首	226200	13625228018
汉唐创承（北京）信息技术有限公司	北京市丰台区汽车博物馆东路 6 号院 4 号楼	100160	13946070257
常熟美信达科技能源设备有限公司	江苏省常熟市沿江经济开发区综合保税区 2 号路 1 号	215500	15962588365
苏州市苏网建设工程有限公司	江苏省苏州市相城区黄埭镇东桥春望路 1 号	215252	18801777279
广东中兴液力传动有限公司	广东省云浮市郁南县都城镇河堤路 45 号	527199	13302379904
天津成科传动机电技术股份有限公司	天津市西青区海泰发展一路 6 号	300384	13920732799
焦作三岛输送机械有限公司	河南省焦作市黄河大道（西段）269 号	454000	13939189256
河南省大方重型机器有限公司	河南省长垣市恼里工业区	453400	13803738653
河南省矿发起重机有限公司	河南省长垣市恼里镇长恼工业区矿山大道 2 号	453400	13673731500
扬州欧海机械有限公司	江苏省扬州市江都区邵伯镇高端工业园区诚意路（金鑫西对门）	225200	13585239822
宜兴市新涛环保设备有限公司	江苏省宜兴市丁蜀镇建新工业开发区	214221	15061596750

（续）

单位名称	通信地址	邮编	电话
扬中市华能电力设备有限公司	江苏省扬中市三茅工业园朝阳南路 68 号	212200	13905285260
钟祥新宇机电制造股份有限公司	湖北省钟祥市经济开发区西环二路 8 号	431900	13607265583
吉林省佳信通用机械集团股份有限公司	吉林省集安市工业园区创业路 3 号	134200	15834596177
沈阳德蒙福特电力设备制造有限公司	辽宁省沈阳市沈北新区沈北路 160 甲号	110163	13604217695
常州华纳电气有限公司	江苏省常州市武进经济开发区稻香西路 38 号	213100	13951229680
青岛海纳电气自动化系统有限公司	山东省青岛市崂山区科苑纬一路 1 号国际创新园 B 座 15 层	266100	13910558167
山东优科豪马橡胶制品有限公司	山东省潍坊市临朐县辛寨镇驻地永泰西路 1 号	262600	13853248587
利莱森玛电机科技（福州）有限公司深圳光明分公司	广东省深圳市光明新区高新西路 11 号研祥科技工业园机械厂房 1 楼	518170	13311231890
艾克玛（惠州）输送设备有限公司	广东省惠州市惠阳区新圩镇红卫村	516225	15986956338
扬中市科利电仪设备有限公司	江苏省扬中市兴隆开发区华耐德科技内	212200	13815185955
湖北佳伟消防工程有限公司	湖北省黄石市西塞山区牧羊湖紫竹苑 25 号	435000	13507230253
成都迈科高分子材料股份有限公司	四川省成都市天府区智能制造产业园杨园西路 266 号	610000	13981819195
天津市联大通讯发展有限公司	天津市南开区白堤路馨名园 1-8-602	300192	13920487629
杭州森洛电气有限公司	浙江省杭州市西湖区振华路 206 号西岗新界 6B703	310014	18958103858
上海瞳骋智能科技有限公司	上海市闵行区联航路 1588 号业务楼 1B407	201114	18321387815
上海红箭自动化设备有限公司	上海市奉贤区柘林镇科工路 869 号	201424	13761948380
格莱克斯集成工业品（青岛）有限公司	山东省青岛市胶州市经济技术开发区长江一路 2 号上合国际贸易大厦 10 楼	266300	13608989938
徐州禹含钢结构有限公司	江苏省徐州市经济技术开发区杨山路 19-1 号诺万科技大厦 2 层 205 室	221000	13775866669
山东威普斯橡胶股份有限公司	山东省临沂市沂水县经济开发区冯家官庄村西南 350 米	276400	0539-8456789
北京北起意欧替智能科技有限公司	北京市怀柔区雁西工业开发区 C 区 1 号	101407	17611225319
华荣科技股份有限公司	上海市嘉定区宝钱公路 555 号	201808	18217223831
海鲨（宁波）贸易有限公司	浙江省宁波市宁波象保合作区智汇佳苑	315731	13644547579
上海龙诚自动化系统有限公司	上海市虹口区四平路 257 号永融企业中心 20H	200086	021-55968130
宝科机械股份有限公司	浙江省台州市天台县始丰街道西工业区永盛路 28 号	317200	13385868786
太原科技大学	山西省太原市万柏林区窊流路 66 号	030024	13803452109
蒙阴县鹏程万里车辆有限公司	山东省临沂市蒙阴县高都镇经济开发区	276200	17853967062

大型企业运输联合服务分会

单位名称	通信地址	邮编	电话
中国第二重型机械集团德阳万路运业有限公司	四川省德阳市岷江西路 76 号	618000	13909027520
一重新能源发展集团有限公司	黑龙江省齐齐哈尔市富拉尔基区和平路 214 号	161041	13359526316
洛阳中重运输有限责任公司	河南省洛阳市涧西区建设路 206 号	471000	13938843833
东方电气集团大件物流有限公司	四川省成都市高新西区西芯大道 18 号	611731	13808235028
中国外运大件物流有限公司	上海市浦东新区龙阳路 2277 号永达国际大厦 1005 室	201204	13909080351
太原重工股份有限公司包装储运分公司	山西省太原市万柏林区玉河街 53 号	030024	18603410002
上海电气电站工程公司	上海市闵行区莘庄都市路 4855 号 1 号楼 806 室	201100	13801841440
四川东方物流集团有限公司	四川省自贡市沿滩区高新工业园区荣川路 19 号（办公楼）	643031	13980098811

（续）

单位名称	通信地址	邮编	电话
张家港港新重装码头港务有限公司	江苏省张家港市沿江公路段山港东侧	215600	13706227381
中铁特货大件运输有限责任公司	北京市丰台区南四环西路 188 号七区 24 号楼	100071	13911678082
湖南电力物流服务有限责任公司	湖南省株洲市云龙示范区云田镇马鞍社区中特物流园	412000	13574289936
上海千瓦运输有限公司	上海市闵行区江川路 333 号	200240	13601965615
北京祥龙物流（集团）有限公司	北京市朝阳区广渠东路 2 号	100124	13311135888
陕西大件汽车运输有限公司	陕西省西安市丰禾路 336 号	710077	13991838177
河南九域博大实业有限公司	河南省郑州市西站路 74 号	450051	13608686119
上海巨神大件运输有限公司	上海市嘉定区横仓公路 1500 号	201800	13601664920
沈阳黎明新航运输有限公司	辽宁省沈阳市大东区东塔街 6 号	110041	13998815988
大连嘉汇海运有限公司	辽宁省大连市中山区朝阳路 57 号花香维也纳 3-15-1	116001	13842872333
上海江电装卸储运服务有限公司	上海市闵行区江川路 555 号	200240	13601906828
中集世联达物流管理有限公司辽宁分公司	辽宁省大连市中山区人民路 68 号宏誉大厦 1904-1905 室	116001	13940917655
中能运输无锡有限公司	江苏省无锡市惠山区惠澄大道 77 号中投保物流园综合楼 513 室	214100	13921390559
哈尔滨动力设备物流有限责任公司	黑龙江省哈尔滨市香坊区通乡街 248 号	150046	13503643653
西安安航大件运输有限公司	陕西省西安市西二环北段 59 号	710077	13891853966
上海凯源电站设备运输有限公司	上海市闵行区华宁路 250 号	200245	13801917511
哈尔滨会能物流有限责任公司	黑龙江省哈尔滨市香坊区三大动力路 99 号	150040	13946103305
哈尔滨市和盛运输有限公司	黑龙江省哈尔滨市三合路 77 号	150046	15658399999
上海电力环保设备总厂有限公司	上海市宝山区山连路 358 号	200444	13611655337
上海交运大件物流有限公司	上海市宝山区宝杨路 2045 号	201900	13801709390
湖南中电物流有限公司	湖南省衡阳市雁峰区白沙大道 1 号	421000	15973412238
辽阳鑫众诚大型设备运输有限公司	辽宁省辽阳市太子河区繁荣路中段	111000	18741937999
大连春安国际物流有限公司	辽宁省大连市中山区中山路天安国际大厦	116001	13504096217
太原重工股份有限公司滨海港务分公司	天津市滨海新区临港经济区渤海 50 路 69 号	300450	13132183008
天津市平发大件运输有限公司	天津市静海区双塘镇增福堂村	301600	13820002838
广东天泰供应链有限公司	广东省广州市番禺区亚运大道 498 号金海岸皇玛 12-1-1002	511400	13980086308
巩义市锦轩物流有限公司	河南省洛阳市洛龙区美茵街建业左岸 B 座 27 楼	471000	13937158111
西安虹桥货运有限责任公司	陕西省西安市未央区朱宏路纬二十八街 8 号	710016	18729002633
中电华运国际物流（大连）有限公司	辽宁省大连市开发区金普国际大厦 C 座 409 室	116600	17731855555
大连双迎运输服务有限公司	辽宁省大连市甘井子区祥龙街华东人家 14 号楼 3 单元 17 楼 1 号	116033	13841159965
郑州大运运输有限公司	河南省郑州市中原区桐柏南路 98 号帝湖花园东王府 1 号楼	450000	13592597352
大连金易鸿嘉有限公司	辽宁省大连市保税区黄海西三路 62 号豪轩国际大厦	116600	13841159965
哈尔滨龙吉大件运输有限公司	黑龙江省哈尔滨市道外区团结镇机关家属楼一楼 20-17 号	150026	13845144488
上海和电大件运输有限公司	上海市闵行区江川路 2060 弄 50 号	221100	13818018968
重庆实力大件吊装运输有限公司	重庆市沙坪区汉渝路金沙港湾 C 区 24 栋 3-1	400030	15086829594
中设国际商务运输代理有限责任公司	北京市西城区广安门外大街 178 号	100032	13801322255
中国人民财产保险股份有限公司沈阳市分公司	辽宁省沈阳市和平区西滨河路 8 号	110000	18640567375